草堂风雅

CAO TANG FENG YA

西安建筑科技大学中国语言文学学科学术成果集萃

韩蕊 冯阳 韦拴喜/主编

陕西新华出版传媒集团
陕西人民出版社

序

韩鲁华

面对《草堂风雅:西安建筑科技大学中国语言文学学科学术成果集萃》文稿,感慨良多!

中国语言文学学科,从中国现代学科的发展来看,可以说是伴随着中国现代教育的诞生而诞生的,已有了百余年的发展历史,是中国现代教育最为成熟的学科之一。但对于 1956 年由四所院校相关专业合并而成的西安建筑科技大学这样一所工科院校而言,她却是那么年轻。从 2003 年创办之初的四位专业教师,从人文学院到学科力量整合成立文学院,经过近二十年的发展,形成现在以中青年教师为主体的大团队,已有四五个二级学科都有了自己的学科发展方向特色并形成富有学科活力的小团队;从当初一个学科一年羞涩难堪地仅仅发表一两篇论文,到现在一年数十篇论文见于专业学术报刊;从当初连一个厅级项目申报都吃力,到现在囊括了国家、省部、厅局各级各类课题项目;从连一项校级奖项都难以获得,到现在省厅校各种奖项均有斩获;从当初硬着头皮成立了中国现当代文学研究中心,到现在先后成立了四五个科研机构——这二十年一路走来,真可谓充满了喜悦、艰辛甚至心酸。

当然,这一切,是各位专业老师荣辱不惊、任劳任怨、埋头苦干的结果。但是,首先不能忘记的是已故老校长徐德龙院士和首任院长、当代具有世界影响力的著名作家贾平凹先生。如果没有他们的鼎力支持与把握大方向打下最初的基础,就难以有中国语言文学学科今天的发展态势。

有努力终归会有收获。《草堂风雅——西安建筑科技大学中国语言文学学科学术成果集萃》便是诸多收获之一。

阅读文集的第一个感受,便是学科意识的醒悟和研究领域的自觉寻求。西建大的中文学科还处于初步发展的阶段。记得刚刚创办中文专业时，大家并无明确的学科意识，也谈不上学术研究的自觉，更谈不上研究领域与特色，基本上是忙于应付课程，至于学科建设尚未提上议事日程，真正意义上的学术研究的确是令人难以启齿。一个学科的发展，没有个三五十年的积淀，是难以形成自己的阵势的。即使再提速，那也得个一二十年方能显出庐山真面目。从目前的成果来看，可以说，已经有了长足发展。文集的几个部分，已经呈现出了基于学科下的研究，明晰而自觉起来。中国现当代学科的地域文化与文学研究，文艺理论的身体美学、图像中的美学，中国古典文学的版本、文献研究，比较文学与外国文学作家研究以及翻译研究，还有基于大的建筑文化的文学研究，等等，都显示出了鲜活的学科特色。特别令人欣慰的是，有几位近年引进的青年博士，表现出比较清醒、充分的学科意识，明确了自己的研究方向，找准了自己的研究领域，集中力量进行探究，写出了富有一定创见性的文章。

在学校总体学科建设与发展中，确定自己的学科发展位置。这里首先必须强调的是，每个学科都有自己的基本建构内容、学科建设与发展的基本要求，这是必须遵守的，也就是坚守学科的基本属性，否则，那就不是这个学科了。这些年整个中国的学科建设与发展有些混乱，在某种趋利应时的驱使与干扰下，有些学科丢失了基本的学科本性，表面看起来甚是热闹，实际上缺乏学科发展的内在原动力。但是，在一个以土木建筑为主体的工科院校，如何建设发展中国语言文学，本就是一个无法回避的问题。西建大中国语言文学总体来看，还是坚守住了学科建设与发展的基本原则和属性。与此同时，在这样一所工科院校里寻求自身学科发展的途径，就成为中国语言文学必须面对的问题。这不仅仅是与其他学科交汇融合的问题，更重要的是在坚持中文学科本性的前提下，如何走出一条具有自己学科特色的路子。学科交叉融合不是拉郎配，也不是附属于其他学科，而是凸显地域性乃至行业性的学科特色。这方面依然处于探索阶段。就此而言，我觉得地域文化与文学、建筑文化与文学等，应当是西建大中文学科探寻自己独到之处的致力所在。从这数十篇研究成果集萃中，我看到了有些老师在这方面的努力且已经初见成效，显现出了自己的研究特色。

最后我想要说的是，学科建设也好，学术研究也罢，一定要打好基本理论基础，盯住一点坚持探究下去，有上个十年八年总会有令人欣慰的收获的。作为研究者，一定要保持清醒的头脑，要有自己的研究理论视域和基地，在自己的田地里做好自己的活路。当然，这要有甘于寂寞坐冷板凳的精神，甚至要有一种傻子精神。过于精明趋利是不适合做学术研究的。同时，要密切关注学术研究发展的新动向、新成果，尤其是新的学科建设与理论发展动向。也许具体著书立说上不会具体拿来运用，但是，做一种学科与理论背景，则是可以融会于自己的研究之中的。

权作序。

目　录

从商州到世界——阅读贾平凹札记

韩鲁华

摘　要：欲对一个作家，或者一种或一个时代的文学进行把握言说，首要的也是最为重要的就是阅读作品。通过对贾平凹新时期以来40余年文学创作连续性的阅读，既可看到其创作既凸显奇特的审美个性，亦可把握其发展脉络：从商州到世界、从艺术表现到思想表达。尤其是从1982年始所追求的用中国的美学方式叙写中国故事，实际上显示着中国现代文学本土化、民族化道路的一种思考、探索与追求。

关键词：阅读；贾平凹；中国叙述；世界视野

张学昕教授约我写篇关于贾平凹的文章，说是在《当代文坛》他主持的一个栏目用。因喜欢学昕的爽朗，未假思索就答应了下来。但是，坐下来却不知该如何下笔了。对于寻找经典之类的话题，我一直持静观的态度。印象中20世纪90年代就讨论过这个话题。古代的、现代的经典好说，但是，一说当代哪个作家或者作品是经典，十有八九是会引来一大堆质疑的。对于作家作品的阅读评价，就犹如吃饭，我就喜欢吃面条以及羊肉泡馍、水盆羊肉之类的面食，吃米饭总有一种吃不饱的饥饿感。1985年，我曾见巢湖边的人吃米饭拌一点咸菜就把一碗饭下肚了，还吃得那么香，应该是和我吃羊肉泡馍一样的感觉。所以，我就不能说世界上最好的美食就只有羊肉泡馍。即便如此，我还是怕麻烦。这里就不谈此类的话题，谈谈我阅读贾平凹，但愿能交差。

一、初读

这里所说的初读，是指对于《废都》之前贾平凹作品的阅读。

我读贾平凹始于上大学期间。那时也就是在阅读各门课程规定书目的空隙，找来当代当红作家的作品读读，这也包括贾平凹的作品。那时并没有将贾平凹当作阅读的重点，更多的是随着文坛上的兴奋点阅读，像《哥德巴赫猜想》《班主任》《人生》《乔厂长上任记》《人到中年》等等。所以，对于贾平凹的作品，留下印象的也就短篇小说《满月儿》，散文《丑石》与《一只贝》。这几篇作品当时觉得不得了，今天看来，好是好，就是写得过于“工”了些，好像是有意而为之。用陕西话讲，就是扎下势在写文章。贾平凹在《废都》的后记中说:“好的文章,囫囵囵是一脉山,山不需要雕琢,也不需要机巧地在这儿让长一株白桦,那儿又该栽一棵兰草的。”①而那时他的创作,不论是小说还是散文,恰恰是有意识在这儿长一株白桦,在哪儿栽一棵兰草。虽如此,作品中所透露出的才情才性,确实让我甚是佩服。因为那时我正热衷于创作,就恨自己没有贾平凹那样飞溢的才情。即便如此,贾平凹的文学创作,在当时文坛所显露出来的独异性,还是深深地感受到了。

真正引起阅读兴趣的是贾平凹20世纪80年代中前期的作品,也就是被研究者称之为“商州系列”的那批作品。那时我刚刚大学毕业从教,正好教中国现当代文学课,需要系统阅读现当代文学作品,贾平凹就成为重点阅读的当代作家之一。也正是这批作品的阅读,引发了我开始研究贾平凹的兴趣,但那时并不认为他就是什么了不起的作家,包括《浮躁》获得了“飞马奖”,也没有认为它就是当代文学最好的作品。反而,对张炜的《古船》,以及苏童、余华、莫言的作品,则是倾心有加。从《小说选刊》上读到李锐的《厚土》系列激动不已,就是柯云路的《新星》读起来也令我热血沸腾。

20世纪80年代,不停地有作品引发爆炸性的反响,对于贾平凹的阅读,也就淹没在诸多当红作家作品之中。可以说,那时获得全国优秀短篇小说、中篇小说、散文、诗歌以及茅盾文学奖的作品,以及凡是引起争议的作品,我全部都读了。当然,还有那些因故没有获得所谓全国文学大奖的作品,更是读得津津有味。比如长篇小说《古船》《活动变人形》等。加之订阅了十多年《小说选刊》《作品与争鸣》《诗刊》《文学评论》《读书》等,对新时期文学也就有了些整体性的感觉。今天看来,那时贾平凹的文学创作虽然显现出走民族化道路的迹象,但是并未引起更多的关注。就贾平凹长篇小说创作来说,《废都》之前,有《商州》《浮躁》,还有一部由几个中短篇连缀成的长篇《妊娠》。《商州》只能说是他长篇小说创作最初的试笔,感兴趣的是团块叙事结构,而对内容并没有留下多大的印象。《浮躁》就是今天来看,也是一部优秀的长篇小说,但它既不是贾平凹也不是当代文学最为优秀的作品。虽然如此,不论是从所谓的改革文学还是乡土叙事文学角度进行历史的梳理,谈到20世纪80年代的创作,依然是无法绕过《浮躁》的。这一判断,是基于当时阅读的感受。印象中阅读《浮躁》是在出差的火车上,当时是一边阅读一边激动不已,觉得叙写乡村改革的作品,就《古船》与《浮躁》最好,更确切地说最对我的胃口。《古船》更注重于历史文化的开掘,《浮躁》更注重于社会现实历史裂变的描述探析;前者通过家族的历史命运写出社会时代的变化,后者则聚焦于一个区域的现实风潮的涌动。他们都在挖掘中国历史文化与民族精神的根。很显然,侧重点在于对民族文化劣根性的批判,带有明显的启蒙意识。当代文学创作的这一路数,直到今天还在继续着。这一切与“寻根文学”思潮关系密切。

那时,我更感兴趣的是贾平凹那一批又一批的中短篇小说。70年代末80年代初,他写了一批小说,如《“厦屋婆”悼文》《二月杏》等。虽然这些作品是在1985年以

① 贾平凹:《废都》,北京出版社1993年版,第519页。

后才集中读的，而且还读得一头云雾，完全没有了《满月儿》时期的清新与亮色，给人一种混沌的压抑感。只是觉得贾平凹真敢写。也就是这时才了解到1982年陕西文学批评界对于贾平凹这批作品提出了极为严厉的批评。越到后来的阅读，越感觉到贾平凹这些探索与突围的作品的可贵之处。坦率地讲，如果没有这些作品，那后来的"商州系列"是不可能产生的。我不赞成1983年始贾平凹几次有意识重走商州方才写出"商州系列"的说法，甚至将其归功于1982年那次批评的结果。实际上那是一种贾平凹创作上的自然延续。所以，一味否定前者而极力肯定后者，显然是片面的。只能说，《小月前本》《黑氏》《古堡》等，是在《"厦屋婆"悼文》等基础上的进一步探索前行，于思想与艺术上更为深邃些。这也是贾平凹延续思考的必然结果。而外界的批评，虽然有逼迫他深入生活的作用，但于骨子里他似乎并未彻底地触及灵魂。这有他当时所写的有关创作的文章为证。

在这批作品中，《腊月・正月》获得了全国优秀中篇小说奖，但我认为，这并不是他最好的中篇小说。就现实题材而言，也不如《小月前本》《鸡窝洼的人家》《古堡》等更为厚重。仅从艺术性而言，《天狗》《水意》等，其探索性是要高于《腊月・正月》的。若从艺术完美程度来说，《五魁》《美穴地》《白朗》《晚雨》，更是要高于《腊月・正月》。自这批作品起，贾平凹开始挣脱某种现实窠臼，向着人性的深处逼近。也许从这时起，他才真正意识到文学对于人及其人性审美艺术建构的重要性。在当代文学阅读与批评上，人们更为关注紧扣社会现实的创作，更看重对于社会生活当下性的叙写，因而总是对现实生活题材特别是具有极为强烈的当下性的作品情有独钟。而对于与现实生活拉开一定距离的创作，也总是保持一种审慎的态度。所以，对于《五魁》等作品的研究，还不够充分深入。如果要评选中国当代文学40多年来优秀的中篇小说，在我看来，《五魁》或者《美穴地》是应当名列其中的。也就是从这时开始，于脑子里深深印下了贾平凹的文学创作，把他作为当代优秀作家来看待。所以，阅读《腊月・正月》并没有阅读《"厦屋婆"悼文》《鸡窝洼的人家》等显得激动，甚至觉得改革者王才的形象塑造有些败笔。此时，他文学创作的艺术个性越来越鲜明、突出。犹如放进了太上老君的八卦炉里，冶炼着他的艺术情操精神，艺术上最为圆熟的恰恰是《五魁》等。

这里必须坦诚地承认，我虽然对贾平凹的阅读比较系统，但80年代最喜欢也是最为撞击生命情感的，则是路遥的《人生》。从高加林身上，从《人生》中所表现的苦难意识、悲剧意识、抗争意识等中，得到了充分的生命情感体验，或者说，从中看到了自己曾经的乡村生活的影子和精神情感心路。这种对于心灵的撞击力，至今也是无法抹去的。这种阅读感受，在路遥《平凡的世界》前两部的阅读中，还在相当大的程度上保持着。路遥成功的文学叙写在于乡村，而他对于城市生活尤其是大学生生活、政府官员生活的叙写，总觉得隔着那么一层，无法在心灵上产生共鸣。这可能是一代人尤其是通过高考从乡村来到城市的青年人所共有的阅读感受吧。

二、系统阅读

直到看了《废都》之后，方引起了我的警觉，觉得这是个了不起的作品，一定会留下来的。也就是从《废都》开始，这才确定追踪他的文学创作，对其进行系统性阅读，直至今天。也正是在《废都》之后，我将贾平凹作为我研究的对象，用了十多年时间，完成了我第一部研究贾平凹的著作《精神的映象——贾平凹文学创作论》，于 2003 年出版。这也是我截至目前唯一出版的研究贾平凹的著作。

走进 90 年代，在我的感觉里，整个文学界陷入了 80 年代狂热之后的沉闷期，虽然佳作不断却无法唤起 80 年代那种阅读的亢奋。理想主义在破灭，直线发展的社会历史构想，出现了曲线性的回环，这让知识分子像一下子掉入了黑洞一样，找不到北。但有两件事情却让我记忆犹新。一个是电视连续剧《渴望》的热播，那时我也是把这部连续剧全看完了。但是，并没有引发起我多少激情，还不如看电视连续剧《射雕英雄传》激动人心，反而觉得这是 80 年代末那件事件之后的一种虚妄的自我麻醉。另一个就是所谓的“陕军东征”，陕西作家陈忠实、贾平凹、高建群、京夫、程海出版了自己至今看也是最为重要的作品——《白鹿原》《废都》《最后一个匈奴》《八里情仇》《热爱命运》。这本应是正常的文学创作发展的必然结果，不经意间却弄成了当代文学中的一大现象。我总觉得这似乎是无望中的一种期盼心理满足。这几部作品，我都认真地阅读了，觉得能够代表当代文学水平的还是《白鹿原》与《废都》这两部，也就写了这两部作品的评论文章。写文章时，社会上对这几部作品尤其是《白鹿原》与《废都》的阅读反响，还在持续升温。没承想，等文章写出来时，《废都》与《白鹿原》就成了禁书，文章难以发出。林建法主持的《当代作家评论》打了个擦边球，赶在 1993 年最后一期发了一组评《废都》的文章，费秉勋先生组稿的《〈废都〉大评》，直到 1998 年方在香港出版。这时，《〈废都〉废谁?》《〈废都〉滋味》《〈废都〉之谜》等也阅读过了。《废都》俨然成为人性的一块试金石。

也就是从这以后，中国的长篇小说进入一个爆发期，不断有长篇力作推出，由此也可以说 90 年代是中国长篇小说的一个黄金期。包括余华、苏童、格非、刘震云等等，都有长篇佳作问世。这实际上潜含着新时期成长起来的这代作家，走向中国当代文学主导地位的开始。中国当代文学于此时也发生着变化。“新写实”是一种历史转向的标识。像先锋创作代表性的作家，如余华的《活着》《许三观卖血记》，似乎是换了个余华似的。不论从哪个角度看问题，我都觉得 1992 年余华的《活着》是一部当代文学的经典作品。读《活着》犹如读《古船》一样令人震惊。苏童的《米》我是看了两遍，王安忆的《长恨歌》，也是看了又看。包括《上海宝贝》也是看过的，绵绵的东西确实没咋看，觉得“身体写作”不过是雷声大雨点小。坦率讲，莫言的《丰乳肥臀》当时确实没有看，直到《檀香刑》出版后，才买来他的所有长篇系统阅读。正是在这一背景下，我确定系统地阅读贾平凹，并常常将他与莫言、阎连科、王安忆、苏童、余华等交叉着阅读。

20 世纪 90 年代，中国文学又一次面临着历史转型，这是新时期以来社会历史转型中的一个历史拐点。一方面，80 年代的启蒙、人文精神的呼唤高扬到了 90 年代初被“回头望”所替代。另一方面，社会主义市场经济的确立，却将精英文化抛到了社会的边缘。后来的人文精神的重新讨论，最终也只能是不了了之。不可逆转的是，不要说社会经济，就连文学也越来越市场化，文学精神常常被市场经济冲击得七零八落。

对于《废都》的阅读，是不能脱离这种社会时代的大背景的。我是将其首先放在20世纪八九十年代之交的社会历史背景下进行阅读的。在创作长篇小说《废都》过程中，贾平凹1991年发表中篇小说《废都》，1992年还发表过一个中篇小说《佛关》。这几个作品是可以联系起来看的，它们内里都有着社会时代的隐喻。而就贾平凹生命本体的裂变过程，则可以与《故里》以及《五魁》《美穴地》等联系起来看，仅从对于女性形象塑造的变化中，就可以窥见贾平凹生命情感变化的些许端倪来。

《废都》是社会时代的发展变化与贾平凹个人生命骤然裂变相融汇的必然产物。

《废都》是一部蹚雷之作，它所隐含的远不止于性描写这些外在问题，更不是罗列些词语所能概括得了的。最多也就只能说，性描写只是个外部叙事的策略。但于社会上引起强烈不满的却恰恰是性描写。这种误读实在是有些令人哭笑不得。人与社会往往是只看到表面的东西，内在的五脏六腑却被有意无意地忽略掉了。更为重要的是，这就犹如一位西装革履的人正在台子上神采飞扬地演讲，忽然有人将其衣裤彻底扒光了漏出了赤裸裸的身体，一下子颜面全无，便一边用手捂着开始溃变的羞处，一边顺手拾起一块砖向剥衣者砸去。别的不说，就今天的知识分子而言，又有谁能比庄之蝶更纯净呢？恐怕连庄之蝶的矛盾痛苦都少有了。在我的阅读体验里，这是当代文学史上的一个孤本，同时也是一种冒险写作。不论你对它是肯定或否定，它就存在于那里。它是一个存照，是一面镜子，照出了一个时代，也照出了人尤其是知识分子的五脏六腑。我想，恐怕再过十年二十年甚至几十年，也难再有这样的作品出现。之后，连贾平凹自己的创作也只能是逐步地远离了《废都》。《白夜》《土门》《高老庄》《怀念狼》《病相报告》等，作为《废都》之后的延续创作，固然有着不断地探索，但整体来看，《废都》这个槛实难逾越。不过，在连续阅读中，可以感觉到贾平凹文学艺术上的渐变。这种渐变，与中国社会与文学的发展脉搏有着或明或暗的呼应。如果说《白夜》是《废都》的一种自然而然的延续，那《高老庄》等，尤其是《怀念狼》的创作，显然反映出贾平凹不屈的艺术探索。至于《病相报告》，则是他进入了自己并不熟悉的领域，虽然在叙事艺术上有新的探索，但整体来看，具有先锋性的写作并非他之所长。在《废都》与《秦腔》之间这几部作品中最能引起我阅读兴趣的是《怀念狼》。但因为《废都》的阴影所致，《怀念狼》也就只能与茅奖错肩而过。《高老庄》当时阅读并未引起我更大的惊奇，今天看来，也许是后来《秦腔》的一种序曲式的预演吧。

三、继续阅读

进入21世纪，在这十多年间，我也阅读了莫言、阎连科、张炜、刘震云、韩少功、李锐、王安忆、苏童、余华、格非、阿来、刘亮程、李佩甫、迟子建等作家新出的作品，但主要精力，还是放在了贾平凹的阅读上。除了贾平凹新出作品一部不落地阅读，还重读了《我是农民》《商州三录》等。

这里还需说明一下，从20世纪80年代末始，对于陕西作家作品的阅读与关注，一直延续到今天。陈忠实、路遥自不必说，杨争光、高建群、叶广芩、邹志安、京夫、方英文、红柯等，以及70后、80后的作家作品虽然未跟踪阅读，但他们的重要作品也大都读过或浏览过。陈彦在近几年引起了文学界的关注，而且关注度、热度越来越高。他的几部长篇小说都阅读了，但我对于他的创作，还是处于静观状态。杨争光是80年代末就开始阅读的，至今仍觉得《老旦是一棵树》《赌徒》等，是当代中短篇小说中的上品。阅读红柯是从《西去的骑手》开始的，但还未系统性。红柯是在陕西文学上能扛大旗的作家，可惜英年早逝了！叶广芩虽几乎没有交往，但一直留意着她的创作，她在当代文学史上能够立住的还是那些抒写晚清家族老生活的作品。

《秦腔》的出现，为贾平凹重新赢得了声誉。之后，他连续创作了《高兴》《古炉》《带灯》《老生》《极花》《山本》等长篇小说。其实《废都》之后，贾平凹就把主要精力放在了长篇小说的写作上，散文、短篇小说，只能说是他创作长篇间隙的一种调节。即便如此，《阿吉》《艺术家韩起祥》《猎人》《倒流河》等，还是很耐读的。这种集中精力写长篇小说，也可视为是当代文学创作自20世纪90年代之后一种状态或者基本态势。这似乎和将本应是长篇小说奖的"茅盾文学奖"视为文学成就奖看待相呼应。长篇小说由每年几百部、千余部，再到今天的万余部，大有长篇小说统领文学之势。但是，恐怕每年能认真阅读百十部的人都少之又少吧。反正我每年能读上五到十部就觉得很不少了。刊物上发表的年度长篇小说创作扫描文章，也只能是一种跟踪名家的非常粗略的描述。即便如此，每年读一二十部长篇小说，也是很累人的，只能是石板上漫大水——呼呼隆隆就过去了，留下的也就那么几粒沙子。甚至可以说这是一种不可能中的应景阅读而已。我对于全国长篇小说的阅读，很少超过十部。说实在的，贾平凹如此集束式推出长篇小说，的确有些令人应接不暇。这些作品，除了《高兴》的阅读有些高兴感之外，其他几部看得人身心俱疲。《秦腔》是贾平凹文学创作上又一次转折性的作品，也是他新开启的作品。但是，就其文学史的意义和作品自身的思想艺术价值而言，我觉得《古炉》与《山本》更能体现贾平凹的文学精神、情怀境界。如果说贾平凹的文学创作已经构成了一架富有高品质文学艺术矿藏的山脉，那《废都》《古炉》《山本》就是这架山脉上的几座高峰。

《秦腔》的叙事是具有开拓性的，或者用陈晓明的话说，他是"终结了一种乡土叙事美学，同时又开启了一个新的乡土叙事美学"①。这也可视为贾平凹文学创作的一种规律：每过上十来年就要进行一次大的转换，出个让人刮目相看的作品来。其实在我看来，贾平凹《秦腔》中所致力的生活化文学叙事，是肇始于《废都》生活叙事的延续与发展，《白夜》就是一种比较典型的生活叙事方式。关于《白夜》我曾写过两篇文章，其中一篇就谈到这个问题，我当时称之为"生活漫流式的叙事方式"②。这种生活化叙事到了《秦腔》，来了一个归拢总括，可以说写到了极致。

其实，《秦腔》也意味着贾平凹人生态度的一种转化。至少，他觉得自己开始步入

---

① 陈晓明：《乡土叙事的终结与开启——贾平凹〈秦腔〉预示的美学意义》，《文艺争鸣》2005年第6期。

② 韩鲁华：《平平常常生活事，自自然然叙述心》，《小说评论》1995年第6期。

中老年，进入中老年的创作心态。

如果说没有《古炉》，那将是贾平凹的文学创作史上的一大缺憾。面对中国20世纪的社会历史，有几个历史性的阶段是中国作家不能回避而必须面对正视的，比如抗战与“文革”。有关“文革”的写作及其言说是时断时续的，有关抗战的扛鼎作品还未看到。《古炉》的阅读是与德国作家格拉斯的《铁皮鼓》比照着看的，我在写了《一个村庄与一个孩子——贾平凹〈古炉〉叙事论》之后，又写了《特殊视域下特殊时代的人性叙写——〈古炉〉与〈铁皮鼓〉叙事艺术比较》①。至今，我仍坚持当初的判断：“不论从何种角度看问题，《古炉》对于贾平凹的文学创作而言，都是一个极为重要的收获，都是他的文学创作迈向更高艺术境地的一次极为重要的探险。甚至可以说，《古炉》之于中国当代文学的价值和意义，将是超越《废都》与《秦腔》的。甚至我认为，贾平凹的文学创作及其地位，都可能因《古炉》而被给予更新更高的评价。”②

说实在的，《带灯》《老生》《极花》等的阅读，并未引起我多大的心理波动，但《山本》的阅读，确实是让我耗费了很大的精力。《带灯》《极花》对于社会敏感部位的关注，自然有其深刻的社会现实意义，也极易挑动人的关注当下现实生活的言说神经。对于《带灯》，我曾结合中国式文学叙事问题，写了将近三万字的文章，给予了较高的评价：“这部作品与此前的《秦腔》《古炉》等在艺术叙写上的变化，主要体现在：一是内在的风骨更为突出，作品的内在质感更强；二是叙述上更加质朴，白描性、直叙性更强；三是于整体艺术建构上，意象性似乎在减弱，细巧的东西也少了，更加沉静、厚实、直白，是一种生活骨架本真式的呈现。而且从这部作品中，我们看到了作家在文学艺术创造上的一种追求，或者叫野心，那就是贾平凹试图实现着将中国文学艺术精神打通的探寻。”③而《极花》，贾平凹“更注重的是对于水墨画与苏轼艺术精神的吸纳。其实，这也是与他文学叙事上致力于意象世界的创造基本目标是相一致的”④。

比较而言，《山本》更具有颠覆性的意义。《老生》用二十来万字叙写了百余年的中国历史。“很显然，贾平凹是以《山海经》式的叙述结构方式，通过四个不同时代的既相对独立而又相互关联的故事，来叙写中国近百年的历史。但从叙事结构上来看，这是一种板块式的互文性叙事结构”⑤。就其叙事艺术结构难度来说，还是很大的。也许是《老生》对于历史的叙事并没有尽兴足味，因而贾平凹又创作了《山本》。“如果再把《山本》放在贾平凹整个文学叙事中来看，也应当说是他具有历史性总结与反思的大作品”，“是贾平凹生命沉积的历史存照：一头老牛反刍胃中沉积一个世纪的原食物”。这部作品的创作，贾平凹是有着很大野心的。“它是在终结以往历史叙事，尤其是革命历史叙事。因为它完全超越了既往历史观念形态，不仅从人及其人类历史来审

---

① 韩鲁华：《特殊视域下特殊时代的人性叙写——〈古炉〉与〈铁皮鼓〉叙事艺术比较》，《西安建筑科技大学学报（社会科学版）》2015年第1期。

② 韩鲁华：《一个村庄与一个孩子——贾平凹〈古炉〉叙事论》，《小说评论》2011年第4期。

③ 韩鲁华：《论〈带灯〉及贾平凹中国式文学叙事》，《小说评论》2013年第4期。

④ 韩鲁华：《写出乡村背后的隐痛——〈极花〉阅读札记》，《当代作家评论》2016年第3期。

⑤ 韩鲁华：《〈老生〉叙事艺术三题》，《小说评论》2015年第3期。

视那段历史，也不仅仅是从佛或上帝的目光在看。于此，他似乎是以天地神人相融会的视域在看"①。

贾平凹虽然年已六十有七，《山本》之后还会写出怎样的东西来，恐怕是难以下断论的。至少我不敢。

四、文论阅读

在阅读贾平凹文学创作的同时，也系统地阅读了他谈论文学创作方面的文章，包括序言、后记、书信、演讲以及访谈等等。当然，还有研究贾平凹的论文论著。

阅读贾平凹谈创作方面的著述，始于青海人民出版社 1985 年出版的《平凹文论集》，后来又看了《静虚村散叶》。三联书店新近出版的三本《贾平凹文论集》，陕西师范大学出版社的《平凹说小说》《平凹书信》《平凹西行记》，也都看过。未收入这些集子里的文章，也都先后基本阅读过了。访谈成书的有与穆涛的《平凹之路》、与谢友顺的《贾平凹谢友顺对话录》、与走走的《贾平凹谈人生》，还有一本与冯有源合作的《平凹的艺术——创作问答例话》。② 如果说通过作品阅读，可以看到一个历史性的贾平凹文学创作发展脉络，那么，阅读他的有关创作的言论，就可比较清楚地体味到他关于自己以及中国文学所进行的思考。这二者相互映照，构成了比较完整的贾平凹文学创作整体，也可看出一个作家所体现出的中国文学四十余年的发展历史脉络。

理解贾平凹的文学创作有几篇重要的文章，这些文章体现出他对于自己与中国文学的思考。其中 80 年代，一个是《"卧虎"说》，一个是《〈浮躁〉序言二》。他在 1982 年的《"卧虎"说》里言道：

"卧虎重精神、重情感、重整体、重气韵，具体而单一，抽象而丰富，正是我求之而苦不能的啊！……它卧了个恰好，是东方的味，是我们民族的味……一种中国传统的美的表现方法，真实地表达现代中国人的生活和情绪，这是我创作追求的东西。"③

可以说，此时贾平凹已经明确地认识到了自己的文学艺术创作发展方向，也可说这是他此时文学创作理论思考的一个基本设想。也许正是在这样的文学理论思考下，1982 年他创作了受到严厉批评的那批作品。1983 年起，贾平凹重走自己的故乡商洛。不可否认，他更注重了对于社会历史变革的艺术表现，创作了一系列的紧扣社会改革的作品，以及受到评论界高度关注的"商州系列"，诸如《小月前本》《鸡窝洼的人家》等。

在《浮躁》的序言之二中他说："但也就在写作的过程中，我由朦朦胧胧而渐渐清晰地悟到这一部作品将是我三十四岁之前的最大一部也是最后一部作品了，我再也不可能还要以这种框架来构写我的作品了。换句话说，这种流行的似乎严格的写实方法

---

① 韩鲁华：《原本地茫然——〈山本〉阅读札记》，《文艺争鸣》2018 年第 6 期。

② 这几本访谈录出版社、出版时间依次为：青海人民出版社 1994 年版，苏州大学出版社 2003 年版，上海社会科学院出版社 2004 年版，上海人民出版社 1998 年版。

③ 贾平凹：《"卧虎"说》，《平凹文论集》，青海人民出版社 1985 年版，第 70 页。

对我来讲将有些不那么适宜，甚至大有了那么一种束缚。”并明确提出自己此后探索的目标：“艺术家最高的目标在于表现他对人间宇宙的感应，发掘最动人的情趣，在存在之上建构他的意象世界。硬的和谐，苦涩的美感，艺术诞生于约束，死于自由。”①在我看来，这是贾平凹文学创作的一个总纲式的宣言：用中国的文学艺术思维方式，讲述中国的故事，走中国文学自己的发展道路。《废都》就是他这一思考的实践。

将他的小说与他的阅读笔记及通讯、访谈结合起来看，可以看出他关于中国文学如何发展的基本思考。如1982年读川端康成：

“没有民族特色的文学是站不起的文学，没有相通于世界的思想意识的文学同样是站不起的文学。用民族传统的美表现现代人的意识、心境、认识世界的见解，所以，川端康成成功了。”②

稍后几年，他在回答《文学家》编辑部问时，谈及川端康成，又延续伸展了这一看法：

“川端康成作为一个东方的作家，他能将西方现代派的东西、日本民族的东西，糅合在一起，创造出一个独特的境界，这一点太使我激动了。读他的作品，始终是日本的味，但作品内在的东西又强烈体现着现代意识。”③

他在1985年与蔡翔的通信中进而谈道：

“中国文学是有中国文化的根的，如果走拉美文学的道路，那会‘欲速则不达’。……压根用不着担心和惊慌，这叫中国文化的自信。

“既然中国民族是这样的民族，文化是这样的文化，目下如何发展中国的文学？应当注意在当前的社会改革、时代的潮流，怎样在冲击着这种文化，文化的内部结构是怎样引起了微妙的变化，而这种变化，又怎样反作用于社会。这样，文学作品就能深入地准确地抓住作为人的最根本的东西，作品的精髓和情调就只能是中国味、民族气派的，而适应内容的形式也就必然是中国味、中国气派的。”④

这些言说归结起来，那就是要在中国的土地上，用中国的方式叙述中国的故事，走出一条中国自己的现代文学道路。通俗地讲，就是在自己的土地上种自己的庄稼，而不是在自己的土地上种别人的庄稼，或在别人的土地上种自己的庄稼。同时也可以看出，贾平凹对于中国文学西化的问题已经有所警觉，其间隐含着对于中国还没有完全建立起自己民族的独立的现代文学尤其是当代文学的忧思。他在1983年10月28日与友人的书信中言道，如果“并不能反映在同一个转动的地球上本民族的当代的人和人的生活、情绪，哪又何以是民族的东西呢？”⑤可以说，创造本民族的文学，这是贾平凹从1982年起就明确起来的，直至今天，他依然在做着这方面的理论思考与创作实

① 贾平凹：《静虚村散叶》，陕西人民教育出版社1990年版，第3—4页。

② 贾平凹：《静虚村散叶》，陕西人民教育出版社1990年版，第118页。

③ 贾平凹：《静虚村散叶》，陕西人民教育出版社1990年版，第165页。

④ 贾平凹：《四月二十七日寄蔡翔书》，《平凹文论集》，青海人民出版社1985年版，第153、155页。

⑤ 贾平凹：《学习心得论——与友人的信》，《平凹文论集》，青海人民出版社1985年版，第148页。

践。如果就艺术思维而言,意象思维是中国文学艺术思维的一个基本模式,意象的创造,亦是中国文学艺术创作的基本表达方式。这个根子在《易经》,在《庄子》。此后,尤其是《秦腔》之后,写实的成分在不断地加重,以至于重到了"法自然"的地步。其实,他走的是"以实写虚,体无证有"的路子。①

他在《废都》后记中说:"如果文章是千古的事——文章并不是谁要怎么写就可以怎么写的——它是一段故事,属天地早有了的,只是有没有宿命可得到。……好的文章,囫囵囵是一脉山,山不需要雕琢,也不需要机巧地在这儿让长一株白桦,那儿又该栽一棵兰草的。"②于《白夜》后记中进而说:"小说是一种说话,说一段故事。""说平平常常的生活事,是不需要技巧,生活本身就是故事,故事里有它本身的技巧。"③直到《秦腔》后记中说出,他写的"依然是那些生老病死,吃喝拉撒睡,这种密实的流年式的叙写""写的是一堆鸡零狗碎的泼烦日子"④。如果从表现风格看,《古炉》之后就越来越硬朗起来,尤其到了《带灯》,就已明确表示:"几十年以来,我喜欢明清以至三十年代的文学语言,它清新,灵动,疏淡,幽默,有韵致。""而到了这般年纪,心性变了,却兴趣了中国西汉时期那种史的文章的风格,它没有那么多的灵动和蕴藉,委婉和华丽,但它沉而不糜,厚而简约,用意直白,下笔肯定,以真准震撼,以尖锐敲击。"⑤一路探索思考下来,在《山本》中,要写出"一道龙脉,横亘在那里,提携黄河长江,统领着北方南方,它是中国最伟大的一座山,当然它更是最中国的山"⑥。

前几年我将贾平凹的文学创作比作一架山脉,这座山脉通东西而会南北,有耸立入云的高峰,也有深邃幽静的山谷。把贾平凹将近半个世纪的文学创作作为一个整体来看,更能显现出其文学史的意义价值内涵。这座山脉不是沉于海底或者谷地,而是存活于高原之上。贾平凹的文学创作,更多的不是借鉴或者吸纳,而是在做着一种会通。他用自己的创作实践,在致力拉通与中国古代文学与世界文学的经脉。

正因为如此,贾平凹的文学创作走出了一条从商州到世界、从艺术表现到思想表达的中国文学的路子。这就是我所阅读到的贾平凹。

原载《当代文坛》2020 年第 2 期

① 贾平凹:《怀念狼》,作家出版社 2000 年版,第 271 页。
② 贾平凹:《废都》,北京出版社 1993 年版,第 519 页。
③ 贾平凹:《白夜》,华夏出版社 1995 年版,第 385—386 页。
④ 贾平凹:《秦腔》,作家出版社 2005 年版,第 565 页。
⑤ 贾平凹:《带灯》,人民出版社 2013 年版,第 361 页。
⑥ 贾平凹:《山本》,人民出版社 2018 年版,第 540 页。

贾平凹文学创作与中国传统文脉的承续

（贾平凹与中国当代文学学术研讨会发言草稿）

韩鲁华

前面的话

首先遇到的问题是：什么是文脉？什么是中国的文脉？

文脉，如果从字面来理解，可以简洁地称之为文化发展的历史脉络。文化是一个大概念，内涵很丰富，所包含的面也比较广阔。简单地说，人类在生存的过程中，所创造的一切凝聚着人类智慧的创造物，统统都可称之为文化，这也就是人们通常说的物质文明与精神文明的总和。

正如我们对文化的界定那样，是物质与精神之融合。也就是说，文化可分为有形与无形两种状态。以此来审视文脉，是否也存在着有形文脉与无形文脉？

有形文脉，如建筑、文物等，从古到今进行时序性排列所形成的历史发展脉路。这里要注意，建筑、文物是有形的文化载体，我们亦可将其称为一种文象。但如果仅仅是一种象、一种物体，而与文化思想、情感精神无关联，那就是一堆死物。建筑、文物的历史文化价值最主要的就在于它们身上所承载的文化思想、生命情感，以及社会历史内涵等，我们可以将这些统称为一种文化精神。今天的许多建筑被视为垃圾，那就是因为它们身上没有文化思想，缺乏生命情感，摈弃了社会历史内涵，或者承载的文化思想、生命情感以及社会历史内涵太少。

无形文脉，如中国的文化思想观念、文化心理结构、生命情感模态、思维方式等，是一种文化思想、生命情感与社会人生历史发展的一种内在脉动，犹如人之生命之气韵、精魂，贯穿于人体之中。有了它，人就是活人，缺了它，人就成了死人。

有外国学者将文脉称为“历史上所创造的生存的式样系统”。这里实际上是讲人类在历史建构发展过程中所创造的、还存活在人类的物质文明与精神文明的形态系统。既然是个系统，自然存在建构的结构机制及其形态问题，存在着贯通这种结构机制的线索脉络问题，最主要的在我看来还是文化精神脉络问题。

在此，我更愿将文脉称之为：一种贯通中国文化思想的内在建构的精神神韵，一种支撑中华民族生生不息的生命情感的精魂。

关于中国文脉的发展承续问题，我想结合贾平凹的文学创作实际，从三个方面做一极为简略、挂一漏万的梳理：文化思想、文学艺术、文化人格。

一、贾平凹与中国文化思想传统的关联性

1. 中国文化思想文脉及其传统

中国的文化思想自然是经历过数十万年、百余万年乃至千余万年的积淀而成，但就其凝聚形成而言，是聚形于夏，雏形于商，奠定于周。就发源地域来看，集中于黄河、长江流域，而主要是黄河流域。其中有一部著作是极为重要的，就是《易经》。现在一般说中国传统文化思想有三家——儒家、道家与佛家，即儒道释。佛是外来的，本土的是儒与道。而儒道则都是源于《易》，故此有一种说法就是，《易经》是源头。

关于《易经》我赞成这样的说法：它是融汇了中华民族先人深入观察自然界的各种现象，认识天地、阴阳相辅相成、辩证统一的科学奥秘，充分把握天时、地利、人和之际遇，如何在更好的环境中实现人生的最大价值的文化思想经典著作。其内容涉及了科学、数学、逻辑学、哲学、修行学、占卜学等六大方面的内容，是道学、儒学、阴阳术数的经典。

儒家的思想是一种社会人生伦理哲学，是典型的农耕文化的产物；道家是一种精神哲学，是山水文化的产物。入世与出世是对这两种哲学思想在生存上所做的一种概括。佛教传入中国，与中国文化相融合，形成了中国化的佛学思想。其中，禅是非常典型的中国化的佛学思想。

就发展而言，到了汉代，提出罢黜百家、独尊儒术的思想，因此，儒家思想就成为此后两千多年的正统。但是，道家思想则依然血脉旺盛，就形成以儒为正、儒道互补，或者说是儒道释融汇并存的文化思想格局。这一文化思想格局一直延续到近现代——魏晋时代的玄学、宋明理学，都是中国文化思想发展中的极为重要的承续与发展创新——形成了中华民族文化思想发展的血脉。

近现代以来，现代性的历史转换成为中国文化思想的主调。问题不在于该不该进行这种现代性历史转换，而是如何进行现代性历史转换。这中间存在着不同的看法。毫无疑问五四新文化运动对于中国现代性历史转换具有不可磨灭、无法替代的历史贡献。但是，对于几位激进的彻底否定中国文化思想传统，或者以斩断中国文化思想血脉的方式，按照西方的文化思想来建构中国的现代文化思想，是否就是唯一的正途？我觉得这依然是一个值得深入研究的问题。

事实是，中华民族的文化思想以集体无意识而积淀于人们的文化心理结构之中，渗透于人们的日常的思维方式与行为方式之中，犹如一股潜流涌动着。

中国文化思想中所体现的是，天人合一的宇宙观、济世善身的人生观、重德轻利的价值观。

2. 贾平凹与中国文化思想的关联性分析

贾平凹的文化思想中，存活着中国的传统文化基因。甚至可以说，他在世界观、人生观、价值观等方面，从中国古代文化思想中汲取了丰富的营养。下面我试着做些分析。

贾平凹的文化思想，除了受现代文化思想的影响，如他所强调的世界意识、人类意识、现代意识等外，受中国传统文化思想的影响是极为深刻的。这里需要说明一点，我们探讨该问题的态度不是以二元对立的哲学思维，比如将唯物主义与唯心主义相对立，肯定唯物主义而彻底否定唯心主义。我认为，唯物主义与唯心主义应当是一种互补的关系，而不应当是一种彻底对立与相互否定的关系。

贾平凹的文化思想是一个复杂的矛盾体。天人合一、阴阳五行等思想，在他对于自然与人类的认知中，都有着深刻的影响。应当说，他的这种思想与《周易》有着密切关系。后来他不太谈《周易》，其实他不仅读过《周易》，而且做过研究思考。我们从他谈论文学艺术的诸多问题中，能够明显地感觉到其间渗透着《周易》的哲学思想。

天人合一的整体性、阴阳五行相克相生的变化性、天地自然的神秘性等，在他这里也得到了有效的承续。我曾经以“主体精神表现型”来概括他的文化精神，其实，在他的身上，儒、释、道三者皆有，但是主调是道家的文化精神。

儒家对于贾平凹文化思想的主要影响是，仁爱思想、民本思想、中和思想与积极参与社会现实（以文学的方式）兼济天下、自强不息等；他始终关注着社会现实，甚至是世界局势。他具有强烈的现实忧患意识。他曾经说想改写中国的神话，他非常喜爱夸父逐日、精卫填海等中国古代神话，他对杞人忧天的神话也有着特殊的认知，以为杞人忧天不应是贬义，而应是褒义，真怕天——社会塌下来。他至今创作不辍，几乎每两年一部长篇小说；他每年都抽一定时间到乡间去，体验生活，了解民情民意，有感而发，而不是坐在咖啡厅说三道四。这些都是他积极参与社会现实的表现，也成为他进行文学写作的一个基点。

道家对于他的文化思想影响主要是一种清静虚涵、旷达超脱，道法自然、顺天应势。贾平凹在自己的作品中，常常出现与道家思想密切相关联的人物形象，比如《废都》中的庄之蝶、《极花》中的胡蝶。庄之蝶取义为庄周梦蝶，可理解为物我为一，也可以为是庄周梦蝶一场空，但不管做何种解释，其间都蕴含着贾平凹身上所具有的道家文化思想精神。胡蝶历经人生的苦难与磨难，最终在实现着一种超越性的回归。八九十年代期间，贾平凹给自己的书房取名为静虚村，显然体现着一种追求精神上的超越与虚涵。我赞成台湾学者徐复观的观点：最能体现中国艺术精神的是庄子。贾平凹之所以在作品中反复出现具有道家思想精神的意象，一方面，如他所说是源自他的故乡生活的生命情感体验，另一方面，我认为那是他有意无意间，在老庄的文化思想精神中，得到了一种生命情感上的契合。我总觉得贾平凹的文学艺术创造，于内在生命情感上，始终体现着一种精神神韵，这就是从老庄那里承续过来的。他的这种文化精神之神韵，不是外贴上去的，而是内化于生命情感之中的。

贾平凹受佛学思想的影响是显而易见的，这主要体现为：悲悯情怀、慈念众生，心如古井、随缘而安,忍辱静默、清心禅悟。从他书房的收藏摆设来看,佛像很多,几乎每个房间都有;从他的行为来看,他在写作中亦是烧香拜佛的;从他的作品中来看,不仅有寺院、和尚,而且熔铸着一种佛家精神。贾平凹是于尘世中静修佛性之人,他的人生中有许多磨难,甚至是被污水泼身,他是于被误解、被污秽,历经磨难中,不断修炼自己的佛性的。以期使得自己于不适应中求得适应。

这里还需要说明一点:贾平凹对于中国传统文化思想的吸纳,不仅仅源自书本典籍,还有一个非常重要的,实际上是带有生命底色的路径,那就是他的故乡商州的日常生活与地域文化。商州处于中国的中间地带,从地域文化角度看,是一种山水地域文化。从历史文化角度看,它是由楚文化与秦文化交汇而成的。同时它又贯通着中国东部与西部的文化。在这块神奇的土地上,儒释道文化相聚,地域神秘文化浓厚,南北文化于此融会。他生活于这样的一种文化氛围中,对于中国传统文化思想的吸纳承继,首先便是从其生活与风俗习惯中得到滋养的。比如,于他身上存活着明显的神秘文化,而这神秘文化并非他故意为之,而是自他出生之日起,便存在于他的生命情感之中的。如果从文学创作角度来说,可能这种地域文化的影响还要更加深刻一些。就此,也可以说,贾平凹对于中国传统文化思想包括儒释道等被认为是中国正统的文化理路的承续,在很大程度上,就是从商州地域文化中所获得的。

总体来说,贾平凹的身上,即表现出强烈的现实参与意识,又显露着深刻的旷达虚静精神;他既具有强烈的忧患意识,甚至是一种杞人忧天式的忧患意识,又有着跳出三界外的超越理念;他既有自觉的批判意识,又兼备广涵的包容情怀;他始终关注下层百姓,流露出明确的民本思想,但同时又体现出浓郁的文人的清高孤傲的志趣;他既刚健不息地以不断创作来书写自己的人生追求,而又如此的悲观悲悯甚至有些宿命。这些文化性格特点,我们都可从中国传统的文化血脉中找到对应之点。甚至可以说,贾平凹的文学创作从骨子里承续了更多的中国文化思想的精魂,与之有着一种血脉相承的内在关联性。

二、贾平凹与中国的文学艺术传统承续关联性

1. 文学艺术文脉及其传统

谈到文学艺术血脉传统,自然是源于上古神话。一种是社会历史神话,如炎帝、黄帝、蚩尤等;一种是人与自然的神话,如女娲补天、夸父逐日、后羿射日、精卫填海等。商代出现了系统的文字,使文学艺术书写成为可能。就成型的文学艺术而言,应当是东周,即春秋战国时期。一个是《诗经》,一个是《楚辞》。可视为中国文学艺术的两大源头,也可视为是两大传统。

同时,还有诸子散文,其中,最具文学艺术精神的是《庄子》。中国基本的文学艺术传统形式是诗与文,就此而言,《诗经》《楚辞》与先秦诸子散文则是奠基之作。

之后,汉代的汉赋,特别是《史记》,是中国文学的又一个高峰,史传传统于此完型。唐代李杜的诗歌、韩柳的散文,特别是李杜的诗歌,达到了光芒耀天的地步。宋代

的词与散文，以苏轼为代表的词的成就则是不可替代的。元代有了关汉卿等戏剧家及其《窦娥冤》《西厢记》等剧作，才使得中国的文脉得以延续。明清的小说，有四大名著支撑，其中《红楼梦》是一部堪称世界经典文学的集大成的巨著，也是对于中国古典文学艺术的一个归结。近代的那些文学只能算作是一种余韵变调，根本无法与《红楼梦》同日而语。

中国文学到了近现代遭遇到了现代性历史转换的境遇，而五四新文化运动则是一个爆发点，也是一个历史的拐点。陈独秀、胡适、鲁迅等激进派主张彻底否定中国传统文学。陈独秀《文学革命论》中言："曰推倒雕琢的阿谀的贵族文学，建设平易的抒情的国民文学；曰推倒陈腐的铺张的古典文学，建设新鲜的立诚的写实文学；曰推倒迂晦的艰涩的山林文学，建设明了的通俗的社会文学。"他心目中的文学标本是雨果、左拉、歌德、狄更斯、王尔德等。其间虽也称赞国风、楚辞、唐诗、韩柳等，但终因过度推崇西方文学，而给人的感觉是决绝的反传统，也可以说有些断中国文学艺术之脉。

于此，我特别要提到另一派人物，这就是以《学衡》为阵地的学衡派，其实还有甲寅派，甚至战国策派等复古文学派。学衡派代表人物有梅光迪、胡先啸、刘伯明、吴宓等，他们提出"论究学术，阐求真理，昌明国粹，融化新知。以中正之眼光，行批评之职事，无偏无党，不激不随"。今天看来，这是一种承续血脉而求新变思路。后来的文学发展，或欧美或苏俄，尤其是"文革"是一种断脉。中国的文学血脉未彻底斩断，与一批学者型作家的文学创作密切相关。

2. 贾平凹对中国文学艺术传统血脉承续分析

1949 年之后，出现了一批从古典文学中汲取艺术营养的作品，如《林海雪原》《铁道游击队》等。但是，这些作品主要是从艺术形式上加以汲取，而不是艺术精神上的传承，更不是文学艺术思想上的秉承。故此，内在精神的经脉并未连通。当然，也有一些文人学者于私下承续着中国传统文化精神，如陈寅恪、梁漱溟等。这样，才使得中国的文化思想与文学艺术血脉，虽然非常的细弱，但尚有一丝气息，而未彻底断绝。

80 年代后对于中国传统文学艺术血脉之赓续，终于得以成为可能。

贾平凹从 20 世纪 70 年代末 80 年代初，就开始了接续中国文学艺术传统血脉的探索。

其时，贾平凹与中国传统文学艺术的关系，学界有所感觉，但还没有人做系统的思考研究。比如，与老庄及先秦文学的关系，与史传文学的关系，与笔记文学的关系，与明清文学的关系，与书法绘画以及戏曲的关系，等等。

这里要强调的一点是，虽然 20 世纪 80 年代中期兴起了"寻根"，文坛那时对贾平凹从中国传统文学艺术中寻求新的突破的创作，有了一定的认识，但并未给予足够的评价。近年强调讲中国故事，中国传统文化与文学艺术前所未有的得到重视。贾平凹的文学艺术创作价值，也更加受到理论界的关注，但还未深究下去。

贾平凹自己说："我叹服过先秦的开放与深邃、博广，沉溺过魏晋的随心而述、神采飞扬，对汉唐的雍容与饱满，在一个时期里又充满了敬意。另外，我喜欢过'性灵派'文人，读过'笔记小说'，感慨并忘情过元的戏曲及明清的叙事小说。""中国的古代文学,每一个时期的,我都多少浏览过,每一个时期都有我爱的人和作品。不属于东方美学范畴的外国作家,我没有条件系统地去了解,读得是支零破碎的。”

从相关的贾平凹的自述与研究资料中可以看出,贾平凹阅读了许多中国古代文学艺术经典著作。

他读过《古文观止》,浏览贾谊的《过秦论》,读过《今古贤文》,还读了汉赋唐诗宋词元曲、《史记》《中国通史》《西厢记》《梁山伯与祝英台》《浮生六记》《翠潇庵记》《闲情偶寄》《洛神赋》《西游记》《素女经》《水浒传》《红楼梦》《金瓶梅》《聊斋志异》等等。其实还应包括《易经》《道德经》《庄子》《孟子》《诗经》、楚辞,以及《山海经》等等。

这里应当提到,贾平凹系统地阅读了王国维的文集。王国维是中国文学艺术从古代转向现代的一位极为重要的承前启后的人物。在他的身上可以看到更多的中国传统文学艺术精神的延续。我想贾平凹读王国维,其实也是在从中探寻中国现代与古典的一种内在的承续文脉。

由此不难得出,贾平凹的文学创作,沿着中国文学发展的历史神脉,在各个时期都有所汲取,这就是:先秦的开放与深邃、博广,魏晋的随心而述、神采飞扬,汉唐的雍容与饱满,两宋的忧愤与旷达,明清的性灵与通透。

换言之,贾平凹的文学创作艺术中,蕴含着史传传统、笔记传统、志怪传统、传奇传统、世情传统等。如早期以《商州三录》为代表的笔记体、以《废都》为代表的世情小说,特别是《秦腔》之后,他由情趣于明清而喜爱起汉唐,包括史传传统,以及《老生》的对于《山海经》的吸纳、《极花》的对于水墨画的借鉴,等等,他似乎做着为整个中国文学艺术传统培根固本的工作。是否由此可以认为,他是在打通当代文学创作与中国传统文学艺术的经脉。说起来容易,但是要真正做起来,那是非常难的。这要求作家有一种涵容中国文学艺术历史及其传统的胸怀与精神。关于贾平凹的文学创作,大家评说得非常多,但对于他与中国文学艺术传统血脉的承续方面,谈的还是比较少的。即使有,大部也是片段式的。

贾平凹还是文人书法家、画家。贾平凹的书法,我用“拙朴敦厚之中透露着一种灵性之气”来概括。关于他的画,我曾写过一篇短文,其中有一段概括性的论述:

> 贾平凹的画,与其说是在绘形,不如说是在写意。其画笔法拙朴,藐似稚童涂鸦,其内里则蕴含着一种智极则愚的灵性,简约之中,留下了无限的意蕴空间,任观赏者去自由想象。他的画多无背景,虚出大片空白,溢出画外,与天地相连,人、物置于其间,犹融入大化之境,真元之气聚于一端,实乃作者信马由缰神游梦幻虚境之精神意象也。故贾平凹的画多为随意而作,率性而为,情之所至,笔随心动,意丰而画瘦,神灵而形拙。贾平凹画的审美追求,我则以为是:虚空,意趣,性灵,拙朴。这正是承续了中国水墨画、文人画的传统。

贾平凹在书法、绘画当中,感悟体验着艺术表达的真谛,并将书法、绘画的艺术表现方式,融会到了他的文学创作里。不仅如此,他还对中国的戏曲有所研究,把中国的戏曲表达方式也吸纳进他的文学艺术创作之中。总体来说,就是写意性、表现性、空灵性与情趣性。

贾平凹的艺术思维也是从中国文学艺术传统中汲取了基础的营养。它是一种意象思维,这也是中国文学艺术的一种基本的思维方式——重精神、重情感、重整体、重气韵、浑然茫然的思维。他所追求的是,艺术家最高的目标在于表现其对人间宇宙的感应,发掘最动人的情趣,在存在之上建构其意象世界。正因为如此,他是以实写虚、体无思有。

他在 2012 年接受我关于《带灯》的访谈中说:

> 中国人他有中国的特性,就是中国人的文化,中国人的思维。中国人的思维他和别的地方的人的思维还是不一样的。它那是一整套的,所以说中国有它固有的那一套。那一套肯定要有变化,到现在肯定它要变化,但它最根本的看问题、思考问题的那一种方式那还是与其他不一样。所以说,你尤其看古典文学,它古典不仅仅说是形式方面,我主要讲的是思维方式,它主要是混沌来看、整体来看一些问题,它看的不是局部的具体的,或者说都是意象性的东西多。《易经》它老把话不给你说直接明白,老是给你绕,用别的事情来说这个事、比喻这个事、意象这个事,都是意象性的。

贾平凹四十多年的文学创作实践,致力于中国文学艺术血脉的承续与发展。尤其是 21 世纪以来,他似乎更为自觉地在进行打通中国文学艺术脉络的探索。这是一种精髓的传续,而不仅仅是艺术思维方式的延续。在他的身上凝聚着一种中国文学艺术的精魂。也许正因为如此,他的文学艺术创作才始终深深地根植于中国文学艺术传统沃土之中。因此,他不仅是用中国的方式表达世界的东西,而且是用中国文学艺术精神在观照世界,以创造出中国作家自己的文学经验。所以,贾平凹用中国的文学艺术思维方式与艺术精神,来叙述中国故事、观照中国的现实历史,并非始于《秦腔》及其之后,而是于 20 世纪 80 年代初就已经开始了探索与尝试。

三、贾平凹与中国的文人文化人格传统的关联性

1. 文人文化人格文脉传统

对于文人,我觉得应有如下品格品性:

独立人格与独立价值立场,丰厚之思想与创造之精神,恪守气节与担当道义,坚定之人生信念与爱悯之人道情怀。还有,不容忽视文人所具有的情志才识、意趣个性,以及性灵之气等。

做到如上几点,就是具有文人的人格,做不到就是缺乏文人人格,做不全就是有缺陷。

就中国的文人文化人格建构来说,自然儒、释、道都是中国文人文化人格建构的基

本文化思想基础。但是具体到具有相对独立的文人身份而言,我觉得庄子、屈原、司马迁、李白、杜甫、苏轼、曹雪芹等,他们以或道、或儒、或佛为主调,而又将三者融会贯通,形成了一条文人文化人格建构的承续血脉。就文学创作而言,进入现当代以后作家的文化人格脉象比较弱,尤其是当代的作家。但并未断绝,如鲁迅、沈从文等人身上还较多地存活着中国文人的品格基因。

这里随便说一下,在民国时期的大学里,有一批致力接续中华民族文化人格血脉的人,他们是文人的一种特殊类型,这就是学问家,但不是纯粹的作家,如王国维、梁启超、陈寅恪、刘师培、黄侃、刘文典、熊十力等,以及后来的钱穆、钱锺书、牟宗三、梁漱溟等。章太炎则是一位国学大师奇人,许多人都是他的门生,包括激进的鲁迅、钱玄同等。

2. 贾平凹与中国传统文人人格建构关联性分析

贾平凹的文化人格,不仅是农民与作家、农民文化与城市文化的矛盾建构,而且还有现代人文知识分子、中国传统的士文化以及儒、释、道等宗教,或者带有一定宗教色彩的文化精神。可以说,他是古今中外多种文化思想相交融、相矛盾的结构体。正因为如此,于他的文学创作中,常常是爱与恨、美与丑、雅与俗、保守与激进、适应与不适应、孤独与悲愤、焦虑与超越等交织混合在一起。

贾平凹作为一位文学家,在他的文化人格建构中,古代的庄子、屈原、司马迁、陶渊明、李白、杜甫、苏轼、曹雪芹,甚至包括“三袁”(袁宗道、袁宏道、袁中道)等等,对他都产生了非常大的影响,其中影响最大的是苏轼。

他在《极花》后记中说:

“人格理想是什么,如何积累性、群体性的理想过程,又怎样建构文学中的我的个体?记得那一夜我又在读苏轼,忽然想,苏轼应该最能体现中国人格理想吧,他的诗词文赋书法绘画又应该最能体现他的人格理想吧。

“还是那个苏轼吧,他的诗词文赋书法绘画无一不能,能无不精,世人都爱他,但又有多少人能理解他?他的一生经历了那么多艰难不幸,而他的所有文字里竟没有一句激愤和尖刻。他是超越了苦难、逃避、辩护,领悟到了自然和生命的真谛而大自在着,但他那些超越后的文字直到今日还被认为是虚无的消极的,最多说到是坦然和乐观。真是圣贤多寂寞啊!”

苏轼是怎样一个人呢?这是一个天才、一个全才、一个具有典型的中国古代文人文化性格的儒士。

苏轼其诗、词、赋、散文、书法和绘画等,均可说是独树一帜,他是中国文学艺术史上罕见的全才,也是中国数千年历史上被公认文学艺术造诣最杰出的大家之一。其散文与欧阳修并称欧苏;诗与黄庭坚并称苏黄,又与陆游并称苏陆;词与辛弃疾并称苏辛;其画则开创了湖州画派。就这么一位旷世奇才、文豪,其命运并不如意,可说是历经劫难。

为何如此呢?

宋代《元城先生语录》云:“士大夫只看立朝大节如何,若大节一亏,则虽有细行,不足赎也。东坡立朝大节极可观，才意迈峻，惟己之是信，在元丰，则不容于元丰，人欲杀之；在元祐，则虽与老先生议论，亦有不合处，非随时上下人也。”

苏轼既不容于新党，也不容于旧党，只是被理所容；他坚守道义大节而不随波逐流；他有旷世大才，却屡遭小人忌恨算计；他命运多舛，历尽人世间苦难，却得到了精神情感上的超越，感天地之悠悠，体人世间之甘苦，悟天地人之真谛大道。故此，苏轼非一帮小人、佞人，甚至所谓的混迹于世的才俊们所能望其项背的。也许，正是这多舛的命运，成就了他在文学艺术上的日月光辉，冶炼出了他的旷达高越的文化人格力量。

贾平凹所敬慕苏轼的，我想可能就是苏轼与日月同辉的人格力量和超世薄天之才性。

正是在独立人格与独立价值立场、丰厚之思想与创造之精神、恪守气节与担当道义、坚定之人生信念与爱悯之人道情怀、情志才识、意趣个性，以及性灵之气等方面，贾平凹与苏轼之间存在着相通之处，古今共情，绵延着中国文人的文化人格血脉。

总结

中国的文化思想与文学艺术的精魂血脉，凝聚为中国文人的文化人格传统。在中国几千年的历史发展中，中国的文化思想、文学艺术精神、文人文化人格，在不断地丰富发展中，形成了其精神标识，支撑着中华民族的文化自信。1840 年之后，尤其是 1910 年之后，中国的文化思想、文学艺术以及文化人格等受到严峻的挑战与批判，中国的文脉面临着断裂的困境，事实上也确实在现当代文化现代性历史转换中，危机频频，甚至有人意欲断其筋脉。

中国的现代文化思想与文学艺术，是以西方的文化思想与文学艺术为标本建构起来的，在某种程度或者某种意义上来看，对于中国的文化与文学传统进行了解构乃至疏离。尤其是 1949 年之后，这种疏离更为严重。就文学创作而言，或欧美或苏俄，中国的文脉已经极为细弱乃至断流。

贾平凹从 80 年代初始便开始意识到，应当从丰厚的中国文化与文学艺术中汲取养分，建立中国式的现代文学艺术。经过四十多年的持之以恒的不懈追求，可以说，贾平凹承续着中国的文化与文学艺术之脉，已经形成了他自己的中国式的文学艺术模态。并以自己独立的文学艺术姿态，实现着与世界文学的对话。在这里尤其应当看到，贾平凹在承续中国文化思想、文学艺术与文人人格血脉中所做的种种努力，其实已经表露出了一种于文学艺术精神上涵纳、融汇、贯通的气象。

这里借贾平凹在《极花》后记中引用的两句诗来作结：

“沧海何曾断地脉，朱崖从此破天荒。”

贾平凹也许已经破了天荒，而还未引起我们足够的重视。甚至连他自己也没有完全地意识到。

原载《文艺争鸣》2017 年第 6 期

论贾平凹对城市文化的文学叙述[①]

储兆文　韩鲁华

一、都市小说：贾平凹创作易被忽视的部分

贾平凹用文字建构的文学大厦，给人最深的印象就是，他只写自己最熟悉的生活，他文学空间的基础牢固地建立在他所生活的土地上，这就是他早年生长的商州和现在生活的西安。正如他自己在《高老庄》后记里所说："长期以来，商州的乡下和西安的城镇一直是我写作的根据地，我不会写历史演义的故事，也写不出未来的科学幻想，那样的小说属于别人去写，我的情绪始终在现当代。"[②]

贾平凹从1952年到1972年在故乡商州20年的生活，是他和他的文学生命的根，而从1972年至今（2012年）的40年，他生活在省城西安，西安是他和他的文学生命的第二故乡。

贾平凹从1973年开始在文学期刊上发表作品，1977年出版第一部小说，目前已出版各类版本的作品300余种，其中长篇小说12部。从他的12部长篇小说来看，其中8部以商州的乡下为背景，被评论界划归为"乡土文学"或"寻根文学"，其余4部以西安为背景，可以划归为"城市文学"或"都市文学"，这四部长篇小说分别是《废都》《白夜》《土门》《高兴》。从时间和小说数量来看，贾平凹的城市生活经历是他农村生活经历的两倍，而他的城市题材小说的数量只有农村题材小说的一半。所以，贾平凹通常被归入"乡土文学"作家的范畴，评论界对他的农村题材的小说评论较多，对他的城市题材的小说的评论相对较少，而把他的城市题材的小说综合起来的宏观评论则更少。

以《废都》为代表的四部长篇都市小说，是贾平凹在西安生活了20年后才动笔触及的题材。贾平凹从1972年进城以来，很长一段时间都以一个乡下人的身份生活在西安城里。这20年他虽然生活在城市，但他文学想象的空间却全是乡村的，在这些乡

---

① 本文系国家社科基金西部专项《当代文学的新乡土叙事比较研究》（11XZW019）的阶段性研究成果。

② 贾平凹：《高老庄》，长江文艺出版社2003年版，第357页。

村文学的空间里，城市至多是一个模糊的概念，他并未真正关心和审视过它。虽然贾平凹头20年的城市生活没有同步表现在他头20年的文学创作中，但这20年的城市生活并不是一片空白，而是成了他后来创作都市文学的文化记忆和生命体验。当他回过头来用文字构建都市小说的文学空间时，这些文化记忆和生命体验就一下子被激活，成了他构建都市小说的文学空间的主要素材。这样，他的都市小说中的文学空间就不再是模糊渺茫的海市蜃楼和缺乏根基的空中楼阁。

本文拟就贾平凹的四部都市小说对城市文化的文学叙述进行一番探讨，以突显其易被忽视的城市小说的创作成就及其文化价值。

二、城市空间、生命体验和文化记忆：西安城市文化的文字版

贾平凹四部长篇都市小说中的城市故事都是围绕着一个叫作"西京"的城市展开的，这个"西京"是贾平凹长期生活的现实中的"西安"的文字版，因此，很多时候这两者是二而为一的。从这个意义上来说，贾平凹小说中的西京城就是研究现实中的西安城的一个难得的现象学文本。

西安是十三朝古都，悠久深厚的历史文化积淀是它最大的特点，但历史文化积淀对于生活在其间的当代人来说，大部分是一种无形的存在，它保留在人们的想象中，是一种个人的记忆和集体无意识充盈在城市的整体氛围中。而城市历史文化积淀有形的物质载体，首要的就是各个时期残存或承续下来的建筑、符号、名称、风俗和人的行为方式等。《废都》展现了西京城里形形色色的被浓缩了的"废都"景观。从城市文化的视角来看，它既已成为西安城市文化的组成部分，也是解读西安城市文化的一个内容丰赡的文本。

《废都》尽管故事情节头绪繁杂，人物众多，反映生活面积广，但是对于城市景观文化的反映，主要是通过庄之蝶的活动路线渐次展开的。庄之蝶骑着那辆女式"木兰"摩托，穿梭往来于城市的大街小巷，在情节的推进中，城市的一道道风景不时穿插其间，钟楼鼓楼、城墙城河、商场酒店、寺庙道观、富人豪宅、平民陋室、东城鬼市、西仓鸟市、道北棚户、城南客栈……如此等等，一一展现出来。庄之蝶是西京四大文化名人之首，与之交往的有各色人等，但交往的缘由或多或少都与文化有一定关系，通过这个以文化为核心层的复杂而庞大的交往面，把庄之蝶与这座城市的角角落落勾连在一起。

《废都》是贾平凹的第一部关于城市的长篇小说，是他在城市生活了20年后，第一次用文字和心灵直面城市，把自己对城市及城市文化的体悟和盘托出，反映出他对承载着几千年古老文化的一座古城的所有爱与恨的纠结，道出了20世纪末一代知识分子内心深处对城市生活和城市文化的集体焦虑与理性反思，包含着知识分子社会批判、文化批判和自我批判的严肃内容。

如果说，《废都》里迷失在城中的庄之蝶及文化名人的生活代表着作者贾平凹对城市文化的感性体验的话，那么，书中的那个寓言般的角色——一头不会说话但却能

像哲学家一样思考的奶牛,则代表着作者对城市文化的理性思考。

小说中作者借牛的思考而直抒胸臆。在现代化的历史进程中,都市的每一步发展,都意味着对原先乡村田园生活的深刻颠覆。都市中形成的新的人际关系、新的道德价值观、新的生活方式,无论其合理与否,都会在传统知识分子的心理中引起激烈的抵抗。

在《废都》中承担着这种形而上的精神使命的还有唱民谣的老者以及以棺材为床、阴阳不分的牛老太太,他俩与那头哲学牛一起,共同揭示出作者冷静、理性、超越生活表层的创作意图,尽情展现了城市文化生态的种种弊端,以及知识分子精神家园的失落等。从三者的隐喻中,我们可以看到现实城市的真实与作者理想之城的碰撞,寓示着城市文化和城市精神的颓废与坍塌。

《白夜》是贾平凹在《废都》出版两年之后,于1995年推出的一部长篇小说。《白夜》中的城依然叫西京,可以在一定程度上看作是《废都》的续曲或姊妹篇。小说依然以城市生活为背景,作者将关注点从城市知识分子投向了普通市民。从《废都》到《白夜》,尽管人物主体发生了变化,但作品的主题是一以贯之的,这就是充分揭示商品经济大潮中当代中国城市人的精神异化状况。

《白夜》中反复出现的那把神秘的钥匙,寓意着漂泊在城市中的人们希望找到自己的家,启开自己的家门,也希望启开相互熟悉又相互陌生的都市人之间彼此的心门。然而,主人公夜郎白天的生活像是在城市的现实中夜游,晚上的夜游又像是在白天的生活中找寻。他把女友颜铭带血的毛巾当作"一个男人的得意之作,更是一个纯真处女的证明"带回,晾在自己借居的大杂院中,他"宣布在这个城市里,他什么也没有,但他拥有了爱情;一切都肮脏了,而他的女人是干净的!"①。但他立即发现那个"纯真处女的证明"是假的,他的爱情被欺骗,他的女人不干净,他在这个城市里依旧什么也没有。他的那把钥匙没有启开城市的家门,也没有启开爱着的人的心门。

于是,那把神秘的钥匙从颜铭的脖子上挂到了虞白的胸前。内艳外素的虞白,激起了夜郎无穷的关于城市生活和精神世界的想象,然而,他们之间若即若离的鸿沟同样无法弥合,虞白的清高自处、小资幽独,又屡屡让夜郎蠢蠢欲动的心在自惭形秽中偃旗息鼓,两颗孤独的心始终漂浮在偌大的城市中而不能交融,那把希冀启开彼此心门的钥匙再一次失效。在小说所描绘的市井生活中,都市像一面打碎的镜子,充斥着迷离的碎片,游走在城市边缘或置身于现代城市生活之中的人们,既无家可归,又画地为牢。

在《废都》中,城市是一堆水泥。在《白夜》中,城市是一只搁浅的船,这座城"原本是一条河从中分开的,后来河水却干涸了,河面上修成一条大街,而为了纪念这段历史,城的围墙修建成了一个船形,这钟楼就筑成塔的模样,来象征船的桅杆了"②。这是夜郎从一段碑文上看到的西京城的历史,而在他眼里,西京城"哪里又像现代都市

① 贾平凹:《贾平凹文集:商州·白夜》,陕西人民出版社2008年版,第219页。
② 贾平凹:《贾平凹文集:商州·白夜》,陕西人民出版社2008年版,第271页。

呢？十足是个县城，简直更是个大的农贸市场嘛！”①。

然而，这个因水而建、以农而成的西京，土气里却隐藏着脱俗的大雅，滑稽的外表却建在悲壮的故事之上。竹笆街上的平仄堡宾馆，是从抱琴自焚的再生人的骸骨上建起的，“建筑师别出心裁，将楼盖成仲尼琴形”，“一段残酷的悲剧衍变成了美丽的音乐境界”②。

《白夜》对当代中国城市生活和城市文明的价值批判，更多地深入到人的精神层面和心理体验。一群生活在城市底层被划作边缘人的浮躁和落寞、惆怅和辛酸在城市的昼夜交替中起伏沉浮，亦真亦幻，极其微妙地展示了在白天的明朗中潜伏着黑夜的惶惑和无助，而黑夜和梦境的漫步却是白天现实生活被挤压后变形的偷安。不时突兀而出的诡异乖戾的情节，如再生人自焚、夜郎梦游、祝一鹤变蚕、目连戏等，使小说弥漫着一种阴郁迷离的神秘气息。但这种神秘直达人心，形外神内的象喻性，比起《废都》中老牛的直白议论和牛老太太的鬼话，更加晦涩荒诞，然而也更具诗意，更为深邃。

《土门》是贾平凹的第三部都市小说。小说主要表现乡村的城市化问题。乡村的城市化问题，是一个世界性的难题。池田大作认为城市建筑的高层化，是违反自然、违反人性的，它使人陷入不幸之中。③ 从中国当代此类题材的长篇小说创作格局来看，纯粹写农村的很多，主要写城市的也出现了不少，但从反映乡村的城市化过程、乡村如何走向城市以及怎样被城市侵吞这个角度来写的长篇，《土门》是极为独特的一部。

《土门》以第一人称梅梅的视角，借助女性细腻情感的逐层剥落，反映乡村城市化进程中各色人物的不同表现。由于城市化的触角不断延伸，乡村的没落不可避免。乡村中固有的家园正在消失，村民们随即也失去了精神支柱，漂泊感骤生，人们本能地去抵抗城市化的进程。而现代化的生产方式，带来高效的生产率，传统的小农生产、自然经济脱离了社会运行的轨道，被丢弃在历史的角落。一方面，城镇一体化的加速实现，生产资料的极度充盈，生活的日益丰富多彩，人们的生活质量提到了前所未有的水平，面对如此诱惑，乡村人在家园与物质的取舍上产生了动摇；另一方面，人在享受城市物质文明的同时，逐渐被异化，开始暴露出道德感的缺失、价值观念的沦丧等病症。

作者没有只站在农业文明的立场来批评城市文明，他对乡村和城市是双向批判的。小说中的城市和乡村都是残缺的世界，仁厚村的人物都是残缺的人物，如成义的阴阳手、云林爷的瘫、梅梅的尾骨等，都体现了这一点。

作者在双向批判的同时又在进行双向探索。《土门》像一个多层套叠的象牙球，既写了城市的文明，也写了城市的文明病，既写了乡村传统文化的魅力，也写了传统文化的丑陋，城乡的先进与落后咬合在一起。作者把这四个侧面展示出来，思考如何构

---

① 贾平凹：《贾平凹文集：商州·白夜》，陕西人民出版社2008年版，第271页。

② 贾平凹：《贾平凹文集：商州·白夜》，陕西人民出版社2008年版，第210页。

③ 池田大作，日本创价学会名誉会长、国际创价学会会长。曾在美国发表《成为人道的世纪——对21世纪的建议》讲演，对城市高层建筑提出尖锐批评。

建一种新的城市文明。作者在寻找人类最理想的文明形态，既有城市现代文明的优良成分，又有乡村传统文明的优良基因。作者在探索城市和乡村怎样克服自身的局限，取长补短，向更完美的方向发展，探索城市化进程中身处城市的村民的生存状态。范景全所说的神禾原上城乡两种理想并行同在的那幅图景，似乎就是一种理想的擘画。

《高兴》依旧是在写西安，是写农民工在城市的生存状态及对城市生活的期待。《高兴》中主角和中心人群虽然在身份上都是拾荒者，但是作家绝不是单纯地以展现这个特殊群体的鲜为人知的生活为目的，而是以此为切入点，举重若轻地为我们揭示了城市化进程中农民工的精神历程以及属于他们的一套生存哲学。

刘高兴最大的愿望就是能成为名副其实的城里人。这也是贾平凹对中国当代农民精神世界的深入探索。如果说中国城市化的进程在客观上召唤着农民进城，那么，对现代文明的强烈向往和践行则是他们精神上自觉开始城市化的标志。小说中有大量表现刘高兴不同于一般农民工的行为举止的细节，如吹箫。吹箫不仅仅是刘高兴精神上的需求，也是一种超脱的方式，它能使刘高兴忘却清风镇的贫瘠与落后，忘却城市生活的单调与乏味，在最肮脏的生活底层寻求自我心灵上的愉悦，它是刘高兴希冀成为有文化有素养的城市人的理想追求。正是这些文化元素的加入，使得刘高兴的城市生活的现实欲望得到精神上的升华，将拾垃圾者从维持生存的形而下的意义拓展至“出淤泥而不染”的形而上的境界。因此，衡量一个人是否为真正的城市人，并不在于户口是否在城市，而在于精神上是否具有城市文明的特质。

三、一座城市，四重体验：贾平凹都市小说城市编年史般的文化意义

从《废都》到《高兴》，贾平凹笔下的城市虽然同是西安这座城市，但是由于体验主体的变化，其眼中的城市也在变化。《废都》是以城市中知识分子的身份来体验这座城市，《白夜》是以普通市民的身份来体验这座城市，《土门》是以城中村村民的身份来体验这座城市，《高兴》是以农民工的身份来体验这座城市。实际上，作者是从不同的角度审视这座城市、体验这座城市的。上至城市中的精英，下至城市中的农民工；上至文物古迹，下至每一条小巷；上至五星级饭店的鲍鱼鱼翅，下至农民工日常生活中的一碗面条……作家从方方面面、角角落落，建构着这座城市的建筑空间、文化空间和城市生态，更为主要的是展现了这座城在新旧交替时期的变迁和乱象，以及人对城市的感知、体验和记忆。

城市与文学都是人类的创造，都是文化的载体和成果。文学创作是一种特殊的精神活动，但它不能脱离外部世界与外在关系而独立地生发和存续，城市就是它与外部世界多种关系中的一种，文学描绘城市，城市不仅仅是作为情节背景而呈现出的一种客观的地理场景，更是被人物主观思想所建立和叙述的一种意识形态式的主观存在。作为主体的人，对于城市空间的体验不仅仅是被动的感受，更有主动的建构，并以自身的文化背景和生活经历叙述着城市的面貌和精神。

在城市史和文学史上，城市与文学的双向互动与生发，从来就不乏经典的案例。近代以来的西方一批文学大师，如狄更斯、萨克雷、巴尔扎克、左拉、德莱塞、陀斯妥耶夫斯基等，与他们所生活和描绘的一批国际名城伦敦、巴黎、纽约、莫斯科等相互成就，交相辉映。同样，在中国，老舍之于北京，张爱玲之于上海，贾平凹之于西安等，都具有相互因借、彼此生发的价值和意义。

从时间维度上看，文学与城市之间的关系越往后联系越为密切。在城市产生的初期，乃至于整个古典时期，城市功能和内部关系相对单纯，文学与城市之间的关系相对疏远，而到了近现代，城市量的扩张和质的丰富复杂以及人们对城市的认识大幅提升，城市与文学的关系则越来越密切。在西方城市迅猛发展和向近现代转型之际，城市文学同步发展和转型。在长期以农业为基础的中国，近现代意义上的城市和城市文学的发展相对滞后。但这种状况随着中国城市化进程的提速和步入城市化国家而后来居上。80 年代以后的中国，城市日渐成为整个社会生活的中心，并在 90 年代占据主导地位。在此种局面下，当代城市文学在 80 年代开始崭露头角，出现了大量的反映城市生活的文学作品，此后，城市与文学日益向纵深之处发展，并在 90 年代形成了对城市生活的全面观照。①

北京大学陈平原教授说："同一座城市，有好几种面貌：有用刀剑刻出来的，那是政治的城市；有用石头垒起来的，那是建筑的城市；有用金钱堆起来的，那是经济的城市；还有用文字描出来的，那是文学的城市。这些文字建构起来的都市，至少丰富了我们的历史想象与文化记忆。""在某种程度上，我们所极力理解并欣然接受的'北京'或'长安'，同样也是城市历史与文学想象的混合物。""我一再坚持，必须把'记忆'与'想象'带进来，这样，这座城市才有生气，才可能真正'活起来'。"②

文学是城市文化中的一个组成部分，而且是更高层次的精神现象。美国学者理查德·利罕（Richard Lehan）建议将"文学想象"作为"城市演进"利弊得失之"编年史"来阅读，"这种阅读还关系到理智的以及文化的历史：它既丰富了城市本身，也丰富了城市被文学想象所描述的方式"③。

然而，具体到作家、作品与特定的城市来说，不是所有的文学作品都保留了城市的记忆和想象，都能让城市活起来并当作城市的编年史来阅读。那么，什么样的作家、作品才具有这样的担当和禀赋呢？

纵观中国当代作家，大多是从乡村走向了城市的，作家与城市的关系是无法人为地在短时间内建立起来的。复旦大学陈思和教授说，一般来说，能够成为某座城市文化的标志性品牌的作家，要具备三种条件：其一，必须长期居住在一个城市里，并且留

① 蒋述卓，王斌：《城市与文学关系初探》，《广东社会科学》2001 年第 1 期，第 149 页。
② 陈平原：《文学的都市与都市的文学——中国文学史有待彰显的另一面相》，《社会科学论坛》2009 年第 3 期，第 32、35 页。
③ ［美］理查德·利罕：《文学中的城市：知识与文化的历史》，吴子枫译，上海人民出版社 2009 年版，第 289 页。

下许多实在的事迹可以供人瞻仰;其二,他的创作风格必须与这座城市的文化风俗、美学风格相吻合,并且仅止于这座城市的风格;其三,必须经过较长时间的检验而在公众中获得信任,如老舍的创作于北京的城市文化;张爱玲的创作于上海的城市文化。①

刘宁、李继凯认为,贾平凹是当代西安作家中对西安城市文化发展做出的贡献最大的。他们对贾平凹为西安城市文化所做出的贡献概括为以下四点:一是努力传承长安传统文化;二是艺术展示的民间鬼巫文化;三是深入反思现代西安城市文化;四是独立观照西安人的文化人格。②

贾平凹以《废都》为代表的四部都市小说,对西安城的描绘既有大的总体轮廓的勾勒,也有局部场所的细腻刻画,既有共时性的空间再现,也有历时性的文脉叙述,既有对城市现状感性的体验和记忆,也有对城市发展理性的反思和探讨。

《废都》《白夜》重点展现旧城的没落,《土门》《高兴》重点展现新城的扩张及异质群体的进城。在局部场所上,小说较少展现已经消失的帝王宫殿苑囿或其他大型遗址,而着意从民间的、市井的角度选取一些代代相传而今逐渐没落的街巷里弄。如东城的鬼市、西城的当子、专售旧风俗用品的城隍庙商场、专做锦旗牌匾的正学街、没有公厕的尚贤路、河南流民聚居的棚户区尚俭路普济巷、西城门低洼区双仁府街、城不城乡不乡的仁厚村、竹笆市、保吉巷、兴隆街等。小说还对西京城的内部私人空间,即小说中主要人物的家宅,进行了一系列细致的描摹。如庄之蝶的文联大院和双仁府老宅、汪希眠的菊花园街旧院的小楼、龚靖元的旧式四合院、唐宛儿租住的芦荡巷老式民居、阿灿的普济巷棚户、夜郎的“荒园”、虞白的“半园”、云林爷的三间土屋、梅梅的农村老房、刘高兴等租住的剩楼等。《废都》里还写到很多寺庙如清虚庵,《白夜》里写到民俗博物馆,《高兴》里写到锁骨菩萨塔,《土门》里写到场院墓地,等等。在呈现老城破败没落的同时,旧城改造和新城扩建使一批新的城市景观迅速崛起,如仿古街的修建,城河的疏浚,低洼区和城中村的改造,平仄堡宾馆、城市广场及大量高层楼宇的新建,等等。像西安这样的老城,经历了历史的沧桑巨变,在二三十年的高速发展中,新城和旧城,从空间上和文化上的交叉与重迭更为明显。可以说,它是一座古老农业文明的土木砖石和现代工业文明的钢筋水泥拼接而成的“双城”。这种拼接过程具有不可逆性,许多消逝的建筑物和建筑空间往往不可再生(如“鬼市”),而它们却镌刻着古城西安城市记忆,映射着古都西安独特的地域气质与丰富的人文情感。贾平凹的四部都市小说恰好以文学的方式为这二三十年“双城”的拼接过程而立此存照,成为保留西安城市变迁历史和文化记忆的载体。

城市作为人类为满足自身的生存和发展需要而建造的人工环境,其发展首先是一个长期的物质环境的建设过程,同时也是一个长期的文化积淀的过程。

---

① 陈思和:《城市文化与文学功能》,《同济大学学报(社会科学版)》2005年第2期,第44—45页。

② 刘宁、李继凯:《文化名人与西安城市文化发展初探——以当代三位西安作家为中心》,《人文杂志》2009年第6期,第91—92页。

贾平凹的四部都市小说中,《废都》《白夜》侧重于新型城市文化对古老农业文明之都的“拔根”式的冲击;而《土门》《高兴》侧重于被城市吞没的乡村文化“拔根”后如何在城市“扎根”的探寻。新城从旧城的肌体上长出,要真正实现“传统之城”向“现代之城”蝉蜕,所要经历的不仅是有形建筑物的拆除与保留、改造与新建的纠结与权衡,而且牵涉到整个城市建筑文脉的存续与断裂,以及城市原有和新进居民的文化认同的改变与调整。在《废都》里,作者称“城市是一堆水泥”,主要着眼于城市缺少诗意栖居的有机生态,缺少生机和地气,缺少人的情义和温暖,只是冷冰冰的物的堆砌,古都在现代流行文化、享乐文化的冲击下,成了物种退化、精神颓废的渊薮。在《白夜》里,西京是“一只搁浅的船”,主要着眼于城市的古今变迁,着眼于其活力的丧失、气象的衰微。虽然着眼点不同,但人对城的心理感受是相通的。两部小说都写到城墙上幽咽哀怨的埙声,都有对城市让物种退化的议论(如《废都》中的老牛、《白夜》中不会逮老鼠的猫等),都有对魔幻现象(如牛老太的阴阳不分、再生人的故事等)的叙写,这些描写共同组成了作者对西京城的主观感知和生活体验。

《土门》中城市“像一个巨大的蜘蛛网”,城中村正在消亡,城市化浪潮袭来给城市边缘乡村带来的阵痛,被小说家捕捉并表现出来,具体而形象,这种感觉为城市的扩张和乡村的变迁留下了科学范围内无法存留的心灵史。城中村改造模式值得反思,承载着农业文明和世代相传的村社聚居形式,是特定的地理自然环境、生产生活方式、传统风俗习惯造就的文化形态,渗透着历史沉淀下来的集体智慧和文化偏好,反映着情感和心理的共同需要与共识的价值观,保存着社会日常生活的记忆和意境上的联想,具有维系历史传统和社会关系的稳定性与凝聚力,而现代城市在物质、技术上优越的同时所造成的归属感的悬空和人际关系的疏离,正是物质和技术上落后的乡村可以补偿的。采用单一的连根拔起式的城改模式,在拔除了乡村落后面的同时,也拔出了它可以补偿城市不足的优势,在建立起城市优越性的同时,也带来了乡村所不具有的城市病。因此,《土门》中作者所提出的新型城乡区的设想——神禾塬的模式,是一个值得借鉴和进一步探索的有价值的议题。

《高兴》关注的主要是城市的社会空间。《高兴》和前面三部小说稍有不同,它对城市的建筑和物理空间的描写较少,它重点叙写人对城市的感知,即以刘高兴为代表的农民工在城市的生活状况以及他们的生活体验和城市梦想。

城市空间中的社会空间的主体是人及其关系。城市的社会空间在刘高兴进城前就已形成并稳定的存在,刘高兴作为来自与城市社会空间完全不同的农村,他是这个空间的陌生者,他用陌生人的视角观察、感知城市,用农村人的诚实、聪明、乐观、幽默和坚强,与城市磨合,他要在城市找到归宿感。但是城市并没有接纳他,刘高兴与城市之间一直是彼此的陌生者。因此,人的城市化,并不是进入城市就是城里人,它比《土门》中的仁厚村的物质空间的城市化要难得多。不仅进城的农民自身存在着身份转变、生存空间和文化心理调适等问题,而且城市更面临着接纳异质群体的制度准备和管理方式修正等一系列问题。

从贾平凹的四部都市小说中，我们可以看出贾平凹对西安的多角度描绘，并通过活动在其中的各色人物和情节的的叙写，表现了对城市的不同体验，其中交织着历史与现实、物质与精神、城市与乡村、困惑与出路等多重矛盾的展示，为我们理解人们对城市的期待和探索城市的未来，提供了丰富翔实而又具体感性的文化样本和思考空间。

《浮躁》—《废都》—《秦腔》的叙事演变

冯 阳

小说是叙事的艺术，叙述创新是小说的生命。贾平凹在不同的作品中，不断地挑战自我，尝试着不同的叙事形式。本文以《浮躁》《废都》《秦腔》三部小说为焦点，来透视贾平凹小说的叙事演变。

叙事是属于艺术的形式问题，它随着作家对人生体会的变化而变化。《浮躁》《废都》《秦腔》，分别写于1986年、1993年、2005年。三部作品分别反映了三十年间各个十年中国社会在发展中的问题焦点，这些焦点随着时代的推移而不断变化，从而为了适应它而引起的作为艺术形式的叙事的不断演变。

这三部小说分别都出现在了刚过去的三个不同的时代，代表了贾平凹小说叙事发展的三个层次。这是作家自我探究和艺术设定的结果，正如在1982年春西安"笔耕"文学组所召开的贾平凹创作讨论会上，贾平凹把自己的创作分为三个阶段，也称三种境界：第一境界是单纯入世；第二境界是复杂处世；第三境界是单纯出世。[①] 不同的人生境界，从而形成了不同的叙事形式。观照《浮躁》《废都》《秦腔》这三部作品，正好暗合了贾平凹小说创作的这三种境界。

一、《浮躁》：主体结构式

《浮躁》是一个里程碑式的作品，它是贾平凹小说创作艺术的一次大盘点。它把金狗、小水、雷大空、福运、石华、田中正、田有善、蔡大安、英英、英英娘、巩宝山、麻子铁匠、韩文举、七老汉、和尚等这些其短篇小说中闪亮的珠子，在这里串成一片，形成了能够反映一个时代的宏大系统的艺术结构，就像众多的溪流在这里汇成了江河，澎湃汹涌，成就了一个时代的精神面貌。

1. 传统的单线主体叙事

"《浮躁》就是力图表现中国当代社会的现实的，力图在高层次的文化审视下来概

① 费秉勋：《贾平凹论》，西北大学出版社1990年版，第212页。

括中国当代社会的时代情绪的，力图写出历史阵痛的悲哀与信念的。”[①]在这样一个写作意图的制约下，《浮躁》在主体上采取了单线叙事线索。简约地说，《浮躁》写了一条河、一个人、一对矛盾、一个信仰。

在这四个“一”中，人是核心。这个人就是金狗，金狗是《浮躁》的主脑，其他人物是由金狗生发出的：

（雷大空、福运、银狮等）
朋友
↑
（画匠）父亲
（铁匠麻子）岳父　长辈← 金狗 →有关系的女子（妻子小水、英英、石华）
（韩文举）　妻叔等
↓
对立面
（田中正、田有善、蔡大安等）
（巩宝山等）

一条河就是州河。在《浮躁》序言之一中，作者说“在这本书里，我仅写了一条河上的故事，这条河我叫它州河”[②]。这是金狗活动的自然舞台。一个矛盾，就是金狗集团和他的对立面之间的矛盾，就是邪和正的矛盾。同一个集团的内部的矛盾微弱，并且基本可以得到调和性解决。如金狗和福运、大空的矛盾，田中正和田有善、蔡大安的矛盾，等等。一个信念，就是正必胜邪。如金狗、小水对田中正的胜利，对巩宝山的胜利，等等。

单一的主体性叙事线索，使小说线条清晰，有条不紊，爱憎分明。但是这里的主体单一，并不是简单，而是单一而丰富着。

2. 围绕主脑的全息、立体、系统的叙事构建

《浮躁》写的州河，是能够反映时代气息的一条河；写的金狗这个人，是能够代表时代精神的一个人。《浮躁》力图表现出一个时代的存在气息和精神信仰，因此它把时代存在的鲜明特点，放在了一个全息、立体、系统的叙述结构中进行表现，这个系统主干分明，枝叶有序。

在州河这个大的生态系统中，以金狗为代表的年轻人是这州河上最躁动不安、充满着生命活力的时代存在，因此他们成为小说表现的重点。和他们同时存在的还有他们的父辈，作为对立面的田中正群体，以及不静岗的寺庙和沿河滋生的木楼、仙游川、白石寨、看山狗等山水风物。小说将其一层一层给读者展现出来，形成了一个全息、立体、系统的叙事世界。“如果用树木作比喻，《浮躁》写出的不是仅仅有丰姿个性的孤立的树，而是写出了树的特征与它的根系、土壤、气候及其他生长环境的联系，从而便写出了它的坚实性和生命力的外延特征”[③]。

---

① 费秉勋：《贾平凹论》，西北大学出版社 1990 年版，第 116 页。

② 贾平凹：《浮躁》，作家出版社 1992 年版，序言第 1 页。

③ 费秉勋：《贾平凹论》，西北大学出版社 1990 年版，第 120 页。

小说正是以控制的再现性写实的叙事笔墨，给我们展现了这个时代的脉搏，同时总结了这个时代典型的叙事手法，小结了自己此前的叙事经验，进而开启了对未来小说叙事的探索之门。

3. 多维叙事模式交织性总结

在“单线主体叙事”的骨架上，《浮躁》构建了一个全息、立体、系统的叙事体系，在此基础上，又总结式的纵横交错地运用了多维的叙事模式。

首先，在叙事结构上，《浮躁》运用了环形叙事模式。有两个核心环：一个是“仙游川—白石寨”形成一个叙事环，首尾相连；一个是“白石寨—州城”形成一个叙事环。两个环时不时地进行交叉，通过金狗、英英、小水的来回往复，形成套环式叙事，从而使整体在叙述结构上充满了张力，富于表现青年人的浮躁而充满创造力的生命存在。

其次，在叙事线索上，《浮躁》多层次地运用了明暗交织的叙事手法。在年轻人中，小说明写金狗，暗写雷大空。金狗线索非常清晰，雷大空线索时隐时现。在对立集团中，明写田中正，暗写田有善、巩宝山。在女性人物中，明写小水、英英，暗写陆翠翠、白香香。在时代青年中，明写金狗，暗写旅行考察者。明写俗世，暗写空世（和尚），等等。

再次，小说在叙事上采用了多维对比的叙事结构。田中正的邪和金狗的正的对比，小水的善和英英的猾的对比，韩文举的俗脱与和尚的脱俗的对比。并且在人物的叙事结构中，小说给我们展现了人物性格从一极到另一极梯度变化的对比序列，如女性人物就形成了一个丰富的性格对比系统：从小水的极善，到石华的邪侠，再到英英的猾隘，翠翠私卑，直至英英娘的奸恶，从而形成了一个个性分明的人物群落。

“《浮躁》是贾平凹创作历程上一部最重要的作品。它是平凹创作的一次大综合。”①贾平凹试图以既条理分明，又苍茫蕴藉、吞吐万物的总结式叙事结构来给我们构建一个全息的艺术世界，这是对往昔的总结，又是对未来的思考。

二、《废都》：散点蛛网式

贾平凹在《浮躁》的序言中，开启了《废都》的叙事思想，他说：“我是认真来写这部作品的，企图使它更多混茫，更多蕴藉，以总结我以前的创作，且更有一层意义是有意识在这一部作品里修我的性和练我的笔，……中西的文化深层结构都在发生着各自的裂变，怎样写这个令人振奋又令人痛苦的裂变过程，我觉得这其中极有魅力，尤其作为中国的作家怎样把握自己民族文化的裂变，又如何在形式上不以西方那种焦点透视办法而运用中国画的散点透视法来进行，那将是多有趣的实验！有趣才诱人着迷，劳作而心态平和，这才使我大了胆子想很快结束这部作品的工作去干一种自感受活的事。”②

① 费秉勋：《贾平凹论》，西北大学出版社1990年版，第116页。

② 贾平凹：《浮躁》，作家出版社1992年版，序言第4页。

散点透视是在焦点透视上的进一步圆熟。焦点透视是反映单纯人世的第一种境界所需要的叙事形式，而散点透视则是反映复杂处世的人生的第二种境界的方式。在叙事结构上，《废都》不同于《浮躁》的焦点透视，而是采取了散点透视。这和作家写这部作品的生命存在和人生感受是分不开的。《浮躁》写作时，作家是35岁壮年，写年轻人对生命的憧憬、奋斗和矛盾，是人生的第一阶段，因而采取了参与感受的单纯处世的主体结构式。而写《废都》则已是不惑的中年，处在人生激情后的沉淀期，进入到了生命的第二种境界，因而采取了散点透视进行叙事，呈现出了以下特点。

1. 多头并进，触角相连的多序性叙事结构

《废都》起笔于三条线索：孟云房、庄之蝶线索；收破烂者线索；周敏、唐宛儿线索。收破烂者线索是一个独立线索，它提醒读者世界的多维存在。

在文章开头，作者先隐写了庄之蝶线索，因为它要等唐宛儿线索在西京汇齐。所以起笔以孟云房为中心，进行了蛛网式展开。由孟云房引出夏捷、孕璜寺的智祥大师、清虚庵的慧明、赵京五；同时又另起一笔，写距西京四百里外的周敏线索，由周敏引出唐宛儿，从而来西京汇齐，在清虚庵连接孟云房和周敏，再通过孟云房线索连接周敏和庄之蝶，由庄之蝶引出牛月清、月清娘、柳月、阿灿，从而使三个散点之网，织成一片。再通过庄之蝶横向展开，贯穿汪希眠、龚靖元、阮知非、黄厂长线索，他们各自又织成一个完整的网，同时勾连成一张更大的网。

在这张大网中，又有四条线索纵向贯穿，形成独立的多维叙述。一是收破烂者线索；一是孕璜寺智祥大师、清虚庵慧明线索；一是老牛线索；一是月清娘线索。它们和故事主体的多维线索互相补充，又各自独立，多头并进，又主次分明。在整体上，《废都》“是基本视角与多个观察视角的交汇使用”①，从而构成了一个轻重缓急的散点透视的多层次棋盘式叙事结构。

2. 多时空的叙事时空

散点透视的多层次棋盘式叙事结构的构建，开启了《废都》多时空的叙事纬度。在《废都》中，小说尝试了从全息的生活流的多维视角进行叙述，如从不同的社会存在的层级进行叙事。有处于社会上层的市长、庄之蝶，社会中层的孟云房、黄厂长；下层的周敏、收破烂者，以及槛外人智祥大师，甚至动物视角老牛等。和男性对应的有女性视角，如市长夫人、牛月清、夏捷、唐宛儿、柳月、阿灿、阿兰、慧明等。有不同职业的视角，如市长、画家、作家、书法家、企业家、小公务员、编辑、保姆、农民、僧侣、收破烂者等。即使是无职业者，也是分层排列，如汪希眠老婆、唐宛儿、龚小乙等。从不同的年龄看，有月娘母亲、柳月等。

《废都》渴望从众多的不同视角，给我们尽可能地揭示出生活的全时空的存在。贾平凹与韩鲁华在《关于小说创作的答问》中说：“我最近写一些东西，《浮躁》里也牵扯到一些，里面不停地出现佛、道、鬼、仙等这些杂七杂八的东西。我是想从各个角度

---

① 韩鲁华：《精神的映像——贾平凹文学创作论》，中国社会科学出版社2003年版，第169页。

来看一个东西。譬如写杯子，我就从不同角度来审视。最近写的长篇我就从佛的角度，从道的角度，从兽的角度，从神鬼的角度等等来看现实生活。从一般人各个层面来看现实生活，这是必然的，不在话下。一句话，从各个角度来审视同一对象。”①小说企图从各个角度来审视生活的存在现实，从而给读者尽可能地构建了一个原生态的多维的叙事空间。

3. 隐显互应的叙事技巧

全时空的多维叙述线索的有序展开，得力于作者隐与显交互使用的圆熟的叙述技法。

首先，在整体结构上形成隐显互映。孟云房、庄之蝶、周敏、汪希眠、龚靖元、阮知非等的现实世界线索与智祥大师、月清娘、牛语的虚幻世界互相映照；在现实世界里，对孟云房、庄之蝶、周敏等的实写之笔又和对汪希眠、龚靖元、阮知非的虚写互相映照，从而形成了从隐到渐显，再到显的梯度叙述格局。

其次，线索情节的隐显埋伏。小说一开始写了两个好朋友种花，明写孟云房，暗写庄之蝶，这一明一暗，又为后面的周敏线索铺下伏应。在庄之蝶线索中，小说明写庄之蝶和孟云房、周敏的关系，暗写其和汪希眠、龚靖元、阮知非的关系。在写庄之蝶的女性关系中，明写庄之蝶和唐宛儿、柳月的关系，暗写其和景雪荫的关系。在写慧明时，明写慧明和孟云房的关系，暗写慧明怀孕，等等。对作为拓展性通线的牛语、月清娘、收破烂者，则采取了“纫线式”贯穿叙述，时而浮于文上，时而潜于文下。线索情节的隐显互映，时隐时幻，使小说在叙事上形成了扑朔迷离的审美境界。

再次，具体人物的隐显对比。小说善于把具体人物放在生活的网中，用一个链条串起来进行对比。如在两性关系上，用唐宛儿写三个男人，隐写唐宛儿的前夫，显写周敏和庄之蝶。在父子情上，明写龚小乙，暗写龚靖元。在男女视角上，明写庄之蝶，暗写阮知非老婆。在老幼视角上，实写庄之蝶，虚写龚小乙，等等。通过不同层级的人物隐显对比的书写，小说给我们勾勒了一个五彩斑斓的立体多维的形象世界。

4. 生活琐事的自然时序

贾平凹在《读稿人语》中有一段对话：“问：古镜未磨如何？僧曰：照破天地。问：磨后如何？僧曰：黑漆漆的。”②

作为反映生活的小说，应该按生活本身的样子去反映，这样才能洞晓天机。如果刻意雕琢，那只能成为瞎子。因而在《废都》的叙述上，小说遵循了生活流的自然时序。小说由一系列的生活的琐事构成，人物以自己为中心形成各个的蛛网的圆，这些圆在生活的时序中一疙瘩一疙瘩地向前流动，它们又织成更大的网。小说正是按照生活本身的自然逻辑，结构了《废都》的叙事。正如作者所说：“《废都》《白夜》无章无节，无序而来，苍茫而去，也是一种结构，亦是一种构思。”③“说平平常常的生活事，是

① 贾平凹：《坐佛》，太白文艺出版社 1994 年版，第 208 页。

② 贾平凹：《坐佛》，太白文艺出版社 1994 年版，第 95 页。

③ 冯有源：《平凹的艺术——创作问答例话》，上海人民出版社 1998 年版，第 123 页。

不需要技巧的，生活本身就是故事，故事里有它本身的技巧。”①

在《废都》的生活琐事的自然时序里，小说用了细密的生活素材，“尽量原生态地写出生活的流动”②，给我们更真更实更艺术地呈现了生活的自然生态，浩阔博大，汪洋恣肆，这正和作者的口味。贾平凹说：“我喜欢那些天地贯通却纵横汪洋的写法，搁得很开，收得很紧。”③

《废都》的小说叙事，开启了贾平凹小说叙事的新阶段，从而形成了其小说审美的新特点。韩鲁华先生总结说：“上个世纪90年代贾平凹的文学创作一个非常明显的审美特征，就是叙事上的原生态还原。”④按照生活的流，写出生活的汪洋恣肆，从而使《废都》的叙事有了浑茫苍远、纵横开合，又细密精致、体道入微的天地境界。

三、《秦腔》：飞鸟俯瞰式

《秦腔》的叙事是在《废都》基础上的进一步圆熟，可以说，作家在小说叙事上达到了自由的境界。从《废都》的有限的散点，到《秦腔》的任意生发，以至于无限的散点；从现实时空到超时空；从多条线索到无数多条线索；从散点的多个人物，到打破散点的众多人物。在这种不断的由多到更多的消解中，《秦腔》在叙述上给我们呈现了一个好似独立于所有的人、所有的事、所有的物之外的一只眼睛，就像一只飞鸟俯瞰大地。

这种飞鸟俯瞰式的叙事，来源于作者“单纯出世”的人生第三种境界。在《秦腔》里，作者怀着一颗童心，一颗赤子之心，静静地瞩目着清风街的人、事、物、果的生住异灭。由此产生了《秦腔》在叙事上的个性特点。

1. 泛叙事视角

在叙事视角上，《秦腔》综合运用了各种形式，并在小说文本中转换自如，游刃有余，形成了泛叙事视角的叙事观念。

小说开篇以第一人称引生视角开始叙事，这看似古老，实际上却开启了对第一人称叙事的新思考。在《秦腔》的第一人称叙事中，小说首先尝试了第一人称的直接陈述，一开始就是通过引生的自我内心剖析展开，这是第一人称心理独白视角；接着通过第一人称引生视角进行描述，说：“窑场的三踅端了碗蹴在碌碡上吃面。”⑤当然，在这里也包括第一人称的幻觉叙事视角。在第一人称直接陈述中，作者往往把独白和描述交替使用。再次，小说使用了第一人称视角。叙事人时而在事中，时而在事外，所有的当事人都在被观察的范围之内，包括“我”。如小说一开始通过引生的视角写赵宏声的药铺，叙述武林看病，夏天智让赵宏声写对联，武林勒掯夏天智出水，以及“我”对他们谈话的态度，都是通过引生的静观叙述出来的。在第一人称叙事中，《秦腔》时不时

---

① 贾平凹：《白夜》，华夏出版社1995年版，第386页。

② 贾平凹：《高老庄》，太白文艺出版社1998年版，第415页。

③ 冯有源：《平凹的艺术——创作问答例话》，上海人民出版社1998年版，第82页。

④ 韩鲁华：《精神的映像——贾平凹文学创作论》，中国社会科学出版社2003年版，第153页。

⑤ 贾平凹：《秦腔》，作家出版社2005年版，第1页。

的用第一人称转述的视角进行叙述。如乐师对刘新生敲鼓评价的话，小说用第一人称引生交代说是事后赵宏声告诉他的。另外，小说在第一人称叙述中，还运用了第一人称分身的传统写法，由一条第一人称视角，变为两条第一人称视角。小说在写第一人称引生时，经常是身在此，心在彼。如写“我”（引生）一边和丁霸槽斗狼吃娃，魂魄分身又去了果园看夏天义、刘新生一伙人敲鼓。通过人心理活动的多绪性，生发第一人称的多视角。这极大丰富了第一人称叙事的内涵。

在第一人称的叙述视角中，小说时不时地嵌入了第三人称叙述。如夏天智深夜给兄弟几个院子埋大力丸一节，先从夏天智视角写他与兄弟几个喝完酒回家，看见夏生荣在自家院子求寿；又从夏雨视角写夏天智埋药，再由夏雨把此事说给丁霸槽，“我”在丁霸槽那，从而又转入第一人称视角。这种嵌入式叙述，实现了“我视”和“他视”的互补，完成了第一人称和第三人称的自由转换。

在第三人称视角叙事中，小说尝试了从不同的小说人物视角进行叙事，从夏天义视角、夏君亭视角、秦安视角，以及庆玉、竹青、王老九、夏中星、狗剩、书正等，从而消解了第三人称叙事视角的主线。

在第一人称和第三人称称叙事视角之间，小说用了全知全能的隐叙事视角，这就在作为能够穿透时空、透视人物的引生的第一人称视角之外，小说还给我们呈现了一个好似把引生和一切都一览无余的视角。同时，小说还用了说书人叙事视角，时不时跳出来进行评论和发议论。这两种视角的运用，使第一人称和第三人称在交界处互相混同，又时而让作为第一人称的引生也发议论，从而形成叙事视角上的错觉。

《秦腔》正是通过这种多类型、多人物的叙事视角以及嵌入、混同、错觉的叙事手法，以小说文本的形式提出了泛叙事视角的叙事观念。从而使小说叙事视角，千眼一体，同时也带来叙事线索的深刻变化。

2. 淡化叙事线索

鸟瞰式叙事的特点是一览无余，要一眼看出所有的事物，交代出所有的存在，这是同一时空的多层次清晰呈现，因而在叙事视角上运用了“千眼”视角。对于叙事线索，则是淡化，这和一般的叙事明晰的线索正好相反，因为只有简单、单一或齐整的线索才是明晰的，这和“千眼”的复杂性是矛盾的。所以在《秦腔》中，小说采取了多种淡化叙事线索的手法。

首先，语句压缩，尽最大可能增加其信息量。如“窑场的三踅端了碗蹴在碌碡上吃面”，在这句话中，一连用了“端”“蹴”“吃”三个动词，本来是好几句话的语句，被压缩在了一起，一下给读者呈现了一个多维信息的完整构图，使读者应接不暇。一个压缩句子接着一个压缩句子，从而使读者在众多的信息丛林中迷失线索。同时，在这种句子里，一句话尽可能揭示出一个最完整的意群，下一句话又进入另外一个有大量信息的意群，这种意群又在极短的时间里迅速转换，从而进一步使叙事线索淡化。这就是在第一遍读《秦腔》时，我们总是一边感觉语句很有意思，同时又感觉很难卒读的原因。

其次，情节蔓衍，以地点为转移。《秦腔》是由白雪和夏风结婚、刘新生与陈星承包果园、天气大旱、312国道改造、夏天义下台、君亭上任、安变压器、抗旱、庆玉盖房、建市场、秦安生病、狗剩之死、中星当剧团团长、剧团义演、黑娥白娥奸情、英民破产、丁霸槽开酒楼等等一系列大大小小的事情构成,从这个情节蔓衍到那个情节,又从那个情节蔓衍到另外一个情节。随着时空的变化,地点不断地转移,情节不断地生发。细节上也是如此,延展生发,源源不断,又变化不拘,不可预知。如夏天义抗旱开闸后突然跳入渠中,引生突发奇想把自己身上的虱子塞进墙缝等等,好似庄子的卮言。在这种多事件、多情节的蔓衍中,消解了情节主线,从而淡化了叙事线索。

再次,泛角色叙事。《秦腔》的泛叙事视角和多情节的蔓衍,使每一个小说人物和其对应的每一事件,都构成了一个叙事中心,因此就形成了多个叙事角色,从而使叙事角色泛化。每一个角色以其为中心,构成一个叙事圈,众多的叙事圈聚拢在一起,互相衔接,形成一个整体。这种多圈形结构,消解了整体的叙事轨迹。在这种消解中,《秦腔》尝试了新的叙事逻辑。

3. 生活的事理逻辑

《秦腔》在叙事上把一个生活时段作为一个叙事的单元,整篇作品是由众多的单元构成,无章无节,浑然饱满。一天或由几个生活单元,或由一个生活单元构成,抑或几天构成一个生活单元,不断地向前涌动,构成生活的流。从而生活时段之间的事理逻辑,就构成了小说叙事的逻辑线索。

首先是自然顺序。《秦腔》在叙事上遵循了生活的自然时序,它书写着每一个坚实的日子。《秦腔》中说:“年好过,月好过,日子难过,这一天就这么过去了。”[①]它注视着清风街每一天发生的大事,如白雪和夏风结婚、刘新生及陈星承包果园、天气大旱、312国道改造、夏天义下台、君亭上任、安变压器、抗旱、庆玉盖房、建市场等,这些构成了日子的重点。同时又以赤子之心,关注着每一天发生的小的“趣事”,如夏天礼卖羊,上善唱秦腔,陈亮唱流行歌,刘新生以腹为鼓,狗剩拾粪,夏天智助学、埋大力丸,引生自责,以及菊娃与黑娥的泼、武林和陈亮的吃、三踅的“踅”、庆玉的奸、丁霸槽的横、戏迷的才等。小说把这些大事小事,按生活的自然顺序糅合在一起,一单元一单元地进行抒写,从而形成了《秦腔》的纵向结构。

其次是同一时空的多维空间存在性叙述。在横向叙事结构上,小说按照生活的共时性和多维性特点,力图叙述同一时空的多维存在,从而形成了多维空间存在性叙事的特点。如在夏天礼卖羊一节,引生和夏天礼谈话不快,去了他爹坟上;同时,夏天智在家睡觉,四婶收拾回门礼,东街口君亭和秦安为新生果园承包与群众争吵,天上打着雷,一朵云开始罩了南沟脑的虎头崖。从引生到他人,从村庄到天空,再到山上,小说给我们展现了一个外在自然的完整时空。不仅如此,小说还时不时地进行横向的内观叙事,探讨内部事物的内部空间存在,甚至超时空的共存。如夏天义在果园和上善、新生唱秦腔一段写道:“我瞧见了鼓在响的时候,鼓变成了一头牛,而夏天义在喊着,他

① 贾平凹:《秦腔》,作家出版社2005年版,第17页。

的腔子上少了一根肋骨。天上有飞机在过,飞机像一只棒槌。果园边拴着的一只羊在刨蹄子,羊肚子里还有着一只羊。"①小说从地到天再到地,给我们内观了鼓、夏天义、飞机、羊,从而形成了事物内在的空间存在。通过这种向外向内的多维空间的叙事,《秦腔》企图给读者展现一个极真的原生活空间。

再次是生活多维网状叙事结构。面对这多头绪、多时空的泼烦的日子,《秦腔》从事物存在关联性的生活逻辑出发,采用了多维网状的叙事结构。一件事牵连着另一件事,一个人牵连着另一个人,人和事又互相牵连,他们织成了一张天然的叙事大网。《秦腔》中说,"清风街的故事从来没有茄子一行豇豆一行,它老是黏糊到一起的"②。事物的这种自然存在的普遍联系,成了《秦腔》叙事的内在逻辑。在这种内在逻辑的指引下,小说进一步用意识流动的散漫性作为黏合剂,自然生发,把这多头绪、多时空的泼烦的日子,过渡得天衣无缝,既混沌苍茫,又自然天成。

造物的大自然让事物的所有都清晰地存在着,因为有了视角,从而使它变得模糊而单一。可以说,《秦腔》在尽力给我们还原自然的本色叙事。

---

① 贾平凹:《秦腔》,作家出版社 2005 年版,第 110 页。
② 贾平凹:《秦腔》,作家出版社 2005 年版,第 99 页。

贾平凹小说中现代意象群落的生成理路

樊　娟

摘　要:贾平凹不仅直接受意象思维的影响,还通过具体的艺术形式接受传神写意用法的启发,综合绘画与戏曲的技术及其背后哲学,使新的技法与世情、人物的现代之意相融合。因为有意进行意象的创造,贾平凹小说中存有丰富而驳杂的意象,形成了独特的现代意象群落。他并不满足传统意象的静态和谐,也不仅仅注重情景交融的意境营造,而是着力于在小说中对意象内在精神空间进行挖掘,即现代境界的开拓。因此,尽管有不同的序列与种类,但其样态的演变与转化还遵循着一定的逻辑,其中最重要与核心的演变路线则是,病态之意的推进与澄明之意的微显。总之,他小说中的意象样态已发生现代转型,组成中国式的现代意象群落。

关键词:贾平凹;小说;意象思维;现代意象群落;意象样态

杨义认为,意象属于叙事层面,"因此考察意象概念在我国诗文(主要是诗歌)发展史上的变迁,对于进行意象叙事的分析,是一种了解概念之原型的工作。由上述的考察可以领会到:(一)意象是一种独特的审美复合体,既是有意义的表象,又是有表象的意义,它是双构的、或多构的。(二)意象不是某种意义和表象的简单相加,它在聚合的过程中融合了诗人的神思,融合了他的才学意趣,从而使原来的表象和意义都不能不发生实质性的变异和升华,成为一个可供人反复寻味的生命体。(三)由于意象综合多端,形成多构,它的生成、操作和精致的组构,可以对作品的品味、艺术完整性及意境产生相当内在的影响"①。这说明意象有着丰富的意蕴。而具有创造性的意象,或者是作家选择了独异的物象,经过心灵的光辉焕发而成为其作品中的意象,或者在原有意象的基础上融入作家的独特体验,使其意义发生新的变异,这样意象的意义就会改变或提升。这与纯粹的叙事已有了差别,或者属于叙事中作家心意的闪光点与凝结点。贾平凹在小说中已经构建了现代意象群落,也足以构成独立的层面。因此,笔者还是将其从叙事中析离出来,对其影响资源与生成路线进行考证与辨析。

---

① 杨义:《中国叙事学》,《杨义文存(第一卷)》,人民出版社 1997 年版,第 275 页。

一、意象思维的影响与运用

贾平凹一直有对意象诗学的自觉追求,《浮躁》序言之二就说:“艺术家最高的目标在于表现他对人间宇宙的感应,发掘最动人的情趣,在存在之上建构他的意象世界。”他也形成自己特有的美学思维,倾向于笨笨的,整体的,有味道,不直接,不激烈的东方美学形态。这其实属于重综合的意象思维,他明确指出:“这个‘意’和‘象’,我学《易经》爱写‘仰观象于玄表,俯察式于群形’,仰头看天上的星辰日月就可以明白天地间的道理,这叫形而上,或者叫‘意’;再低头俯察,具体的式,猪猫狗的长相,桌子板凳的摆法,它那个法则又对应天上的象。农村人常说地上死一个人天上就要掉一颗星。”[①]可见,意象不仅有形而下的式,还有形而上的意义,两者兼具,才能够突破语言、叙事的层面,把人引入审美境界中。

而贾平凹不仅直接受意象思维的影响,还通过具体的艺术形式接受传神写意用法的启发。就戏曲而言,在生活表演化的过程中,也就是对“象”进行艺术加工,把日常生活中的说话、对话与动作等加以夸张,使它们具有音乐性、姿态美和明显的节奏,从而获得“意”上的审美效果。如饮酒、写信都是对人日常动作的虚拟,不是真喝、真写,遮袖表示下雨,划桨表示行船,扬鞭表示骑马,行船表示在河上,骑马表示在路上;四个龙套代替千军万马,一个圆场就走过万水千山。张厚载称之为假象意会的方法,“中国旧戏,向来是抽象的,不是具体的。六书有会意的一种。会意是‘指而可识’的。中国旧戏描写一切事物和物件,也就是用‘指而可识’的方法,譬如一拿马鞭子,一跨腿,就是上马。这种地方,人都说是中国旧戏的坏处,其实这也是中国旧戏的好处。用这种假象意会的方法,非常便利”[②]。余上沅则明确提出写意的说法,并认为“只要写意派的戏剧在内容上,能够用诗歌从想象方面达到我们理性的深邃处,而这个作品在外形上又是纯粹的艺术,我们应该承认这个戏剧是最高的戏剧,是最有价值的”[③]。而国画讲究的是自然与生命的化合,既不着力于对自然的单纯模仿,也不突出意的张扬。画家笔下的意与象是浑然一体的,这在贾平凹本身的画作里得到了承传与活化,成为更内在的影响。与其说他的画影响了小说创作,不如说画与文学共生。

在《古炉》后记中,他综合了戏曲美学与国画的哲学与技术,也结合西方现代派美术的思维和观念,总结了其中的影响与变异,“看似写实,其实写意,看似没秩序,没工整,胡摊乱堆,整体上却清明透彻。比如,怎样‘破笔散锋’。比如,怎样使世情环境苦涩与悲凉,怎样使人物郁勃黝黯,孤寂无奈”。他从绘画与戏曲的技术及其背后哲学中学到了意象的技法,同时又打乱重组,使新的技法与世情、人物等的现代之意相融合。

因为有意进行意象的创造,贾平凹小说中存有丰富而驳杂的意象,形成了独特的

---

① 孙见喜:《贾平凹前传》第3卷,花城出版社2001年版,第250—251页。

② 张厚载:《我的中国旧戏观》,《新青年》第5卷第4号,1918年10月15日。

③ 余上沅:《旧戏评价》,见《余上沅戏剧论文集》,长江文艺出版社1986年版,第154—155页。

意象群落，群落里又有不同的序列，序列间充盈着复杂的意蕴。可以说每一部长篇小说都是一个意象群落，下面就以几部代表性的长篇小说为例，对其中各类意象的生成进行梳理。

二、现代意象群落的序列

具体到每部小说而言，一部小说一般有一个总体意象，同时还是同一系列意象群落的集成。而总体意象与个别意象都有自身的生成过程。“废都”意象首先是源于西安这一物象，川端康成的“古都”也启发了作家。那么到了《废都》，首先被激发的意义就是废弃的都城，这正映照着西安的前世与今生。同时小说不仅从中国格局中看西安，也推衍至地球格局中的中国，宇宙格局中的地球，这样的废都意识也就成了宇宙意识。庄之蝶的名字本身就有幻化感，预示着他的命运走向。他就是个废人，是废都中最有废都气象的人。孟烬的名字也有此意味。以花比喻美女，是中国文学中早有的传统，且已成为常识，并不稀奇。而四朵奇花因杨玉环墓地的土而活，历史要借花还魂，而后花又被烧死，隐喻着历史随之幻灭。四个太阳里汇聚着神话传说的信息，同时也有对中国转型期精神状态的解释，在从权威解体到多元共存的转向中，人的价值观出现了混乱。传统的体制、观念、文化等都要接受考验，或者说正在走向衰败。牛是源于农村的物象，不再耕地进城当了奶牛，牛的命运也改变了。作家用心塑造奶牛这一意象，它的觉悟固然有些突兀，但在山野文化的参照下，更显出城市文化的颓败。在众多意象中，这一意象显得尤为显豁。埙是一种古乐器，作家发现了这一乐器，并将埙的土音糅进幽怨的情感，在呜咽的诉说中，声音也作为一种意象出现在小说中。而求缺屋是殉情之地还是罪恶之穴呢？也许两者兼有吧。虽然意象有种类上的差异，但是象与象之间是相互衬托、相互引申的，有着共同的精神指向，那就是精神上的废弃与颓败。而意与象之间也是浑然一体，相互交融，共同营造出废都的精神气象。因此，题目本身就是整体意象。而废都不仅有时间上的意味，也有空间上的意味，也可称作空间意象，构成具有现代精神特质的意境，与静态和谐的诗境迥别。

《高老庄》这一题目很显然受到《西游记》的启发，其中的高老庄是猪八戒曾经入赘的那个庄子，名字本身就有老古的意味。这是猪八戒取经路上的一点念想，成为维系他情感的根基所在。这是看到这一题目的第一反应，自然形成这部小说的文化背景。作家还是将陕南的乡村化入高老庄，融会为自身的高老庄。而子路的回乡之旅其实就是一种发现，高古的村庄发生着裂变。在现实层面，有工业化发展与自然资源破坏的悖论；在自我层面，有人种退化与精神退化的担忧；在超验层面，有对人类命运的关怀与迷思。这样高老庄就有了丰富的现代意味，成为这部小说的总体意象。而白云湫作为神秘之地，属于小说中的超验意象，虽然物质层面的痕迹较为匮乏，但有带着小说进入神秘领空的意图。这一意象就不是使具体的表象带有一定的意味而获得，而是想象与幻想的意味更浓一些，不再是对某个记忆点的再现，而是许多表象经过虚构创造而成的。这也包括白塔的意象，其中有不可解释之处，神秘意味浓厚。而白塔作为风水意象，是非常中国化的，由佛塔而来但已经世俗化。按高老庄人的理解，白塔一倒，邪气挡不住，高老庄得癌症的人就逐渐多起来。而白塔能够镇住从白云湫冲过来的邪气，蔡老黑才想借修建白塔来收揽人心。风水的好坏与人的生命健康与否建立起神秘的联系，这也与意象思维的影响有关，不好一概否定。在与王文龙、苏红修建学校的对垒中，蔡老黑修建白塔却明显处于下风。这也是传统神秘文化与现代文明之间的较量，在两者博弈时，现代文明占了上风。飞碟这一现代神秘元素是作家有意叠加的，只是从审美效果上来讲还有些游离。石头的画源于西安画家陈云岗的双胞胎儿子陈龙门与陈敦煌的画，他曾专门作文解读过他们的十幅儿童画。作家是在敬畏小儿，也是为了追寻生命的本原思维，这与人类的原始思维极为相似。在《废都》里声音意象是以埙音来承载，这里则是迷糊叔的胡琴声，沉郁的情感色调略有区别，但都是作家内心的苍凉与苦楚在声音上的反映。胡琴声与丑丑花鼓词也相辅相成，在小说中不断出现，既有回环往复的旋律波动，也有意义上的层次感。在花鼓词中，白云湫、倒流河是自然中的神秘意象，家无三代富，清官不到头，则是对现实的超脱。这是作家不断脱离现实中的纠缠，从实入虚的接口。但是白云湫仅有神秘意味而无神明意识，还无法承载起作家的精神星空。

《怀念狼》中的狼是来自商洛山区的物象，经过贾平凹心灵的光辉焕发，成为其小说中的意象。从寻找狼到猎杀狼，最后又怀念狼，狼的意象已发生变迁，原有的内涵也不同程度发生改变。在固有通常的观念里，狼是凶残的，是作为人的对立面而存在的。作家挖掘出狼与人的相互依存，对原有观念产生质疑与扭转。狼已经不是人的祸害，已从人的对立面转为与人共处的参照面。不仅如此，作家还认为当野性失去的时候，人性是值得怀疑的。意象变化的背后是现实的变迁与理念的转变。追踪意象改变的轨迹，可以发现历史与现实相纠结的地方。作家在小说中既保留了狼的邪恶一面，更揭示出狼与人的相生相伴。寻找狼是将狼作为怀旧的对象，而这种怀旧实际上也是世纪末情绪，通过怀旧来传达真情，即一种真情的假相与空想。一旦进入到实践层面，保护狼的意图虽然还在，但捕杀狼又会不可避免。人逐渐侵犯野兽的空间，使得其生存空间日益狭窄，灭绝也就近在咫尺。小说大量写了生态失衡后的惨烈景象。人是在对狼的恐惧中变得野性与强大的。而狼没了猎杀，就没了威胁，也会自杀、会生病、会萎靡不振，生命力也不会旺盛。所以这里就引申出生态的意义与主题，“任何希望在地球上生存的生物都必须适应这个生物圈，否则就得毁灭。环境危机就是一个标志：在生命和它的周围事物之间精心雕琢起来的完美的适应开始发生损伤了。由于一种生物和另一种生物之间的联系，以及所有生物和其周围事物之间的联系开始中断，因此维持着整体的相互之间的作用和影响也开始动摇了，而且，在某些地方已经停止了”①。狼这一意象的意义还在追加与递进。狼的健全与勇敢还与打狼英雄傅山的阳萎形成有意味的对照，这其中还隐藏着作家的隐秘心理，即对野性生命力的追求与怀

① ［美］巴里·康芒纳：《封闭的循环——自然、人和技术》，侯文蕙译，吉林人民出版社 1997 年版，第 7 页。

念。“人是在与狼的斗争中成为人的，狼的消失使人陷入了慌恐、孤独、衰弱和卑鄙，乃至于死亡的境地。怀念狼是怀念着勃发的生命，怀念英雄，怀念世界的平衡。”①这是狼意象在意义上的迭现与演变。小说中还有狼与熊猫意象的相互映衬，狼的野性、凶猛和勃发的生命力，愈发显出国宝大熊猫的委顿与娇弱。这在《废都》中已有所呈现。而到了《古炉》中，狼性甚至还高于人性。人在相互斗狠，而狼群却为了追悼家族最大的老狼而置武斗后的古炉村人于不顾。意义越丰富，意象就越显豁或凸显。正因为“狼”有这么多丰富与多变的意义，狼的意象就成为这部小说的核心意象，也是总体意象。当然这部小说还是写意大于写实，不免影响了小说的力度。

《高兴》中的意象主要以确立位置为主，属于中国式存在意象。鞋子在民间是有意味的，这在《废都》《白夜》中已有涉猎，而《喧哗与骚动》中的鞋子也有类似的意味。因为小说要写农民从乡村到城市的迁徙，那农民工进城以后的位置在哪里呢？他们是在急切地寻找自己的位置，给自己定位。“鞋”在小说中被多次提及，尤其那双“高跟尖头女皮鞋”，可以说是小说中的重要意象。有鞋才能证明自己的存在，而做梦梦见光脚在街上跑只能说明在这个城市还是没有找到自己的位置。高兴为了寻找自己，为了证明自己是城里人，他还想寻找接受他捐肾的西安人。肾脏就与城市、城里人建立了联系。而之所以选择肾，而不是别的器官，显然指涉的是欲望的意义。而他与孟夷纯的爱情也更多是为了确立自己的存在，因为孟夷纯的爱不管是感谢还是回报都增强了高兴活人的自信。而那双高跟尖头女皮鞋早已与孟夷纯合二为一了。与鞋相关的脚印也是类似的意象，高兴做了回闲人，走遍西安城，脚印所到之处，正是心所在之处。因此，高兴才是真正拥有了西安的人。而五富往墙上蹬脚印，写“到此一游”，到芙蓉园没人处撒一泡尿，这些具有农民意识的行为，也是异样的确立存在的方式，当然这是不文明的。鞋子、脚印、肾等就组成同一系列意象群。

在《秦腔》中，声音意象已成为一大主要意象，比《废都》中的埙声、《高老庄》里的胡琴声更为蔓延，秦腔的悲凉之音，已染遍小说。同时，还有与之密切相关的人物意象。白雪视秦腔为生命，而她的孩子却没有屁眼，隐喻着秦腔这门戏曲艺术步履维艰，难以为继。而土地意象是另一大主要意象，因为意义的层次多，所以形成意蕴非常饱满的意象群。七里沟属于清风街几近边缘的角落，这里隐含着被挤压的土地的现状。因为陕南属于山区，本来就不像关中那么地多土厚，而盖房、修路、建市场等又占用了很多耕地。而七里沟的穴位之说延续了作家之前在《瘪家沟》《美穴地》等中的说法，女阴的穴位象征着土地如生命力旺盛的母亲，有极大的生育与养育的能量，隐喻着原始的生殖崇拜与土地崇拜。这自然与远古的生殖崇拜接通起来，汇聚着历史与神话、自然与人的多种信息，使得小说获得一种纵深感。而引生的阉割是写意的，并非写实的，这既是作家与过去尤其是与《废都》以来的自我历史断裂，也暗伏着更为重要的意义。不管生前还是死后，若是与土地、传统等割裂，就像没尘根的男人一样，引生的阉

① 廖增湖：《贾平凹访谈录——关于〈怀念狼〉》，《当代作家评论》2000年第4期。

割寓意着作者的隐忧。夏天义守护土地的尊严与价值在当时似乎是不合时宜的,显得愚顽荒诞,而多年以后又是否证明了他的先见?他可算是活着的土地爷。而灶王爷与土地爷,都属于从民间而来的重要神灵。灶王爷供奉在灶台,土地爷则供奉在土地庙。而庙已经成为历史,德高望重的长者也已经作古。夏天智、夏天义作为承载传统文化的人物意象,随着他们的离世,仁义礼智等传统伦理、价值观与信念的影响也就日渐衰微。在贾平凹的小说中,一切物象都尽力地挣脱实指的框架,有的已成为意象,还是较为突出与出色的意象,有的还在物象与意象之间,意象的意味还不丰富与突出。比如夏天智家花坛里的玫瑰、牡丹,七里沟上的大鸟、麦王等,虽有写意的倾向,因为意义单薄,还不能称之为意象,因为不能走向意象的泛化。总之,这些自然意象、人物意象等都组合于清风街这一舞台呈现出来,作家是以棣花镇为原型而营造出这样的空间意象的。

"古炉"意象的由来也有多个逻辑上的影响线路。陕西省铜川市有个陈炉镇,以生产耀州瓷出名,经过实地采风后,才有作家将陈炉变古炉的创造。1992年,年届八十的孙犁在《残瓷人》一文中回首往事,说自己一生"残破印象太多了,残破意识太浓了……"①。《古炉》一开始就写狗尿苔打碎了一个青花瓷瓶,两者存在着逻辑上的关联。而古炉既有物质层面的意义(如守灯烧的是青花瓷),也有精神层面的意义。善人冶炼的则是心炉,属于精神层面的青花瓷,狗尿苔守护的也主要是心灵上的青花瓷。在英语里,中国被称作"China",这是源于中国的瓷器,所以瓷器也成了中国的象征,成为中国悠远文化的一种象征,孕育滋润着几千年的世道人心。除了意蕴丰富的古炉意象,还有太岁、百年古树白皮松等自然中的神灵意象,这是源于民间文化的启发。而通灵的狗尿苔总会闻见一种怪气味,那也是灾难发生的前兆。这是作家依据个人体验塑造出的人物意象。与之相对的则是疥疮等病态意象,不仅指的是身体上的传染病,也有革命传染病的意义。这一病态不仅关涉个人,还推及古炉村人乃至整个中国人。小说的结尾也是写意的,蕴涵着作家的用意。霸槽等虽然死了,但造反派的种留下来了,基因留下来了,而且老支书也留下了。这与病态意象也是相互映衬,形成同一倾向的意象群。

《带灯》中天气是天意,怪异的天气是社会乱象的象征。马蜂窝与累累的现实问题是对应的,必须有人捅这个马蜂窝。虱子的意义不在实指,而是形容污染的心境,与现实同化的龌龊。蜘蛛网是否意味着关系网、人情网,或者与情网有关,作家并没明说。小说不再写狼与牛这样的大型动物意象,而是开发了小昆虫的意象。不是狮子老虎的小昆虫也很凶残,蚰蜒用针一样的管子吸食瓢虫,蜂的前爪如刀锯一样切割小青虫。《老生》中的竹节虫很会伪装,野蜂是互相厮打,蚂蚁则趁火打劫。这都源于作家对生活的观察与人性的发现。萤火虫也是小昆虫,但却自带了一盏灯,虽然微弱但不是借助外来的光,而是本身能发光。带灯的精神星空就属于自造的,物质性意义并不

① 阎庆生:《晚年孙犁研究:美学与心理学的阐释》,中国社会科学出版社2004年版,第168页。

强烈。但在疯狂病态的樱镇世界，带灯才是精神健康的人。在污浊腌臜的樱镇世界，带灯的精神是清明的。与沉重庞大的樱镇世界相对，带灯的精神星空显得轻微渺小，却是不容忽视的事实。

《老生》中空空山上石洞里的水，就是自然里的神灵意象，这既源于民间的灵异现象，又受《红楼梦》中空空道人的影响。流水与不流水，什么时候流水，流怎样的水等，都是有讲究的。正像作家在对《浮躁》州河的描写一样，他明确指出吸收了象征性的写法，“比如关于河的描写，河里发了几次水都是有一定讲究的，第一次发水是游击队进城把城墙冲倒了，第二次发水是金狗进城也冲过一次，关于河里涨水不是随便涨起来的”，“河的流向都是根据八卦阴阳太极的流法”。[①] 省长不是大贵人，石洞没流水，这一方面是一种自然的异象，一方面也属民间神秘的评价体系。而唱了百多十年阴歌的老唱师唱死之后，棒槌峰端的石洞里不仅出了水，而且水很大，一直流到了倒流河，预示着这一个体生命又回到生命的历史长河里。《金瓶梅》中的阴阳生只是小说中的一个人物，他是代西门庆为李瓶儿写祭文，《红楼梦》中也有这样的人物。在《老生》后记中，贾平凹说过曾拜访一位在秦岭修行的隐者，那老唱师就与源于民间的隐者有关。当隐者被改造为历史故事讲述者时，他就承担着更为重要与突出的功能，其中的民间精神资源也转化为文人传统。这里当然也融入作家自己的影子，写作本身也是对真相的讲述。小说以上元镇开头，上元镇既是镇名，也隐含着作家寻找中国文化元气的用意。其他各镇名也都各有意味，不过有些意味强些，有些弱些。第四个历史故事中当归村的命名就极具深意，当归是药名，也是村名，既隐喻着世人的病态，又蕴藏着疗救之心，既是故事的结束，也预示着人心的回归，是有多重意义的。

三、意象样态的演变与转化

意义单薄，意象就较为扁平，意义层积丰富且有潜在的意蕴，意象就会圆润与饱满。杨义在论述意象的意义时说：“意象的意义指涉，具有比单纯的语言的意义指涉更多的浑融性和多层性。意象的意义指涉包括几个意义生成的层面，至少应该考虑到语言媒介的意义，客观物象的意义，历史沉积的意义，以及作者主观附加的意义。”[②]而贾平凹小说中的意象不仅有客观物象的意义、现实的意义，还有历史与神话沉积的意义，以及作家主观附加的意义、幻想的意义等。这样意象的意义不仅包括本义，还有引申义与比喻义等，这样就从字面、物象联想到社会和现实，宗教和哲学，以及人对自身价值、处境的体证和对人类命运的追问。同一作品同一意象反复出现，就会展示新的意义层次，比如狼的意义演变；而此层与彼层之间的意义还会形成张力，比如杀狼与想狼之间。从总体上来说还可以使文气贯通，因为都是围绕狼来展开叙述的。不同作品

① 贾平凹：《与王愚谈〈浮躁〉》，见王永生编：《贾平凹文集》第14卷，陕西人民出版社1998年版，第165—166页。

② 杨义：《中国叙事学》，见《杨义文存（第一卷）》，第304—305页。

间的类似意象间也会形成照应，比如《浮躁》里州河的发水与《老生》里石洞的出水。

从整体上来看，贾平凹小说意象的意义还存在着延续、转化、圆融、丰富和延伸的过程，不断现代化，又不断有精神的建构。在逐层推进与递进的过程中，意义就会不断敞开，有着丰富的层次感，作家的心灵真实也深寓其中。其中有的意象还是比较突出的。比如在退化中觉悟的牛（《废都》）、丧家而亮鞭的犬（《土门》）、不仅野性丧失连自身也消失的狼（《怀念狼》）等都是中国式存在的意象化表达，断根的引生（《秦腔》）则映照着人与土地、传统等的断裂。

意象群落尽管驳杂，有不同的序列与种类，但样态的演变与转化还遵循着一定的逻辑，其中最重要与核心的演变路线则是病态之意的推进和澄明之意的微显。也正因为现代之意的推进，古典的安静与和谐已被骚动与罪恶取代，也使现代之意的深度加强了。意象的维度也不再维持在一维、二维的层面，而是在分析人性的弱点中有了精神的雕塑性即三维的层面。这正符合贾平凹在文学上的新追求："在中国的背景下分析人性的种种缺陷，又能在作品中弥漫中国传统中天人合一的浑然之气，意象氤氲，那是我的兴趣所在。"①因为已经无法浑然坐忘于山水之间，内在的精神空间扩大了，传统意象也转入现代境界。而融入神性，意象就获得四维空间。作家的主体精神也从郁勃黝黯向清明透彻流转，才有了从求缺屋到星空意象的转化，晴朗的精神空间逐渐形成。这样，意象除了有审美的维度，也有精神的维度，还有超脱的空间。此时的象内含更多精神之意，意才称之为象之心，两者如躯壳与灵魂，融合成精神生态丰富的生命体。小说中也就出现了澄明之境的缝隙，如善人的心炉、带灯的星空，这也是现代精神映象中不可或缺的部分。如果病态意象是由于病态之意与病态之象的遇合，而澄明之境多是由意出发去寻找合身称心的象。一个是由象生意，一个是由意寻象，在意象的构思方式上略有不同。作家一方面坚持观物取象、意随象出的传统，另一方面又自觉接受了象从意出的表现策略。因此，意象有变异型与幻想型，有了智性化与玄秘化的特征，不过主要的精神资源还是来自传统与民间，而不是现代。如善人就是还俗的和尚，现实中的苦难让他不得不站出来救人救己，承担起时代的精神重担。作为乡镇干部的带灯在处理上访问题时也在不断修行，试着完成心的蜕变。老唱师则在阴与阳之间来审视历史，超度历史，告慰历史。而在病态之意与澄明之意的博弈中，贾平凹小说中的精神样态逐渐多样与平衡，意象的现代意蕴也逐渐丰富与饱满。

无意象的表述是直接的、了然的、简单的，有意象的呈现是迂回的、装饰的、复杂的。而作家的心意还要可触摸，可感知，所以意与象要融合。中国古诗中的意象说就讲究意、象、境三者的和谐统一，强调情景交融，心物相生，神与物游，追求意境美，并且诗人的个体形象总是化入其中。但贾平凹并不满足传统意象的静态和谐，也不仅仅注重情景交融的意境营造，而是着力于在小说中对意象内在精神空间进行挖掘，即现代

---

① 贾平凹：《听来的故事》，人民文学出版社2002年版，"前边的话"第2页。

境界的开拓,但并没有发展为意大于象的样态,还是呈现出意与象的动态和谐。他也主要以陕西城乡为原型虚构了西京城、清风街、古炉村与樱镇等镜中之象,除了郁勃黝黯、苍凉孤寂,也日益蒸腾着清明透彻之意,体现了作家想要以此为生命核心来塑造出关于中国乃至人类大意象的文学抱负与雄心。因此,他小说中的意象样态已发生现代转型,组成中国式的现代意象群落。

福克纳与贾平凹

樊 娟

摘 要:福克纳在叙事上的实验,给中国文学在技巧上的探索提供了很多经验。如福克纳在叙述上是从静态的描写转向动态的叙述,从而使作品呈现出无限丰富的动态效果,还有福克纳的小说总是不断给读者设置障碍——插叙、延宕、频繁的时间和空间切换等,这些都是现代小说叙事方式与传统小说叙事方式的不同。而在贾平凹的《废都》《秦腔》《高兴》等作品中,都可以看到贾平凹在创作上对西方文学创作技巧的学习、借鉴与对中国诗性叙事传统的回归。

关键词:福克纳;贾平凹;中国诗性叙事传统;动态叙述;叙述视角

20 世纪初,在中国兴起反中国汉语思潮的同时,索绪尔、德里达与范尼洛萨充分肯定了汉语的独特魅力。索绪尔意识到他的语音学结构主义无法用于汉语这一表意文字,德里达指出索绪尔语音中心结构主义的局限,认为他无法摆脱西方形而上学的逻各斯中心主义,即相信神是一切中心的这一自柏拉图以来的西方哲学体系。范尼洛萨认为汉语比拼音文字的优长在于:(1)汉字充满动感,不像西方文字被语法、词类规则框死;(2)汉字的结构保持其与生活真实间的暗喻关系;(3)汉字排除拼音文字的枯燥的无生命的逻辑性,而是充满感性的信息,接近生活,接近自然。

20 世纪 90 年代,在中国文学几乎全盘西化的气候下,贾平凹急流勇退,“就是马尔克斯和那个川端先生,他们成功,直指大境界,追逐全世界的先进的趋向而浪花飞扬,河床却坚实地建凿在本民族的土地上”。他还说,“中国的儒释道,扩而大之,中国的宗教、哲学与西方的宗教、哲学,若究竟起来,最高的境界是一回事,正应了云层上面的都是一片阳光的灿烂。问题是,有了一片阳光,还有阳光下各种各样的,或浓或淡,是雨是雪,高低急缓的云层,它们各自有各自的形态与美学”。

在阳光与云层、活水之源与河床的关系中,主要谈谈云层与河床的问题。克莱夫·贝尔给艺术下的定义是“有意味的形式”。他特别欣赏原始艺术与后期印象派的视觉艺术,因为这两门艺术均是有意味的形式。而这两门艺术与中国传统的艺术观都存在极为密切的血缘关系。

在现代文学艺术上,西方轮番出击新的理论与派别,最终还是落脚到东方尤其中国的艺术上。比如“后期印象派”，“西洋的塞尚、马蒂斯等画家苦于向来的西洋画的写实描法的沉闷，而惊羡东洋画的清新，便也在油画布上飞舞线条，变化形式，就造成了后期印象派的画风，而为数百年的西洋画界开辟一新纪元”；比如“意象派”，庞德正是在译述中国的古诗中学习中国的“意象”，造成西方现代诗界最具诗学深度的突破；再比如“意识流”，就现在所达到的水平来看，西方人就把它推向了一个高潮，但做到家，西方要比中国稍逊一筹，西学东渐也渐益转为东学西渐。

一、中西方文学艺术形式的不同

中西方文化从文化模式上来讲：一个立足于天人合一，一个归根于宗教；从思维方式上来讲，一个重综合，一个重分析；从艺术形式上来讲，国画、戏曲重传神，油画、话剧重写真；从文学形式上来讲，一个是表意语言，一个是表音语言。

（一）中西方艺术形式的不同

中国传神艺术的最高成就，一为戏剧，一为绘画，这是无可置疑的。而从戏曲与话剧、国画与油画比较的交集中，可以明显看出中西艺术形式的不同来。

1. 戏曲与话剧的不同

从戏曲与话剧的比较中可以看出，中国的艺术家回避了演员与角色是合还是分这个问题的思考，从而另辟天地，别有一番风光。演员表演的最高成就，不在唱念做打之内，而在唱念做打之外。中国艺术很难达到西方悲剧艺术那样的高度，却赢得了另一方空间。我国戏剧对传神的追求，对意境的追求所达到的境界，则是西方国家所不能比拟的。可以说中国戏曲就是中国社会的大写意。贾平凹曾言：“那一副帽翅，两条水袖，一具胡须，一张脸谱，一会儿白天，一会儿黑夜，一会儿阴曹，实在美极了。”

2. 国画与油画的不同

因为西方和中国取道迥异的哲学与美学，因而观照宇宙的立场与出发点根本不同。西方美术，无论尊重客观的传统美术造型，还是强调主观的现代美术的造型体系，都仍然是模拟自然。西方现代派无论如何夸张变形，变来变去仍然不脱自然形态。而国画则向来都是自然与生命的化合，当然不是对自然形态的单纯模仿。宗白华在《论中国的绘画》中说，画家的心灵早已全部化在笔墨里，有时亦或寄托于一二人物，浑然坐忘于山水中间，如树如石如水如云，是大自然的一体。而民间美术也鲜明地反映出中国美术的哲学观念。比如用桃子来装饰孙悟空的脸谱，用莲花来装饰鱼的剪纸，就不是对自然形态的夸张变形，而是意念观念的变形。

可以看出，西方的艺术更崇尚真，视真为文艺的最高品格；中国的艺术为写意的，追求的最高艺术品格就是传神。

（二）表音语言与表意语言的不同

中国传统思维是以主客体统一的整体观为出发点，具有突出的意象性和体悟性。由这种思维方式指导的语言系统便带有强烈的重整体联系和以神统形的特点，而西方思维的两极对立性导致了语言的信号化和逻辑化。如果说中国语言哲学是整体有机论，那么西方语言则是个体决定整体的机械论。中国是通过宇宙来把握语言，走向整体思考；西方是通过语言来把握宇宙，走向理性思考。

从汉字本身来讲，许慎在《说文解字》中指出："古者庖牺氏之王天下也，仰则观象于天，俯则观法于地，观鸟兽之文，与天地之宜，近取诸身，远取诸物，于是始作《易》八卦，以垂宪象。"演化于《易经·系辞下》的一段话，遵循的是"观物取象""立象尽意"的直觉思维，文字本身就具有意象性。我国汉族语言是表意语言，西方印欧语言是表音语言。表意语言的符号是出于对自然的模仿，具有重意合、重具象的特点。它跟西方语言的重形合不同，句中各种意群部分的结合都用适当的连接词来表现相关关系。虽然随着汉字的不断简化，汉字愈来愈符号化、形式化，却难以像表音语言那样彻底走上形式化的道路，依然可以看出其意思或韵味，富有弹性。

中国语言富于弹性，这是中国文学一个先天的优越条件。中国方言异常分歧，幸好文字统一。因为汉字不是拼音文字，所以发音的变化并不影响字形，英文会因发音的变化而影响到拼法。欧洲文化又交流频繁，各国的文字难以保持纯粹性。

而汉字之所以能历久弥新，原因在于中国的文字有很大的柔韧性，这种柔韧性表现在文法上，不像西方的语法，优势固然是逻辑严密，局限也在于过分烦琐，因语法的不同而引起字形的变化。汉字没有西方文字在数量、时态、语态和性别各方面的字形变化。今天我们回过头再去看那些古文，那些古典的文学作品，文字虽有繁简之别，但它们之间还是相通的。虽有阅读的障碍，一般的具有一定文化水平的大众还是能读懂的。而在欧美各国，成为文言的拉丁文俨然是死文字了。除了个别的人如学者、专家和僧侣以外，已经无人了解。中国的文字虽历经变迁，但基本上自成系统，保持了自己的纯粹性，成为一个活的传统。上古的语言有很多遗落在民间土语中，而又能流传到现在，可见其生命力。贾平凹自己就说："外界评价我的语言有古意，其实我是善于在民间寻找那些有古意的土语罢了。"

二、学习西方的技巧：福克纳的技法

西方的艺术家在艺术探索过程中走入困境，转而向东方尤其中国学习，但不离西方文化的轨道。中国反过来也可以向西方学习形成互动的态势。李欧梵认为，中国文学可能遭遇到的危机是思想深度不足与技巧不够。福克纳在叙事上的实验使他的作品具有无穷的魅力，给中国文学在技巧上的探索提供了很多经验，所以要学习福克纳的技法。

（一）叙述视角

1. 多重、多角度叙述视角

为了增强作品的涵量，使作品从单一性走向多义性，福克纳在叙事上往往采用一种以上的叙事角度，即使是一种叙事角度，也采用多重、复合的手法。在《喧哗与骚动》中，为了塑造这个从未出场的中心人物凯蒂，福克纳让康普森家的三个儿子班吉、昆丁和杰生各自从自己的角度出发以内心独白的方式叙说当前的事情。在杰生的眼里，凯蒂是堕落而可恶的，在昆丁的眼里，凯蒂虽然失贞，但是可爱、可怜，在班吉的印象里，凯蒂则是善良、热情、无私、天使般的。每个人心里的她都是片面的，只有把每个人物的片段信息组合起来才能形成较为完整的凯蒂的形象。另外，由于三兄弟的叙述不仅涉及他们家生活的不同侧面，而且通过自由联想而“闪回”到几天、几周、几个月，甚至好多年以前的事情上，因而读者对于康普森家族的了解不仅是共时的，也是历时的，更是丰富的。这种多重第一人称视角，既有传统第一人称视角叙事的优势，又突破了纯粹第一人称在视域上的局限而达到了第三人称全知叙事那种客观、全景式的观照，使作品的表现力得到最大程度的发挥。

为了获得更为丰富的信息，福克纳在叙事上进行了多方的尝试。《我弥留之际》是由五十九段内心独白的片段所构成的小说，叙述者多达十三人，其中八个叙述者是本德仑家庭之外的人。事实上的效果却是丰富有余，凝练不足。除了使用多重第一人称叙事，也使用多重第三人称限制叙事，《押沙龙，押沙龙！》就使用了这种叙事视角。在洛莎·柯德菲尔德小姐、康普森先生与大学生昆丁的相生相克的叙事中，作品呈现出异彩纷呈的奇异效果。

这种技法类似于中国古典诗歌的意象化的写法。诗人把自己独创的意象托出，让读者通过意象的组合方程式填充进自己经验过的和诗中意象性质相似的社会现实内容，从而付出自己的感觉与结论。由于意象是非概念性的，从而造成这些诗歌的模糊性与不确定性，形成一种内在张力，有象外之象，以及更广阔的再创造的可能，“诗无达诂”体现得特别突出。但是由于意象是具体可感的，仍给读者一个相对确定的范围，绝不会被读者理解得漫无边际。

2. 儿童视角和痴人视角的运用

批评家李乔说过：“以‘幼稚观点’叙述，可以让人领悟成人世界的愚昧可笑；以‘痴呆病态观点’叙述，可以暗示所谓健康正常人间的可怜病态来。”不管是儿童还是痴人都少了成人的异化，相对多的保留了人性的原生态。

儿童多以直觉思维来看待这个世界，不像成人主要是以逻辑思维来判断、认识这个世界，所以更多保留了生活的原生态，观照到真实的世界，甚至可以触及成人所忽视或漠视的方面。

《夕阳》中的叙述者是九岁的昆丁，他叙述的是他家的临时厨师南茜因为与白人通奸而担心丈夫会杀她的故事，通过一个孩子的眼睛与心灵领略到了南茜的恐惧，而他父母的反应则是比较冷淡的。因为孩子较少受到成人世界偏见的影响，不会因人种与身份的不同而带来关系的不同。《晨赛》是从一个十二岁男孩的视角出发讲述一次打猎的经历。通过孩子那充满好奇的眼睛，看到了真正的大自然是那样新鲜、神秘，而欧内斯特先生让公鹿从枪口下逃生这一举动也让打猎演变为一场有意思的游戏。在孩子的世界里，从征服自然到敬畏自然，再到人与自然的和谐相处，实际上是对天人合一的回归，是对人生最本真状态的回归。

德国哲学家卡尔·雅斯贝斯即曾论述过，“普通人”因为逻辑与经验世界对他们的遮蔽，所以往往形成一种盲点，而在“分裂症患者那里”，一切“却成为真实的毫无遮蔽的东西”。相对于儿童,痴呆人对于周围世界的理解力更低,判断力更弱,也更能真实地、不加掩饰地记录正常人世界所发生的事情,所以更进一步地逼近混沌的真实。如福克纳的《喧哗与骚动》中的班吉,虽已三十三岁,但智力却只相当于三岁儿童。他不明白家道为何中落,凯蒂为何要嫁人,也不明白昆丁为何要自杀。他只是靠直觉来叙述,以自己的眼光来看待这个世界,不是理性的把握,而是非理性的看待,很有意味,反而在某种程度上传达出世界的真谛,接近这个世界的本来面目。

中国传统小说的视点是全知全能的,这与绘画中的散点透视的精神是相通的。在《关于小说创作的答问》中,贾平凹说到一个画像石,“画这一堵墙是站在这边看,画那一堵墙的时候,又是从那边看,到这边又是从高处往下看那些院子里的鸡、羊、楼房的结构。它是从前后左右上下,各个角度看的”。客观来讲,即使是不能看见的,也能在画面中呈现出来,实现着生命的神游。而焦点透视则是固定地坐在那看,画时讲究科学精神,比较客观。

现代小说注重的不是全知全能的视角。与《喧哗与骚动》类似,《秦腔》也是以特殊人作为作品的介绍人、导游,疯子引生不仅贯穿作品始终,而且还是具有非常人潜质的人物,所以可以进入通灵的状态。与花、树、鸟等的通灵,打开了作品的维度,作品的容量就呈现多维度、多空间。贾平凹的《废都》也提供了多重视角,诸如佛的视角、道的视角、兽的视角、神鬼的视角等,视角多元,神秘莫测,有趣味性。官有官的难,民有民的难,佛有佛的道,道有道的道。在《病相报告》中,他的设身处地,不断变换身份,也在实施他的“法门说”,至少不是一个中心,而是多个中心。他发挥了中国绘画中原有的随意性的叙述视角,又非大包大揽,从而切近现代意识。

(二)动态的叙述

从巴尔扎克到福克纳,在内涵上是从外宇宙向内宇宙的转变,在叙述上是从静态的描写到动态的叙述,从而使作品呈现出无限丰富的动态效果,这也是现代小说叙事方式与传统小说叙事方式的不同。博尔赫斯的小说,马尔克斯的小说,乔伊斯的小说,也都是在叙述语言上少作静态的描写,而是进行时态的语言,从而进入导入状态。在《喧哗和骚动》中,福克纳一方面坚守自知视角,另一方面又尽可能地突破自知视角的个人主观性和狭隘性,通过不同视角的转换,也给作品带来了不可忽视的动态效果。

福克纳的小说总是不断给读者设置障碍——插叙、延宕、频繁的时间和空间切换。康拉德·艾肯说:“人们当然总得要从河水里钻出来,离开水面,才能好好地看看河流,而福克纳恰巧是用沉浸的方法来创作,把他的读者催眠到一直沉浸在他的河流里。”康拉德看出福克纳叙事的特点,却还没看懂此种叙述的背后。而李文俊则参透了个中三昧,读懂了福克纳,认为他的小说“在开初时显得杂乱无章,但读完后能给人留下一个超感官的、异常鲜明的印象”。

学习西方的技法也是由从浅入深的过程,如王蒙的意识流是东方意识流,是属于理性的。而西方的意识流则是属于非理性的,并渗透于日常生活中,人物是立体化的,而不是类型化的,少有理性的规定。而有了新的文学观,才能真正学到骨血里,而不是学个皮毛，只是全部使用短句子和句号，或者大量铺设进行煽情的长句和没有标点，将意识流写成心理活动。

贾平凹的学习则更深入一些，《白夜》中以聊天话题的自然转移来进行叙述。《高老庄》里是“汤汤水水，黏黏糊糊”的叙述，从而“无序而来，苍茫而去”，在叙述中进行线性的白描。《秦腔》的叙述可谓特别，小说几无故事，近五十万字的篇幅讲述清风街上日常生活的吃喝拉撒睡，还原了真实乡村的面目。每天的生活不是由快速切换的情节构成，而是由内在有张力感的细节联系的。这种缓慢的、繁冗的、支离破碎的叙述节奏，在很多普通读者那里的确存在着阅读障碍。可是在引生的叙述下，《秦腔》也摆脱先在理念的束缚，引领读者“沉浸在他的河流里”，看到了“清风街的故事从来没有茄子一行，豇豆一行”的，小说也呈现出多义、复杂的意绪。

所以在叙述方式上讲，贾平凹的叙述就由原来的以描写式为主转而以叙述式为主，线状的转为团块的，形成一种叙述中的描写。贾平凹的叙述艺术应是“无痕有味”，明明羚羊挂角，却又无迹可求，如水中盐、花中蜜。

三、对中国文化的回归：中国的诗性叙事传统

考莱评价福克纳，说他本质上不是一个小说家，不是那种观察行为和人物，然后把他们嵌进故事的结构框架里去的小说家，而是一个散文史诗作家或一个游吟诗人，一个把南方传奇编织在一起的神话作家，尽管他的诗并不出色。但是福克纳生活的文化土壤不像中国，所以没有源远流长的诗性写意的叙事传统。

中国文学一直都有诗性叙事的传统，其间若隐若现，到《红楼梦》则蔚为大观。“五四”之后，这一传统又在20世纪闲适文学中得以承继，即从周作人——废名——沈从文——汪曾祺——贾平凹具有师承关系的这一脉文学。这一叙事传统是基于天人合一的文化根柢与直觉思维，所以有着得天独厚的优势。

在西方理念的启发下，在审美取向上，承继中国古代文论指引下以神韵、妙悟为核心的诗性叙事传统。爱因斯坦的相对论，玻尔的互补原理以及海森堡的测不准原理的出现，以及西方兴起的两门新学科——模糊学与混沌学，正是从理论上对模糊与混沌进行了科学上的证实，有由分析走向混沌整一的趋势。

而中国的意象所能达到的最高境界则是“羚羊挂角，无迹可寻”的。中国的意象本身就植根于直觉思维，是模糊的、混沌的，无所谓理性与非理性之分，两者浑然一体。而现今的情形是中国应该向西方学习，由意象走向整体象征，像《怀念狼》中的整个基调。而后，在更高层次上回归中国的天人合一。

有的诗，每一句都有所谓的诗意，精心用词，但读完了，整首诗却毫无诗意。而有的诗，每一句都是极平常的口语，整首诗却显得诗意盎然。贾平凹选择后者，在叙事上继承中国的传统，不讲究起承转合。在《听来的故事》“前边的话”中，他说：“如何在中国的背景下分析人性的种种缺陷，又能在作品中弥漫中国传统中天人合一的浑然之气，意象氤氲，那是我的兴趣所在。”作家的职责就是有幸采撷到那段属天地间早有的

故事,《废都》就是这样。《秦腔》《高兴》的写法更加老到自然。正如作者所言,“好的文章,囫囵囵是一脉山,山不需要雕琢,也不需要机巧地在这儿让长一株白桦,那儿又该栽一棵兰草的。”(《废都》后记)

而承继中国诗性叙事的传统,就是追求混沌的看法。混沌看法是根植于浑然一体的天人合一的思想,所以贾平凹有得天独厚的优势。作品中有天人合一的意境,就有自然的诗意,而动起来,就是自然的意识流。美国作家艾萨克·辛格教导自己的表弟时说过一句话:“看法总是要陈旧过时,而事实永远不会陈旧过时。”贾平凹也认为作品应该有看法,但看法要不明确,从而超越时代。比如“文革”前一些农村题材的作品,人物写得都很丰满,像梁三好汉就如同生活在你我之间一样,故事也很好,但作品的主题是赞成农业合作化的,现在看来就陈旧了。所以看法要模糊,而事实也是重要的。事实就是要求我们写出生活实感,写出生活的原生态。而那些政治概念性和哲理概念性的作品,就是缺少这些具体的事实,所以才不感人。因而事实与看法两者都要有,又要融合得好,而作者的用意也模糊渗透进去,浑然一体,混杂了各种感觉,让人读后觉得有意思,呈现出自己的意象世界,从大实到大虚。一部好的作品关键在于给人心灵深处唤起了多少东西,不在乎读者看到了多少,而在乎读者想起了多少。

不过混沌看法绝不意味着作品不传达什么,彻底不知所云。《秦腔》虽表面上很乱,其实骨子里有数。如此叙述中传达的是那样的深情,是为即将逝去的农村唱的一曲挽歌。《喧哗与骚动》也是一曲挽歌——为整个美国南方的传统,也是为整个人类的精神世界。《废都》《高兴》在技艺上都是炉火纯青的,老僧常说家常话,意味又极深长。王国维在他的《人间词话》里说:“诗人对宇宙人生,须入乎其内,又须出乎其外。入乎其内,故能写之。出乎其外,故能观之。入乎其内,故有生气。出乎其外,故有高致。”混沌看法指的就是要沉浸在水里,又要钻出水面,即入乎其内,出乎其外。

《老生》叙事艺术三题

韩鲁华

自《废都》之后，贾平凹将创作的主要精力，放在了长篇小说上。尤其是进入21世纪以来，犹如井喷泉涌般连续创作出版了《怀念狼》《病相报告》《秦腔》《高兴》《古炉》《带灯》《老生》等长篇佳作。当我们回过头来审视贾平凹的创作历程时，可以清晰地看到，贾平凹这几十年走的就是这样一条建构民族化、中国式的文学叙事艺术之路，他用自己的创作实践，在不断地向中国文学艺术传统致敬中（当然亦有对于西方优秀文学艺术的审慎比较与吸纳），一步一步将自己推向了当代文学艺术创造的制高点，也自然而然地走向了与世界文学进行平等对话的艺术自觉的境地。

那么，在以中国的叙事艺术方式叙述中国的故事上，《老生》又有着怎样的独创思考呢？

题一：《山海经》与主体故事

阅读贾平凹的文学创作是一种挑战，尤其是他新世纪的创作。挑战既可能源自作品所显现出的文学观念与思想认知，也可能是艺术叙事超越了已有的、人们习惯了的理论条规与创作实践所形成的规范疆界。比如《废都》，它既挑战了20世纪八九十年代精英知识分子的思想观念与精神情怀，也刺痛了普通人的道德观念与审美习惯，同时又以混沌的、“日复一日无聊乏味的生活”的日常生活叙事，[①]极大地挑战了当时盛行的戏剧化的社会结构叙事模态。《秦腔》试图为中国的农耕文明与乡村文化的消解乃至消失，立一块充满挽歌情怀的碑子，其结果是在终结传统乡土叙事美学的同时，又在努力开启着新的乡土叙事美学。[②] 这部《老生》，于叙事上又一次挑战着已有的文学叙事理论与阅读习惯。而且，贾平凹对自己所探寻到的这条中国叙事路子，是越走越自信，也愈加肆意放诞，随心所欲。

---

① 韩鲁华：《世纪末情结与东方艺术精神—〈废都〉题意解读》，费秉勋编：《〈废都〉大评》，香港天地图书有限公司1998年版。

② 可参阅陈晓明《本土、文化与阉割美学——评从〈废都〉到〈秦腔〉的贾平凹》有关论述，西安建筑科技大学中国现当代文学研究中心编：《〈秦腔〉大评》，作家出版社2006年版。

《老生》后记言:“《老生》是四个故事组成的,故事全都是往事,其中加进了《山海经》的许多篇章,《山海经》是写了所经历过的山与水,《老生》的往事也都是我所见所闻所经历的。《山海经》是一个山一条水的写,《老生》是一个村一个时代的写。《山海经》只写山水,《老生》只写人事。”[①]很显然,贾平凹是以《山海经》式的叙述结构方式,通过四个不同时代的既相对独立而又相互关联的故事,来叙写中国近百年的历史。但从叙事结构上来看,这是一种板块式的互文性叙事结构。

这种两大板块式的叙事结构模态,在贾平凹的长篇小说创作中,出现过三次。第一次是他创作于20世纪80年代中期的第一部长篇小说《商州》。贾平凹创作的第一部长篇小说,于叙事结构上,所做的便是这种板块式互文性叙事结构的尝试——商州历史文化与现实故事的各自独立而又相互关联的互文性叙事。很显然,《商州》中两大板块的互文性叙事,人为的痕迹还是较为明显的。这部作品,正如贾平凹所说,是“借鉴了拉美的结构主义”,其结果是读者“忘记了我要讲的第一个故事”,“只是喜欢每一单元的第一部分”,即有关商州历史文化的叙事。[②] 这说明,《商州》的历史文化的认知价值与审美价值远远超过了现实故事叙事的思想艺术价值,二者还未构成完全对等的相互交融为一体的互文性叙事结构关系,还未完全实现艺术建构上的完美融合。第二次就是2013年初出版的《带灯》,这亦是一种两大板块叙事结构——带灯给元天亮的信与带灯现实生活的互文性叙事。《带灯》的信与现实故事,是一种一体两翼式的叙事结构:带灯情感精神生活与现实日常生活的互文性叙事结构。这两种互文性叙事融为一体,不论就人物性格之丰富深化,还是对于社会现实之深刻揭示,尤其是带灯情感精神之典雅清高与其现实处境之世俗龌龊,所形成的强烈对比,互为阐释,相互支撑,相互融汇,共同完成了带灯故事的叙述。这些都收到了独到而奇异的审美功效。

再一次就是这部《老生》——由《山海经》片段与四个主体故事构成一种互文性的叙事结构。从阅读的切实体验来看,给予笔者的疑虑或者问题,不在于这四个故事的叙述,因为这四个故事作为相对独立的叙事文本,是如此的浑然一体地叙说出中国近百年的民间历史。而在于主体故事的叙述过程中,穿插了许多《山海经》原文段落,以及对于这些原文段落的阐释。或者说,是用《山海经》片段及其阐释,来统领、包裹四个主体故事的叙事。不必讳言,这些《山海经》片段,以及对于这些片段的解释,对于主体故事的阅读,造成了某种心理上的隔断,这是必然的。因为你必须中断主体故事的阅读,而去解读《山海经》这些片段,以及作家所做的阐释。于此暂且不论这种叙事结构的艺术建构之合理性,单就对这些片段理解而言,不要说对于普通的读者,就是专业读者,也是颇为费神的。在解读《山海经》片段的同时,你还得思考它与主体故事的内在互文关系。即就是文本叙事结构本体而言,它们二者究竟是离析的隔,还是融为一体的不隔?这恐怕也会出现见仁见智的不同解读体验感受了。

---

① 贾平凹:《〈老生〉后记》,《当代》2014年第5期,第104页。

② 贾平凹:《对于长篇小说的随想——一次会上的发言》,见王永生主编:《贾平凹文集》第14卷,陕西人民出版社1998年版,第145页。

以某部古代经典著作为蓝本,来设置自己作品的基本叙事构架,建构起一种互文性的叙事结构,这并非不可。恰恰相反,按照法国批评家朱丽娅·克里斯蒂娃(Julia Kristeva)的观点来说,"任何作品的本文都像许多行文的镶嵌品那样构成的,任何本文都是其他本文的吸收和转化"①。也就是说,任何一部作品,都或明或暗、或多或少有着其他文本的影子。从暗合经典作品叙事结构的创作角度来说,乔伊斯的《尤利西斯》就是一个经典性的文本。《尤利西斯》就是按照荷马史诗《奥德赛》的叙事结构,来建构自己的叙事结构的。不过,它是以一种反讽来呼应《奥德赛》的文学叙事结构及其意义的。于此,《尤利西斯》与《奥德赛》就建立起一种互文性叙事结构关系。

显然,《老生》与《山海经》所建构起的互文性叙事结构,是与《尤利西斯》《奥德赛》所建构起的暗合的反讽式的互文叙事结构有所不同的。在《老生》中,对于《山海经》几乎是一种移植式的镶嵌叙事。前文已言,这造成了对于主体故事阅读连续性的阻隔。这二者之间所形成的暗含互文关系建构中,所留出的阅读空白,亦即召唤结构的意蕴内涵,表面来看是如此的清楚,甚至是如此的并行,但是,就其二者的内在关联性来看,却又是如此的混沌茫然。因为你只有将《山海经》解读透析之后,方能明了二者之间的内涵关联性。贾平凹为何如此呢? 作为已有几十年的丰富创作经验的作家,他不会不清楚这一点。解释只能是,他是有意且执意而为,是以牺牲阅读的顺畅性,而去实现他在互文性叙事结构上审美追求。

《山海经》是一种空间叙述,在对山与水的空间位移的叙述中,融合了动植物与神话故事等。这种空间叙述,其实也暗含着时间,即山与水的位置推移的过程,先后顺序的排列,本身就挟带有一种时间叙事的思维。与此同时,《山海经》还在这种自然山与水的叙述之中,蕴含天人应和的创世、经世神话的叙述。只不过这些神话似珠宝一般镶嵌在山水之间。这样,它又是一种融自然地理、人文地理与人世创构于一体的叙述思维。就此而言,《老生》在叙述思维模式上,有意识应和或者借鉴了《山海经》的叙述思维与模态,于深层叙事结构上,以求得二者的同构性。正是在这种山水空间的连贯性的叙述中,造成一种混沌的、苍茫的、浑然一体的叙事思维。而这不正应和着中国近百年历史的一种混沌茫然的叙事思维吗? 就空间叙事结构来说,《老生》选择以陕南山地或者秦岭山地为基本地域空间的四个具体叙事空间,以对应四个主体故事。这是否也可称之为一种总体蕴含式的叙事方式呢?

更为重要的是,这种混沌茫然的空间叙事之中所隐现的时间的流逝与人世的沧桑变迁。恰恰在这不变的空间——山水与流变的时间——人世之间,潜映了更为蕴藉悲悯的历史内涵。《山海经》所叙述的不变的山水空间,与《老生》所叙述的人世变迁的时间之间,于此建立起一种互文的空间—时间的叙事关系。在当下性与历史性、永恒性与流变性、清晰性与混沌性熔为一炉的叙事中,将《老生》所隐喻的应和天地、感念人世的哲思与史思,浑然整端地呈现出来。就此而论,应当说《老生》中的《山海经》片

① [法]朱丽娅·克里斯蒂娃:《符号学·意义分析研究》,转引自朱立元主编:《现代西方美学史》,上海文艺出版社1993年版,第947页。

段与四个主体故事是水乳交融的叙事建构。

一般而言,小说是一种时间的艺术,不论就作家的叙写,或者故事的叙说,都是在时间的推演中展开空间的。《老生》颠覆了小说惯常的时间蕴含空间的叙事方式,而运用一种空间含纳或者切割时间的叙事方式。《老生》于主体故事中大段直引《山海经》,这样的叙述方式,给人的艺术冲击力,不亚于《废都》直露之性描写与此处略去多少字的框框。此种写法,表面看起来似乎没有什么,实际上就其叙事而言,所造成的后果,那是不言而喻的。于是,人们不禁会问:小说能这样叙事吗?回答是:小说又怎么不能这样叙事呢?而事实是:作家就是这样叙事的。

题二:一个叙述者与四个故事

若就《老生》的叙事结构来看,绝对不是单一的,而是一种复合式的叙事结构。一个是从今天世人之角度,叙述唱师之死的过程,以及老师给学生讲解《山海经》。这是叙事结构的最外层。这一叙述极为简略,是叙事结构的一个总体外壳,也是一种具有主导整体叙事结构的隐喻性的表现。一个是一息尚存的唱师,处于身定神游状态中,以倒流河的方式,对于商州近百年历史的叙述。这一层次的叙述,构成文本叙事结构的主体故事。当然,这四个故事的具体叙事结构,其间又有各自的具体的叙事视角以及故事结构。这两种叙事的媾和,便又生出另外一个层次的叙事——历史与现实相呼应的叙事结构。这实际是一种对话时的潜在叙事,而且二者之间具有互相阐释的作用。当然,如果就文本最具文体意义的叙事结构来说,自然是应和《山海经》叙事思维的叙述结构。其实直接引用《山海经》的文字,本身就是一种叙事方式。这一方面在上一问题中已做了阐述,于此就不再赘述了。

这里,主要分析一下叙述者与四个故事。

在民间一直存活着一种说古经的叙事艺术形态。古经,这是借用我们家乡民间的一种说法,即把老人叙说古老的故事称之为说古经。所谓的说古经,实际就是一位长者给孩子或者成年人,在农闲或者劳作的空暇讲故事。故事的内容,涉及天南海北、古往今来,天上地下、人世自然,神灵鬼怪、异闻传奇。这种讲述,基本都是以从前在什么地发生了一件什么事来开头,而这里的"从前"作为一个时间概念,是没有确指的,是个极为模糊不定的惯用语,既可指昨天,也可指很久很久的以前,乃至开天辟地的洪荒时代。有意思的是,讲述者往往是将久远的历史故事与当下的现实境遇融为一体,模糊了历史与现实的界限,给人的感觉是历史就像刚刚发生的现实,现实却又像久远的历史。而且,讲述者将自己的人生经验感受与生命情感体验、体悟,融进了所讲述的故事之中。我们在此扩而大之理解,它既可是农村老太太晚上手摇着纺车,给坐在怀里的小孙子叙说上古神话、精怪仙灵,以及人老几辈子的故事;亦可是文人伏于案头,对于四书五经的论说阐述;还可是教堂里或者寺院里的牧师或者和尚,面对基督教徒或者佛教徒,对于《圣经》或者佛典故事的讲解演绎。当然,任谁也不能排除殿堂里的历史正述,以及广场或者书肆里说书人的市井演义。

《老生》的叙事,如同古经叙事一般。就《老生》来看,虽然有着以《山海经》来隐喻故事叙事的意味,但是,笔者更愿意将其视为一种民间老太太,手摇着纺车在给孙子有一搭没一搭地讲述从童年到老年经见过的或者听来的人老几辈子故事——古经。

这个古经的叙述者就是一位不知年龄几何,历经百余年沧桑的民间艺人——在丧葬仪式上唱阴歌的唱师。处于死亡前夕的唱师,在听到老师给学生领读与解释《山海经》时,由此而引发了他所经见听闻故事的叙述。表面看这是一种错位的理解,所引发的唱师叙事,实质上是一种暗合的民间历史叙事。唱师作为叙事者,他既是所叙述故事的见证者,也是参与者,更是一位超越现实的审视者。从其叙述的第一个故事——陕南游击队的革命历程,到第四个故事——21 世纪初的现实生活,唱师既入乎其内,而又超乎其外。他就如同幽灵一般,来去自如,似隐似现,时隐时现,神秘莫测。他似乎具有明确的神情仪态,而又如此的行踪不定。他既是现实中人,又是超越现实的神灵。就叙事者与四个故事而言,不变的是叙事者唱师,而变换的则是故事中的人与事。这实际上构成了一种时间关系——永恒的叙事与变换的人世,或者可称之为恒久的历史性与短暂的现实性。另一方面,叙事者唱师不断地游走,又形成了地域空间的转换,进而完成了四个故事自然而然的叙事转换。但故事中的人与事,都将成为一种历史的过客,而历史的叙事却是依然的持久。这种叙事者的恒定性,不也恰恰暗合了《山海经》之山水的恒久吗？这是一种以历史时间的纵深感来应和山水空间的恒久的苍茫感的叙事,亦是一种历史时间的变换与地域空间转换相契合的叙事。

我们来看一下唱师是在怎样一种状态下进行叙事的。作品是这样开头的:

> 唱师静静地在炕上躺着,身子动不了,耳朵还灵,脑子也清白,就听着老师给孩子讲授。这时候,风就从窑门外往里进,风进来是看不见的,看得见的是一缕缕云丝,窑洞里有了一种异香,招来一只蝴蝶。唱师唱了一辈子阴歌,他能把前朝后代的故事编进唱词里,可他没有读过《山海经》,连听说过都没有,而老师念的说的却尽是山上海上和山上海上的事,海他是没有经过,秦岭里只说海吃海喝这个词,把太大的碗也叫海碗,可山呀,秦岭里的山哪一处他没去过呢,哪一条沟壑哪一座崖岩不认识他呢？唱师就想说话,又说不出来,连动一下舌头的气力也没有了,只是出气一阵急促一阵缓慢,再就是他感觉他的头发还在长,胳膊上腿上的汗毛也在长,像草一样地长,他听得见炕席底下蚂蚁在爬,蝴蝶的粉翅膀扇动了五十下才在空中走过一步,要出窑去。孩子也看见了那只蝴蝶,起身要去逮,老师用钢笔在孩子的头上敲了一下,说:专心！蝴蝶飞出了窑门,栖在草丛里,却变成了一朵花。①

从中可以读出这么几点:第一,唱师是在身静神游的状态下开始故事的叙说的;第

① 贾平凹:《老生》,《当代》2014 年第 5 期,第 6 页。

二,唱师是在静听老师讲述《山海经》的情境下进入历史的回溯叙述的;第三,就其叙事而言,他是从对于山即秦岭的理解开始或者引发叙述的;第四,从他听到蚂蚁爬动、头发汗毛等的生长来看,他是在一种亦真亦幻的状态下开始叙述的;第五,他也是以其人世故事应和《山海经》及老师之讲解的情境下进入叙述的。

他又是怎样叙述这四个故事的呢?

总体来看,正如前文所言,《老生》之叙事,是空间中蕴含时间,将近百年的人世历史纳于四个空间——四个村镇的故事之中,是一种糅合空间—时间、历史—现实、人世—阴间等的复调叙述。在这里,贯穿其间的叙事人物唱师与各个故事中的人物交相辉映。

具体来说,作为一种空间叙事,构成四个故事的空间是四个地方。一个地方一个故事地叙述。这四个地方,于空间上它们各自独立,而又相互关联。就如《山海经》中之山脉一样从一座山开始,向东、向西、向南、向北地生发出一座又一座的山。但第一个故事,应当说还是带有总领意味的。就地域来看,第一个故事是以正阳镇为中心展开叙述的,第二个故事是写一个名叫岭宁城的县城在败落后成为一个村子——老城村的故事,第三个是发生在三台县过风楼镇的故事,第四个是双凤县回龙湾镇当归村的故事。就这四个地方的人与事而言,是各自独立互不相干的。这样就自然而然地构成了四个空间结构的故事叙事。这种以空间位移的方式建构叙事,具有打破惯用的、传统的时间线性叙事模态的意味。仅此而言,它就具有叙事艺术创新革古的价值意义。

但是,如果联系起来看,这四个故事从时间上则又连贯成一种时间的链条,其先后顺序是清晰明了的。唱师是一个时间段经历一个地方所发生的事情,把近百年的历史,切割成四个时间段落,镶嵌在四个地方。换言之,唱师以自己人生历程所见证的四个地方的事情,建构起商州近百年的历史风云。第一个故事是 20 世纪 20 年代到 40 年代,着重叙写的是陕南游击队的革命历史;第二个故事发生在 20 世纪的五六十年代,自然叙述的是从合作化到人民公社这段历史;第三个故事写的是六七十年代,亦即中国当代最具有历史悲剧意义的"文化大革命";第四个故事是 80 年代到 21 世纪初,叙写的是改革开放及其中国社会历史转型的重大时代变革。由此,一部中国的近代、现代、当代的历史就被汤汤水水、囫囫囵囵地呈现出来了。

就唱师的叙事精神情态来说,则是一种人间与阴间相交会的叙事状态。这正如唱师自己所言:"作为唱师,我不唱的时候在阳间,唱的时候在阴间,阳间阴间里来往着,这是我干的也是我能干的事情。"[①]正因为如此,唱师方能天上地下、人世冥界、过去现今,忽隐忽现地叙述开来。这样的叙事,既具有似乎明晰的故事情韵,又如此充满混沌苍茫。故事中的人和事的叙述,似乎是在既悬浮于苍穹又隐藏于人世的神灵的昭示下所完成的,显得既是那么的实在,又是那么的空灵,实中有虚,虚中蕴实。于此,我们也可以将其理解为,这是一种人与神相融会的叙事方式。唱师真正断气死了,故事也就

① 贾平凹:《老生》,《当代》2014 年第 5 期,第 52 页。

叙说完了。于是,便又回到了当下性的现实:学生发现唱师死了,中断了老师对于《山海经》的讲述,而将唱师葬于他所住的窑洞里。

从另外一种角度来看,我们亦可将唱师的叙述行为与内容,归结为人的基本生命状态——生老病死。不论就个人而言,或者就人类整体来说,不论是叱咤风云,或者平平庸庸;不论是社会动荡不安,或者和平安定,许多东西都可以进行选择,唯有生与死是不能选择和无法避免的。正是这不断的生生死死、死死生生,构成了历史长河的最为基本的内容规律与结构形态。这亦可理解为,人的生生死死犹如山川江河,亘古不变,而社会时代、英雄平民、家事国事,则在不断地变换交替着。就此来看,《老生》的叙事,是将社会时代变迁、人世与人事的推演,还原到人生存的最为本体的生命状态。而恰恰在这还原的过程中,超越了现实,走向了永恒境界。

题三:历史的民间还原呈现

从贾平凹的创作历史来看,对于现实的关注,构成了他这四十年来创作用力的重心,也是评论界关注的焦点所在。但是,他对于历史生活也不乏涉及,比如20世纪80年代末90年代初创作的,被有的论者称之为土匪系列的《晚雨》《五魁》《美穴地》《白朗》等作品,叙写的就是商州现代历史中特殊的人生与生活。《病相报告》则是一种将现当代历史贯通的叙事。当然,更加引起人们倾心关注的是《古炉》对于当代“文革”历史记忆进行深入思考的叙事。如果就叙事的态度、立场,以及叙事的情怀而言,笔者以为这些作品,本就是一种商州民间历史的叙事。就此而言,我们不能不说,这些作品的创作,为贾平凹这部《老生》贯通商州近百年历史的民间叙事,做了一定的艺术上的铺垫积累。

所以,《老生》并非突兀的呈现,而是贾平凹文学创作艺术叙事发展的必然结果。

虽然如此,我们还是要问一句:贾平凹为何近年来对历史回忆叙事表现出更大的创作兴趣呢?原来这与作家的年龄有关。贾平凹自《古炉》之后,在几部作品的后记中,对于自己的年龄及其生命状态,都付诸甚为真切地表述:

> 五十岁后,周围的熟人有些开始死亡,去火葬场的次数增多,而我突然地喜欢在身上装钱了,又瞌睡日渐减少,便知道自己是老了。
>
> 老了就是提醒自己:一定不要贪恋位子,不吃凉粉便腾板凳;一定不要太去抛头露面,能不参加的活动坚决抹下脸去拒绝;一定不要偏执;一定不要嫉妒别人。这些都可以做到,尽量去做到,但控制不了的却是记忆啊,而且记忆越忆越是远,越远越是那么清晰。①

> 进入六十岁的时候,我就不愿意别人说今年该给你过个大寿了;很丢人

① 贾平凹:《古炉》,人民文学出版社2011年版,第602页。

的，怎么就到六十岁了呢？生日那天，家人和朋友们已经在饭店定了宴席，就是不去，一个人躲在书房里喘息。其实逃避时间正是衰老的表现，我都觉得可笑了。可是，在母亲的遗像前叩头，感念着母亲给我的生命，说我并不是害怕衰老，只是不耐烦宴席上长久吃喝和顺嘴而出的祝词，况且我现在还茁壮，六十年里并没有做成一两件事情，还是留着八十九十再庆祝吧。我又在佛前焚香，佛总是在转化我，把一只蛹变成了彩蝶，把一颗籽变出了大树，今年头发又掉了许多，露骨的牙也坏了两颗，那就快赐给我力量吧，我现在晚年时常梦见捡了一篮鸡蛋，我企望着让带灯活灵活现于纸上吧，补偿性地使我完成又一部作品。①

现在我是老了，人老多回忆往事，而往事如行车的路边树，树是闪过去了，但树还在，它需在烟的弥漫中才依稀可见呀。②

从作家的表述中可知，他在逐渐步入老年阶段后，一方面更加注重生命的记忆，这实质是对于生命的反刍与对于历史反思的同构；另一方面，对于中国古代的经典表现出更大的兴趣，据他自己讲，曾经阅读了王国维的著作，并对秦汉文学艺术发生了极大兴趣，这次《老生》的创作中，则又表现出对于《山海经》的痴迷。他似乎是以文学艺术叙事新的创作，更加致力地实现着对于中国古代经典的神会贯通。这看起来是两个方面的问题，其实是合二为一的问题：生存的生命状态使他在回味生命的记忆中，回溯历史与倾心古典。

《老生》便是作家记忆中经见与听来的历史故事的叙事——一种贯通古今经脉神魂的历史叙事。

具体来说，《老生》叙写的是陕南从20世纪一二十年代到今天的历史生活。构成这近百年历史生活主体的，则是寓社会时代之风云变幻于日常生活的苍茫涌动。于此，作家有着明确的叙事思想意念，那就是：以超越革命的历史态度、民间立场、人文情怀，来叙写革命，以期于革命的消解叙事中告别革命，返归人类生活最为本真的存在状态；以贯通古今的说古经的民间叙事结构，来呈现发生过的历史生活和正在发生着的现实生活之间内在关系，把近百年的历史现实生活化入亘古的人类历史生活，使之显得如此的苍茫与空渺；以日常生活化的还原呈现的叙事方式，来展现近百年的时代风云变幻，将社会历史生活从宏大叙事引向具体而微的细节叙事，使得社会历史生活叙述还原为生活本身的呈现。

探讨贾平凹近年来的文学叙事，有两个关键词不得不考虑，一个是还原，一个是呈现。在创作《秦腔》的时候，贾平凹实际上采用的就是一种还原呈现的叙事方式。在这部《老生》里，首先是将官方正史，或者知识分子所建构的历史，还原成为民间史。

---

① 贾平凹：《带灯》，人民文学出版社2013年版，第354页。

② 贾平凹：《〈老生〉后记》，《当代》2014年第5期，第103页。

如果就作品所叙述的历史生活来看,很显然涉及革命、社会政治等内容。但是,作家既不是从官方角度也不是从知识分子角度来审视和建构历史,而是从民间的视角、民间的立场来叙述和建构中国近百年的历史。坦诚地讲,历史的民间叙事,并非今天才有,20 世纪八九十年代莫言、陈忠实等许多作家在其创作中就已初露端倪。可以说,民间历史叙事已经成为当代文学叙事的极为重要的叙事形态。《老生》所不同的是,贾平凹是以民间古经的叙事方式,来建构历史的民间叙事。这是一种最古老、最民间化的叙事方式。因此,不论是革命史还是社会史,都在这种叙事中,还原到最原始、最民间化的历史状态。

其实,还原与呈现,都是借用现象学的词语。就像当代美国学者詹姆士·艾迪所说:“现象学并不纯是研究客体的科学,也不纯是研究主体的科学,而是研究‘经验’的科学。现象学不会只注重经验中的客体或经验中的主体,而是集中探讨物体与意识的交界点。因此,现象学研究的是意识的意向性活动,意识向客体的投射,意识通过意向性活动而构成的世界。”①还原、呈现作为现象学的重要概念,自然有其特定的含义。由此想到现象学的开创者胡塞尔所说的回归事物本身和意向性。于此,强调的是回归事物本身。如何回归?就叙事来说,就是还原的呈现。贾平凹在《秦腔》的首发式上说:“我只是呈现,呈现出这一段历史。在我的意识里,这一历史通过平庸的琐碎的日子才能真实地呈现,而呈现得越沉稳、越详尽,理念的东西就愈坚定突出。”②贾平凹在《秦腔》中是一种还原式的呈现,所呈现的是平庸的琐碎的日子。其实,他的《古炉》《带灯》《老生》依然是这种还原式的呈现。虽然呈现的生活不同,但是,不论是历史还是现实,不论是革命还是建设,都是以日常化的生活细节叙述,直逼生活本体价值意义的追问。就《老生》而言,则“表达的是生活,表达生活当然就要写关系。《老生》中,人和社会的关系,人和物的关系,人和人的关系,是那样的紧张而错综复杂,它是有着清白和温暖,有着混乱和凄苦,更有着残酷,血腥,丑恶,荒唐”。之所以如此,在贾平凹看来,“百多十年来,我们就是这样过来的,我们就是如此的出身和履历,我们已经在苦味的土壤上长成了苦菜。《老生》就得老老实实地去呈现过去的国情、世情、民情”③。也就是说,《老生》所叙写的生活,是熔铸着人与人、人与社会、人与自然的错综复杂关系的生活,是呈现着国情、世情、民情的历史生活。

当然,更为重要的是,贾平凹于《老生》的叙事创造中,对于中华民族文化思想与文学艺术思维方式及其源头的追寻和吸收融化,以此来建构起渗透着中国文化思维血脉的新的民族叙事形态的努力。这更是应当引起人们所重视的。

---

① [法]米·杜夫海纳:《审美经验现象学》,韩树站译,文化艺术出版社 1992 年版。

② 贾平凹:在《秦腔》首发式上的发言,西安建筑科技大学笃实新闻网 2005 年 4 月 12 日。

③ 贾平凹:《〈老生〉后记》,《当代》2014 年第 5 期,第 104 页。

从《高兴》看贾平凹小说风格的新变

储兆文

摘　要：贾平凹的小说《高兴》讲述了一个离开土地的农民进入城市后的生存状态，小说的主旨在于探讨离土的农民，如何在城市扎根。《高兴》是一部标志着贾平凹创作思路和叙事风格发生重大转变的小说。它没有像《废都》《怀念狼》甚至《秦腔》那样，继续他的颓废、挣扎和怀乡，而是掉转手眼，通过褪尽铅华、隐去技巧、简约而素朴的叙述，宽容而微笑地捧出他对城市和生活在其间的下层人的柔软和温暖。《高兴》体现了贾平凹由尘世挣扎和心灵搏斗，转入顺乎自然的静观，脱去纷乱变形的精神意象，走向清澈而唯美的简约写实，实现了对他早期朴素创作风格的超越式的回归。

关键词：贾平凹；《高兴》；风格；转变；回归

贾平凹的小说《高兴》讲述了一个离开土地的农民进入城市后的生存状态。主人公刘高兴真有其人，原名叫刘书祯，是贾平凹老家丹凤县棣花镇同村的伙伴，从小学到中学的同学。刘书祯当年当兵复员后回村继续当农民，迫于生计在年过半百时领着儿子进城打工，找不到工作就在西安以拾破烂维持生计。虽然生活艰辛，但他却很乐观、幽默，他给自己重新起名叫刘高兴。贾平凹在后记中说："得不到高兴但仍高兴着，这是什么人呢？""他是拾破烂人中的另类，而他也正是拾破烂人中的典型，他之所以是现在的他，他越是活得沉重，也就越懂得着轻松，越是活得苦难，他才越要享受着快乐。""在肮脏的地方却干净地活着，这就是刘高兴。"①

《高兴》的故事性很强，故事节奏也相对较快。但这部名叫《高兴》的小说，却经历了一个痛苦的酝酿的过程。贾平凹在后记里说这是他写得最吃力的一部小说。

城与乡

刘高兴，农村人，进城，拾荒，一心想做城里人，举手投足，心里身外，做足了脱胎换骨的准备。最绝的是，他把肾卖给了城里人。肾是先天之本，主发育、生长、生殖，"现

① 贾平凹：《高兴》，作家出版社 2007 年版，第 446 页。

在农民给城里生娃哩!"①。他以为买肾的是韦达(伟哥?),是有钱人,在一次抢劫中,两人不期而遇。从此,韦达成了刘高兴在城里的影子,成了他能留在城里的根,成了他梦幻的未来。

在刘高兴看来,肾是认得路的,装在韦达身体里的一个肾,和装在自己身体里的一个肾,同时向孟夷纯靠拢。所以,孟夷纯和韦达的关系,并没有引起高兴的醋意,反倒让他有几分欣慰。

然而,他错了。韦达并没有换肾,而是换肝,他失望了。一切都变了,不仅韦达与刘高兴失去了纽带,刘高兴做城里人的根失去了具体可感的土;而且,肾与肝大不相同,肾是先天之本,肝是后天之本。所以,当孟夷纯被抓,换肝的韦达很漠然,假如韦达有刘高兴的肾,绝不会如此。刘高兴为了盖新房、娶媳妇,卖过三次血,听说有人卖血得了乙肝,才不卖血改卖了肾,卖肾的钱盖起了新房,但新房盖起来了,那女的却嫁给了别人,为此,他吹了三天三夜的箫,卖了一双女式尖头高跟鞋,来到城里,要娶城里的女人做老婆。

贾平凹说:"我这么安排,是想表达他与城市的关系,刘高兴是无法融入这个城市的。刘高兴的命运也就是农民工的命运。"②

"大部分农民就死了回去了,只有他还在这留着,最后的处理是让五富留着鬼魂在城里,但刘高兴还在城里,他在这个城里还有他的梦想,他还觉得他的肾脏还在城里,换作城里人的。他把肾脏卖给城里人,他就觉得他是城里人,而实际上那个城里人换的是肝。但在刘高兴的脑子里觉得自己的肾脏还在城里,而且在城里还有他一个女人。他有各种的理想和追求,他的想像还在城里,他离不开城里。"③

刘高兴留在城里,带着残缺的、只有一个肾的身体,另一个肾卖给了城里人,成为城里人的先天之本,融入了城市。农村的肾养活着城市,原来,城市的一半是农村。但刘高兴不知道,卖掉的肾长在谁的身体里,离开了自己,就是别人的了,是城里的了,与自己无关。只有一个肾的刘高兴留在城里,依然高兴着,他将来会怎么样呢?刘高兴不知道,贾平凹也不知道。

答案在时间和城乡历史的眼睛里。

意象与写实

《秦腔》出版的时候,许多人曾惊喜于贾平凹创作风格的改变:

贾平凹经历了《商州初录》《再录》等"看山是山、看水是水"的原始真朴,芙蓉出水;经历了《废都》《怀念狼》"看山不是山、看水不是水"的尘世挣扎,心灵搏斗;到《秦腔》,终于洗尽铅华,絜心禅定,得道升座,以物观物,在"一堆鸡零狗碎的泼烦日子"里

① 贾平凹:《高兴》,作家出版社2007年版,第446页。
② 卜昌伟:《贾平凹写农民自我安抚》,《京华时报》2007年11月5日。
③ 《访谈·从比较说开去——贾平凹畅言〈高兴〉与〈秦腔〉创作过程的异同》,《西安建大报》2007年10月16日第6版。

显示出了菩萨心、大智慧。[1]

《高兴》几乎完全脱去了尘世挣扎和心灵搏斗，走向了顺乎自然的静观，脱去了纷乱错杂的精神意象，回归到清澈而唯美的写实。

在《高兴》的后记里，贾平凹坦露了他创作《高兴》的历程。他曾将写好的“十万字毁之一炬”，因为“我无法摆脱一种生来俱有的忧患，使作品写得苦涩沉重。而且，我吃惊地发现，我虽然在城市里生活了几十年，平日还自诩有现代的意识，却仍有严重的农民意识，即内心深处厌恶城市，仇恨城市，我在作品里替我写的这些破烂人在厌恶城市，仇恨城市。我越写越写不去”。

他为此罢笔，转而思考：“我现在要写到底该去写什么，我的写作的意义到底是什么？”他还说：“我这也不是在标榜我多么清高和多大野心，我也是写不出什么好东西，而在这个年代的作家普遍缺乏大精神和大技巧，文学作品不可能经典，那么，就不妨把自己的作品写成一份社会记录而留给历史。”如果说，这样的思考使贾平凹确定了“写成一份社会记录而留给历史”的创作方向，那么，现实中刘高兴的高兴，就激活了他回归到清澈而唯美的写实风格的灵感。贾平凹在后记里写道：

> 他还是说这说那，表情丰富，笑声爽朗。
>
> 我就说了一句：咋迟早见你都是恁高兴的？他停了一下，说：我叫刘高兴呀，咋能不高兴？！
>
> 得不到高兴但仍高兴着，这是什么人呢？但就这一句话，我突然地觉得我的思维该怎么改变了，我的小说该怎么去写了。本来是以刘高兴的事萌生了要写一部拾破烂人的书，而我深入了解那么多拾破烂人却使我的写作陷入了困境。刘高兴的这句话其实什么也没有说，真是奇怪，一张窗纸就砰地捅破了，一直只冒黑烟的柴火忽地就起了焰了。这部小说就只写刘高兴，可以说他是拾破烂人中的另类，而他也正是拾破烂人中的典型，他之所以是现在的他，他越是活得沉重，也就越懂得着轻松，越是活得苦难，他才越要享受着快乐。
>
> 我说：刘高兴，我现在知道你了！
>
> 他说：知道我了，知道我啥？
>
> 我说：你是泥塘里长出来的一枝莲！
>
> 他说：别给我文绉绉地酸，你知道咱老家砖泥窑吗，出窑的时候脸黑得像锅底，就显得牙是白的。是的，在肮脏的地方干净地活着，这就是刘高兴。[2]

于是，他把书名由《城市生活》，改成《高兴》；人物由一个城市和一群人，改成刘高

① 储兆文：《秦腔大评·一曲秦腔近红楼——论〈秦腔〉的隐与显》，作家出版社 2006 年版，第 420 页。

② 贾平凹：《高兴》，作家出版社 2007 年版，第 449 页。

兴和他的二三个同伴;情节由层层叠叠,改成单线推进;叙述角度由散点透视,改成第一人称。删掉枝枝蔓蔓的情节和静止主观的议论,以及夸张变形的叙述,“使故事更生活化,细节化,变得柔软和温暖”,“似乎毫无了技巧,似乎是江郎才尽的那种不会了写作的写作”①。

可见《高兴》是从痛苦中孕育出来的,是删繁就简、豪华褪尽后的简约和素朴。小说这一文种,本来属于叙事而非抒情或议论文学,它原本以故事为框架,以情节推动故事的展开,以人物为核心,以人物(而非作家)的悲喜命运调动读者的喜怒哀乐。这种理论观念虽然常被一些现代派人士视之为保守或缺乏现代意识,但它无论如何都是小说的最本质的特性和最受欢迎的形式。离开这些而刻意去追求空乏的现代意识,多少都有一点舍本逐末之嫌。

对于农民工,人们往往会有一种“先入为主”的印象,表现他们也往往会误入“主题先行”的大忌。但这一看似“千人一面”的群体,却有着“人面之不同,各如其心”的生态。所以,若不深入其中、进入其心,就很难避免一般化或概念化的倾向。

贾平凹《高兴》的素材来源于他儿时伙伴的生活,这类素材是创作者最需要的,同时也是最可怕的。其实,把自己熟悉的人写成一个长篇,看易实难。它首先缺乏的是题材对创作者的新鲜感,千头万绪不知从何说起,这就像一般作家很难写出自己时代的大作品一样。熟悉的陌生,它是读者所普遍需要的,但它却是横亘在大作家与小作家之间的一道坎。

恩格斯说:“每个人都是典型,但同时又是一定的单个人,正如老黑格尔所说的,是一个‘这个’。”②黑格尔认为,在艺术表现里,艺术所要处理的真实的内容(“意蕴”)“必须经过明晰的个性化”“必须形象化为独立自足的个别人物”。黑格尔在论述人物性格时,特别强调“人的完整的个性”,他所说的性格就是指这种完整的个性,并断言,“性格就是理想艺术的真正中心”。③

刘高兴,无疑将成为中国现当代文学人物形象中独特的“这个”。虽然贾平凹在小说的开头,一气并列了七项刘高兴的性格特征,显得有些过于讨巧,但刘高兴性格“完整的个性”还是从故事和细节中立体化地展现出来的。刘高兴是个独特的矛盾体,他生于农村,却要活在城市;他干着脏活,却有洁癖;他挣钱最难,却把钱最容易地送给孟夷纯;他真诚地善待同伴,却又虚伪地吆五喝六;他吃着简单的食物,却说着文雅的话语;他时而谦让礼貌、热心助人,时而油嘴滑舌、捉弄别人;他时而有君子之风,时而要小人伎俩;他不满现状,却又安于现状;他最该痛苦,却又最为快乐……刘高兴身上有着巨大的弹性,这与他是个城市的农村人、农村的城市人、体力的文化人、文化的体力人的奇特身份有关——这正是社会转型、城乡变革、贫富分化、文化多元、人的角色紊乱的大千万象的

① 贾平凹:《高兴》,作家出版社2007年版,第451页。

② 中共中央马克思、恩格斯、列宁、斯大林著作编译局编:《马克思恩格斯选集》第四卷,人民出版社1972年版,第453页。

③ [德]黑格尔:《美学》第一卷,商务印书馆1979年版,第283页。

折射。

贾平凹伏下身子，潜入底层，借小人物刘高兴的眼，来静观这个繁华而纷乱、诱人且恼人的时代，其间有茫然，也有用心。在这个最容易表现对城市的怨恨、对人性的失望、对文明的悲观的题材里，贾平凹没有像《废都》《怀念狼》甚至《秦腔》那样，继续他的颓废、挣扎和怀乡，而是掉转手眼，宽容而微笑地捧出他对城市和生活在其间的下层人的柔软与温暖。而褪尽铅华、隐去技巧、简约而素朴的叙述，既体现了这种转变，又完美地配合了小说的主旨。

小说和影视

从20世纪80年代后期开始，随着电视的快速普及，大众传媒的霸主由印刷媒介向电子媒介转换，人们获取信息的渠道从书籍、报刊转向电视，看电视成为人们文化娱乐的主要方式。文学期刊奄奄一息，种类减少，发行量锐减。文学(尤其是小说)在文字中退潮，只希望拉着影视的手而被炒热，小说被改编成影视成为作家、作品进入受众视野的救命稻草。文学创作对影视的屈从，又怂恿着受众抛弃沉重单调的阅读，而热衷于轻松刺激的读图。

但是，小说和影视毕竟是两种不同的文本形态，它们有着各自不同的特性、表现方式，以及由此而形成的不同的接受效果。所以，不是所有的小说都能改编成影视，当然，也不是能改编成影视的小说都是好作品。

影视最大的期待是故事。

贾平凹的小说，有故事，但更多的是诗性，是心灵的意象。要把贾平凹的小说改编成影视，一般人很难改编好，演员也不容易演好。但贾平凹早期的小说也有改编成影视的，而且大获成功，成为中国电影史上不可绕过的一部力作。这就是根据贾平凹小说《鸡窝洼人家》改编的影片《野山》。

《鸡窝洼人家》创作于1983年，是贾平凹的早期作品。小说讲述了秦岭深处的两户农家夫妇的故事。小山村里有两户人家：一家男人叫回回(电影改名灰灰)，满足于衣食温饱，对妻子烟峰(电影改名桂兰)不生育不称心；另一家男人叫禾禾，不安于务农种庄稼，但烧窑、养鱼、卖豆腐等都失败了，妻子(麦绒(电影改名秋绒)受不了折腾，便离婚。回回把麦绒当弟媳对待，帮她经营庄稼，他喜欢麦绒的孩子栓栓，深感麦绒才是贤妻良母。而烟峰喜欢听禾禾讲山外的事，禾禾进城打工，烟峰追到城里。禾禾劝烟峰回家，可鸡窝洼传出烟峰跟禾禾私奔了。烟峰回到家，被回回暴打，只好到后山给禾禾帮忙，经营副业，等候禾禾回来。最终，禾禾娶了回回的媳妇烟峰，成了令人羡慕的一对，成功地将手扶拖拉机、压面机等新鲜玩意儿带进了山村；回回娶了禾禾的的媳妇麦绒，两人还只能靠人力推着碾盘转。

小说通过一个“换老婆”的故事，反映了改革开放初期，农村在新浪潮的冲击下，农民的思想感情、伦理道德、价值观念和生活方式发生的重大而深刻的变化。

小说改编成电影《野山》后，获得了巨大成功，该片为第一部荣获六项金鸡奖奖项的电影，取得了最佳故事片、最佳导演、最佳女主角、最佳男配角、最佳录音、最佳服装奖项。该片还获得1985年广电部优秀故事片奖，法国南特第八届三大洲国际电影节故事片大奖等多个国内外奖项。

《鸡窝洼人家》能够改编为电影，并大获成功，首先是作家敏感地摸到了悄悄变化的时代脉搏；其次是它通过小故事反映了大问题，新奇而有意味的故事是关键；还有一点就是小说的细节上具有生活的实感和朴素的风格；当然，编剧、导演、演员的再创造也是重要的因素。

从《鸡窝洼人家》成功地改编为电影的角度，再来审视《高兴》，我们清晰地看到贾平凹的创作实现了从早期的简约素朴的写实，到中期繁富绚烂的意象，再到现在《高兴》简约素朴写实的回归。但这种回归不是简单的重复或倒退，而是“绚烂之极，归于平淡”的超越，他回归到对故事的淡定的叙述，对人物的真切把握，对环境的客观实录，悲悯代替了愤激，建设代替了破坏，明朗代替了阴郁。

虽然贾平凹从不为迎合影视而写作，但在影视界普遍苦于有钱找不到好剧本的情形下，《高兴》的出现，一定会让有眼光的影视人在苦苦寻觅中，眼前一亮。因为《高兴》具有成为影视作品的所有秉性，《高兴》一开头的警察问话，简直就是一组不需要改编的现成的蒙太奇。

从现象学看《古炉》的人性内涵及其世界性

储兆文

贾平凹的《古炉》把“文化大革命”熔化在古炉村的生活里，极力回避主题先行的先验预设，让生活自然长出，让人性自动表演。贾平凹力图拂去覆盖在历史事件上厚厚的意识形态灰尘，深潜到事件的根部——善恶无解的人性和人性的遮蔽之中，以强大的写实功能，努力进行现象还原，回到事实本身。他无意于揭过去的伤疤，审判过去，他关心的不仅是古炉村或中国的灾难时代的现场，而是与人类的本性和普遍性紧密相连的人为灾难的发生机理，他引领文学在人性的路径上思索：类似于十年动乱的事件会不会再次出现在人类的未来，人性究竟会受到哪些因素的激发而故技重演？因此，其探索的价值是指向未来、指向世界的。正是在这一点上，《古炉》体现了它的世界性意义。

现象学是20世纪一场规模宏大的世界性思潮。现象学的基本主张是，只谈论直接给予我们的东西，放弃一切偏见、成见、习惯看法，即放弃一切有关存在的判断，回到事情本身。[①]

现象学理论力主“悬隔”意义，“回到事情本身”，就是要最大限度地减少主观的干扰，因为现有的一切主观判定都是片面的、靠不住的，都是带着某种“遮蔽”的一孔之见。对于文学来说，现象学给我们的启示就是：最大限度地还原事实。我们不是不要意义，而是把意义留给未来的全知，全知只存在于未来。因为未来不能回到已发生的事实，而变形的事实，会让意义出错；还原的事实，意义会在未来自动呈现。相信未来。存在主义作家有“意在言外”的共同特点，卡夫卡、萨特、加缪的作品都可以当作“寓言”来阅读，贾平凹的《古炉》也有必要当作““寓言”来阅读。寓言所扩充的是人的存在的普遍意义和境遇，而不是暂时的、局部的意义。

（一）

对于“文化大革命”这场波及中国的每个角落、每个领域、每个阶层、每个人，持续

① 倪梁康：《现象学运动的基本意义——纪念现象学运动一百周年》，《中国社会科学》2000年第4期。

十年的政治运动，无数政治家、理论家、历史学家已经有诸多论说，文学艺术上也有诸多展示，但贾平凹的《古炉》无意于此，小说中几乎没有此方面的笔墨。以至于读者在阅读小说时，与此前看到的出版宣传或小说封面的提示语（“贾平凹首次直面二十世纪六十年代中国最大历史运动”“十年浩劫，民族史诗”等）所产生的阅读期待之间有了很大的反差，甚至有人发出了贾平凹这部小说是不是在写“文革”的疑问。

“文化大革命”，是一个大事件；中国，是一个大题材；64 万字，是一个大部头。贾平凹没有采取与之相适应的宏大叙事，而是依然沿袭他自《废都》《秦腔》以来的细密的写实风格，把叙述的边界牢固地限定在山高水远的偏僻的小山村，用一个古、远而小的村子，用没有炸点的细碎而混沌的生活，来承载这个大事件、这个大题材。

贾平凹不是从预设的结论来写，而是极力回避主题先行的先验预设。这比《秦腔》进了一步，《秦腔》似乎没有完全做到这一点，《秦腔》似乎还留有主题先行的嫌疑。根据贾平凹在《古炉》后记中所言，他所属意的是：“‘文革’之火不是从中国社会的最底层点起，那中国社会的最底层却怎样使火一点就燃？”[①]因此，《古炉》要写的是“瓷”，但却从“泥”写起。这样，可以有效地避免用已成的“瓷”的解剖，来得出其质地坚硬的结论的弊端，而忽视坚硬的“瓷”是从柔软的“泥”而来的复杂的过程。

贾平凹所写的古炉村的“文革”，深嵌在古炉人的生活中，它一点一点地来，又一点一点地去，像种子一样，在冬里孕育，在春里开花，在夏里生长，在秋里结果，又在冬里死后而孕育。贾平凹没有像大多数同类题材的小说那样去剪裁素材，而只保留与“文革”有关的生活，他所写的几乎是古炉村人们生活的全部，历史背景就像盐溶化在水里一样，浸透在古炉村人的全部生活中。所以，小说的第一部分《冬》里，我们几乎看不到“文革”，在第二部分《春》里，也只能若隐若现地看到一些苗头，在后面的部分里，其分量才逐渐增加，但其他的生活内容还在继续铺写。

火能否燃，燃成什么样子，取决于柴的属性，如果点火者面对的是一堆阻燃的湿柴，火就很难燃烧起来；相反，如果点火者面对的是一堆易燃的干柴，那么火势必一点就燃。贾平凹悠然地深潜到他熟悉并悟彻的生活里，深潜到大事件、大题材的根部，对于《古炉》来说，这个根部就是——人性。

人性，从来就不是抽象和孤立的存在，“文革”是中国的“文革”，《古炉》中的人性首先自然是中国人的人性，即“国民性”。但人作为类的存在，又何尝没有类的共同性，像“文革”这样的事件，又何尝只是中国所独有。人类历史上诸多疯狂的时代或事件，无论其发生时有怎样复杂的背景，但都无法遮蔽其背后深隐着的人性的善恶交错。

（二）

人性的善恶，正如世界的来历，至今依然无解。无论中外智者思辨得如何深邃，最终都难免陷入鸡生蛋、蛋生鸡的逻辑循环。但人类是具有反思自身能力的唯一物种，

---

① 贾平凹：《古炉》，人民文学出版社 2011 年版，第 604—605 页。

对自身禀性反思的冲动一刻也没有停止。仅就中国而言，在春秋战国的动乱年代，关于人性善恶的争论便已开始。

孟子的性善论和荀子的性恶论都只说明了人性的一面，而忽视了其复杂性。[①] 人性是使人之所以成为人的规定性，“性”是存在之所以“存在”的法则。人性是人存在的自然表现，但人又具有能动性，即能动本能。能动必然和目的与手段相连，目标与手段之间的复杂关系，造就了善与恶的分野，能动的发挥，提供了无限广阔的活动空间、提供了可以创造辉煌的无限机遇，同时也给它犯下各种错误准备了形形色色的陷阱。

康德认为“人自身便是目的”，并将此作为他最高的实践原则。[②] 黑格尔宣称“各人是他自己命运的主宰者”，并在辨析他的自由观时说：“自由乃是于他物中发现自己的存在，自己依赖自己，自己决定自己的意思”。[③] 费尔巴哈要建立爱的宗教，认为“爱可以使人从中找到自己感情的满足，解开自己生命的谜，达到自己生命的终极目的”[④]。等等。中西哲人对于人性的探索成果丰赡，而且从未停止。

探讨人性的目的在于，如何更好地解释、激发、引导、组织人类行为，如何更好地实现人类存在。

人性善恶的答案，正在善恶的无解之中。文学亦如哲学，文学家对人性函数求解的冲动与努力一直没有停止。逼近极限的远景似乎就在眼前，但始终未曾到达。文学史上一批又一批的求解人性的作品不断出现，而相对于西方，中国文学中由于“文以载道”的铁律将“道”圈定在社会政治的狭小疆域，对于人性的展示和追索就显得狭隘而表面。只是在明代中叶及“五四”的近代化和21世纪前后的现代化进程中，中国文学对人性叙写的量与质才有所提升。明代中叶、五四时期的文学创作与文学主张，强调了人性中的自然性，注重个体性的张扬。21世纪前后的文学虽有拓展，但也大致如此。总体还在欧洲文艺复兴的老路上徘徊不定。

“文化大革命”是发生在中国的一个极端事件，也是世界范围内的一个极端事件。其实，极端事件中，人性的善恶两面和复杂性也达到人类极限的边缘。那是一场社会灾难，也是人性的灾难，在特定时空里，人性的复杂性和可能性达到了最大程度的膨胀。灾难之后，只要人的生活还在延续，只要人的生存还需要意义，人类就必须“修补世界”。[⑤] “文革”后的“拨乱反正”以及文学领域出现的“伤痕文学”“反思文学”“知

① 蔡陈聪：《孟、荀人性论比较及其当代意义》，《云南社会科学》2003年第6期。

② [德]康德：《法的形而上学原理——权利的科学》，转引自庄锡华：《人性、人道、人道主义与二十世纪中国文艺理论》，《学习与探索》1998年第1期。

③ [德]黑格尔：《小逻辑》，转引自庄锡华：《人性、人道、人道主义与二十世纪中国文艺理论》，《学习与探索》1998年第1期。

④ [德]费尔巴哈：《费尔巴哈哲学著作选集》，转引自庄锡华：《人性、人道、人道主义与二十世纪中国文艺理论》，《学习与探索》1998年第1期。

⑤ Emil Fackenhaim, *To Mend the World: Foundations of Future Jewish Thought.* New York: Schochen Books, 1982; Martin Buber. *I and Thou.* Trans. Ronald Gregor Smith. New York: cribner, 1958. 转引自徐贲：《见证文学的道德意义：反叛和“后灾难”共同人性》，《文艺理论研究》2008年第2期。

青文学”等都是经历严重挫折后“修补世界”的不同表现。但是，控诉和审判成了“文革”题材文学的主旋律，其背后所遵循的依然是延续了“文以载道”的社会政治的评判路线，其意义是重大的，也是不可或缺的。但其深刻性、现代性和世界性显然是不够或匮乏的，尤其是对“文革”灾难在原本正常的普通人中何以“一点就燃”的根性的揭示几乎付诸阙如。

仅有控诉和审判而不从人性去揭示其产生的根由，容易导致一个不可自圆其说的悖谬，即被控诉和被审判者是灾难责任的承担者，与控诉和审判者无关。而事实上，控诉和审判者也是参与者——不管他是受害者、加害者，还是袖手旁观者。从这个意义上说，控诉和审判的对象就是我们自己。正因为如此，巴金老人的《随想录》是真诚和深邃的，体现了人性的光辉。

贾平凹把“文革”熔化在古炉村的生活里；同时，“文革”又只是一个面具，面具背后活动着的是善恶无解的人性，是人性在社会关系中的表演。

“文革”已然发生，已然过去，已然盖棺论定。但小说要再现“文革”，最大的真实就是还原“文革”。贾平凹已经不满足于通常意义上的还原，他试图要将这些“已然”从脑子里剔除，就当一切还没有发生，从土壤、空气、温度和水等等写起，让“文革”在小说的生活里自然长出，让人性在其间自然滋长。这是《古炉》对“文革”书写的艺术刷新。

所以，对《古炉》中的人物，我们不能以今天的是非为是非，但这又往往是小说家和读者不由自主的思维惯性，贾平凹力图打破这种惯性，所以，《古炉》中的人物很难以完全的善恶、好坏来排队，但贾平凹的这种努力不一定能在读者那里得到响应。拿霸槽来说，贾平凹努力在还原一个人性的霸槽，“文革”对于霸槽来说，没有意识形态方面的自觉，他的所作所为都是他这个具体的人的本性的自然显现，以及他在那样的现实生态和文化生态中所形成的社会性的自然反应。从他自己来看，他做的一切都是他那样的人应该做的，杏开喜欢他，狗尿苔不满他，又羡慕他，甚至有点崇拜他，村子里的人怕他，有时又要依赖他，很多人都跟着他，黄生生、马部长需要他，等等。小说中的其他人对霸槽的善恶是非的认定是混乱而矛盾的。但读者很容易从后来或今天的标准将他看作坏人、恶人。是的，最后霸槽被枪毙了，但他的对立面红大刀队的天布也被枪毙了。这是贾平凹跳出具体无解的善恶，超越到大善恶的智慧的处理，这本身也是真实的还原。但善恶在霸槽身上的纠结并没有结束，霸槽有了孩子，像霸槽这样的人依然生生不息地活在世界上。假如霸槽活在今天，他可能是一个腰缠万贯的企业家，或者其他类似的成功者。这才是人性的真实而复杂之所在。

（三）

古炉村人对于“文革”是茫然的，对运动的走向以及村中好坏是非的判断来自外在，而这些外在的消息只有指向，没有理由，信息的不对等，造成对事件谜一般的一层遮蔽，没有人思考，也不可能思考，人们只是跟着走，从不问为什么，并根据几乎跟运动没关系的村中已有的恩怨情仇行事。两派的对立是按姓氏划分的，两派都竞相高喊口号，胜负在于看谁的声音更高，并不存在你打倒的、我就拥护的对立，水皮慌乱中喊错了口号，两派都认为他犯了大罪，要受惩罚。至于喊错了口号为什么有罪，水皮是有意还是无意的，是真想拥护什么反对什么，还是他根本就不知道拥护和反对的有什么不同，这些没有人会去辨别，连想都不会想，水皮自己也是这样。因为这与古炉村本身的恩怨无关，对古炉人的利益没有伤害。对这些本来是运动的大是大非问题没人会去弄清楚。而对你家盖房子我帮过忙，你媳妇生不下娃我也去了，你曾少给我记了三分工，你借我两元钱没还，等等这些小的积怨却记得分明、争得死活。《古炉》里写道，有一个人偷了邻居的钥匙，邻居怀疑是他的下一家偷的，他又偷了下一家的钥匙，下一家又偷了下下一家的……这样一家偷一家不断传递下去。本来村子里只是第一个偷钥匙的人是恶的始作俑者，结果全村都成了小偷。恶，就这样像传染病一样笼罩了全村，造成轩然大波。而除了第一个、后来的偷钥匙者，他们本不想作恶，他们是恶的受害者，最终却成了恶的加害者。现实中许多的人为灾难其发生并扩散的机理，与此多么相似。

遮蔽是普遍存在的，人性的弱点很多来自遮蔽。人的认识总会受到遮蔽，有来自空间的，有来自时间的，有来自智力的，有来自情感的，有来自利益的，等等。这种遮蔽不仅古炉村人有，中国人有，世界人有，整个人类都有。总体来说，我们每一个人都是井底之蛙，因为我们每个人都受到各种各样的遮蔽，我们的认识总是有局限的。只是遮蔽的程度有不同，认识的高下有差别。“我们放不下心的是在我们身上，除了仁义礼智信外，同时也有着魔鬼，而魔鬼强悍，最易于放纵”①。

文明的进步，人性的提升，在于不断地“解蔽”。人类的一切努力在于达到人类的理想，理想之所以是理想，就在于它受到现存的种种蔽的限制，引导人类拆除来自自然的蔽，拆除来自人类自身的蔽，探索的路径就是要指向未来、指向理想的。

文学的世界性，不在于题材或故事的世界性，而在于给人的感知和思考的内涵的世界性。《古炉》所写“文革”是古炉村的“文革”，但给人的感知和思考超出了古炉村，是具体而微的中国的“文革”，而具体“文革”虽是中国所独有的，但类似这样的事件却是世界共有的。

《古炉》写“文革”跳出了意识形态，不仅小说中人物的冲突不是意识形态上的冲突，而且对冲突也没有做意识形态上的评判，贾平凹所做的就是努力“回到事情本身”。

但“回到事情本身”是很难的，几乎是做不到的。小说中的事实总是主观的产物，但主观介入的程度是有差别的。贾平凹在《古炉》里最大限度地把自己隐藏，试图做到“以物观物”，事件自动演化，人物自我表现。贾平凹无与伦比的强大的写实功能，给他“回到事实本身”的努力提供了有力的支持。许多事情，在后来看来明晰的是非，

① 贾平凹：《古炉》，人民文学出版社2011年版，第604—605页。

在当时却是一本糊涂账。正因为如此,未来没有答案,与其从已然的结论出发,不如从事件的根本出发,从人性出发。

马丁·波普(M. Buber)说,人的存在不是孤独的自我,而是"我与你"的关系,个人所患之病,往往会成为集体之疫。① 因此,个人的苦难有了集体的意义,中国的苦难也就有了世界的意义。从人性切入,从事件的根部切入,正是一切伟大作品具有世界性意义的根源之所在。"文革"灾难不仅是直接受到残害的个人的灾难,其造成的最深远、最持久的伤害是对共同人性的扭曲和败坏,是全体人类和他们的共同人性的灾难。贾平凹在《古炉》里拂去覆盖在历史事件上厚厚的意识形态灰尘,深潜到事件的根部——人性和人性的遮蔽中,以强大的写实功能,努力还原事实,回到事实本身,他无意于揭过去的伤疤,审判过去,他关心的不仅是古炉村的命运、中国的命运,而且是与人类的本性和普遍性紧密相连的人类的命运。他引领文学在人性与文明的路径上探寻,坚信灾难之后人类可以在共同人性的废墟上重新站立起来,其探索的价值是理想主义的,是指向未来、指向世界的。正是在这一点上,《古炉》体现了它的世界性意义。

---

① Emil Fackenhaim, *To Mend the World: Foundations of Future Jewish Thought.* New York: Schochen Books, 1982; Martin Buber. *I and Thou.* Trans. Ronald Gregor Smith. New York: cribner,1958. 转引自徐贲:《见证文学的道德意义:反叛和"后灾难"共同人性》,《文艺理论研究》2008 年第 2 期。

试论《秦腔》的叙事特征

韩　蕊

摘　要:《秦腔》以其不同以往的新颖叙事引起人们广泛关注。本文认为,它的叙事模式是由第一人称内聚焦式向第三人称全聚焦式即全知叙事的回归。基于文本宏大的叙事结构,作者以穿插其中的秦腔唱段为情感线索,用传统的日常叙事取代情节叙事。而叙事的时间机制使文本以密集精致的原生态生活细节取胜,作为叙事媒介的文本语言则正如小说名称,具有浓郁的秦声秦韵。

关键词:《秦腔》;叙事模式;日常叙事;时间机制;细节

像贾平凹的前几部长篇一样,《秦腔》一面世便引起文学界的极大反响。褒扬、赞赏、指责甚至鞭挞,各种看法不一而足,其中争议最大的莫过于该著中作者所采取的与其前作不同的叙事手法给阅读带来的障碍。在《秦腔》研讨会上,评论家李敬泽说,开始阅读《秦腔》困难得让人恼火。多数评论家在发言时,最先表达的也是阅读《秦腔》的艰难,认为《秦腔》的最大问题是"叙事琐碎沉重,充满日常化细节,节奏缓慢,内容沉重,尤其取消了长篇小说惯常的叙事元素,如连续性的情节"①。复旦大学中文系教授郜元宝则称"你好像建了一座公园,但没有绘制地图,不给闯入者提供路径。这对阅读应该是个挑战"②。评论专家尚且如是说,对于普通读者,阅读难度就可想而知了。那么造成这种所谓"难度"的原因究竟是什么,如何才能找到这座公园的通幽曲径呢?

初读《秦腔》,文本的叙述视角极为复杂难定。开篇便出现"要我说,我最喜欢的女人还是白雪"。第5页则称"我现在给你说清风街"。第一人称"我"的语气非常明显,又有一个假想的受叙者"你",文本似乎是标准的内聚焦叙事模式,所谓"内聚焦式又称'同视界式'和'人物视点式'。在这类模式中,叙述者好像是寄居于某个人物之

---

① 《阅读〈秦腔〉困难让人恼火 贾平凹笑称被剥皮》,北京娱乐信报 http://book.sina.com.cn. 2005-05-06.

② 《贾平凹、郜元宝对话·〈秦腔〉痛苦创作和乡土文学的未来》,文汇报 http://book.sina.com.cn. 2005-04-28.

中，借着他的意识与感官在视、听、感、想，所知道的和人物一样多。他可以就是某个人物本身，他也可以并不直接在作品里露面，但却始终粘附于某个人物的内心深处，成为他的灵魂的窥探者"[①]。引生就是文本叙述者所寄居的人物，我们称他为叙述人物，以区别于后面要说到的潜在叙述者。引生初看很有些阿Q的影子，爱看热闹，欺负弱小，好搞恶作剧，被别人看不起，有时自轻自贱，认为自己像来运一样，就是夏天义的一只狗。但思维要比阿Q清晰敏感，感情也纯真得多，如他对白雪的爱就是至真至纯的，为白雪引生可以做一切和不做一切，甚至不顾道德的界限，真正所谓爱情高于一切。"我"的直接表述较阿Q的第三人称又更为真实和亲切。这也正是内聚焦叙事的优点，倾诉式的叙事形成叙述者与受叙者的亲切感，拉近文本与读者的距离，最终赋予文本内容以真实感。但这种叙事模式在艺术表现上有着致命的缺陷，因为所有的视点都由叙述人物发出，而人物的现实性使他在文本中的行为受到很大的客观限制，对生活的反映必然留下空白和盲区。作者唯一的弥补方法则是为其增加超常能力，从而打破其现实性，这便是引生被称为"疯子"的由来。引生有着别于常人的特异功能，能看见人头顶上的光焰，可以和动物对话，似乎无所不晓，很有几分神秘色彩，因而被人们称为"疯子"，正如《尘埃落定》中的二少爷是"傻子"，都属于痴狂叙述者，看似疯疯傻傻，却有着超乎常人的情感与思想。通过他们的眼睛，读者对文本世界的感受更加明晰深刻。最重要的是他们是作者精心安排的，从属于作者表达自己意念和主题的需要，叙述人的思想正是写作者的思想，即穿着人物的衣服说着作者的话。贾平凹说他的形象主要集中在疯子引生与夏风身上，"夏风由乡村入城市的经历与我有相似之处，而引生的个性与审美追求则与我十分相似"[②]。应该说，夏风是作者的外表，而引生则在内心和情感上与作家心心相印。

但同时，作为一部现实主义作品，作者又必须压制引生的特异功能，于是引生身上出现了很多矛盾的地方，这也恰是读者感到有些混乱的原因。他既有奇思异想，神秘感知，却又非全知全能，很多时候是极正常的一个普通人，如"乐师说的这句话，事后是赵宏声告诉我的，这话我同意""关于整个下午发生的一切事，都是陈亮后来告诉我的""事后，我问夏天义：'你说什么悄悄话了，站长就笑了?'""这梦是白雪说知给夏雨的，夏雨在事后给丁霸槽说时我听到的"[③]，等等。他的所知所晓是有限的，只能称其为"准全知视角"。这正是作者不得不顾及人物现实性所致。所以我们称引生为叙述人物，而大多数事件或者说引生不在场的情景，是通过另一隐形的全知叙述者告诉我们的，用托多罗夫的说法，即"叙述者 > 人物"。区分清楚叙述人物和叙述者大大有利于我们对文本叙述视角的确定。引生是卑微苟且、浑浑噩噩的，而叙述者是高贵聪慧、洞明一切的，实际上即使引生的许多叙述也明显有着潜在叙述者的身影，其语言和

---

① 徐岱：《小说叙事学》，中国社会科学出版社1992年版，第200页。

② 《乡土中国叙事终结的杰出文本——北京〈秦腔〉研讨会发言摘要》，新浪读书 http://book.sina.com.cn. 2005-05-30.

③ 贾平凹：《秦腔》，作家出版社2005年版，第19、41、73、376页。

思想都不是引生这样一个农民所能拥有的，很多超出了他的智力和能力，如写日记在人物身上就很别扭，四六句小字报更是非他能力所及，而正因为二者的纠缠，才一定程度上造成叙事的扞格，人物也难以真正立起来。正如前面所说，恰是因为作者为表达自己而安排的引生，人物便多少显得概念化，有拼凑的痕迹。尽管叙述人物与叙述者连接得天衣无缝，作者移花接木的实质乃是向全聚焦的回归，文本仍是与传统一脉相承的现实主义的全知视角叙事。

小说里面有段话："清风街的故事从来没有茄子一行豇豆一行，它老是黏糊到一起的。你收过核桃树上的核桃吗，用长竹竿打核桃，明明已经打净了，可换个地方一看，树梢上怎么还有一颗？再去打了，再换个地方，又有一颗。核桃永远是打不净的。"[①]《秦腔》的叙事结构宏大，小小清风街上，有名的人物写了一百二十多，事件更是牵牵绊绊，复杂纷乱。作家不分章节，漫无边际地写来，自己说是"密实的流年式的叙写"。文本没有一个清楚的脉络作为主导线索，甚至几乎没有什么连续性的情节，更谈不上悬念、高潮，但每一处的景致却都值得你流连忘返。引生对白雪的爱，白雪与夏风的婚姻，夏天义对乡土的执着，夏天智于秦腔的痴迷，婚丧嫁娶、夫妻恩怨、儿女不孝、打工伤亡、谋财害命……清风街的种种人事，说不上哪一个更重要，但却都吸引你去关注。其实这种写法也是有传统的，正如中国绘画的散点透视，须"边走边看"，整个文本由众多的小故事构成，看似自成景观却又紧密联系，众多的人物，除主要的四十多人外，其他都是呼之即来、挥之即去。细读之下，纷乱的杂事中，许多叙事仍是丝丝入扣的，因为生活本身就是有逻辑性的，一切偶然现象的背后都有其必然的因素。如夏天义与君亭斗法的过程，就写得跌宕起伏，君亭要用七里沟换鱼塘，天义坚决反对，便设计让三踅告状，君亭则用捉奸轻罚收服三踅，天义点明真相，三踅炸塘抢鱼，天义逼上七里沟，武林则在其中起着穿针引线的重要作用。文本在大的平静琐碎之中埋着众多细小的波澜冲突，只有仔细品味，才能领会个中真意。《红楼梦》《金瓶梅》不都是这种日常叙事吗？作者在后记里说，"只因我写的是一堆鸡零狗碎的泼烦日子，它只能是这一种写法"[②]。"泼烦"系陕西方言，"一地鸡毛"可以作为它的最佳注解。而这种漫无边际和平庸日常正是现实人生的真实写照，张爱玲说她喜欢写人生素朴的一面，喜欢在普通人里寻找传奇，除了人物生活环境所属阶层的不同，在此意义来说，《秦腔》可谓是张的知己之作。

秦腔乐曲的穿插是作者于文本结构上的又一独创。也许有人认为这些曲谱对于不懂秦腔或不识简谱的读者，就如同公园里的英文说明，不会外语的游客对它没有任何感觉，可谓专业性过强。实际上它们是作为文本的情感线索贯穿全文，完全成为一种视觉上的连接符号，作为整个文本叙述结构不可或缺的重要部件，它们的存在也主要是出于叙事结构上的考虑。秦人离不开秦腔，一曲曲唱段、一个个曲牌抒发着秦人的喜怒哀乐，爱恨情仇。秦腔的式微是文本表现的另一主题，除了要为故乡树一块碑，

---

① 贾平凹：《秦腔》，作家出版社 2005 年版，第 99 页。

② 贾平凹：《秦腔》，作家出版社 2005 年版，第 565 页。

作家也为秦腔立了一块碑。

特别的时间机制也是形成文本叙事琐碎的一个主要因素。《秦腔》没有明确的时间刻度，由文本中的时令看，是从盛夏到第二年初夏，基本上是一年，但其中丰富的内容又绝不是这一年所能囊括的。开篇时清风街在外打工人数是 16 人，结尾安葬夏天智竟然没有足够的抬棺人，农村劳动力的流失不是短期内能够形成的，清风街的变迁也不仅仅局限于这一年之内。一般来说，叙事文本中时间的跨度决定其反映生活的密度，跨度越大，密度越小，而跨度小时，作家就必然要提高描述的生活密度。清风街几乎所有的人在这一年间都发生了平凡而又不平凡的事，夏家老兄弟仨在一年过世，白雪结婚又离婚，引生自残，中星由干事而剧团团长而县长，其他如狗剩被罚自杀、雷庆丢了工作、夏雨盖起万宝楼、清风街建农贸市场、村干部钩心斗角、收税引起年终风波等等，更是如作者所说，像满树的核桃永远打不净。而我们知道，越是有价值有意义的生活，其密度就会越大，“密实的流年式的叙写”就是这一缘故。作者用短短一年时间，给我们描述了当代农村转型期近十年的社会风貌。另外，时间跨度的缩小还有利于保持文本结构上的完整性，使得文本虽然取消了情节因素，但在整体结构上并不缺乏凝聚力。

因为是“密实的流年式的叙写”，因为缺少连续的情节，文本必须以细节取胜。《秦腔》的细节不仅密集，而且精彩，这是作品一个极大的闪光点。一个个精美的细节恰如公园中一处处优美的景致，为读者展开清风街上的“清明上河图”。菊娃骂街、狗剩送鸡、武林卖豆腐、邱老师喝酒、夏天智不仅自己早起还要拍别人的门环、吃饭要摆木鸡，无不给读者留下深刻印象。就是次要人物俊奇娘在夏天义进屋时来不及躲开，作者也要写她用唾沫抹抹头发。如果说张爱玲小说的细节多用精巧的语言、别致的比喻来点睛，此文本则以精微观察尽显人情事态。这里仅举几例：

> 四婶只准备了五家，糖酒还有，挂面却不够了，就把五份挂面又分成六份，重新用红纸包扎。
>
> 上善说：“三两碗是把三碗面盛成两碗，两三碗是把两碗面盛成三碗，明白了吧?”
>
> （庆金气愤妻子不孝顺老人，却又惧内，只好骂石磙子出气，）庆金抬了脚踢石磙子，石磙子没动，把他的鞋踢掉了。
>
> 庆金拉他（夏天礼）出门了，他又返回去把后窗关了，再出来锁门，将钥匙放在门框脑上，已经走出百十步了，又折身从门框脑上取了钥匙装在口袋里。①

不愧是大家手笔，四婶的精明世故、饭馆老板刘老吉的奸商花招、庆金的实诚懦弱、夏天礼的谨慎吝啬尽显毫端。而夏天义最后的“吃土”可以说是最具象征意义的

---

① 贾平凹：《秦腔》，作家出版社 2005 年版，第 22、33、135、138 页。

细节，失去了土地的农民在夏天义的眼里根本就不是农民，然而商品大潮冲击下的农村耕地却越来越少，自己对这一切又无能为力，“吃土”大概是他一辈子热爱土地的终极表现。

客观地说，贾平凹并不擅长运用比喻，但对于人物情态的白描却极为细致精到，我们看到最多感受最深的是一个个生活场景。除叙述人引生外，基本没有心理描写，文本多为对人物言行的描摹和刻画。这当然一方面受内聚焦叙述视角的限制，但更重要的原因还在于作者的写作观念和艺术风格。贾平凹一直以创作现实主义作品见长，其写作风格与中国古典小说的写实主义传统一脉相承。由话本发展而来的古典小说最为注重人物的语言和行动描写，崇尚如闻其声、如见其人，所谓身临其境，栩栩如生。而当代特别是20世纪90年代以来，新写实派更是要求对生活原生态的还原。借用亨利·詹姆斯的话：“在小说提供给我们的东西中，我们越是看到那‘未经’重新安排的生活，我们就越感到自己在接触真理；我们越是看到那‘已经’重新安排的生活，我们就越感到自己正被一种代用品、一种妥协和契约所敷衍。”①《秦腔》展示的便是这“‘未经’重新安排的生活”，正是通过这些原生态的生活细节，我们看到了没有丝毫掺假的当代秦地农村群生图。

浓郁的地方特色是《秦腔》的一个突出特征。文学创作历来与作家的生活环境密切相关，鲁迅、沈从文、老舍、萧红等等，名家们的创作无不具有地方色彩，只要不写成像《海上花》那样须翻译方可阅读。地方特色是形成作家艺术风格的一个重要因素。而所谓地方特色，除了风土人情、景物描写之外，主要体现在叙事媒介——方言土语的引用上。据笔者粗略统计，《秦腔》运用方言词语约有50处之多，而且叙述语言和小说中人物的语言没有区别，语言上回避不属于乡土的表述，充分口语化。这就形成一种奇特的现象，如果读者懂秦方言，阅读时会不自觉地由普通话转向“秦腔”，即使有意识纠正，还是会发生这种转换，而对其完全陌生的读者便会有难以进入的距离感，此文本的地方色彩之强可见一斑。语言作为叙事的形式要素在文本中起着叙述媒介的重要作用，在保持生活原汁原味的同时，怎样最大限度缩小与读者尤其是异域读者的距离，恐怕是每一个乡土文学写作者都面对的问题。如果以阅读者的视角对造成阅读障碍的词语加上脚注，效果也许会更好。

《秦腔》创造了不同于作者以往的叙事方法，取得了特别的艺术效果。正因为对这一叙事方法的陌生，人们在阅读时会有些不适应，难免会产生所谓的“难度”。然而，一个艺术家要超越自我，就必须不断地寻找创新之路。塞米利安曾说，“赋予不具形式的素材以形式，这是小说家的艰巨使命”②，《秦腔》便完成了这样一次使命。正如作者所说，“如果慢慢去读，能理解我的迷惘和辛酸”③。的确，唯其如此，我们才能领略原作无尽的妙处，体会作者独具的匠心。

---

① [美]W·C·布斯：《小说修辞学》，华明等译，北京大学出版社1987年版，第25页。

② [美]利昂·塞米利安：《现代小说美学》，宋协立译，陕西人民出版社1987年版，第29页。

③ 贾平凹：《秦腔》，作家出版社2005年版，第565页。

论《山本》中声音的混响与和鸣

张英芳

在《山本》的题记和卷首，贾平凹写道："山本的故事，正是我的一本秦岭之志。"①在后记中，他再次强调："这本书是写秦岭的，原定名就是《秦岭》……变成《秦岭志》……于是就有了《山本》。山本，山的本来，写山的一本书。"与《浮躁》《秦腔》《古炉》《高兴》《带灯》《废都》《老生》《极花》等小说"隐喻、象征或者反讽式"的写作不同，《山本》的命名本身就是写作的本身——秦岭不是《山本》的背景，而是写作的对象和主体。他不加掩饰甚至刻意地暴露着他写作《山本》的所有的秘密：为《秦岭》作传、作记、立志。然而，与他之前写作的"隐而不发，静水深流"不同，他在后记中一次又一次不厌其烦地表白："《山本》里没有包装，也没有面具，一只手表的背面故意暴露着那些转动的齿轮。"通过这一表白，《山本》的写作意图再次被确认，《山本》要写的就是山的本来，秦岭的本来。在对《山本》写作意图清晰而确切地呈现之后，在后记中，他又继续着心迹的袒露："我写的不管是非功过，只是我知道了我骨子里的胆怯、慌张、恐惧、无奈和一颗脆弱的心。"

通过题记和后记，没有迷宫，没有障碍，阅读者不仅可以打开并且进入《山本》叙写的有关秦岭的故事，也可以通过作者的"自白书"通达作者写作的心迹。基于此，阅读《山本》，应该是一个相对较为轻松和容易的过程，然而，在阅读的结束，却是茫然和了然并存，那些初始明晰的东西在文本和故事结束之后不是抵达了通透，却是陷入了不可知的深渊，至少对于读者的我而言，是如此。这样的阅读体验，与初始不可知的刺激惊险的"探险"阅读不同，《山本》的阅读是一场没有冒险的旅程，然而，它的冒险和令人魅惑之处在于，至曲终，故事结束，冒险好像才刚刚开始。带着这样一种不寻常的阅读体验，诱惑着、推动着我重新返回、退却直至重新进入《山本》，进入百年之前，一段已经褪色的秦岭的历史，进入作者写作时的"慌张""恐惧"，去寻找倾听他所言的"骨子里的脆弱之心"。

---

① 本文引文如无特别说明，均来自贾平凹：《山本》，《收获》长篇专号，2018春卷，长江文艺出版社。

一、从察看到倾听："见山还是山"的本相还原

在《山本》之前，贾平凹的写作和他的文学世界，大体呈现为三种写作理路：一是贴着现实，为时代鸣奏，《浮躁》《秦腔》《带灯》《极花》《土门》《高兴》等属于此类；二是疏离于现实，追索反思还未走远的历史，如《古炉》《老生》等；三是以隐喻的方式，回到自然和生命的自由情态，如《怀念狼》《高老庄》《病相报告》等。在这三种写作理路中，贾平凹和他的文学世界、文学世界中的"人""世""事"，以一种交谈的方式耐心地进行着一种现实的、历史的、自然的对话，且在对话中描摹着世相人心，以诉说的方式表达着他的疼与伤、悲与怆。无论是那种写作理路，作者都深入其中，幻化成一双眼睛，瞩目着现实变动、风物俗世以及大地人心，以一种"我"处处在场的方式，察看着他笔下的人、事、物，甚至小说中的人物在某种程度、某个时刻就是"我"的化身，通过审美的聚焦对现实和历史发声，从而呈现一个"有我之境"的审美的文学世界。

到了《山本》，从叙述方式来看，与《废都》《带灯》《浮躁》《秦腔》等贴着现实甚至超前于现实不同，《山本》中的人事是以逆时序，以"倒流河"的方式返回到历史深处的一个过程，这种写作带有"追忆""回忆"和"回声"的性质，因此较之于以往的写作，《山本》从写作的姿态到心境，都在追忆回声中悄然进行着调整，从而引起了他与他的文学世界之间的关系，在不经意间发生了一次内在的叙述革命：从察看变成倾听、从对话变成倾听、从诉说变成倾听。因而在潜入文本之后，在阅读的过程中，阅读者会同时感受到两种感觉的交织——复现与浮现。复现主要是对作者叙述的历史时空、历史时空中的人以及历史故事的再次还原，而浮现则是一种情绪的空灵和音乐性的流动，有如一首隐隐约约却又辽阔悠远的音符与歌声。前者属于文本的表层，即秦岭历史演义和世事变迁的层面，而后者则隐于文本的内层，是隐于文本之中又现于文本之外的"天地"层面。在这两种交织的感觉中，对《山本》的阅读既是一次眼睛"观看"的过程。更是一次耳朵聆听的过程。因此，《山本》中的故事是引领阅读者返回历史现场的契机，而冥冥之中听到的历史的回音则将阅读者带入一种心灵的沉思之境，听觉与视觉的交织使得阅读者看到了历史的背影，还品味到了历史是一首诗，是一首能吟唱的诗。前者体现着故事和传奇的动人之处，而后者，内蕴的史诗的魅影则在于"情"的波澜不惊和源远流长。

似乎像宣誓和承诺一样，作者表示他要以《山本》为秦岭、为这座无言的大山立言，然而，作者又言他骨子里是"脆弱"的。意图与心迹为何形成矛盾呢？如果阅读者只能抵达视觉层面的观看，对《山本》中写作意图和心迹之间的矛盾、冲突，甚至充满悖论性的执拗性也许无从理解，设若阅读者在视觉中同时听到了《山本》中叙述的声音，也许对意图、心迹矛盾的理解会变得趋同：《山本》要追忆历史，还要抒脆弱的心灵之怀，更要状秦岭之坚韧之物，以此抵达绵延的天与地。生于 1952 年的贾平凹，到了 2018 年，无论是从创作的圆熟还是到生命的沉淀，那些积蓄的底气使得他已经不再需要任何的遮掩和修饰去呈现人在物之前的伟岸。恰恰相反，在历经诸多的世事之后，

在可见的通向生命终点的半途之中，生命在此时再次进入“看山还是山”的无我之境，一切的面具、矫饰都会显得可笑而无处躲藏，因此到了《山本》，他让一切的物事都复归原状，祛除人为的浮华，尽可能地展示一切原初的形态，因此他的“脆弱”之处就是，面对浩瀚的宇宙，人的张狂、虚妄都会被打回原形——人在天地之间的渺小。《山本》的冒险和探索之处就在于它对物、人和世界关系的阐释由“物—史—人”的阐释转变为“史—人—物”，前者的逻辑起点是物，而终归是人，后者则恰恰相反，指向的是“万物归一”。因而在《山本》的话语体系中存在两个层级：故事层级和音乐层级。故事是小说的物质外壳，而音乐则是小说内在的波涛。《山本》的叙述既是穿越秦岭的历史、故事、人到天地的过程，还表述着生命的情态——从有到无，从图画到音乐，从喧哗到寂静。

迄今为止，《山本》之前，贾平凹的写作以“我”处处在场的介入方式建构着人、历史与天地的关系。到了《山本》，“我”以退场的方式，将一切让位于天地之本，从而完成了“自我建构”的复杂而明晰的谱系。《老生》之前，他以观察者的姿态站在历史之中，人既是他审美的中心，也是他书写的中心，到了《老生》，万物生灵随着历史的观照更加切近地进入他的文学世界，“生灵世界”呼之欲出；到了《山本》，这种万物“本源”，生命“本相”的追溯，浮出地表，成为他写作的一次修正和沉潜，呈现着他对生命、万物、大地和人心“本相”的还原和他的新的生命哲学。

二、从物的拟人化到人的拟物化：“猫语”“皂角树”和万物

在贾平凹的文学和审美世界中，他一直在寻找多种可能性和繁复的方式去展现时代、生活、生命和天地大观的“咏叹调”，因此在他自我建构的文学图景中，与单体的以人为中心的世界的展示不同，在他的文学天地中存有两个饱满的世界——人的世界和物的世界。物界构成中，如《废都》中的那头奶牛，《带灯》中的萤火虫，《怀念狼》中的狼，《极花》中的“虫草”，《古炉》中的“狗尿苔”，这些物像极了他写作王国的“士兵”，列队排阵，参与着文本的合成。到了《山本》，这些“士兵”变成了一个“军团”，那些若隐若现单一性的兽怪、虫草，汹涌澎湃，在《山本》中形成了“物”的王国：大鲵、鹤、雁、斑鸠、砍头柳、马、蛇皮、地黄、白前、泽兰、苍术、莱菔子、斗鱼、山猴、龙头竹、蝇虫、七叶子树、野猪、熊……更加有趣的是，在《山本》中，他既为“物”命名，还为“物”赋予生命，并且对“物”和“人”之间的关系进行了一次重置——从物的拟人化到人的拟物化。无论是之前作品谱系中的“牛”“萤”“极花”还是“狼”等，采取的策略是将物拟人化，使得物具有人的某种特质和特性，“物”作为一种闪现的“灵光”为作品添一道神秘的光晕，或者假借物来为人还魂。到了《山本》，一方面，物显然不再置身在小说之外，甚至成为小说的叙述者之一；另一方面，人被拟物化，人的情感、思想通过物来展现，而物是无言的，因此这种人的拟物化使得作品的阅读必须借助听觉和想象来还原被作者刻意“过滤”掉的那些声音与影像。

《山本》中，既对那些林林总总、千奇百怪的“万物”进行呈现，又对其间的两种

物——黑猫和皂角树进行了“浓墨重彩”式地描摹。从小说的起始一直到小说的句尾，有一只黑猫，“猫是个黑猫，身子的二分之一都是脑袋，脑袋的二分之一又都是眼睛”，这只大脑袋大眼睛的猫像一个善思的智者和善观的灵者，经常性地“卧在门楼的瓦槽里”，要么“睁着眼睛看屋院外来来来往往的路人，看远处的城墙和站在城墙上的水鸟”，要么“目光冷得像星子，尾巴竖起来像棍一样”，要么“跟着人”，要么“回头往来路看”，要么看井宗秀，要么看杨钟，看涡镇的“众生相”，多半时候黑猫是安静地，无声无息，只是“看”，它就像一架历史的摄像机，将历史中的世故和人情拍成一部黑白纪录片。多数时候，当人手足无措之时，向黑猫讨个主意的时候，“猫始终没个回应”，又或者陆菊人问他是否该找井宗秀的时候，“猫竟然就叫了一下”，或者“黑猫不停地抓那个瘸了腿始终长不高的剩剩”。当杨钟去世之后，陆菊人在巨大的伤痛中，“黑猫没有缠她，没有抓着她的衣服爬到肩头来……一直静静盯着上房檐下的开窗”等等，类似这样书写黑猫的在小说中多达三十多处，最后当涡镇在炮火中即将化为灰烬之时，“黑猫被剩剩抱着，依然睁着眼睛，一动不动”。这只喜欢“卧在瓦槽里的大头大眼”的黑猫，以他巫性的双目附在人的魂魄之上，以一种近乎静默的无言的方式弹拨着历史并不动听的音符，又以一种近乎通灵的方式在和人的对望交谈中为历史招魂。因此当涡镇和涡镇的生命都陷入毁灭之中的时候，黑猫还能够偎在那个残疾的小男孩剩剩的怀里，在陈先生的安仁堂里，在娑罗树下低语着，张望着。

如若黑猫是秦岭中的“灵异”之物，小说中的那棵“通人性”的高高的皂角树却示意着一种秦岭的“神气”和“风骨”。在涡镇中街十字路口，那棵老皂角树，是涡镇闪烁的灵光，“它最高大，站在白河黑河岸往镇子方向一看，首先就看见了。它一身上下都长了硬刺，……凡是德性好的人经过，才可能自动掉下一个两个。于是，所有人走过树下了，都抬头往上看，希望皂荚掉下来”，然而不是“主任被打了三枪，死在了老皂角树下”，就是“李景明家那条会说人话的狗被杀死在老皂角树下”，再后来，井宗秀为了盖钟楼，“开始挖老皂角树，移栽到了南门里西背街口的拐角场子”，在钟楼彻底完工的一个晚上，在老皂角树下的一间草棚着火之后，“老皂角树冠就成火云，在涡镇人的惊叫、哭喊中，变成了焦黑，发出叭叭的爆响，又跌落无数的小火疙瘩”，老皂角树以决绝的方式完成了“壮烈地自杀”，对抗着在自己根下发生过的还继续发生着的那些“恶”。也许他的自杀，将灵光自尽自绝，既是最后的救赎，也是最后的祈祷。皂角树自杀后，涡镇就在破坏、崩溃中走向毁灭，留下一个暮沉沉乱糟糟不成样子的涡镇。

如果说《山本》的叙事主体是交叠着的历史的起起伏伏、是是非非，那么，在小说的叙述中引入的诸多的“次物”——黑猫，皂角树，秦岭的花、草、树、虫、怪、兽等物，夹杂在叙事主潮之中，好似故事行进间隙的信手之笔，对于推进故事的作用和意义有点“可有可无”。但是作者却迷恋甚至癫狂式地描写着秦岭山中的各种无名的花花草草、兽兽怪怪，尤其是胸无大志的麻县长被“挟持”到涡镇之后，开始他秦岭志的考据和整理工作，在他笑傲着自投于涡潭之后，他留下的两本书《秦岭志草本部》《秦岭志禽兽部》，被蚯蚓用褂子包着放在了老鸹窝里，这两本书，好像秦岭的“天工开物”一样，将秦岭的一草一木、一鸟一兽都收于秦岭的“本相”中，让这些物在热闹、喧嚣、骚动的历史风云中傲然绽放，以此回答《山本》既是为秦岭的"是非过往"树碑，更是为秦岭的草木兽怪立志。

无论是黑猫、皂角树，还是麻县长书中的那些草木虫怪，这些秦岭中的生灵既出入于"灵界"，又连接着人类世界，在巫性般的寓言中，俯瞰着历史的潮起与落下，诅咒着人类的恶，也颂扬着光洁的善。他们像一个长着尾巴的"人"，倚凭着他们的通灵贯通了万物、大地和人类的阻隔，从而形成了《山本》中的三重世界——物界、人类世界和天地大观。

在故事的终止处，涡镇的枭雄井宗秀被杀，涡镇瞬间毁于炮火之中，"屋院之后，城墙之后，远处的山峰峦叠嶂，以尽着黛青"。当历史走到穷尽处，万物却正盎然。作者通过这些无关紧要的物，这些在历史、岁月、时间长河中起起伏伏，生生不已的物来体认在人类世界之外，另一个被忽略的广阔浩大的世界——生灵大地。这些无言的物，默默地生，默默地去，而它们，也唯有它们是时间和世间的"精灵"，即使人类灰飞烟灭，这些万物依然山高水长。

三、尺八：乱世中的"虚铎"和精神漫游

秦岭云深，物繁茂，人稀，然而自古以来，却隐着大大小小的众多的庙宇。在涡镇也有两座庙——城隍庙、地藏菩萨庙，"庙格局都小，地藏菩萨庙也就一个大殿几间厢房"，"因庙里有一棵古柏和三块巨石，镇上人习惯叫 130 庙"。庙里的"宽展师父是个尼姑，又是哑巴，总是微笑着"。隐于涡镇的 130 庙、隐于 130 庙的宽展师父何年何月居于涡镇，在涡镇毁灭之后又何如，《山本》自始至终都没有提及，也不做交代。这座庙、庙里的师父好像降落尘世的星辰，没有来路，也没有归途，唯有宽展师父吹奏的尺八之音，从序曲到尾声，绵长而旷达。到处弥漫的经久不息的尺八之音，使得 130 庙、庙里的宽展师父仿佛就是为了尺八而来，又循尺八而去。

尺八第一次响起缘于陆菊人与杨钟的婚事，当一对新人在牌位前上香祭酒，宽展师父从怀里掏出个竹管来吹奏，顷刻间"风过密林，空灵恬静"，此曲即为《虚铎》。不久，井宗秀的父亲溺亡于粪尿窖子，需要在 130 庙进行浮丘超度，此时的"尺八，时而恬静舒缓，时而激越狂放"。后来涡镇的有钱人家吴掌柜要整修 130 庙，却最终未成，庙还是旧庙，尺八声却时时不绝于涡镇。不能言却能吹奏尺八的宽展师父在土匪五雷进驻 130 庙后，尺八声渐稀，偶尔吹起，"树上的柏花往下落，像下雨一样"。再后来随着土匪被灭，涡镇准备组建预备团来保护涡镇的百姓，尺八声再起，"预备团就要驻扎进去了，宽展师父最为高兴，过来坐在院中那棵银杏树下吹奏了五天尺八"。然而，预备团成立之后，涡镇不仅没有得到安宁，间歇不断的战争中，预备团和保安队火并死了两个人，"宽展师父没有埋怨，倒吹尺八为亡者超度"。随着井宗秀在涡镇的权力越来越大，陆菊人一次再次多次去 130 庙，尺八声依然余音绕梁，在涡镇的茶庄开业之前，宽展师父再一次吹响了《虚铎》——尺八中最古最老的曲子，"《虚铎》之音颤动着，触碰在殿的立柱上，墙壁上，又反弹着到了殿的梁上，幽然苍劲，如钟如磬"，然而在茶庄开

业的当日，作为礼器法器的尺八，却被作为乐器夹杂在俗世的锣鼓喧天、鞭炮齐鸣中。自此后，尺八音稀，杳然，直到预备团出击去攻打阮天保，死伤达五十一人，且尸首不全，“尺八声中经文诵起”。直至涡镇的一方枭雄井宗秀被暗杀后，宽展师父坐在灵桌前吹尺八，而后在隆隆的炮火中宽展师父把尺八扔给陆菊人，宽展师父和蚯蚓“各跑各的”。末了，尺八在涡镇的炮火中随陆菊人的存留而流存于天地间，而130庙和宽展师父则不知所终，空留一腔的余音回荡在历史的深处。

在涡镇，尺八是喜乐，结婚的时候吹，好事近的时候吹；尺八也是哀乐，丧葬的时候吹，超度的时候也吹。无论是喜乐还是哀乐，宽展师父的尺八之音恰如涡镇的“清平之音”，一切世间的“浊”与“浮”都在尺八声中得以“洁净”“净化”。它来无踪去无影，它跟黑猫、皂角树和虫草兽怪不同，无形无色，它似水，虚无而鼓胀，摩挲着、抚慰着生灵万物。仅吹奏两次的尺八《虚铎》，像天地的幻影一般，既启示着过去，也召唤着未来。

在贾平凹的作品序列中，明确而清晰地以一种乐器作为一种导引或者指示的，始于1985年的《白夜》，夜郎在断垣残壁的古城墙上吹奏着一种陶制的乐器——埙，到了1992年的《废都》，从潼关来的小知识分子周敏吹着同夜郎一样的埙，埙的音色孤闷而低沉，音域荼蘼而暗雅，似乎是从大地深处而来。到了《山本》，竹制的尺八音色空灵、恬静，音域悠扬而飘逸，似乎从天空飘荡而来，轻盈而灵动。《白夜》《废都》作为俗世的暗喻，肉身的沉重恰如埙音，而《山本》作为天地之音，面向的则是精神的漫游。如果猫语是人的回声，尺八也许就是静寂而悠远的天地的声音，在穿越沉重的历史中，让天与地浮出地表。因此在《山本》后记中作者这样描述道：“《山本》里虽然到处是枪声和死人，但它并不是写战争的书，只是我关注一个木头和一块石头，我就进入这木头和石头中去了。”战争、厮杀、欲望、英雄、流寇，终究不过是秦岭的辅音，天地的声音才是一切声音的主音，就如尺八，它大而稀，却无处不在，回荡在历史、大地的深处。

读《山本》，读那些在秦岭中发生过的、发生了的打打杀杀、你争我夺的故事，剧终了却是白茫茫混沌一片。然而，在另一个听觉世界，骤然而响的是多种声音——历史的、欲望的、英雄的、毁灭的、秦岭的、河流的、革命的、猫的、兽的、树的、草的混响在一起，大弦小弦切切急，像极了涡镇中的风风雨雨、花花草草以及那些久远模糊又分外清晰的人与事。你可以听到历史在诉说、大地在诉说、皂角树在诉说、陈先生在诉说、哑了的宽展师父在诉说，在这些欢乐的、哀伤的、静寂的、喧嚣的混响与和弦中，《山本》所叙述的秦岭是歌，是诗，空旷、辽远、悠长，四处蔓延，久久回荡。那只卧在门楼瓦槽里的黑猫、那棵涡镇之魂灵的皂角树、那阵地藏菩萨庙里传来的尺八声，忽而轻佻，忽而浑厚，忽而清丽，忽而拙朴，如风沙，如细雨，卷起无数秦岭和“山本”的故事和声音。

路遥小说批评中的陕西话语

韩 蕊 原艺珍

作为当代文学的一面旗帜，路遥的英年早逝给文坛造成极大的遗憾。有关他作品的评论及研究，一直是学界的热点。其中陕西批评家因与路遥同时代同地域而有先天的学术优势，他们不约而同的研究视角、文学观念及地域性批评方法所形成的陕西话语，对于深化路遥研究具有重要价值，同时对当下陕西作家的创作也有一定的指导作用。本文即从这些“不约而同”入手，以路遥研究为例，旨在揭示当代陕西文学批评话语的文学文化价值观、审美取向及优长得失。

一、知人论作的传统解读起点

孟子云：“颂其诗，读其书，不知其人可乎？是以论其世也。”（《孟子·万章下》）这句话为几乎每一个从事文学鉴赏评论的人所熟悉。“知人论世”可谓中国传统的作品解读方式，为了要正确理解作家的诗作或著述，就应当要了解写诗著书的人，而要了解写诗著书的人，又离不开研究他们所处的社会时代。从中小学语文课堂起，讲课文首先是“作者简介、写作背景”，然后才归纳“段落大意、中心思想”；进入中文系的科班学习，作品鉴赏必是“作者生平、主要创作、艺术贡献”；文学批评家们也多是将作家的生长环境及早年经历，作为解读评价其作品的起点和必由之路。

对于当代文学研究而言，这一追本溯源的作品解读评价方式或许用“知人论作”更为恰切直白。具体到路遥小说的评论与研究，大多数论文都会提到他的苦难童年，家庭贫寒、弟妹众多、过继伯父、饥荒求学甚至充满波折的爱情，都成为其小说人物事件的来源和佐证，更是探索作家个体文化性格、审美心理、人生价值观和社会思想形成的根本源泉。如“路遥的《在困难的日子里》《惊心动魄的一幕》《人生》等早期作品，无一不是取材于陕北现实生活。从他后来的创作谈，以及朋友的回忆显示，这些作品可以说都是发生在路遥身边的事情，或者说都是他陕北生活的记忆”。研究者大多亲到路遥家乡调研，切身感受路遥成长的自然环境，走访其亲朋故交，搜集言行史料，以便探秘作家热烈的创作激情和执着写作毅力的缘起，揭示其对故土父老的铭心挚爱和对黄土地刻骨眷恋的情感来源。

不仅是作品评论，路遥传记更是会关注到其早年经历对于后来文学创作的深刻影响。厚夫在《路遥传》中以大量翔实的史料细致描摹了路遥童年到青年的坎坷悲欢，这无疑对于我们理解作家后来对黄土地的深沉痴恋、要强坚毅的性格特征、近乎自虐的执着奋斗，以及他笔下人物改变生活境遇的强烈愿望，均有极大的助益。如传记在记叙路遥艰难的求学生涯后，专门就其中篇小说《在困难的日子里》的写作做了补充说明："这部'准自传体小说'为了强化困难时期同学的友谊，把故事背景放在1961年，而且让主人公马建强考上高中，但小说中的马建强的困难情况，以及同学们之间珍贵的友谊，却是王卫国当年上初中情景的真实再现。"此可谓"知人论作"的极佳注解。

知人论作还表现在从作家生长其中的地域文化角度研究路遥其人其作，特别是在与陕西另两位重量级作家陈忠实、贾平凹的对比中，这种地域文化对于作家文化心态、审美个性及作品叙事对象和艺术风格的影响更加明显。韩鲁华先生的研究堪称此类代表，如"路遥相对稳定的文化心态结构，与这种相对封闭的块状结构的黄土高原地理环境，有着相似性，这说明他文化心态的生成，与地理环境长期的潜移默化影响，有着密切关系"。又如"将路遥文学创作艺术的审美个性风格归结为粗犷狂放、浪漫抒情、野性原始、质朴淳厚、固守忍耐，可以说这也正是和陕北的地理生态环境所给予他的生命情感体验，以及他从中所汲取的艺术生命审美内质相一致的"。同样是在陕西，黄土高原、关中平原和陕南山地各自鲜明的区域特征，是形成三位作家小说风格各异的重要原因。

"知人论作"这一为当下许多学者所放弃的评论原则，在路遥批评中的运用却十分普遍，由此可见陕西批评界对于传统文学理论及批评方法的坚守。当新批评的纯文本解读、罗兰·巴特"作者已死"的文本独立论等介绍进入中国时，这一在美国已渐趋衰落的新方法在中国学者看来仍是很新鲜的。新批评视文学作品为文学活动的本源，是一个独立自足的世界，研究文学的特征应该从文学作品本身出发；罗兰·巴特则以作者已死成就读者之生，即强调读者积极参与联想与延伸意义，多源且多元的文本阅读中，读者才是创造者。但这些新理论新方法在陕西评论界特别是路遥评论中几乎见不到，学者们仍然秉承"知人论作"的作者中心传统，这大概是符合国情省情的。陕西学者对传统文学研究方法的坚守与其重考据的关中学风一脉相承，加之得天独厚的地域优势，路遥研究中的确拥有其他地方学者难以比拟的学术财富，有关作家生活创作的史料也在不断地发掘中，但如果能开阔视野，用多个理论多种方法来解读评价，路遥研究也许更为精彩和丰富。

二、对文学社会功用的重视与推崇

陕西是当代文学重镇，作家们最大的共同点是秉承"文章经国之大业，不朽之盛事"的传统观念，以极其敬畏和严肃的态度对待文学创作，并将其视为自己的终身事业。他们对自己的作家身份极为重视，陈忠实要写一部死后可以做枕头的书，贾平凹称自己是时代的记录员，路遥更是将写作看成是一种劳动，是作家义无反顾的唯一选择。他“像牛一样劳动,像土地一样奉献”的名言就是把写作当成对养育他的人民的最好回报。游戏文字、消闲人生、商业写作、码字、玩文学等等“时尚”说法,在陕西作家和批评家这里均是不合时宜乃至坚决摒弃的。

几乎所有路遥研究的文章都会对他在文学上的奉献精神肃然起敬。陕西的评论家和作家一样看重文学的教化众生与净化心灵的社会功用,对作家的责任意识和使命感极其推崇。他们在评价一部作品的优劣时,特别注重作家在作品中表现出来的道德水准和精神品格,甚至对于作家自身道德也有极高的要求。李星先生在高度评价厚夫《路遥传》的同时,就盛赞了路遥的精神品格:“在笔者看来,这正是体现了路遥不朽的人生和文学坚守与创造精神的一个真实、深刻、形神兼备的路遥形象,而这种形象和精神正是祖国和时代所需要的一个崇高而巨大的楷模!”邢小利先生则对比了现代知识分子和传统文人后,充分肯定路遥关心民众、投身社会生活的现代知识分子人格:

> 路遥当然可以说是文人,但他更具有现代知识分子的品格。……现代知识分子与旧式文人的区别,恐怕在于,一个对社会、现实有一种参与意识,对社会有一种承诺,有一种责任感、使命感;一个则更多的是一种玩赏的人生态度,洁身自好,清高脱俗,不与世俗同流合污,只注重个人人格的完善与完整,不像现代知识分子社会人格、社会角色比较明显。路遥对社会的承诺也是一种信念,与一些不问世事的文人不同,路遥关注社会的发展,与时代与人民同呼吸。

正如路遥自己在获茅盾文学奖感言中说:“人民生活的大树万古常青,我们栖息于它的枝头就会情不自禁地为此而歌唱。只有不丧失普通劳动者的感觉,我们才有可能把握社会历史进程的主流,才有可能创造出真正有价值的艺术品。”其赤子之情、作家之责、成功之慨、热望之切皆溢于言表。

肖云儒先生在谈论路遥早期创作时,就肯定了其对于普通小人物性格心理的刻画,“路遥在《人生》中,并不像西方悲剧理论所强调的那样,写崇高和伟大的磨难、毁灭,而是倾重展示普通人的悲剧性格,致力于描绘现实的广阔生活中普通人心理的悲剧性”。的确,路遥关心关注的是广大民众的日常生活和心理悸动,而且,他的责任感更表现在对于笔下普通人生的热爱和对于人物内心德善的弘扬。特别是对于那些弱势群体,如德顺老汉(《人生》)、孙玉厚(《平凡的世界》)等,作家也无不充满同情、温暖和深深的敬意。“路遥的底层书写虽然也钟情于苦难叙事,展示生活的苦难带给底层民众的巨大压力,但却不限于此,他的作品中更多描写的是底层民众与苦难的抗争,是由困难激发出来的昂扬向上的奋斗精神,以及战胜苦难的勇气和信心”。无论是《人生》《平凡的世界》还是其他的中短篇,路遥的小说读罢掩卷,总能给人以昂扬奋斗的勇气,激励读者战胜困难超越自我,这也正是《平凡的世界》高居销售、借阅排行榜的重要原因。而这一切正源自“路遥是一个充满忧患意识和负有强烈使命感的作家,自觉的文学参与精神和理性追求促使他总是把自己与时代、与人民大众完全融为一体，为他们而创作，为他们而歌哭”。

三、对作品乡土特色的喜好与褒扬

陕西农业文明积淀深厚，乡土性是当代陕西小说显著而重要的特征，无论是历史小说还是现实生活题材均有呈现。作家们热爱自己的生养之地，眷恋这块土地上的父老乡亲，关注并同情他们的生老病死与喜怒哀乐。柳青书写了翻身农民新旧两代人生奋斗历程的《创业史》，陈忠实在《白鹿原》上描摹关中乡村近百年的沧桑变迁，从《浮躁》到《高老庄》再到《秦腔》《极花》则是贾平凹对于中国新时期以来农村社会生活变化的生动记录，路遥概括自己笔下世界为城乡交叉地带，其实着墨更多的仍是村镇县乡。肖云儒先生称其为“恋母情结”，“这些着重揭示历史精神动力的作品的创作者，大都出身于农村，对土地——母亲、人民——实践有着浓厚的‘恋母情结’，这一点在路遥、陈忠实、邹志安、京夫等作家构成的这个广有影响的小说家群体中表现得最突出”。韩鲁华先生则称之为“恋土情结”，“在进入创作过程时，不仅是贾平凹路遥，就是其他陕西作家，都自觉不自觉地归向土地，或明或隐地表现出一种恋土情结”。

乡土性当然首先显现在小说叙事对象的选择上，关于路遥创作反映的生活，学者们大都遵从他自己的说法是城乡交叉地带，实际上无论是《人生》还是《平凡的世界》都有大量的内容是表述黄土地的乡村民生。老一代农民的质朴善良木讷卑微、新青年对于改变贫苦命运的热烈急切、乡村姑娘对爱情的纯洁专一、村镇干部的自私狡黠专横等身边人个个鲜活，其中的喜怒哀乐、爱恨情仇等心理悸动桩桩可感，春耕秋收、年节赶集、红白喜事、盖房分地等村里事件件详细。

乡土性还表现在作家对于笔下的乡村饱含深情。如前文所讲，路遥热爱眷恋他的成长之地陕北，当代陕西乃至全国作家中，也以路遥的感情最为炽热强烈。他的一片激情时时冲出胸膛，常常忍不住在作品中直接抒情，这从《创业史》承袭而来的表述方式甚至被一些学者诟病，认为作者不应“跳出来”直接发声。这能烫着人的语句恰恰因为“路遥的‘关注’，不是‘爱’与‘恨’的交织，‘怨’与‘哀’的诅咒，而是以赤子之心的依恋，把自己融入生于斯长于斯的黄土地的”。因为有这份浓烈深沉的爱，“在对底层民众生活的书写中，路遥似乎是执意要另辟蹊径，他不去着意开掘平凡世界中负载于农民身上的民族劣根性，而是更多地发掘他们身上潜在的传统美德，特别是他们在社会变革中不断清刷历史的污垢，克服自身弱点走向自我觉醒的痛苦历程”。

作为一名现代知识分子，作家不能对乡村生活只是一味盲目地热爱，对传统伦理道德给予全面的肯定，而应该就乡村现状做出自己的理性反思。路遥对此是有清醒认识的，“在这一巨大的历史进程中，我们将付出巨大的代价，其中就包含着我们将不可不抛弃许多我们曾珍视的东西”。但是“由于路遥自觉地追求现代意识与传统情感的冲突，使他在表现农村新人的同时，又时时维护着自己心目中的传统人伦和道德美型”。因为“路遥毕竟处于古老中国向现代化迈进的交替阶段，中国文化对他的影响远比西方文化的吸收来得更深”。有着农民式乡土观的路遥也有“理想与情感的冲突”,正如巴尔扎克的《高老头》、曹雪芹的《红楼梦》、柳青的《创业史》等,在书写新生力量的不可阻挡时,都对逝去的传统不能自已地唱出一曲曲挽歌,路遥对于昔日传统美德的惋惜和留恋,便使他的作品呈现出一抹“痛苦”与“激情”并存的乡恋悲情色彩。

从以上的引用及简要论述中,我们可以明显感受到,不仅仅是作家,城籍乡裔的批评家们也有着类似的“恋乡情结”。对于乡土的共同深情,使得作家关注农村、思考农业,善于长于描摹农民,评论家则用同样热切的目光注视这种题材偏好,他们看似客观的评述中蕴含着充分的肯定与褒扬。

四、对现实主义创作方法的肯定与钟爱

当代陕西小说创作一直坚守现实主义的创作方法,从柳青到路遥、陈忠实等一脉相承,贾平凹创作看似灵动多样,骨子里仍然是现实主义的底色。周燕芬教授对路遥的现实主义有论:“在 1980 年代的文学环境中讨论路遥,核心命题就是对现实主义精神和方法的执着坚守。”并进一步分析路遥坚守传统现实主义在两点上取得成功:“一是他从一个作家的主体内在要求出发,选择和坚持自己的生活和创作方式,因为这是一种主客体之间相互拥合相互适应得来的创作途径,所以非外力能够轻易影响和改变。……二是路遥并没有僵化地对待传统现实主义,路遥艺术个性中具有强力地突入客观世界的主观精神,他用作家炽热的情感点燃笔下的土地,与中国农民和他们的困难命运同呼吸共悲欢。”进而肯定路遥更多取胜于他的情感诚意和道德力量,是作家的主观精神征服了小说和读者,也就是说路遥的创作的现实主义方法既是传统的又是极具作家个人色彩的。

而真正在 20 世纪 80 年代论述路遥的现实主义创作的是王愚先生,他从小说所反映的现实生活矛盾及刻画人物方面表达了自己的看法:“对于一个现实主义作家来说,把握现实生活中复杂的矛盾状态,既是在全景意义上概括一个历史时期的需要,也是完整地展现人物性格的重要环节。……他总是把自己的人物放在复杂的矛盾冲突的旋涡中,放在时代风云变幻的‘风眼’中,让人物面对周围相互纠结的复杂关系,左冲右突,显现出在社会环境影响下多侧面的特点,以及人物性格的力量和强度。”这便很有塑造典型环境中典型人物的意味了,而正是这些“旋涡”和“风眼”中的人物,给读者留下了极其深刻的印象,他们的喜怒哀乐、言行心理共同构筑了路遥小说精彩的艺术世界。

李国平先生对此做了精到的总结:“《平凡的世界》以现实主义精神,展现的是积贫图强,充满觉醒冲动的上世纪七八十年代,是以时代、地理和蕴含着历史合理性的浓缩着时代主要冲突内容构筑的生活图景。”

赵学勇先生在论及“路遥现象”时,则是正话反说:“《平凡的世界》不仅缺乏技术层面上的‘先锋性’,而其文本叙事缺乏新意,它是‘老土’的现实主义。”此论是针对 90 年代前后当代文学学术界批评界的“西潮”风气,即在“先锋”“时尚”的批评话语里,路遥的现实主义是“不合时宜”和“落伍”的,这也正是路遥创作遭遇批评界冷遇的原因。在路遥去世 15 周年后,赵先生给予路遥极高而中肯的评价:“路遥是一位真正

思考‘中国问题’、密切深情地关注‘中国现实’的作家，他将自己的生命融入了现代化进程中艰难行进的‘中国历程’，在这一点上，他表现出了令人钦佩的真诚和难以置信的生命能量，在中国当代文学史上竖立起了只有属于路遥的‘这一个’。”这看似肯定作家讲好“中国故事”的不懈努力和卓有成效，也是对他坚守现实主义创作方法的最好褒奖。

从路遥发表出版作品至今，陕西学者一直在关注和肯定他的现实主义创作手法，实际上，对现实主义的坚守已经成为陕西作家和评论家共同的爱好与自觉的职责。你可以将此理解为陕西人的保守或倔强，但就是用这看似“落后守旧”“不合时宜”的传统创作方法，陕西作家为当代文学史贡献了多部经典之作，形成当代文坛的“陕军现象”。个中的深层原因绝不是方法上的传统与现代这么简单，其内在的深层机制也还值得我们深入研究。

此外，关于路遥创作的不足之处，早期是有论者指出的。如王愚先生在肯定路遥现实主义创作方法的同时，也表达了自己对其作品的看法和期待：“在最主要的两个方面，他确实还需要付出艰辛的努力。一是怎样把对生活的激情和对生活的深沉思考更完善地结合起来，在反映复杂的矛盾冲突时，避免由于对主人公的钟爱，连带人物身上的弱点也给予过分的谅解（像对高加林），或者由于对人物偏离生活轨迹的痛心，把人物身上复杂的东西简单化（像对黄亚萍）。这实际上是现实主义精神不够充分的流露。……二是在艺术上怎样丰富和缜密起来？除了《在困难的日子里》《人生》，其他的中篇和绝大多数短篇，结构上的板滞、描写上的缺乏风采、艺术上的平淡，都程度不同地存在着，这和通晓古今中外的知识准备不足有密切关系。”

但后期这样的论述越来越少了。一是作家后来的创作较前确有提高，二是路遥去世后，人们更是以纪念怀念的方式提到他的名字，重温他的作品，真正指出不足的文章便极少见到了。

当代文学的研究及评论有时间上的优势，学者可以与研究对象直接对话获得一手资料，了解作家的创作初衷、构思意图、写作历程、完稿感受等等。但与作家距离太近，特别是同在一个省内一个城中一个圈里，或自带感情因素，或囿于批评眼界，或为尊者讳，研究者很容易在评论中只说好话而忽略作品缺憾。陕西批评家的路遥研究是陕西人的优势，但优势也同时是劣势：评论家和作家共同的文学观念、地域文化和乡土情怀，致使双方同多异少，容易产生“不识庐山真面目”的缺憾。因此，陕西评论家的文学视野亟须拓宽，文学鉴赏时的艺术直觉和灵感也有待提升，更需打破同乡同僚的“魔咒”，建立健康良好的创作与评论关系，使后者对前者能切实起到提高和促进作用，真正做作家的良师诤友。哪怕言辞激烈到令人耳热脸红，对于陕西作家问鼎全国、陕西批评话语走出陕西都是至关重要的，对于整个当代文学也是有所裨益的。

共名歌唱与个性独舞
——以《创业史》为例论柳青小说创作

韩　蕊

摘　要:柳青小说《创业史》具有十七年文学创作共有的时代特征,文本奠基并滋养了陕西当代文学,在今天仍能引起学界的研究兴趣,自有其独特的个性文学魅力。它以时代生活为创作主题,在表现阶级斗争的同时展现乡民多元矛盾冲突;关注乡村底层民生,塑造的时代英雄梁生宝有高大全之嫌,其他艺术形象则立体丰满,性格具有变化和发展;人物语言体现原生态的个性特征,叙事语言则富有诗意和哲理。

关键词:《创业史》;时代特征;个性风格

作为十七年文学的经典代表之作,柳青《创业史》的写作秉承毛泽东在延安文艺座谈会上的讲话精神,不可避免的烙有时代印记,文本洋溢着浓烈的革命理想主义,浅显的文字与生活化的语言均体现着文艺为大众服务的宗旨。然而,在众多的十七年小说文本当中,《创业史》能够奠基陕西文学,启迪滋养陈忠实、路遥等一批陕西作家,并为学界所持续关注,自是有其时代共名之外的决定性因素。究竟是什么使得这部描写合作化到初级社,充满了时代特征的长篇小说今天读来仍令人感动,作家又是以怎样独到的文学风格,超越了时代局限,使作品呈现出永久的文学魅力?

一、阶级矛盾与多样冲突

20世纪50年代的农业合作化运动及农业生产合作社的建立是我党在新中国成立初期农村工作的重中之重,作为党的优秀干部,柳青积极投身到这一在当时看来是伟大的社会变革当中。1952年9月,柳青以长安县县委副书记身份参与到皇甫村的农村工作中,而作为作家,他的文学创作则是对自己工作生活环境的真实反映,是一种与彼时政治意识形态及社会结构同构化的叙事,即以文学话语描述这种新型社会建构的合理性与必然性。而新制度的建立必然要消除与之相对立的旧秩序,合作化运动正是土地改革成果的承接和进一步发展,“土改”中贫农与地主富农的矛盾也必将有所延续。实际上在新中国建立初期的十七年间,全党全国的各项工作从根本指导思想上均是“以阶级斗争为纲”,“千万不要忘记阶级斗争”“阶级斗争,一抓就灵”这些对阶级斗争夸大化、绝对化的提法,长期主导着中国人的思维,而当时作为政治意识形态传声筒的文学,同样以阶级斗争为思想指南和表现主旨。《创业史》中贫农与富农进行了不可调和的阶级斗争。作为文本主人公的贫农梁生宝以私谋公、公而忘私,为合作组买稻种节约每一分钱,还倒贴自己的工时,分稻种又是先人后己最终自己不够了;富农姚世杰则为保住自己的财富藏粮卖粮,变换方式剥削他人,以老婆坐月子为由雇用栓栓媳妇素芳,并趁机胁迫通奸。富农从经济来源到个人品德均是卑鄙低劣的,他们时刻梦想着回到过去自己的好日子。文本描写面对面的冲突并不多,但两者间的对比却是黑白分明的。十七年文学二元对立式的思维和书写方式,好人身上全是优点,坏人则一无可取之处的特点,在《创业史》中也以共名状态呈现,这是十七年文学共有的时代徽章。

柳青认为,小说“作品不是故事发展过程,不是事件发展过程,不是工作和生产过程,而是人物的发展过程,是人物思想情感的变化过程,是作品中要胜利的人物和要失败的人物,他们的关系的变化过程”。《创业史》以丰富的笔墨为我们展现了乡村社会结构的历史变革,但作家更为关注的是变革中的各阶层的人,以及他们之间错综复杂和发展变化的关系。如果我们把《创业史》作为一部改革小说来看,阶级斗争就变成了变革派与失利派的冲突,富农姚士杰与中农郭世福等在合作化中丧失了以前的既得利益和优越的社会地位,他们必定要与代表新生力量的梁生宝们较量一番。除了这个主要的不可调和的矛盾之外,《创业史》还表现了众多人物间多层次的冲突关系。新阵营中就存在着先进与落后、公德与私欲的摩擦。梁生宝与郭振山同样是共产党员,且后者工作能力强、群众声誉好,但当“土改”完成后,郭逐渐丧失了当初的锐气,置生产队事务于敷衍和逃避,甚至猜疑埋怨梁生宝,坐等看年轻人的笑话。究其原因是私心作祟,在拥有自己的土地之后一心想着个人的生活和小家庭的富足。因为同是党员,顾全大局的梁生宝表现出对彼此摩擦的尽量地宽容和忍让,尊敬这个自己的入党介绍人。所有的变革都不是一帆风顺的,虽有国家政权作为强有力的保障,农村改革的先锋仍然会有来自各个阵营的阻力,相较于尖锐对立的敌我矛盾,描绘新事物与旧传统矛盾的艺术叙述,或许具有更为深刻而久远的思想艺术和审美价值。土地改革、合作化等制度方面的革命,可以借政权的力量以近乎强制的方式快速实现,而人生活与生存的思想意识,特别是千百年来形成的传统观念及沿袭的风俗习惯,以及由此积淀而形成的的文化心理结构,则很难在短时期内加以改变。于是小说中出现了梁生宝与继父梁三老汉的戏剧冲突,这种冲突又因前者毋庸置疑的优势而呈现出喜剧色彩。在顾大家还是管小家的不同选择中,最终是梁生宝所代表的时代精神和党员境界占了上风。梁三老汉在埋怨儿子全身心为公家而不管自己小家创业时,梁生宝是冷处理,让老人在事实面前自己发生转变,最终认可年轻人的选择。相较于和姚士杰、郭世福的暗斗,梁生宝父子的争执是村民们有目共睹的。在与姚士杰的尖锐斗争中,加入与梁三老汉的喜剧冲突,紧张沉重的话题显得轻松许多,文本因此充满张力,叙事节奏也张弛有度。

即使新事物内部也不是风平浪静的。梁生宝与改霞的爱情美丽而脆弱，他们之间有着人尖子的互相吸引，但也恰是共有的骄傲使彼此擦肩而过。与改霞爱情的短暂和绝然只是衬托出梁生宝一心为公的高尚品质，最终由刘淑良这个完全是女版梁生宝的形象代替改霞，解决全书中最重要的情感纠葛，他们组建的革命家庭一定使梁生宝以双倍于从前的精力，投身到蛤蟆滩的农业建设中去。其实这里仍然是白玫瑰或红玫瑰、母亲型或女儿型妻子的问题，以梁生宝的社会主义新人形象，他注定是要与白玫瑰或母亲型妻子结合，英雄的一切都以革命工作为中心，个人的儿女情长从来不占优先地位。柳青为此做了极好的注解："除了他们的理想，他们觉得其他的生活简直没有趣味，为了理想，他们忘记吃饭，没有瞌睡，对女性的温存淡漠，失掉吃苦的感觉，和娘老子闹翻，甚至生命本身，也不是那么值得吝惜的了。"

《创业史》以梁生宝为中心构筑了多层人际关系，放射状的多元化冲突最终形成文本矛盾多方向的张力，丰富了文本内容，也显示出文本的别具个性，在众口一声的共名时代书写了自己的个性见解。

二、高大全式英雄与多元动态群像

一部经典的小说总会有一批艺术形象长留在读者的心里，《创业史》也不例外。陈忠实这样评价《创业史》里的人物："截止今天，《创业史》里头的那个梁三老汉、郭世富、姚世杰、梁生宝、徐改霞，依然在我的脑子里栩栩如生，作为中国乡村的典型人物，似乎还没有哪部作品能把这些人物掩盖了，更别说抵消了。"

早在《创业史》出版之初，冯牧、邵荃麟、严家炎等人就先后发表了讨论梁生宝及梁三老汉形象的文章，作者柳青也亲自撰文商榷，讨论的激烈及各种不同的观点，却都不妨碍梁生宝这个承载着作家全部理想、热情和喜爱的年轻人，成为当代文学人物长廊中的经典——一个大公无私带领群众走社会主义道路的新人形象。在柳青心目中，梁生宝不仅是小说结构的最重要因素，而且还是作家的审美主体，是作家的历史观和世界观的载体，《创业史》塑造的时代英雄完全印证了无产阶级是人民群众中的先进群体，只有他们才是可以依靠的社会主义建设的中坚领导力量。如十七年文学中的所有主人公一样，梁生宝性格和品质的突出特点是高大全，零缺点无缺憾的完美使他须仰视才见，不要说蛤蟆滩再找不出第二个，读者自己也只有赞叹而不敢苟同。梁生宝是出离一般人群的，唯其如此才成其为英雄。他打小被母亲以"拖油瓶"方式带到继父家里，多少会有些自卑，继父的关爱又使他健康地成长，在成为预备党员后一心扑在集体的事情上，甚至选择终身伴侣也是首先要有利于互助合作工作的开展。时代共名下的主人公高大却同时呈现出单一扁平，倒是其他次要人物形象因"缺点或不足"及复杂多元而显得立体丰满，且前后呈现动态的发展变化。在讨论梁生宝的同时，严家炎先生就认为梁三老汉是小说中最成功的典型人物，因为"艺术典型之所以为典型不仅在于深广的社会内容，同时在于丰富的性格特征，在于宏深的思想意义和丰满的艺术形象的统一，否则，它就无法根本区别于概念化的人物"。作为根植于中国社会历史文化思想土壤之中的梁三老汉，其性格及思想在柳青笔下是连泥带水的，是和作家生活在一起血脉相连的最熟悉的乡村农民。柳青曾表示："两种社会的交替我想在梁三老汉的身上体现出来……几千年封建的传统意识，改造起来十分困难。生产资料的重新分配，在短时间内可以实现，农民思想意识的改造就不那么简单，是个十分艰难漫长的过程。"梁三老汉的底色是善良，自从将宝娃母子引进家门，他就像生父一样爱着这个孩子，为他的每一步成长而激动，他对于梁生宝的父爱也是造就后者大公无私的一个主要因素。梁三老汉从自私固执到乐于奉献，不计报酬也要帮助初级社饲养牲口，性格的多面与发展是"意识到的历史深度"和"细节的真实性"的完美结合，在丰富蛤蟆滩人物群像的同时增添了文本的阅读趣味。新旧并存的性格历来是小说人物成功的重要法宝，《家》中的高觉新、《四世同堂》中的祁瑞宣等等均是因为新旧交替而呈现出性格的复杂与多面，并在文学史上留下足迹的。柳青用细腻而深刻的笔触描摹出了梁三老汉在历史巨变中的迟疑摇摆，以及他摆脱摇摆走向新生的历史必然性，立体、发展的人物性格使梁三老汉可触可亲。

改霞是作家着墨较多的另一个形象，从纯真骄傲、勇敢幼稚到成熟自信，这个人物一开始就吸引着读者的目光。后来却与梁生宝劳燕分飞，人们在遗憾之余就对改霞颇有微词，实际上柳青根本就是要"打破英雄配美人的传统表现方法，在我的书里英雄和美人没有结合，因为他们有不可调和的矛盾"。其实恰是这不可调和的矛盾使得徐改霞的形象具有了光彩。拥有坚强内心，认定道路就一直走下去是改霞的性格，这样的性格必定不会逆来顺受隐忍生活，在感情狂欢过后，面对实实在在的锅碗瓢盆的时候，二人间真是有不可调和的矛盾，所以改霞的离开是明智的选择，由此也可看出她的聪明和作家的尊重生活现实。无独有偶，后来路遥在《平凡的世界》中对于孙少平和田晓霞的感情也做了同样的处理，只不过田晓霞更富于理想化，最终只能用意外事故来结束和礼赞她的生命，而男主人公都是和结过婚的温婉女性在一起，应该说这其中有着《创业史》的深刻影响。

关于郭振山，作家塑造这个人物的目的，是要表现共产党掌握政权以后，党内一些不好的倾向和个别党员身上一些不好的东西。"土改"中的大能人、轰炸机，互助合作时完全没有了当时的锐气，甚至故意给梁生宝使绊子，到最后因利益与姚世杰同流合污，也正是郭振山的形象反衬出了梁生宝的纯粹与可贵。其他如有万、高增福、欢喜、任老四、素芳等等，着墨不计多少，无不形象丰满个性分明。相较之下，梁生宝、刘淑良倒是比较扁平，或许用心最多效果不一定最好，松弛的心态更容易塑造充满生机的艺术形象。

正如本节开头所引陈忠实的话，《创业史》中这些复杂多面的人物今天看来仍是栩栩如生，作家尊重生活的现实主义使得文本获得了超越性，在那个众声合唱的共名时代，跳出了作家最具魅力的个人独舞。

三、通俗的底层书写与诗意的叙事语言

底层写作是21世纪以来出现的以下岗工人、打工者阶层、广大农民等为主体的写

作现象，这是相较于20世纪90年代之前，中国广大民众阶层发生分化后出现的写作现象，创作主体为作家和底层中极少的具有文学才华的人，这一写作展现了作家们对于弱势群体的人文关怀。以此为据，早在50年代柳青就已经在进行底层写作了。实际上，以延安文艺座谈会讲话精神为指导、秉承文艺为工农兵服务理念的十七年文学创作，从描写对象的角度基本上都可划入底层写作的范畴。柳青的底层写作关注对象正是中国最底层的乡村农民，甚至是农民中赤贫的弱势群体。不同的是，他的书写重点不在展示这一弱势群体的生活苦难和生存艰辛，而是更关注他们的精神层面，通过对底层生活的深度挖掘，展示乡村民众在适应和推动社会变革中不断自我完善与提高的精神历程。

为写好底层，柳青直接生活在所要表现的对象中间，放弃在那个年代也相对优越的城市生活环境，居家迁往长安县皇甫村，这不是文艺工作者一般性的体验生活，而是真正地扎根乡土民间。作家与周围农民建立起血脉亲情，感同身受地了解他们的生存生活状况及内心思想感情，甚或站在农民的立场看待和思考党的各项政策，特别是互助合作化运动。十几年的共同生活，心灵相通的情感和立场，使得《创业史》的写作紧贴乡村民生，书中的主要人物都有生活原型，作家自己也化身其中的杨书记。甚至出版时，柳青也考虑到了农民的需要，一定要有简装本，方便他们购买和阅读。

柳青认为“虚假的都是张狂的，也是一时的；真实的都是朴素的，也是永久的”。他的写作的确是朴素的，更是真实的。初读《创业史》，陈忠实就震惊了：“梁三老汉、梁生宝、郭世富、富农姚士杰、改霞，这一茬人物，我在我们那个村子一个一个都能找到相对应的形象。我的这个村子和柳青的那个村子相隔大概也就是六七十里路。越到后来我越相信，《创业史》的人物在任何一个村子都能找到相应的生活人物。”为了人物形象的准确和性格发展的逻辑真实，文本着重表现了生活细节的真实细腻。改霞去找秀兰，从秀兰妈的搭腔上就听出老人家并没有生她的气；梁三老汉穿上三面全新的厚实棉衣暖和得行动起来笨手笨脚，对继子梁生宝有意见，却想着趁生宝不在家正好他大闹一场；郭世富在粜粮时买卖双方手藏在草帽下捏码子搞价钱；梁大在把大黑马交到社里合槽时，将皮缰绳换成了旧麻缰绳。特别是人们耳熟能详的“梁生宝买稻种”一节，梁生宝舍不得吃干面，五分钱买碗汤面，要两碗面汤就着母亲给烙的馍，解决了吃饭问题；雨中行走的梁生宝头顶一个麻袋，身披一个麻袋，为省住宿钱，来到火车站售票处，“生宝划着一根洋火，观察了票房的全部情况。他划第二根洋火，选定他睡觉的地方。划了第三根洋火，他才把麻袋在砖墁脚地上铺开了”。主人公心系集体、淳厚朴实又不失细致的形象，正是在这众多的鲜活细节里跃然纸上。这些细节都是通过人物的感觉和人物的心理来表现的，作家在作品中把自己“变成这个人物”，柳青常常一个人在书房里扮演各种角色，揣摩人物心理，琢磨故事情节。关于细节他有自己独到的见解：

艺术的永恒，是细节的永恒，那么细节就既要生动，也要丰富。生动，就是说细节活生生的，每一个细节都合乎人物的性格和场景的内部特征，虽然这是作者经过安排、移植和改造过的生活,但读者看起来就像真的发生过一样,它要经受住最熟悉被描写对象的那些人的推敲。丰富,不是作者挖空心思找细节,而是细节排着队让作者选择哪些是典型的东西,这一切都必须有作者丰富的生活积累做基础。

《创业史》所有细节的真实和丰富直接反映了柳青对于乡村农民及其生活的极度熟悉,也直接呈现了作家对于这一底层群体的同一立场和深厚感情。

柳青的语言极具个人特色。《创业史》文本语言呈现出双重特征,即人物语言的口语话、通俗化、地域化、性格化,以及叙事语言的热情诗意与深刻哲理的相互掺杂。前者是作家细腻敏锐观察力的表现,梁三老汉的形象主要是通过他既实在又风趣的语言来塑造的,对于继子梁生宝的称呼,从亲切关爱的"宝娃"到揶揄不满的"梁老爷、梁伟人"再到真心尊重的"梁主任",展示了他思想的前后转变;向卢支书告梁生宝的状,没有被认可:"'看看看!'老汉摊开了两只树根手,'我说你们在党的是一家人,一点没说错!一家人看见一家人亲嘛!你们说话一个调调,你们全姓共,是不是?'"不满意任老四喂养牲口的水平,知道社里没有其他人可用,主动请缨:"'为啥不寻我呢?'梁三老汉非常惋惜地说,'你的眼睛总是看远不看近,我比他们谁都合适嘛。早知道你们社委会有这困难,我自报也要当这饲养员!'"闻其声如见其人,活脱出一个偏激执拗而又可亲可爱的形象。

叙事语言则渗透着作家深厚的文学素养,特别是西方文学影响巨大,柳青大量地阅读过中西文学名著,仔细研究作家的创作手法,自己写作中遇到瓶颈,便干脆停下来重新进行研究性的精读,寻找突破的途径和方法。除了文本结构和人物塑造有所借鉴外,语言也深受影响。一是善于景物描写,如描绘渭河平原春景一段,诗音画意齐聚,极富美感:

渠岸、路旁和坟地上的迎春花谢了,肥壮而且显得挺大方的蒲公英开了,温柔而敦厚的马兰花啊,也在路旁讨人喜欢哩……庄稼院周围的榆、柳、椿、槐,汤河两岸的护地白杨,都放出来鲜嫩的光彩。庄家人们出外做工的,出外做工去了;搞副业生产的,搞副业生产去了;爱看戏的,成天在周围的乡镇上赶会去了。整个蛤蟆滩田野间的花绿世界,变成各种羽毛华丽的小鸟嬉戏的场所了。百灵子、云雀、金翅、画眉……统统处在恋爱阶段;南方来的燕子,正从稻地水渠里衔泥,筑巢;而斑鸠已经积极地噙柴垒窝,准备孵卵了。

二是文本叙事语言的热情高、热度强,常有极富哲理的旁白式议论,最脍炙人口的便是"人生的道路虽然漫长,但紧要处常常只有几步,特别是当人年轻的时候"。甚至直接抒发自己作为叙事者的感慨,在写到梁生宝买好稻种归来时,难以抑制对于笔下人物的喜爱而赞美:"这个身强力壮的小伙子!"这一特点深深地影响了后来陈忠实和路遥的小说创作。

扎实的文学功底和良好的文化素养使柳青截然有别于"一本书作家"。十七年文学创作主体是党的文艺工作者，相较于五四时期成长起来的学者型作家，这些文艺战士普遍文学素养有欠积累，小说创作可谓从事底层书写的多，而具有深厚文学功力的少，于是文坛出现"一本书作家"，其作品看起来是及时地反映了时代生活，也能引起一时的关注式阅读热潮。但是，文学魅力的缺乏，要么使作品无法长时期持续阅读或反复阅读，要么很难再创作出第二部经典之作。《创业史》在同样的时代出现，直到今天仍能引起学界的关注和热议，打破了时代共名下这一普遍定律，不能不说是作家极具个性的文学魅力使然。

杨则纬小说创作论

韩 蕊

杨则纬是当代文坛较为活跃的80后作家，已经出版发表的六部中长篇不仅显示了其勤勉的写作态度和旺盛的创作精力，而且呈现出创作水平持续进步的良好趋势和可以期待的美好前景。如果说《春发生》所记中学生高考结束狂欢假期里的毕业旅游，还像是一部初涉文苑的自发习作，《末路荼蘼》抒写猝失父母的少女的身心感伤，则是作家的有意为之，其中主观理念和少年说愁的痕迹也还较为明显。《我只有北方和你》中浪漫的忘年之恋抵不过客观冰冷的现实差距、《最北》里异国小儿女间因地域和国度的距离而夭折的生死恋情，均显示出了作家对社会人生和心理情感的初步思考。至较成熟的《躲在星巴克的猫》，以魔幻手法细致入微地描绘初涉世事的年轻人的困惑迷茫，作家细腻绵密、诗意华美的个人创作风格初露端倪。近作《于是去旅行》中主人公辛钰经过生活历练后对于人生的感悟及对美好爱情的执着追求，无不显示出随着时间的流逝和生活阅历的增长，作家从天真的感性少女到思考生活的知识女性的身份转换。六部作品无论是情感内蕴还是艺术水准均呈现阶梯式的上升趋势。

一、忧伤而执着的成长叙事

中国当代的成长小说多是挫折式书写，其主要特征是描绘逆反式的或被动式的成长个性。特别是近三十年，摆脱了对特定历史时段和重大社会事件的依傍，凡俗人生和日常生活的既有秩序对主人公成长的磨蚀，以及人物自身性格的缺憾，成为成长小说集中关注的主要话题。如陈染《私人生活》中倪拗拗从受男老师伤害的敏感脆弱的小学生到成为两性间情感欲望的主导者，林白《一个人的战争》中多米自小比男孩子勇敢坚强成人后却一再被男性从身体到精神进行侵犯，以及迟子建笔下反复出现的幼年受性侵伤害女孩，等等，均属此类。

杨则纬的创作也呈现出以上特征，六部小说可称之为成长系列，它们共同展示了主人公“成长中”状态或“成长的破碎”状态。《春发生》是对激情青春的片段式捕捉，高考生丫丫对爱情的懵懂向往充满了生命萌动的力量；《末路荼蘼》从完美幸福生活的陡然跌落，到寻找逝去的爱的替补品，却又再次受伤，讲述了少女依一对于生命亲情近乎极端的创伤体验;《最北》父母离异的重创和跨国初恋的夭亡,挫伤了少年李浩但也使他变得更加成熟和坚强。

《躲在星巴克的猫》是令人欣喜之作,近乎卡夫卡《变形记》的独特手法,使文本颇有"异域"风情。小说对猫的细心观察和猫性猫习猫情猫趣的饱含怜爱之情又生动有趣的表达,让这个穿越游走在人猫之间的"黑妞妞"或趴或立在读者面前。而作家则巧妙地利用猫对于人类世界的懵懂隔膜和好奇探索,书写了年轻人在进入社会生活时手足无措的困惑与迷茫,"那种迷茫的感觉就像一口吸进去的烟一般让我难受"。对于繁复驳杂的现实世界,他们有太多的看不懂、搞不明和学不会,孤独感、压抑感构成了对于生存的意义和永恒话题的探讨,"猫咪的世界总是很安静,而人类的世界安静下来就会变得压抑","人类需要有人陪伴需要交流需要热闹,需要在悲伤的时候有一只手可以伸过来,拉起没有力气的你,说几句温暖心灵的话"。某些时候,生活简单直接的猫似乎更加自由自在,但又是人类时常剥夺这种要求不高的自由自在,诸如环境污染、虐待动物、生态失衡等等,都是小说传达给我们的亟待改善的时代问题。好在会变形的"黑妞妞"碰到的人多是友好的,从最早喂食的姑娘到买衣服时为她担心的阿姨,从朦胧爱恋的吴浩到星巴克的众服务生,白天是人与人之间的诚善相待,夜晚则照顾这只无家可归的猫咪。不长的篇幅之间,文本静静地诉说着喧嚣里的孤独、热闹中的压抑、无所事事的永恒和挥之不去也无法停止的思考,字句里漫流着淡淡的伤感,而又不乏温暖的希望。

至《于是去旅行》,作家的艺术格局初见端倪,文本表达了对未完型的成长历程的不懈探索。主人公辛钰的心理成长轨迹清晰可见,从别人叫自己"小胖妞"开始,小女孩得了厌食症,对自己外貌形象的格外在意使她变得沉默寡言,偶然机遇得到的神秘药囊增强了自己的信心,上大学再到工作单位,她一直是群体中的佼佼者。然而,在别人看起来事业轰轰烈烈的当红电视主播,辛钰的内心却有浓重的自卑底色,要强而又脆弱的个性和坚定且执着的奋斗,均笼罩着如影随形的不确定感和不安全感,淡淡的隐忧气氛弥漫于整个文本。渴求纯真爱情,但更多的是考虑留在大城市的现实需求,在精神与功利、欲望与情感、超拔与世俗的夹缝里,主人公自我意识几乎分裂。"她把一片繁荣富饶的生活景象用荒凉的内心写给你",贾平凹对该文本如此定位可谓中肯。某种程度上,《于是去旅行》是对《躲在星巴克的猫》的成长思考的承续和深化。当一切在别人眼里看来极度完美的人生,主人公却深切体味着生命的悬空感和个体间无法沟通的孤独感。辛钰始终是在成长的路上,这个未完型的成长故事有待作家的成长来完成。

早前发表的《我只有北方和你》可谓是《于是去旅行》的姊妹篇,有着类似的人物形象与成长过程。只是前者的情节相对简单,关注社会地位、经济条件及个体性格造成的情人间难以逾越的距离,而关于从女孩儿到女人的角色转换的浴火而生,可以说是后者的一个准备之作。

六部作品主人公的成长均有被伤害的经历,并在心灵深处留下难以磨灭的痕迹。父母或早逝或离异,自身罹患厌食症,悲剧的初恋,失去关爱保护以及身心两分,等等,无论是柔弱的乖乖女还是成长中坚定的女强人,她们的内心都有着荒凉的基底。好在作家并不沉溺于这荒凉,而是执着于对生活的持续思考和不懈追求。于是,人物以受伤的心灵坚守凡俗而又性灵的生活,作家便在这凡俗与超拔间奔走,与人物一起成长。

二、原初而淳和的女性意识

杨则纬小说的叙事视角是女性的,主人公也基本都是女性。《最北》看似以西安男孩李浩为核心,但实际富有光彩的仍然是围绕在他身边的几位女性——母亲、薇拉、娇南、林薇等,每个人物都个性鲜明。毫无疑问,作家最擅长的是女性角色的塑造,写到她们,笔触便灵动起来。而文本在对诸多女性形象内在情感心理进行细腻把握和准确表达的同时,也流露出作家自身的女性意识,考察六部文本,我们将其定性为:原初而淳和。

姊妹篇《我只有北方和你》与《于是去旅行》最富女性写作的意味。前者薇薇的故事从高中去瑞士交流碰到初恋,到西安读大学和毕业至电视台工作,再到丽江旅行与一位作家无疾而终的闪恋,叙写了女性成长之路的艰辛及现代人内心深重的孤独感。后者则是前者去除瑞士经历的薇薇故事的延续,辛钰的心绪在四段感情经历中载沉载浮,精神与欲望间的挣扎颇有当年丁玲笔下莎菲的影子。五四落潮时期的知识女性莎菲挣扎在情感与欲望之间难以自拔,最后在痛悔的自我否定中,原谅了自己。近乎一个世纪后的辛钰同样哀伤于情和欲的难以兼得,在与近乎禁欲的丈夫分手并离开"卷包会"式的骗子糖糖后,最终把希望寄托在完美男性化身的吴现身上。

失去一个男人就在另一个身上寻求寄托,也许是女性最大的悲哀,从古而今亦然。百年间女性有多少改变与进步?当代中国女性的政治社会地位与男性是平等的,经济生活的独立只要自己努力也相对容易获得,最困难的是精神上的真正长大。走出千百年来社会外在强加的和女性自身世代积淀的心狱,剥离对男性的依附依赖心理,获得真正不依靠任何人的独立人格是极其艰难的。小说中辛钰几乎要和师楠复合时,吴现的一个电话让她改变了主意,而可以想见的是,即使找到吴现,辛钰在自我成长、自我完善的过程中还有很长的路要走。张洁曾说,"最后你明白了,你其实没人可以指望,你一旦明白这一点,反倒不再流泪,而是豁达一笑……这时候你才算真正地长大,虽然这一年,你可能已经七十岁了"。《无字》中无为最终没有明白这个道理而发疯,但作家张洁明白,尽管代价是痛彻心扉。辛钰没有长大,作家也和她一样寄希望于与吴现的重逢。所以说,杨则纬小说的女性意识并不尖锐,而是原初淳和的。主人公有着身为时代女性自发的经济上的自强自立,但也还缺少自觉的对于女性自身依赖性、依附性的深彻反省,和更深入的对于自我灵魂的严格拷问。

文本中女主人公身边的男性有好有坏,这一点也不同于经典的女性写作中常见的男性妖魔化倾向。父亲都在场并慈爱,丝毫没有弑父情结;恋人们(除骗子外)在道德层面也基本上是无可挑剔的,虽然他们和女性一样有各自的性格弱点,如辛钰初恋沈阳的懦弱犹豫、丈夫师楠的木讷冷清;社会中的异性伤害势力如电视台好色的男上司,有妇之夫的情人；等等，也都未能具备对女性的压倒性优势。再如理想化身的吴现、叛逆中成长的李浩等则多少有概念化的倾向，远不如那些女性形象华彩照人，作家的笔触无法深入男性的内心世界，只能是和读者一样通过其言行来揣测人物个性。这大概是每一位作家在拥有性别优长时不可避免的异性想象的短板，而作家之所以没有对诸多男性表现出对立或消解的倾向，正是因为她女性意识的原初淳和。

文本没有着力于表现两性之间激烈尖锐的矛盾冲突，流露出的是一种基于自我生存的没有硝烟的女性意识，属于不温不火的女性思考。较之丁玲笔下莎菲当年灵肉统一的追求，辛钰对于性的观念似乎要更现代，但她仍然摆脱不掉传统女性的道德标准，在试了一下自慰工具后立刻扔掉并自责不已。她不可能像一些备受争议的小说中的那些"新新人类"，完全把性看作是哪个馆子都能吃饭那样随便，虽然欲望的驱使让她几乎不能自持，但辛钰仍坚守着自己的做人标准，发现情人糖糖偷钱后便毅然与之断交了。

杨则纬的女性人物基本状态相似，即理智情感最终战胜欲望。文本的女性意识之所以避免尖锐呈现淳和，与作家个人经历有密切关系。快乐童年、顺利求学、入职高校和幸福家庭的三十年履历，作家几乎没有直接感受过女性来自社会和家庭中传统伦理带来的性别压力，于是很难产生张洁、陈染、林白等女作家的切肤之痛，加之现实生活面的相对狭窄，其女性写作给人混沌初开之感。要创作出真正的女性文学的经典之作，还需要直接和间接经验的丰富积累，需要作家有意识地沉潜生活，将自己敏锐的感受力发挥到极致，对于女性生存现状做进一步的细致考察和深入思考。至于写作的技巧是毋庸担心的，现在的文笔已经能看到华彩的未来。

三、地气与境界

以自身生活经历作为小说创作主要的取材源泉，是青年作家的共同特点，杨则纬也不例外。三十年的人生阅历和生存体验，她作品的主人公多多少少都有作家自身的影子，小说将她们从中学到大学、从国内校园到瑞士家庭，女生内心的青春悸动、同学闺密间的纯真友谊、邂逅的浪漫与初恋的哀伤，以及初入社会做电台主播时的复杂人际，还有舒缓压力、安妥灵魂的原生态旅行胜地云南，均写得极具烟火气息。这种接地气有生活的写作，其优长是事件冲突真实可信，人物性格真切丰满，心理活动密实细腻，可谓起步扎实路子正确。缺憾是个体世界境遇境界都终究有限，若再缺少艺术的想象虚构、人性的境界情怀或哲理的升华思辨，就不容易写出大格局。换言之，写了的都是真实亲切的，但相较于整个社会生活和人性情感，这个"写了的"则又易显窄仄。作家生活面的局限使得几部小说人物情节出现交叉重叠之处，《最北》《我只有北方和你》都叙写了在瑞士交流求学时经历了刻骨爱情的男孩女孩，《我只有北方和你》中主人公长大读大学后与《于是去旅行》的辛钰几乎是一个人。随着作家生活阅历的增加、情感体验的丰富和自我思考能力的提高，此类现象应该会逐渐消失。

在小说创作中，作家对于笔下人物特别是主人公的态度复杂多样，以肯定居多但又有高下之分。经典之作里，作家的精神境界及认知洞悉力大都是要高于主人公的。

鲁迅是“哀其不幸，怒其不争”的居高俯视式讽刺哀怜，沈从文对他的湘西子民热爱赞美与同情批评并存，张爱玲看得比人物透彻却与之一起沉溺不思超拔，原宥一切的态度有人称之为地母情结。就目前来看，杨则纬与她的人物大体上是相一致，对于他或她们的喜怒哀乐感同身受，可以说人物所达到的就是作家自身的思想水准，文本基本上是源于生活止于生活，还欠缺一些对人物的反思自省与升腾超越。这当然和她的生活经历与人生感悟有关系，没有太经历过苦难的生活，对人生便很难有痛彻心扉深入骨髓的感受与领悟。当然，作家的思考绝不仅仅来源于直接经验，仍然可以从间接经验中获取这种多元而深刻的生命体验，那就又需要潜心的广博阅读。创作者需要从人物生活和思想中跳跃出来，我们更愿意看到文本呈现一种高于其中人物的深广境界和飞升姿态，作家对于自己塑造的人物，可以同情可以热爱，但更应该有能力进行批评和反思。除了鲁迅、张爱玲等提笔就是高起点之外，众多作家的境界都有一个渐进的过程。铁凝从《哦，香雪》中对香雪的一味赞美到《玫瑰门》里对司绮纹的同情否定，张洁由《爱是不能忘记的》中对钟雨的褒扬肯定至《无字》里对无为追根溯源的反思批评，贾平凹自《商州三录》中对家乡由衷的满腔热爱到《秦腔》《带灯》《老生》中反观故土时深切甚至沉痛的思考，等等，均是这种成熟与成长过程的极好例证。我们期待杨则纬对于人物的超越，更期待她对于自己的超越。

雷达先生在评价陈忠实、路遥和贾平凹的当代乡土叙事时认为：“当然他们也都有超越，超越了作家狭隘和旧的眼光，但是对于个体意识的发掘和现代意识的守护还不很充分。”此确为中肯之语，也道出了陕西作家共通的缺憾。城籍农裔的身份使这一代作家笔下的陕西文学厚重沉痛，呈现出所谓的史诗品格，但同时也欠缺些全国乃至世界的眼光格局和现代的意识气息。而生长于西安浸淫城市文化的杨则纬则初步显示了这方面的潜力，她写的是古城西安，但更是当下的西安，是咖啡馆和大学校园的西安，是电台主播和富二代官二代的西安，更有上海、沈阳、丽江等城市参与其中，文本里的青春身影、时尚气息、现代意识和叛逆思维，使她迥异于前代的作家，我们有理由期待她的作品对于推进和成就当代陕西文学的城市叙事，做出自己的奉献。

杨则纬小说创作的起点较高，她写作既不是为了出名，也不是为金钱而从事商业写作，她是真正出于对文学的热爱，这有助于她纯文学的创作路子走得正、走得远。一路走来，杨则纬也是不断进步的，除了前文论述的内容意蕴之外，写作方法上也日臻精美。最初文本呈现出女性作家特有的情绪叙事，即故事情节随着人物的心理感受展开，读者是通过人物的眼睛和心灵来观察和思考，感同身受的细致绵密间又难免失之烦琐纤弱。后来的创作其叙事结构基本按照时间发展顺序，其间又有穿插环复，避免单一时间进程的单调，特别是《我只有北方和你》与《于是去旅行》中，主人公的当下、过去和未来交织在一起，既有作家对人生的思考，也可以看出其在编织故事上的精心与匠心。综合来看，初涉文坛时小女孩的情致正在逐步褪去，小说整体渐次深刻优美，充分显示着杨则纬的文学天赋和创作才气。但要不辜负这才气还需较长的路要走，诸如文学作品的普世价值、终极关怀等等，属于最高的要求，对于一个 80 后青年作家或许严苛了，但正是看到了杨则纬的希望，也才对她未来的创作充满了期待。

论延安文艺的现代性追求及特征

赵学勇　张英芳

摘　要：在学术界，对于延安文艺的现代性问题，长期以来一直争议不休，对这一重大问题的深入研究，关系到对中国新文学历史发展的再认识、再评价。本文认为，当我们历史地、具体地抵达延安文艺的内部，可以发现延安文艺现代性追求的突出特征是，在特殊的战争语境中，为了配合现代民族／国家的建立所体现出的革命的现代性与民族／国家的现代性的同一性，即延安文艺的现代性不仅指向单纯的人的个体解放、人性的解放，它在与革命话语、与政治功利的纠结中，在对西方现代性、对中华民族历史文化的反思中，不断地建构起富有中国特色的现代性文学景观。其更充分地体现在，延安文艺不仅延续了"五四"文学的启蒙主题，而且延伸了"五四"未竟的大众的启蒙；延安文艺通过对革命话语的书写，完成了属于第三世界国家特殊的现代性之旅；延安文艺在对西方现代性审慎的反思中，将本民族的历史文化作为文学发展的土壤，在高扬中国文学经验书写的同时，将关注的目光投注到现代民族／国家的建构和人的自我解放的同一之中。在此过程中，延安文艺的现代性进程有它丰富的时代内容，同时也有无法避免的历史局限性。

关键词：延安文艺；现代性；文学启蒙；文学与政治

在中国新文学发展中，延安文艺不只是作为整个文学进程中的一个"历史节点"而存在，它的意义和价值还在于它是中国新文学变革和转折的一个"反应堆"。延安文艺上承"五四"文学革命，下启当代文学，在整个20世纪中国文学的发展中所起的作用是爆发式的。延安文艺不仅对此前中国文学经验进行了深刻总结，而且对于中国当代文学规范的确立、文学制度的建构及文学体制的形成都具有决定性的影响。正是基于延安文艺在20世纪中国文学中的特殊地位与作用，对关涉延安文艺生成与发展中的许多重大命题进行深入细致的研究不仅必要而且迫切。

一方面，从延安文艺研究的现状来看，尽管学界对延安文艺之于中国文学主体性的发现和建构给予了充分的观照和阐释，但基本还处在民族性的范畴和框架之内，特别是对于延安文艺的现代性问题研究，还显得极为薄弱。另一方面，数十年来，在重写文学史的潮流中，学者们孜孜追求20世纪中国文学的整体性效应，试图将涉及20世纪中国文学研究的很多重大问题打通，形成一个系统性的格局。[①] 但实际上，这种追求在面对一些实际问题和具体的文学现象时则无可避免地陷入了分割化的境地。

现代化作为20世纪中国社会和文化（文学）的最大追求，为20世纪中国文学的整体性追求提供了一个检视的通道。从“现代性”的广阔视域来研究延安文艺，无疑是延安文艺研究走向深入的一个契机，同时也为20世纪中国文学的整体性研究提供了一个新的视窗。

一、命题的构设：延安文艺的现代性

长期以来，在延安文艺研究中，一种普遍且流行的观点认为，延安文艺是党中央领导的文学，是政治（意识形态）的附庸。基于此，学界对延安文艺现代性问题的研究一直处于比较模糊的状态，对于这一问题的态度也是较为暧昧和含混的。为了客观、理性地对延安文艺作系统研究，有必要对延安文艺的现代性问题进行深入的探讨。

从思想来源和延安文艺的建构历程来看，延安文艺不仅包含了民族性的底蕴，而且内含着现代性的质素。启蒙是一类，“演大戏”是一类，[②]文化资源的来源是一类，救亡与革命也是一类。尽管延安文艺建构的支点是依托在对民间文化和民族文化资源的吸纳与利用之上，但是这并不排除延安文艺在对现代民族／国家的想象和构建中所体现出来的对西方现代性的反思，对具有中华民族特色的现代性的追求。延安文艺所依托的革命大背景——新民主主义革命，以及革命的终极目标——争取民族独立和人民解放，注定了延安文艺孜孜追求的人的解放与现代民族／国家的建立之间的统一。而这一过程与整个国家现代化的历程是内在的有机统一的，延安文艺的现代性追求的基点主要是建立在对现代民族／国家的想象和实践之上。正如有的学者所言：“五四‘文学革命’和抗战时期的‘民族形式’的讨论一方面从不同的方向上释放了‘民间’的力量和意义，另一方面又都是一个现代民族／国家的建构过程，是不同的被压抑的‘民间’和新的‘国家’结合的方式。”[③]

正是在对现代民族／国家建构的想象和实践上，延安文艺所体现的文学现代性是一个富有重大历史现象与现实意义的命题。

那么，如何理解、如何阐释延安文艺所富有的现代性特征呢？延安文艺与“五四”表征的现代性、与西方的现代性价值追求和具体路径的异同又是如何体现的呢？当我们历史地、具体地抵达延安文艺的内部，可以追索到延安文艺现代性最大的特征。在

---

① 黄子平、钱理群、陈平原：《论二十世纪中国文学》，《文学评论》1985年第5期；陈思和：《中国新文学整体观》，上海文艺出版社1987年版；雷达：《中国文学是一个整体》，《新华文摘》2005年第11期。

② 从1940年1月到1942年，延安、晋察冀等解放区掀起了“演大戏”的浪潮，先后上演的名剧包括《雷雨》《日出》《婚事》《蜕变》《钦差大臣》《马门教授》《伪君子》等八十多部中外名剧。1942年6月27日，陕甘宁边区文委临时工作委员会召开延安剧作者座谈会，会上直接批评了“演大戏”是只演大剧与外国剧，“演大戏”遭到了严厉的批判。

③ 旷新年：《赵树理的文学史意义》，《文艺理论与批评》2004年第3期。

特殊的历史语境中，为了配合现代民族／国家的建立所体现出的革命的现代性与民族／国家的现代性的同一性，即延安文艺的现代性不仅指向单纯的个体解放、人性的解放，它在与革命话语的纠缠中，与政治功利的缠绕中，在对西方现代性、对中华民族文化和历史的反思中，不断地构筑起别具一格的现代性文学景观，突出地表现在，延安文艺不仅延续了"五四"启蒙的主题，而且完成了"五四"未竟的大众的启蒙；延安文艺通过对革命话语的书写，完成了属于第三世界国家特殊的现代性之旅；延安文艺在对西方现代性审慎的反思中，将本民族的历史文化作为文学发展的土壤，在高扬中国文学经验书写的同时，将关注的目光投注到现代民族／国家的建构和人的自我解放的同一之中。在此过程中，延安文艺的现代性进程有着非常丰富的时代的内容，同时也存在无法避免的历史局限性。

1. 启蒙的复现与深化

中国近现代社会的发展是以启蒙为开端展开现代性追求的。进入 20 世纪，中国知识分子在西方现代性影响的焦虑中扛起了启蒙的旗帜，为配合启蒙运动的实现，设计了一套追赶西方，建立现代民族／国家的方案。从学者对现代性的界定来看："所谓现代性就是'欧洲启蒙学者有关未来社会的一套理性设计'。"[①]由此可见，启蒙不只是与现代性相互关联的概念，还是现代性规划的一部分和现代化前进的动力。启蒙推动了现代观念的传播，社会在追求现代化过程中所携带和反射出来的现代性又不断推动着启蒙的深化。启蒙既是中国走向现代化的一个历史起点，又是其实现现代化的必然选择，因而在很多时候中国文化和文学的启蒙与文学的现代性是交织纠葛在一起的，很难拆分成两个单独的问题。

延安时期，革命战争作为中国走向现代化的必要途径，其对大众作为一个阶级的再发现和"工农兵文学"方向的提出，帮助中国实现了对国民心智的启迪。尽管这种启迪包含容纳了更多的革命和政治的策略，也即意味着中国的启蒙不仅局限于平等、自由、科学、民主以及理性精神，而是社会精英阶层依靠从西方引进的先进的文化和思想理念，而设计的一套对人、社会、国家、民族的现代性规划。高力克在谈到中国启蒙运动与欧洲启蒙运动的区别时指出："如果说欧洲启蒙运动是一场以个性自由为目标的人文启蒙运动，那么中国启蒙运动则是一场旨在国家富强的现代化启蒙运动，这是中西启蒙运动的最基本差异。"[②]经由"五四"到延安，在新文学的发展历程中，启蒙不断地被赋予更多革命化的色彩。无论在文学的维度，还是在社会的维度，20 世纪中国文学和文化的启蒙与民族／国家对现代性的呼唤和设计之间形成了一种隐秘而深厚的关联，到了延安时期，二者之间的关联度在革命和救亡并置的强大的话语中被再一次充分地加以想象、阐释和实践。

学界多有观点认为，延安文艺是"五四"文学现代性的中断。显然，这只是看到了问题的表象。在由唐小兵主编的《再解读——大众文艺与意识形态》中有这样一段

---

① 赵一凡：《现代性》，《外国文学》2003 年第 2 期，第 54 页。

② 高力克：《求索现代性》，浙江大学出版社 1999 年版，第 85 页。

话:“五四新文化体现出这样一种尴尬:为了建立一个既是‘现代的’,又是‘中国的’新文化,他既要排斥‘本土资源’,又要吸引‘本土大众’,倒是往往被看成政治强制文化的延安文艺把一些‘本土资源’与大众连在了一起,而且这种对民间文化的发掘早在毛泽东的《在延安文艺座谈会上的讲话》之前就已开始。”①郭沫若在“纪念文协五周年”的文章《新文艺的使命》中提道:“战前集中于都市的少数作家们,现在大批地分散到了民间,到了各战区的军营,到了大后方的产业界,到了正待垦辟的边疆,文艺生活和大众生活渐渐打成了一片。作家由生活中得到资源,大众由文艺中得到提炼,这种潜滋默长的交互作用,虽然并不怎么显著,但确是新文艺中的一条主流。”②由此可以看出,“五四”文学对大众的启蒙仅停留在理论倡导的层面,文学之于大众的启蒙并没有充分展开,更多地是一种知识分子的“呐喊与彷徨”,是一种“鲁迅式”的个体的“愤而忧”。而与革命关联度较为紧密的延安文艺,为了完成民族国家独立的使命,文艺创作通过对本土民间资源的重新发掘、改造和转化,在延续“五四”启蒙主题的基础上,开拓深化了启蒙的范围和力度,且经由文艺话语与大众的有效对接,从而完成了始于“五四”而未竞的对大众启蒙的艰巨任务,这是延安文艺对“五四”新文学的深化与超越。正如有的学者所言:“文艺又一次告别了所谓的高贵和雅致,来到人间,来到腥风血雨的战地,不仅和工农大众,而且和全民族一起,歌哭哀乐,记录下中华民族在这个血与火的时代所经历的激昂、亢奋、惶惑、偷生、焦虑、失望、挣扎、求索、反抗、战斗、曲折、胜利。”③秧歌剧《兄妹开荒》,民歌《东方红》《南泥湾》,小说《新儿女英雄传》《吕梁英雄传》等,这些优秀的文本不仅记录了当时中国革命的现实,更为重要的是携带着本土化文学经验和现实基因的文学文本契合了大众的消费口味,经此类创作,文学完成了对大众的启蒙,由此延安时期文学的启蒙逐渐由个体的“愤而忧”转化为群体的“奋而作”,由对个体的个性解放的呼喊上升到对一个现代民族/国家的向往与追求。延安文艺不仅是“五四”启蒙的复现,更是“五四”启蒙由个体启蒙走向革命启蒙,由革命启蒙走向阶级启蒙,且真正将启蒙精神渗透于革命实践,将启蒙意识转化为真正的启蒙实践,即启蒙由形而上的理论设计转变成为形而下的启蒙实践。经由此,延安时期文学的现代性追求已经由“五四”时期西方影响的焦虑之下的被迫的现代性追求,转变为积极的自主的现代化实践,且这一历程已经与一个民族/国家的整体现代化追求紧密地融汇在一起。

2. 救亡图存与文学现代性追求的同一

延安时期,在特殊文化生态语境的规约中,文学书写的中心无疑指向的是革命这一宏阔的历史命题,而革命作为第三世界国家走向现代化的必经之路,其过程亦是第三世界国家走向民族独立,逐步实现现代化的一个过程。正如亨廷顿所言:“革命是现代化所

① 唐小兵:《再解读——大众文艺与意识形态(增订版)》,北京大学出版社2007年版,第49页。

② 郭沫若:《新文艺的使命》,《新华日报》1943年3月27日。

③ 张俊才、李扬:《二十世纪中国文学主潮》,河北教育出版社2002年版,第178页。

特有的东西，它是一种使一个传统社会现代化的手段。"①延安时期，中国革命即将取得胜利，文艺在为革命做好舆论动员的过程中所体现的救亡的主题即是文艺现代性的最大表现。延安时期，革命救亡与中国追求现代化的过程是一个同步统一的历程，相应地文学的现代性追求由启蒙转向启蒙与救亡并存。启蒙承接了与"五四"紧密相连的"人"的文学，而救亡则催生了革命的阶级的文学，"中国启蒙的深层动力正是'救亡'，与欧洲人文主义式启蒙相比，中国启蒙毋宁说是一种落后民族寻求富强之道的'救亡型启蒙'"②。启蒙与救亡作为延安文艺书写的两个支点，既包含大众的再启蒙、知识分子的被启蒙与"有机化"、民间形式的现代化改造与利用、民族文化的现代性转化，还包含群体经验的集体化书写运动、大众化文艺思潮乃至新的文化领导体制和文化领导权。总之，延安时期文学的现代性方案不仅关注"人"，更关注"人与革命""人与国家""人与民族"，是一个与民族国家、文化领导权、文艺体制、意识形态等多重宏大社会、文化问题相关的现代性，是一个涵盖了丰富的内容与多彩的形式的现代性书写。

在中国追求现代化的过程中，知识分子的"感时而忧"、大众的"奋而崛起"、民族/国家的"独立解放"，构成了一个有机的整体。"无论怎么说，因救亡图强而诞生的现代性的新文学，归根结底是'民族国家的产物'，又是'民族国家生产主导意识形态的重要基地'"③。无论是延安文艺前期文学审美色彩较为浓厚的文学创作，代表性的如丁玲的写作，还是后期夹杂着一定的政治图解理念的集体化创作，如街头诗、秧歌剧等，文学书写的中心一直没有偏离革命这一关键的主题，而人尤其是人民群众在革命中的际遇与成长，都关乎着一种新的意识形态的塑造。基于此，延安文艺与革命、战争、政治、审美、功利等与民族/国家的现代化规划纠缠在一起，而革命救亡与文学的革命化书写、现代性表现由此紧密地连缀在一起，构成了一个历史的同步和统一的过程。

在延安文艺的现代性书写中，既包含新的启蒙话语的表达，同时囊括了街头诗、秧歌剧等具有实践形态的文学大众化救亡活动。延安时期涌动的一系列的文艺思潮和文学运动，使得文学书写跃出了理论的牵绊，且能够转化为具体可感的历史实践过程，从而使得现代性文学观念和创作在中国能够加速向前推进。无论是延安时期所制定的文艺政策，还是其所建立的文艺体制和制度，都呈现出现代性制度化的创想，而这些极为明晰地为十七年文学乃至当代文学秩序和文学范式的确立提供了雏形。在战争救亡的背景下，文学的现代性规划不仅与个体的觉醒相关，更与革命事业息息相关，文学的现代性表现更多地关注于民族的觉醒和人民的反抗。在革命的现代性方案中，既包括革命的启蒙，又包括民族的救亡；既包括新的公共文化空间的开拓，又包括文化价值的选择以及意识形态层面的文化交接。文学创作不单单关注于启蒙大众，更为重要的是关注大众的启蒙，大众此时不仅是革命的主体，也是文学表现和表现文学的主体，大众作为革命最大的发现，成为整个文学表现的中心。大众成为文学表现的中心，既

① [美]塞缪尔·P·亨廷顿：《变化社会中的政治秩序》，王冠华等译，三联书店1996年版。

② 高力克：《求索现代性》，浙江大学出版社1999年版，第332页。

③ 钱文亮：《新文学运动方式的转变》，上海文化出版社2010年版，第90页。

与革命救亡息息相关，更与文学的意识形态关联，正如美国著名的马克思主义学者杰姆逊所言，“第三世界的文本，甚至那些看起来好像是关于个人和利比多驱力的文本，总是以民族寓言的形式来投射一种政治：关于个人命运的故事包含着第三世界的大众文化和社会受到冲击的寓言”①。正是基于延安时期特殊的战争文化环境，启蒙、救亡与革命，传统与现代，个体与国家交织并置的关系，在文学的现代性追求中实现了回应与统一。

3. 反“西方现代性”的现代性建构

20 世纪以来，中国社会的现代化追求经历了三次大的转变。第一次是晚清以降，在国家、民族命运发生剧烈变动的情况下，为了应对民族危机，中国开始通过对西方资本主义现代化的学习和模仿来改善中国的现实情况，其实质是一种被迫的现代化。被迫的现代化使得中国的现代化之路在初期不仅被动，而且对西方现代化的学习采取了盲目的崇拜，这种被动的格局到“五四”新文化运动落潮时都没有发生明显的纠偏与矫正。第二次和第三次则分别发生在延安时期与社会主义现代化建设新时期。延安时期作为中国文化现代转向的重大转折点，尽管没有完全挣脱西方现代化影响的焦虑，但是却审慎地反思西方现代化的缺陷，更为关键的是出于革命变革的要求，此时的现代化规划已经将中国的现实状况容纳进整个现代化规划的中心，化西为中，化外为内，坚持将西方现代性与中国革命的实际情况、现实状况相联系，形成了具有中国特色的现代性，它的本质在于“现代性是一种被赋予历史具体性的现代意识精神，一种历史性的指向”②。

中国特色的现代化历程不仅紧贴中国的现实，而且指向的是对于一个现代民族/国家建构的想象、冲动与实践。映照到文学表现上，文学既关注传统向现代的转换，更关注民族文化与现代文化的融合。延安时期文学书写紧贴着中国本土经验，从中国之最低层出发，对民间文艺形态形式的有效利用都显示出延安文艺现代性建构的民族化努力。延安文艺现代性的建构摒弃了以西方现代性为主体的弊端，与中国的现实状况相结合，建构起富有中华民族特色的现代性。延安文艺的现代性追求将弹跳点放置在西方的文化资源——马克思主义，又能将其先进理论转化为本民族的内在追求，在接纳西方与孕化传统中形成具有“民族作风和民族气派的现代性”乐章，并且将此种现代性追求落实到文学创作的实处。正如有的学者所言：“现代性在西方是对过去的历史的解释，在中国则是对未来想象的依据，是想象未来的方案。现代性本身是外来的，不是传统的而是现代的，但对他们的接受和理解却是本土的和融入了传统的因素；这就构成了所谓中国的现代性。”③延安时期的现代性追求和规划不仅着眼于建立一套

① ［美］弗雷德里克·杰姆逊：《处于跨国资本主义时代中的第三世界文学》，张京媛译，《当代电影》1984 年第 6 期。

② 钱中文：《文学理论现代性问题》，见《文学理论：走向交往对话的时代》，北京大学出版社 1990 年版，第 285 页。

③ 谭好哲等：《现代性与民族性——中国文学理论建设的双重追求》，社会科学文献出版社 2005 年版，第 69 页。

新的现代性话语体系，意即建立新的意识形态，而且要将这套话语体系经过实践转化为一种具有运动形态和可操作性的现实依据。也就是说，延安时期的现代性追求不仅是一种理论的设定，还是一种实践的过程，是理论与实践相融合、相渗透的一项宏大的现代性事业。借用学界前卫性的“反现代的现代性”的表述来看，延安时期的现代性是在对西方现代性反思批判的基础上，融合本民族的历史现实来构建具有中华民族特色的现代性风貌。

延安时期中国文学现代性的追求既包括对西方现代话语的改造与重新编码，又坚守着对“中国作风与中国气派”的书写，既保持了对西方现代文学观念的吸纳，又体现出现代性向内的生长，从而在民族性与现代性并重的追求中，一套富有中国特色的现代性方案被设计出来。正如有的学者不赞成将中国的现代性与西方的现代主义画等号，这是因为“20 世纪中国文学的现代性主要不体现在对西方现代主义的追寻上，而是体现在中国作家为适应中国现代化的需要，对包括现代主义在内的一切现代世界先进的文学资源的合理吸收与综合运用上”①。对于延安文艺的现代性，我们既要从现代民族/国家的视野中来观照，更要在历史细密的流动中探索它对中国民间文化传统从形式到内容的改造。延安文艺的多义性就在于，它既是现代民族/国家现代性的体现，也是对中国民间文化传统的再一次充分的整合，更是一种新的美学塑造。这种美学塑造包含西方现代性的质素，更多地是在对西方现代美学的借鉴和学习中，超越西方现代性的影响，建构具有中国特色的民族文学，是中国文学传统与西方文学观念的交融，还是民族国家叙事与阶级叙事的最大体现。延安文艺所体现出的民族的现代性通过反思西方现代性的缺陷，规避西方现代性的陷阱，在反思与重构中体现出延安文艺现代性的价值所在——现代性是民族性的现代性，民族性是现代性的民族性，以及现代性与民族性的复调。

二、现代性问题：延安文艺研究状况及多重视域的拓展

追索延安文艺的研究轨迹，自 20 世纪 50 年代起学界就开始了这一工作。初始阶段对延安文艺的研究大多与解放区文学、新民主主义文学并置在一个范畴进行研究。蔡仪的《中国新文学史讲话》(新文艺出版社，1952 年)、刘绶松的《中国新文学史初稿》(作家出版社，1956 年)、江超中的《解放区文艺概述：1941—1947》(百花文艺出版社，1958 年)等著作中都涉及了对于延安文艺的研究。这一时期，对于延安文艺现代性问题的认识是阙如的。延安文艺的现代性问题被提及，初始于 20 世纪 90 年代现代性问题研究的潮起。

90 年代对延安文艺研究的热潮被激发之后，一些前卫学者从再解读的立场出发，对延安时期产生的典型的文学文本和重要的文学现象进行了重新解读，代表性论著如由唐小兵编纂的《再解读——大众文艺与意识形态》就收录了刘禾、黄子平、孟悦、贺

---

① 龙泉明：《现代性与现代主义》，《文艺研究》1998 年第 1 期。

桂梅等学者对于延安时期一些代表作品和重大问题的再研究和再解读的成果。其中，唐小兵的《暴力的辩证法——重读〈暴风骤雨〉》、孟悦的《〈白毛女〉演变的启示——兼论延安文艺的历史多质性》、刘禾的《文本、批评与民族国家文学——〈生死场〉的启示》、贺桂梅的《赵树理文学的现代性问题》等文章都提出了一些新颖性的观点。再如李陀的《丁玲不简单——革命时期知识分子在话语生产中的重要角色》、李杨的《抗争宿命之路：社会主义现实主义（1942—1976）研究》、黄子平的《"灰阑"中的叙述》等也对延安文艺的现代性问题研究提供了富有价值的成果。这些学者所持有的研究姿态，其新颖的观点、独特的视角，无疑为延安文艺现代性问题的研究提供了新的契机。之后，在不断重写文学史的过程中，一些院校和学者编纂的文学史大胆将延安文艺单独提取出来进行深入研究，如由许志英、邹恬主编的《中国现代文学主潮》（南京大学出版社，2008 年出版）就对延安文艺的发展进行了全面的梳理。由杨匡汉主编的《20 世纪中国文学经验》（东方出版中心，2006 年出版）用两卷九章的篇幅对延安文艺发展的许多重大问题进行了厘清，尤其对"左翼"与延安的关系、延安文艺的形式实验等问题进行了深度解读。谭好哲等著的《现代性与民族性——中国文学理论建设的双重追求》（社会科学文献出版社，2005 年出版）也对于文艺的现代性问题有新的审视。当然还有一些学者的研究成果，从实证角度出发，注重史料的整理。王培元的《抗战时期的延安鲁艺》（广西师范大学出版社，1999 年出版）对延安时期的文人创作和生活进行了叙写。贺桂梅的《转折的时代：40—50 年代作家研究》（山东教育出版社，2003 年出版）则对当时一些重要的作家如丁玲、赵树理、周立波、艾青等的创作与生活进行了考察。朱鸿召的《延安文人》（广东人民出版社，2001 年出版）、《延河边的文人们》（东方出版中心，2010 年出版）、《延安日常生活中的历史：1937—1947》（广西师范大学出版社，2007 年出版），主要针对延安时期知识分子的生活和思想进行研究。黄科安的《延安文学研究：建构新的意识形态与话语体系》（文化艺术出版社，2009 年出版）则从意识形态的视角对延安文艺进行了阐释。

除著作之外，还有一些论文也及时关注到了延安文艺的现代性问题。杨劼的《延安文学：深层的面对》（《艺术评论》2008 年第 10 期），袁盛勇的《"党的文学"：后期延安文学观念的核心》（《中国现代文学研究丛刊》2005 年第 3 期）、《延安文学及延安文学研究刍议》（《文学评论》2005 年第 1 期）、《民族—现代性："民族形式"论争中延安文学观念的现代性呈现》（《文艺理论研究》2005 年第 4 期），周维东的《延安文学研究的现状与深化的可能》（《现代中国文化与文学》2005 年第 2 期），王富仁的《延安文艺有重新加以研究的必要》（《学术月刊》2006 年第 2 期），旷新年的《赵树理的文学史意义》（《文艺理论与批评》2004 年第 3 期），赵学勇、李明的长篇论文《左翼文学精神与 20 世纪中国文学的现代化论纲》（上、下）（《兰州大学学报（社会科学版）》2003 年第 1、2 期连载），吴秀明、郭剑敏的《论延安文学和体制化文学在打通现当代文学史中的特殊意义》（《学术研究》2006 年第 12 期）等，都对延安文艺的现代性价值进行了充分的肯定。

总体来看，学界对延安文艺现代性价值的肯定多是从其在特殊的革命战争阶段，其之于现代民族/国家的建立所发挥的特殊功能中所体现出的民族/现代性为视角进行研究的。并且进一步延伸，提出了延安文艺的现代性与西方的现代性、与“五四”新文学的现代性之间的异同，这样一来就从整体的视角将延安文艺的现代性问题纳入到整个新文学发展的研究中去，通过延安文艺与整个20世纪中国文学的对比和参照对其进行价值重估，由此既提升了延安文艺现代性问题研究的广度，又开启了研究的深度。而对于延安文艺现代性问题的研究，又为整个20世纪中国文学的贯通提供了一个有力的支撑。因此，对于延安文艺现代性问题的研究不可能仅拘于它本身，应该置于整个20世纪中国文学动态的发展过程中，才会更清晰和理性。同时，对于延安文艺现代性的认识，还需抱科学的态度和客观的立场，即如何认识它本身与政治、与革命的关联。尤其不能忽略现象背后所交织的一系列错综复杂的问题：革命话语与审美话语的融合，传统与现代的交汇，精英与民间的对话，民族性与现代性的交织，尤其是一些以政治为出发点的应景性的创作，如秧歌剧、街头诗、广场剧等文学创作，有其合理的一面，却也加剧了文学在审美上的缺失，削弱了文学在现代性追求上的挑战。这些都是研究延安文艺现代性问题无法绕过的实际问题，有了这样的认识，才有可能真正进入延安文艺现代性研究的内部，有助于文学本土化经验的认知与提升。

1. 在政治与历史文化的多重视域中研究延安文艺的现代性问题

对于延安文艺的现代性问题，由于政治意识形态和革命话语对文艺审美的遮蔽，以及延安文艺本身的复杂性，长期以来对此问题的研究面临着理论与现实的双重挑战。因此，在什么样的视域中，从何样的视角切入到对此问题的研究，回应这样的双重挑战，显得迫切而重要。

延安时期，作为中国新民主主义革命的转折点和现代民族国家构建的实验，影响到延安文艺建构的诸多方面。延安文艺的现代性同政治、文化、经济的现代性一样，在构建新的民族国家的特殊的历史语境中，文学的现代性方案本身既内嵌着政治力量的规范和要求，还流淌着一个民族文化记忆的基因和血脉。因此对包含了多种质素的延安文艺的现代性问题，不仅应该从审美的角度进行定位，还应该参照政治的、文化的、意识形态等方面的发展和变化来进行观照，经由多重视角既能对附着于延安文艺的政治话语进行剥离和抽离，又能深入到延安文艺生产体制与机制的内部，从而尽可能客观地还原延安文艺历史的真实的面貌，在文学、文化、历史以及政治的多重视域中对延安文艺的现代性进行科学的审视与客观的估量。诚如有学者认为：“由于中国现代性文学不是单纯的诗学或美学问题，而是涉及更为广泛的文化现代性问题。因此，有关它的研究就需要依托着一个更大的学科框架。也就是说，它是一个涉及现代政治、哲学、社会学、心理学和语言学等几乎方方面面的文化现代性问题，因此需要作多学科和跨学科的考察。”①由此观之，对延安文艺的研究不能仅仅从审美的视点单纯地对其审

① 王一川：《现代性文学：中国文学的新传统》，见宋剑华主编：《现代性与中国文学》，山东教育出版社1999版，第330页。

美因素进行考量，还需要从现代政治的尤其是现代文化的广阔视域，探讨其生成及重大影响；对延安文艺现代性问题的研究不仅要从现代性问题本身出发，更要结合当时特殊的战争文化语境，看其形成的历史条件；不仅要以西方文学的现代性为观察点，更要结合中国文化的特殊性和中国文学经验书写的民族性，将视点从外部向内转，探索延安文艺的构建与现代民族国家建立之间的有机联系，将延安文艺现代性观照的基点放置到20世纪中国文化和革命的最大追求——现代民族国家的建立这一总目标上，在多重视域中对其现代性的质素进行深入的解读。

2. 在新文学范畴及特定情境中研究延安文艺的现代性问题

自“五四”新文化运动始，中国文学的发展从内到外、由表及里、从形式到内容发生了革命性的变迁，新的文学观念的引入、传播、实践，将文学革命性的变革加速度向前推进。现代性文学观念之于新文学不是无源之水、无根之木，尽管现代性文学观念的输入始自西方，但是它与中国文学的导通则证明了中国当时的社会历史现实状况已经具备了现代性文学观念孕育与成长的土壤。在各种机缘的合力下，现代性的种子终于顺势而为破土而出，促成了中国文学新的转折与发展。延安文艺在新文学发展链条上的承接性和对当代文学发展的开拓性，使得它恰如20世纪中国文学的骨关节，连缀起各个时间段落文学的发展。正是基于延安文艺特殊的地位和价值，在透视延安文艺发展的过程中，必须紧贴延安文艺发展的实际情况，同时又需跳出延安文艺自身，将其放置到更为广阔的视野中来探讨。确如王瑶先生所言：“一方面我们必须充分注意与把握四十年代文学的历史特殊性：它是以农民为主体的民族解放与革命战争条件下的文学；特殊的历史环境，要求文学肩负起特殊的使命，形成不同于前两个十年的另一种文学风貌，这应作为我们研究与讨论的出发点。另一方面，我们又必须把四十年代文学置于‘五四’以来新文学发展的历史过程与联系中加以考察。……我们可以发现，这一时期的文学思潮与理论和‘五四’文学思潮，特别是三十年代文学思潮的密切联系：几乎所有的文艺论争都是第二个十年论争的继续和发展；而这一时期的理论成果及其历史局限，又直接连结并影响着新中国成立以后当代文学思潮的发展。”①

从王瑶先生对20世纪40年代文学研究的观点来看，他认为20世纪40年代文学已经构成了一个富有意味的话题，尤其是它的起承转合的历史过渡性特征使得有必要将其放置在整个新文学的发展路径中来考量。因此对延安文艺现代性问题的研究也须放置在整个20世纪文学的整体发展格局中，唯有如此才有可能打通对延安文艺现代性研究诸多的理论障碍，构建起一个系统性的研究框架。通过延安文艺与其他时期文学发展的对比与联系，站在一个更宽广的视野中，将许多孤立的问题贯通，通过异同分析，深入理解延安文艺现代性问题的复杂性和关联性，以期能更为客观和科学地对其现代性问题作出新的理解和阐释，从而更为有效地深化对延安文艺的研究。

---

① 本书编辑委员会：《中国新文学大系1937—1949 第一集 文学理论卷一 王瑶序》，上海文艺出版社1990年版，第1页。

三、同构而异质：延安文艺的现代性与“五四”文学现代性表现之异同

1. 建构“人”的主体与“民族”主体并重的现代文学规范

“五四”时期，文学的现代性追求主要表现为一种与文学观念和社会变革息息相关的启蒙方案，这套方案以追求个体的解放为主旨，将文学从封建的“载道”传统中抽离出来，建立起“文学即人学”的新的文学观念。文学向“人”“个体的人”的转变，既是文学变革的先声，同时又体认着现代民族／国家对个体价值的重新认定。“五四”文学之所以“新”，之所以现代，不仅在于文学语言、文学形式、文学样态呈现的新的变革，更重要的是通过鲁迅、周作人、胡适、陈独秀等思想先驱者的倡导，为中国文学输入了一种现代的文学观念。而在现代文学观念的中心矗立的即是对“大写的人”，对被封建制度压抑了多年的个体的尊重与推崇，将“传道”的文学进行了一次富有价值的颠覆，由此转向了对“人”的重视。这一文学观念的扭转以及随之引发的整个文学范式的变革，深刻地影响到之后文学的创作观念，尤为重要的是，由文学先知者所开拓的新的文学创作方向和观念深深地影响了一代文学创作者的审美取向与文学观，这一内在的延续性直接启发了初期延安文艺的审美观和文学观。如果说“五四”文艺是现代性生发的根系，其后的文艺路径则大抵是同一个根系生长的新的枝干。因而可以说，延安文艺脱胎于“五四”，承继了“五四”文学现代性的遗风，在新的历史环境中又强化和拓展了现代性的内涵。

初期的延安文艺界，文学创作基本是按照“五四”时期“人的文学”的脉络向内开掘，宽松的文化环境为“人的文学”的延续也提供了条件，从延安初期提出的“鲁迅方向”①到当时一些重要作者“太阳中也有黑点”②的观念，实质都是“五四”文学观的延续。当时延安作家一些代表性作品，如丁玲的《夜》《我在霞村的时候》，蒋弼的《“我要做公民”》、赵树理的《小二黑结婚》《李有才板话》，姚雪垠的《差半车麦秸》、阮章竞的长诗《漳河水》等，大都延续了“五四”文学创作的启蒙主题。延安文艺发展的后期，在政治和革命的影响之下，尽管突出强化了它的意识形态功能，但从实际创作来看，在它的内里同样强烈地呼应着“人的文学”的主潮。因而在“人”的主体价值和自我发现上，“五四”文学与延安文艺具有内在的一致性。尤其是延安文艺在现代性的表现上，

---

① 毛泽东在其《新民主主义论》中称鲁迅为“最伟大和最英勇的旗手”“中国文化革命的主将”“伟大的文学家”“伟大的思想家”“伟大的革命家”，并最终提出了“鲁迅的方向，就是中华民族新文化的方向”。见毛泽东：《新民主主义论》，1940 年 2 月 20 日《解放》第九十八、九十九期合刊。

② 1937 年到 1941 年间，解放区文艺主要以歌颂光明为主，有部分作家认为，解放区也有需要批评改进的地方，因此提倡继续发挥鲁迅的杂文精神，在歌颂的同时不忘对阴暗面的揭露。丁玲则直接宣布：“即使在进步的地方，有了初步的民主，然而这里更需要监督，监视。”（丁玲：《我们需要杂文》，《解放日报·副刊》1941 年 10 月 23 日）艾青则认为：“绝不能把癣疥写成花朵，把脓包写成蓓蕾。”（艾青：《了解作家，尊重作家——为〈文艺〉百期纪念而作》，见《抗日战争时期延安及各抗日民主根据地文学运动资料》（上），知识产权出版社 2010 年版，第 117 页）

体现出与“五四”同构而异质的特点。同构体现出两者所追求的目标相同——现代性追求的方向和目标都是为了实现“人”的解放和建立独立自主的现代民族／国家，在文学现代性的维度上，两者体现出作为“人”的主体与“民族”主体并重的特征。但是在同构的内部，两者还是存在一定的差异。“五四”新文学是试图通过“人”的解放进而促使现代民族／国家的实现，延安时期的文学表现则不同，它所采取的方式则是通过民族／国家的实现从而达到个体的解放，由此造成了两者在具体的文学体制、文学机制、文学的审美表现等方面都存在较大的不同，体现出两者在同构之外异质的另一面。“五四”时期的“人”主体是将个体从集体和制度中分离出来，使之成为一个富有鲜明个性的独特性的存在，延安时期的“人”主体则更多地渗入了符号化的痕迹，被从集体中分裂出来的“人”还是集体价值的代言，是阶级身份的一个符号象征，更多地还是作为一个集体性的“个体”存在，个体身上附着更多的阶级的痕迹。但是无法否认的是，延安文艺作为战争背景和民族存亡时刻的文学表现和产物，凝聚着从个体到群体，从民族到国家的整个民族的现代民族／国家之梦想。因而不论是从文化、意识形态、审美还是从政治的视角来阐释延安文艺的现代性内蕴，其基点与“五四”是内在统一的，即文学的现代性都是基于“人的主体”的发现和现代民族／国家的建构这一基点。

2. 启蒙之途：文学革命与革命文学的互换

追溯“五四”文学变革的原动力，从表面来看，似乎与“西强吾弱”引发的文化焦虑紧密关联，但实际上，“五四”文学的发生还有着强劲的内驱力。一则来自国富民强的现代化想象引起的社会变革的冲动，二则是文学内部爆发的对旧的文学秩序与新的思想观念表达相脱节的反叛。“五四”时期文学的变革不仅向文学的外部敞开，而且直接推及触发到文学的内部，因此“五四”时期文学革命具有非常强劲的动力，也因此能在文学的发展演进中造成巨大的冲击波，引起从语言、形式到内容、范式的巨大转折。随着文学革命潮不断地向前涌进，按照正常的行驶轨迹，文学内部的变革将更加深入、有效，但是到了延安时期，文学的发展与变革所出现的实际情况却并非如此。在战争环境中，文学的变革再次从内向外转，为了呼应救亡的主潮，文学不断地向革命救亡切换，从而在与革命话语的对接中，在革命启蒙与阶级启蒙的召唤之下，文学由“五四”时期的文学革命经由“左翼”的分化实践逐渐地转向了革命文学。

文学革命是一个关涉文学的内与外、形与思的无限可能性的过程，而革命文学的边界则要窄得多，它将文学的外延缩短，将其内涵定格在一个表达的中心——革命话语的书写上。因而两者的差异不仅在于文学变革方向的调整，更为重要的是文学场发生了挪移，最能充分体现这一转变的如“工农兵文艺”方向的确立，群体经验的集体化书写与运动，文学巨大的发展空间被压缩为几个核心的要素。延安时期，当文学的发展从文学革命被置换为革命文学，中间转换的逻辑依托的不仅是单纯的文学理念的变化，还包括历史情境的改变，文学政策、文学体制的转换等，民间形式的现代化改造与利用、民族文化的现代性转化、大众化文艺思潮等文学发展路径的调整都促使延安文艺呈现出与“五四”文学既相联又不同的风貌。

“五四”文学革命高举“人”的旗帜，将人从封建蒙昧状态、从“君”的“臣民”中解放出来交给“个人”，延安时期的革命文学则是将人从封建体制的捆绑中解放出来交给“革命”这样一个宏大的民族命题。“五四”时期大众在文学的表达体系中是被批判被改造的对象，在延安文艺的话语体系中，大众的地位、作用、身份都悄然发生了变化，文学书写对大众的再发现不再将其作为“沉默的大多数”，而是作为一个民族崛起的脊梁和中坚力量，文学是将他们唤醒并且引导大众参与到民族国家的建构中来。现在看来，延安文艺对大众这一“沉默的大多数”的整体性发现既将大众浮现出来，同时也再次遮蔽了对个体个性的发现，当个体被整体所淹没，个体成为一个共同的整体性的存在，个体的差异性、自主性却被整体性地遮蔽了。因而延安时期革命文学的复杂性就在于，在对众多的个体组成的大众再发现的时候，是有选择性的，它所要实现的文学发现指向的是对一个群体、一个阶层、一个阶级的发现，因而可以说延安时期的革命文学既是一种文学革命的深入，又是一种文学革命的遮蔽。

“五四”时期文学革命是从上向下，延安时期革命文学的传递方式也是自上而下，但是实施方式则是通过大众文艺运动由下向上输送，因此文学信息的接受与反馈在交汇传递的过程中，能够实现信息的对接与沟通。“五四”文学通过文化革命和文学革命将封建长袍改成了中山装，割掉了长辫子，将“庙宇的道统的文学”改变为“个体的自由的文学”，这是它进步的一面。但是“五四”文学革命企图将西方的“汉堡文化”移植过来，替代国人的“饺子文化”，此种文化转换显然是非常有难度的，历史也证明了对文化的全盘改造是不可能实现的。延安文艺的高明之处就在于它还是坚持了国人传统的“文化趣味”，它采取的做法是对旧的文化进行更新，将封建的文化改造为新民主主义文化，这种改造既吸收旧文化的精华，又能结合新文化的特点，将两者进行有效的融汇。秧歌剧的改编，新歌剧的改造，街头诗歌等，莫不如是，借用民间文化的形式，将革命话语融进民族形式之中，从而自然而然地被大众消化掉，显然这种文化改造的难度要小得多，也比较容易契合当时的历史情境。但是不可否认的是，文学的改造在对旧文化进行现代性转化的过程中，在遭遇革命和战争的背景之下，无可避免地将革命救亡作为主旋律，从而削弱了它创新的力度。

无论是文学革命还是革命文学，在启蒙思潮之下，指向的都是对国富民强的现代化想象，不同的是，“五四”时期文学革命只是一个时代个体的“愤而忧“，而延安时期的革命文学已经被有效地转化为一个群体的“奋而作”，“五四”时期文学革命的现代性诉求是个体的“呐喊与彷徨”，延安时期革命文学已经被转化为一个群体的“奋而崛起”的实践化过程。

3. 现代性与民族性的交织与双重追求

鲁迅在《文化偏至论》里对于新文学是这样要求的：“外之既不后于世界之思潮，内之仍弗失固有之血脉，取今复古，别立新宗。”①此后他在《拿来主义》中，将此概括

① 鲁迅：《文化偏至论》，选自《坟》，人民文学出版社2006年版。

为:“内外两面都和世界的时代思潮合流,而又并未梏亡中国的民族性。”①作为新文学的开创者和奠基者,鲁迅对于新文学发展的路径规划中就内蕴着对文学的民族性与现代性的双重追求。现代性与民族性作为新文学发展的两翼,并无孰轻孰重之分,同根相生,而又各有侧重。一方面,中国文学极力追求树立属于本民族的文学形象;另一方面,这种建构又无法摆脱西方的影响,并且在当时的历史环境下,西方之于中国文学的影响不仅是面上的,且是点上的,不仅表现在体制上和社会制度的设计上,更多的是一种意识形态的浸染和渗透,还包含了具体的文学创作理念与写作方式的影响。新文学的发展路径其实一直遵循着两条明晰的线索,一条是对外敞开的,专注于对外来优秀文化尤其是对西方现代民主的想象、模仿与实践,另一条则是向内收缩的,注重本民族文化的展示和再发现。前者体现出文学的现代性追求,后者则更多地显示出文学在民族性上的不懈努力。

“五四”文学革命为了挣脱传统惯性的力量,将西方现代性话语横向移植过来,过度地迷信西方文化,从而导致了在接受西方先进性文化的过程中,某些方面失却了本民族文化的根基。延安文艺在向西方学习的同时又极为重视对本民族文化的书写,从而促使了中国文学主体性的回归,在对传统的再发现和再改造中确立文学的现代性——具有中国特色的“内圆式”而非“外径式”的中国文学的现代性根基。换言之,中国文学的现代性作为一个原点,来自民族文化的内驱力构成了它的内圆,是它的神经系统,它的流通与迂回都与其本身的内蕴和张力有关,而西方的影响则构成了它的外径。延安时期文学的现代性既关注文学由传统向现代的转换,更关注民族文化与现代文化的融合。延安文艺在追求民族形式的现代转换和改造当中,将本民族文化作为起跳点,指向的目标却是民族文化的现代化。

延安时期围绕文学的现代化与民族化的关系和发展问题,曾经有过几次关于民族形式问题与文艺大众化的讨论,很多人围绕此问题也发表了一些颇有见地的看法。典型的如光未然提出:“中国现实的内容要求一种适合于表达此中国内容的民族形式。至于艺术(无论它的内容或它的形式)的国际性,只是意味着它的相对的统一,不是绝对的统一。相反地,只有尽量发扬各个民族的特色——内容的多样,形式的多样,风格的多样,才能使国际艺术的总体丰富起来。失掉了文艺的民族性,忽略了文艺的民族形式的作品,首先便在自己民族中间立不住脚,还谈得到对于国际艺术的贡献吗?”②艾思奇认为:“旧形式的提起,绝不是要简单地恢复旧文艺,也不仅仅为着暂时应付宣传的要求,而是中国新文艺发展以来所走上的一个新阶段的标志。这一阶段是要把‘五四’以来所获得的成绩,和中国优秀的文艺传统综合起来,使它向着建立中国自己的新的民族文艺的方向发展,是为着建立适合于中国老百姓及抗战要求的进一步的发展。”③针对文学的发展方向问题,1938 年 10 月毛泽东在中共中央六届六中全会所作

① 鲁迅:《拿来主义》,《中华时报·副刊》1934 年 6 月 7 日。
② 光未然:《文艺的民族形式问题》,《文学月报》第 1 卷第 5 期,1940 年 5 月。
③ 艾思奇:《旧形式新问题》,《文艺突击》新 1 卷第 2 期,1939 年 6 月。

《中国共产党在民族战争中的地位》的报告中指出："洋八股必须废止，空洞抽象的调头必须少唱，教条主义必须休息，而代之以新鲜活泼的、为中国老百姓所喜闻乐见的中国作风和中国气派。"[①]1940年毛泽东再次提出了"中国文化应有自己的形式，这就是民族形式。民族的形式，新民主主义的内容——这就是我们今天的新文化。"[②]无论是"中国作风"还是"民族形式"，延安文艺一再强调文学的发展必须立足于本民族的文化之根，通过对民族文化和民族形式的现代化改造，从而实现文学的现代性追求。

现代性与民族性作为延安文艺追求的两翼，有开有合，有收有放，构成了民族性与现代性交织的瑰丽的气象和宏大的气魄。但是不可否认的是，延安文艺无论是在现代性的向度上，还是在民族性的向度上，都无法避免它的局限性。如延安文艺发展的后期，在某些方面为了强化抗战救亡的需要，将民族的文学置换为"党的文学"，无疑是对文学职能的的篡改与利用。再如在现代性的维度上，延安时期文艺对革命和战争的无节制的话语书写，甚至主题先行、创作在后等弊端，都必然伤及文学的审美与艺术性的表达。延安文艺现代性的价值在于它对民族性与现代性的双重追求，但也正是由于"鱼与熊掌兼得"的心态，使得延安时期释放出的现代性过多地沾染了传统文化的弊端，甚至在对某些文学形态的选择上失却了一个衡定的标准。作为特殊年代的一段文学历程，延安文学的气质富有丰富的多重性，它既有为国家民族走向独立、面向现代的翘首期待，又有对传统的审慎反思与借用，还有对新文学发展中存在问题的质疑与反观。作为新文学发展历程中的一个断面，延安文艺孜孜以求的民族性以及鼓胀的民族意识又不断激励着几代人对本民族文化身份的体认和对中华民族强大的向往，而这种向往本身就隐藏和灌注着深厚的现代化情结和意识。由此可见，关于延安文艺的价值体系中所体现的民族性与现代性的交织不仅是连接"五四"新文学与当代文学发展的一个至关重要的问题，实际上直至当下，当中国学者面对消费文化的冲击，一再地坚持中国文学的中国经验的书写的时候，实际上是对中国文学主体性的坚守。无论是延安时期，还是当下，对于这一问题，无论是主流意识形态还是精英知识分子，大体的立场是相通的，即现代性是民族性追求的方向，但是现代性必须建立在民族性之上。现代性与民族性追求，既是文学发展的动力，也是文学价值追求的两翼。两者是相辅相成、互为影响的，它既是延安文艺孜孜追求的，也是中国新文学历程中遭遇的最大命题。

四、文学与政治关系的再阐释：重新理解延安文艺的现代性问题

1. 新文学发展中文学与政治关系的紧张与冲突

在中国传统的以"道"为主的文化体系中，文学与政治、文人与政权之间一直都存在一种隐蔽的依附性的关系，尤其是在"实用主义"的文化心理的作用之下，文学作为"道"而存在，作为他者的镜像而存在，文学、文人多数时候拥有多重身份，因此在两者

① 毛泽东：《中国共产党在民族战争中的地位》，见《毛泽东选集》第二卷，人民出版社1991年版，第534页。

② 毛泽东：《新民主主义论》，见《毛泽东选集》第二卷，人民出版社1991年版，第707页。

的关系结构中，文学多数是处于从属的地位，是作为政治的他者而存在。到了“五四”新文化运动，伴随着文学革命对“人”的自主性的发现，被淹没的文学也被自身再次发现，文学不仅成为整个社会文化变革的一个中心，而且在多个方面推动了社会的变革。尤为显著的变化是知识分子成为一个独立的主体，作为职业化的文学创作者，具有独立的社会批判身份。无疑，“五四”新文化运动对于文学与政治关系的冲击是具有革命性的。文学与政治的关系作为关涉文学能否向更深推进的一个重大命题，到了延安时期，在战争与救亡的时代使命之下，两者之间的关系又变得错综复杂，尤其是随着新的政权体制将文学重新纳入整个社会的制度性规划体系，将知识分子重新纳入政治化的管理体系，赋予他们一定的政治地位和政治身份，文学与政治的关系再次陷入传统文化体系的窠臼。新的国家建立之后，文学与政治之间的联系变得更为紧密，在新的意识形态建构中，文学不仅作为政治的工具，而且成为政治的传声筒。因而在中国当代文学中，关于文学与政治的关系问题的争论不仅没有弱化，反而更为激烈。也正是基于这一问题的复杂性，审慎反思延安时期文学与政治之间的关系，对于延安文艺现代性问题的认识显得尤其重要。

关于延安文艺，在文学与政治的关系结构中，存在两种典型的观点：一种是将政治的意志和力量作为文学变革和推进的正向的力量，认为政治对于文学的发展起到了规范性和方向性的作用；另一种观点则截然相反，认为政治力量的强大过度地挤压了文学发展的空间，尤其是对于文学自足的审美系统的介入使得文学的审美性大大弱化，社会功能却大大强化。其实，对这一问题的简单梳理不仅关涉到二者之间关系的一个平衡问题，更为重要的是，由于政治与文学关系的繁复与交织，借文艺与政治之间的联系否定延安文艺具有现代性特征，认为延安文艺和当代文学的功能一样，是政治的附属，并不具备审美的价值。因而，对于延安文艺的现代性问题，需要穿过政治的迷雾，穿越意识形态的遮蔽，尽可能做到科学、客观的判断。无论是前者的肯定还是后者的否定，都与延安文艺的属性和价值取向存在直接的关联。对于延安时期文学的属性问题，大多数观点认为，不仅具有强烈的政治色彩，而且夹杂着浓厚的政党意志，可视为“革命文学”或“党的文学”。此类观点从文学本身出发，认为延安文艺在审美表现上体现出的政治功能的强化，知识分子的“有机化”以及对现实批判力度的降低，凡此种种造成了它在文学上的审美被政治所遮蔽，体现出明显的意识形态化特征。从表面来看确实如此。作为一个新的革命政权，为了战时舆论的需要，当政者必然会将舆论的领导权掌控在自己手里，以便于有效地管理文化工作。在此过程中，文艺自然摆脱不了被作为舆论的工具来使用，自然会伤害到文学的独立性和审美性。但从另一方面来看，尽管政治对文化的强力介入打乱了文学自足的审美系统，然而政治对文学的改造和转化却使得文学从另一个层面实现了现代性的追寻，也就是说，延安时期高度集约的政权对于文学自足系统进行破坏之后，又建立起新的话语系统。这种新的话语系统是经过政治改造和变形之后，与主流意识形态相适应和吻合的，它使文学的现代性与政权主导者的现代化构想达成了共识。从近代一大批具有先锋精神的知识分子开始，文学在意识形态的规范内建立起一套自足的以启蒙为价值旨归，为社会、为人生、为民族、为国家的现代性话语体系。在此后现代文学的激荡起伏中，尽管启蒙的方式和内容有所变化，但是他们试图建立的现代化的民族国家的梦想却一直闪耀在历史的星空，照耀着一代代启蒙者为此梦想而不懈努力。可以说，20 世纪中国文学的现代性一直配合着社会的现代化进程，两者彼此促进，共同形成了 20 世纪中国最重要的现代性景观。而与文学的现代性相适应的文体的变革，新的文类的涌现作为文学现代性具体可感的表征呼应着文学内部改造的思潮。

从"五四"文学革命始，经由 20 年代的文学革命、30 年代的"左翼"文学，到 40 年代的大众化文学、"工农兵"文学，文学与社会变动的价值取向取得了一致。无论是哪种文学形态，文学在价值取向上都延续了以社会、人生改造和民族 / 国家为目标的新文学传统。而作为大众化文学典范的延安文艺，集"五四"、"左翼"、抗战等形态的文学革命和革命文学之大成，丰富了新的不同的文学现代性内涵。这种追求与"五四"、"左翼"、抗战文学在根本的价值追求上有着内在的一致性，即文学变革的动力和目标都是为了新的民族 / 国家的建立。但是延安文艺与其他时段文学最大的不同，则在于其对民众的巨大发现，使得文学对大众的启蒙从形而上走向具体的可操作的形而下。精英与大众阻隔的被打破使得文学的现代性向前推进了一大步，也使得民族 / 国家的文化想象实现了"一体化"。在国家话语和审美话语之间，延安文艺对国家话语的高度重视与对审美话语有意地压制都是出于对革命话语的呼应。然而问题的另一面在于，延安文艺的现代性既然无法脱离当时现实的政治语境，它是否只能作为政治的附属性存在，而根本无法体现文学的现代性追求呢？需要甄别的是，延安时期文艺与政治的紧密关联与延安文艺是否具备现代性是两个问题。尽管由于政治对文艺的施压使得延安时期文艺的独立性受到削弱，文艺在表现的主题和题材上都有意向政治引导的方向靠近，但是这并不意味着延安文艺的现代性由于政治的牵制而消失，文艺的自主功能依然存在，在政治压力稍作松动的情况下剧烈反弹，回到自身。历史在赋予文学高度使命感的同时，必然给予它在审美领域另一种新的体验，这就是延安文艺所体现出来的在文学现代性追求过程中的一系列的特殊性——对民族文化经验的书写与对革命救亡的极致化表现。延安时期的文艺表达对这两种文化经验的注目和重视，不仅在审美的话语层面给予礼赞，而且在意识形态的层面给予"霸权"。而这种话语资源其实通达的目的地只有一个，亦即民族 / 国家的现代性冲动与想象。经由民族文化经验的书写和革命救亡话语的表达，民族 / 国家的现代性冲动被有效地投射到文学的现代性言说体系当中。在复杂的革命环境语境中，延安文艺现代性的建构不仅注重对个体价值的发现，更注重对大众之于革命的民族脊梁的发现，从而将对个体思想的启蒙与对现代民族 / 国家的塑造勾连成一个有机的整体，完成了对中华民族形象的重新塑造。

2. 文学与政治关系的再研究：延安文艺现代性问题认识的深化

任何一个国家的现代化，除了体现在政治体制与经济制度的现代化上外，文化的现代化也是重要的一个方面，很多时候三者是一个并行推进的过程。当然有的时候三者并不同步，甚至文化的现代化会作为反叛性的力量与政治和经济的现代化出现相左。延安时期的文化形态，大抵如有的学者所言："从解放区文化存在的整体上看，大致可分为政治的文化观念、知识分子文化观念和农民文化观念，这三种文化观念各以其功利性、超前性和传统性等特点呈现着自身的价值。"①之于延安时期文学的现代化而言，就是在这三种文化观念的对立冲突中寻求有效的平衡，文学与政治在一定的限度内，如果能够达成一个统一的目标，二者之间并不必然地对立，也并非完全地统一。政治之于文学也并非仅是负面的削弱，在某些方面政治对于文学也是具有正向的积极的推动作用的。延安文化是从战争的土壤中生根发芽的，在它成长的那一天起它就与战争相伴，与民族／国家的存亡息息相关。战争注定是当时文化的底色，从这一角度出发就不难理解延安时期文学与政治之间有机的联系。关于文学与政治的关系问题，在当代文学的视野中，政治对于文学的发展空间确实造成了多方面的挤压，但是在延安时期特殊的历史境遇中，更应该从具体的现实情境出发，对文学与政治的关系进行客观的考量。

新文学发生以来，由"人的文学"到"革命的文学"再到"民族国家的文学"，不可否认的是，文学越来越与政治在某些方面达成了共识。但是，在现代民族／国家建立的维度上，对于文学与政治的共识而言，政治无疑是作为正向的动力，推动加速了文学的现代化。战争语境塑造了延安文艺的基本形态，而权力的运作则影响了它发展的脉络。这种权力既包含了福柯所言的"知识的权力"，还包含了显性的政治的权力，同时还云集着文学本身的力量。在民族救亡的大环境下，文学独自高蹈，凌空独舞是完全不可能的，因而文学与政治在这一宏大的历史任务面前，其关系的强化是历史的需要。尽管政治在革命的名义之下强力地介入到文学发展的内部，从而在一定程度上削弱了文学在审美方面的表现。但是从另一方面来说，在政治力量的推动之下，在意识形态的规约之下，"工农兵方向"的提出，民族形式的现代转换，民间文化形态的改造，知识分子的"有机化"等引发的文学的变化无形中强化了大众对文学的认识，使得大众对文学也更易接受。在战争背景下文学被作为宣传的舆论工具使用的时候，文学的地位随之提高，由此文学在对大众的启蒙和革命的启蒙方面能够起到意想不到的作用。在文学与政治的关系中，政治的力量有如双刃剑，在对文学形成束缚和限制的同时却赐予了文学另一重力量。当文学被政治力量推到社会启蒙的中心，将文学作为革命推进的动力之一，与此同时引起了文学在多方面的变革，催生了新文体、新文类、新的文学样态和新的文学观的生成。

随着抗战和民族危机成为社会的主要矛盾，文学的现代性追求不仅体现在启蒙之维，而且在生死存亡的历史鼓点中强化了救亡的社会功能。此时的现代性追求既包含个体的解放，又包含革命的宏大叙事，内蕴着一个国家和民族走向现代征程的图式和愿景规划。因此在延安文艺的现代性设计中，有两套最为关键的方案，一套是关于启蒙的方案，另一套就是关于救亡的方案。启蒙方案构成了与"五四"紧密相连的"人"

① 席扬：《文学思潮：理论·方法·视野——兼论20世纪中国文学思潮若干问题》，上海三联书店2009年版，第152页。

的文学——关于人的解放、阶级的解放的文学;救亡方案催生了革命的阶级的文学。处在这样一个特殊的历史战争情境的延安文艺,无法也不可能挣脱当时的社会历史现实,因而延安文艺在沿袭"人"的文学的同时,强化了民族和国家的观念,在它的价值平衡的内里,"人"主体与"民族"主体是相辅相成、同等重要的。国之不存,民将焉附?民族国家观念的强化,既深触了大众自我意识的觉醒,同时加速了文学的现代观念在大众中的传播,使得民众的现代价值观念和现代意识能够逐步地建立起来,并且在建立之后能与革命现实相结合,引发了"革命的现代性"观念的生成。延安时期从文学生产到文学体制,从文学政策到文学体制,从文学观念到文学形式,从文学功能到文学价值,都与当时意识形态的规划有着密不可分的直接关系。随着革命的推进,在政治强力的干预之下,文艺的大众化问题被推上了实践的轨道,文艺的大众化不仅改写了文学的叙事规范,并且将大众吸纳进文学的创作主体中,从而形成了集体化创作这种特殊的文学样态。文艺的大众化运动之后,大量的通俗易懂、深入浅出,由知识分子和大众共同制造的文学文本契合了大众的体验与趣味,文学因此能够号召大众,为革命做好舆论动员。但是与之伴随的,文学沦为一种现实政治的消费品,它本身的自我约束机制受到了抗日宣传等现实问题的巨大的冲击。再如延安时期知识分子的改造和"有机化"问题,延安时期对知识分子采取了组织化的管理方式,采用一种集体性质的组织机构将他们纳入到整一的管理体系,这与"五四"和"左翼"时期相比是一个非常明显的区别。"五四"知识分子的"同人"性与流派构成是一种松散的组织,是依靠一定的文学信仰组织起来的,而延安时期的文化管理方式则明显地带有政治的意味。鲁艺、文协、战地服务团等这些文艺组织机构大多与革命的任务和目的相关,是为一定的意识形态服务的。知识分子一旦被统一置于一个管理团队和组织体系,个体必然要服从一种规则和集体的安排,这种集约化的管理方式在战时是非常必要的,作家被组织成一个团队,形成一个团体性力量,深入大众进行革命宣传。战时集中制的管理方式实质和政治上的管理是类似的,这样的管理方式其实已经构成了文艺体制的一个基本的结构。集约化的管理方式可以充分动员文学力量密集型地为革命做好动员和宣传工作,由此使得作家队伍和文学政策的一体化基本可以得到保证。而由此问题延伸出来的,文学群体和文学机构的官方化特征也是非常明显的,"任何文学组织无一例外地被纳入政府的管理体系之中,政府直接可以用行政手段控制、支配、左右这些文学组织"①。在知识分子被归入相应的组织机构之后,文艺体制开始发挥它自上而下的行政运作程式,文艺政策的颁布、文学话语的执行由此显得有效而通达。延安时期,严密的文化管理制度一方面强化了对知识分子思想的管制,同时给予知识分子的特殊的生活待遇和政治待遇却再次激发了传统知识分子"忧国忧民"的入世情结。知识分子在延安文艺体制中是被压抑的主体,在政治强力的介入之下,延安时期对知识分子的"有机化"和"革命化",削弱了知识分子独立批判的价值,知识分子的被压抑状态使得

① 南京大学中国现代文学研究中心编:《中国现代文学传统》,人民文学出版社2002年版,第39页。

延安时期的文学创作在审美和艺术追求上的力度大大降低。但是另一方面知识分子的“有机化”服从了宏大的革命任务，保证了意识形态的统一和文化领导权的有效行使。

追溯延安时期中国历史发展的特殊情境和文学生长的现实语境，革命战争和建立新的现代化的民族/国家是当时整个中华民族的最大追求，革命和战争的强音使得文学根本不可能脱离当时的语境，现实的唯一选择是，文学只有融入整个民族的“现代性”事业和规划之中，才可能发出自己的声音。因而从表面来看，延安时期文艺的“革命化”书写是为了契合意识形态的要求，而深层的动力则在于文艺对于当时历史语境的呼应与自身发展的要求。“赵树理方向”、《在延安文艺座谈会上的讲话》都体现出政治对文学的直接干预与导引。今天重新回望这些文学事件，《讲话》之于中国文学的发展到今天影响依然巨大。政治的介入只是在一定程度上加速了文学的转向与调整，促进了新的文学发展方向的确立。当然在此过程中，文学过度地为革命而革命化，为宣传而宣传化，使得文学对精神世界的探索和深度挖掘相对于“五四”文学对人性的解剖显得逊色不少。在政治的规范之下，作家对人的内心的动荡、心灵的轨迹的变迁，显然开挖得还不够。当然这种局限性还有很多，诸如题材的单一化，表现的平面化，等等。但是这些局限和瑕疵并不能掩盖并抹煞延安文艺现代性追求的宏大的视野、开阔的气象，及其在现代性与民族性追求中提供给当代文化（文学）建设的极富意味的“中国经验”。

中国当代诗篇中的“长安”书写
——以“半坡”和“大雁塔”为中心

张英芳

摘　要:20 世纪 80 年代,诗歌写作在经历了浩荡的“政治抒情”之后,亟须确立新的美学观念、写作规范和前行方向,在这样的诱因之下,淡出历史视野的“长安”,在繁复的文化文学的论争激流中,偶然又必然地回归到诗人的观照视野。本文从 80 年代有关“大雁塔”书写的论争为起点,以“大雁塔”和“半坡”两个历史地标为中心,通过对当代诗人关于“大雁塔”“半坡”书写的一些经典文本的透视,对中国当代诗篇中的“长安”书写进行解析,并在这种“地理·文学·文化”解析中,回望、反观并进一步探索中国当代诗歌嬗变的踪迹与指向。

关键词:大雁塔;半坡;长安;当代诗歌;美学观念

长安,作为中国古代政治文化空间的中心,自古至今,文人墨客从多个视角对其进行了“历史激情”和“文化想象”的书写,代表性的诗作如《秋兴八首》《帝京篇》《谒大慈恩寺》《登科后》《长安古意》《与高适薛据同登慈恩寺浮图》《丽人行》《长恨歌》《同诸公登慈恩寺塔》《题慈恩寺塔》《菩萨蛮》等。追及当代诗歌,从 20 世纪 50 年代到 70 年代,书写长安的诗篇并不是很多,代表性的作品如冯至的《登大雁塔》《半坡村》(1956)。70 年代末 80 年代初,政治抒情诗的热浪渐渐退潮,朦胧诗继之崛起,但是“令人气闷的朦胧”[①]并不能为中国新时期的诗歌发展提供一个持久的理论资源和现实动力,因此诗歌何去何从成为 80 年代诗歌乃至当代文学前行的一个重要问题。带有历史偶然性又具有必然性的,1983 年围绕着杨炼的《大雁塔》和韩东的《有关大雁塔》,从诗歌内部到文学的外部发生了一场“震颤式”的有关诗歌美学观念的争论。与此同时,并在此之后,中国当代诗坛一些具有重要影响力的诗人,如海子、杨炼、韩东、于坚、李小雨、浪波、侯马等人相继以“长安”这个地理空间为坐标,围绕“大雁塔”和“半坡”,创作了一系列与长安有关的诗。代表性的作品如:《大雁塔》(杨炼,200 多

---

① 章明:《令人气闷的“朦胧”》,《诗刊》1980 年第 8 期。

行，组诗，1983）、《半坡》（杨炼，组诗，1983）、《有关大雁塔》（韩东，1983）、《吊半坡并给擅入都市的农民》（海子，1985）、《大地上》（韩东，1988）、《半坡的雨季》（韩东，遗失，1985）、《半坡》（李小雨，1985）、《又见长安》（浪波，1983）、《望长安》（侯马，1990）、《大雁塔》（南人，2002）、《长安行》（于坚，组诗，2003）、《大雁塔》（李聿子，2007）、《长安》（孤雪，组诗，2009）、《百度大雁塔》（雨荷风，2015）等。由此，以“大雁塔”和“半坡”为中心的“长安”书写诱发了一系列有关中国当代诗歌从观念、实践到范式的诸多争论。因此，本文试图通过对这些围绕“长安”书写的典型文本的分析，在追问“长安”这个历史实体和精神空间的“诗意”象征中，再一次呈现中国当代诗歌的嬗变轨迹和美学追求。

一、由“大雁塔”诱发的论战：从历史的“赋形”“变形”到个体的“实感”经验

对于当代诗歌的整体而言，20 世纪 80 年代的诗歌“变奏”是一曲多声部的交响乐。与五六十年代相比，80 年代的诗歌写作，既在省醒历史中不断地与过去发生着断裂，又在断裂中寻求着与历史新的连接点，试图在“断裂”与“黏连”中酝酿新的突破。1985 年、1986 年新时期的诗歌发展就是在这种“断裂”和“延续”中探索着新的美学观念。因此对于 80 年代中国诗歌走过的路，其实是多种问题的交织和多元观念的交汇，也正是这种复杂而并不明晰的多元状况为诗歌寻求各种可能性的“实验”提供了契机。正是基于这种急切地想在历史中寻找现实答案的冲动，长安——这个富有多重意味的地理空间，在这样的现实动因之下再一次浮出地表，成为 80 年代诗歌理论论争的一个起点和焦点。

80 年代初期，在有关朦胧诗潮的争论尚未平息的间隙，被命名为“朦胧诗人”的杨炼在 1983—1988 年间相继写下了《大雁塔》《半坡》《诺日朗》《敦煌》《西藏》等具有史诗意味的大型组诗。其中《诺日朗》在发表之后引起了比较大的回声，获得了广泛的认可。与《诺日朗》的被认可不同，几乎同时同步发表的《大雁塔》，在发表之后，却引发了诗坛内外一场中度的“地震”波。缘由大概就在于《大雁塔》是“历史的物”，而《诺日朗》是“自然的物”。1983 年，《大雁塔》发表之后不久，当时在诗坛还处于相对无名状态的韩东，发表了《有关大雁塔》。这两首诗针对同一个客体——大雁塔，但是由于历史态度的分歧，两首诗从语言、情感、观念到审美等方面都呈现出不同的质地和纹理。之后，围绕着这两首诗争论的“晕波”，1985 年、1986 年在诗坛乃至文坛开启了一场影响较大且影响深远的有关“诗歌美学观念”的论争。

《大雁塔》与《有关大雁塔》的交锋，既交织着“诗歌写作观念”的冲突，同时又是以《今天》为代表的“第二代诗群”与以《他们》为代表的“第三代诗群”的一次公开的对峙。他们之间的分野和分歧从表面来看，是语言的隐与显、朦胧与直白的区别，但是内在其实还是关于对待传统与现代、历史与现实态度的差异。在这场争论中，最大的内在动因和影响因子其实是导源于“大雁塔”这个历史的遗物和面对历史遗物的历史

态度，即传统与现代的问题。对此，杨炼认为："这一代人的思想和写作，曾经被我概括为'噩梦的灵感'：从'文革'的现实，向历史幽暗的深处追问，再进一步反思（注意：从来不是浮泛煽情的'寻根'！）埋藏在每个人深处的传统思维方式，直到再次触摸中文——那作为苦难和力量的源头。"①对于"大雁塔"这个物以及据此物写作的《大雁塔》，杨炼的态度是在对"历史物"的追问、反思中，寻找与历史新的连接点，从而为历史"赋形"。因此在《大雁塔》中，杨炼赋予了"大雁塔"历史的激情，从"位置""遥远的童话""痛苦""民族的悲剧""思想者"五个层次展开对历史深层次的追问："我被固定在这里/已经千年/在中国/古老的都城/我像一个人那样站立着/粗壮的肩膀，昂起的头颅/我被固定在这里/山峰似的一动不动/墓碑似的一动不动/记录下民族的痛苦和生命。"生于60年代的韩东（杨炼生于1955年，韩东生于1961年）则不同，1983年他写作《有关大雁塔》的时候时值22岁，他对于宏大的厚重历史的态度，是相对的"轻"，对历史而言，他更注重个体的"重"——强调个体的实感体验："有关大雁塔/我们又能知道些什么/我们爬上去/看看四周的风景/然后再下来。"在韩东的历史体验中，宏大的历史作为一种压抑和留有巨大阴影的"物"，对个体形成了一种遮蔽，因此在诗歌中，他的态度是在逃亡中，积极地"对抗"——"我们爬上去""然后再下来"。韩东的这种对历史的逃亡、叛逆和对抗的姿态，构成了对于历史的一种"变形"和"消解"。之后，以韩东、朱文为代表的第三代诗群又发起了一份以"断裂"为中心的诗歌调查报告，通过与历史的断裂来彰显第三代诗群的"民间化""个人化""日常化"立场。但是别有意味的是，无处不在又无法逃逸的历史关联性不断地为第三代诗群的"逃离历史的企图"设置"障碍"，因此在韩东的《有关大雁塔》中，他的野心是"颠覆"历史，但是实质上在《有关大雁塔》中显现得更多地是一种"历史的变形"，而非颠覆。《有关大雁塔》之后，1984年韩东又创作了《你见过大海》，在这首诗中，个体的实感经验被再次放大，成为诗歌表现的中心："你见过大海/你想象过大海/你想象过大海/然后见到它/就是这样/你见过了大海/并想象过它/可你不是/一个水手/就是这样/你想象过大海/你见过大海/也许你还喜欢大海/顶多是这样/你见过大海/你也想象过大海/你不情愿/让海水给淹死/就是这样/人人都这样。""就是这样，顶多是这样，人人都这样"，这种消极的"对抗"，无论是面对巨大的历史物——大雁塔，还是巨大的自然物——大海，他的叙述都显得平静而无所谓，呈现出与宏大的事物包括历史的间离感。因此，在1985年、1986年诗坛激烈的论争之后，就形成了以《今天》和《他们》各自为中心的诗歌群体以及两种不同的诗歌写作观念——"官方与民间日常""政治与个人""诗意化与口语化"。这种诗歌观念的紧张和冲突直到90年代才有所松弛。

当我们以"大雁塔"为透视点在回顾80年代以及90年代诗坛的"来时路"之时，有关诗歌写作的"大"与"小"、"轻"与"重"的探讨是核心。那么在"政治·历史·个体""官方·民间·日常"中孰为核心，孰为"大"，孰为"重"呢？我们还需继续后撤，

---

① 杨炼：《一座向下修建的塔》，凤凰出版社2009年版，第12—13页。

回到新中国成立初期的50年代、60年代去寻找线索。从历史时序来看,80年代围绕“大雁塔”引发的论争,是诗歌“革命”“反抗”的使然,但是这场“诗歌革命”的前奏是什么?内在的动因是什么?1949年11月,胡风创作了具有史诗性质的“政治礼赞诗”——《时间开始了》。在这首诗中,北京被作为一个空间的中心,对应着一种“政治的想象”和“浪漫的抒情”。之后,围绕着“政治抒情”的礼赞诗成为诗坛的主流,20年后,1968年食指创作了同样以北京为想象中心的《这是四点零八分的北京》,指向还是北京,但是诗歌的情绪却悄然发生着变化。《时间开始了》是激荡式的:从“欢乐颂”“光荣赞”“青春曲”“安魂曲”到“又一个欢乐颂”,以五个乐篇,长达4600行的史诗书写着对政治的热情和赞歌。《这是四点零八分的北京》却是迷惘式的:“这是四点零八分的北京/一片手的海洋翻动/这是四点零八分的北京/一声雄伟的汽笛长鸣。/北京车站高大的建筑/突然一阵剧烈的抖动/我双眼吃惊地望着窗外/不知发生了什么事情……直到这时,直到这时候,/我才明白发生了什么事情……终于抓住了什么东西,/管他是谁的手,不能松,/因为这是我的北京/这是我的最后的北京。”以这两首诗为代表,“北京”作为一个隐喻,在中国当代诗歌时间的起点上承担着“政治的抒情”与“抽象的想象”。继之而起的“文化大革命”,更多地是空白。到了80年代之后,文化、文学都在剧烈地“反弹”,企图超越政治的狭隘和抽象抒情的虚伪,既能寻找到历史的根基,又能寻找到现实的依托。在这样的际遇之下,被考古的“长安”,在80年代的诗坛,引发热烈的交谈和争论其实是一种必然。因此1983年那场《大雁塔》和《有关大雁塔》的争论在80年代成为一个话题的中心,似乎是两代诗群的美学观念的争论,但是其缘由和影响却绝不止于此。“长安”回归到书写的视野并且被放大和凸显,暗喻着中国文学文化有关历史传统、现实发展和未来走向的内在的冲突、平衡、选择,这场争论的背后其实是有关中国文化文学的价值取向和观念的一次交锋。因此在“大雁塔”引发的这场争论之外,围绕“长安”的另一个“历史的遗迹”——半坡,在80年代的中期同样地成为诗歌书写关注的一个焦点。

二、更远古的“半坡”神话:原初的历史、大地及现实日常

当代诗人对长安的历史认同或者消解,肇始于辉煌的历史遗迹——大雁塔,却不止于此。要更深刻地理解历史、领悟历史,还需要到历史的更深处去,到那些纯粹的“历史物”中去理解传统与现代,甚至前传统与后现代。因此,在对大雁塔书写的同时,诗人们还将目光投射到指代长安历史的更深处,人类文明的源头——半坡,试图挖掘到更多的有关长安的原初形态和原始意义。在《大雁塔》中,杨炼将其比喻为“遥远的童话”,在《半坡》中,杨炼则直接从神话开始,对远古的“半坡”的“人类之谜”进行探索,杨炼选择了代表“半坡”的几个物象——石斧、陶罐、火、太阳、光等这些原始的“自然之物”来叩问,倾听历史的“回声”。杨炼在一次采访中回答了他书写半坡的缘由:“所谓朦胧诗人之中我可能是唯一一位诗人从一开始就非常关注中国历史层次在现实和生活中间的存在,我的自选集中第一部作品是《半坡》,西安的半坡,这个六七

千年前新石器时期遗址，那是一部总诗，由六首长诗组成，这样一种古远的历史文化怎么和当今的生活相衔接，怎么样能够在当代生活里活生生地存在？它和我在开始的写作状态有关，我插队的三年，学会最基本的感受是人和大地之间这种既爱又恨的纠结，爱来自祖祖辈辈对大地的依附，像对母亲的依附一样，但是其中也有恨，因为祖祖辈辈被锁定在大地上，犹如囚徒一般。我关注历史，关注六千年前半坡人，在他们小村子里通过他们的墓地、穹庐、小屋子、祭司，通过神话片段等等所感受生存处境，和插队时的感受是完全贯通的。所以，从一开始，历史对我来说就不是另外的东西，不是在我之外的东西，历史始终在我之内，我的每一首诗都在进行我当下人生的考古学，要掰开我自己呼吸的每一秒钟看到屈原，看到杜甫，听到曹雪芹，听到兰陵笑笑生，听到他们的喜怒哀乐，但是这些都发生在2014年，所以这样的历史感，我认为是一个当代中国艺术家、作家、文化人或者一个普通人必须拥有，因为这是我们的财富。”①杨炼对半坡，既将其作为神话，更多地则赋予其“大地”的意义。那么韩东呢？在韩东的诗歌中，半坡是什么样的存在？

与对大雁塔的消解不同，韩东在1983年、1984年《有关大雁塔》《你见过大海》的写作之后，于1986年写下了《半坡的雨季》，遗憾的是这首以半坡为对象的诗后来遗失了，不知道是有意还是无意？2003年，时隔近20年后，此时的韩东不再年少，是一个典型的中年人，而且此时也不太写诗，更多地转向小说创作。在接受楚尘文化记者专访的时候，他说道：“1982年，大学毕业分到西安，最想去的地方不是碑林、大雁塔，甚至也不是兵马俑和华清池，而是半坡古人类遗址。往那儿一站，当真有宾至如归之感。复原的房舍泥墙草顶，让我想起当年我们家下放的那个村子。我觉得此番感动和我早年的生活有关，其实并不尽然。访问半坡以后，我写了一首叫《半坡的雨季》的诗，可惜已经遗失，只记住了这个名字。幸好1988年，我又写了这首《大地上》，算是了却了一个情结。”②不知道韩东说这番话的时候意指什么？他的“情结”又具体指什么？这些都无从考证了。但是明显的是，自《有关大雁塔》的写作过去22年之后的2015年他又重提了“长安”，还提到了他有幸留存的有关半坡的诗《大地上》：“大地上/只有两个人的时代/或者稍后大地上的人类/仍然稀疏/生长在山谷间/而让另一些山谷空着……/那时候的每一根光线都不弯曲/牵动下巴/使我们向往天上的事物/离战争还有一万年末日还有两万年/我在大地上行走/跟着牛不超前。”从1982年到1984年韩东在西安生活工作了两年，1983年创作《半坡的雨季》遗失，1984年底1985年初回到故乡南京，成立“他们”文学社，倡导“日常化”“口语化”写作。1988年离开西安四年后，写下与半坡有关的诗《大地上》。2015年在离开西安20年后，他又重提

① 杨炼：《感受古人历史如同感受下乡插队》，2014年8月杨炼的《饕餮之问》发表后腾讯文化对杨炼的专访，2014年8月28日，http://www.artsbj.com/Html/interview/wyft/zj/7663086027433.html.

② 韩东：《对成熟、精致的文明心存狐疑》，选自2015年楚尘文化整理的韩东的专访“韩东新诗亲历记7”，见楚尘文化公众号ccbooks2017。http://www.360doc.com/content/15/0820/21/2369606_493716451.shtml.

了长安，以“大地”为半坡命名，而且“那时候的每一根光线都不弯曲”“使我们向往天上的事物”，此时的长安在韩东的笔下更多地是一种“本源性的历史”，因此作为“叛逆”的韩东，在1988年写到半坡的时候，却是无限温柔，对半坡保持着最天然的致敬。从这段对话中，我们清晰而直白地触摸到了作为“第三代诗群”代表的韩东对待历史的态度，这种态度也再一次验证了30年前的《有关大雁塔》并非是简单地“反历史”或者“虚无历史”，而是恰恰证明了在《有关大雁塔》中他对于历史的“变形”，即在宏大的历史中必须包含个体的历史的真实体验，历史的历史和个体的历史融为一体，历史才会富有意义。更有意思的是，《大地上》这首诗和杨炼的《半坡》以及杨炼在采访中提及的半坡之于大地的意义一样，韩东同样认可赋予半坡以坚实的大地的意义，在《大地上》这首诗中，韩东对杨炼《大雁塔》的那份“消解”消失了，对历史和文明他也保持了敬意。韩东与杨炼在对待半坡的“同一”上，似乎传达了他们对“原本性”文化的崇高的敬意。与这种敬意相同的，还有李小雨写于1985年的“半坡”系列。以《陶罐——半坡之一》这首诗为例：“我披发的母亲/裹着兽皮的母亲啊/她指向/最纯粹的泥土、水和火焰/世界就这样诞生/诞生成一个有孕的曲线/一个婴儿在腹内蠕动/一枚果实正在成熟……”在这里，李小雨赋予半坡以母亲、泥土的意义与韩东、杨炼赋予半坡以大地的意义是相通的。

如果说杨炼、韩东、李小雨等诗人对“半坡”的“大地”“母亲”的认同，是对人类更原始的历史认同的话，中国当代诗坛另一位重要的诗人——海子，在他的“半坡”影像中，却呈现出一些别样。1985年，也就是《大雁塔》和《有关大雁塔》争论不休，诗坛处在“众生喧哗”的那年，中国当代诗坛另一个重要的诗人海子，在他第二次“西行”途中默默地经过长安，但是他没有写大雁塔，而是躲在西安东郊的半坡，以“吊半坡”的方式回到了“现实日常”。在《吊半坡并给擅入都市的农民》中，诗歌以“吊”起笔：“我/径直走入/潮湿的泥土/堆起小小的农民——对粮食的嘴/停留在西安/多少都城的外围/多少次擅入都市/像水、血和酒——这些农夫的车辆/运送着河流、生命和欲望……/父亲是死在西安的血/父亲是粮食/和丑陋的酿造者/一对粮食的嘴/唱歌的嘴/食盐的嘴/填充河岸的嘴/朝着无穷的半坡/粘土守着粘土之上小小的陶器作坊/一条肤浅而粗暴的/沟外站着文明/瓮内的白骨飞走了那些美丽少女/半坡啊——再说——受孕也不是我一个人的果实/实在需要死亡的配合。”在这首诗中，海子突出了“泥土”——潮湿的泥土，泥土、大地、神话，这些在杨炼、韩东、李小雨笔下的东西与海子笔下所要表达的那个“历史”是一样的。不同的是，在海子这里，他提出了“父亲”，“父亲”的血，这点与李小雨笔下的“母亲”不同，他在“父亲是死在西安的血”“这些农夫的车辆运送着河流、生命和欲望”中从历史回到了现实日常，并在回到现实日常中又远眺到“受孕”，回到“生命的起源”。《吊半坡》之后，海子继续西行，到达了敦煌、青海湖和西藏，并写下了《祖国（或以梦为马）》《敦煌》《九月》《日记》《怅望祁连（之一）（之二）》《西藏》等诗篇。追溯海子的西行踪迹，无论在长安还是敦煌，他往返穿梭在历史与现实的交替中，在历史中为现实写着寓言。为何在对长安的书写中，海子没有写大雁塔，而是选择作为中国文化源头之一的半坡，且以“吊”这种悼念的方式来写呢？他在这首诗中究竟要传达什么？在海子的诗学观念中，既有中国传统的魅影，又深受西方现代文化的洗礼，因而在海子的诗歌中，更能直接地触摸到传统与现代的关系。因此在透视这首诗的时候，海子不断地提及了“血”“父亲的死亡”“受孕”，通过这些意象来表达传统与现代的关系。

1985 年，在那个注定喧嚣与迷茫并存的时代，杨炼、韩东、海子、李小雨等诗人在重返半坡的诗歌写作中，对传统与现代的纠缠，以“母亲”“父亲”“大地”“受孕”“陶罐”“火”“光”等“物”赋予半坡以历史与现实意义，试图联通历史与现实的通道，并在返回历史之途中为迷茫的诗歌寻找一条现实的路。这一点其实与《大雁塔》的争论是异曲同工的。由此以“大雁塔”和“半坡”为指代的有关长安的书写，之于诗歌审美观念、写作实践的意义更加地明晰：长安作为历史之物和现实之象征，对于诗歌如何面对内在的写作动力——传统与现代的关系，又如何处理平衡传统与现代在现实中的表述，其影响绝不止于 80 年代、90 年代，直到当下，这种影响一直在，且未停息。

三、重塑：“人类的集体回忆”与长安的“精神赋形”

进入 21 世纪，随着社会价值观念指向的实用性和功利性，“文学失落”“诗歌失落”已然成为一种显在的事实。但是即使在这样的境遇中，诗群的分化、流派的散失与“重回史诗”的激情在衰减中时时又有波浪潮起。2002 年 8 月 6 日，“第三代诗群”的代表人物于坚在《诗江湖》发表了组诗《长安行》，再次以大雁塔、半坡等“地理空间”为标的，表达着新的“历史迷情”：“大雁塔/在长安/天气就是紫气/鱼贯而入 买了票/我们钻进雁塔/要看看大唐朝的肚子里/凌空高蹈的都是什么……/千年过去了/不动/尊重/上窜下跳之后/空虚/……收起乖戾的羽毛/我跟着古代的老百姓/跟着皇帝/跟着僧人和使者/跟着李白/跟着长安/默默地跪下来。”在“默默地跪下来”中，那个曾经对历史“不屑一顾”的于坚在对历史的敬畏中，返回了传统。那个写作《尚义街六号》《对一只乌鸦的命名》，还原生活“粗糙真相”的于坚，在什么样的情境下发生了这样的写作转向呢？更进一步地，这只是于坚个体的写作调整，还是一种整体转向的风向标呢？

关于《长安行》组诗的写作缘起，或者说写作情境，于坚在《致伊沙》中表白道：“今年 7 月 27 日，我第三次来到西安，我终于看到了长安，我是有福之人啊，我不是喝狼奶长大的，我外祖母是一个文盲而知道敬畏李白的人。”①于坚在承认“我不是喝狼奶中长大”中确认了自身生命的来源。也许这是他在 20 年间对历史“温故知新”之后的“自我历史意识的觉醒”吧。但是意外的是，之后直到 2007 年，他的“知己”伊沙，看到于坚的诗并在于坚的解释中，却“有点出离愤怒”。缘由就在于那个写作《车过黄河》的伊沙认为于坚是个“叛徒”，背叛了他们共同的写作信仰，认为于坚是“伪民间”，背弃民间就是向作协体制的妥协。

---

① 于坚：《致伊沙》，《作家》2002 年第 10 期。

在于坚和伊沙等人的争论开始之后,作为一个“时代和诗歌的话题”,更多的诗人加入对于坚的“讨伐”或“声援”中来。这些“讨伐”者大多来自曾经与于坚并肩的“内部群体”,而这些“声援”者多来自批评界。为此,在这些事端和争论白热化之时,《作家》杂志社在2002年第10期推出了围绕《长安行》的讨论。讨论的中心不外乎三类问题:于坚为何会“叛变”? 于坚“叛变”了什么? 于坚的“叛变”对未来诗歌的发展有何寓意? 先看看“内部”的争论:按照伊沙、沈浩波等人的看法,于坚回归传统是向体制妥协和投降,失去了其先锋性。但是也有的诗人认为:“《长安行》曾在网上引来轩然大波,我要说这是最具于坚魅力的诗篇,是…… 自然之诗、历史之诗、生命之诗完美结合。”①诗歌评论家姜耕玉对于坚的“变化”则认为:“与其说于坚的《大雁塔》及《长安行》是对韩东《大雁塔》的背反,不如说是“反叛”20年诗歌过程(有成功也有失败)的必然或归宿,是第三代诗歌20年的叛离与回归的实现,具有世纪之交诗歌的终结与开始的意味。”②

正如80年代中期的那场争论,韩东以及韩东所代表的“第三代诗群”在1985年崛起之后,诗歌的日常化、民间化写作形成此后十余年来诗歌发展的主潮。《长安行》之后,在各种质疑和争议中,于坚于2003年获得《南方都市报》首届“华语文学传媒大奖2002年度诗人奖”,授奖词如下:“他在2002年度发表的一系列新作,有着诗人性情的天真流露,并将接续传统的情怀和风尘仆仆的个人魅力结合得完美无缺,他的语言,也因挣脱了底层的土气而获得真正的诗性光辉。于坚的写作提醒我们,应该是时代和它的美学向诗歌妥协,而不是相反。”③“接续传统的情怀”,大概是于坚写作《长安行》最为直接和核心的缘由吧。更重要的是,他的这种“接续传统”的努力在对“自我”颠覆的挑战中使得诗歌重回“庄严”,这是他《长安行》最大的贡献,也因此,于坚再次获得了“新的认同”。一个有勇气的诗人,敢于对过去的写作“矫枉过正”,重新面对历史,这种“自我修正”本身就是值得肯定的。风平之后,回眸这场论争,源头就在于《长安行》向历史的回归和敬畏引发了“第三代诗群”某些诗人的愤怒,而且这是从一开始就注定的无法避免的争论。就像80年代《大雁塔》和《有关大雁塔》的那场围绕“历史”与“反历史”的争论一样,《长安行》既是80年代那场论争的延续,更是经过时间的洗涤之后深深地反思,这场反思从回到过去开始,面向的却是中国诗歌的未来。

《长安行》之后,2011年于坚继续追随历史的“遗物”,抵达了敦煌,并写下了散文《圣敦煌记》,“敦煌是历史,但是为什么当代人潮水般地涌去? 这种历史不是书本上少数人的历史,而是活着的大众的历史。这是神性使然。大多数历史缺乏神性,仅仅是解释。但敦煌不仅仅是历史,它是神性的载体,神性是无法被历史化的,它会隐匿,某些时代它不在场,但无法被历史化。敦煌曾经被流沙吞没,但只要一旦重见天日,就

---

① 《2002年年度诗人——于坚》,《南方都市报》2003年4月18日。

② 姜耕玉:《“西安”诗变——从韩东〈大雁塔〉到于坚〈长安行〉及〈回归论坛〉》,《诗刊》2004年第13期。

③ 《2002年年度诗人——于坚》,《南方都市报》2003年4月18日。

依然神性熠熠,因为它已经神灵附体"[①]。在《圣敦煌记》中,于坚对敦煌的膜拜与对长安的"默默地跪下来"是一致的。通过《圣敦煌记》,可以再次确认于坚对长安的"朝圣"的那种历史的迷情是真实的、真切的,"叛变"的于坚重新确认了那个宏大的历史的存在。在时间的廊道回转中,于坚把被韩东"变形"的《大雁塔》重新归到历史的"庄严和肃穆",并在这种返回中为历史进行精神赋形。

2009年经过长安的诗人孤雪同样写下了《长安》组诗。在《空》中诗人写道:"进入之前/先要掏空自己/做一名长安门徒。"之后,还有更多的"门徒"抵达长安,在诗歌中叩问历史,有类似《大雁塔》,也有类似《百度大雁塔》的,但是更多的是致敬,在诗歌中赋予长安以庄重严肃的历史价值。在这种"赋形"中,时光在退却中似乎又回到了1982年。1982年杨炼在《传统与我们》一文中强调,"传统,一个永远的现在时,忽视它就等于忽视我们自己;发掘其'内在因素'并使之融合于我们的诗,以我们的创造来丰富传统,从而让诗本身体现出诗的感情和威力;这应成为我们创作和批评的出发点。我们占有得越多,对自身创新的使命认识得越清晰,争夺的'历史空间'也越大",而为此需要思考、实践的则包括"必须进行新的综合",必须进行"重新发现",使我们的诗同时成为"中国的"和"现代的"。[②] 自80年代至当下,在对书写长安诗篇的透视和聚焦中,中国当代诗歌要走过的路在《传统与我们》中就已经被寓言。也如评论家所言,诗歌西安,最古老也最现代。我们走得再远,背后仍是长安。[③] 此处的"长安",更多地是指代传统和历史。海子在自己的诗学理论著作《诗学:一份提纲》第四章《伟大的诗歌》中,给予了人类的一些历史地标最高的敬意:在诗歌王子与诗歌之王之上还有更高一级的创造性诗歌——这是一种诗歌总集性质的东西——与其称之为伟大的诗歌,不如称之为伟大的人类精神——这是人类形象中迄今为止的最高成就。他们作为一些精神的内容(而不是材料)甚至高出于他们的艺术成就之上。他们作为一批宗教和精神的高峰而超于审美的艺术之上,这是人类的集体回忆或造型。[④] 长安在这些诗人的笔下,也许就是海子所认为的那个"人类的集体回忆或者造型",是一种超越于材料而作为精神的部分。

自20世纪80年代,在众生喧哗中,被淹没的长安被重新发现、激活,长安,作为一个具象和抽象的地理历史文化空间,作为一种风向标,诱发了诗歌从内部到外部、从个人的"乌托邦"到一个民族精神的宗教、从庄严的史诗写作到民间的口语化写作等诸多的"诗潮",呈现并隐喻着中国当代诗歌发展的"历史的河流"。在历史的喧嚣之后,穿越当代诗篇中的"长安"书写,当我们再次回眸并眺望中国当代诗歌发展的嬗变轨迹,在这些书写长安的诗篇中,我们可以清晰地追索到中国当代诗歌演变的轨迹。从

---

① 于坚:《圣敦煌记》,《人民文学》2013年第3期。

② 杨炼:《传统与我们》,《山花》1983年第9期。

③ 姜耕玉:《"西安"诗变——从韩东〈大雁塔〉到于坚〈长安行〉及〈回归论坛〉》,《诗刊》2004年第13期。

④ 西川编:《海子诗全集》,作家出版社2009年版。

“气闷”的朦胧到写作视点的“民间化”，从拒绝华丽的“口语化”写作到重回史诗，中国当代诗歌在摸索前行中再次回归了中国古典的“史诗”传统和“民间”传统。当我们通过这些变奏去眺望中国当代诗歌涌动的暗流之时，我们已经打开了面向未来的诗歌将要走的路。2017 年 4 月 27 日，6 月 1 日，6 月 29 日，由《文学报》分三期推出了主题为“在我们的时代里，如何写出史诗性作品？”的讨论，讨论邀请了于坚、哈金、吴亮、郜元宝等诗人、作家、批评家来重新讨论有关诗歌、有关文学的一个古老而又年轻的话题——史诗书写。这种讨论本身再一次显示了，历史不是乌托邦，而是一种实感，历史对于诗歌，既是一种写作的资源，又是一种理论的资源。于坚在这场讨论中再次确认了他对历史的态度：规避历史最终取消的是私人生活的深邃和独立。[①] 因此，“长安”书写作为当代诗歌书写中的两个核心问题——“历史与现实”“传统与现代”的关系问题，在历史的回眸和现实的穿梭中，既为过去的文学提供着历史的经验，更作为未来诗歌写作的“灯塔”，指引着诗歌前行的方向。

① 《在我们的时代里，如何写出史诗性作品？》（上），《文学报》2017 年 4 月 27 日。

人性在平淡质朴中——陈忠实短篇小说《日子》解读

薛　敏

以《白鹿原》闻名于世的当代作家陈忠实，始终把关注现实、反思历史、感悟生命作为自己创作的宗旨。近读他的短篇小说《日子》，再次重温了作家这一创作冲动下的生命体验。在生动、细腻、传神的刻画中，他的笔触又一次聚焦渭北大地上平凡的饮食男女。在不长的篇幅里，读者感受到的却是一份沉甸甸的责任，因为他通过静态、客观的视角，展示出民族精神、人格、灵魂中的“优”与“劣”。感伤的同时，笔者不得不佩服作家犀利笔锋思考下的人格魅力。

一、作品以写实的笔法，展示了当代中国农民的生存境遇

挖沙、筛石，“男人重复着这种劳作工序，女人也重复着这种劳作工序”，风霜、雨雪，十六七年来，滋水河边这幅木雕般的剪影，“永远劲头十足”地闪现着，它使“我”不断投来关切的目光、询问的声音，但这一切似乎是多余的。因为，“我”既无力改变他们的现状，也不能减轻他们的重负。在这幅用简洁明快的叙事语调、质朴生动的人物对话所构成的木雕下，“我”仔细地品读着中国农民艰难的生存状态——贫穷、落后和善良，也体味着他们对美好生活追求的勇气——坚毅、执着和希冀，但“我”更由衷地盼望着他们在平凡的日子里，通过自强奋斗，走出艰难……尽管“挖沙、筛石”这样近乎原始的劳作，难以改变当代中国农民现实的窘境，但作家强烈的责任感还是以冷峻的笔调，描绘出了关中男人的“硬”和“倔”与女人们无望的“盼”和“怨”。在这幅近乎静止的画面中，作者隐而不发地提出了一个深刻的问题，那就是在个人尊严与社会地位之间，人究竟做何选择？作品中的“他”，为了不受城里人的轻视，为了心灵的轻松，选择了回乡挖石，“他”宁可体力受损，也不愿心灵受曲，维护了尊严，却失去了通往幸福的便捷之路，从而也放弃了人前显赫的机会。中国传统文化“义”字统摄下的“羞恶之心”浸染了一代代的农民，他们就这样承受着艰难，挥霍着生命来保持着貌似尊严、实则不幸的命运，他们被“这种从‘耳’从‘心’，亦即是受到‘人言可畏’制约的心理”

一步步吞噬着”①。他们学会了一代代的承受繁重的体力压力，却不愿让心灵蒙上耻辱。这样，中国农民贫困与落后的根源不但得到揭示，而且在缓缓的叙事交代中，始终弥漫着作者对造成这种不幸命运的思考与疑虑，难道尊严的捍卫需要用整个的生命做赌吗？这样的生命延续，意义何在？“我”爱这关中大地（作者反复提起在麦收时节对家乡的留恋），但生活在这片土地上的芸芸众生更是“我”的所爱，他们的不幸，让“我”对这里的主人不仅充满同情，更让“我”对他们寄予希望，既然能够面对贫穷、痛苦，又具有执着的意志，生命就不应是这样的默默无闻、无彩无姿。由此作者将深重的责任感——关注普通老百姓所承受的痛苦和付出的代价之关系这样沉重的思索，再次抛予了读者。这双重的使命意识不仅让作品增加了厚重感，而且让人们在冷峻的现实面前，重新审视自己的所为，这与时下流行的“俊男靓女扭姿作态，帝王将相风流倜傥，清官斗士浮泛单薄、纨绔子弟锦衣玉食”的虚幻描写构成了鲜明的对比，它让人们不再麻醉、放纵自己，而是学会用冷静的头脑面对生活的艰难、竞争的激烈和心灵的孤苦，以平民的视角对草根一族在现实境遇的处境做了如实的描绘，体现出与时代精神底脉息息相通的现实精神。

二、在简洁质朴的对话中，散发着对生命本原意识的体悟

按弗洛伊德的划分，人格结构由低到高的建构依次为快乐、现实和至善原则，快乐原则最能体现人的本能，但它常受现实、至善原则的压制，这样“受快乐原则支配的生命本能被迫转为受现实原则支配，生命本能与文明压抑之间产生矛盾对立，为了现实至善的理性，人的本能被牺牲”②。小说中男主人公对别的女人美好腰身的赞许，对自己女人美好腰身失去的惋惜，对贪官狱中生活的担忧，对女儿中考落第的沮丧，以及无目的同情与猜想，尽管显得那样的贪婪、无知、落魄，却无一不是出自人的本能，这是每一个生命个体都会萌生的情绪，但它却被现实至善原则视为大逆不道，特别在这封闭落后的村落。小说中简单的对话，折射出鲜明的人物性格，艰难的处境，并没有磨灭人对美好事物的追求，也没有扼杀人本真的善良与怜悯。也许“生活着就要为希望而生”这一信念的支持，使处在穷乡僻壤、面朝黄土背朝天的生灵，只有面对鲜活的事物，才更能激起生命冲动。因为那荒芜、寂寥、单调、沉重的挖沙、筛石，几乎就要停滞生命的起跳，正是这些“琐事”的点缀，才使本以麻木的心重新燃起了欲望。而在这欲望的背后，又升腾起对希望的渴求，否则，就很难解释得清楚地老天荒的劳作与动物的求生本能有何差异？正是在这个意义上，小说才竭力刻画了男主人公在机械辛苦的劳作中，用“女儿的成绩、河边的细腰和非分的猜想”作为他追求生活的原动力。然而女儿落第了，好腰也变成粗腰，虚惘的担扰对自己并无实际的好处，在仅存的希望变成残酷的现实面前，男主人公被他自己建构起的幻想的破灭彻底击倒。难道女儿也要像自

① ［美］孙隆基：《中国文化的深层结构》，广西师范大学出版社 2004 年版，第 170 页。

② 牛运清主编：《中国当代文学精神》，山东教育出版社 2003 年版，第 316 页。

己一样，背负起沉重的生活之链，辛苦地走完她的一生？他不愿、也不敢想，然而事实面前，憨厚、淳朴、正直的他只能默默地接受。这一方面体现了他渴望生活好起来的勇气，一方面又表现出他乐天知命的屈从与认命。这样矛盾的双方使生命的个体不时地在追求和失落中升腾起伏，从而造成读者视线的期翼，在不断体悟和追踪主人公命运的同时，体悟出生命原始的律动怎样为现实一步步吞噬。同样，女主人公任劳任怨地劳作并无什么不甘，但丈夫对别的女人的赞许却成了她内心的隐痛，于是一句"流氓"，不仅泄露了她对自己尊严的捍卫，而且见出妒火烧心的酸涩。是啊，自己也曾有过令人赞许的美好腰身，只是无情的岁月，让她痛舍女性妩媚，难道还有什么比牺牲青春更让人感到难堪和委屈？没有！所以，一句"流氓"，让读者真正体味到了生命原本的挣扎以及挣扎后的渴望。于是，县委书记的高升落职、享福遭罪，与她毫不相干，她唯一的指望就是女儿不再走自己的路，劳作的目的似乎只是拥有丈夫的忠贞和女儿的幸福，就这样在传统"嫁鸡随鸡，嫁狗随狗"的思想观念主宰下，她知足地生活着，尽管不满时常袭来，但宿命的观点支配着她疲惫的忍耐。然而就是这人起码应有的、微乎其微的要求，也被无情的现实粉碎撕裂，化为乌有。在自己建构的理想面前她无可奈何，这样，人性的本能再次在作品中显出无奈地呻吟，而读者的思索，也随着人物简洁的对话，不断地走向辛酸。

三、缓缓的叙事语调，与作者对现实人生深沉的思考紧相契合

叙事语调，指作家在讲述事件的过程中所持的态度。它的轻重缓急对接受者可以产生不同的效果。以关注社会现实走进文坛的作家陈忠实，在其一系列农村题材小说的创作中，深深渗透了他对生命灵魂的思考，农民的生存意识、价值观念和伦理道德等这些被历代作家反复涉猎的领域，又被他以不同的视角和方式重新演绎。在缓缓的叙事语调中，抒发了一个有责任心的作家，面对民族文化中的精髓与糟粕应给予怎样理解的强烈的现实态度，小说《日子》即是这种思考下的一篇代表作品。作品以早春中午、傍晚和麦收暮色三个场景的叙写，展示出当下农村一对夫妇的人生与心理，语调冷静客观，情感平直中立，以对话交代人物性格，见出灵魂的真挚。正是这不紧不急、不温不火的世界，让作家和读者能够从容地思索。在早春中午这一场景中，女主人公有一句话"你已经硬到只能挖石头咧！你再硬就没活路了。硬熊——"。这话看似发泄了女主人公对男主人公的不满，难道就不是对这个不公平的世界的愤怨吗？按理一个人的气节应是他立足社会的根本，爷爷的"硬"，让我们看到了一个不屈服的灵魂的高大，父亲的"硬"，表现出共产党人执着追求信念的勇气，而我的"硬"，能说明什么？这里没有高大，没有勇气，有的只是阿Q式的自我嘲解、自我麻醉。这种"硬"的结果是用牺牲青春、幸福做赌注，挺起的脊梁仍需面对困扰的现实。于是问题被再次引出，当下的青年，特别是彷徨于自尊与自爱路口的青年，在有阶级偏差的社会里，如何体现父辈"硬"的真正精神内涵而不至于自绝于自己？在早春傍晚一场里，有关书记打麻将被"双规"一事的交代，男主人公的胡乱猜想，引来女主人公木然的怪怨："你是闲（咸）

吃萝卜淡操心。”表面看，一个是热情有余、善心可嘉，一个是冷淡处之、情归自己，但又怎见不出作者是对这种狭隘、自私、愚蠢的小农意识进行批判。正是一代一代的小农意识在农村广泛的蔓延，才使得现代的农村依然落后于时代，这不仅是人物的不幸，更是社会的悲剧。在麦收暮色中，作者反复让男主人公“不说了”，表面看，好像是男主人公重又树立起生活的信念，然而又何尝不是作者对农村一潭死寂的现实发出的“救救孩子”般的呐喊。“不说了”“再不说了”，正是作者期望结束这种人生悲剧，渴望新的生活在农村出现的呼唤。作者以无比犀利、敏锐的眼光深入挖掘现实生活中种种无奈而又让人感到难堪的场面，目的就是希望引起各界的关注以及农民自身的觉醒，如同鲁迅先生一样，这种看似沉郁的外表，却无时不溢满着作者对哺育他成长的关中大地的感激之情。正是这样，小说《日子》以平凡人的平凡生活，折射出农村的某些病痛，以引起疗治，从而改掉这种落后陈腐的痼疾，让几亿农民真正过上幸福康庄的生活，这才是本文写作的根本目的。而读者的思考也随着作品这种控制细节迟缓的叙事语调，对作品中的人物命运充满了深切的关怀，这不正显示出作者在跨向新世纪大门时，认识的深刻与警醒吗？现实主义要真实地反映社会生活，揭露矛盾、鞭挞丑恶，其“鲜明的批判精神是当代作家所负的历史使命，它理应承担起触及社会生活中某些普遍存在的矛盾”，陈忠实履行着他的追求，以“一种新的叙事形式来展示作家所能意识到的历史内容和现实内容以及生命体验”。①

深重的历史责任与强烈的变革精神交织出的心语哲思，赋予作者以清醒的认识和不断探寻的勇气，陈忠实在这条充满荆棘的道路上，为我们描绘出种种悲情、达观等奇妙景观的同时，也成就了他伟大的人格和不朽的追求，这是时代的幸运，也是我们的福气。

① 吴秀明主编：《中国当代文学史写真》，浙江大学出版社2002年版。

重涉典律与现代汉语诗歌的本体建设
——从《沈奇诗学论集》谈起

吕　刚

摘　要：现代汉语诗歌自诞生以来，其本体建设在语言与形式方面展开过两次重要的讨论与建构工作，都未竟其功。尤其是在语言文字的诗性挖掘与建构方面，诗人与诗歌理论家大都缺乏自觉的意识。

关键词：现代汉语诗歌；本体建设；重涉典律；诗性

一

现代汉语诗歌的本体主要包含语言和形式两个方面。其实，作为诗的文体本身，无论古诗与新诗大体都是这样。

我们区分古诗与新诗，首先就是语言。古诗的语言是文言，新诗的语言是现代汉语。但是，无论古诗与新诗，又都是诗，这是没有疑义的。那么作为诗的共同性、本质性，或者说诗与其他文体，比如散文、小说、戏剧的区别在哪呢？自然是形式。古诗有古诗的形式，如《诗经》的四言诗、汉代的五言诗、唐代的律诗等，这些都是古代成熟诗歌的固定形式。但是，新诗呢？

我们知道，新诗又名自由诗，废名说"新诗应该是自由诗"①；但那不是全部。还有部分新诗不是自由诗，是格律或半格律体诗。比如闻一多的《死水》、冯至的《十四行集》等。只是到了20世纪40年代以后，新的格律体诗已鲜有人问津，新诗大体归宗于自由体的体式了。

实在地说，自由体诗的"形式"给诗人提供了最大的自由创作空间。经过大半个世纪的发展，可以说成绩很大，名作、名家亦可谓层出不穷。可是，一个事实也是无可置疑地摆在面前，就是普通大众对于新诗的认可程度一直不佳，一提到诗歌，人们头脑里首先出现的是唐诗、宋词，对于新诗，则颇有点欲爱不能，莫衷一是的迟疑。这里恐

① 废名：《论新诗及其他》，辽宁教育出版社1998年版，第16页。

怕很难用古诗传统的强大阴影和大众思想观念的保守简单搪塞吧。我想,我们还是应该在新诗的自身建设方面多找原因。这样更加有利于新诗的发展与成熟。

二

应该说,现代汉语诗歌在本体建设上有过努力,但未竟其功。

当年,胡适先生主张用白话代替文言,用"白话诗"替代古诗,就是新诗的奠基工程。经过数年的尝试与变革,"白话诗"终于立住了脚跟。人们终于承认,在古诗之外,还有用"引车卖浆者徒"的口语写作的新诗。但由于胡适倡导的"白话诗"源自西方的自由体诗,加之当务之急是破除古诗格律之束缚,以求"诗体"大"解放",至于"解放"后的新诗形式到底该怎样,没有太多的考虑,一度使得新诗的创作自由泛滥。

于是便有了20世纪20年代中对于新诗形式的讨论和构建。这是新诗头一次自觉的诗体建设工程。其着力点在新诗形式的构建方面。

闻一多是最有代表性的诗人和理论家之一。1926年5月15日,闻一多在北京《晨报》副刊发表《诗的格律》一文,提出了著名的"三美"原则。核心内容是,新诗应具"节的匀称"和"句的均齐",主张诗人写新的格律体诗。目的就是给新诗建立一个形式。当然这个形式是有别于古典格律诗的形式的。闻一多特别强调了新格律诗与传统格律体诗的区别:古诗"永远只有一个格式",而"新诗的格式是层出不穷的";古诗的格式"与内容不发生关系","新诗的格式是根据内容的精神制造成的";古诗的格式是别人定的,新诗的格式是自己随时构造的。① 闻一多也用自己的创作实践证明了这一理论合理性的一面。他的主张影响了当时的许多诗人,一时间作新格律体诗成为风气。这一导向自然也有其局限,应该肯定的是这种努力,是朝着新诗健康发展的方向的。可惜的是,后来随着闻一多志趣的转移和新诗大走势的转向,这一颇具诗学价值的探求也就不了了之了。

现代汉语诗歌第二次诗体建构工程启动于20世纪五六十年代。重点依然是新诗的形式问题。何其芳在《关于现代格律诗》中,针对新诗过于自由散乱的弊端,阐发了建立新格律诗的主张,具体研讨了新格律诗如何用"顿"的问题。② 林庚在《关于新诗形式的问题和建议》中,通过对古代诗歌史的研究,得出"诗歌的形式问题或格律问题,首先是建立诗行"的结论,认为新诗也应该建立其"典型诗行"。③ 这场关于新诗本体建设的工作不久随着国内政治形势的变化,也被迫中途废止。

这两次关于现代汉语诗歌本体问题的讨论和实践,主要在于形式方面,较少涉及诗歌的语言问题。当然语言是诗体建设的重要方面,只是其涉及的因素要复杂得多。

---

① 王锺陵主编:《二十世纪中国文学史文论精华·新诗卷》,河北教育出版社2000年版,第103—104页。

② 王锺陵主编:《二十世纪中国文学史文论精华·新诗卷》,河北教育出版社2000年版,第282页。

③ 王锺陵主编:《二十世纪中国文学史文论精华·新诗卷》,河北教育出版社2000年版,第309页。

三

现代汉语诗歌在语言的自觉建构方面,也有两次重要的行动。

第一次是1916年的胡适。第二次是1986年的所谓"第三代诗歌"。整整相隔七十年。于坚在谈到"第三代诗歌"的"历史功绩"时说,"它重新收复了'汉语'一词一度被普通话所取缔的辽阔领域,它与从语言解放出发的五四白话诗运动是一致的,是对胡适们开先河的白话诗运动的承接和深化","它是白话文运动之后的第二次汉语解放运动,是对普通话写作的整体反叛"。[①] 于坚是"第三代诗歌"的代表诗人,他的观点是有代表性的。可以看出,时隔半个多世纪的两次诗歌语言的解放运动有其内在的一致性。也就是说,他们都在自己所处的时代背景下,通过语言的革命和建构推动着现代诗歌的发展与成熟。但细思之下,两次语言解放运动的内涵与我所谓的现代汉语诗歌本体的语言建构又有不同。无论是胡适的白话取代文言,还是"第三代诗歌"的用"口语"写作对抗以"西方'语言资源''知识体系'"为背景的"知识分子写作",[②]都偏重于语言的文化思想内涵,而对于汉语语言文字本身的诗性发掘显然不够,甚至没有自觉的意识,也许有人以为是"小道"而不为。但是我觉得这恰是现代汉语诗歌在语言建设方面最为紧要的工作。

四

促使我思考这个问题的契机有二:一是现代汉语诗歌文本阅读的经验,二是近日阅读《沈奇诗学论集》所受的启发。以下我把两个方面结合起来谈谈。

沈奇是我熟知的当今现代汉语诗歌优秀评论家之一,也是大陆诗坛公认的"第三代诗歌"以来始终重要的理论发言人。20世纪90年代著名的北京"盘峰论争"后,他被划入"民间写作"诗人阵营。[③] 事实上,沈奇的诗学研究工作虽然是与"第三代诗歌"在诗坛的崛起同步开始的,其诗歌批评和诗学理论也一直为于坚、伊沙等一路诗人张目,或者以他们创作实践之学理提升而立论。但沈奇从来不是一个视域偏狭的所谓诗歌"江湖"中人,他看重的是诗人诗歌创作的真正价值与诗学意义。这是他作为有着良好的学术品质和内在道德修养的诗歌批评家、理论家的一贯作风。20世纪80年代中,当他著文肯定"第三代诗歌"的文学史意义的同时,就针对诗坛"'后现代式'的喧哗与骚动",指出这"是一种历史的否定,但绝非历史的代替"。[④] 沈奇既有诗人的热情与敏感,更有批评家的冷静与清醒、理论家的敏锐与洞察力。在二十几年的诗歌批评与诗学研究中,沈奇越来越感觉到现代汉语诗歌本体建设的重要性,尤其是近年来由于他极力倡导鼓吹的简约、明快、贴近生活、贴近诗人性灵的"叙事加口语"一路

① 杨克主编:《1998中国新诗年鉴》,花城出版社1999年版,第4页。
② 杨克主编:《1998中国新诗年鉴》,花城出版社1999年版,第7页。
③ 程光炜:《中国当代诗歌史》,中国人民大学出版社2003年版,第353页。
④ 沈奇:《拒绝与再造》,西北大学出版社1999年版,第87页。

诗风的泛滥成灾，使他对这一问题的思考日益加深，解决的愿望也日感迫切。

2000年到2004年，沈奇写了《九十年代先锋诗歌的语言问题》《告别时尚写作——也谈新诗标准问题》《重涉：典律的生成——当前新诗问题的几点思考》《为诗消肿》等数篇文章，以及《典律、可能性与优雅的诗歌精神——与李森对话录》《从"大中国诗观"到"天涯美学"——与洛夫对话录》《诗心、诗学、诗话——与简政珍对话录》等几篇对话录，着重讨论现代汉语诗歌的本体建设问题。

在此，沈奇引入并阐发了一个重要的诗学概念——"典律"。

在《典律、可能性与优雅的诗歌精神》中，他说，"典律"是"一种诗之为诗的美学元素"，是指"一些可以通约的、基本的诗性特征"。[①] 在《重涉：典律的生成》中指出，"当代新诗的混乱，不仅因为缺乏必要的形式标准，更因为失去了语言的典律，这是最根本的缺失"。[②] 沈奇没有非常明确地指出"典律"一词的内涵。隐约可以指认，"典律"一词主要指涉诗的语言、形式两个因素，只是后者比较次要一些。

沈奇虽一直以先锋诗评家为诗界所重，但同时又一直不失对现代汉语诗歌本体建设的有效探求。他曾在一篇文章中引了法国学者德里达的一段话——"无论诗歌的目的是什么，涵盖范围有多大，都必须简短，洗练"。[③] 这话里的两个词语——"简短"和"洗练"，正好拿来理解沈奇关于"典律"概念的内涵。

先看"简短"。沈奇说，这"显然是在作形式的界定"。[④] "当代"新诗，尤其是"叙事"手段的引入遭滥用以后，诗歌"由早期的简洁、单纯逐渐变得复杂、含混起来，许多叙事变质为絮叨、啰唆、粘滞、拖泥带水，以拆成分行排列的平庸文章，复述在散文中讲过的东西，文体的界限几已荡然无存"。[⑤] 沈奇认为现代汉语诗歌在形式方面应该有个"界限"。这个界限是什么？沈奇不再像前辈理论家那样探求一个规整、严谨的体式。事实上，通过前辈诗人、理论家的探讨发现，现代汉语诗歌很难再确立整齐划一的形式。闻一多要求的"句的均齐"、林庚构想的"典型诗句"，如古典诗歌近似的"典型"的外部形式，因为与现代汉语的构词规律相抵牾，难以维持。现代汉语以双音词和多音词为主，要求每句的字数相同，难免会削足适履，以辞害意；否则就很难确保整首诗诗句的统一（闻一多《死水》中的诗也不全是整齐的"豆腐块"）。关于这一点，何其芳讲得很透彻。他说："用口语来写诗歌，要顾及顿数的整齐，就很难同时顾到字数的整齐。"[⑥]既然这样，慢慢地诗人们连顿数的整齐也觉得麻烦而简化了。

沈奇明晓这个事实，所以他只保留一个底线，就是新诗要短。"简短"就是现代汉语诗歌与其他文体如散文、小说、戏剧等最显著的区别。为此，沈奇还苦心孤诣编选了一本《现代小诗300首》，选录了自新诗以降至2004年间公开发表的现代汉语小诗三

① 沈奇：《沈奇诗学论集Ⅰ》，中国社会科学出版社2005年版，第274页。
② 沈奇：《沈奇诗学论集Ⅰ》，中国社会科学出版社2005年版，第11页。
③ 沈奇：《沈奇诗学论集Ⅰ》，中国社会科学出版社2005年版，第11页。
④ 沈奇：《沈奇诗学论集Ⅰ》，中国社会科学出版社2005年版，第11页。
⑤ 沈奇：《沈奇诗学论集Ⅰ》，中国社会科学出版社2005年版，第36页。
⑥ 王锺陵主编：《二十世纪中国文学史文论精华·新诗卷》，河北教育出版社2000年版，第288页。

百一十四首。在此，他综合了其他人的意见，为小诗确立了一个标准——十二行，一百字以内。[①] 当然这不是他为现代汉语诗歌划定的形式标准，但至少可以体会到他在新诗形式构建上努力的“意愿”。

爱伦·坡在《诗的原理》中说，“我认为长诗是不存在的”，“一首诗的称号，只是由于它以灵魂的升华作为刺激”，“一切刺激都是短暂的”。[②] 诗要达到刺激的目的，一定是短的。至于一首诗“短”到何种程度，最好由诗人自己来斟酌、来把握。但新诗要短，这是一定的。沈奇在新诗形式方面的所思所为似乎恰好暗合了这位先哲对于诗之本质的理解。

其次看“洗练”。这是沈奇对于新诗语言所定的标准，是他所谓“典律”概念的主要内涵。新诗在“第三代诗人”引入“口语”以后，赋予现代汉语诗歌以轻快、鲜活、谐趣等前所未有的品质。但是很快，由于“口语”的泛滥，诗歌又染上了絮叨、生猛、轻薄等毛病。沈奇认为，这是背离诗歌的美学特征的。他说，“洗练”“是作诗的基本功，也是诗歌美的底线”；“‘练’者，精练，简约，以一当十”，“要‘练’，则必得洗”，“洗是减法”。[③]

沈奇曾经“疾呼”——“把根留住”。那么，什么是汉语言文字的根呢？就是“汉字、汉语、汉诗”，“作为一门特殊的语言艺术之基本的品性所在”。[④] 这种“基本的品性”，沈奇在他两篇主要论及“典律”的文中没有论及，但相关的意思在《可能与局限——关于‘字思维’与现代汉诗的几点断想》与《诗学杂记——读瞿小松音乐杂记共鸣》中有明确的表述。

谈到汉字与汉诗的关系，沈奇说，“汉诗思维多以字、词为基点，遇字引象，由词构而句构而篇构”，“汉诗语言的内在机制有如水晶的生成，而非积木式的配置”，“水晶打碎了仍是水晶，积木推倒则一无是处”。这段话揭示了汉语言文字构词结句的特殊机制与汉语诗歌特殊的思维方式。对此沈奇作了个精彩绝伦的比喻，汉字有“水晶”般的“造型性”，汉语诗思维是“水晶式的诗思”。[⑤]

所谓汉语言文字的“水晶”特性就是，作为汉语基本单位的文字字符都是由形、音、义三个因素构成；大部分字符就是一个意义相对独立的语词。所以，汉语，尤其是古代汉语以单音词为主，词构句，句建章，极为灵活。相传苏轼为一豆芽店撰联，上联为：长长长长长长长；下联为：长长长长长长长。这副对联就妙用了“长”这个字，同形而音异则意义不同（上联的一、三、五、六，下联的二、四、七字为“长短”的“长”；余皆为“生长”的“长”）的特性造成生动的意趣。现代汉语虽然双音词、多音词增多，但基本构词方式没大的变化，因此这一诗性的潜力应该还在。惜乎沈奇在具体行文中也仅以

---

① 沈奇编选：《现代小诗300首》，山东文艺出版社2006年版，第7页。
② 刘象愚编选：《爱伦·坡精选集》，杨烈节译，山东文艺出版社1999年版，第124页。
③ 沈奇：《沈奇诗学论集Ⅰ》，中国社会科学出版社2005年版，第68页。
④ 沈奇：《沈奇诗学论集Ⅰ》，中国社会科学出版社2005年版，第12页。
⑤ 沈奇：《沈奇诗学论集Ⅰ》，中国社会科学出版社2005年版，第56、57、65页。

古典诗句举证，似乎缺乏服人的力量。那么，能否拿出有力的证据来？我这里刚好有个例子用来支持沈奇的观点。有人把台湾诗人余光中的名诗《白玉苦瓜》顺读一遍，再“倒背”一番，结果惊奇地发现，不仅语义“无碍”，“反而转出另一翻天地”。如原诗最后两句“一首歌，咏生命曾经是瓜而苦/被永恒引渡，成果而甘”，倒转过来是“成果而甘，被永恒引渡/咏生命曾经是瓜而苦，一首歌”（甚至连诗题都可以倒过去，读作“瓜苦玉白”）。[①] 当然，现代汉语以双音词、多音词为主，其反转的程度与灵活性似乎不及古代汉语。即使如此，这也可能是个极具说服力的例子，足以显示现代汉语所具有的独特的诗性特征。这就是沈奇所谓的“水晶”特质。

把以上意思总归来看，无论是形式的“简短”，还是语言的“洗练”，都趋向于一个总体的诗性特征——简约、语言造型、意象思维等。这正是人们公认的新诗基本审美元素。沈奇之所以没有给“典律”这一概念的内涵以明确的界定，其用意也是想在新诗暂无形式标准的情况下，综合诸种因素，归纳出一些带有规律性的现代诗美学元素或基因，排除外在形式的硬性确认。

另外，我要补充一点，就是沈奇没有提及的汉字的象形特质。这也是足以触发现代汉语诗歌诗性灵犀的端倪。古典律诗对汉语文字“音”与“义”之诗性资源开挖近尽，形成古诗声情并茂的美学风格。新诗以来尤其是当代汉语诗歌，在语言文字的运用上，只重“义”，连“音”都忽略不计了，遂造成只能默看不合诵读的“哑巴诗”的尴尬情形。

事实上，汉语言文字“形”的因素也是可供诗歌“妙用”的资源。举台湾诗人陈黎的《战争交响曲》来说明。这首诗作于 1995 年，全诗由三部分组成。“第一节以 384 个‘兵’排成一个 16×24 的规则长方形”，第二节“许多‘兵’被‘乒’‘乓’代替”，“第三节回到第一节的规则长方形，只是所有的‘兵’都成了一座座的‘丘’”。“全诗只用了四个汉字，然而透过巧思”，“形象”（字形之象，“兵”之于“乒”“乓”“丘”）而意味深长地揭示了战争给生命带来的灾痛。[②] 对于这首诗的解释，传统的诗学理论恐怕都要失效。因其独特的诗性魅力正体现在汉字特有的“象形”上。这是其他语言文字所无法“遭遇”的诗意（当然，不排除其他民族语言文字有其特有的诗意“遭遇”），古典汉语诗歌也少有如此“自由”尝试的可能。

现代汉语诗歌在语言文字方面的建构工作之一，就是要尽可能地挖掘汉语文字本身的诗性“潜能”。至于用诗歌“求真理、启蒙昧、发理想、抒豪情、掘人性、展生命”[③]，古人能，今人亦能，汉诗能，外国诗也能。但是像陈黎的《战争交响曲》、洛夫的一系列“隐题诗”等，由于对汉语言文字之妙用而凸显一层特殊诗性的情状，就只有汉语诗歌，甚至只有现代汉语诗歌所能了。

---

① 江弱水：《抽丝织锦——诗学观念与文体论集》，作家出版社 2001 年版，第 166 页。

② 奚密：《诗生活》，广西师范大学出版社 2004 年版，第 71、73 页。

③ 沈奇：《沈奇诗学论集 I》，中国社会科学出版社 2005 年版，第 13 页。

五

综上所述,现代汉语诗人只有回到对汉语诗歌诗体的建设方面,在努力探索如何挖掘与传达现代汉语的诗性特征的前提下,才能对现代汉语诗歌的发展做大的贡献,也才能在诗歌创作方面有新的突破,写出更多更好的诗来。

人间要好诗。不错。然而好诗的诞生离不开诗人对于诗艺的良苦用心。杜甫之所以成为一代诗圣,除了心系家国外,关键在诗歌艺术方面的探索和精进。“语不惊人死不休”不是一句堂皇的话。杜甫之前的历代诗人也都留下上下求索的丽声与倩影。南北朝时“永明体”诗人王融、沈约等发现汉语四声并用之于诗歌创作,初唐沈佺期、宋之问等最终确立近体诗的经典形式。所谓唐诗,是几代、几十代人凝聚生命之心血成就的诗歌艺术之圣果。所以说,李白、杜甫等大诗人的出现也是诗歌历史进程的必然。

百年新诗的发展,经历了太多的曲折与坎坷,无数的诗人、诗学家辗转、挣扎于其间,做出了坚卓的努力。至今,现代汉语诗歌的体式尚未成熟与完善。这其中,除了上述学理性的诸多问题需要我们继续深入探求外,我觉得我们的诗人、诗歌批评家、理论家,还应该在其主体精神方面,自觉告别自“五四”新文化运动以来,因袭已久的思想、心理上的“运动情结”,消除内心的“紧张”感,以“优雅的诗歌精神”投入现代汉语诗歌的本体建设中来,使“诗歌回归到自身的独立品质上来”。①

一般来讲,任何一门艺术的前景都是无可限量的,而且历史进程充满了难以预测的变数。但是无论如何,现代汉语诗歌的发展不能脱离汉语言文字本身,诗歌艺术应有其不同与其他语言艺术类别的独特形式,这些属于现代汉语诗歌本体的因素永不会变,这是肯定的。那么我相信,今天的诗人和诗歌理论家们在这方面所做的努力不会白费,而且最终会为现代汉语诗歌的将来所铭记。

---

① 沈奇:《沈奇诗学论集Ⅰ》,中国社会科学出版社2005年版,第290页。

传统文化的“复魅”：叶广芩的秦岭生态文学建构

冯　晟

摘　要：叶广芩在她的秦岭生态文学作品中，以理性的姿态关注着人类与其他生物的关系，以及人类自身的发展。在哲学内涵上，展现出儒家的“成己成物”与道家的“虚静”“坐忘”，以及民间丰富多元的信仰。在叙事章法和描写方式上，从古典文学中的志怪传奇摛藻敷彩，并活用了古典诗歌的对仗结构，也吸收了笔记体与对话体的风格，拓展了作品的想象与审美空间，以其坚实的生态伦理立场参与和推进了民族心理与生态文学的现代建构，为在“生态文学”这一外来概念中塑造出具有中国文化心理与品格的作品，恢复传统文化的魅力，提供了很多有益启示。

关键词：叶广芩；秦岭生态文学；文化传统；对仗结构；复魅

“终南阴岭秀，碧障插遥天”。巍巍秦岭自古以来深刻的自然与人文内涵，使无数文人墨客登高揽胜，竞相流连。围绕着这座划分中国南北的中央山脉，近年来生态文学的创作成果不少：比尔·波特的《空谷幽兰》、白忠德的《我的秦岭邻居》、刘云的《风吹过秦岭》、王若冰的《走进大秦岭》、贾云峰的《大秦岭纪事》等等。在书写秦岭的作家当中，叶广芩自20世纪80年代初便与秦岭结缘，先以《陕西工人报》副刊记者的身份深入秦岭保护区采访，后以周至县委副书记的身份挂职九年，长期生活于秦岭腹地的老县城村和大熊猫动物保护站，具有一般“作家采风”所不易获得的对秦岭的深度了解。她创作出了以秦岭为核心的生态题材小说《山鬼木客》、历史小说《青木川》和纪实散文《老县城》《秦岭无闲草》《秦岭有生灵》等一批佳作，呼吁保护生态环境与历史遗迹，以其坚实的生态伦理立场参与和推进了民族心理与生态文学的现代建构，具有较大的社会影响力。

一、传统哲思

在西方，生态文学诞生的思想和历史基础，是社会高度工业化与现代化后对人类文化的重新审视和批判。而在当下的中国，在距离西安这座现代都市最近不过几十公里的秦岭中，仍然有山民过着日出而作的“原始”生活，渴望“现代化”生活方式的普及。当前现代与现代、后现代处于一个并置的文化时空中时，生态伦理在中国的发展，往往伴随着文化的断裂与冲突。如何在“生态文学”这一外来概念中，塑造出具有中国文化心理与品格的作品，进行传统文化的“复魅”，则需要作家们进行深入探索。

出生于北京的满族贵族家庭，在诗酒茶花、书法绘画的文化熏陶中，叶广芩很早就表现出对自然的关注与亲近。在《秦岭无闲草》中她说：“我的家庭对草有着特殊的偏爱，祖父以善养花草闻名。石榴、海棠、丁香、玉簪、蜡梅，一年四季里花朵不断，我几个姐妹的名字全部是以香草取定：英、蕙、华、荣、芸、芩、荃，从落生的那一刻起，命运就将我们和草紧紧地连在了一起，不能分开了。走进凉风垭，我有种回归的感觉，我是其中一棵草，前生在这里，来生我会回来。”[①]1983 年她的日语译稿被编为《眼镜蛇为什么会跳舞》《什么是生物》《生物》三部小书，由人民教育出版社与商务印书馆出版。这些译稿的翻译时间尚在“文革”期间，已经显示出叶广芩与众不同的文化视点。此后叶广芩的创作也总是和时代主潮保持一定距离，呈现出传统的文人意趣与文化之美。在传统文化构成中，“地理”是经史子集四部中“史部”的分支，包括地貌、气候、水文和由此所引起的生态环境保护现象，是自古以来中国文学描绘和吟唱的对象。从陶渊明的《桃花源记》，到李白的好入名山，再到废名与沈从文等现代作家在自然怀抱中的任情自由，都体现出对自然的尊重，以及与自然不分主客、亲密无间的关系。而叶广芩的创作也具有这种“关注自然”的特质：“我的笔锋和性格注定了我不是一个能做鸿篇巨制，展示高角度、大视野的作家，我的目光常常向下，于是便看到了许多和我一样的人，看到了许多沟壑林莽中的草和活跃在山中的精灵。我深深地爱上了它们。”[②]走进秦岭，对叶广芩来说，既是“少无适俗韵，性本爱丘山”的自然选择，也是中国文人“采风”传统的现代体现。秦岭在她的笔下，勾连了历史陈迹与今日生活，也承载了作家独有的文体风格。

龚鹏程在《中国小说史论》中提道：“空间感（space）不是地方感（place），也不是‘背景’。光是有故事发生的年代与地点、历史背景，构不成小说的空间。空间感是深入到小说本质的东西，小说中一切情节与人物，都因为有了这个空间，所以才具有生命。”[③]中国传统文化与文学的影响，是叶广芩秦岭文学空间感的精神来源，是叶广芩的“秦岭”形成自身风格的重要原因。纵观《山鬼木客》中以秦岭动物命名的七篇小说，亲近自然与动物的人往往表现出“不合时宜”的悲壮感：《狗熊淑娟》中林尧四处奔走，也未能阻止动物园里的狗熊“淑娟”被卖给马戏团的命运，在坚持寻找的过程中被淑娟扇飞了半边脸，淑娟仍然难逃被杀害吃掌的命运；《熊猫“碎货”》中无私救助熊猫的豹子坪村注定会自然消亡，专家们认为将山林还给大自然是社会的进步，四女的爹却清楚从此“花熊们”再没有了依靠；《山鬼木客》中和山林中各种动物和谐共处的陈华因为人们鄙夷厌恶居高临下的眼光而选择了自戕；而在《黑鱼千岁》《长虫二颤》《猴

① 叶广芩等：《秦岭无闲草》，长春出版社 2011 年版，第 7 页。
② 叶广芩等：《秦岭无闲草》，长春出版社 2011 年版，第 8 页。
③ 龚鹏程：《中国小说史论》，北京大学出版社 2008 年版，第 23 页。

子村长》和《老虎大福》中，人类与动物的对立从“评法批儒”的政治运动与“可恶的大灰狼”式的幼儿教育开始，现代人类的贪婪残酷使有灵性的动物遭受了灭顶之灾。叶广芩以看似不加褒贬的笔法暗暗显示出对现代人的批判，“不合时宜”的坚持中透露出传统文化的哲思。

中国古代的环境哲学在中国传统文化版图里具有较为广泛的世界影响。儒家思想重“成己成物”。如宋代的张浚说：“夫诚信之道，天下孰不格心而化，其行欤，下至豚鱼小物，无暴殄竭取之祸，则天下乐遂其生，以成大治。”①在儒家学者来看，“成己成物”也就是“尽己之性，尽人之性，尽物之性”和“使万物遂其生”的过程。在叶广芩的小说中，林尧、四女及寻访“山鬼”的陈华等人，无不身体力行着这简单朴素的信仰。反之，丁一、二老汉、三福四福、佘镇龙等对动物“背信弃义”的行为则使人重新思索儒家的义利观与信义观。“义利之辨”一直是历代儒家争论的核心问题，儒家典型的态度是“正其谊不谋其利，明其道不计其功”，亦有尚义而不排斥利或兼重义利之说，但儒家绝对不能容忍只顾私利的行为。《长虫二颤》中的老佘违背了“长虫坪的人从来不吃颤，以前就是取胆也从不杀颤”的观念，遭到了身首异处的蛇头的吞咬，以截肢保全了生命；《老虎大福》中人们不敢下沟去勘察老虎究竟死了没有，把二福家的看家狗扔了下去，“上来的黑子连看也不看这边，掉头就跑了，它看透了这些人”。作者以儒家生态哲学作为参照系，比照出现代人精神境界的利欲熏心和精神矮化。

道家哲学对叶广芩的创作也有很深影响。她在访谈中曾经说到，在秦岭中攀登到一定高度时，一路的长林丰草突然变得空无一物，“从有到无，使人体会到老子的哲学与人生境界”。《山鬼木客》中，熊猫三三对科学考察员陈华的接受也体现出“坐忘”的道家哲学境界：“（三三）既不惊慌失措也不欣喜若狂。第一次相遇它们四目相对，坐了一下午，后来三三睡着了，他也睡着了，醒来时各走各的路。第二次见面，他像给岩岩（一只被他起名的鼹鼠）一样给三三吃糖，……再后来是三三给他表演爬树，它爬上去摔下来，爬上去摔下来，故意摔给他看，逗他高兴。他也爬了一次，却是下不来了……”②庄子在《大宗师》中有云：“堕肢体、黜聪明，离形去知，同于大道，此谓坐忘。”在这种虚静恬淡、寂寞无为的状态中，因为山林中这些天真烂漫的动物的陪伴，陈华反而有一种“回归故土的放松与自然”，恢复了人之为人的真情至性，在人生忘我的一刹那，空诸一切，心无挂碍，和俗世暂时绝缘。在大自然中，云豹、鼹鼠、蚂蟥、熊猫、黑熊各得其所，呈现着它们各自充实而自由的生命力，陈华的“自我”泛化到万物之中，从物我并峙到物我交融，体现出道家哲学的至高境界。可是，步出山林的陈华因为不修边幅而被当作“野人”，被镇上陌生而焦躁的人们投掷石头土块，一路追捕。面对着对面的山岩，“庙台槭里有木客，箭竹林里有三三，灌木丛里有云豹”，“家”的召唤使他纵身跃入了涧底，消失在了白云之间……陈华不再“以心为行役”，在自然的怀抱中得到了永恒的安宁。这里的抒情色彩颇具中国诗学的特质，将震撼人心的悲剧冲突

① 张岱年、程宜山：《中国文化论争》，中国人民大学出版社2006年版，第122页。

② 叶广芩：《山鬼木客》，北京十月文艺出版社2015年版，第141页。

化为启迪性灵的神韵意境，在勿过勿滥的克制之中达到含蓄蕴藉的人生境界，看似恬淡节制，却似癯实腴，使人读罢掩卷深思，低回慨叹不已。

随着现代生活的推进，人对自然的敬畏感与神圣感几乎已经湮灭。因为地缘阻隔的缘故，在《长虫二颤》中，村民仍然保留了一部分敬畏自然的传统："陕西民间将'蛇'称为'颤'，写出来仍旧是'蛇'，读出来就变为'颤'了。有姓'蛇'的，要是真把它当'蛇'字来念，'老蛇'、'小蛇'地叫，姓蛇的人会认为你不懂规矩，缺少文化，就像有人把姓'单'的念成了'单'，把姓'惠'的念成了'惠'一样，很没水平，很掉价。这种变音的读法有敬畏、隐讳的意思在其中，跟古代不能直呼大人的名姓是一个道理。"①这种敬天地畏大人的传统文化心理，使叶广芩的秦岭生态文学更具有中国人文主义哲学的审美面貌。在《黑鱼千岁》中，尽管搏熊馆村每年风云大作雷电交加，"现代气象学将此叫作'气流漩涡'"，但是当地百姓一直将其视作汉武帝重回此地巡视的象征。"九十一岁的霍家太婆家的神有很多，一张黄纸密密麻麻写满了，内中汉武大帝位居中央，武帝四周围绕着观音、如来、老君、王母、仓神、灶神、山神、地母、土地，还有狐狸大仙，家宅六神等等。老太太这一炷香拜的神仙多了，撞上哪个算哪个"②。充分体现了中国民间驳杂丰富的原始信仰与综合思维方式。而霍儒（原名霍批儒）对黑鱼执着抓捕、欲擒未擒却又稳操胜券的"游戏"心态，已经与上文中所提及的"使万物遂其生"儒家环境哲学背道而驰，显示出了残忍嗜杀的倾向，而终究也遭到了黑鱼的报复，将他"带向那无边的黑暗"。这个结局所揭示的主题，与《老人与海》中通过对大鱼的征服表现出人类的力量截然不同，显示出反对人类中心的自然整体观，也显示出中国哲学的人文精神。在中国哲学中，自然被内定于人的存在，人也被认定内在于自然的存在，这种"天人合一"的人文传统，在《黑鱼千岁》中表现为霍儒与黑鱼"这一对冤家"被水冲上了浅滩，死了也被麻绳缠在了一起。之后，"霍儒在堂屋里很舒服地躺在棺材里，脸上带着笑"，似乎得到了心灵的平静与满足。看似恐怖而狂暴的自然最终虽然未能使人"与天地合其德"（考虑到"评法批儒"对传统文化的破坏），却"与鬼神合其吉凶"（追杀"千岁"的结果是不胜不败，最后与黑鱼同归于尽）。与《狼图腾》等近年一批以动物视角为出发点的生态小说相比，叶广芩在反对人类中心主义时，并未将自然和动物"神化"，而是要求更理性地对待人类与其他生物之间的关系。充分体现了中国人在人与自然的主客体关系中追求公允、协调、互补和自行调节，以达到平衡与稳定的人文主义思想。

二、古典叙事

在传统哲学为里的基础上，叶广芩又从古典文学中摛藻敷彩，使得笔下的生态文学作品铺衍出天马行空的想象，在叙事章法和描写方式上非常具有民族传统文化的魅

---

① 叶广芩：《山鬼木客》，北京十月文艺出版社 2015 年版，第 191 页。

② 叶广芩：《山鬼木客》，北京十月文艺出版社 2015 年版，第 157 页。

力。从六朝志怪再到唐代传奇，古典文学中人与自然的关系一直生气勃勃，人与动物往往可以相互转换——《山海经》中炎帝之女化为精卫，鲧变身黄龙。《聊斋志异》中更是充满了人与动物相恋的美丽传奇，也同样体现出人对自然的敬畏。《山鬼木客》中，陈华帮助山民王双印起坟时，王双印对这个“与众不同”的弟弟表现出“粗粝的山里人所从来没有过的情感”。结尾处陈华从天花镇寄到古脊椎动物研究所的包裹及简要报告，则揭开了老王弟弟身世之谜的谜底——他的弟弟王双财的颅骨与类人猿接近，是他们母亲受“山鬼”劫掠的产物。人与猿猴的相似，在唐人记载里十分多见，《隋唐嘉话》中曾记载唐太宗时期，长孙无忌嘲笑欧阳询说：“耸膊成山字，埋肩不出头。谁家麟阁上，画此一猕猴？”而猿盗妇人的母题从西汉时就开始流行于民间，晋张华的《博物志》、干宝的《搜神记》以及明瞿佑的《剪灯新话》都有不断的改写流变，反映了人类原始性的异类敬畏感。叶广芩化用了古典文学中的这则母题，在《山鬼木客》中将猿的形象与“山鬼”结合在一起，在寻找“山鬼”的迷雾中又嵌套了一层“无为有处有还无”的“真相”，使整个故事的结构更加复杂巧妙。在《长虫二颤》中，叶广芩引用了刘秀无故杀蟒，就会遭遇“王莽新朝”篡政报应的传说，继续表达了潜藏于民间的原始异类敬畏感；会用扁豆花解毒的殷姑娘则因为“护颤”而被全山的长虫朝拜，村民也为她立祠纪念。“二颤”的体态性格暗示了他是长虫与殷姑娘后代的神秘身份，却与人为善、乐于助人，使人想到唐传奇中“龙女报恩”的母题，而老佘杀掉那条盘踞在二颤身旁的老蛇后，二颤也离奇死亡，则又一次体现出自然的神秘莫测。这种对人和动物的一视同仁，没有矫情之气，而有浑然之仁，相较于受“科学”影响而具有求实征信心理的大部分当代中国生态文学作品，更富一种别样魅力。而这些看似荒诞的情节，打通了人与自然的关系，拓展了文学的想象与审美空间，也承袭了中国古典文学的传奇色彩，使读者获得更具民族经验的审美感受。

在写作技法上，叶广芩将古典诗歌中的“对仗结构”运用到作品叙事结构的构建上，形成了场景、对话及人物个性的平行或对立。在小说作品中，人物表现为“自然话语”的林尧、四女、二福、王安全与“商业话语”的丁一、三老汉、三福四福、佘镇龙的对立，前者对自然敬畏而尊重，倾尽所有地保护，后者则由于商业文化的冲击了而展开了对自然和其他生物无所忌惮地掠夺：老佘说，观念得改改啦，北方的馆子以前也不做蛇，现在不是也卖得很红火，油煎、清炖、红烧、黄焖。人家日本还做成了生的撒西米，吃的花样多了。……三老汉说，要是为了治病救命，用多少蛇胆长虫坪的人都不在乎，长虫坪的颤们也不会在乎，那是积德行善的功德，怕的就是无辜杀生……老佘说，乡下人不开窍，改革开放的春风还没有吹进来呢。[①]《黑鱼千岁》中“对仗结构”的平行运用，则表现为霍儒的好杀与霍法的嗜利，也都对当地的生态及历史文化造成了破坏。在这种无声的对照中，读者不难感受到秦岭原有自然空间价值体系受到的冲击，过去与现在、自然与商业的对比产生了浓重的今昔之感。传统与现代、民族与西方、科技与

---

① 叶广芩：《山鬼木客》，北京十月文艺出版社2015年版，第217页。

伦理的分歧与纠缠是自现代白话文学诞生最核心的命题，而叶广芩的作品也绝不仅仅是古典文学的直接再现，在作家对自身的文学态度有所坚持的同时，同样围绕着民族现代性的命题展开创作。中国已经跃居世界第二大经济体，伴随而生的则是“现代化”进程当中的各种“文明病”。急躁的中国人失去了与自然的亲密相伴、“天人合一”的从容不迫，而“自然”是如何一步步失去，又是否能够追回，都通过叶广芩的笔记载了下来，成为当下现代化进程中人对自然的破坏与挽救的历史存照。同时，走出过国门，在日本这一现代发达国家学习生活过多年的她，并没有如沈从文般将“城市”与“乡下”视作“文明”与“自然”截然对立的范畴，也未像西方激进的生态中心主义者所主张的那样，人应该纯然为动物代言，人类应无条件地退出荒野。在《熊猫“碎货”》《狗熊淑娟》和《山鬼木客》中，都提到了保护区山民为保护野生动物所忍受的农作物和家畜被损坏的“牺牲”，提到了四女母女两代人对山外世界的向往，这种客观和理性的态度使叶广芩的秦岭生态作品既有“诗骚体”的言志抒情，又有“史传体”的客观叙事。将两种文学传统熔于一炉，显示出作者成熟的文学功力。

有关秦岭生态的散文作品《秦岭无闲草》《秦岭有生灵》，是叶广芩与相交三十年的老友——植物专家党高弟与动物专家梁启慧共同完成的合璧之作。在这两部书中，“对仗结构”表现为“文学”与“科学”话语的交融与碰撞。同样描述祖师麻这种植物，叶广芩表述为：“祖师麻因又叫瑞香，是草中祥瑞，有股深远的香气，古人有诗称赞它说：‘发挥名字来庐草，弹压芳菲入醉乡。最是午窗初睡醒，重重赢得梦魂香。’”接下来是对“文革”期间在农场兼任卫生员时使用祖师麻药膏的回忆，诗文典故信手拈来，十分感性而饶有趣味。而党高弟则写道：“祖师麻是瑞香科的小灌木，花是黄色的，秋季果实成熟后是鲜艳的红色。根皮和茎皮特别有韧性，药用的就是这些皮。当地人说打得满地爬，离不了祖师麻，一听就知可治跌打损伤。它有小毒，使用需谨慎。”①实用理性兼有秦岭山地的草木之气。这种平行结构的相互映衬激发，既富于“兴观群怨”的感事抒怀的文学性，又能使读者“多识于鸟兽草木之名”，是古典文学中笔记体与对话体风格的延续。叶广芩曾经在访问中推崇纪昀所著《阅微草堂笔记》：“这部笔记体小说文字漂亮，用词讲究，是我的‘枕边书’。”袁枚的《子不语》曾被鲁迅先生评为“其文屏去雕饰，反近自然”，妙趣横生而委婉幽峭，也是她认为“有意思”的作品。在《老县城》《秦岭有生灵》《秦岭无闲草》中，叶广芩显然承袭了这些笔记小说“广采游心骇耳之事，妄言妄听，记而存之”的任性自然，最终展现的是民族文化与赤子之心。

三、文学建构与文化“复魅”

周至县南的大山林深叶茂，是千里秦岭最为险峻的一段，也具有丰富的历史文化资源。唐代文人修建“终南别业”，为着交游与往返长安的方便，多选在山前及浅山地带的交通便利处。而周至境内的诸多山峰离长安较远，又因山高路陡，顶峰终年积雪，

---

① 叶广芩等：《秦岭无闲草》，长春出版社2011年版，第9页。

为求取终南捷径者所不取。正因如此,才以其幽静得到隐士的青睐:县东三十余里留有道教圣地楼观台,县东南黑水峪口建有隋文帝修筑的仙游寺。安史之乱中,众多士人选择自京城至周至,取傥骆道避难。白居易在此担任司户尉,"曾于太白峰前住,数到仙游寺里来",留下了大量诗文佳作。千载之后,叶广芩又以"作家挂职"的形式,在周至担任县委副书记,与司户尉白居易取得了文化身份上的微妙共通。在《老县城》的第一章"傥骆道"中,叶广芩提到了白居易的"今日勤王意,一半为山来",山野林泉对白居易和叶广芩都有极大的吸引力,白居易常在蝉声如织里登亭遥望"数峰太白雪",手持"一卷陶潜诗"。在叶广芩笔下,这种传统文人的雅风余韵也常见诸笔端:"石为山之骨,土为山之肉,水为山之血脉,草木为山之皮毛。好山应该是紫气如盖,苍烟若浮,云蒸霞蔚,四时弥留……"[①]文中引用了来自风水堪舆学的生气说,彰显出古人对自然生态的保护意识,与京城大闹的沙尘暴在《老县城》中形成了鲜明的对照。而在周至的山紫水明中,白居易与叶广芩的交游圈都由"长安"城内的文人官员转为深山处士,叶广芩"每天就盼着县上的文学朋友来找我,或谈天论地,或出去野逛"。在"野逛"中,她跟着大熊猫保护站的工作人员一起进山考察,去哑柏镇寻找爱动物成"痴"的老汉董志清;帮着农民打菜籽掰苞谷,坐在老百姓炕头拉家长;替老县城的民办女教师转正和学生教育问题操心;在山里与一群文友召开笔会……这些经历无不为她的文学创作提供了丰厚的滋养,使得她与白居易一样,笔下的秦岭山水除了具有山水田园派吟咏自然的诗意,而更贴近民众生活的实况。白居易重回长安时,在满城争观牡丹车马若狂的人群中,想到的是"一丛深色花,十户中人赋"。《熊猫"碎货"》中,村委会抢救"花熊"的话题很自然就会转到种枣皮、点木耳的技术探讨上。《猴子村长》中,红头文件下达了为市动物园逮六只金丝猴的任务,但国家给侯家坪的工费极其有限,加之村民的贫困造成的"贪欲",最终酿成剩下的猴子集体自杀的惨剧。显示出生态保护固然需要依靠人类的自省与内心精神空间的重建,但是法律条令与行政手段的维护也必不可少。在书斋里凭借道听途说或影像资料写就的"生态文学",是不可能拥有这样的深度的。从白居易到叶广芩,文学语言从文言发展成了白话,不变的是传统文化中的士大夫兼济天下的责任感与历史使命感。白居易在《与元九书》中称:"自长安抵江西,三四千里,凡乡校、佛寺、逆旅、行舟之中,往往有题仆诗者。士庶、僧徒、孀妇、处女之口,每每有咏仆诗者。"叶广芩的作品则不仅出现在北京与西安的书店里,也出现在老县城的小商店里,被当地的农民与孩子很自然地读着,文学的流行不再局限于知识分子阶层。老县城村也因为叶广芩的这本书,家家户户开办了政府统一挂牌的农家乐,不少读者"因书而至",使得村民的生活有了较大改善。叶广芩的读者在网上建立了粉丝群"豆汁记",常常因为有关秦岭的作品而相聚在她笔下的山水之间——从北京到西安多个省市,从学工程热物理的博士到普通的家庭主妇,不仅和叶广芩一起重走了佛坪国家自然保护区,多次探访老县城、青木川,也对叶广芩的创

① 叶广芩:《老县城》,中国工人出版社2004年版,第126页。

作与作品鉴赏贡献颇多,形成了一个有益的生态文学场。这些都是白居易与叶广芩的共通之处,文学本应具有这样的魅力。总体来说,叶广芩的秦岭生态文学作品,不仅淋漓尽致地展现了秦岭这座中华文明"父亲山"的博大雄奇,也刻画了生机勃勃的动植物的妩媚鲜丽。在哲学内涵上,儒家的"成己成物"与道家的"虚静""坐忘",以及民间丰富多元的信仰,都富于中国传统的人文主义精神。在叙事章法和描写方式上,她从古典文学中的志怪传奇摛藻敷彩,并活用了古典诗歌的对仗结构,也吸收了笔记体与对话体的风格,拓展了文学的想象与审美空间,富有传统文人意趣及民族传统文化魅力。传统文化中士大夫兼济天下的责任感与历史使命感,使叶广芩在作品中除了关注生物多样性的保护,也同样关注人类与其他生物的关系及自身的发展,她的创作为恢复传统文化的魅力,在"生态文学"这一外来概念中塑造出具有中国文化心理与品格的作品,提供了很多有益启示。

当代“影视陕军”的类型特色与品牌建构

张体坤　唐中浩

摘　要：近年来，陕西影视取得了傲人成绩。电影《推拿》《百鸟朝凤》《塬上》《大漠雄心》，电视剧《王大花的革命生涯》《大秦帝国之崛起》《白鹿原》《那年花开月正圆》等一批新的“陕西制造”，彰显了当代“影视陕军”的品牌实力，在题材、类型和风格上令人耳目一新，改变了长久以来的“西部电影”印象，正如延艺云《新西部电影策》中所期望的，一种新的西部影视形态正悄然兴起。“影视陕军”新势力在崛起，并俨然成为当代陕西文化的靓丽标识。

关键词：“影视陕军”；类型；品牌

2013年以来，陕西影视频频发力，亮相国际影坛和全国荧屏。电影《德吉的诉讼》《百鸟朝凤》《塬上》等在国际上陆续斩获殊荣；电视剧表现愈加不俗，涌现出《大秦帝国》《幸福满满》系列，以及《我在北京，挺好的》《王大花的革命生涯》《长征大会师》《白鹿原》《那年花开月正圆》等众多业界精品，重塑了“影视陕军”品牌形象，赢得了良好的市场回馈和观众口碑。

一、重新发力：秀一个陕西给世界

2013年是陕西影视的第一个丰收年。是年，陕西创作电影22部，电视剧45部（1482集），其中12部登录央视。《德吉的诉讼》获德国科隆电影节最佳中国影片奖，电视剧《大秦帝国之纵横》《聂荣臻》《幸福满满》《懒汉的幸福指数》等相继在央视播出，谍战剧《神秘人质》《渗透》，抗日剧《火线三兄弟》《打狗棍》等在省级卫视热播后再度登陆央视，“陕西制造”影视剧的火爆，形成一股劲旅，初现了“影视陕军”品牌峥嵘。

2014年至2015年，“影视陕军”势头渐盛，类型、风格上不断成熟，再创影视佳绩，“陕西制造”跻身六强。

2014年陕西出产电影31部、电视剧16部（562集）。《推拿》（娄烨，2014）获柏林电影节银熊奖，第51届金马奖最佳影片。《我在北京，挺好的》《舰在亚丁湾》《兵出潼关》《大漠苍狼》等一批精品剧热播，“陕西制造”顺势成为国内影视剧场有强势竞争力的品牌。

2015年,陕西生产电影31部,电视剧16部(607集)。电影《摩梭姐妹》(李宏宇,2015)获美国纳什维尔国际电影节评审团特别奖,加拿大欧亚电影节最佳故事片、最佳编剧等奖项。电视剧《别让我看见》《平凡的世界》《王大花的革命生涯》《空巢姥爷》《历史永远铭记》等登录央视。电视剧"输出"也有新亮点:陕剧《小麦进城》入选中非影视合作工程,《空巢姥爷》入围第11届中美电影节电视剧"金天使"奖。

2016年至2017年,是陕西影视高歌猛进、超越进取的两年。这表现在,电影获奖数量和等级大幅提升,陕剧在题材、类型和风格上更加成熟大气,日趋多彩。

2016年,陕西立项影片108部,42部获公映许可;电视剧完成16部(651集)。陕西电影数量和获奖级别再创新高,《百鸟朝凤》(吴天明,2016)、《遵义会议》(于紫菲,2016)、《血狼犬》(刘建华,2016)、《T台魔王》(牛辉,2016)等七部影片先后在全国院线放映。《你在哪》(樊昊仑,2016)获第四届温哥华华语电影节最佳影片、最佳导演等奖项。《百鸟朝凤》获"五个一工程"奖、年度十佳华语电影。《定军山情歌》(2016)获第十四届国际山地电影节大奖、第三十四届迈阿密电影节华语电影峰会最佳剧情奖。此外,《血狼犬》获第三届丝绸之路国际电影节最佳故事片奖,《老腔》(高峰,2016)获第六届欧洲万像国际电影节优秀原创故事影片奖等。

电视剧方面,陕西电视剧在国内继续呈高端播出态势。最引人瞩目的是,《长征大会师》《毛泽东三兄弟》《千里雷声万里闪》《红旗漫卷西风》等革命历史剧热播,叫响了陕剧的"红色文化"品牌。都市情感剧《好先生》《嘿,孩子》《下辈子还做我老爸》等在各大卫视及网络平台播出,掀起收视热潮,使陕剧品牌影响力进一步提升。

2017年,电影《塬上》(乔梁,2017)获获第三十九届莫斯科国际电影节最高奖项——圣乔治金奖,《大漠雄心》(强小陆,2017)第五十届休斯敦国际电影节最佳故事片白金雷米奖。陕剧在荧屏频频出彩:《大秦帝国之崛起》作为开年大戏荣登央视,现象级大剧《白鹿原》《那年花开月正圆》在全国掀起收视狂澜,激起一股陕西文化热。新崛起的"影视陕军"正以一批既有国家水准,又"陕味十足"的"陕西制造",不断刷新人们对陕西影视的认知,"印象老土"的"陕西制造"有了时尚格调与流行色彩,"陕西制造"日渐成为"影视陕军"的突出特色和鲜明文化标识。

二、类型特色:历史题材、现实题材、文学改编成主流

近年来,陕西影视创作涉及革命历史、近代传奇、都市生活、当代军旅等不同题材,内容上则注重"弘扬主旋律,讲好陕西故事",即:一方面发挥红色资源优势,彰显陕西悠久灿烂的历史和民俗文化,如电影《遵义会议》、电视剧《聂荣臻》《长征大会师》《大秦帝国之崛起》《白鹿原》《那年花开月正圆》等;一方面关注民生现实、弘扬社会主义主流价值,如电影《德吉的诉讼》《推拿》《大漠雄心》《你就像一朵花》(秦小鹏,2017),电视剧《幸福满满》《我在北京,挺好的》《别让我看见》《空巢姥爷》《好先生》等,从而形成"历史题材、现实题材、文学改编"等交相辉映的类型创作格局。

相比之下，陕西电视剧在类型化和商业成就方面，特色鲜明，优势突出。表现在题材、风格和类型择取上，陕剧创作明显与电影拉开了距离，偏于商业和主旋律，并依托区位特点和本土优势资源，日渐形成红色历史、都市情感和文学改编等主打类型。

红色历史剧方面，陕剧善于将主流价值表达与电视娱乐性相结合，注重类型元素的糅合互渗，多元尝试，开挖红色题材的商业价值。如有红色题材与谍战元素相融合的《神秘人质》《渗透》《王大花的革命生涯》等，也有抗战历史与民间传奇相融合的《打狗棍》《火线三兄弟》《大漠苍狼》《我的铁血金戈梦》《豆娘》等。厚重的历史和独特的革命文化，给予了陕西得天独厚的红色资源。在重大革命历史题材和战争题材方面，陕西强化题材规划和创作引导，围绕重要历史节点做文章，形成了较为成熟的类型意识和叙事自觉，商业表现上也日渐成熟大气，推出重大题材（红色历史剧）、革命传奇剧等相互依托的主打影视类型，使陕西"红色文化"的品牌影响力大为提升。

现实题材方面，都市剧成为近年陕剧创作的优势类型。"陕西制造"的都市剧特色鲜明，普遍立足陕西本土叙事，满满的陕西味道，紧贴时代，关注当代普通人的情感生活，书写小人物的凡俗人生和励志故事，形成了大时代下个体叙事的独特艺术品格。"陕西制造"的都市剧类型多具有现实主义的底色和积极的人生价值，创作贴近生活，饱蕴社会正能量，既折射出人生百态，又能切近当代都市普通人的情感生活，及时感应时代气息，发掘基于人性向美向善的正能量与道德伦理表达。如有叙写小人物励志打拼的都市情感剧《我在北京，挺好的》；电视剧《别让我看见》取材真实事迹，是全国首部以"见义勇为"为素材的都市剧；《空巢姥爷》聚焦老年人的情感婚姻生活，呼吁人们给予老人们的情感生活更多的关注和理解；也有反映当代年轻人情感婚恋问题的《我是幸运儿》；等等。

文学改编方面，陕西电视剧也有诸多亮点，其中以《平凡的世界》《白鹿原》和《大秦帝国》系列最具有代表性。陕西丰厚的地域文学资源，是本土电视剧创作的鲜活源泉。近年的陕西电视剧在文学改编上，呈现出少而精的创作特点，如《盘龙卧虎高山顶》（改编自高建群《最后一个匈奴》）、《平凡的世界》（改编自路遥同名小说）、《白鹿原》（改编自陈忠实同名小说）、《大秦帝国》系列（改编自孙皓晖同名历史小说）等，均在全国掀起了收视热潮。文学品质向来是"影视陕军"创作的底气和特色。陕西文学资源优厚，"文学陕军"创造的大批当代经典，给予陕西影视丰厚的文学滋养。新时代语境下，如何化用这批本土优质资源，用文学反哺自身，推出具有竞争力和品牌影响力的电视剧精品，是"影视陕军"顺势崛起避不开的一个议题。

三、品牌趋势："影视陕军"渐成陕西文化标识

2013 年以来，"陕西制造"精品迭出，电影获奖、电视剧播出的数量和质量得以大幅提升，屡屡成为业界精品标杆。尤其是电视剧产出，在掀起收视狂潮的同时也将陕西地域独有的历史和人文理念传播开来，在全国荧屏刮起西北风，再次打响"文化陕军"的品牌。"影视陕军"新势力在崛起，"陕西制造"俨然已成陕西文化的标识，成长

为国内外影视领域具有强势竞争力的品牌。

1.“影视陕军”的品牌建构得益于政府的有意引导

陕西省委、省政府“重点在影视”的文化发展思路已见成效，为陕西影视的创作持续高产提供了良好的政策保证。这充分地体现在管理部门（陕西省新闻出版广电总局）对题材规划和创作策划的有意导引，如在建党95周年、红军长征胜利80周年之际，召开了全省重点影视作品创作座谈会，对电影、电视剧进行重点选题规划，陆续推出《遵义会议》《毛泽东三兄弟》《长征大会师》《红旗漫卷西风》《千里雷声万里闪》等一系列重点电视剧，播出后在全国打响了“陕西红色文化”品牌，提升了“影视陕军”的知名度和市场竞争力。

2. 良好的产业格局，“影视陕军”龙头效应初显

当前陕西影视格局可用“国有企业领衔带动，民营企业百家争鸣”来形容。据2016年统计数据，陕西拥有影视制作机构361家，其中民营公司约占九成，且多集中在曲江新区。初步形成以西影集团、陕西广播电视台、陕文投、曲江影视集团等国有企业为龙头，丫丫影视、光中影视、春天融和影视传媒、大秦帝国影业等民营公司为辅助的产业格局。西影等企业龙头优势明显，主要集中于重大题材和革命历史题材的制作上，依托雄厚的资金和人才基础，陆续推出《遵义会议》《血狼犬》《聂荣臻》《兵出潼关》《王大花的革命生涯》《毛泽东三兄弟》《那年花开月正圆》等一批精品佳作，打出鲜亮的“陕西文化”品牌。在西影、陕文投等龙头带领下，丫丫影视、光中影视、大秦帝国影业等民营企业由弱到强，得以顺利成长，日渐成为陕西影视蓬勃发展的生力军。民营企业开挖多元资源，在电视剧类型和风格上屡屡出新，他们推出的《我在北京，挺好的》《白鹿原》《大秦帝国之崛起》等剧均赢得了良好的市场口碑，提升了“影视陕军”的创作品质和声誉。

3. 集结优质影视资源，与全国制播市场对接

从某种意义上说，近年来陕西影视新势力的崛起，影视剧产品的顺利输出，乃至在全国制播市场的传播力和品牌价值提升，均与陕西影视产业联盟和西安电视剧版权交易中心的大力助推有着直接关联。正如著名编剧、影视制作人延艺云指出的，西部影视的发展不仅应将时尚审美潮流和地域特色文化相结合，更应该注重资金运作和市场运作的结合，塑造具有品牌效应和市场效应的集合性文化品牌，而其中的关键是“将资金运作和市场运作结合”。①

2013年10月，由陕文投集团、陕西广播电视台、西部电影集团等50余家影视机构共同发起成立陕西影视产业联盟。该组织联合西安电视剧版权交易中心，借助“西部影视节目交易会”的平台，整合省内优质资源，展示推销本省优秀影视作品，从而推动了陕西影视与全国制播市场的顺利对接。目前，陕西影视已初步形成投资、拍摄、制作、发行、后期开发、产权交易、院线经营、影视基地等为一体的产业集群，建立起较为

---

① 延艺云：《新西部电影策》，《电影艺术》2009年版第1期。

完善的产业链条。在组织和管理上能够合理调配、整合优质资源，加强与国内制播市场的对接，扩大陕西影视出品的数量和质量，进而提升陕西影视在全国影视市场的份额和品牌影响力。

2017 年，陕西影视享誉国际影坛，闪耀国内荧屏，电影、电视剧输出在数量和质量上再创佳绩，充分显现出“影视陕军”新势力崛起的势头和强大的品牌影响力。“陕西制造”彰显了“影视陕军”的雄厚实力，同时也标志着陕西影视已进入精品生产、高端播出、持续发力的新常态。

参考文献

[1]张智华，黄偲迪. 2017 年中国电视剧热点现象述评[J]. 民族艺术研究，2018(2)：50—59.
[2]徐翔. 品牌策略：陕西文学与西部电影改编[J]. 电影文学，2018(3)：25—27.

当代中国西部电影创作路径的拓展与美学探赜

王　涛

摘　要:从历史的角度来看,地域性、思想性和艺术性是中国西部电影与生俱来无法割舍的性格与气质,尽管在其模块主体地位不断失落的过程中,西部电影也曾做出了阶段性的类型尝试和商业探索,但迄今为止,模糊的概念界说和相对清晰的特征描述反而使这一电影流派获得了弹性的生长空间,并持续地在中国电影力量中扮演独特的角色。通过观察和分析近年来涌现出来的具有较大影响力的西部电影作品,勘察其在生态电影创作接续和以文化名片为创作驱动的两条创作路径,本文认为,中国西部电影是在坚守与变革的对照中彰显其审美价值,依然是中国电影创作格局中不可忽视的重要组成部分。

关键词:西部电影;创作路径;生态视野;美学传承

在西部电影诞生三十多年来的历程中,对其理论争鸣并未偃旗息鼓,电影创作的式微和碎片化使得这一理论视野渐趋降温,然而对这一问题的思考不仅关乎西部电影的学术价值认定和电影研究的学术思路问题,更是关乎中国电影史的理论构建和美学流变问题。在西部电影的理论争鸣早期,就有相关学者提出"西部电影的提倡它是一开始就确定了要在其追寻自身的无限性发展中来确认自身的一个全新的理论概念,它的问题不在于总结和说明,而在于发展和创新,它不是对创作的总结,而是对创作的参与和创造"。这其实在一定程度上为西部电影的理论身份和使命提供了合法化的论述,西部电影三十来年的创作实践历程也证实了这一观点的有效性。理论与创作从来就是相辅相成的,而不只是单向性的指导与被指导的关系,特别是对中国西部电影这么一个复杂的电影模块来说,由"黄土地"文化衍生出来的电影品牌集合到当前的多维创作和交错互渗,任何单向性的理论已然无法支撑复杂的创作格局。20 世纪 30 年代西部地区的跨越式发展给予了创作者新的灵感与创作动机,西部地区的发展变化不仅是物质现实意义上更是文化心理结构上的改变,经典西部电影当中的城市与乡村、传统与现代、落后与文明等颇为尖锐的矛盾已经减缓,取而代之的是新时代主题下多元命题的开掘和拓展。

一、民营资本的创作活力与“生态电影”的创作接续

“新西部片绝对不能再走老西部片的路子，它一定要把地域文化提升到世界文化的平台上。也就是说，你要从世界范围的审美情趣和整个人类社会的心理角度来选择题材，来选择我们的审美立足点和社会文化的立足点。”著名西部文化学者肖云儒在谈论西部电影出路的问题时如是说。从当时的顶层设计者的愿景来看，一方面他们希望西部电影尽快适应市场化的节奏，拓展出商业化的创作道路，一方面他们又期待西部电影在人文视野上进行开掘，企图将“鱼”与“熊掌”双双收入囊中。而从现实的创作情况来看，这两种思路在各自的实践道路上都向前迈出了一步，却并没有产生交相辉映的理想效果。2000 年，由彭辉指导的现实主义纪录片《平衡》引发了公众对于藏羚羊以及当地人生存矛盾问题的关注，该片获得了多项国际大奖以及政府奖，是中国电影当中首次呈现西部生态问题的重要作品。随后，2003 年由宁才导演的《季风中的马》、2004 年陆川导演的《可可西里》都将关注视点投射在了西部生态问题上，甚至包括 2002 年，拍摄了中国第一部环保题材电影《大气层消失》(1990)的导演冯小宁在民族史诗电影《嘎达梅林》当中也灌输了环保意识和态度。至此，西部电影人似乎探索到了一条可靠的创作路径，生态电影成为西部电影创作生产中的重要类型，经典时期的西部电影神话似乎又重新回归到了中国电影的主流视野当中。然而，这一创作路径并未得到很好的接续和重视，很快便被更为商业化和娱乐化的电影所淹没。重要的是，这一集中出现的对于环保问题和生态问题的创作聚焦，并未引发电影理论和学术研究的跟进，彼时的中国电影界正沉浸在大片时代以及“票房过亿”的神话期许当中，由此，西部电影的生态创作路径很快便偃旗息鼓。

21 世纪初始，中国加入世界贸易组织(WTO)之后经济体制改革趋势加快，国有企业股份制改革的热潮兴起。2001 年，为了响应国家广电总局关于集团化发展精神，中影公司下发《关于进一步推进组建电影集团的原则意见》。2000 年，西部电影制片厂改组为西影股份有限公司，2003 年又挂牌成立了西部电影集团有限公司。在新的政策调整下，以“构筑产业链、培育产业能力、形成产业集群”为目标，西影厂又开启了“新西部电影”的讲述。应该说从改革伊始，西部电影人就有意识地对以往的电影生产模式进行了策略性的调整，调整的核心就是建立市场化的运营模式。西影厂改革后的第一任厂长延艺云在访谈中提道，“我们应该对文化市场进行深入研究、对项目进行充分论证，然后把这样的项目论证变成一种具体的操作方式，通过有效的、有保障的经营模式来取得市场回报”。他不无遮掩地表示，“我们之所以提出这种理念，是由于把市场当作我们的目标，所以投资商非常愿意和我们打交道……我们所做的这些，都是在用一种市场的观念来引导我们的文化观念，从而使新西部片的文化观念走向成功”。从这一系列的表述中，我们可以清晰地看到，西部电影主要的生产者在市场化改革的浪潮中对于市场拥有无限的渴望和急迫的心情，他们也确实在制定管理策略和电影的生产实践当中把商业意识灌注其中。用商业意识引导文化观念的理论策略在今天看来依然是富有见地的创作观念，也为

西影厂改组之后的电影创作提供了方向性的指引。

民营资本和社会资本的进入，从电影的运作模式上为制片厂注入了新的活力，这种活力主要体现在商业操作上紧密地贴合文化市场的运行规律，最大程度上实现电影作品的经济效益和社会效益。2017 年，由西部电影集团与民营企业合作出品的电影《血狼犬》便是成功的案例。作为一部传统的"道德模范"题材电影，本身的故事性和卖点并不足以获得票房市场的青睐，然而民营公司在商业宣发的过程中突出"狼狗大战"和"忠犬兰波"等元素，影片的创作团队在电影的创作过程当中，也对这两个元素进行了精心的打磨，使之在观赏效果上尽力满足观众的期待心理，因而将一个以崇高道德和生态意识为精神内核的电影成功地打造成视听大片，使观众在接受视听刺激的同时也意外地收获心灵洗礼。而同年由陕西的民营企业出品的另一部斩获国内外大奖的电影《塬上》却与前者呈现出相反的创作路径，这部电影以学院派的艺术风格探索电影语言与影片内容的关系，电影凝滞、缓慢、寂然的画面风格使其充满了诗意气质。换言之，这部电影拒绝了商业叙事的介入，以超然而任性的姿态进入中国院线电影的档期列表之中。尽管这部电影的票房收益正如预期设想的一样低迷，但是民营公司通过其他渠道以及运营模式已经收回成本并赚取利润，从这一点来说，民营公司的活力还在于其自由开放的艺术创作态度和灵活多变的盈利模式。

值得注意的是，《血狼犬》与《塬上》作为两部同样聚焦生态问题的电影，将人们的视线重新拉回到了西部生态电影的创作思路上来，这两部电影在国内外都获得了大奖，甚至被认为是西部电影的回归之作。早前便有学者提出"生态电影"应当成为中国西部电影的"新内涵"与"新使命"，并在"生态电影"内涵构想上提出三种具体的作品类型，而与这两部作品接近的便是"关注人与社会的多重关系，即以文化生态的视角反思人类社会内部关系的电影作品"。与之前西部电影中呈现西部生态问题所使用的艺术手法不同的是，这两部电影都将生态困境作为叙事背景，而前景则是在生态问题下人类内部的情感矛盾和精神困顿。换言之，这两部电影实际上将人与环境的生存矛盾置换为人类自身内部的生存意识。无论是《血狼犬》中的护林员朱广生还是《塬上》中的返乡记者康文，电影所聚焦的中心是，与周围社会关系格格不入的主人公如何体认、重建主体性失落之后的信仰与灵魂的价值归属问题。这两部电影都有现实原型，一个是根据"西北狼王"朱永胜的故事创作而成，一个是以陕西铜川治污减霾案例为原型，这再一次说明，西部地区现实生活的深刻变化是西部电影创作最根本的来源和动力。

二、以文化名片为驱动的电影创作机制

2011 年，一部以陕南安康紫阳民歌为文化元素的西部电影《郎在对门唱山歌》引起了评论界的高度重视。这部电影改编自作家李春平的同名小说，由陕西民营公司出品，著名导演章明执导，一经上映便好评如潮。这部电影清新淡雅并夹杂着潮湿冰冷的忧伤，特别是电影大量出现热情高亢的紫阳民歌与主人公懵懂、任性并最终幻灭的

情感之路形成了强烈的心理张力，民歌作为安康市紫阳县主推的地域文化名片在这部电影的艺术表达中占据了重要位置。紫阳民歌直露、缠绵、嘹亮、深情的特点，使得这部电影在展现鲜明地域特色的同时体认了当下青年人共同的情感困惑和遭遇，电影中反复出现的几句紫阳民歌（情歌）悲戚、绝望，与主人公小漾的悲剧体验达成共情，又移置到观众的审美世界当中，成功地将民歌、山水等地域人文景观转化为情感世界的审美对象，是一部非常成功的电影。随后以陕西华阴皮影戏为创意元素的电影《孙子从美国来》、以华阴老腔传承为故事线索的电影《老腔》接踵而至，都取得了不错的社会反响。尽管以官方话语中的“非遗文化”为招牌进行电影创作颇有些“文化战略”的味道，但是从影片最终呈现出来的艺术态度和质量来说，这种创作方法不失为一种有效的艺术路径。此时的西部电影在深耕地域文化的思路上又迈出了崭新的一步。

事实上，西部电影之所以能够成为以地理空间命名的独特电影模块，与它一贯所承载、彰显的独特地域文化样态是分不开的。因为总的来说，西部电影在地理空间观点上不仅把“地理景观看作物质地貌，而是把它当作可解读的文本，他们能告诉居民以及读者有关某个民族的故事，他们的观念信仰和民族特征”。以政府宣传话语中的“文化名片”为地域元素的电影创作方法，或许有着迎合政策导向、搭乘政策快车的嫌疑，但在更多的层面上一定是艺术家为现实发声的诚意之作。

《孙子从美国来》是一部真正找到“审美立足点和反映社会文化心理”的影片。该片以陕西华阴皮影戏的传承为切入点，将中国传统民间文化与西方文化中的英雄崇拜成功对接，弥合了祖孙二人的代际鸿沟，同时也使得中外文化形成了有效的对话和融合。在电影中，从天而降的外国孙子布鲁克斯和倔强的皮影艺人爷爷老杨头代表着两种文化的遭际，爷孙俩从互相排斥、疏离和隔膜到建立深厚情感的过程，也是两种文化从摩擦到互相认同的过程。以童真的视角将西方文化中的蜘蛛侠与中国文化中的孙悟空进行心理上等量齐观的对比和沟通，以此来填补代际交流和文化差异中的缝隙，不失为一个讨巧的文化策略，但是电影背后所指向的深层文化意义并不止于此。在这里，皮影和玩具蜘蛛侠同样作为承载意义的符号，实际上是统摄于以血缘纽带为根基的中国传统家庭伦理观念之下。布鲁克斯对于皮影的热爱在一定意义上慰藉了老杨头心中对皮影传承的痛惜之情，而他在尽管是金发碧眼的外国孙子身上看到了艺术传续的希望，找到了皮影艺术的传承必要与当代价值，从心理意义上与中国传统文化的“传宗接代”或者“延续香火”不无关系。而这些，与另外一部表现爷孙关系的电影《心香》有着异曲同工之妙。在这两部电影中，作为“非物质文化”的皮影戏或者京戏，作为一种有待传续的祖辈精神寄托，参与了人物命运和情感世界的浮沉变幻，成为关键的叙事要素，因而成功地建构起了整部电影的情感价值基础。

必须要指出的是，西部电影当前的创作实践路径也确实存在着一些症候性的隐患，甚至因为其在部分影片中流露出的过时的、传统的道德主题先行和略显僵硬、用力过猛的视听堆砌，以及商业元素与艺术手法之间的割裂、暧昧、混乱等问题，势必会影响到之后创作路径的延续和品质。这就需要创作者以精妙的艺术手法进行故事性包装，通过观众对故事和影像本身的认同来传递文化观念而不是生硬地植入与造作地视听轰炸。以地域文化名片为创作元素的电影,在某种意义上有着旅游和地方形象宣传的传播功效,容易落入俗套的图解政策和宣传片创作误区,对电影的艺术性造成折损。电影《花椒红了》作为一部以陕西韩城“大红袍”花椒为文化名片的小成本电影,便存在故事元素与叙事主体脱节、影像语言不突出等问题。这部影片同样讲述发生在乡村的家庭伦理道德故事,以女主人公人格品质的崇高来完成亲情的重建。影片中花椒作为当地的主要产业,也是外嫁的女主人公确立自我存在的现实通道,但是花椒与人物之间并未建立起有效的情感辐射,而是沦为视觉元素中脱离叙事中心的道具。尽管在出品方的宣传口径中一再强调花椒这一喜庆的地域文化元素,也无法弥补这部电影事实上重复了旧的乡村理想和情感泛滥的创作窠臼。目前,文化旅游项目大热,有学者认为“凡能够吸引旅游者产生旅游动机,并可能被利用来开展旅游活动的各种自然人文客体或其他因素,都可称为旅游资源”。从这个意义上讲,该片是对当地文化旅游资源的一种包装和宣传,虽然讲的是西部地区的故事,拍摄地点也在陕西韩城,但是很难从艺术标准上将其划归入西部电影的作品序列。

在旅游文化日渐成为政府发展地方经济的重要手段的今天,官方层面上也不遗余力地通过电影手段建构城市形象,宣传、美化地方旅游生态环境,而西部地域因为保留着相对较好的自然风光和原汁原味的人文景观,更成为旅游开发的重点对象。由此,一些商业运作下的伪自然和伪人文景观屡见不鲜,这对西部电影在这方面的题材创作上不得不说是一个警惕。主要的问题在于,一是不应该舍本逐末地去为了凸显某些商业元素而放弃遵循艺术规律;二是地域文化特色应该是与当地人的生活状态、审美情趣、思想精神融合在一起的精神产品,是与当地人生命结构吻合的情感载体,西部电影中的西部精神所承载的便是这样的文化结构,辨识、撷取这样的文化因素才是西部电影所应该秉持的创作态度。

三、变化中的价值坚守与美学传承

西部电影在近年来涌现出来的作品,从总体上来看依然是坚守了现实主义的创作手法,从西部地区广大的群众生活中提炼艺术的养分,反映的是西部人在新的时代语境下面临的迷惘与困顿、希望与惆怅。现实主义的创作风格是西部电影的核心价值理念,也是三十多年来不懈追求、探索、实践的艺术路径。同样,对于地域美学的深度挖掘也营构了西部电影模块的特色优势,在近年来的电影创作中显得尤为抢眼。

首先,近年来的西部电影在反思、呈现现实生活的基础上,其艺术旨趣拓展到了国际视野和人类命运共同体之上。除了上文中提到的影片,近年来的西部电影包括《百鸟朝凤》《一个勺子》《清水里的刀子》《大唐玄奘》等无不以现实主义的影调讲述故事,以精益求精的艺术理念打造精品。从生态题材电影到将文化元素进行创意编码的西部电影,再到《一个勺子》《百鸟朝凤》《清水里的刀子》等多元价值观念思考的影片,对现实生活的深刻洞察和思考是灌注在这些影片中的核心精神。其中,《血狼犬》《塬上》《孙子从美国来》《大唐玄奘》等影片所探索和思考的如生态环保、国际文化传播与互通等命题已经超越了地域格局而形成一种国际观照,因而这些影片也受到了一些国际大奖的青睐。西部电影的现实主义传统源于其深厚的历史文化底蕴,有学者指出:"当文化价值在西部电影中以独特的审美形态施展其魅力时,它不但与时代同步,也形成了自己的一套文化逻辑和价值体系。"西部电影在现实主义的表述中呈现出与人类社会发展同步的文化嗅觉和责任担当,便是来源于此。

其次,西部电影在电影语言本体探索特别是地域美学的影像表达上依旧表现出自觉的创作意识。中国西部电影总是以典型的地域空间造型作为视觉表意交代环境背景、隐喻情感变化和人物命运,这样的视觉形式已然形成了一种审美范式,"讲究地平线与人物的构图,硬焦点的粗犷风格,大量开阔的广角镜头和黄色基调"。而在近年来的西部电影创作中,在地域美学范式的基础上,又进行了生态电影美学的视觉探索。电影《塬上》运用黑白影像、大量的长镜头、无配乐、方言等视听形式呈现被水泥厂污染的原家沟,使得电影形成一种宁谧、静默的影调风格。有学者认为,"生态电影主要指在美学上强调用长镜头、低电影剪接速度,内容上批判消费主义,具有生态意识,探讨人类与周围环境的关系的电影"。从这个角度上讲,这部电影是中国生态电影中用实践回应理论的先行者,也是西部电影在造型手段探索中的新收获。

如果说以《人生》(1984)、《黄土地》(1985)、《野山》(1986)、《老井》(1987)、《红高粱》(1987)等影片为代表的经典电影聚焦于中国西部乡土社会的文化和思想痼疾的反思和挖掘,以《双旗镇刀客》(1991)、《秦颂》(1996)、《天地英雄》(2003)、《可可西里》(2004)、《疯狂的石头》(2006)、《高兴》(2008)、《西风烈》(2010)、《无人区》(2013)等为代表的影片代表了西部电影在商业类型探索上的开拓与创新,那么在这样两极创作实践格局的震荡下,西部电影近些年的成果《孙子从美国来》《一个勺子》《郎在对门唱山歌》《狼图腾》《桔子的天空》《血狼犬》《塬上》等恰恰是结合了西部电影三十多年来的创作经验,使得人文艺术与商业美学在这些影片中完美契合,是对历史经验的兼收并蓄和整合创新,在西部电影的基本元素框架内,实现了人文意识、生态意识、商业意识的和谐共存。这些影片集中体现了西部电影发展到今天的一系列美学特征,这种特征既包含传统意义上的地域美学、人文反思、家国情怀甚至国际视野,又包含现代意义上的生态美学、商业美学等,这些影片背后折射出来的是西部电影的创作现状和发展方向,也在一定意义上体现了近些年来中国西部电影在传承发展变化中的美学追求。

四、结语

随着"一带一路"倡议的提出和跟进,对于丝路沿线的中国西部地区来说是一个重要的历史契机,早有学者提出"西部电影能否向丝路电影转型"的设想,在笔者看来,这个设想需要用实实在在的作品回应。截至目前,从地理范围看,西部电影确实在"丝路"的空间涵盖之内,但是从内涵阐释上来看,却还有待于根据进一步的理论研究和现实变化去深入商榷。能够确定的是,近年来的西部电影创作在一定程度上找到了新的突围路径和进一步确证自身理论价值的创作方法，尽管这些路径和方法还需要用更多的作品去夯实与拓展，同时也暴露出来了一些弊病。但是从目前的创作态势中，我们可以看到中国西部电影的文化价值和品牌意义依然是中国电影创作格局中独树一帜的存在。

浅论林佩芬历史小说《故梦》

冯　晟

摘　要：《故梦》以中华民族近百年现代史为经，以主要人物从“贵族”到“君子”、大陆到台湾的变迁为纬，从伦理思想内涵，到中国文学抒情传统的承继与发扬，再到语言和意象的用心经营与古典之美，都展现出了独具一格的史诗意蕴与审美品格，彰显了中国传统文化的精神价值，也成就了中国现代文学主体的多重面貌。

关键词：故梦；贵族；隐士；君子；抒情传统；意象经营

林佩芬之前的历史小说作品如《努尔哈赤》《天问——小说明末》《两朝天子》等，都是“全方位、大画面地从正面描绘历史演变的全貌”，而《故梦》则首次以中华民族百年变迁的苦难史为角度，以陆天恩这一主要人物的经历为主线，“将纷纭的历史缠绕在主线上，从侧面展示出历史的风貌”。这部小说因此充满了别具一格的诗意与柔情，可以说，从之前的若干长篇明清历史小说出发，《故梦》终于贴近了作家一开始的创作动机，“为我的父亲写一部传记”。

一、从“贵族”到“君子”——人物梳理与作品分析

《故梦》从1921年写至1987年，在漫长的纵向时间跨度中，20世纪的许多历史风云人物都有所涉及。而主线则对准了陆氏家族，将不同历史阶段的横向表现和剖析交由陆氏家族来完成，因此对陆氏家族的定位是分析梳理作品的关键。

1. 贵族

“贵族”即“权贵的家族”，一开始多指帝王的内外亲族，也叫“华族”，是历史悠久的特权阶层，也是封建社会中人们竞相攀附的对象。陆氏家族属于清室八旗贵族，陆天恩的祖母陆老太太是“前朝公主和硕格格”，她的父亲是世袭亲王，而嫁与的陆氏又是“慈安皇太后的侄儿”，可谓真正的皇亲国戚。陆天恩的母亲则为蒙古科尔沁亲王之女，和清朝皇室有着密不可分的姻亲关系，所以从老太太到陆正波、陆天恩三代，对溥仪为首的宣统小朝廷都有一种发自内心的休戚与共的亲近之感。这样的家世背景，使来自民间的秦燕笙感到一种“茫然”“眩目”与“恐惧”。陆老太太与鼎革后深处半

个故宫的太妃们来往密切,陆天恩的第一次婚姻更是得到溥仪的祝福与一辆自行车的赏赐。陆正波的心态则十分痛苦——他参与过光绪维新,事败后闭门不出研究文物,尽管岳父与妻兄十分支持溥仪复辟,却严令陆天恩不可追随其后,并在陆老太太去世后携全家由北京避居至上海。溥仪亲日,九一八事变爆发,陆正波痛心疾首地对陆天恩说:"我为人臣,从来不敢料想,皇上会成为千古罪人。"七七事变后,陆少波依然"悬念皇上",却不料溥仪选择出任伪满洲国执政,陆正波思想上大为震动,终于下定决心整理自己仕宦光绪与宣统的日记,并撰写当年的史事与自己的省思所得。未及动笔,就被汪精卫伪政权的人找上门来,打着溥仪的旗号胁迫他出任伪职,陆正波"断不能为日本做灭中国国族的事",用自尽的方式维护了自己的志节原则。陆家好友,同为八旗子弟的荣安打算为陆正波写一篇长传剖陈其心志操守,陆天恩却认为"事涉皇上,还是不方便,我明白他的心,无论如何,他都不愿伤及皇上"。

这种站在清廷贵族角度对清廷复杂纠结的情感,填补了读者在"明君名臣""革命志士"的历史认知之外的空白。从小说第四卷回目"苍海茫茫天际远,北去中原,万里云遮断"中我们可以窥出一些端倪,让我们相信《故梦》除了家族情怀外还触碰了历史边缘的真实,同时在还原历史真相中又有想象的补充。

这句回目出自溥心畬的《蝶恋花·望海》,是他在台湾时所作。溥心畬为恭亲王奕䜣之孙。1932 年,溥仪在"满洲国"当了伪皇帝,溥家兄弟趋之若鹜。溥心畬却拒任伪职,后以一篇著名的文章《臣篇》痛斥溥仪"九庙不立,宗社不续,祭非其鬼,奉非其朔"。1949 年溥心畬赴台并于台湾师范大学执教,后以愧对前清先祖为由,拒绝了蒋夫人宋美龄的拜师习艺邀约。在其自传中,溥心畬提及由于其堂弟溥杰之妻乃日本昭和天皇舅妈之女,故他赴日时曾住居日本皇宫,还与天皇聊聚旧事。让他印象最深刻的是,昭和天皇曾问他:"身为亡国的贵族有何感想?"

对于陆氏家族,我们也不禁有此一问,整个小说就在对此疑问的刻画中延展开去。

2. 士大夫

除了"亡国贵族",陆家还可以视为辛亥后传统"士大夫"的一类代表。

贵族同其他阶级的最明显区别是拥有爵位,小说中关于这一点则语焉不详,只提到陆家为官"清廉正直",而陆家从居处陈设到人物性格,似乎离身处政治旋涡中心叱咤风云的贵族远一些,而离"行己有耻、不辱君命"的士大夫更近一些。所以虽同样自居为"臣",溥心畬可在《臣篇》中怒斥溥仪,而陆正波乃至陆天恩却"无论如何不愿伤及皇上"。这种心境是陆正波在世时迟迟难于开笔撰写史事评论的原因,因为陆氏作为非权力中心的"皇亲国戚",实际上已经不属于真正的皇族体系,而是拥有皇亲身份为皇族出仕为官的士大夫,是中国古代精英知识分子的一种缩影。

在中国传统文化当中,社会组织结构长久笼罩在父系家长制之下,父是家君,君是国父,家国一体,宗法关系渗透到社会生活的最深层。"忠君"与"孝亲"思想互为表里,是士大夫数千年来安身立命的所在,是三纲五常的首要之义。对于陆氏而言,因为本身承载着代表中国传统文化中正统的一面,所以王权的崩溃对于他们来说,绝不仅是一个政权的改朝换代,而是他们所背负的三千年中国政治文明史的断裂——从屈原到李杜到苏东坡到文天祥这样一条文化血脉的断裂。

“林毓生在《中国意识的危机》里认为，中国历史上的普遍王权的一个突出功能在于把社会政治秩序与文化思想秩序高度整合，并为之提供权威性源泉。因此对于中国，王权之崩溃必然引发与其高度整合的上述秩序的解体，也因此中国王权崩溃产生的冲击远远超过西方历史上王权崩溃在文化思想领域引发的震荡。”

追随时代的滚滚车轮，和一般平民百姓或知识分子不同的是，陆家因为身份原因承受了更多文化的震荡，无法迅速用“唯物史观”或文化进化论的思想武装自己，在传统文化体系内对溥仪的心态，就像屈原对楚怀王的无可奈何，因此溥仪的投日，对陆家的打击是沉重的。但是他们宁可用“陆老爷因意外原因仙逝”来解释陆正波的去世，也不愿意在举国报章声讨溥仪的檄文中再添加一笔。除了姻亲关系绑缚的情感因素，也是因为与溥仪的“末代皇帝”相应的“最后一代士大夫”的文化立场，即陆正波对陆天恩言及的“我是读书人，是先皇之臣，君君臣臣父父子子之道，是不会磨灭的……”。

3. 隐士

至此我们已经可以看出，对于陆家这“最后一代士大夫”来说，既然传统文化已然断裂，而又决心祭奠这种传统文化，那么只有选择“凭栏一片风云气，来作神州袖手人”，做个士大夫中的支流——“隐士”。

传统社会中士大夫一般肩负两大社会功能：一是出仕为官，二是传承文化。与郑孝胥、罗振玉乃至陈宝琛继续在溥仪身边“为官”相比，陆正波为自己和子孙后代选定的路，是“伯夷叔齐”的“隐士”之路，不仅在陆天恩年少时就要求他背诵，还通过陆夫人在病中仍说道“你是伯夷叔齐，民国的官儿都不做，怎么会去做日本人的官儿”以证明这一志向已深入家族每个成员内心。

伯夷、叔齐在《史记》中为列传第一，其间有云：“武王已平殷乱，天下宗周，而伯夷、叔齐耻之，义不食周粟，隐于首阳山，采薇而食之。及饿且死，作歌。其辞曰：‘登彼西山兮，采其薇矣。以暴易暴兮，不知其非矣。神农、虞、夏忽焉没兮，我安适归矣？于嗟徂兮，命之衰矣！’遂饿死于首阳山。”悲慨沉郁，与新文学作品中如鲁迅的《采薇》对“以臣弑君，可谓仁乎”的讥讽，为伯夷叔齐安装一个因“薇”也属于周天子，故而立志不食乃至饿死的迂腐结尾大相径庭。

司马迁在《史记·太史公自序》中写道：“末世争利，维彼奔义；让国饿死，天下称之。作《伯夷列传》第一。”林佩芬选用了“末世争利，维彼奔义”作为第三卷的回目，提示着我们一个问题，就是我们真的能够完全用“进步的”“唯物的”历史观去定位去讥讽这些“遗老遗少”吗？即使对“以暴易暴”的反对确是历史进步大潮当中的一条小小支流，我们也不应就完全罔顾、抹杀甚至篡改这条支流自己的路向，因为有这样一类人存在过。

4. 君子

虽然陆正波选择的是“早知其不可谏，即引身而退者上也”的隐士之路，面对外甥金毓崙因养活弟妹所迫要“随侍”溥仪的困局时，他还是给出了“尽其在我”的指导，彰显了儒家主流的价值观念。“尽其在我”谓尽自己的力量做好应做的事，出自清代王韬《书重刻〈弢园尺牍〉后》:“夫今时之所急,亦惟辑强邻、御外侮而已,二者要惟先尽其在我耳。”可见陆正波的苦心孤诣。陆正波不是文天祥,没有积极投身“中兴大业”,但在“抵御外侮”这一点上有共通之处。作为一位“隐士”,“苟平居尚不能一言,则临难何以责其死节”,大可一“隐”到底,但陆正波选择了与文天祥一样的“时穷节乃现”,只不过这时的“节”殉的不是君主,而是国家。

这样我们或许可以理解,秦燕笙为什么在留洋归来功成名就,为抗日鞠躬尽瘁乃至遭遇暗杀,最后化名避祸临别时说陆老爷是她最钦佩的人?作为一个“新青年”,最尊敬的不是“革命领袖”,而是“前朝遗老”陆正波?这种写法,完全突破了新文学运动以来单向线性的历史观——我们熟悉的无论巴金《家》里的高老太爷,还是曹禺《北京人》里的曾文清,无一不是“腐朽、没落”的被批判的对象。因之展现了人性的另一种吊诡的可能:“新青年”所追怀的人物正是“革命”理论上要勠力革除的对象。秦燕笙曾经想过用“先进”的历史观与价值观,去“改善”与“挽救”陆府的“不作为”甚而溥仪的投日,最后却因为贴近与体察了陆氏家族的伦理情感和文化立场,而领悟到“人与时代密不可分”,“时代是一个大而复杂的整体,思考时代的问题,绝不能只从单一的角度”。陆正波的“自处之道”“自藏于椟”等“高风亮节”熏染了秦燕笙;陆家“琅嬛福地”的藏书楼清平阁启发了秦燕笙;陆正波对秦燕笙追求学问的理解与支持感染着秦燕笙;陆家与秦燕笙都选择了尽其所能地为抗日救亡出力。从中我们可以看出一种隐约的相承关系:从陆正波到秦燕笙,恰是从传统士大夫到现代知识分子的转换之路,二者之间有颇多差异,但在保持操守、传承文化以及勇于为民族担当这几点上又有很深的共性,勉强名之,姑且可将其称为“君子”之风的一种传承。

“君子”是中国传统读书人人格理想的象征,是中国在现代化进程中传统文化命脉延续的一种体现,这种君子之风扩散至陆天恩后来的两位妻子,都能够为家庭其他成员自我牺牲,以及家中不论主人贫贱富贵始终不离不弃的“义仆”,乃至从贵族公子成为平民船员的陆天恩本人。陆氏家族的这种本质属性,已经超越了前面定位的三种阶级属性,和新文化运动中对儒家思想的批判不同,我们可以看出,作家在有意识地采用一种非主流的文化与写作立场。

二、“传统”与“有情”的写作立场

中国现代文学自新文化运动中陈独秀发表《文学革命论》以来,提出推倒“贵族的、古典的、山林的”文学,建设“国民的、写实的、社会的”文学。由于时代的迫切需求,过分否定了中国文学传统的价值,部分混淆了政治意义上的贵族特权与文化意义上的贵族精神之间的界限,造就了主流文学界对传统文学的激烈否定,文学的抒情功能大大减弱,文学被赋予了强烈的社会意义。而对于阶级和族群的整体定位势必影响到个体人物的塑造,“贵族”阶级或“地主”阶级,往往是“没落的、腐朽的、需要被拯救的”对象,对于“贾宝玉”这样渐有人性自觉的贵族如何在时代巨变中走入现代,如何从逃避人生到正视人生等这类题材,则很少有人进行书写。

关于这一点,周作人在当时发出了不同的声音,在《自己的园地》一文中他写道:

所谓自己的园地,本来是范围很宽,并不限定于某一种……只是在于种蔷薇地丁也是耕种我们自己的园地,与种果蔬药材,虽是种类不同而有同一的价值。……依了自己的心的倾向,去种蔷薇地丁,这是尊重个性的正当办法。

中国小说是从史传传统中发展而出的,《故梦》用太史公的"末世争利,维彼奔义"作为卷首回目,不仅非常贴切,也展现了林佩芬愿以史家之笔,将笔墨对准新文学中甚少涉及的末代遗臣,书写"旧时王谢堂前燕"如何"飞入寻常百姓家"的整个过程,将陆正波的"深心悲愿"——"记述一个沧海横流的时代"奋勇完成。在"果蔬药材"中,这别具一格的"蔷薇地丁"便显得浑然天成,并且在写法上隐隐地为我们打通了已经被湮没的一部分中国文学的传统——抒情性的传统。

相较于大陆流行的历史题材小说,《故梦》突显了女性作家书写历史的一种特点,即细腻、绵密、多情,去政治斗争与功利化,体现出在自传性文学中"情绪与感觉较具体事实更具价值"的特点。譬如对溥仪人性化的还原。如果说陆正波的"士大夫"身份决定了对溥仪的"尽忠",那么书中多次出现从陆天恩的眼中看到的溥仪,则是一个可以和陆天恩在普通人性层面上互相照应、感应的"人"。在政治立场上,小说没有一味谴责溥仪的利令智昏、投敌卖国,而是突出了他作为一个不到二十岁的青年人,"亲政"后处在"惊涛骇浪"中的"迷茫""彷徨":阅历太少,却又充满了年轻人"建功立业"的雄心勃勃,自然信任如郑孝胥与罗振玉等渴望"建功立业"的大臣,不料在冯玉祥逼宫后,与陆天恩一样从小受到深宫女眷"过度保护""名为丈夫、实为婴儿"的溥仪受惊不已,因为性格的软弱而一步步走向了投敌的深渊……

如有学者认为《红楼梦》中晴雯是黛玉的副本、袭人是宝钗的副本一样,溥仪与陆天恩可以视作一对参差对照的平行人物。作者将主要笔墨用于书写陆天恩的成长经历与情感纠葛,写出他"家庭环境不允许"他决定自己"生活理念与生命理想"的失落与痛苦,写出他真心希望一朵花常开不败的"痴"情,与溥仪像一只小鸟般"自由"地骑自行车相映衬;写出父母对他只知要求指责而并不理解的悲哀,与溥仪同瑾太妃的疏离相比照;写出他虽拥有齐人之福而妻妾都与他隔膜冷淡的"寂然寥然"的感受,而溥仪的情感经历也有类似之处。以至于陆天恩认为自己和溥仪"都是身不由己,在繁华与失落的交替中轮回,一次又一次地承受着挫折和失败。溥仪所追寻的兴复大业和自己所追寻的完美爱情,在本质上是一致的"。

因此,唯有陆天恩,能够在默默独坐公园凉亭时,以这样一种蕴含情感与参悟的态度想起已经就任伪满洲国执政的溥仪:

第三次拥有"皇帝"的尊号,究竟代表着什么样的意义?是一次比一次荒凉、空虚、孤独吧?坐在金銮殿的龙椅上,和坐在四下皆空的凉亭中有什么不同呢？实质上都是一样的吧？

这种对历史人物的想象与还原，已经超越了新文学流行的意识形态，写出了人生永恒的困境，对于历史人物“何以至此”的解说，给出了合乎人性与感情的解说，呈现一种“非主流”的写作角度。

沈从文曾在家书中以《史记》为例，谈到中国历史的两条线索——“事功”与“有情”：

> 这种“有情”和“事功”有时合二为一，居多却相对存在，形成一种矛盾对峙。对人生“有情”，就常和在社会中“事功”相背斥，易顾此失彼。管晏为事功，屈贾则为有情。因之有情也常是“无能”。……事功为可学，有情则难知！……年表诸说是事功，可因掌握材料而完成。列传却需要作者生命中一些特别东西……即必须由痛苦方能成熟积聚的情——这个情即深入体会，深至的爱，以及透过事功以上的理解与认识。

现代的新文艺，往往站在“事功”的角度上，对社会、历史、人生等问题，采用非常理性的分析态度，有时不免失之浅显。比如对宣统逊帝及陆氏家族的理解，可能会如上文所言，停留在“腐朽、没落”的层面，而忽视了人物人性内涵的多种层次；比如对沈莲君与周素琴的冲突，就很有可能演化成“妻妾成群”式的争宠夺爱，而磨灭了沈对周基于人道主义的悉心照顾，以及两位女性相伴多年后产生的那种特别而动人的感情。《故梦》在“革命”与“启蒙”的传统之外，采用这种传统而“有情”的写作立场，从人物到语言，弥补了从大陆到台湾的空间断裂，以及从传统到现代的时间断裂，历史的无解，最终化归到对文化的无限体认与同情上去。如果说张爱玲笔下的贵族家庭走入现代，更多的是“我们回不去了”的丑恶与颓废，象征文学传统中“情”的失去；那么林佩芬笔下贵族家庭的气节操守、最终走入民间“看天看海”以至于“改朝换代的事都不愿想了”这种海阔天空，则意味着文学传统中“情”的流转，显示了作为一类特殊的“有情”人，如何在时间的巨变中安顿着自己，也延伸着中国传统文学与文化的精粹。

三、语言与意象的经营修改空间

《故梦》对中国文学传统的承继，在人物情节、写作角度与语言意象的经营上有浑然一体的表现。作品中的语言充满了温柔敦厚之美，古代诗文掌故信手拈来，多次用李煜的诗文来暗示溥仪的处境与心境；人物的姓名也具有古典美学雅致的韵味——秦燕笙、汪莲君、周素琴、姚芷英……“黛绿年华”的汪莲君“秀美端庄得如一株清莲，芳洁自属、不染纤尘”，与此等外貌相配的是写得一手“端庄秀逸”的好字；嫂嫂姚芷英家里“布置得清新雅洁，米白色的桌巾配着浅茶色的椅套，墙角是绿意盎然的盆栽，墙上悬着一幅明代吴彬的工笔花鸟”，而为妹妹汪莲君准备的房间“清雅中又多了一份柔美，整体的色调是极浅的粉红色，窗帘、枕套、被套配的是白底绣莲花的图案”，这样的居所描写很好地烘托了主人公的性格气质。

与张爱玲善于描写酒店与公寓等更为“现代”的居所不同，《故梦》中着力渲染的是富于古典园林意趣的陆府。老爷窗外种着绿竹，而夫人房外则遍植兰花，取“竹有节，兰有芳”之意，透出高度的文化教养与情操，并通过秦燕笙手绘的那幅清平阁的铅笔画，将这份濡慕传统文化的情怀传承给了汪莲君以及陆海棠，使她们在精神上因这种记载历史传承文化的使命感而始终是“一个家庭”的成员。陆天恩在台湾找到了“安居乐业”的新生活，做了一个努力积攒薪资却赶不上房价上涨的“普通”人，却在寻找去紫云寺读经的汪莲君的路上，因撞到终究无法回避的历史意象而“热血倒流，心潮澎湃”：“绿竹漪漪，这不就是北京故居里的无为斋吗?”读者也便随着这种“有情”的意象去追忆陆正波的君子之风与对陆氏子孙的期望，获得传统与现代、大陆与台湾比照的无限苍凉之感。

也许任何写作立场与方法都是一柄双刃剑，《故梦》与林佩芬之前的历史小说相比，弱化了“史”的部分，强化了“情”的部分，使小说在一定的高度上留下了继续发展的空间。因为写作对象是作者自己家族的历史，或许是有意识地运用了理想化的写作手法，作者显示出了一定的主场意识：陆府的上下大小人等性格从出场开始基本定型，并且偏重于君子的“忠恕之道”，即使有对陆正波姨太太生命蔑视的问题，也是瑕不掩瑜。这和作者追求如罗曼·罗兰写作《约翰·克利斯朵夫》中“我写下了行将消灭的一切悲剧，我毫无隐蔽地暴露了它的缺陷与德行”的抱负相比，对陆氏家族的刻画在审美意义上有所突破的同时，留下了在真实性以及思想深度上进一步的发展空间。

同样表现在对溥仪的形象塑造上，作品创设了还原人性的一面，但同时因为这种“孤寂柔弱少年”的定位，也只能将历史的责任大部分放在贪私利而忘大义的郑孝胥与罗振玉等人身上，显得溥仪的心理动因只有“渴望中兴”与“害怕兵变”这些因素。而据溥仪的洋“帝师”庄士敦在《暮色紫禁城》一书中记载，其实溥仪还有对西方文化的仰慕，对君主立宪制极其渴望，对新文化运动有所了解的一面，表现在突然想登报声明放弃清室“优待条件”以及私下偷偷接见胡适等这些细节上，然而在作品中却较少看到对这些心理因素的揭示，所以小说还可以对历史与人性的复杂性进行更立体的展示。

总体来说，《故梦》是一部具有浓厚中国传统文化意蕴的小说。从主要人物的伦理思想内涵，到对中国文学抒情传统的承继与发扬，再到语言与意象的用心经营及其古典之美，《故梦》都展现出了独具一格的史诗意蕴与审美品格，对传统文化充满了敬意，彰显了中国文化的精神价值，也成就了中国现代文学主体的多重面貌。

关于顾城诗歌的价值与意义
——兼谈当代文学史的叙述

吕　刚

摘　要:顾城是20世纪80年代有影响的朦胧派诗人之一,其诗歌有着特殊的艺术价值与意义。可是现行的几部当代文学史教材对顾城诗歌的艺术特性与价值并未给予恰当、充分的评说。

关键词:顾城;诗歌;价值和意义;文学史书写

顾城是朦胧诗派的重要诗人。这一点在今天已经成为一个常识。现行的几本当代文学史教材在叙述新诗潮的发展时,都把顾城与舒婷、北岛相提并论。但是,顾城为什么重要?顾城诗歌的意义究竟何在?顾城仅仅是作为一个"应运"而生的诗人,非常"巧合"地融入了新诗潮的历史进程,成为其中壮其声势的一员,还是其诗歌有着不可替代的特殊的诗学意义?关于这一点,至少在我目前有限的阅读视野里,没有看到哪怕是差强人意的答案。如洪子诚的《中国当代文学史》只对诗人创作的一般情况及思想倾向做了极为简略的介绍。温儒敏的《中国现当代文学专题研究》用很大的篇幅论述了作为新诗潮的"代表诗人"舒婷的创作态势,对顾城的诗歌创作做了这样的论述:顾城"是'一个任性的孩子',在经历了'黑夜给了我黑色的眼睛,/我却用它寻找光明'的失败尝试后很快放弃了对光明的寻找……以逃避的态度转而去寻找自己眼中的童话世界,去创造一个与世俗世界相对立的美好幻境"①。陈思和的《中国当代文学史教程》用了相对"较大"的篇幅(其实也就是一章中的一节,有千字左右;而论述舒婷的文字要多出三分之一强)论述顾城及其作品。在集中分析《一代人》时,只是指出这首诗对于"'文革'岁月的隐喻",以及意象的"简约、自然"等②。对于顾城诗歌艺术特色没有展开深入探讨。要知道,这几本文学史教材是目前内地高校使用率较高的当代文学教本。很显然,这些出生于20世纪80年代的青年后学很难由此对于刚刚过去的影响极大的诗歌历史得到客观真实的了解,甚至产生难以预想的不必要的误解。不能

---

① 温儒敏、赵祖谟主编:《中国现当代文学专题研究》,北京大学出版社2002年版,第253页。

② 陈思和主编:《中国当代文学史教程》,复旦大学出版社1999年版,第201页。

不使人伤情,使人忧心。

固然,一部当代文学史需要论列的内容极多,不可能面面俱到;篇幅有限,不可能每个作家、诗人的作品般般涉猎。但无论如何,在朦胧诗的叙述中忽略顾城,犹如在新月诗的叙述中忽略朱湘,在九叶派的叙述中忽略穆旦,都是对中国诗歌史的不可小觑的误读。而这实在不能假之于篇幅的短长,自当别有因由。

冯友兰先生在他的《中国哲学简史》之"自序"中说:"小史者,非徒巨著之节略,姓名、学派之清单也。譬犹图画,小景之中,形神自足。"①上述三部文学史应该讲篇幅都不在小,但给人突出的感觉是,在对顾城这样重要诗人的介绍上,内容之"节略"。大致流于如冯先生批评的"姓名、流派之清单"。

导致这种状况的原因,我以为有以下几个方面:

第一,文学史的观念;

第二,文学体裁的观念;

第三,文学史家的观念。

一

先说第一点。

文学史的观念,即什么是文学的历史。其实质又在于如何理解什么是文学的根本问题。

中国文论历来有"诗言志""文以载道"与强调"神""情""气韵"的两个传统。但是,前者往往因为有主流意识形态的支持与默许而占支配地位,后者成为次要的、在野的平衡力量。这种观念不仅影响着创作者的创作态度,也深深地影响着文学史的叙述,进而反过来潜移默化地影响着一般读众的文学观念。

应该说80年代以来,随着思想解放运动的深入发展,人们的思想观念发生了巨大的变化,文学观念也相应地发生了改变。比如,当代文学基本改变了以往的以文学的方式叙述政治的套路。也就是说,写作者不再以"诗"言"政治"了。人们可以在作品中说他们想说的话,表达他们想表达的观点。这无疑是文学观念的一大进步,也无疑地推动了文学史图景的改观。所以,我们的大学课堂上可以有不同版本的文学史教材,编撰者可以根据自己的理解和判断,对文学现象和文学文本进行各自的取舍与言说。但是,我们遗憾地看到,当代文学的创作实践与理论研究经历20年的发展,反映在文学史的叙述上,关于文学的观念仍旧停留在"载道""言志"的老路上。变了的只是所言之"道"与"志"的具体内涵。这不能不说是文学史家的保守与胆怯。

让我们回到上述几本文学史对于顾城诗歌的讨论上。洪、温二书都是试图从诗歌的思想意义上把握顾城诗作的特点。陈思和认为以《一代人》为代表的顾城诗歌是对

① 冯友兰:《中国哲学简史》,北京大学出版社1985年版,自序第1页。

"民族命运的自觉承担",[①]显然也是同一思路。而顾城诗歌的艺术魅力,或者说艺术特质恰恰不在它的"思想性"上。从这方面书写文学史,舒婷诗歌的特点就要突出而且容易把握得多。

文学作品的文学性当然离不开思想文化的内涵,即个人或社会意识形态因素。但是,一部文学史是不是文学"思想"史呢?也就是说,一部文学史主要地应该书写什么。是书写者在作品中传达的思想、观念抑或其他信息?换言之,对于一个真正的作家、诗人的理解是看他在作品中说了什么。同是朦胧派诗人的顾城与舒婷,他们的区别仅仅在于作品的思想倾向的不同吗?

我的回答是否定的。

美籍华裔学者叶维廉从"传释学"的角度研究文学作品的意义,指出读者"读一首诗、一篇小说所得的整体美感经验","并非手—饼—手的过程,不是作者的手用一个盛器(作品)把饼(内容、信息、志、道)交到读者手上","许多作品真正能感染激荡读者的有时其盛载的思想并不深刻;这里并不是说思想不重要,只是说思想只是美感经验的一部分而已",接着申述道,"伟大的思想,如果没有经过艺术其他层面的气脉化,根本不能发挥出来(教堂里牧师传的道我们往往不愿称之为文学,便是这个原因)"。[②]我们现在看到的文学史恰恰是从"寻找光明""承担命运""放弃""逃避"等诗歌所传达出来的思想信息评价顾城诗歌价值的。这样,写进文学史的是诗人的"思想",而不是"思想"被"气脉化"了的诗歌艺术。那么,顾城作为新时期有着特殊性的诗人之价值从何谈起?我以为,我们应该有一部"个性化"的文学史。这样的文学史,一方面呈现的是作家、诗人的艺术个性——一个有价值的语言艺术家在"诗艺"上的特殊性;另一方面,文学史也应该呈现文学史家的批评个性,对批评对象的独特感受与言说。

顾城诗歌的价值恰不在思想性上。就其诗歌内容涉及社会生活的广泛性、思考政治人生的深刻性而言,顾城不及北岛;就诗歌风格折射的人生姿态的"可靠"性、情感方向的"可信"度而言,顾城不如舒婷。顾城就像一个任性的孩子,在属于自己的万花筒般的小天地里——其实也不小,从星月、宇宙,到无名的小花,从幻想、梦痕,到小巷、雪人,顾城诗歌的题材全在自己冷静的眼光和敏锐的心智触及的范围之内——创造出令人惊艳的色彩斑斓的"诗艺"的奇葩,把同时代的其他诗人远远地甩在后边。

顾城是个感觉至上的诗人。他用灵魂去感受,用心去观察。他说:"因为宿命,我们不能接近他们(诗的世界)。我们困在一个狭小的身体里,困在时间中。我们相信习惯的眼睛,我们视而不见,我们常常忘记要用心去观看,去注视那些只有心灵才能看到的本体。"[③]顾城并不是宿命主义者。他隐约地直觉自己的生命是为诗歌存在的。他要拨开时间和身体的帷幕,发现如此安静而美丽的诗的天空。

"土地是弯曲的/我看不见你/我只能远远看见/你心上的蓝天"(《土地是弯曲

---

① 陈思和主编:《中国当代文学史》,复旦大学出版社1999年版,第201页。

② 叶维廉:《中国诗学》,生活·读书·新知三联书店1996年版,第126页。

③ 顾城:《顾城的诗》,人民文学出版社1998年版,第399页。

的》),“在大路变成小路的地方/草变成了树林”(《分布》),“我喜欢一根投出的长矛/一棵树上的十万片叶子/大地密集的军队”(《自然》),“那个女人在草场上走着/脚边是短裙/她一生都在澄蓝的墨水中行走”(《试验》),“一只船累了/在拥挤的波浪中/慢慢下沉”(《一只船累了》),“我和无数/不能孵化的卵石/垒在一起//蓝色的河溪爬来/把我们吞没/又悄悄吐出”(《微微的希望》),“青青的野葡萄/淡黄的小月亮/妈妈发愁了/怎么做果酱”(《安慰》),等等。随意抽出顾城诗歌中的一些句子,我相信任何一位读者都会有大致不差的心理感受:在顾城的诗中,你几乎看不到异常沉重的笔触,感觉不来悉心斟酌的姿态,甚至连用心结构的痕迹都没有。顾城的诗句是自然天成的。他的诗固然离纷纭复杂的社会人生表象远了一些,但他贴近的是安静自得的宇宙生命的本真状态。这恰是诗的最为真实的,也是最好的状态。顾城的诗言简易读,没有意象、语言及形式上的障碍。在顾城看来,“形式本身只应当是道路,而不应当是墙”。所以,顾城的诗的世界是真诚的、自由的、开放的,一般读者是很容易进入他所营造的诗歌之城的。他不动声色地接纳所有的造访者。但是,你绝不能轻视甚至无视他的存在方式。顾城的诗有它内在的耐人寻味的艺术魅力。

《一代人》是顾城最有影响的作品,当然也是最优秀的作品之一。问题是,文学史家们常常“粗略”地从“思想”意义上进行一般的社会学的解读,而没有触及并揭示它独特的“诗艺”之所在。

那么,这首诗的特殊的艺术魅力在哪儿呢?我们不妨来剖析一下这诗艺的轨迹:“黑夜”与“黑色的眼睛”两个意象在色相上的显在关联、生命来自神秘处所的内在关系,是诗人对于生命的独特感悟与艺术的个在发现。当然,在这个世界上,只有生就一双“黑眼睛”的人,只有经历过漫长的“黑夜”岁月的中国人,只有诗人顾城,才会体悟到两个多么普通的事物间的并非寻常的联系。在“黑暗”中,寻找“光明”,是人类的共同行为,生命的共同主题,没有什么特别的。但是,把“给予”黑色眼睛的“黑夜”,与其寻找“光明”的行为联系起来,一下子就显出奇特的诗歌效果来。诗歌意义与意象色彩之间相反而又相承的妙合,造成语词之间紧张而有序的关联,使得诗句间充满了内在的张力,引起读者强烈的心理反应与情感波动。诗的文本虽然简短,引发的阅读影响却意味深长。这是顾城诗歌较为突出的艺术上的特点。如上文所述,如果仅仅强调这首诗所“隐喻”的社会学甚至政治学层面的意涵,显然会遮蔽其所涵纳的更为深广的人生、宇宙意识及其艺术意味。其实,一个真正优秀的诗人除了不可避免地要面对他所处时代的社会问题之外,常常由此飞升、超越,思考更为本质的作为“人”所要最终面对的宇宙和生命问题并进行个性化的艺术处理。顾城就是这样一位优秀的诗歌艺术家。

曾经一度被认为诗意“朦胧”难懂的《弧线》也是这样。诗人在鸟儿飞翔、少年捡拾分币的动作、葡萄藤延伸的触丝、退缩的海浪的形状中发现了事物之间的看似无关的关联。这些“叙述”可能与所谓的社会、历史及文化内涵没有多少关系,但是却相当细致、真实地记录了诗人“灵魂前进”的步伐。对于读者有相当的感染与启发的力量。顾城与一般诗人最大的区别就在这里。他生活在自己的世界里,用他作为一个“人”

的自己的眼光打量事物，用自己的方式表达这种独特的感受。他的诗语总是出人意料，而又自然妥帖。

他说“世界”是“宽大明亮的”，“人们走来走去”，“围绕着自己”，“像一匹匹马/围绕着木桩”(《在这宽大明亮的世界上》)；他说“小花”“用金黄的微笑/来回报石块的冷遇”，“最后，石块也会发芽”，“在阳光和树影间/露出善良的牙齿”(《小花的信念》)；他说“有些灯火/是孤独的/在夜里/什么也不说”(《有些灯火》)……够了。顾城绝不像闻一多那样的诗人，为艺术而写作；也不同于徐志摩那类诗人，为生活去写真；当然也异于北岛、舒婷的为特定时代、民族命运的呐喊、歌哭。这里，我只想强调他们的区别。顾城属于那种用灵魂也为灵魂浅唱低吟的诗人，是纯粹的性灵的写作。他的诗歌安静、舒缓、抑郁、沉着，又不缺少生气和活力。

而顾城诗歌的这些优异之处，恰被文学史家的书写有意或者无意地忽略了。

我宁愿相信是他们是无意的。

二

与上述问题相关的另一问题是，关于文学体裁的理解与叙述。

现行文学史大都重小说，轻诗歌。这不仅表现在叙述篇幅的多少上，更主要的在于对不同文学体裁的特殊性的把握上。

自近代梁启超提出“小说界革命”的口号，把小说当成“载道”的工具以来，人们就格外看中小说的社会功能。当代文学史的叙述态度仍与之相去不远。文学史家极易在小说中抽出它的“思想”来。相对来讲，诗歌体裁由于偏重抒情，抒写诗人细微的心灵感悟，不易便当地抽出史家所需要的“思想”“观念”等材料，尤其是在顾城之类的“纯粹”诗人那里。我想，这就是洪子诚、陈思和们的文学史不深入讨论顾城诗歌的原因吧。绝不是篇幅问题。冯友兰讲，“譬犹图画，小景之中，形神自足”。不要说“形神自足”，“小景”何在?

我们一般的文学史仍然沿袭着一种老的思维模式，在小说、戏剧、散文、诗歌等不同的文学体裁中抽取大体同一的“思想观念”，而忽略了不同体裁文体差异，也即很少重视对文学之所以为艺术的“本体”问题的研究。这是文学史书写的致命伤。大略回顾一下文学史的进程便不难发现，文学史的发展过程是各种不同的文学体裁和形式演变的过程。一个作家、诗人创造的价值和意义恰恰表现在，通过他的探索和努力提供给这种特殊的艺术体裁与艺术形式不断发展，乃至臻于成熟的新的因素和契机。

我想，文学史的书写，不应只是把不同体裁写作的作者统归一起就算完事，而应该探讨不同作家、诗人在这一体裁上的特殊性。就新时期诗歌创作而言，顾城的特殊性在哪里？他对新诗的贡献，对诗歌这一文学体裁的演变提供了怎样的新的因素？这样做的意义在于对诗人负责，对文学史负责，对文学受众负责。

周扬曾经讲过，文学发展的历史，就是文学形式发展演变的历史。从四字一句的《诗经》，到汉代五言诗，到唐代的律诗，到宋词，到元曲，我们看到中国传统的诗歌艺术演变的轨迹；从"作诗如作文"的胡适，到强调"三美"原则的闻一多，到打破外在音律而遵循内在情感变化的戴望舒，到疾呼诗歌散文美的艾青，我们深切地感受到一代代诗人为新诗发展所做出的不懈努力与巨大贡献。

毫无疑问，朦胧诗派的诗人们使新诗从五六十年代的扭曲、空疏的政治口号的状态下复苏过来。这是那一代诗人拯救新诗的共同的劳绩。具体到顾城，他对诗歌体裁的复位与发展的特殊贡献在哪里？之所以提出这一问题，是因为在尘埃落定的今天，顾城诗歌的独特魅力不但没有与日减退，反而愈来愈显得与众不同。

我认为，顾城的诗歌之所以魅力无穷，在于他的艺术感受的方式超越了他的时代，直通中外诗歌的优秀传统。他虽然强调自己从小受到普希金、泰戈尔、惠特曼、埃利蒂斯、洛尔迦等西方诗人的影响，但也毫不讳言庄子、屈原、李白、李贺、苏东坡、辛弃疾等传统诗人的艺术熏陶。他说，"我就生活在这样的空气里"，"那风始终吹着，我常常变换位置来感知他们"。[①] 顾城没有中断他与诗歌传统的筋脉联系，而是在传统的滋养下不断成长，并通过自己使得传统得以延续和更新。我觉得顾城对于现代诗歌在当代发展所做的最大贡献是，从庄子、李白那里，从惠特曼、洛尔迦那里拿来了自由的艺术精神和真诚的生命意识，并且把它们巧妙地结合起来。这突出地体现在他的轻盈、自如的诗歌语言上。

"在大路变成小路的地方/草变成了树木//我的心荒凉得很/舌头下有一个水洼"（《布》），看似自由自在的言说，其中隐含着对于自然、人生秘密的自觉与自得；"在陌生的街上/有许多人跳舞"，"使我无法通过"，"由于长久的等待/我变成了路牌/指向希望的地方/没有一字说明"（《在陌生的街上》），即使是对于沉痛的人生经验的叙说，顾城也决不显出剑拔弩张的气势，而是表现得平和与包涵。[②] 因为诗歌不是给人展示身体的伤疤，而是拨动读者灵魂的琴弦。所以，把诗歌语言变成灵巧的无处不到的纤指，变成静水流深的源源不断的江河，是顾城卓越的艺术才能的体现，也是现代诗歌的传统在顾城身上生长、挣扎，最终开放出来的奇异的花朵。可以说，这就是顾城对于现代诗歌发展所做的显著贡献。

三

所谓文学史家的观念是想指出，当下具有个性化的文学叙述的阙如。

首先，表现在大部分文学史都是"集体创作"的结晶。一人主编，多人或几人分头写作。当然，这其中有着似乎是不可避免的现实的因素。比如，著者的时间和精力。现在很难见到像胡适之、郑振铎、司马长风、刘大杰等前辈，倾一己之力，花数年之时，精心创制的文学史专著了。抢时间，赶任务，占山头，树旗子，粗制滥作，自然不能出精品。当然，应该肯定文头提及的几部文学史虽说问题不少，但已是近几年出版的当代

---

① 顾城：《顾城的诗》，人民文学出版社 1998 年版，第 400 页。

② 顾城：《顾城新诗自选集》，百花文艺出版社 1993 年版，第 20 页。

文学史中的上品了。同样需要指出的是，其改进和提升的空间还很大。

其次，我觉得最要紧的是“史家”的胸怀与眼光。尤其是史家独特的判断力。

阅读不同的文学史著作，常常感到在对同一问题的叙述上有“雷同”之感，很少发现独到的见解。哪怕是失之偏颇的。上述三部文学史，讲到朦胧诗派，都把舒婷放在首位（当然不是说不可以），给予相对较大的篇幅，将顾城都置于次要位置。这种因循的“集体”叙述极易造成误解，使普通读者以为客观上存在一种统一的甚或是唯一的文学标准，顾城诗歌的位置是“注定”的。

有没有可能出现另一种文学史的叙述，比如从诗艺的创造上评价顾城在诗歌史上的地位及其深在的影响。我个人以为，不要把诗歌与时代、社会、人民、祖国、未来、理想这类“既定”的观念硬扯一起，诗歌应该是宇宙、自然、阳光、海浪在诗人心灵的折射，是读者从一个新的文本看到的世界和人生模样，像孩子从三棱镜里看太阳的反光。文学史家应该有这样的眼光与责任。不是让公众的舆论影响文学史的写作，恰恰相反，是通过文学史的个性化写作来影响、引导公众。

当代文学史对于顾城诗歌“节略”的评价，不得不顾及的一个重要原因是顾城之死。在很多人印象里，顾城在道德上是有硬伤的。这也成为文学史家的一块心病。当然，我们很难把作为艺术家的个人和作为个人的艺术家分开。问题是，文学史并不是刑事判决书，文学史家也不是道德家，我们只需知人论事，探究诗人对于诗歌艺术的劳绩。如其不然的话，中国文学史上的徐渭、西方哲学史上的叔本华，都要因了他们的罪责而遮损其艺术和思想的光芒。

最后，我不得不指出文学史家所要具备的勇气和胆量。秉笔直书不仅是诸如司马迁这样的历史学家应该具备的精神和品质，文学史家同样需要。我认为，几部当代文学史对在20世纪80年代产生极大影响的诗人采取的近乎一致的叙述态度，表现了作为当代文学叙述者的眼光的短浅、个性的委顿。当然，这对于故去的诗人不会有丝毫损失，损失的只能是广大的读者，也包括叙述者自己。

索尔·贝娄《晃来晃去的人》中的城市书写

肖 飚

摘　要：运用米歇尔·德塞都日常生活实践理论，分析索尔·贝娄小说《晃来晃去的人》中的城市书写。在文本细读基础上，梳理文本中主人公约瑟夫行走在以房间为代表的个人空间、以街道为代表的公共空间的空间实践及其文化隐喻，分析贝娄城市书写中城市镜像下犹太人日常生活的实践状态，剖析犹太文化空间构建的意蕴。

关键词：日常生活实践；行走；个人空间；公共空间；抵制

索尔·贝娄(Saul Bellow，1915—2005)，美国文学艺术院院士，1975年普利策奖得主，1976年诺贝尔文学奖得主，1977年美国文学艺术院金质奖章获得者，1990年美国全国图书基金会终身成就奖获得者，迄今为止唯一一位三次获得美国国家图书奖的美国犹太裔作家，被哈罗德·布鲁姆(Harold Bloom)盛赞为同时代小说家中最具影响力的一位。[①] 作为第三代美国犹太作家的杰出代表，贝娄和伯纳德·马拉默德(Bernard Malamud 1914—1986)、诺曼·米勒(Norman Mailer 1923— 2007)、约瑟夫·海勒(Joseph Heller 1923—1999)以及菲利普·罗斯(Philip Roth 1933—2018)一道，引领美国犹太文学跻身美国主流，在二战后的美国文坛独领风骚，第一次创造了美国犹太文学的辉煌。

犹太人与城市关系密切，理查德·利罕指出，“犹太人”“城市”和“现代性”是三个本质上可以互换的术语。[②] 由于两千多年的流散经历，城市成为犹太民族主要的栖息之地，即“生存的始点以及命运搏击场的重要场所”[③]。现代文学从一开始就与城市结下了不解之缘———现代作家置身于城市，观察、体验、表述着城市。城市成为创作的主要题材和动力，作家和特定的城市之间存在激发性的文学关系。犹如都柏林之于乔伊斯，伦敦之于狄更斯，纽约之于E. L.多克托罗，纽瓦克之于菲利普·罗斯。对于

---

① Harold Bloom. *Saul Bellow* (*Modern Critical Views*). New York: Chelsea House Publishers，1986，p. 1.

② [美]理查德·利罕：《文学中的城市：知识与文化的历史》，吴子枫译，上海人民出版社2009年版，第3页。

③ 乔国强：《美国犹太作家笔下的现代城市》，《当代外语研究》2010年第1期，第31页。

索尔·贝娄来说，芝加哥是城市与社会、历史问题的聚集体，是作家自我表达与反思社会、历史的重要载体。本文拟运用米歇尔·德塞都日常生活实践理论，分析索尔·贝娄小说《晃来晃去的人》中的芝加哥城市书写。

一、米歇尔·德塞都及其日常生活实践理论

米歇尔·德塞都（Michel de Certeau，1925—1986），法国著名思想家，20世纪60年代以来，欧洲最具影响力的学者之一。他的日常生活实践理论在国际学术界赢得了广泛持久的声誉，为大众文化研究提供了一种新启示。

德塞都的日常生活实践理论强调日常生活的实践本质，他用“抵制”，即“避让但不逃离”，来归纳弱者和他者日常生活的实践状态。另外，空间实践是德塞都日常生活实践理论的一个核心主题，强调行走是“一种城市经历的基本形式”①。

1. 作为实践的日常生活

德塞都强调日常生活的实践本质，主张从实践中看待日常生活。在他看来，“社会由一定的实践构成”②。在日常生活中，既存在表现为支配性力量的绝对权力的压制，又同时存在对支配力量的反制。因此，日常生活实践就是作为实践主体的人在这两种力量之间的微妙平衡，即实践主体以既定规训为标准，“检视、增删、改编自己的欲望”的过程③。

在《日常生活实践》（*The Practice of Everyday Life*）序言中，德塞都指出，“实践”即人们针对具体环境、具体规训机制而采取的具体行动，“那些通常认为被既定规则压制和引导的使用者的运作方式”④。德塞都用“抵制”（即“避让但不逃离”）的概念来描述“使用者的运作方式”，即被压制在底层的平常人的日常生活实践的真实状态，“既不离开其势力范围，又得以逃避其规训”⑤。“抵制”是“弱者和他者被规训、压制、控制在权力角落之中时的战术反应”⑥。

德塞都不仅揭示日常生活实践中社会生产环节的抵制战术，他同时指出，在日常生活的消费阶段，消费者以自己的消费实践，实施着自己对于大规模文化工业所确立的消费法则的战术抵制，进行一种“消费者的生产”。⑦德塞都强调，使用就是一种生

---

① Michel de Certeau. *The Practice of Everyday Life*. Berkeley: University of California Press, 1984, p. 165.

② Michel de Certeau. *Heterologies: Discourses on the Other*. Minneapolis: University of Minnesota Press, 1986, p. 188.

③ 练玉春：《开启可能性——米歇尔·德塞都的日常生活实践理论》，《浙江大学学报（人文社会科学版）》2003年第33卷第6期，第145页。

④ Michel de Certeau. *The Practice of Everyday Life*. Berkeley: University of California Press, 1984, p. 51.

⑤ Graham Ward. *The Certeau Reader*. Oxford: Blackwell Publishers, 2000, p. 105.

⑥ 练玉春：《开启可能性——米歇尔·德塞都的日常生活实践理论》，《浙江大学学报（人文社会科学版）》2003年第33卷第6期，第146页。

⑦ Michel de Certeau. *The Practice of Everyday Life*. Berkeley: University of California Press, 1984: P. 52.

产。这种生产的证明,来自"如何使用支配性的经济秩序提供的产品"。[①]消费者的生产,诸如"居住,闲逛,……阅读"等等,是"'弱者'在'强者'建立的秩序中得以存活的妙计"。[②]

2. 空间实践

空间实践是德塞都日常生活实践理论的核心主题。对于"空间",德塞都在区分"场所"(place)和"空间"(space)两个概念的基础上做出了界定。"场所"可以用物质的"据地性"来界定,属客观物质性的存在,具有稳定性;"空间"取决于人类实际的行动与作为,与人类的行动和历史有关,具有动态性。[③] "空间是被实践了的场所"[④],也就是说,涉入了主观性的行动与作为的"场所"即成为"空间"。德塞都举例道,由城市规划意义上的几何性街道(场所),因行走者的行走而转化为空间;阅读的行为将由字符构成的书面文本(场所)转变为空间。[⑤] 对于德塞都来说,城市这个场所,就是日常生活实践的空间。

3. 行走

行走,因构建城市的日常生活而成为德塞都看待城市的姿态和立场。德塞都指出,行走是"一种城市经历的基本形式"。[⑥] 行人的身体"在自己书写的却又读不到的城市'文本'的拥挤或空旷处流动"。[⑦] 行走是穿越一系列不同场所的行为,当行人与这些场所遭遇时,这些场所被行人行走的行为激活,成为行人实践的场所,由于涉入了行走的人类行为,静态的场所成为动态的空间。也就是说,行走是城市日常生活中重要的空间实践。

本文聚焦约瑟夫空间实践意义上的行走,分析索尔·贝娄在目标文本中的城市书写。

二、《晃来晃去的人》中的空间实践及其文化意蕴

创作于1944年的《晃来晃去的人》(*The Dangling Man*)是贝娄的第一部长篇小说。小说以日记体的形式,讲述了有名无姓、尚未取得正式美国国籍的犹太青年约瑟夫一百多天的芝加哥生活。从1942年12月15日至1943年4月9日,他无所事事地

---

① Michel de Certeau. *The Practice of Everyday Life*. Berkeley: University of California Press, 1984, p. 31.

② Michel de Certeau. *The Practice of Everyday Life*. Berkeley: University of California Press, 1984, p. 40.

③ Michel de Certeau. *The Practice of Everyday Life*. Berkeley: University of California Press, 1984, p. 40.

④ Michel de Certeau. *The Practice of Everyday Life*. Berkeley: University of California Press, 1984, pp. 117–118.

⑤ Michel de Certeau. *The Practice of Everyday Life*. Berkeley: University of California Press, 1984, p. 117.

⑥ Michel de Certeau. *The Practice of Everyday Life*. Berkeley: University of California Press, 1984, p. 93. 见汪民安、陈永国、马海良:《城市文化读本》,北京大学出版社2008年版,第165页。

⑦ Michel de Certeau. *The Practice of Everyday Life*. Berkeley: University of California Press, 1984, pp. 93–94. 见汪民安、陈永国、马海良:《城市文化读本》,北京大学出版社2008年版,第165页。

在家等待部队招兵的消息,自由地游走在家宅、芝加哥的街道。然而,形式上的自由却越发让他感觉孤独和迷茫。一方面,他喜欢待在自己的房间;另一方面,他又想竭力逃离这个让他感觉窒息的房间。当他迫不及待地找理由离开了房间,他在街上的闲逛又仅限于三个街区。约瑟夫感到莫名的懊恼和迷惘。小说弥漫着忧郁的氛围,直到小说的结尾,收到部队的招兵通知,他才发出悲剧性的欢呼:"我不再对自己负责了;我为此而喜悦。我掌握在别人手中,卸下了自决的包袱,自由取消了。为有规律的生活而欢呼!为精神监督而欢呼!兵团组织万岁!"①

贝娄以日常生活为审美对象,聚焦约瑟夫琐碎、平淡的世俗日常生活。芝加哥此时已不仅是故事发生的场景,而是由于涉入了约瑟夫的行走实践而转化为空间,折射约瑟夫的精神世界。

贝娄被欧文·豪誉为"最丰富地吸收了犹太文化"的美国犹太作家。② 他笔下有名无姓、没有正式国籍、游走在芝加哥、倍感孤独迷惘的约瑟夫,其身份特征暗合犹太民族的族裔特征。颠沛流离的历史经验让漂泊无根成了犹太民族的显著标志。约瑟夫的空间实践,建构犹太文化空间,反映犹太移民的城市经验,描摹他们在现代城市镜像下的生存状况。

约瑟夫的空间实践表现在他自由地游走在以房间为代表的个人空间以及以街道为象征的公共空间之中,却丝毫感受不到自由带来的喜悦,自由成了迷惘与孤独的重负。空间的取舍与变化,自由游走于不同类型的空间,却无一例外地感受到无所归属的空间实践,影射犹太民族的历史境遇,凸显精神漂泊的主题。

1. 个人空间的空间实践

对待以房间为代表的个人空间,约瑟夫呈现出既依恋又渴望逃离的矛盾态度。一方面,他依恋房间带给他的亲切感——置身房间,约瑟夫感觉亲切,"有片刻工夫,我感到非常宁静"③。他回忆起快乐的童年时光,想起那时因为喜欢擦皮鞋而感受到的纯粹的快乐,"我擦皮鞋不是为了受夸奖,而是由于我喜欢干这事,喜欢这房间的气氛……(那时)什么东西也不能把我诱出家门"④。而现在,"我把艾娃的鞋子拿出来摆成一排,觉得十分满意。然而,这是一种假借的满足,是由于我正在做孩提时做过的事情"⑤。另一方面,无所事事,焦虑地等待着部队的招兵消息,陷于被拒绝的担忧,约瑟夫感到压抑,感到受到禁锢,"房子却囚禁了我",在他眼中,起初能使他远离喧嚣嘈杂、感觉宁静的房间,成了"六面体的盒子","不是一个开放的世界,而是一个封闭的、无望的监狱",他"待在这个房间里,与世隔绝,不堪信任","视线被四堵墙截住,未来

① Saul Bellow. *The Dangling Man*. New York: Penguin Modern Classics, 2007, p. 191.

② 欧文·豪:《父辈的世界》,王海良、赵立行译,上海三联书店 1996 年版,第 538 页。

③ Saul Bellow. *The Dangling Man*. New York: Penguin Modern Classics, 2007, p. 84.

④ Saul Bellow. *The Dangling Man*. New York: Penguin Modern Classics, 2007, pp. 84 – 85.

⑤ Saul Bellow. *The Dangling Man*. New York: Penguin Modern Classics, 2007, p. 84.

的一切都被隔绝了"[①]。

作为最为私密的个人空间,作为场所的房间由于约瑟夫的日常生活实践而成为空间。就其本质而言,作为空间的房间,象征着约瑟夫赖以生存的犹太文化传统。约瑟夫对于具有象征意义的个人空间——房间的矛盾态度,折射出他对于犹太文化传统既依恋又渴望逃离的矛盾立场。犹太文化传统是犹太人在现代语境下赖以生存的根基,面对同化的潮流,对于犹太文化传统既依恋又渴望逃离的矛盾立场,是犹太文化空间的普遍存在表征。贝娄将约瑟夫平淡的生活事件与琐碎的生活细节,以碎片化、流动式的方式呈现在读者眼前。约瑟夫对于个人空间的矛盾心境变化,反映了犹太移民在同化大潮中的普遍状况。

2. 公共空间的空间实践

约瑟夫既依恋他的房间又感觉被囚禁,渴望逃离。于是,贝娄在个人空间之外,为约瑟夫设置了公共空间的日常生活实践,用两种空间的过渡来进行叙述。虽然依恋他的房间,约瑟夫还是"迫不及待地想找个理由离开房间",[②]寻找一个开放的、充满希望的世界,逃离这个"与世隔绝"、阻隔了未来以及信任的"无望的监狱"。[③]

然而,构成公共空间的城市街道,在贝娄的笔下,通常与阴湿、泥泞联系在一起,呈现出冷清、荒凉、萧索、绝望的气氛,影射冷漠的人际关系、形同虚设的人类存在状况,与约瑟夫百无聊赖、孤寂无依的精神漂泊状态形成呼应。"我向街道拐角走去,呼吸着湿衣服、湿煤、湿纸、湿土散发出来的气味,这些气味随着一股股雾气飘散。远方低洼处,一只号角发出低沉的声音,——静下来了——又响起来了;街灯弯向路边,有如一个女人,一直在寻找掉在冰上和水沟淤泥中的戒指或银币……也许这里根本没有城市,甚至连湖也没有,有的只是一片泥沼和穿过泥沼的令人绝望的呼叫声;没有房屋,有的只是使人感到荒凉、萧索的树木;没有电线,有的只是藤蔓弯弯曲曲的长茎,这并不难想象"。[④] 如此呈现的街道,对于约瑟夫来说,既熟悉又陌生,成为"他者化的地方"。[⑤] 这在约瑟夫的内心独白中得到了有力的佐证:"在一个几乎终生居住的城市里,你不可能永远孤独。可是,实际上我恰恰是个例外"。[⑥]

通过在城市中行走,具体地说,自由地游走于以房间为代表的个人空间,以及包括街道和其他城市景观的公共空间,约瑟夫越发体悟到形式上的自由令他因找不到根基而感觉窒息,进而渴望结束无所归属的自由,寻求有所限制的自由及其由此而来的归属感,摆脱精神漂泊的孤独。小说结尾,接到部队招兵通知,约瑟夫为得到有所归属、有所限制的自由而欢呼。约瑟夫选择放弃形式上无所归属的自由,缓解漂泊的窘迫,换取精神上的归属感。

---

① Saul Bellow. *The Dangling Man*. New York: Penguin Modern Classics, 2007, p. 92.

② Saul Bellow. *The Dangling Man*. New York: Penguin Modern Classics, 2007, p. 13.

③ Saul Bellow. *The Dangling Man*. New York: Penguin Modern Classics, 2007, p. 92.

④ Saul Bellow. *The Dangling Man*. New York: Penguin Modern Classics, 2007, pp. 95 –96.

⑤ 张甜:《索尔·贝娄城市小说研究》,博士学位论文,华中师范大学,2012 年,第 24 页。

⑥ Saul Bellow. *The Dangling Man*. New York: Penguin Modern Classics, 2007, p. 3.

3."抵制"策略

行走是体验城市的基本形式,也是身处社会,在行走、阅读的过程中投入感情,形成认识,做出判断的基本形式。行走既是对城市的发现,也是对自我(身份、地位和自我期待)的发现。作为城市日常生活中重要的实践,行走成为穿越时间、情感、认识的空间之旅,强化行人对于城市的理解,更重要的是,通过情感反馈、价值判断,加深实践主体的自我定位和归属认同。

约瑟夫行走在以房间为代表的个人空间与以街道为代表的公共空间,却无一例外地感到孤独迷茫,无所归属,其实质是对于不同类型空间的无效取舍,隐喻其无根漂泊的生存状况。然而,行走是对街道——城市公共空间的利用,是一种"消费者的生产"。既反映约瑟夫日常生活实践的真实状态,又表现作为弱者和他者的约瑟夫,以既定规训为标准,"检视、增删、改编自己的欲望",并借此得以一种相对自由、安全的方式存在于权力关系之中,完成自我确认。

约瑟夫依恋自己的房间,在芝加哥的平均活动范围仅限于三个街区。一方面,反映出犹太人被主流排斥,只能有限地侵入、利用城市空间的现代处境;另一方面,也是约瑟夫在既有秩序中得以存活的必要对策。对熟悉空间的眷恋,既反映存在状况的窘迫,又是疗伤、寻求精神慰藉的实践活动。正如著名地理学家段义孚先生所说,"熟悉的环境通常是那种我们会变得被动并允许自己变得脆弱、可以接受怜爱、并体验新经历所带来苦痛的地方"①。约瑟夫对自己房间以及邻近三个街区的眷恋,一方面反映了他毫无归属感的精神漂泊现实;另一方面又是他抵制外界压力、建立与外界联系、完成自我定位和归属认同的良方,是他在检视、增删、改编自己欲望基础上的避让但不逃离的抵制策略,折射城市镜像下犹太人日常生活的实践状态及其文化意蕴。

三、结语

行走将现在、过去糅合在一起,构成不同的城市空间———导致"特有空间的产生"②。贝娄笔下约瑟夫的空间实践——对待个人空间的矛盾态度,在个人空间与公共空间之间的无效空间取舍,对有限公共空间避让但不逃离的侵入与利用,构建起隐喻性的犹太文化空间,影射犹太民族的历史重负以及精神漂泊的现状,描摹现代城市语境下犹太民族及犹太性焦虑、无奈的存在困境。

---

① Yi-Fu Tuan. *Space and Place: The Perspective of Experience*. Minneapolis: University of Minnesota Press, 2001, p. 137.

② Michel de Certeau. *The Practice of Everyday Life*. Berkeley: University of California Press, 1984, p. 94. 见汪民安、陈永国、马海良:《城市文化读本》,北京大学出版社2008年版,第166页。

从互文性视角解读辛西娅·欧芝克小说中的女性表征

肖　飚

摘　要:当代美国犹太女作家辛西娅·欧芝克(Cynthia Ozick 1928—)被称为犹太人的后现代主义代言人。她的小说在呈现女性表征过程中,戏仿历史人物,运用《圣经》典故,延异犹太传说,呈现出显著的互文性特征。本文以《升空》与《普特梅瑟和赞西佩》为范本,从互文性视角,基于欧芝克对于"前文本"的"吸收"和"改编",梳理其塑造的犹太婚姻关系中的女性表征以及职业生涯中的犹太女性表征,对照正统犹太教的女性观,分析互文性所生发的意义,解读欧芝克小说中的女性表征。

关键词:辛西娅·欧芝克;互文性;正统犹太教女性观;女性表征

一、引言

作为犹太人的后现代主义代言人,当代美国犹太女作家辛西娅·欧芝克(Cynthia Ozick 1928—)在呈现女性表征过程中,戏仿历史人物,运用《圣经》典故、延异犹太传说,她的小说呈现出显著的互文性特征。

"互文性"又称"文本间性",即"两个或两个以上文本间发生的互文关系"[①],是当代西方后现代主义文艺批评的关键词之一。不同学者对其有不尽相同的诠释。热拉尔·热奈特(Gérard Genette)将其定义为"一个文本在另一个文本中的切实出现"[②],即两个或几个文本共存所产生的关系。乔纳森·卡勒(Jonathan Culler)强调,互文性研究实质上是对于意义的关注。在卡勒看来,"互文性与其称为某一作品与特定前文本的关系,不如称为该文本在一种文化的话语空间之中的参与:文本与各种语言或一种文化的表意实践之间的关系"[③]。朱丽娅·克里斯蒂娃(Julia Kristeva)指出,"任何文

---

① 黎昌抱:《哲学阐释学视域下的文学自译运作机制研究》,《外语教学》2011 年第 2 期,第 94 页。

② Gérard Genette. *Palimpsestes, la littérature au second degré*. Paris: dition du Seuil, 1982, p. 8.

③ Jonathan Culler. *The Pursuit of Signs*. Cornell University Press, 1983, p. 103.

本都是对另一文本的吸收和改编"①。这里的"另一文本",即"前文本",可用来指涉历时层面上的文学作品,也可指共时层面上的社会历史文本。②

本文围绕《升空》(*Levitation*)与《普特梅瑟和赞西佩》(*Puttermesser and Xanthippe*)中的女性表征,基于文本细读,梳理热奈特指出的互文本之间所发生的互文关系,借助克里斯蒂娃"吸收"和"改编"的互文性理论,探究卡勒强调的互文性所产生的意义。欧芝克所"吸收"和"改编"的"前文本",既有历时层面上的历史人物、《圣经》典故,又有共时层面上的犹太观念、犹太传说等社会历史文本。欧芝克的小说以浓厚的犹太性为标志性特征,其创作动力之一就是对于犹太教的深刻思考。她的小说关注女性在犹太婚姻关系中、在职业生涯中的存在现实。在欧芝克的女性表征中,以正统犹太教女性观为代表的犹太观念是其核心的社会历史文本。女权主义运动呼吁男女平等,而正统犹太教限制女性,视女权主义思想为首要敌人,主张妇女服从,协助其丈夫担纲统领。根据米德拉什记载,《创世记》的一个版本讲到人类的母系始祖利利斯(Lilith)要求享有和她丈夫同样的平等权利。上帝被激怒了,将利利斯变成了魔鬼。这反映出正统犹太教压制妇女追求平等权利的本质。③ 正统犹太教主张男权。在犹太学校,孩子们从小就被灌输"男尊女卑"的观念。④ 在犹太教堂,女性必须和男性分开,中间隔着墙或者幕。正统犹太教认为女性应以婚姻家庭为重,不主张妇女追求事业成功,认为有知识、有思想是犹太男人的追求,而妇女是不可能成为拉比的。⑤ 总之,正统犹太教反对男女平等,认为女性没有思想、没有头脑,主张妇女服从,放弃尚智努力,放弃事业追求,以家务为重,成为"家中的天使"。

欧芝克在《升空》与《普特梅瑟和赞西佩》中分别塑造了犹太婚姻关系中的女性和职业生涯中的犹太女性。其中对于历史人物的戏仿、对于《圣经》典故的运用、对于犹太传说的延异成为"吸收""改编"前文本的主要手段。对它们加以研究将有助于解读欧芝克小说中的女性表征。一个文本无法离开其他文本独自存在,互文本的意义超出自身所示,构筑起文本的网络系统,表现为一种建构过程。通过互文本之间的相互作用,互文性构成生发和分配意义的场所。欧芝克小说中的互文性所生发的意义在于,借助互文本之间的相互作用,欧芝克在小说中呈现出她对于正统犹太教女性观的思考、研判,完成了对于正统犹太教女性观的文学改写。

下文将梳理《升空》与《普特梅瑟和赞西佩》的女性表征,对照正统犹太教女性观,

---

① Julia Kristeva. *Word, dialogue, and novel*. In Toril Moi (ed.). *The Kristeva Reader*. Oxford: Basil Blackwell, 1986, p. 36.

② 王瑾:《互文性》,广西师范大学出版社 2005 年版,第 1—2 页。

③ Xiao Biao. *Highlighting Moral Ethos in Diasporic Space: On the Jewishness in Cynthia Ozick's Fiction*. Xiamen: Xiamen University Press, 2012, p. 120.

④ Susan Weidman Schneider. *Jewish and Female: Choices and Changes in Our Lives Today*. New York: Simon and Schuster, 1984, p. 284.

⑤ Helene Rebecca Bogdanoff. *Women in the Rabbinate and in American Fiction: A Literary and Ethnographic Study*. MA thesis, North Carolina State University, 2006, p. 12.

分析互文性生发的意义,解读欧芝克小说中的女性表征。

二、戏仿与典故:犹太婚姻关系中的女性

《升空》讲述纽约一对作家夫妻露西·芬戈尔德(Lucy Feingold)、吉米·芬戈尔德(Jimmy Feingold)[①]邀请名流作家举办晚会的故事。露西是一个天主教牧师的女儿,为了婚姻,皈依了犹太教。她和丈夫吉米旗鼓相当,各有一部小说出版,是"文友和爱侣"[②]。然而,在故事中,露西独立的作家身份完全被湮灭,只表现为吉米的妻子、一个犹太家庭主妇,"家中的天使"。她的任务是保证食物充足、房间整洁,而不必和客人谈话,因为犹太教坚持女性不必追求事业,应以家务为重,在公共场合,"犹太妇女应该尽量少抛头露面,尽量少说话"。[③] 露西独自踯躅在打扫干净了的客厅,而男人们聚在一起饶有兴致地谈论着艺术。在和作家同行的晚会上,直到最后,同为作家的她,只是作为妻子和丈夫吉米说过话。而那只是分担丈夫的抱怨:他们邀请的贵宾都没有来,晚会白费了。即便露西的"智力略胜芬戈尔德一筹",[④]在故事中她全然没有话语权,作家的主体性屈从于主妇身份,思想无从展现,直至意识到为婚姻改变宗教信仰是个错误,她才终于受到鼓舞、感觉荣耀。

"改编"与"吸收"是欧芝克达成互文性的具体手段。"改编"体现在对于历史人物的戏仿,"吸收"表现为《圣经》典故的运用。欧芝克戏仿历史人物圣女露西(Saint Lucy 283—304)。女主人公露西与圣女露西同名,有着同样美丽的大眼睛,热切、流盼、熠熠生辉。圣女露西是基督教的殉道圣人,为了信奉上帝,拒绝嫁给已订婚的未婚夫。因未婚夫喜欢她的一双眼睛,她将眼睛挖出送给他,坦言"现在让我为上帝而生"。[⑤] 显然,欧芝克有意将露西与圣女露西形成反衬:露西屈从,为婚姻放弃了宗教,丧失话语权,主体性剥离,思想无以展现;圣女露西笃定,为宗教放弃了婚姻,拥有话语权,思想独立。同为殉道者,圣女露西流芳百世,而露西慨叹失去了主体性、丧失了自我。互文性的达成还依赖"吸收",即运用《圣经》典故。故事伊始,欧芝克借用《圣经》中"洪水"的典故,"晚会湿淋淋的,仿佛慵懒的浴缸,拍打着房间的墙","所有的客人仿佛都漂浮在浴缸里"。[⑥] 邻近故事结尾,欧芝克借用《圣经》中"诺亚方舟"的典故:"房间开始升起来了。它越升越高。它升起来就像是水上的方舟"。[⑦]

"洪水"和"诺亚方舟"的典故指向灾难与救赎。与作家同行的晚会上,露西竭力扮演着犹太家庭主妇的角色。欧芝克展现给读者的,是女性在犹太婚姻关系中受到的

---

① 文中欧芝克作品译文均为论文作者自译。

② Cynthia Ozick. *Levitation*. Levitation. New York: King Penguin, 1982, p. 4.

③ Leonard Swidler. *Women in Judaism: The Status of Women in Formative Judaism*. Metuchen, NJ: Scarecrow Press, 1976, p. 123.

④ Cynthia Ozick. *Levitation*. Levitation. New York: King Penguin, 1982, p. 7.

⑤ Saint Lucy: http://en.wikipedia.org/wiki/Saint_Lucy. August 3, 2011, pp. 283 – 304.

⑥ Cynthia Ozick. *Levitation*. Levitation. New York: King Penguin, 1982, pp. 9 – 10.

⑦ Cynthia Ozick. *Levitation*. Levitation. New York: King Penguin, 1982, p. 15.

灾难性压制：丧失话语权，主体性被剥离，思想被湮灭。欧芝克运用的典故还包括《圣经》“诺亚方舟上的两只鸟儿”①。欧芝克在描写写作中的芬戈尔德夫妇时写道，他们不无困惑、不辞辛苦地写作，“不过自然得如同鸟儿”②。然而，当吉米和其他犹太人一起乘“方舟”升空，飞向自由与救赎时，写作时和吉米一样“自然得如同鸟儿”的露西，作为犹太家庭主妇，却被无情地折翅，剥夺了自由与救赎的权利，滞留在地面。露西在晚会上的遭遇，折射着欧芝克对于犹太婚姻关系中男尊女卑、女性丧失话语权、剥离主体性现实的控诉；露西随后的觉醒，反映出欧芝克对于女性独立思想的信心。《升空》借助对历史人物加以戏仿、运用《圣经》典故，展现了女性在犹太婚姻关系中遭受的压制。欧芝克不仅关注犹太婚姻关系中的女性，其女性表征还涉及职业生涯中的犹太女性，“犹太泥人传说”成为欧芝克“吸收”和“改编”的主要社会历史文本。

三、“犹太泥人传说”的延异：职业生涯中的犹太女性

在《泥人的思想》（*The Idea of the Golem*）中，犹太神秘主义思想家、历史学家格尔绍姆·绍勒姆（Gershom Sholem）介绍了“犹太泥人传说”。泥人通常用黏土和水制成，需由男性智者默念上帝的名字等圣语，在泥人的额头写上“Ameth”③一词，通过气息注入魔力后赋予其生命。泥人完成使命后，制造者必须擦掉其额头上的“Ameth”的第一个字母，变成“Meth” ④，将泥人毁掉。泥人最突出的特点是可以行动，但无思考能力，没有语言能力。尽管绝大多数泥人为男性，格尔绍姆·绍勒姆以易宾·加比罗（Ibn Gabirol）制造的女泥人为例，指出的确存在女泥人，不过她们是家奴或者性奴。⑤

在《普特梅瑟和赞西佩》中，供职于纽约市政收支部的露丝·普特梅瑟（Ruth Puttermesser）是一个女权主义者。违背正统犹太教反对女性追求尚智的传统，普特梅瑟有着不凡的教育、职业背景：全市一级管理考试第一，耶鲁法学院《法律评论》主编，巴纳德学院历史学优等毕业生。尽管经验丰富，她还是难逃性别歧视的厄运。一个纽约大学电影艺术生亚当·马迈尔（Adam Marmel）顶了她的工作，因为他是她上司的男校友。屡遭挫折之后，普特梅瑟无意间制造出一个不会说话却会写字的女泥人。女泥人拒绝普特梅瑟一直想给女儿起的名字“莉亚”，自己起名“赞西佩”（Xanthippe）。赞西佩称普特梅瑟“我的母亲”，因为她具备普特梅瑟的全部知识，既由泥土制成，又由普特梅瑟的头脑造就。⑥ 赞西佩听从普特梅瑟的支配，做饭、打扫卫生、购物，但是她

① Elaine M Kauvar. *Cynthia Ozick's Fiction: Tradition and Invention*. Bloomington: Indiana University Press, 1993, p. 113.

② Cynthia Ozick. *Levitation*. Levitation. New York: King Penguin, 1982, p. 4.

③ Ameth，亦作 Emet、Aemaeth，希伯莱语“真相”或“上帝的真理”之意。

④ Meth，希伯莱语“死亡”之意。

⑤ Gershom G Scholem. *On the Kabbalah and Its Symbolism*. Trans. Ralph Manheim. New York: Schocken Books, 1965, pp. 198 – 199.

⑥ Cynthia Ozick. *Puttermesser and Xanthippe*. *The Puttermesser Papers*. New York: Vintage International, 1998, pp. 41 – 42.

很快厌倦了这些家务劳作,制定了周密的"复兴、改革、振兴、救赎计划"①,帮助普特梅瑟当上了纽约市长,成就了她的职业抱负。

欧芝克植根于深厚的犹太传统,对"犹太泥人传说"这一社会历史文本进行了"吸收"和"改编",延异了传说中泥人制造者的性别、被制造泥人的功能。赞西佩由普特梅瑟的头脑轻松造就,这改写了犹太泥人制造者为男性智者的传说,有力佐证了男女思想的同等独立性。被制造的女泥人赞西佩,作为制造者普特梅瑟的"抄写员",不仅表达、复制、记录着普特梅瑟的思想,而且在听从、服从的基础上,不甘囿于家务劳作,主动关注社会公共事务,雄心勃勃,制定周密的计划,解构了犹太泥人"可以行动,但无思考能力"的传说,体现出独立卓越的思考能力和高度自主的行动能力。另外,赞西佩不会说话却会写字,这是欧芝克赋予她的独特话语权。赞西佩坚持给自己取名"赞西佩"——"赞西佩"是苏格拉底妻子的名字,唯一敢于反驳苏格拉底、和他争辩的人。这无疑反映出她坚定的主体性,要做一个批评家,要赋予自己的思想以话语权的自主意识。

欧芝克对于"犹太泥人传说"的延异,体现出她对于女性话语权、女性思想独立性、女性思考能力、主体意识、自主行动能力的认识,解构了"犹太泥人传说"的男权本质,实现了对于正统犹太教女性观的女权主义文学改写。必须指出,欧芝克所塑造的女性形象还承载着根深蒂固的正统犹太教性别歧视的痕迹。露西作为犹太家庭主妇所受到的压制自不必提及;普特梅瑟追求自身自由、与男性平等权利的同时,表现出对于同为女性的赞西佩的歧视:普特梅瑟把赞西佩视作家奴,认为"做饭、打扫卫生、购物"是她"可以留下来"的条件,②这不能不说是正统犹太教对于女性的歧视和压制根深蒂固的表现,反映出欧芝克认识到的犹太女性争取自由平等的艰巨性。同时,作为犹太女作家的欧芝克在呈现犹太女性表征时所反映出的女权主义思想的不彻底性和正统犹太教性别歧视的余痕,恰恰折射着欧芝克标志性的犹太性:犹太文化"在接纳、吸收所有与之交往、碰撞的文化同时执着地保持自身文化的独特性。……融而不化、融而不亡"③。

四、结语

简言之,欧芝克对于历史文本加以"吸收"和"改编",借助对于历史人物圣女露西的戏仿、运用《圣经》中"洪水"以及"诺亚方舟"的典故,呈现了女性在犹太婚姻关系中所遭受的歧视和压制;欧芝克对于共时社会历史文本加以"吸收"和"改编",借助对于"犹太泥人传说"的延异,呈现了犹太女性在职业生涯中实现男女平等的可能性,因

---

① Cynthia Ozick. *Puttermesser and Xanthippe*. The Puttermesser Papers. New York: Vintage International, 1998, p. 67.

② Cynthia Ozick. *Puttermesser and Xanthippe*. The Puttermesser Papers. New York: Vintage International, 1998, p. 49.

③ 徐新:《犹太文化史》,北京大学出版社 2006 年版,第 3—4 页。

为她们思想独立、享有话语权、善于思考、具有主体意识以及自主行动能力。总之,欧芝克融合女权主义思想,对正统犹太教女性观这一社会历史前文本加以文学改写,倡导男女平等,主张女性享有话语权,颠覆男尊女卑的偏见,坚持女性具有和男性平等的独立思想、主体意识以及自主行动力。同时,欧芝克认识到实现男女平等的艰巨性,她所塑造的犹太女性形象承载着根深蒂固的正统犹太教性别歧视的痕迹,折射出犹太文化在与其他思想、文化碰撞的过程中,固守自我、融而不化的独特品性。

欧芝克小说的创伤书写

肖　飚

摘　要：本文以美国当代犹太女作家辛西娅·欧芝克的中篇小说《披肩》为范本，运用创伤理论与拉康镜像阶段理论，分析主人公罗莎在二战犹太大屠杀中所经历的创伤、战后的创伤表征以及创伤复原。论文指出，罗莎的创伤以歇斯底里、延迟性、隔绝、混乱为主要表征，而其复原以有效他者的人道主义关怀为外因，以罗莎重新审视犹太身份，摈弃偏见、终止“偶像崇拜”的犹太救赎为内因，得以最终实现。论文旨在揭示欧芝克创伤书写中的民族关注以及对于真实犹太性的坚持，为解读欧芝克作品、了解其小说艺术特色提供新视角。

关键词：辛西娅·欧芝克；创伤；复原；有效他者；救赎

辛西娅·欧芝克(Cynthia Ozick)，是20世纪70年代以来美国最重要的犹太作家之一。她的作品具有浓厚的犹太意识，表现出深沉的民族关注。尽管欧芝克认同特奥多·阿多诺(Theodor Adorno)的名言，“奥斯维辛之后写诗是野蛮的行为”，反对以文学创作来再现、渲染对犹太民族造成深重灾难的血腥大屠杀，认为“大屠杀只应是留存于档案文献中的历史”，但是她“无法不写……因为同胞兄弟的血从地下”向她“呐喊”。①

犹太大屠杀是欧芝克小说中反复出现的主题：《信任》表现大屠杀后的身份窘境；《食人星系》反映幸存者记忆；《斯德哥尔摩的弥撒亚》涉及丧生于大屠杀的作家引发的幻想身份建构；获欧·亨利短篇小说奖、1981年美国最佳小说奖的短篇小说《披肩》讲述纳粹集中营罗莎·卢布林(Rosa Lublin)的创伤经历，“产生了令人震撼的艺术感染力”，其续篇《罗莎》续写罗莎的创伤后遗症及其复原，获1984年美国最佳小说奖。1989年欧芝克将两者合成一部中篇小说出版，仍以《披肩》命名，成为犹太大屠杀创伤书写的典范。

在创伤书写中，欧芝克将个人创伤置于犹太民族的历史悲剧中，表现出强烈的民

---

① 文中欧芝克作品以及未注出译者的英文作品译文均为论文作者自译。

族意识。同时,欧芝克坚持秉承犹太民族文化信念,坚持摈弃偏见、杜绝"偶像崇拜"① 以实现创伤复原。下文将以中篇小说《披肩》为范本,分析欧芝克的创伤书写。

一、创伤表征

遭纳粹士兵强暴后,罗莎生下玛格达(Magda)。在披肩掩护下,玛格达活到了 15 个月。因罗莎 14 岁的侄女斯泰拉(Stella)拿走了披肩,玛格达被纳粹士兵发现并扔到了电网上。玛格达"被高高扬起,远远看去就像蝴蝶在飞翔中划出一段银色的弧"。罗莎目睹了这一切,听到电网里各种悲哀的声音发了疯地咆哮,却"只是站着,她要是跑,他们会开枪;她要是去捡起玛格达柴火棍似的尸骨,他们会开枪;她要是让沿着脊梁骨升上来的狼嚎爆发出来,他们会开枪",她拿起玛格达的披肩,堵住嘴,"直到咽下狼嚎,尝到玛格达口水里肉桂和杏仁的味道"。

经历了惨绝人寰的创伤得以幸存,罗莎表现出典型的创伤表征:歇斯底里、隔绝、延迟性、混乱。歇斯底里是心理创伤的表现,由于过去无法承受的创伤事件,创伤病人无法将自我与现实联系起来。想要讲述大屠杀经历遭到顾客拒绝,罗莎愤怒地捣毁了自己的旧家具商店,歇斯底里的特点不言而喻,反映出她无法找到创伤复原途径而陷入迷失。创伤事件导致"幸存者对基本的人际关系的质疑……打破了家庭、友谊、爱以及对共同体的依赖……打碎了在与他人关系中形成和保持的自我建构"。罗莎"讨厌谈话",除了去洗衣店终日独自困在"旅馆"里"黑漆漆的洞",仿佛在"地狱",与他人隔绝是其心理创伤的核心经验。创伤事件造成创伤幸存者"时间、自我和外部世界"经历的断裂,导致创伤事件记忆的"滞后"。在大屠杀结束 39 年后,罗莎仍深困于创伤的梦魇,她"曾经以为最糟的不过如此,之后不会有比这还糟的。但现在明白了,更糟的还在后头"。由于存在着创伤事件记忆的"滞后",罗莎同时存在于"两个现实,两个时间点上。现在的经历常常是模糊的、感觉是迟钝的,而侵入的过去记忆则是强烈的、清晰的"。由于创伤记忆作为侵入记忆无法与正常记忆融合,导致罗莎的"双重思维",即身体、精神和灵魂处于分离状态,她的自我变得分裂,头发蓬乱,房间凌乱,"对现在和将来都不发生兴趣,而永远沉迷于回忆之中"。歇斯底里,延迟性,与他人隔绝,混乱的空间秩序、时间感受,折射出罗莎在创伤自我中分裂的自我意识。罗伯特·利夫顿(Robert Lifton)指出,"创伤自我……是在巨大创痛中以最原始的方式嵌入创伤的自我。直到受创者重新统整,创伤自我才能真正从创伤表征和内心冲突中复原"。德瑞·劳(Dori Laub)、朱蒂斯·赫曼(Judith Herman)认为,创伤只有"在关系中"才有可能康复,建立与外部世界的联系是创伤复原的基础。这与拉康镜像阶段理论对于"自我"的诠释不谋而合。"为了拥有自我,一个人必须与他者接触,这是一个从外界的镜子影像中得到认同的过程"。罗莎的创伤复原与她的自我重塑息息相关,

---

① 偶像崇拜,犹太教为一神教,坚决反对崇拜上帝之外的任何偶像。《摩西十诫》中的第二诫对此有明确的规诫:"不可为自己雕刻偶像,也不可做什么形象模仿上天、下地,和地底下、水中的万物。不可跪拜那些偶像,也不可伺奉它们。"

她需要从他者所构成的“外界的镜子影像”中获得认同。

二、创伤复原

“创伤叙述是创伤复原必须经历的过程,也是幸存者与外界建立联系的方式”。作为现代精神治疗的基础,“谈话治疗法”备受西格蒙得·弗洛伊德(Sigmund Freud)、皮埃尔·嘉耐(Pierre Janet)、约瑟夫·布吕尔(Joseph Breuer)的推崇。他们一致认为,当创伤记忆通过言语表达出来时,创伤症状就会减轻。罗莎渴望通过讲述和交流消除大屠杀留下的侵入记忆,因为“由恐怖造成的肌体神经机能障碍可以通过语言明显得到扭转”。她想要对顾客讲述自己的大屠杀经历却遭到冷漠的拒绝,和她一起经历了创伤的斯泰拉选择了压抑、忘却。公众都是“聋的”,拒绝与她分担这沉重的历史,“没人记得不久前发生的事”,“没人理解,无论怎样解释”。

罗莎找不到愿意和她一起承受沉重历史的他者,特瑞博士(Dr. Tree)“对她集中营经历”的兴趣又令她感到屈辱。为研究“幸存者在自然环境的综合病症”,特瑞博士写来信,想把罗莎作为他的研究“样本”。在他眼里,她只是“胳膊上有蓝色数字”的“实验样本”,不是一个有血有肉的人;此类研究不过是“挖掘大屠杀的悲剧,盗用他人的痛苦”来支撑自己伪知识分子的虚名。在罗莎眼中,特瑞博士是“寄生虫”,热衷于“从别人的创伤中攫取快感”,她“把他的信付之一炬”。

公众的冷漠、斯泰拉的压抑,镜像般折射出罗莎的“疯狂”;特瑞博士的“兴趣”,令罗莎感到屈辱。她找不到重建自我所需的有效他者,无法获得认同,只得蜷缩进大屠杀梦魇的记忆,行尸走肉地活着,找不到创伤复原的希望。

终于,罗莎遇到了西蒙·帕斯基(Simon Persky),一位在大屠杀前来到美国的华沙难民。他愿意倾听并给出善意的建议,由于他在和罗莎的谈话中表现出的人道主义关怀,帕斯基成为罗莎创伤复原的有效他者。

听到罗莎说“我有自己的麻烦”,他主动选择倾听,“对我说说”;他纠正她错乱的时间感,“你不是在集中营,……那一切早过去了”,“你不能活在过去”;他建议她重新审视创伤的侵入记忆,“既可以从不好的角度去描述,也可以从好的角度去描述。从好的角度出发,你就会舒坦”,“些许遗忘有时是必需的”;他甚至提出带她去图书馆,告诉她“人老是自己待着就会乱想”,提醒她“做一个常人”。

然而,有效他者的帮助只是外因,最终促成罗莎创伤复原的力量来自罗莎自身,来自她对犹太身份、犹太观念的理性审视,以及对自己行为的重新评价与调整,来自她在有效他者感召下重返犹太社区的努力。

创伤叙述包括幸存者讲述自己的创伤经历,也包括书写叙述。苏珊·汉克(Suzette Henke)提出“以重新经历创伤的治疗方法书写创伤经历”的“写作疗法”。罗莎用波兰语给死去的玛格达写信,以此宣泄痛苦,统整自我意识。她幻想女儿的未来:十六岁的花季,三十一岁成为内科医生,当上“哥伦比亚大学的希腊哲学教授”……

这些幻想颇令人同情,因为它们承载着罗莎与人交流的热望,反映出其消除创伤侵入记忆的努力。如戴波拉·豪维茨(Deborah Horvitz)所说,作为对创伤的回应,"个体通过象征、想象和隐喻将他们的生活状况内化",寻找"重塑自我、重构意识形态主体以及重新评价过去的平台"。

然而,对罗莎幻想的同情并不能否认它们导致"偶像崇拜"的事实。"偶像崇拜"无视时光流逝而一味将其迷恋对象凝结在时间之中,这在罗莎身上表现得淋漓尽致。她坚持"之前是梦,之后是玩笑,只有过程挥之不去"。"偶像最突出的特点在于它是自足的,无视周围的世界,无视人性",罗莎陶醉于给死去的玛格达写信,完全隔绝于正常的人际交往之外。玛格达被称为"我的上帝,我的……女王",罗莎把玛格达奉为神明。当玛格达"被凝固在时间里,奉为偶像",罗莎就沦为偶像崇拜者。

将死去的玛格达作为偶像来崇拜,罗莎与同类隔绝,正常生活断裂,自我无以复原。"见证了那段臭名昭著的历史,罗莎应该记住神圣的逝者并为这记忆感到荣幸,但这并不意味着要把他们供奉为神明,而是应该把这段历史保留在(犹太)集体意识之中"。只有跳出个人悲恸的藩篱,胸怀深沉的民族关注,罗莎的创伤才能真正复原。

在给玛格达的信中,罗莎杜撰女儿的身世,将女儿的父亲臆造为她母亲最要好的朋友的儿子,一个有教养的犹太人。显然,她的幻想背离了历史,挑战读者已知的玛格达身世,抹杀了大屠杀带给犹太民族的惨绝人寰的屈辱。这显然是"剥离历史"的想象力"听任偶像溢出"的表征。罗莎陷入"偶像崇拜"的泥沼,这是犹太教坚决抵制的,显现出她不彻底的犹太意识。

罗莎不彻底的犹太意识还体现在她的悲痛囿于个人得失而缺乏民族关注,这无疑源于父母灌输给她的对犹太人、犹太文化的偏见。她的父母是"仇视犹太身份的犹太人,波兰反犹的产物","激进同化的楷模"。她回忆起父亲,一个"彻头彻尾的波兰人","身上没有一丝一毫'格托'[①]的痕迹"。在她眼里,犹太人"蒙昧""愚蠢",而她自己与犹太人格格不入:

> 像我们这样的家庭……想象一下把我们和一群莫克维兹斯们、拉拜恩维兹斯们、帕斯基们和芬克勒斯坦们关在一起,老人发着恶臭,孩子奄奄一息,……眼睑化着脓,瞳孔可怕地放大。……我们无比愤懑,同样的厄运居然降临在我们身上。我父亲可是个真正的大人物,我母亲高挑、体面、优雅,人们禁不住向她鞠躬,即便还不知道她是谁。

罗莎对于犹太人、犹太文化的偏见集中体现在她对来自犹太底层的帕斯基的歧视。起初,她轻视他,认为他们之间没有共同语言,无法交流,甚至傲慢地对他说"我的华沙不是你的华沙"。然而,帕斯基友好、真诚地对待她,在她创伤复原的过程中,扮演着有效他者的角色,带给她重生的希望。罗莎开始愿意改变自己的生活——她开

① "格托",ghetto,犹太人居住区。

始给帕斯基说说大屠杀中的经历;她接通了电话,告诉斯泰拉她愿意回纽约去……这一切都表明她愿意重新建立与世界的联系。终于,当帕斯基来看她的时候,她让他进屋,“玛格达不在那儿……玛格达走了”。接受了底层犹太人帕斯基,罗莎认同了自己的犹太人身份,摈弃了父母灌输的反犹观念以及对犹太身份的憎恶,渐渐复归犹太社区。“玛格达走了”,罗莎终止了“偶像崇拜”,表现出与外部世界建立联系的愿望,奠定了创伤复原的基础。

罗莎的个人创伤被欧芝克置于犹太民族历史悲剧的背景下,她的创伤复原不在于时间的流逝,不仅依赖“谈话疗法”“写作疗法”,而是以有效他者,即来自犹太底层的帕斯基的人道主义关怀为外因,以罗莎的犹太救赎为内因,而得以实现。罗莎的犹太救赎表现为反省父母灌输的对于犹太身份和犹太文化的偏见,重新评价、调整自己的行为,摈弃反犹观念以及对犹太身份的排斥,终止“偶像崇拜”行为,重返犹太社区,渐渐走向创伤复原。欧芝克对于罗莎所经历的大屠杀创伤的书写,折射出作家一贯的民族关注,反映出她对于犹太信念的笃定坚持。

论《辛德勒名单》中的历史书写与重构

刘鹏康

摘　要：基尼利获奖力作《辛德勒方舟》改编的电影《辛德勒名单》，因其逼真再现了二战纳粹屠犹史而备受关注，但比对原著与电影后会发现影片呈现的并非历史记忆本身，而是对那段历史的部分拼贴，是一种现实与历史的选择性书写和重构。本文将从文学理论和电影改编的角度探究这种历史书写与重构的深层意蕴及其现实意义。

关键词：隐喻；重构；叙事；历史书写

托马斯·基尼利(Thomas Keneally)是澳大利亚国宝级的作家之一，在文坛久负盛名，曾三次获布克奖提名，最终凭借其力作《辛德勒方舟》折桂。导演斯皮尔伯格将该作改编为电影《辛德勒名单》，上映后瞬时轰动了整个影坛，也引发了全世界对于纳粹屠犹这一历史事件的关注与反思。该片以黑白影像的方式再现了德国纳粹对犹太民族的种族清洗，深刻揭露了纳粹的滔天罪行，让人们重新反思并审视那段不为人知的历史。但比对小说与电影后会发现影片呈现的并非历史记忆本身，而是一种现实与历史的选择性书写和重构，正如将小说名中的“方舟”易名为片名中的“名单”，从“方舟”隐喻转换为“名单”意象，这些变化值得从文学理论和电影改编的角度探究其背后的深意。

一、从“方舟”到“名单”：隐喻与真实

影论家斯坦利·梭罗门曾提出过移植式、注释式和近似式三种电影改编方式。《辛德勒名单》为注释式，即以原著为电影改编的基点，添加诸多电影元素，力求呈现原著的精髓。但由于电影叙事容量的限制，难免要对原作进行浓缩和删减。这部电影的改编相当成功，既忠实于原著的主题与风格，又塑造了生动的人物，影片也得到了原著作者基尼利的充分赞赏，在犹太人和德国人中均反响良好。然而，正如乔治·布鲁斯东在《从小说到电影》中所言，“一旦人们抛弃了语言手段而改用视觉手段，变化就

在所难免"[①]。从小说《辛德勒方舟》到电影《辛德勒名单》，片名中单纯的"名单"意象取代了书名中宗教性的"方舟"隐喻，其实也在暗示，出于受众的变化和对票房收入的考虑，与原著相较，影片的改编趋向简单化与娱乐化，影片中呈现的历史记忆并非历史本身，而是借助影像化手法，选择性地进行历史重构，艺术化地再现了这段犹太人的苦难史。

1."方舟"的隐喻义

小说《辛德勒方舟》中的"方舟"一词出自《圣经·创世记》，极具宗教隐喻色彩。人类始祖亚当夏娃偷食禁果，被逐出伊甸园，但其子女继续在大地上繁衍生息。其后该隐诛弟，人类开始互相残杀。大地被上帝诅咒，背负原罪的人类艰辛劳作方能果腹。出于堕落和贪婪的本性，人世间的怨恨与恶念与日俱增，互相戕害，暴力肆虐，一如二战时期纳粹治下的犹太人集中营，黑白颠倒，善恶不分，杀戮不断。无论是电影还是小说，均以其特有的方式重现了那段人性灰暗的血腥岁月。

上帝看到混乱的尘世，决意用大洪水毁灭这罪恶的世界。洪水前他选中了诺亚一家作为新一代人类的种子，让其尽快造好一艘方舟，即"诺亚方舟"。因为诺亚恪守本分，没有像其他人那样随波逐流，自甘堕落。洪水后唯有方舟之上的诺亚一家得以幸存，人类获得新生并世代繁衍下来。可见"方舟"一词充满着救赎意味，隐喻着"希望与重生"。一如辛德勒的"方舟"，实为大屠杀时期辛德勒全力庇护下的犹太人工厂，如同"诺亚方舟"一样，不仅使随时面临灭顶之灾的犹太人得以幸存，也使得犹太族得以繁衍生息。进入辛德勒的工厂即登上了隐喻重生的方舟，逃离了死亡境地，驶向生之彼岸。辛德勒如同善良正直的义人"诺亚"，虽身为德国商人，曾大发战争财，与纳粹朝夕相伴，但并没有唯利是图，与纳粹沆瀣一气，残害犹太人，反而不惜冒着生命危险与纳粹巧妙周旋，散尽家财救犹太人于水火。原著作者基尼利取书名为《辛德勒方舟》，也是借"诺亚方舟"隐喻该书的救赎主题，彰显在纳粹大屠杀那段血腥岁月中辛德勒身上散发出的人性之光。

2."名单"的双重意蕴

改编后的电影易名为《辛德勒名单》，真实的"名单"取代了传说中的"方舟"，虽失去了隐喻意义，但却暗含了救赎意象，且"名单"具有拯救和救赎的双重意蕴，不仅再一次彰显了原著的救赎主题，也使得辛德勒成为一个极具戏剧张力的核心人物。

虽为德国人，辛德勒却竭尽所能去拯救犹太人，其行为有着非同一般的救赎意蕴。他从纳粹的魔爪下拯救犹太人的义举其实也是德国人的自我救赎。在纳粹治下几百万犹太人惨遭屠杀，德军犯下了不可饶恕的滔天罪行，如同《圣经》里的"原罪"一样，二战后整个德国背负着罪人的污名，德国人因此蒙羞，国家形象受损。这也是德总理在华沙犹太人纪念碑前下跪致歉的原因之一。这一跪表明了德国正视历史、厌恶战争的态度，如同辛德勒的义举一样，用一种自我忏悔的方式走向了本国的救赎之路。

---

① 郝朴宁、李丽芳：《影像叙事论》，云南大学出版社2007年版，第125页。

“辛德勒名单”宛如“诺亚方舟”，名单上的人可以免遭杀戮，乘坐“专列”走向新生。辛德勒的名单拯救了数百位犹太人，但原著中其实还有另一份事关辛德勒生死的名单。这份名单是被救的犹太人全体签名做证的名单。逃亡前犹太人斯特恩把它交给了辛德勒。旧名单上的犹太人被辛德勒从纳粹的魔爪下拯救出来，而新名单上犹太人证言使得他后来免遭盟军追捕。新旧名单交替的一刻，辛德勒从一个呼风唤雨的犹太人保护神变成了亟须犹太人帮助的逃亡者，这位曾经的犹太人拯救者，最终又被获救的犹太人、曾经的弱者所拯救。辛德勒拯救了犹太人，而最终又借犹太人之力被赦免。这种回报性的彼此拯救，正是一个完整的救赎过程。恶人被无情惩处，善良的人得以回报，如此寓意深刻的转化无疑彰显了名单的救赎意味和人性的本善之力——只要一心向善，无论强弱，都可以得到救赎。辛德勒名单因此具有了拯救与救赎的双重意蕴，再一次凸显了原作的救赎主题。

二、《辛德勒名单》中的“辛德勒”：历史的真实与反思

如影评人戈达尔所言，“电影受导演个人视野的主导，其系列作品的主题风格都会体现这种个性化的主导。电影的价值取决于如何处理，而非是什么题材。作者论也认为，好电影重在于导演本人风格化的处理，而控制‘如何处理’的就是作者，即导演”①。犹太裔的斯皮尔伯格在拍摄该片的过程中经历了一次的灵魂洗礼，也重新反思和审视了这段本族的苦难史。该片之所以成功，不可忽视的是“辛德勒”这一形象带给观众的心灵震撼。尽管他并非是一个完全符合史实的人物，但是这样一个复杂多面的人物是带给绝境之中犹太人生之希望的“诺亚”，这也是导演所着力呈现的。相较于其他导演，斯皮尔伯格对辛德勒的情感更为复杂，他舍弃了自己擅长的电影特技，却改用纪录片手法完成拍摄，并力排众议用黑白胶片拍摄最大限度地还原这段历史。他亲赴华沙取景以营造出真实的历史感，参演的演员仿佛步入历史的长河，重回那个可怖的时代，逼真再现了二战时犹太人的凄惨境遇，影片除了巨大的视觉冲击外，也给予观众心灵上的震撼。

电影历史叙事的重点在于采取何种方式解构历史记忆，所以此类大屠杀题材电影在完成摄制后就烙上了历史重构的个人化印记，片中的辛德勒确有其人，但其形象无疑是经过艺术重构的。片中经典的一幕是辛德勒骑马驻足在山坡上，目睹了纳粹暴徒在犹太聚居区进行惨绝人寰的大屠杀，一幕幕血腥的场景使他受到了极大的心灵震撼，强烈的负罪感让他幡然悔悟，从此不惜一切代价全力去拯救犹太人。然而比对小说文本会发现这幕场景“纯属虚构”。他的转变并非一蹴而就，而是渐进式的，很难界定他何时从一个战时唯利是图的投机商慢慢转变为拯救无辜犹太人的救世主。

“以叙事为特征的所有文学艺术，均以写人作为艺术创造的核心，文学即是人学。借助塑造人物形象来反映现实生活，并将现实升华到唯美的艺术境界，这是电影叙事

---

① ［美］路易斯·贾内梯：《认识电影》，焦雄屏译，世界图书出版公司2007年版，第407页。

的根本特征"①。片中辛德勒一出场,特写镜头就聚焦于他的衣着打扮与生活品位。其目的一方面将辛德勒刻画为一个贪图享乐的战时投机商,另一方面也是为人物前后形象的巨大反差埋下伏笔。辛德勒的转变无疑是阶段性的,促使他拯救犹太人的原因既有物质方面的欲求,更有道德层面的考量。最初辛德勒结交纳粹权贵,雇佣廉价的犹太人只是为了降低生产成本,追求利益最大化,这一阶段他信奉金钱至上的经济价值观,但正是这些情节为后续的人物塑造做了铺垫。唯利是图的投机心理及极强的社会人脉帮他迅速积累起巨额财富。而随着故事的发展,他的道德和人性开始显露时,经济利益让位于道德价值,拥有的这一切也让他具有解救犹太人的能力与机会,进而完成自我的救赎。片末辛德勒倾家荡产也要迁厂来拯救犹太人时,可见已不再信奉利益至上的商人价值观,而是完全倒向了道义与人性这一边。片中一直着力呈现乱世中人性和物欲的抗争,人性和道义一直在被质疑和拷问。所幸辛德勒的形象转变如同乱世中那一抹光,让观众从主人公身上看到了人性的力量最终战胜了物欲的诱惑,影片主题也得以升华。

运送犹太人妻儿的火车错运到奥斯维辛集中营时,他倾其所有,竭尽所能把女性和孩童救回一家团聚,即使自己因此身陷囹圄。战争结束时辛德勒已然破产,却还向工人们忏悔自己没能拯救更多的犹太人。此时的辛德勒已从一个发战争财的投机商完全变为一个悲天悯人的救世主,这个情节也真正成就了辛德勒"救赎者"的身份。大屠杀背景下人们看到了被物欲支配的人性的贪婪和道德的败坏,但曾经是投机商的辛德勒却不为眼前利益所动,用自己的义举回应了乱世中人们对于人性之恶与道德节操的质疑。从辛德勒的转变中,观众看到了乱世中难能可贵的人性光辉,这也正是这部电影成为经典的原因之一。辛德勒的形象变化成功展示了人性在物欲中迷失到再度复苏,最终大放异彩的过程。正如片中的犹太人所言:拯救了一人,就拯救了全世界。辛德勒形象的不凡之处在于,作为一个投机商当然知道利益至上的原则,且在纳粹大屠杀的背景下,正如作者基尼利所言,战争更容易激发人性之恶,纳粹治下犹太人形同蝼蚁,然而辛德勒仍不为利益所动,即使因此三次入狱,仍然顶住了层层诱惑和种种压力,竭尽全力去解救尽可能多的犹太人,甚至为没能救出多一些犹太人而自责。这样一个散发着人性之光的"救赎者"形象无疑是血肉丰满、深得人心的,而不同于一个高高在上的神话般的存在。

虽然辛德勒的形象栩栩如生,却并没有跳出好莱坞人物建构的窠臼,他是个十足的好莱坞式的伟大化身——一个并不完美的人物陷入了困境,但最终凭借一己之力成功脱离困境,成长为拯救世界的英雄。史蒂芬·西夫的文章指出该影片成功的最大秘诀在于其娱乐性,不可否认辛德勒是一个有道德缺陷的英雄人物。克劳德·朗兹曼指责该片"将严肃的大屠杀主题引入到商业消费中,用好莱坞写实主义暴力和戏剧化的

① 郝朴宁主编:《影视剧作教程》,重庆大学出版社2012年版,第59页。

方式去再现大屠杀这个'不可被再现的'事实,公众此后可以去消费大屠杀主题了"①。但是这部影片得到了德国人、犹太人及整个国际社会的认可,对于辛德勒拯救犹太人的行为颇多赞誉。无论是基于史实的辛德勒其人,还是影片中重构的辛德勒角色,其形象都是深入人心的。尽管电影中也体现了辛德勒作为战时投机商的不良行为,但这丝毫不会掩盖他身上散发的人性之光。该片虽有瑕疵,仍不失为一部经典之作。

参考文献

[1]张宗伟.中外文学名著的影视改编[M].北京:中国广播电视出版社,2004.
[2]戴锦华.电影批评[M].北京:北京大学出版社,2004.
[3]Keneally T. *Schindler's Ark*[M]. London: Serpentine Publishing Co. Pty. Ltd, 1982.

① 张伟:《东西方战争题材电影的"救赎者"形象建构比较研究——以〈辛德勒的名单〉等影片为例》,硕士研究生学位论文,云南师范大学,2014年,第39页。

新小说反传统的创新艺术形式探索

于长飞

摘　要:新小说是二战后在法国出现的重要文学现象,它已与传统解释下的小说南辕北辙,破坏了人们对原有小说的观念,创造了新的小说领域。本文论述了新小说的反传统思想理论及其创新艺术形式,目的是让读者领略新小说在创作艺术上的独特魅力。

关键词:新小说;反传统思想理论;创新艺术形式

二战后的法国文学观念和文学方法发生了剧烈的变化,以"反"字当头的新一轮文学运动进入了高潮期,各种探索性的理论、标新立异的作品,造成了活力与混乱同在、希望与担忧并存的局面。在这种情况下,法国文学界诞生了的一支新的小说创作流派,即"新小说派"。它作为小说创作中的一股新浪潮出现在法国文坛上,成为继存在主义文学之后流行的又一重要流派。这一流派的小说和理论,不但在法国受到了批评界的重视,而且在西欧、美国和日本也曾流行一时,其影响扩大到了波兰、捷克等东欧、中南欧的一些国家,并且逐渐形成一种国际文学现象。

新小说反对以巴尔扎克为代表的现实主义小说的创作技巧,他们放弃了传统小说家想在作品中应有尽有、什么都说清楚的做法,反其道而行之。在他们看来,现实主义作家往往通过人物的塑造、情节的安排、内心的分析、情景的描述和带有感情色彩的语言等手段,诱导读者进入作者事先安排的虚构境界,结果使人们只能通过作者或作者塑造的人物的眼睛去看外在的事物,这样实际上是使读者进入了一个"谎言的世界",忘记了自己所面临的现实。因此,为了革新传统小说的创作手法,新小说派的作家们主要进行了以下几方面的创新:

1. 人物塑造上——人物退居次要地位

新小说反对传统小说中以写人为核心的主要任务,反对把人作为世界的中心,一切从人物出发,使事物从属于人,由人赋予事物意义,从而使客观世界的一切都带上了人的主观感情色彩,结果混淆了物与人的界限,抹煞了物的地位,忽视了物的作用和影响。所以,新小说的革命目标就是要颠覆传统小说中以人为中心的观念,要求把客观世界还原为纯粹的外观,用一些没有确定性格与动机的"物"来代替传统意义上的人物。罗伯-格里耶认为,小说的主要任务不在于塑造人物形象,更不在于表达作者的思想感情、政治立场和道德观念,而是在于写出“一个更实在的、更直观的世界”。因此,他的作品往往充满了烦琐的对物的描写,其中的人物就仿佛是一架缓慢移动的摄影机,毫无感情色彩地摄下它所看到的一切。在他的作品中,人物被认为是表现某种心理因素或心理状态的“临时道具”,不但面目模糊不清,有时连姓名也没有,因为名字对现代的小说家来说也成了一种束缚。例如卡夫卡小说里的人物用字母K来命名,有时还用第一人称的“我”或第二人称的“你”来代表。在布托尔的代表作《变》中,作者把主人公命名为“你”,使读者处于主角的地位。萨洛特《金果》中的主角就是一本名为《金果》的小说以及人们对这部新书的反应。至于这群人是谁、穿什么衣服、有怎样的外貌及性格特征等,都无关紧要,甚至他们的姓名都用不着交代,整个作品沉浸在一片喋喋不休的、扑朔迷离的话语中。所以,这类小说无需刻意塑造人物形象,因为这样反而更能吸引读者的注意力,使读者不至于联想起现实生活中的某某人。

新小说的作品中虽然没有传统定义下的那种“人物”,但这绝不是说没有人物。其实作品中的每一行、每一个字都在写人。小说大量而又细致地描写“物”,其前提是有人的眼睛在看,有人的思想在审视,又有人的欲望在改变着它。与传统小说相比,现代作家对物质世界更敏感,使物更能具有“人性”。在客观存在的物质世界中,新小说派最关心的还是人和人在世界上的处境。他们认为,对物的描写和对人的描写是一致的,写物就是写人。

2. 故事情节上——故事的解体

新小说派认为,传统小说杜撰了一个个虚构的故事,缺乏“真实事物的丰富内容”,企图复制出无限复杂的生活。所以,新小说应当让读者运用自己的丰富的生活经验和所掌握的探索手段,从作家所描绘出来的事物中发掘出其中的奥秘。同时他们认为现实世界是变幻莫测的,事物发展是难以预料的,因此人们无法事先做出有头有尾的安排,写出一个完整的故事。所以,他们的小说只叙述几个片段,大部分要靠读者来发挥想象,并加以补充来完成,就像拼版游戏一样,读者可以任意拼凑出新的图像。由于新小说派不断地使用省略号来减缓阅读速度,使由句子构成的情节趋于解体,因而,新小说读到最后留在读者脑海中的可能只是一些片断的镜头,这往往很难使读者从中理出个头绪。比如:西蒙的小说《大酒店》,其整个内容无头无尾,但是碎片化情节有声有色,目的不是向读者传递一个悲欢离合的故事,而是朦胧飘忽的印象;格里耶的小说《妒嫉》既没有故事情节,也没有开场、高潮和结局,整部小说描写的只是某些日常场景的一再重复。由此可以看出,新小说派的作品不以故事情节引人入胜,不以纯属虚构的人物、谎言的世界或作者强加的观点作为审美对象。正如萨洛特的《行星仪》中,事态的发展乱纷纷地出现,构成了错综复杂的一团,从而无法形成一系列相互关联的情节。读者不知道事态的发展趋向何处,甚至就连作者写作的时候也不清楚。读者在阅读新小说的同时也是在参与小说的创作,这类作品在于表现无秩序的生活本身,形成一个开放的世界,无所谓起源与结束。因此,新小说以场景组合代替传统小说中的情节发展,不求完整的故事结构,意在用难以预知的事物发展来反映不断变化的现实世界，这正是新小说的独特之所在。

但是，这并不能说新小说派的作品完全没有情节。杜拉斯的《街心公园》写的是一个流动小贩和一个女仆在街心公园相遇的故事，两个主人公彼此说了一些笨拙的话，表达了一些见解后就互相分手了。这个故事多少有些情节，但在更多的情况下，要靠读者的猜测来完成。

3. 语言上——词汇的丰富与新颖

新小说派对传统小说中惯用的语言也进行了彻底的改革，因为这些语言长期的重复已变得“陈套”或“僵化”，失去了表达现代人复杂多变的生活的能力。他们反对使用具有感情色彩的形容词和那些“内含的、隐喻的、魔术般的词汇”，认为这足以使描写的事物失去本来的面貌。他们主张采用“表明视觉的和纯描写性的明确的词汇”以及反映声音、嗅觉方面有着细致差别的词汇。至于句子，他们认为“轻装短束”的小句子已经不够应付，需要把它们连成长句。西蒙在这方面最具有代表性，他的句子能写成几页，没有一个标点符号，大量的使用现在分词，或者玩文字游戏，以表达时间、空间和精神的复杂结合，从而创造出“没有句法的语法”。按照罗伯－格里耶的看法，现今的文学语言存在着大量的人格化的隐喻，比如说山岭“威严”、说烈日“无情”等等。这些隐喻并不能提供关于事物本身的精确知识，而只会使人产生一种舒服地占有世界的幻觉，这完全是人对语言造成的污染。因此，要想精确地描写物，就必须对文学语言进行清洗，驱除那些人格化的隐喻，采用一些描写性的词语。所以，新小说派作家力图改进语言工具，采用一些新颖的描绘性的词语，从而使他们的作品独具一格。

4. 结构上——打破时空观念的反逻辑性

在结构方面，新小说派主张破除传统现实主义小说的格式限制，不同意把现实整理得有条不紊，他们主张用新的形式来描写客观的社会、生活与人，从而表现出人与世界之间的新型关系。他们要求如实地反映现实生活的原有面目，反对作家介入社会问题和描写社会的场面，反对在作品中正面宣扬作者的人生观。因此他们认为新小说不必遵守时间顺序和囿于空间的局限，作者有自由“重新建立一个纯属内心世界的时间和空间”。他们还认为人生不过存在于“一瞬间”，过去、现在、将来可以同时存在。现实、想象、幻觉、记忆、梦境往往互相交错或重叠。格里耶的小说《橡树》，作者运用了意识流小说的技巧，使其整体结构先肢解后重组，整个事件错综迷离。作者打破了时空的限制，抛弃了对意义的追求，用局部的、孤立的、表面的和个体的事物来构筑小说的整体。作者在《妒嫉》一书中，其描写的时间也不确切，时序也被打乱，故事的前后穿插倒置。布托尔在时序颠倒、扩充空间方面可称得上是个典范。首先，他认为事件的时间结构复杂得让人头昏眼花，因此要运用时间的“对位法”作为时间的结构。其次，他认为每一件事呈现出许多叙述序列，在一条连贯的线上不可能叙述所有的事情，而是要隔开，在一个面上，或者跳跃式地叙述出来。总之，新小说打破了传统小说中时间顺序的限制，在空间上也有了更大的自由。虽然新小说在创作过程中运用了过去和现在的相互渗透与重叠的手法，但其重点仍在于表现“现在”的一刹那，作者运用短暂的时间跨度，目的在于形成前后互相并不连贯的艺术结构。

5. 选题上——从生活中的琐事着手

新小说派的作家着意于形式上的革新。罗伯－格里耶认为,“新小说不应该再继续为某种政治事业服务了,即使那是正义的事业”。因此,新小说的作家们都是从生活中的一些琐事着手,意在真实地反映客观存在的世界。比如,罗伯－格里耶在《妒嫉》一书中,通过墙上的一个斑点的变化来揭示物质世界的魔力。萨罗特在《向性》中借用植物在受到外界刺激时所反映出来的倾向性,来比喻人与人之间的微妙关系,比喻人在日常生活中受到某种刺激所引起的原始的、朦胧的内心活动。西蒙在《佛兰德公路》中通过对战争经历的回忆,把读者带入了纷乱而嘈杂的炮声中。布托尔在《变》中,通过主人公在21个小时的旅途中的所思、所想、所感及所悟,来揭示现实生活的变化多端。因此,新小说派在选题上的独辟蹊径,也是它与众不同之所在。

结束语

从“新小说派”的总貌来看,这一流派的创作在思想上受弗洛伊德心理分析学、柏格森生命力学说和直觉主义、存在主义以及胡塞尔的现象主义哲学的影响,并且吸收了现代语言学、符号学、精神分析学和人类学等人文学科的成就;在文学艺术上继承了第一次世界大战后的意识流派小说和超现实主义的观点及存在主义文学的某些创作方法。因此,本质上来说,在未来的小说探索道路上,新小说派在整个文学观念上采取了开放性的态度,以反传统的创新作为它最重要的特征。

新小说派在小说创作中所进行的新的实验与探索,从一定程度上符合文艺创新的要求,在20世纪五六十年代曾引起广泛的注意,并具有一定的国际影响。但是由于新小说与传统小说的创作风格反差太大,其作品在现实生活中也缺少明确的社会意义,因此导致了它在很大程度上,只拥有一定范围的读者。总之,不管其命运如何,但就新小说在艺术理论和创作实践上的创新艺术而言,它也是成功的。

参考文献

[1] 柳鸣九编选:《新小说派研究》,中国社会科学出版社,1986年版。
[2]李明滨主编:《二十世纪欧美文学史》,北京大学出版社,1999年版。
[3]郑克鲁著:《繁花似锦——法国文学小史》,武汉大学出版社,1986年版。
[4]林骧华编著:《西方现代派文学评述》,上海人民出版社,1991年版。
[5]王忠琪等译:《法国作家论文学》,生活·读书·新知三联书店,1984年版。

张洁作品在日本的译介与传播

韩　聃

作家张洁是我国第一个荣获长、中、短篇小说三项国家大奖，全国唯一两度荣获茅盾文学奖的作家。她的作品被译成英、法、德、俄、丹麦等十多种语言，有近三十种译本。然而，最早关注张洁作品并译介的国家是日本。“作为中国新时期文学的先锋，以独特艺术风格步入文坛，是在一个时代里，最一流的女性作家。”①这是日本学界给予张洁的评价。在日本，对张洁作品的传播是以研究为基础，由官方和专家学者共同译介完成的。本文拟对张洁作品在日本的译介传播情况加以介绍和分析。

一、译介与研究并行

据《日本研究中国现当代文学论著索引 1919—1989》和《日本中国当代文学研究会会报》以及在日相关学会发表论文统计来看，日本对张洁作品的研究密集出现在 20 世纪 80 年代和 90 年代之间（见表 1 所示）。

表 1　日本研究张洁作品论文②

发表论文	发表者	发表期刊	发表时间
『張潔の初期作品にみられる真実』（《张洁初期作品中的真实》）	名和又介	《鹿儿岛经大论集》（23/3）	1982. 10

① ［日］南條純子：『ラブレター——80 年代中国女流文学選（3）』，NGS 株式会社 1987 年版，第 5 页。原文是：作者张洁四十一岁开始，以其独特的艺术风格登上文坛，发表很多诸如《爱，是不能忘记的》和《沉重的翅膀》等涉及社会问题的作品，她与谌容一并成为现代女性作家中顶尖级的作家。

② 表中所列论文题目由《日本研究中国现当代文学论著索引 1919—1989》（中文，北京大学出版社出版）中已翻译成中文的论文题目和在日本中国当代文学会发表的论文题目（日文）两部分组成。所附日文题目是由张洁作品日译者福地桂子教授提供。

续表

发表论文	发表者	发表期刊	发表时间
『張潔の作品世界』（《张洁的作品世界——〈从森林里来的孩子〉的周围》）	南云智	《樱美林大学中国文学论丛》(9期)	1983.3
『張潔の中編小説「方舟」』（《张洁的中篇小说〈方舟〉》）	井口晃	《中国语》(280号)	1983.6
『女性作家張潔とその作品』（《女性作家张洁和她的作品〈七巧板〉〈沉重的翅膀〉》）	高岛俊男	《中国研究》(158号)	1984.6
《张洁与骆宾基》	小盐惠美子	《中国当代文学研究会会报》(2号)	1985.2
『張潔という作家』(《作家张洁》)	与小田隆一	《九州中国学会报》(25期)	1985.5
『張潔の「方舟」に見る中国女性解放の現実』(《张洁〈方舟〉中表现的中国女性解放的现实》)	福地桂子	《长崎综合科学大学纪要》	1985.6
《张洁的〈绿色宝石:丑小鸭的飞翔〉》	荻野修二	《东亚》(218号)	1985.8
《活跃的女作家——张洁的〈方舟〉》	荻野修二	《新时期文学十年作家作品》	1987.6
《爱情文学张洁的〈爱,是不能忘记的〉》	下河边容子	《新时期文学十年作家作品》	1987.6
『「緑色」への挑戦:張潔から阿城そして莫言へ』(《向绿色的挑战:从张洁到阿城、莫言》)	荻野修二	《季刊中国研究》(8期)	1987.9
愤怒的群英——戴厚英、谌容、张洁	大石智良	《岩波讲座〈现代中国〉》(5卷)	1989.1
『中国の女性像——張潔の「方舟」「翠玉」にみる』(《中国女性群像——从张洁的〈方舟〉〈祖母绿〉来看》	福地桂子	《季刊中国研究》(18期)	1989秋季号

续表

发表论文	发表者	发表期刊	发表时间
『紅きのこ』(《红蘑菇》)	福地桂子	《日本中国当代文学研究会会报》(13号)	1999.8
《张洁著作目录(未定稿)》	福地桂子	《日本中国当代文学研究会会报》(13号)	1999.8
『張潔の「無字」とその批評をめぐって』(《张洁〈无字〉和相关评论》)	秋山洋子	《骏河台大学论丛》(38号)	2009

1. 日方倡导从纯文学的视角关注作品

日方研究张洁作品的论文累计有二十余篇,专题研究论文有三篇,分别是『張潔の作品世界』(桜美林大学『中国文学論叢』1984.3,南雲智)、『女性作家張潔とその作品』(『中国研究』1984.6,高島俊男)、『張潔の《無字》とその批評をめぐって』(『駿河台論叢』23号,2009,秋山洋子)。[①] 日本学界对作家在1986年以前所创作的作品《从森林里来的孩子》《沉重的翅膀》《方舟》《爱,是不能忘记的》给予了高度评价。20世纪80年代初,海外对中国现当代文学的译介和研究还常常带有强烈的意识形态特征。与之相反,日本第三代中国文学研究者[②]认为,在研究方法上,应摆脱第一、二代学人对中国文学所杂有的感情与主观看法,提出采用纯文学的研究方法来考察中国现当代文学,面对活跃在80年代的中国女作家们的创作也是如此。[③] 受到这一观念的影响,评论界和译者都相应地发表了自己的看法以作回应。总结起来,有下列几点:

第一,辻康吾在《爱,是不能忘记的》的译者后序中谈道,不仅要把中国文学看作是研究中国的资料,还应视作文学加以介绍。坦率地说,在《爱,是不能忘记的》的最后,还有一些"难以言说"的东西,以及妨碍读者阅读的特定事件和当时的政治话语。……这种情况虽然不可避免,但仍期待每一个读者的自我判断——能够超越历史去感受文学的普遍性。[④](注:日文引文均为笔者所译,下同)

辻康吾认为,"文革"后的文学创作多集中在高歌爱情这一主题上。对经历过新中国成立和"文革"时期无理性的混乱与压抑而丧失价值判断的中国作家而言,人类

---

① 三篇日文文章题目由张洁作品日译者福地桂子教授提供。

② 所谓"第三代"中国现代文学研究者,指的是20世纪60年代末或70年代毕业的大学生(研究生),之后大部分在大学教授中国现代文学课程。见孙立川、王顺洪:《略论日本研究中国现当代文学的历史和现状》,《北京大学学报》1990年第5期,第295页。

③ 孙立川、王顺洪编:《日本研究中国现当代文学论著索引(1919—1989)》,北京大学出版社1991年版,第22页。

④ [日]加藤幸子、辻康吾:『キビとゴマ中国女流文学選』,研文出版社1985年版,第262页。

残存的最后一线生机是对爱情的期许，那也正是女性的爱情。张洁的《爱，是不能忘记的》同样是一部触碰“文革”，宣扬爱情至上的代表作。[1]

第二，名和又介发表论文『張潔の初期作品にみられる真実』谈到了对张洁作品的理解：

> 張潔に『懺悔』という小説がある。張潔という作家を理解するには最もふさわしい作品であり、張潔らしさが最も純粋な形で発揮されていると言える。[2]（《忏悔》是一部最具张洁气质的小说，是最适合理解作家张洁的作品。）

日语中的“らしさ”一词表意某种特质跟人与物十分相称的意思。文中描写一个在“文革”中被打倒的父亲，他的儿子从小被外界孤立。儿子唯一的愿望是去看天安门，遭到了父亲拒绝，后来儿子因感冒引发尿毒症死去。恢复名誉的父亲无法面对从未向儿子传递过温情的自己。

> 彼は後悔した！限りなく後悔した！何かをしたからではなく、何もしなかったことで！[3]（他后悔了！无限地后悔！不是做过什么，而是什么也没做！）

名和又介认为，《忏悔》这部作品整体就是一个失去儿子的父亲的内心独白，内心独白的形式是作品成功的原因之一。作品的独特性在于，作者揭示出，父亲既是“文革”中的被害者，也是对儿子精神上的施虐者。在这部作品中，作家近乎完美地向读者展现了人物的内心世界。

第三，日本评论界认为“内心独白”是作家张洁创作的一大特色。例如，在《有一个青年》这部作品中，作家并非是在写一个男女恋爱的故事，最终呈现出一个青年的内心独白；在《含羞草》中让读者感受到的、在日本早已久违的“灭私奉公”的精神，是通过乒乓球“陪练”的内心独白展现出来的。可以说，“内心独白”是作家在作品中直面内心世界的外在表达方式。日本评论界给予张洁这样的评价——作家以她女性特有的柔性笔调碰触到了人物复杂而又深邃的内心世界。

2. 日方选译听从女性内心呼唤的作品

张洁的《爱，是不能忘记的》《方舟》、荣获全国优秀短篇小说奖的《谁生活得更美好》、荣获全国优秀中篇小说奖的《祖母绿》四部作品被译介到日本。

《爱，是不能忘记的》最先被译介，刊载在《中国语》（大修馆出版）「文芸短信」专

---

① ［日］加藤幸子、辻康吾：『キビとゴマ中国女流文学選』，研文出版社 1985 年版，第 263 页。

② ［日］名和又介：『張潔の初期作品にみられる真実』，『鹿児島経論集』23/3，1982 年，第 81 页。

③ ［日］名和又介：『張潔の初期作品にみられる真実』，『鹿児島経論集』23/3，1982 年，第 82 页。

栏。1985 年,加藤幸子、辻康吾主编的『キビとゴマ——中国女流文学選』收录了该作品。1987 年由南条纯子监修,日本现代中国文学翻译研究会翻译出版的『ラブレター——80 年代中国女流文学選(3)』收录了《谁生活得更美好》这部作品。长崎综合科学大学福地桂子教授先后译介《方舟》和《祖母绿》两部作品。

作家加藤幸子在《中国女流文学选》的前言中这样评说:

"收录在本书中的作品(包括张洁《爱,是不能忘记的》)是十分厚重的,是一幅拼尽全力、对抗人生的女性画卷。女作家们在数十年政治环境下,身心所承受的巨大压力,超出了日本人的许多倍。我们容易陷入虚无主义的陷阱,而这群女作家们用她们特有的正直与坦荡直面过去了。"①

辻康吾在《中国女流文学选》的最后章节「現代中国文学によせて」中总结道:

"之所以收录女性作家作品,是因为生活在中国那段期间,让我真切地感受到了中国女性的伟大……特别是在"文革"之后的文坛,女作家群体的创作备受瞩目。收录在『キビとゴマ——中国女流文学選』作品里的主人公几乎都是女性。其中有完全已故的女性、虽生犹死的女性、努力学习工作的女性……这里描述了生动的女性群像。"②

被译介的四部作品均为张洁早期创作。从内容上来看,几乎都关注到了女性的生存境遇和生存方式等社会问题,期待在理想与现实之间探寻女性的成长之路。

二、对短篇小说的译介

1. 关于《爱,是不能忘记的》的译介

该作品由辻康吾(曾任每日新闻北京社社长)译介。兼顾到女性作家在语言运用方面具有纤细、优美的风格特征,译者采用将日语"柔性表达"与作品内容相结合的翻译策略。如作品中女儿对母亲神态的描写:

> うっすらと憂いの影が顔をよぎった。母の憂いに満ちた、皺だらけの顔をみていると、私はなぜだか本の間にはさんで長い間忘れられすっかり枯れしぼんだ押し花を思い出した。③(淡淡的、忧郁的光影掠过她的脸。看到妈妈满是忧郁、皱纹的脸,我不由地想到了夹在书页中的、长久被遗忘的、全然枯萎的花。)

译者将原文中"表情"换成了"光影",用"掠过"一词替代"来到",将"已经枯萎的花"译为"全然枯萎的花"。又如对母亲外貌的描写:

---

① [日]加藤幸子、辻康吾:『キビとゴマ中国女流文学選』,研文出版社 1985 年版,第 6 页。
② [日]加藤幸子、辻康吾:『キビとゴマ中国女流文学選』,研文出版社 1985 年版,第 269 页。
③ [日]加藤幸子、辻康吾:『キビとゴマ中国女流文学選』,研文出版社 1985 年版,第 83 页。

母は美人というわけではなかったが、一幅の水墨画のようなしっとりした味わいがあった。[①]（母亲虽然生得并不漂亮，但有水墨画一般娴雅、淡泊的韵味。）

这句中的"味わいがあった"是日语的独特表达方式，与原文"母亲像一幅淡墨的山水画，优雅、淡泊"相比，着意表达出女儿眼中的妈妈自上而下散发出的恬淡的气息。母亲在写有"爱，是不能忘记的"的笔记本上"如果进入天堂，就可以与相爱的人相见，就会不再担心影响他人的生活，而割舍自己"这句被改译成：

他人の生活を壊すのをおそれて、私たちの気持ちを無理やりねじふせるひつようもないのです。[②]（再也不必害怕破坏他人的生活，而压制我们的心情。）

将"影响"译为"破坏"，将"割舍"译为"压制"，源于在日语语境下"影响""割舍"两个词不能完全表现出在理想的爱情面前，母亲的克己与忠贞。对母亲肖像、神态和心理活动的描写，译者部分采用意译方式，为使读者能够在日语语境下理解作品。

2. 关于《谁生活得更美好》的译介

该作品由现代中国文学翻译研究会会员翻译。[③] 通过对表面优雅而内心虚荣庸俗的男青年吴欢与工作在普通岗位上却有着高尚情操的女售票员之间的对比，引人深思：什么样的人生追求才是更有意义的。

译者通过选用日语中的副词、拟声词来呈现作品中讽刺、调侃的艺术风格和画面感。

呉歓も人にきづかれぬようにちらっと彼女を見たようだ。[④]（吴欢几乎让人觉察不出来地，瞟了售票员姑娘一眼）

汉语中"瞟了一眼"对应翻译成"ちらっと見た"，"ちらっと"是表意一瞬，时间短促的副词，生动地再现出吴欢的心理活动。

---

① ［日］加藤幸子、辻康吾：『キビとゴマ中国女流文学選』，研文出版社 1985 年版，第 85 页。

② ［日］加藤幸子、辻康吾：『キビとゴマ中国女流文学選』，研文出版社 1985 年版，第 103 页。

③ 据『ラブレター 80 年代中国女流文学選(3)』后书中提供，现代中国文学翻译会成员：片山义郎，松下电器产业职员，退休后在北京语言大学留学一年；富山久代，奈良县立奈良图书馆勤务人员；田岛なおみ，主妇。

④ ［日］南條純子监修：『ラブレター——80 年代中国女流文学選(3)』，NGS 株式会社 1987 年版，第 39 页。

吴歓はにやにやしながら施亜男にたずねた。[①]（吴欢冷笑地问施亚男。）

朋友施亚男询问吴欢是不是对女售票员有好感时，吴欢摆出一副傲慢的神情，原文是“吴欢嬉笑着”，被翻译成“にやにや”这一拟态词，用来形容冷笑的样子，可让读者联想到吴欢当时的表情。

吴歓はその美しい顔を神経質そうにぴくぴくけいれんさせながら、上品な作り笑いをみせ。[②]（吴欢那张美丽的脸神经质地抽动着，带着优雅而做作的微笑。）

当吴欢散漫的举止受到车上乘客的指责时，描写他的脸神经质地抽动着，用“ぴくぴく”这一拟态词来形容面部抽动时的样子。原文中“带着鄙夷的微笑”被意译成了“优雅而做作的微笑”，更微妙地展示了人物的内心世界。

三、福地桂子与《方舟》《祖母绿》的译介

1. 译者福地桂子教授与作家张洁

长崎综合科学大学的福地桂子教授生于1937年，与作家张洁同年。一直对中国问题感兴趣的福地教授曾来中国进行过实地考察，并登门拜访过作家张洁。《方舟》这部作品让福地教授开始关注女性问题，并从中感受到了作家对女性解放这一社会问题的高度关注。在两人的交谈中，作家张洁留给福地教授“既不像《方舟》那样暗淡、阴郁，也不像《祖母绿》那样光亮、崇高”，而是“不妥协的、坚强的女性”这一印象。[③]

2. 关于《方舟》的译介

福地教授在『張潔の「方舟」に見る中国女性解放の現実』这篇文章中，从“中国女性解放的现实”“中国女性面临离婚后的境遇”“女性解放的真正意义”等方面谈及自己对作品的理解。基于此，在译介方面体现出：

第一，忠于原作的创作风格。作品讲述了三个知识女性逃离各自不幸的婚姻，相聚在一个单元房内寻求暂时庇护的故事，反映出她们在人生道路和精神追求上的焦灼与不安。译者将题目“方舟”理解为逃离残酷现实的避难场所。在译介方面注意对作品整体基调的把握和对细节方面的处理。例如，小说开篇介绍三个女人同住的单元房

---

① ［日］南條純子监修:『ラブレター——80年代中国女流文学選(3)』,NGS株式会社1987年版，第45页。

② ［日］南條純子监修:『ラブレター——80年代中国女流文学選(3)』,NGS株式会社1987年版，第54页。

③ ［日］福地桂子:『中国の女性像——張潔の「方舟」「翠玉」にみる』,《季刊中国》第18期，1989年，第63页。

朝向本是南边，却总有阴暗潮湿的感觉，连一盆花也养不活。家家阳台上都摆满了花盆，只有她们的阳台是光秃秃的，一盆花也没有：

彼女たちの家のベタンだだけが一鉢もなく殺風景だ。①（只有他们家的凉台上一盆花也没有，冷清的，丝毫没有生趣。）

“殺風景”的词意是毫无生趣的意思。本用来形容没有女人打理的家是何等冷清、凄凉。而译者选用这个词来形容三个女人同住的家，别有深意。又如描写三个女人的房间里，总一股阴冷之气，像地下室或是太平间：

その部屋は一番暑い七月でさえ、まるで地下室か霊安室のようにひんやりしている。②（那个房间即便在最热的七月，也像地下室或是太平间，冷飕飕的。）

原文中“也有一股阴冷之气”，被译为“ひんやり”（冷飕飕的），将那种冷气吹拂的感觉融入其中。可以说，译者将贯穿于作品中忧郁、感伤的基调完美地再现出来了。

第二，融入日本民族的审美习惯。荆华回忆她痛苦的婚姻时，有这样的心理描写：“当一切都已成为往事，就连痛苦、羞耻，都比当时容易多了。”

過去の思い出になってしまったものは、苦痛や侮辱でさえ、すべて霞か雲のようなうすいベールに覆われ……③（过去的回忆，连痛苦也被一切宛若晚霞、浮云一般的薄幔所覆盖了……）

译者在此借用晚霞和浮云来映衬主人公的心境。原作中多次有对屋里猫的描写，对作品中的“溜溜”跑走的猫，译者精准地选用“すごすご”这一拟态词，意为无精打采地、垂头丧气地，应和作品中“生活在三个女人中间的猫都感到不安定”的描述。作品最后依旧是三个与命运抗争的女人围坐在一处，“房间里的人，全都木无表情地呆坐着，只有猫跳上柳泉的膝头，先是伸着鼻子嗅她的脸，然后用舌头舔她脸上的泪水”：

猫だけが、柳泉の膝に飛び乗って、彼女の顔に鼻をすりよせ、舌先で涙をぺろぺろなめてくれた。手の甲に落ちていた涙も。猫はほんとに情の深い動物だ。（只有猫，跳上柳泉的膝头，用鼻子靠近她的脸，用舌尖舔着她的脸上的泪水。还有掉在手指甲上的泪珠。猫的确是深情的动物啊。）

---

① ［日］福地桂子译：『方舟（その一）』，『長崎総合科学大学紀要』2/27，1986 年，第 2 页。
② ［日］福地桂子译：『方舟（その一）』，『長崎総合科学大学紀要』2/27，1986 年，第 2 页。
③ ［日］福地桂子译：『方舟（その一）』，『長崎総合科学大学紀要』2/27，1986 年，第 3 页。

译者补充了"猫的确是深情的动物啊"这句话,是将猫与三个女人的情感紧密地联系在一起了。日本文学中有通过霞光、云朵等自然景物来衬托人物心情,抑或通过描写猫来刻画人物心理活动的传统。因此,译者加译了对自然景物和猫的描写,是为了契合日本读者的审美习惯,

第三,问题意识贯穿于作品译介的始终。译作中有几处放入了译者的提问。作品中不止一次描写三个女人的家是凌乱不堪的。三个女人轮流当班洗碗做饭,在每次开饭前,水池里总是布满油腻腻的碗筷。在这里,译者加问道:

> 彼女たちはどうしてこんな忙しいの'だろう? 他の人達はどういう生活をしているのだろう?[①](她们为什么这样忙? 其他的人们又是怎样生活的呢?)

小说结尾处,梁倩想安慰哭着的柳泉,为她去厨房找热水,走进厨房看到"好几个暖瓶整齐地摆放在那里,从来都是没有一滴热水,就是再买十个暖瓶回来,依然如此"。译者在后面补充道:

> いい加減な生活をしている家では、どこもこうだ。[②](胡乱过日子的家,在哪里都是这样。)

当白复山与妻子梁倩见面,看到她瘦弱、干枯,袜子上还有一个破洞的时候,内心想到"无论怎样看,梁倩身上都没有让一个男人动心的地方了"。译者加问道:

> 彼女はどうしてこんな意固地な生き方をしているのだろう。(她为什么要这样固执地生活呢?)

这是译者代替作品里白复山的提问,也是代替读者的提问吧。

第四,与作者产生的情感共鸣。寻求女性的解放、争取女性的权利是这部作品的主旨。梁倩的电影最终未能上映,她与电影管理局干事据理力争时说道:"我从未像现在这样认真,这关乎到我们女性的权利。那是很多女性都在为之战斗的,舍弃、牺牲许多而竭尽全力在争取的东西。"为获取女性的尊严与权利,作者力透纸背地呼求,引发了译者的共鸣:

> 私は今、これ以上真面目になりようがないくらい真面目です。これは私達女性の権利にかかわる問題ですから。私は多くのものを切り捨て、犠

---

① [日]福地桂子译:『方舟(その一)』,『長崎総合科学大学紀要』2/27,1986年,第5页。
② [日]福地桂子译:『方舟(その三)』,『長崎総合科学大学紀要』2/28,1988年,第34页。

牲にして、死物狂いになってそれを追求しています。他の多くの女性もそのために戦っています。

对于竭尽全力地争取，译者使用了“死物狂い”，这个词语淋漓尽致地表现出拼劲全力做一件事情的状态。“很多女性都在为之战斗”这句话，译者用了日语中的持续时态，表明争取女性解放的事业将会是一场长久的战斗。

3. 关于《祖母绿》的译介

该作品最初发表在《花城》(1984 年 3 号)，译者以收录在《新时期中篇小说名作丛书 · 张洁集》(1986，海峡文艺出版社)版本为参照进行译介，书名译作《翠玉》。译者说，选定版本与最初版本近乎相同，有些地方作家增补修改过，作品的内容更容易理解。在『中国の女性像——張潔の「方舟」「翠玉」にみる』一文中，福地教授认为：“与《方舟》相比，《祖母绿》的线索清晰、风格明快、容易理解。”渔夫的女儿曾令儿对左葳那份深情且牺牲的爱，就像作品的题目“祖母绿”所寓意的——那是纯粹的爱。“无穷思爱”这四个字贯穿作品始终，被译为“永遠の愛”“限りない愛”(永恒的爱、无限的爱)。在译者眼中，承载这份具有超越性的、永恒之爱的主人公——曾令儿是无比坚韧、强大但在现实生活中不会存在的女性形象。《祖母绿》是张洁作品中为数不多的有“光明的结局”的一部作品。

译作中加译了一处曾令儿的内心独白。被下放到农场劳动的曾令儿怀孕在身，当遭受周围人的责难时，她腹内的孩子不安地躁动起来。曾令儿在心里对孩子说道：“噢，你生气了吗？哭了吗？不要害怕，不要哭哟，我的宝贝。让他们去骂吧，妈妈是有操守的女人啊。”①

曾令儿乘坐火车在前往 E 市参加研讨会的途中，看到在车厢里坐着的一对互道温存的新婚夫妇，在此，译者加入了一段评论：

> 他和左葳没有过这样的时刻。也许她不会撒娇。对于女人而言，那一定算是缺点了。女人在恋爱中就只是等待男人的爱抚，自己什么也不需要付出吗？难道这样可以吗？她不明白，至今也不明白。因为，她只爱过一次，没有经验。她认为爱就是从心底生发出的，不寻求任何回报的。她从第一次和左葳见面的时候起，就有一种被融化的感觉。就像六角结晶的雪花，在太阳的光照下安静地融化一般。能说太阳不存在的吗？或者说雪花不能融化吗？太阳的光辉、雪花的融化，就是那样。②

面对作品，译者曾有过这样的疑问：“为什么曾令儿和卢北河都爱着一个并不值得爱的男人？曾令儿竭尽所能去帮助左葳，不求得到任何爱的回报，难道是为了证明

---

① ［日］福地桂子译：『碎玉(一)』，『長崎総合科学大学紀要』1/29，1988 年，第 16 页。

② ［日］福地桂子译：『碎玉(一)』，『長崎総合科学大学紀要』1/29，1988 年，第 19 页。

自己的才能吗？可以忘却自己二十几年所经受的苦难与伤痛去帮助一个人，这样值得吗？卢北河为了帮助丈夫让曾令儿从县城到E市来参加科研任务，难道说如果不是为了帮助左葳，曾令儿一生的才华将会被埋没吗？"①译者认为这些地方不合情理，但也是《祖母绿》这部作品象征意义之所在——爱是永恒的，是具有超越性的。在这个世界上会有人坚信"时间会治愈一切"这句古话吗，莫非是一种理想主义？译者在作家那里找到了答案。回答是："曾经是有的。"这个"曾经"，是"文革"以前，是作家引以为豪的、自己的青春时代，是带给人们崇高感的20世纪50年代后半叶。

她们是五六十年代成长起来的一代，既不像之前——是盲目乐观主义，也不像之后——是悲观主义。她们是拥有自信、直面现实、脚踏实地工作的一代，并知道如何用自己的力量治愈伤痛。面对他人、朋友和社会，能够认识到自身存在的价值。②

福地教授的译介，向日本读者展示了，在中国"曾经"有过的，理想主义至上的一代女性形象。

结语：深入理解作品

张洁的作品虽然只有四部被译介到日本，但无论从官方还是福地教授本人，都在把握作品风格、刻画人物形象、表意情感等方面做到了从细节入手，使译介精准畅达。在深入理解作品这一前提下，兼顾到日本读者的审美习惯，通过意译、加译等方式，让读者在日语语境下真切地感受到了作品所传达出的情感力量。作家在《方舟》中借梁倩之口表达出了自己的观点："作品才是艺术家自己。连遗传基因都不可能像一个人的作品那样，准确无误地传递出作者的信息。艺术家是不死的，她活在她的作品里。"对于这段话，译者颇为认同。可以说，福地教授的译介与张洁的创作有机地融合在一起，就如同读者的"期待视野"与作品完美地相遇一样。张洁作品能够成功译介到日本的原因还在于，日语这一语言的语体色彩适合女作家们的表达方式，里面有大量的拟态词，女性用语非常适用于作品中"内心独白"这种形式。综上，可以说，张洁作品在日本的译介是严谨、精准而极富艺术表现力的。

---

① ［日］福地桂子：『中国の女性像——張潔の「方舟」「翠玉」にみる』，《季刊中国》18期，1989年，第73页。

② ［日］福地桂子：『中国の女性像——張潔の「方舟」「翠玉」にみる』，《季刊中国》18期，1989年，第74页。

《红楼梦》的影视改编潜质

赵红妹

摘　要:除了出于商业因素对于《红楼梦》一书名气的借重外,《红楼梦》本身潜在的可改编性,即巨大的影视改编潜质,也是其被多次改编而仍有巨大的重拍空间与余地的原因。影视无非是用声画来讲述故事。而声、画、故事都要服从影视的最高要求——动。所以影视改编潜质也即人物语言富于动作性,所描述的内景、外景富含蒙太奇意境,所展示的故事具有场面性。

关键词:《红楼梦》;影视改编潜质;人物语言;叙述语言

一、本色鲜活、独到精彩的人物语言

小说是用人物的行动、语言、心理活动等来刻画人物性格、塑造人物形象;而影视则是用画面和声音来展示人物的性格,再现人物的风采与神韵。

在影视艺术中,声音这一听觉因素包括三个组成部分——言语、音乐和音响。其中音乐和音响都是制作人员的任务,只有言语和小说的语言联系最大。《红楼梦》鲜活的人物语言为改编者提供了极大的便利,改编者对人物语言一般不大改动,而是就地取材,直接搬上银幕(荧屏)。

《红楼梦》的人物语言有着以下适合影视改编搬演的特点:

1. 分辨人物

《红楼梦》人物众多,尤其是大观园的女孩子们,年龄都不相上下,甚至在人物较多的场面论起岁数来,生日相同的都能找出三四个。诸多外形相仿的人物登场给观众的分辨带来一定的难度。声音画面共同组成影视的语言,有声电影诞生以后两者缺一不可,但比较起来,画面更为根本。影视的最高追求是用更多的画面和更少的语言来表情达意,所以字幕的使用只是一种不得已而为之的手段,因为它会时时分散观众的注意力,影响观赏的流畅性。所以总是在演员出场时打上人物的名字与扮演者的名字,来帮助观众区分与识别人物,偶尔为之并无大碍,用多用滥,就只能成为一种笨拙的、为人们所诟病的方法了。但是在小说中,语言大师曹雪芹已经给改编者们解决了此项难题。

小说中人物语言的变化不仅有同一阶层、同等地位、年龄相仿的人物因性格不同而形成的迥异的语言风格。如：同为姑娘，探春的语言深刻洞见，大有男子之风，迎春的语言懦弱寡决，有时又不乏真知，惜春的语言孤僻幽冷，内含看淡尘世的超脱；同为丫头，晴雯尖刻锋芒，袭人温厚内敛，平儿周全得体。也有不同阶层、不同年龄、不同身份的人不同风格的语言，放在一处表现，因对比鲜明而更加凸显各自特色，如第四十回鸳鸯三宣牙牌令一处，贾母出语豪壮又不脱俗气，黛玉引经据典同时显示了自己正娇娇女儿思春心，刘姥姥现成本色，倒也信口拈来。

《红楼梦》中的人物语言几乎到了仅凭话音，读者就可以断定它的发出者所系何人的地步。小说的人物语言配上成功的影视画面，就可以达到完美的声画合一。

2. 真实性

不同的人因性格、出身、教养等不同会形成各自独特的语言风格，能够塑造出众多语言各具特色的人物形象，是小说真实性的表现之一。《红楼梦》中的人物不再是平面形象，而是性格多面、有血有肉、立体丰满的角色，这使人物的真实性、可信性大为增强。

如宝、黛、钗三人都是知书达礼之人，到了一起，只要黛玉、宝钗涉及朦朦胧胧的“情敌”关系，三人的对话就会使用隐曲却又有指向性的象征性语言。宝、黛、钗三人心知肚明却不挑破，旁人浑然未觉，更不知是唇枪舌剑。第八回黛玉宝玉探望宝钗，被薛姨妈留下吃饭。席间宝玉听从宝姐姐的劝告，不吃冷酒，惹得黛玉借雪雁给她送手炉之机“指桑骂槐”，责怪宝玉平日不听自己的劝诫，却把宝钗的话尊为“圣旨”。宝、黛、钗三人都心领神会，只有姨妈一人蒙在鼓里，帮着雪雁说了两句话，带着大家一笑也就过去了。宝玉失口说宝钗“体丰怯热”，宝钗气不过，不仅趁势取笑宝黛二人“博古通今，才知道什么是‘负荆请罪’”，还借训斥小丫头靛儿怀疑自己藏了她的扇子而警告她“你要仔细！我和你顽过，你再疑我。和你素日嬉皮笑脸的那些姑娘们，你该问她们去”来告诫宝玉：不许和自己开这种玩笑。黛玉一直对宝钗宝玉二人一个有金一个有玉耿耿于怀，时时绷紧一根弦，刻刻觉得是隐痛。偏偏清虚观打醮又出现了麒麟，林黛玉就嘲笑宝钗“在别的上还有限，惟有这些人带的东西上越发留心”。本想讥讽宝钗时刻不忘“金玉良缘”，其实何尝不是暴露了自己分秒不能忘怀“木石前盟”的心病呢？这些对话都带有极强的动作性和戏剧性，是极富表情化的语言，或怒形于色，或含酸带嗔，并且让观众有一种剧中其他众人物不解而自己独醒的满足感。

不通文墨的王熙凤说话就直率多了，问黛玉：“你既吃了我们家的茶，怎么还不给我们家作媳妇?”说得林黛玉羞红了脸，一声不言语，便回过头去了。

人都是矛盾的复合体，有着多面性，小说中多样的人物语言塑造了立体、丰满的真实的人物形象。同一个人在不同的场合会有随之变化的不同风格的语言。

黛玉多尖酸、刻薄、孤傲之语，但向宝玉敞开心扉时也会柔情蜜意、软语温存。第二十回，黛玉因宝玉和湘云玩得时间长了，生起气来。宝玉说了一番“亲不间疏，先不僭后”的大道理。黛玉也自悔多心，却又不好意思道歉，巧妙地转移话题，半日才说：

“你只怨人行动嗔怪了你，你再不知道你自己怄人难受。就拿今日天气比，分明今儿冷的这样，你怎么反倒把个青肷披风脱了呢？”第三十二回，黛玉故意拿麒麟刺儿宝玉，宝玉急了。黛玉也后悔自己造次了，见宝玉急了，忙笑道：“你别着急，我原说错了。这有什么的，筋都暴起来，急的一脸汗。”

宝钗一向是微言大义，神态平和，但见宝玉挨了打，没人时也曾不小心吐露了真情：“早听人一句话，也不至今日。别说老太太、太太心疼，就是我们看着，心里也疼。”

影视的逼真性要求它给观众塑造符合艺术真实的荧幕形象，《红楼梦》有着极其成功的人物语言，因此改编可以原封不动，直接搬演小说的人物语言，改编者省时省力，台词问题也得以轻松解决。

影视的灵魂是动，除了画面的运动外，人物语言的变化又何尝不是一种动，为影视灵魂工程的构筑增砖添瓦呢？

3. 生活化

《红楼梦》的线索之一便是富贵已极的贾、史、王、薛四大家族的兴衰史。这一社会、历史、政治事件离人们的日常生活较远，如果没有生活语言的点缀，它的可读性就会大打折扣，据此改编后的影视作品的生活性也会逊色不少，间接影响到改编作品的观赏性。但是原著中生活化的人物语言俯拾即是，有酸凤姐大闹宁国府时泼妇不饶人的刁蛮狠透之词的描写，有刘姥姥进大观园后村野粗俗之语的展示，有晴雯刻毒辛辣地骂小红、坠儿的老北京话的泼墨，也有赵姨娘趁机取闹大战芳官等一群小戏子时不带重样的辱人之腔。生活气息十足的语言令读者捧腹的同时，也由衷地感叹作者对各色人等用语的熟练掌握与运用。小说生活化的人物语言为影视改编作品的生活化打下了基础。

二、四时常新、移步换景的多彩画面

小说语言分为叙述语言与人物语言。

《红楼梦》的人物语言在前文已有所涉及。小说的叙述语言本身就使读者眼前有应接不暇的画面，如《葬花吟》“游丝软系飘春榭”一句中“软”的质感、“系”的力感、“游”“飘”的动感，不只有在影视的画面中才能看到吗？

小说中的故事贯穿春、夏、秋、冬四个时节，伴随着季节的变换，诸景皆备的大观园更是四时花卉草木争芳斗奇，蜂蝶莺燕歌舞翩跹。又有一年四季中各个传统节日中的活动，如元宵节赏灯观花，中秋节听曲赏月；加上平日里各种风俗游戏，如姑娘们祭饯花神、放风筝、斗草；再有小说中不同节日或重大场面中人们服装的更换，如元春归省时大家的按品梳妆，秦可卿出殡时众人的素服淡装，探春远嫁时合家的红妆彩饰；等等。这些虽让美工为达到真实性而大费周折，但五彩缤纷的画面也增加了影视美感，给观众的视觉以极大的满足。

除了这些随时间变化、季节更替生成的不同画面，还有跟随书中人物一路走去，因空间中峰回路转而柳暗花明的豁然开朗，循曲径试通幽却遇乱花迷眼的别有洞天。

通过同一人物变换空间、移步换景的描写中，最典型的就是周瑞家的送宫花。书中的描写酷似跟镜头，周瑞家的为向王夫人汇报刘姥姥已走之事，找至薛姨妈处。姨妈委托她送宫花，便有了周瑞家的到凤姐及各位姑娘处送花的故事，场景在挪移，对话在进行，人物性格随之也在摹状。宝玉挨打前，读者跟随他，去见证他处处惹祸：气得黛玉剪玉上的穗子，说宝钗“体丰怯热”，和琪官交换汗巾子，踹了袭人一脚，因晴雯跌了扇子对其严加训斥，调戏金钏，最后诸条溪流汇入旋涡——挨打。这些描写分明就是诸多的影视画面，读者的视线又恰好重合了摄影机的“眼睛”。

所有这些描写中景别的转换、场面的调度、镜头的组接、“画外音”的配合，共同组成了蒙太奇的完美意境，这完美意境直指影视的动感画面。

三、多种类型、相得益彰的丰富故事

《红楼梦》从虚实相生的取材，到双线并行的线索，到多姿多彩的故事，再到讲述故事的多变视角，无一不为改编者见仁见智的独到改编提供了多种可能。

从取材看，《红楼梦》的故事本身就打通了仙界、人间、冥府三界，真幻并存。既有虚无缥缈的天上地下的超脱之事，符合电影的浪漫、虚幻的取材倾向，又有婚丧嫁娶的红尘人世的凡俗之节迎合了电视剧现实、求真的取材要求。在题材方面为影视改编打开了方便之门。

小说中爱情悲剧与家族悲剧两条主线并行。爱情是人类永恒的主题，对观众有着永久的吸引力。当时整个金陵诸多的人口中，贵族也就只有贾、史、王、薛四家，如今的观众不管是出于对已逝去的时代的追忆与怀念，还是出于对显赫家族的向往艳羡抑或窥视揭秘的心理，总之这四大家族的兴衰史对观众也具有无穷的魅力。这就使影视改编有了大量潜在的观众。观众在读原著之外，更希望能够真切地饱览“重现”的画面，所以阅读之外同样渴望通过影视再一次欣赏《红楼梦》。

《红楼梦》的艺术结构宛如多线条、多层次的五色织锦，经纬交错，纵横纷纭，前后勾连，彼此照应。但也有个别的故事拥有相对的独立性，比如第八回到第十三回秦可卿的故事，第三十九回到第四十二回刘姥姥二进大观园的故事，第五十五回、第五十六回李纨、探春、宝钗管理大观园的故事，第七十三回到第七十七回抄检大观园的故事等，都是相对独立的板块，这些故事都比较集中，有一个很明显的中心。这就为片段式改编提供了可拆解运用的故事题材。尤其是第六十三回到第六十九回红楼二尤的故事，具有更大的独立性，因为这七回被抽出来的话基本上不影响整个《红楼梦》故事的连贯性，也正因为如此，尤二姐、尤三姐的故事才被多次改编。

小说中的故事曲尽变化。有的以事件为中心，如宝玉挨打；有的用人物贯穿，如周瑞家的送宫花；有的借哲理统摄，如宝玉参禅；有的靠气氛笼罩，如黛玉葬花、晴雯补裘、宝玉杜撰芙蓉女儿诔。也就是说拍成影视作品，个中故事应有戏剧式的，有散文式的，也有心理时空式的。这样就为影视故事类型的丰富多彩做好了准备。

曹雪芹对视点的变换做了可贵的尝试与探索。大部分篇章在全知视角的统摄之下，作者一开始便通过金陵十二钗各册的判词及《红楼梦》十二支曲预演各色人物的命运。不仅早知早慧，还可以深入人物的内心，如他清楚地知道二玉是在掩起真情，假意试探。个别部分采用了以书中不同人物的视点来多层次多侧面地展示与描写的方法，以更全面地认识事物，更趋近事物的本质。如林黛玉眼中的宁荣二府、王熙凤与贾宝玉，宝玉眼中神仙似的林妹妹，刘姥姥眼中的荣国府等。视点的变换正可与摄影机各个机位的运用、不同拍摄角度的配合、画外音的声画对位相照应。

书中在全知视角与人物视点之外，还有一些悬念的设置，既为改编者的不同理解、不同发挥留下了广阔的空间，又充分调动了观众积极思考、参与其中的能动性，同时也使读者因为没有明确的答案而兴趣不减，常看常新。如秦可卿，书中只提到了焦大曾经酒后大骂“扒灰的扒灰”，她死后公公哭得泪人一般，“彼时合家皆知，无不纳罕，都有些疑心”，那么她到底因何生重病，是不是与公公真的有乱伦之实，最后又是怎么死的？书中并无具体的交代。晴雯被撵出大观园后，宝玉问袭人：“就是她的性情爽利，口角锋芒些，究竟也不曾得罪你们。想是她过于生得好了，反被这好所误。”“袭人细揣此话，好似宝玉有疑她之意，竟不好再劝。”那么晴雯是不是真的被袭人告了密，这又成了悬案。正因为有了这些不解之谜，《红楼梦》才在充满神秘性的同时，又生成了诸多的戏份，供改编者从不同的层面与角度去做不同的阐释。

正因为《红楼梦》在拥有庞大的读者群的同时，又具备了以上诸多的影视潜质，才满足了观众一饱眼福、见到活生生的人物之喜怒哀乐逼真上演的欲望。通过不同的艺术形式得窥经典全貌的心理，保证了改编作品观众的数量，为影视票房与收视率提供了保障。所以《红楼梦》才吸引着一批又一批的编剧人员，或出于普及经典的雄心壮志，或本着创收的经济头脑，或出自以曹雪芹的酒杯浇自己块垒的释怀目的，不断地从各个角度、各个层面展示着《红楼梦》的丰富内涵。小说也借机一次次地获得了新生。

生命归结的时间意义
——四部中外情爱小说结局的时间维度考察

秦艳萍

我们所要研讨的四部小说是:中国当代作家贾平凹的《废都》,英国作家 D. H. 劳伦斯的《查泰莱夫人的情人》,美国当代作家罗伯特·詹姆斯·沃勒(Robert James Waller)的《廊桥遗梦》,日本当代作家渡边淳一的《失乐园》。虽然这四部作品出于不同的国度,年代上也存在着差异。但是,它们不仅在本国引起强烈反响,而且不论是翻译到中国或译介到外国,也同样是物议沸腾。如果说像《查泰莱夫人的情人》出版于20世纪初,引起人们的哗然尚能理解,但是,日本当代作家渡边淳一的《失乐园》出版于1997年,照样震撼着人们的心灵,甚至招来抗议。[①] 首先引起笔者注意的是这四部作品的结局,故此,本文就从这四部作品的结局入手进行探讨。

一、不同的结局

先看看各自的结局。

《查泰莱夫人的情人》,是以女主人公康妮与丈夫查泰莱离婚谈判彻底决裂为结局的。这种结局中,虽然其间包含着凄凉和悲愤,但是,却不是绝望,也不是悲惨。对于康妮应当说是一种解脱,是一种燃烧起新的生命情感的希望。可以说,这是一种看起来充满希望的结局。查泰莱夫人,应当说是康妮,最终决定要与查泰莱离婚,并离开了令人窒息的庄园,将要奔向自己所爱的人身边,这足给人以生活的希望。这个结局似乎在告诉人们,未来是美好的,虽然还需要经过一段可能艰难的历程——由于查泰莱坚决不同意离婚,故此,她还需要等待,等到春天,等到孩子的出生。这是一种面向未来开放式的结局,给人们留下了未来的希望,其实,也给人留下了许多想象。与其说这是一种结局,不如说这是一种新的开始。

《廊桥遗梦》的结局富有更为浪漫的理想色彩。罗伯特·金凯与弗朗西丝卡虽然去世时间不同,但都是假以天年而终。他们的结局有如他们的开始一样,其间充满幻想的、

---

① 《我不是想推荐爱的标准——专访〈失乐园〉作者渡边淳一》,《山西晚报》2010年6月3日。

浪漫的、奇异的色彩。罗伯特·金凯于七年前，即1982年去世，将自己保存的一张纸条和一只他的银手镯，一封长信和自己心爱的三个相机镜头，交付给了弗朗西丝卡。弗朗西丝卡守候着这些东西又度过了七年之后而离世——去与她生命的真正所爱相会。他们在现世不能结合在一起，那就等待来世实现今世的梦想。在现世，弗朗西丝卡与罗伯特·金凯都将自己付与对方洁白无瑕的真爱，珍藏于心底，存放在自己生命的梦境之中。他们活着似乎就是为了守候这种梦境。但从弗朗西丝卡给儿女的信中可以看出，也并非完全如此。弗朗西丝卡还是非常现实的，对于儿女，她充满了爱，对于丈夫，她怀有强烈的责任感。在这两难境地中，她选择了将现实的生活给予家庭，将源于生命精神之爱情，存放在了罗伯特·金凯的心底，建构起自己生命情感的理想世界。因此，与其说他们是一种现实承诺的守望，不如说是一种对于精神情感生命的理想建构。这结局中没有任何悲剧的意味，似乎还充溢着一种喜剧的味道。

最富有悲剧色彩的结局是《废都》。严格地讲，《废都》不能视为一部典型的情爱小说，它具有表现愤世与现代人生存困境的特征。但是，其性爱描写却是这部作品引起强烈争议的主要原因。故此，我们就将其放于此一并研讨。也许因为《废都》是产生于中国本土的作品缘故，人们似乎对其倾注了更多的愤懑。好像外国如此这般地描写性爱，还有情可原，而中国的作家比外国在性描写上更为直露大胆，那是十恶不赦的事情。故此，庄之蝶落得孤身病倒在火车站的结局，也就是活该了。他的结局，与其说是在沉沦困顿之后的振作，不如说是他走不出废都的羔羊式的迷茫。在这个结局中，既没有《查泰莱夫人的情人》式的希望，也没有《廊桥遗梦》式的现实超越，而是一种困局中的依然继续着的困窘、尴尬与无奈。也许正因为如此，便更具有中国文化与文学艺术的意蕴和中国现实境遇的况味。其间，还弥漫着一种世纪末的情绪。

最富有奇异想象力的结局是《失乐园》。男女主人公久木祥一郎与松原凛子双双服毒在性高潮中死去。这的确是一个极尽幻想的凄美的结局，也是极其充满浪漫与奇异色彩的结局。与其他三部小说一样，《失乐园》从某种角度看，依然是一个写婚外恋的作品。五十多岁的久木和三十八岁的凛子，都有着自己的家庭。用经济与社会地位来衡量，他们都是处于中等社会的、有着一定身份和社会地位的知识分子。社会的、家庭的、工作的种种因素，导致了他们的沉闷与寂寞。其实更为重要的还是源于生命本体的欲望的压抑。他们无法或者难以摆脱社会尤其是家庭的羁绊，无法在现实世界追求到永久的乐园，便选择了在极度生命的欢快中，走向生命的顶点或者结局。在寄希望于来世上，《失乐园》与《廊桥遗梦》有着某种相通之处。但是，在他们死后，医学鉴定报告的冷漠，以及将他们二人强行分开的行为，使他们的相拥而死，让人深深感到现实之残酷，未来之渺茫。

二、结局的叙事时间分析

不论小说叙事艺术发生多么大的变化，一切事件——不论是开始还是结局——都是发生在特定的情境之中的，而其叙事也总是要建构起一定的叙事结构的。这特定情境构成的要素固然很多,但是,时间与空间则是必不可少的。而叙事结构再怎么千变万化,依然是无法脱离时间与空间这最为基本的要素。当然,在不同的作品中,由于艺术表现和内涵建构的不同,其时间与空间的叙事结构也就千差万别。事件结局的叙述亦是如此。

《查泰莱夫人的情人》的结尾这样写道:“这样,他们得等着,等到春天,等到孩子出世,等到初夏再来的时候。”①我们可以称之为等待未来式的结局。作品结局时间应当是一种自封闭性时间的终结。但是,从这部小说结尾的叙述来看,故事的终结时间,又是一种开放性的,或者其间蕴含着未来性。与其说这是故事的收束,不如说是一种延续,将现在进行时态转换到未来时态。不仅如此,其隐喻时间既包含着自然时间即四季轮回的意味,也孕育着一种生命的希望。“等到孩子出世”,这既是康妮与梅乐士生命情感的一种期待,也是一个新的生命即将开始的期待。于此,将自然的时间与生命的时间融为一体,构成了一种文本的叙事时间。因此,我们更愿意将《查泰莱夫人的情人》的结局时间,视为一种开放性的未来时间形态。

《廊桥遗梦》的结局时间叙述,与《失乐园》有着某种相似之处。它实际上包含着两个时间,一个是主人公生命终结的时间,一个是在主人公去世之后,其他人处理其后事的时间。就人物去世时间而言,《廊桥遗梦》主体叙事结局时间,自然是弗朗西丝卡之死的那一瞬间。在此七年之前,罗伯特·金凯已经离世。弗朗西丝卡的生命在守候着二人秘密之中,延续了七年之后终归于善终。弗朗西丝卡去世之时,意味着她将于天堂和罗伯特·金凯会合之际。这个时间意味着现实时间对于她的告终,而精神情感时间的新开始。其间颇有柏拉图式的意味,但却留给人们许多思考空间。在这种结局时间中,既包含了现实时间的意义,更具有超越现实时间而进入到一种颇有抽象隐喻的精神永恒时间的意味。这是解决现实与理想不可调和矛盾冲突的一种方式,也是人们生命情感存在方式的一种理想化的建构。

《失乐园》中久木与凛子结束生命,应当是十月五日下午六点之后,晚上十点之前。按他们的设想,在他们死后十几到二十小时让人来他们的房间。管理人员笠原发现他们是在次日下午的一点半,离前一天下午六点正好十九个半小时,离晚上十点则是十五个半小时,正好在他们设想的时间区段内。久木与凛子在这个不能准确确定具体时间点的时间区间,随着肉体生命的终结,其情感精神生命则得以升华,他们在脱离现世中走向了灵魂的极乐世界。这个结局时间所隐喻的生命情感意义,与《廊桥遗梦》有某种相似之处,这就是寄望于来世。但这样阐释,似乎不能完全令人信服。这里面是否还蕴含着生命在此终结之后,于精神上一种超越之在的思考呢?

耐人寻味的是,这两部作品都有一个尾声式的叙事。弗朗西丝卡将自己的夙愿托付给了儿女。就其叙事结构与叙事效果而言,这是以“之后”的时间叙述,来揭开“之前”时间之中所包含的秘密。这既是一种托付,也是一种交代,更是一种生命本真面貌的还原。久木与凛子死后,他们寄希望于一封简要的遗书:“请原谅我们最后的任

---

① [英]戴·赫·劳伦斯:《查太莱夫人的情人》,饶述一译,湖南人民出版社1993年版,第408页。

性。请把我们两人葬在一起,这是我们最后的要求。"这是一种并不可靠的托付,因为不论是家人或者其他人,在现世的观念与行事准则之下,都不可能遂其愿望。事实是,法医的验尸报告中明确写道:"由于正值死后最僵直的时间带,极难分离,两名警官费力将两人分开。"①行文于此,笔者深深感到一种生命的悲哀,人世的无情。在这个"之后"的时间之中,恐怕最为令人发指的时间,应当是警官将两人分开的那一瞬间。这个终结之后的后续时间,在短暂的刹那,否决或者摧毁了久木与凛子用全部生命时间所建构起来的价值意义。由此可见,这后续的时间,《廊桥遗梦》与《失乐园》其结果大相径庭:弗朗西丝卡得以如愿以偿,而久木与凛子则事与愿违。

在这四部作品中,《废都》的叙事时间是最为难以把握的。难以把握的不是叙事节点的具体时间,而是整体叙事时间的模糊性,消解着时间的确定性。作品开头第一句话"一千九百八十年间",虽然交代了时代,但是具体的年月日则是模糊不清的。《废都》采用的叙事时间是一种不确定的如"一日""一个月后""下午""饭后"等时间概念,这就大大消解了时间的精确性和实在性。因此,《废都》结局的具体年月日,我们是无法具体化地加以确定的。但是,其结局那天的时间区段,则是可以明确的。处理了在这个城市中一切该办的事情,"夜幕降临,庄之蝶提着一个大大的皮箱,独自一个来到了火车站。在排队买下了票后,突然觉得他将要离开这个城市了"②。按作品中的交代,庄之蝶病倒在火车站的连椅上,应当是这天晚上七点到十二点之间。庄之蝶在午夜前因病倒而未能走出废都西京。这个时间是具有象征意味的:庄之蝶留在了今天,他是未能走向明天——十二点即次日零点。与其他三部作品相比较,《废都》结局的叙事时间,表现出更为强烈的自封闭性。这是一种人生命运无望之绝望,它就犹如一曲乐章戛然而止。所以,与其说这是一种终止,不如说是一种断裂——今天与昨天连为一体,与明天断裂开来,使庄之蝶永远留在了过去,留在了古都西京,成为一种历史的终结存照。

不管怎么样,他们都走向了自己的结局。当然,促使他们走向结局的原因是复杂的。但是,他们自身力量则是促使他们走向其特有的结局的内在原动力。"每一个人在他的内部都有两套力量。一套力量出于畏惧而坚持安全和防御,倾向于倒退,紧紧依附于过去,害怕成长会脱离同母亲的子宫和乳房的原始联系,害怕承担机遇的风险,害怕损害了他已有的东西,害怕独立、自由和分离。另一套力量推动他向前,建立自我的完整性和独特性,充分发挥他的一切能力,建立面对外部世界的信心,同时也认可他最深邃的、真实的、无意识的自我。"③这些人物的最终结局,正是他们身上这两种力量碰撞的结果。

---

① [日]渡边淳一:《失乐园》,竺家荣译,作家出版社2010年版,第416页、第425—426页。

② 贾平凹:《废都》,北京出版社1993年版,第516—517页。

③ [美]A·H·马斯洛:《存在心理学探索》,李文湉译,云南人民出版社1987年版,第42页。

三、结局中人存在的时间

人总是存在于时间之中的。生命从开始到终结，就是一个存在时间建构的过程。海德格尔提出向死而生，并把自己非常重要的一部著作命名为《存在与时间》，由此可见在海德格尔的哲学思考里时间是多么的重要。海德格尔特别强调存在的“此在”，“此在以如下方式存在：它以存在者的方式领会着存在这样的东西。确立了这一联系，我们就应该指出：在未经明言地领会着和解释着存在这样的东西之际，此在所由出发之领域就是时间”。故此，“我们须得源源始始地解说时间性之为领会着存在的此在的存在，并从这一时间性出发解说时间之为存在之领悟的境域”。[①] 不论“此在”“历史”“未来”这些概念在海德格尔的著述中如何的晦涩，但有一点是可以肯定的，那就是它们均包含着时间的意义。故此，人的存在也就是一种时间的存在了。

对于人而言，其存在总是和一定的生活故事连接在一起的。任何故事中必然包含着叙事的时间。故事的完整性，就是叙事时间的完整性。不仅如此，故事叙述是一个过程，这就说明从开始到结尾，构成故事的时间是个完整的时间段。这个时间段的结尾也就必然是与时间的开启遥相呼应的。不仅如此，小说故事的结局，从时间角度来看，它不仅意味着事件的终结，亦意味着人物命运的一种终结。就此而言，我们认为这个结局的时间点，蕴蓄了更为凝重的思想内涵。

故事的结局的时间则是定格在人物生命的节点上的。就其生命的意义而言，这四部小说结局时间节点所体现的价值意义却是各不相同的。《查泰莱夫人的情人》结局的时间寄寓的是一种希望，故此，我们将其称为希望的时间。这个时间之中，张扬着一种自主、一种追求、一种选择，也是一种自由。但不论作为结束或者开始，这个时间都是现实的。也就是说，它依然是一种现实时间的建构。与此同时，它又是一种时间的超越，是由此在走向超越之在的。《废都》的结局时间中，虽然包含着某种选择——庄之蝶要走出废都。但是，最终的结局，其间却充满了无奈。庄之蝶为了摆脱生命情感的困顿而要离开，但是，困顿却紧紧抓住他不放，他似乎没有自主性，也就是无法自己掌握自己的命运，上苍让他中了风。这就于旧的困顿中又增添了新的困顿。本来庄之蝶之出走行为，预示着过去的结束。但是，他病倒在火车站，如此一来，就不是过去的时间结束，而是一种绵延。因为他的生命并没有因此结束，那他的生命故事也就必然要在这个废都里继续下去。也就是说，他被现实的过去所困顿，而现实的将来依然还要继续桎梏他。于此而言，他病倒在火车站的那一瞬间，也就成为他一段生命时间结束的同时，又开启了他之后的生命时间。这就是庄之蝶比起其他几位来，更为悲剧的地方——他永远生活在现在过去时，留在了此间而不得超脱。

更何况，“即使最完美的人也不能摆脱人的基本困境：既是被创造的，又是天使般

---

① [德]海德格尔：《存在与时间》，陈嘉映、王庆节译，生活·读书·新知三联书店1987年版，第22—23页。

的;既是强大的,又是软弱的;既是无限的,又是有限的;既是动物的,又是超动物的;既是成熟的,又是幼稚的;既是害怕的,又是勇敢的;既是前进的,又是倒退的;既是向往完善的,又是畏惧完善的;既是一个可怜虫,又是一名英雄"①。但不管他们是勇敢地前行,还是无奈地退缩,命运已经注定了每个人的最终结局。

从对于这四部作品结局及其时间维度的分析中,我们深深感到一种生命的沉重,感到时间这个既确定而又不确定、既抽象而又现实、既稍纵即逝而又永恒的生命载体,实在是让人困顿。但是,我们依然希望人生都有一个美好的结局。但作为一个生活于现代社会的人,要成为一个真正意义上的现代人,又是何其难也。于此,我们用荣格的一句话来结束本文:

"我们所说的现代人,一个感知最现代的人,当然并非人人都是。相反地,他是一位矗立在高岗上,或站立在世界边缘的人,他的眼前是茫茫一片未来的深渊,头顶是苍穹,脚下是其历史已笼罩着一层原始雾的全体人类。"②

---

① [美]A·H·马斯洛:《存在心理学探索》,李文湉译,云南人民出版社1987年版,第158页。

② [瑞士]C·G·荣格:《探索心灵奥秘的现代人》,黄奇铭译,社会科学文献出版社1987年版,第187页。

会通与融合——身体美学与日常生活美学的互补共生

韦拴喜

摘　要:作为消费社会中正在发生的日常生活审美化转向的两种理论表征,身体美学与日常生活美学在极大程度上存在着互为启发、相互印证的会通关系。大众对自我身体从内到外的修饰和改造,使得身体审美因此而成为日常生活审美化最为浅显直观的具象化表现。身体的审美经验与日常生活经验的有效弥合,有助于从根本上提升大众生活品质的审美内涵。作为日常生活审美化的目标导向和终极旨归,伦理生活审美化的实现,可有效促成个体与社会的双重实现和双重完善。

关键词:身体美学;生活美学;日常生活审美化;审美经验;伦理生活审美化

如我们亲眼所见、切身所感,日常生活审美化已成为消费社会一个尤其引人瞩目的文化景观。艺术和审美冲破了象牙塔与博物馆的限制,急遽转向一个被广泛扩张和泛化的状态,日益蔓延和渗透到经济、文化、政治以及大众的日常生活等各个层面。从美容化妆、家居装饰、城市景观到经济生活中符号价值的凸显,新闻媒体对社会现实的改造,以及伦理生活的审美化等等,无不表明我们的社会正在经历一场美学的复兴,所有的现实都被注入了审美的因子。审美与日常生活的距离被消解,精英文化和通俗艺术的界限被打破。艺术和审美成为大众日常生活的重要组成部分,成为生活本身。而日常生活审美化在最为浅表可见的层面上,无疑表现为人们对自我身体的审美修饰。从时装设计、广告形象、选美大赛、体育竞技、整形美容、瘦身节食、医疗保健等种种名目繁多的身体产业的勃兴,无不表明对身体的装饰与运营已成为消费社会最为显著的症候之一。正如莱恩·特纳所说,一个“身体社会崛起”的时代正在到来。显而易见,身体美学的与日常生活美学的出场是具有共时性的社会语境条件的。在某种意义上,身体美学与日常生活美学都是对消费社会正在发生的日常生活审美化转向的某种理论表征。

一、身体审美作为日常生活审美化的突出表现

西方两千多年的传统哲学,从古希腊的柏拉图经中世纪宗教神学,直至近代的笛

卡儿,始终都是沿着苏格拉底所奠定的身心分立、扬心抑身的思想路线在推进。“在传统上,美学倾向于把自然中的美、艺术以及艺术创造当作主要的精神现象,感觉因素,更不用说性欲的因素,在其中几乎没有地位”①。作为感性欲望之源泉的身体,一直处于被理性和道德遮蔽或束缚的地位。在尼采所开启的后现代哲学对传统哲学的反思和批判过程中,身体才得以从精神与道德伦理,以及知识与理性的牢笼中被拯救出来,得到了全新的肯定和阐释。而自20世纪七八十年代以来,伴随着消费时代的到来和大众文化的崛起,“身体现在可以将自己视为一个有机中心,所有事物得到聚拢和有机保存的中心。……身体显现为我们最深刻的和最直接的所是,身体的基础性和享有特权的地位,构成了当今世俗社会固有的普遍意识的一部分,大量的金钱都消费在对身体的照料和装饰上”②。由于消费社会中商业利益的驱动,以及人们对自我身体认知程度的加深,对身体的修饰打扮成为大众日常生活中最一般和最普泛的审美活动,身体的审美化也因此成为日常生活审美化最为浅显直观的具象化体现。

正如“身体美学”概念的提出者舒斯特曼所指出的:“柏拉图可以将身体当作太过短命,而不真实和没有价值的东西加以抛弃,而今天身体却似乎比我们所经历的世界的其余部分更稳定、更持久和更真实。当然,身体也似乎变得更为熟悉,更容易把握、审视和操控了。”③在审美泛化的时代语境中,同其他物质现实一样,我们自身的身体也进入到日常生活审美之中,被作为审美欣赏的对象加以重新建构。正如我们所见,名目繁多的“身体产业”“美丽产业”都致力于对身体的审美包装和改造。当然,消费社会中人们对自我身体的呵护与关照,并非仅仅是为了追求身体的健康,而更多地是出于寻求自我认同感,也即渴望被欣赏、被尊重、被认可的一种心理需求。正如舒斯特曼所说:“即便是指向自我的身体训练,比如节食与塑身,也经常是被一种取悦他人的愿望所驱动。”④美丽的身体不仅可以获取更多崇拜的眼光,增添更多的自我肯定,而且还可成为通往更加美好的生活方式的通行证。因为“在消费文化中,身体被宣称为快乐的载体:它悦人心意而又充满欲望,真真切切的身体越是接近年轻、健康、美丽、结实的理想化形象,它就越具有交换价值”⑤。正因如此,布尔迪厄和特纳更是将消费社会中的身体视为阶级差异与身份地位的象征。“与消费主义密切相关的是,人们对身体的审美性质日渐重视了,而这则是从长相的角度来强调苗条和自我调控。身体成为趣味和区分的一个基本特征,根据这种区分,对人的形式的管理成为文化资本或身体

---

① [加拿大]埃克伯特·法阿斯:《美学谱系学》,商务印书馆2011年版,第555页。

② Richard Shusterman. *Performing Live: Aesthetic Alternatives for the Ends of Art*. Ithaca: Cornell University Press, 2000, p. 148.

③ Richard Shusterman. *Performing Live: Aesthetic Alternatives for the Ends of Art*. Ithaca: Cornell University Press, 2000, p. 148.

④ Richard Shusterman. *Body Consciousness: A Philosophy of Mindfulness and Somaesthetics*. New York: Cambridge University Press, 2008, p. 25.

⑤ [英]迈克·费瑟斯通:《消费文化中的身体》,见汪民安、陈永国编:《后身体:文化、权力和生命政治学》,吉林人民出版社2003年版,第324页。

资本主要方面的一个部分。……根据布尔迪厄的观点，中产阶级偏向苗条，工人阶级养成的身体则有意展示身体的力量。这样我们就会看到，身体作为一个区分标记、作为阶级差异的象征再现、作为一个性别区分领域，也作为一个潜能被引入时尚和消费社会中。"①从这个意义上来看，在泛审美化的大众日常生活中，种种方兴未艾的"美丽产业"以及消费者自身热衷于身体外在形象的修饰和改造的现象就不足为怪了。

当然，作为日常审美化之直观显现的身体审美不只是对身体外观形式和外在形象的改变，还包括对身体经验、内在精神的改善以及身心和谐度的调整。诚如有学者指出的："通过审美化的设计之途，不仅仅普通大众的日常生活及其周遭环境都得到了根本改观，而且，就连人自身，或者说是只能属于每个自己的'身体'（body），也难逃大众化审美涉及的捕捉。君不见，在当代社会里面，从'美发''美容''美甲'再到'美体'，皆为直接面对身体的审美改造，甚至依赖于整容而造就的'人造美女'到底能不能参加选美这样的社会问题在中国也出现了。当然，当设计的对象转向'主体'自身的时候，就不只包括对人的外观的设计，而且还包括对'灵魂、心智的时尚设计'。"②

费瑟斯通在论及消费文化中的身体时曾指出，"消费文化中对身体的保养和外表的重视提出了两个基本范畴：内在的身体和外在的身体"，而且他还特别强调，内在身体和外在身体是一体结合，"对内在身体实行维护保养的主要目的是要彰现外在身体的外表"。③ 韦尔施也表达了类似的观点，他认为在全球审美化的过程中，"个人经历着对身体、心灵和行为的全方位时尚化。在美容院和健身中心，他们追求着身体上的完美；在沉思默想中和新时代的研讨会上，他们美化着自己的心灵；礼仪课程培养着他们一心向往的优美举止"④。与费瑟斯通、韦尔施将身体的审美化区分为外在形体的装饰和内在精神的塑造相呼应，舒斯特曼的身体美学也同样强调，作为日常生活审美化之典型体现的身体审美，不仅仅停留于身体的表面形式和装饰的美容，它更关注的是具体化的精神和内在的身体体验。求诸外观的身体审美以化妆美容、瘦身美体等身体实践为代表，注重内在精神的身体审美则以瑜伽、武术、禅宗、太极拳等与身心修养有关的身体训练为代表。由此可见，积极而健康的审美生活不应该只为盲目迎合消费文化所宣传理想化身体形象，一味地醉心于外在身体的修饰和包装，而应该努力去追求一种柏拉图原初意义上"美的身体"与"美的灵魂"兼具的完善的人的状态。

需要强调指出的是，在日常生活审美化现象中，身体不仅仅是被人加以美化和塑造的审美客体或吸引他人注意力的审美对象，它同时也是具有强大感知力的审美主体。作为审美主体的身体是"富有生命活力和感情、敏锐而有目的的取向的'身体'，

---

① ［英］布莱恩·特纳：《身体问题：社会理论的新近发展》，见汪民安、陈永国编：《后身体：文化、权力和生命政治学》，吉林人民出版社2003年版，第19页。

② 刘悦笛：《生活美学——现代性批判与重构审美精神》，安徽教育出版社2004年版，第69—70页。

③ ［英］迈克·费瑟斯通：《消费文化中的身体》，见汪民安、陈永国编：《后身体：文化、权力和生命政治学》，吉林人民出版社2003年版，第324—325页。

④ ［德］沃尔夫冈·韦尔施：《重构美学》，陆扬、张岩冰译，上海译文出版社2002年版，第91页。

而不是那个单纯由骨肉聚集而成的物质性'肉体'"①。尽管身体不能像心灵那样去进行抽象的逻辑推理,但身体却可以通过自身的感官感知和经验意识去"思考"。如舒斯特曼所说:"当我用食指触摸自己膝盖上的一个肿块时,我的身体主体性被引导着去把身体的其他部位感受为探索的客体。这样,我既是一个身体,又拥有一个身体。"②正因为具有强大的内在感知和意识能力,身体不仅是我们体验的中心,而且也可以成为审美的主体。在舒斯特曼看来,身体的感知直接影响到我们的思想意识、情感状态和意愿行为、审美判断以及道德实践,因为身体感知常常是我们的心灵、艺术以及伦理的基础。换句话说,身体感知在很大程度上关涉到我们的生活方式和生活质量。基于此,舒斯特曼倡导建立身体美学,主张通过规范化的身体训练来培育和改善我们的身体感知与身体意识,以增强其敏锐性和执行力,从而改善我们的生活质量,扩充我们的生活艺术。

基于上述分析,我们说,在消费社会中,身体审美无疑是日常生活审美化最为突出的表现,身体不仅作为日常生活审美化的对象而存在,而且日益凸显为日常生活审美化的主体。因此,在某种意义上,日常生活美学涵盖了身体美学的基本意涵,而身体美学则可视为对日常生活美学的最好诠释。

二、审美经验与日常生活经验的连续性

如我们所知,经验是经典实用主义哲学家杜威哲学的核心范畴。杜威着重强调经验的连续性和动态性,并将经验定义为活的生物与环境之间相互作用、动态平衡的过程。在此基础上,他进一步提出"一个经验"的概念。在杜威看来,尽管经验在我们的日常生活中随处可见,但由于各种因素的干扰,日常生活经验往往是零碎、中断而不完整的。只有日常生活的经验改变其松散而破碎的状态,臻于连续而完满的整一性时,它才成为"一个经验"。"一个经验"不一定就是审美经验,但只要是具有整一性、丰富性、积累性和圆满性的经验,就具有审美的性质。"审美经验"不过是"一个经验"的集中和强化而已。这也就是说,美就蕴含于日常经验之中,日常生活要成为美的生活,其关键在于体现经验的完整性。就像杜威的继承者舒斯特曼所总结的:"构成杜威审美经验核心的东西,是另一种通常意义的经验,它指的是一种令人难忘的或绝对令人满意的生活事件,一种由其'内在的整合与完满',从无数生活之流中凸显为'一个经验'的东西。"③在此基础上,杜威提出艺术即审美经验的论断,试图打破传统美学中艺术博物馆概念垄断地位,将艺术和审美从与世隔绝的孤立状态中解放出来,弥合审美经验与日常生活、审美与实践之间的裂隙,将艺术与人们的日常生活整合起来,从根本上提升生活品质的审美内涵。

---

① [美]理查德·舒斯特曼:《身体意识与身体美学》,程相占译,商务印书馆2011年版,第5页。

② [美]理查德·舒斯特曼:《身体意识与身体美学》,程相占译,商务印书馆2011年版,第14页。

③ Richard Shusterman. *Pragmatist Aesthetics: Living Beauty, Rethinking Art*. Maryland: Rowman and Littlefield Publishers, Inc, 2000, p. 28.

作为实用主义家族谱系中的新成员，舒斯特曼致力于复兴杜威对审美经验的重视，并试图将其确立为完满的审美生活所追求的主题，一如他所明确宣称的："我的实用主义哲学的一个主要目的，是通过更加认可超出美的艺术范围之外的审美经验的普遍性而将艺术与生活更紧密地地整合起来。"①在舒斯特曼看来，西方传统美学一般将审美经验视为无利害、有距离的凝神静观，这种通常由高级艺术和学院艺术引发的审美经验观，由于将审美经验与日常生活相疏离，因而是一种伪审美经验。因此，舒斯特曼主张终结这种自律性、孤立化的审美经验，而在通俗艺术以及日常生活体验中寻求审美复兴的种子。因为在舒斯特曼看来，日常生活是审美经验产生的源泉，而审美经验又是日常生活体验的升华。

舒斯特曼通过对欧陆哲学与分析哲学对审美经验的批判性考察，来重构审美经验的概念，并为恢复审美经验的功能而辩护。舒斯特曼认为，欧陆哲学对审美经验的批评主要集中于挑战它在现象学上的直接性和对它的彻底性区分上。比如阿多诺就极力反对简单化的主观快乐，认为真正的审美经验应该通过自我克制，并遵从艺术品本身的客观结构，以寻求自我改造和自我解放。同时他还指出，审美经验的本性受制于非审美的社会力量，社会力量通过限制艺术品的结构以及我们的审美欣赏模式，以左右我们的感知力及经验能力。本雅明则指出，现代化和传媒技术已经使我们的感觉变得碎裂而杂乱，不再是一个连贯而有意义的整体。审美经验的超越性和自律性也因此被消解，开始向着通俗文化以及大众的日常生活世界渗透。伽达默尔对审美经验的直接性和区分性进行了批评。在他看来，将艺术品从它赖以存在的社会—历史世界中区分出来，还原为被直接经验的东西，实际上是分解了审美经验的整体性和多样性，忽略了艺术与世界的联系及其对真理的追求。与伽达默尔对经验统一性和稳定性的强调相一致，解构主义者德里达和巴特通过对固定学科边界及"在场神话"的批评，也质疑了审美经验的彻底区分性和直接性。需要指出的是，欧陆哲学家在对审美经验的区分性和直接性进行批判的过程中，并未全盘否定审美经验的积极价值。他们反对和批判的只是审美经验纯粹的自律性和彻底的区分性。

针对欧陆哲学对审美经验的区分性之批判，舒斯特曼指出，审美经验不可能被视为一个恒定不变的、狭隘地等同于艺术的纯粹的自律性概念，因为审美经验已经超出了美的艺术的范围，而延伸到大众文化以及人们的日常生活世界之中，而且这种来自非艺术世界的变化对我们的审美经验能力也产生了相应的影响。针对欧陆哲学对审美经验的直接性之批判，舒斯特曼认为，我们无法否认审美经验需要超越现象学意义上的直接性以获得更加全面的意义，但这并不妨碍直接的敏感性和当下的生动性对于审美经验的重要作用。

与欧陆哲学对审美经验之区分性和直接性的批判不同，分析哲学则更多强调审美经验的区分性和自律性，抑或直接否认审美经验的存在。比如比尔兹利以审美经验作

① ［美］理查德·舒斯特曼：《生活即审美：审美经验和生活艺术》，彭锋等译，北京大学出版社2007年版，中译本前言XVI。

为辨认和区分艺术品之优劣及其价值大小的尺度,从而主张将艺术和审美从其他实践中区分出来。比尔兹利关于审美经验的定义因过于狭窄而遭到了迪基、古德曼以及丹托等分析美学家的批评,因为它不仅错误地排斥了所有不能产生审美经验的艺术品,而且彻底割裂了艺术和审美与日常生活之间的联系。在迪基看来,审美经验是现代美学创造的一个神话,它不仅无法作为艺术品和非艺术品的区分标准,而且其本身就是一个含混不清的概念,甚至根本就不存在那种被美学家神秘化了的审美经验。古德曼对所有的审美经验理论进行了批判,但他没有像迪基一样彻底否认审美经验的存在。他将审美经验定义为"以某种符号特征的优势区别于科学和其他领域的认知经验"①。古德曼将审美经验构想为一种艺术符号功能,目的同样是要将审美和艺术与其他经验领域相区分。显然,这种作为符号语义学的审美经验论,不仅将艺术品的意义转嫁到它所指称的东西之上,而无法解释艺术本身的审美价值,而且也将审美经验排除在包括日常经验在内的非艺术事务之外。丹托则直截了当地指出,"审美经验概念不仅无用,而且'危险',因为正是那个审美的观念通过将艺术视为'仅仅适合快乐'而不适合于意义和真理,从而将艺术变得无足轻重"②。

显然,无论是对审美经验的直接性和区分性进行批判的欧陆哲学,还是对直接否认审美经验的存在及其功能,从而将其引向终结的分析哲学,要么未能充分认识到审美经验在我们的审美活动以及日常生活实践中的重要作用,要么将艺术和审美从其他领域中区分出来,从而割断了审美与实践、艺术与日常生活之间的连续性与统一性。基于此,舒斯特曼对杜威将审美经验作为艺术的中心,并试图恢复生命的常态进程与审美经验的连续性,以促成艺术与生活的更好整合的努力大加赞赏。他认为杜威的审美经验论"不仅将艺术从客体拜物教(fetishism)中解放出来,而且也将艺术从其传统的美的艺术领域的限制中解放出来"③。不止如此,杜威还将审美经验扩大到对科学和哲学的探求,以及体育运动和高级烹饪等日常生活实践之中,"通过根据审美经验的观念来重新思考艺术,杜威希望我们能够彻底扩大艺术领域并使之民主化,将其更充分地整合到真实世界之中,而对各种各样的生活艺术的追求将极大地改善生活世界"④。正是在这个意义上,舒斯特曼认为,恢复审美经验的概念及其用途,"不是为了形式的定义,而是为了将艺术的方向重新指向可以恢复其活力与目的感的价值和人民","审美经验概念不是去定义艺术或是去证明批评判断的正确性,它是指导性的,

---

① Nelson Goodman. *Languages of Art*. Oxford:Oxford University Press, 1968, p. 262.

② Richard Shusterman. *Performing Live:Aesthetic Alternatives for the Ends of Art*. Ithaca: Cornell University Press, 2000, p. 37.

③ Richard Shusterman. *Performing Live:Aesthetic Alternatives for the Ends of Art*. Ithaca: Cornell University Press, 2000, p. 28.

④ Richard Shusterman. *Performing Live:Aesthetic Alternatives for the Ends of Art*. Ithaca: Cornell University Press, 2000, p. 28.

提醒我们在艺术中和生活的其他方面什么是值得追求的东西"。[1] 基于此,舒斯特曼从实用主义立场出发,主张将审美经验尤其身体的审美经验,以一种更有热情、更有魅力的方式整合进日常生活经验之中。这种更有热情、更有魅力的生活方式便是运动、武术、身心治疗等规范化的身体训练。通过这些训练,不仅可以使我们自身的身体举止和行为方式更加优雅和谐,还可以使我们的身体意识和审美感知力更加敏锐,以便我们更好地去追寻一种更加完美的审美生活。

三、身体美学策略与伦理生活审美化的实现

毋庸置疑,日常生活审美化已成为一个生机勃勃的时代潮流,我们的社会现实中越来越多的要素都披上了审美的外衣。审美和艺术向生活的渗透,造就了新的审美风尚,丰富了人们的审美经验,为当代人类营造出了一个感性的、诗意的生存氛围。但客观而言,日常生活审美化所创设的并非只是赏心悦目的生活图景,审美化的无边蔓延在某种程度上张扬了物质主义和感官享乐主义。尽管韦尔施所说"在表面的审美化中,一统天下的是最肤浅的审美价值:不计目的的快感、娱乐和享受"[2]多少有些言过其实,但不容否认的是,由于技术和经济策略在一定程度上对审美的操纵,大众传媒对理想化的身体形象与生活方式的炒作和鼓噪,以及消费者自身感官欲望的扩张,使得人们对日常生活审美化的诉求确实在很大程度上止步于浅表化的物质层面,而对精神和伦理层面的关注远远不够。因此,将生活理论与自我的审美创造有效结合起来,更多关注日常生活审美化的伦理维度,必然可以适度解决日常生活审美化过程中物欲泛滥、伦理缺失的问题,并引导人们去追求一种灵肉兼修、德行并重的生活状态。从根本上来说,伦理生活的审美化是日常生活审美化的目标导向和终极旨归。日常生活审美化最为主要的两位倡导者费瑟斯通和韦尔施在对日常生活审美化现象进行分析时,分别提到的"将现实生活转化为艺术作品的谋划"[3]"生活实践态度和道德倾向这种本原上的审美化"[4],都是在强调日常生活审美化的伦理维度。

而在舒斯特曼看来,伦理生活的审美化已成为现代社会的主要趋势,而最为明显地体现于我们的日常生活和文化生活之中。它"在我们如何引导或塑造自我生活,如何评价什么是善的生活问题上,审美考量是举足轻重的,也许最终是至关重要的决定性选择"[5]。这也就是说,审美生活是美好而幸福的生活之理想状态、首选模式和评价标准。舒斯特曼指出,伦理生活的审美化在后现代社会的兴起,在很大程度上与趣味

---

① Richard Shusterman. *Performing Live:Aesthetic Alternatives for the Ends of Art*. Ithaca: Cornell University Press, 2000, p. 41—43.

② [德]沃尔夫冈·韦尔施:《重构美学》,陆扬、张岩冰译,上海译文出版社2002年版,第6页。

③ [英]费瑟斯通:《消费文化与后现代主义》,刘精明译,译林出版社2000年版,第96页。

④ [德]沃尔夫冈·韦尔施:《重构美学》,陆扬、张岩冰译,上海译文出版社2002年版,第10页。

⑤ Richard Shusterman. *Pragmatist Aesthetics:Living Beauty, Rethinking Art*. Maryland: Rowman and Littlefield Publishers, Inc, 2000, p. 238.

伦理对传统伦理的替代有关。在后现代社会,“伦理判断不再可以通过无懈可击的原则被确然地证明为绝对的真理,而只是某种审美的东西。因为伦理决定,应该像艺术决定一样,不是严格运用规则的结果,而是创造和批评想象的产物。伦理学和美学在这种有意义的和可感觉的意义上,变成了同一个东西:伦理生活的方案成了审美生活中的练习”①。如此一来,伦理生活的审美化体现为我们的文化对时尚魅力、个人外表和富足生活的一种迎合现象便不足为怪了。“我们时代最著名的形象不是英勇的男子或贞洁的女人,而是那些意味深长的所谓‘美人’。我们模仿基督的愿望比模仿麦当娜的艳妆和时尚的欲望要小得多。当今没有人以阅读圣徒的生活作为教诲和榜样,但电影明星的自传或百万富翁的成功故事却畅销不衰”②。在舒斯特曼这段略带调侃的叙述中,多少表现出他对后现代趣味伦理的些许微词。事实上,一种理性的伦理生活审美化确实不能简单地等同于这种专注于自我满足的趣味伦理。这就自然而然地引出了舒斯特曼对伦理生活审美化内涵的理解。舒斯特曼认为,伦理生活的审美化应该包含有两个维度:第一个维度指向私人伦理领域,它关涉的是个体如何塑造他的生活以达到自我实现的人生目标;第二个维度则指向社会公众领域,它关涉的是善的社会应当如何的问题。舒斯特曼强调:“如果善的社会不是丰富地培育个人的审美化生活,它必须要确保社会组织中的每一个成员能够在审美上可能拥有令人满意的生活。而且,在由审美标准来表现美好社会自身的特征,并将美好社会构想为具有异中有同的最佳平衡的有机整体这个古典且依然有效的美的定义问题上,它一直是相当普遍且始终具有吸引力。”③显然,伦理生活的审美化不应该只关注个体自身的内在完善,还应该关注整个社会的和谐与改善。换句话说,自我与社会的双重实现和双重完善,才是伦理生活审美化的真正内涵。

在如何实现伦理生活的审美化问题上,舒斯特曼指出,罗蒂或许是“最坦率和最激烈的美国大众形象哲学的样本,明确倡导‘审美生活’作为善的生活的典型”④,但他最终却将伦理生活的审美化引向了私人道德领域。我们知道,在社会政治学问题上,杜威坚持一种积极的自由主义,他认为改造我们的社会是实现我们自身价值的根本性前提,个体只有“通过走出自我并在群体生活中扮演积极的角色,才能完全实现其自身”⑤,因而他主张在现实生活中将个人主义与群体主义统一起来。与杜威相反,罗蒂

---

① Richard Shusterman. *Pragmatist Aesthetics*:*Living Beauty*,*Rethinking Art*. Maryland: Rowman and Littlefield Publishers, Inc, 2000, p. 245.

② Richard Shusterman. *Pragmatist Aesthetics*:*Living Beauty*,*Rethinking Art*. Maryland: Rowman and Littlefield Publishers, Inc, 2000, p. 238.

③ Richard Shusterman. *Pragmatist Aesthetics*:*Living Beauty*,*Rethinking Art*. Maryland: Rowman and Littlefield Publishers, Inc, 2000, p. 238.

④ Richard Shusterman. *Pragmatist Aesthetics*:*Living Beauty*,*Rethinking Art*. Maryland: Rowman and Littlefield Publishers, Inc, 2000, p. 238.

⑤ Richard Shusterman. *Pragmatist Aesthetics*:*Living Beauty*,*Rethinking Art*. Maryland: Rowman and Littlefield Publishers, Inc, 2000, p. 78.

则追求一种消极的自由主义，他将社会以及他人在相互关系对个体的制约视为对自由的妨碍和限制，并力图消除这种干扰和障碍。在他看来，一个公正而自由的社会的目标在于，使其公民成为“私人之上”的、“非理性主义的和审美主义的”，只要“不对他人造成伤害，就可以在闲暇的时间做自己想做的事”。① 基于这样一种“哲学私人化”的理念，罗蒂将伦理生活的审美化更多地引向了个体。他积极主张通过新异的语言对自我的再描述，来实现自我丰富和自我创造，从而将我们的生活塑造为艺术品。在舒斯特曼看来，罗蒂为我们所追求的的审美生活许诺了一个过于狭隘的图景，“‘这种审美生活’是‘私人完善’和‘自我创造’，是一种受‘扩展自身、拥抱越来越多的可能性和摆脱自身固有形象的限制’之欲望所驱动的生活。换句话说，审美满足、自我丰富和自我创造，不仅通过生活中的实际经验来追求，而且通过采用‘新的道德反省语汇’的更胆怯的选择来追求，以便用一种更新型的吸引力和更丰富的方式塑造我们行为和自我形象的特征”②。与罗蒂不同，福柯在追求伦理生活审美化的过程中，采取了一种远为激进而极端的方式。他通过将伦理生活直接付诸身体实践，以图将生活当成一件艺术品去创造，从而活出自我的独特风格。福柯向往古希腊的伦理生活，因为在他看来，在希腊伦理中几乎很难看到惩罚性、强制性的法律条文，他们不是根据先在的道德规范，而是根据自己的内心意愿去自由地行动和生活。他因此而宣称，做人本身就是一种人生的艺术创造和审美生存的实践过程。他还大发感慨：“最让我震惊的是这样一种事实，即在我们的社会中，艺术已变成了仅仅与对象相关的东西，而不是与个体的生活发生联系。艺术成了某种特殊的事物，或是由艺术家们所从事的工作。为什么个体的生活不能成为艺术品呢？为什么灯盏或房屋就可以成为艺术品，而我们的生活却反而不可以呢？”③基于此，福柯主张通过生活艺术将我们自身塑造成艺术品，而他所倡导的生活艺术便是通过我们的身体实践和身体体验，去开辟一种多样性和可能性的生活方式。这样一种旨在恢复艺术与生活的联系，并强调身体之于伦理生活的重要性的主张是值得肯定而赞赏的。只不过福柯在身体力行其主张的过程中，采取了极端化的方式。他不断地尝试吸毒、性虐待、同性恋等新异的身体边界体验，试图以此将自我塑造为与众不同的艺术品。在舒斯特曼看来，这种过度的身体刺激在某种意义上反而会钝化我们的身体感知和审美意识，而且这种激进的身体审美趣味还会在社会中造就很多可怕的偏执狂。

通过对罗蒂和福柯的伦理化审美生活的批判与反思，舒斯特曼试图以其身体美学

---

① Richard Shusterman. *Practicing Philosophy*: *Pragmatism and the Philosophical Life*. New York and London: Routledge, 1997, p. 73.

② Richard Shusterman. *Pragmatist Aesthetics*: *Living Beauty*, *Rethinking Art*. Maryland: Rowman and Littlefield Publishers, Inc, 2000, p. 238.

③ M. Foucault. *On the Genealogy of Ethics*: *An Overview of Work in Progress*, *in Ethics*: *Subjectivity And Truth*. New York: New Press, 1997, p. 261.

策略去实现伦理生活的审美化。他指出,“审美生活也应该培养身体的愉快和规范”①。“完美的生活追求,将包括身体的、语言的、认识的、心理的和社会的改变——如果不是合作也是支持的——自我和社会的丰富”②。显然,舒斯特曼通过身体实践去达成自我改造的方式,克服了罗蒂依靠语言叙事来追求审美生活的虚幻性和不可操作性。当然,舒斯特曼的身体美学策略也不同于福柯所追求的那种剧烈而极端的身体实验。他主张通过诸如瑜伽、太极拳、武术等宁静而温和的身体训练方式,来增强我们身体审美意识的敏感性,并促进身体与心灵之间的更好协调,从而使我们的身体行为变得优雅而得体。在舒斯特曼看来,这种通过身体训练而体现于个体行为举止中的美德,必将被树立为一种榜样生活,以影响到更大的社会和自然世界。“对身体的审美修养可以为按照优雅与和谐的方向来培养一个人的整个品性提供一种媒介,而且通过个人与公众领域的交往以及激发他人以同样优雅与和谐的行为,这种富有魅力的榜样可以有助于使更大的公众领域变得和谐。”③显然,舒斯特曼的身体美学策略正是通过一种循序渐进的改良主义方式,使外在自我与内在自我、自我与社会逐步性地得到改善,从而最终在更大的范围内实现真正意义上的伦理生活的审美化。

综上所述,伴随着消费社会日益强大的审美转向应运而生的身体美学和日常生活美学,在关注身体由外而内的修饰和改造,强调审美与生活、身体经验与日常生活经验的连续性,以及致力于审美化的伦理生活的实现等诸多方面,存在着互补互证、融合会通的可能性。正如美国汉学家安乐哲所言:“在这个世界里,事物是由他们的相互制约的关系构成的,于是,意义总是有情境的,而不是‘无中生有’地来自一个单一的外在源头……意义是‘原地’地来自不断深入的关系的养成”④。深入探讨身体美学与日常生活美学的会通关系,进行有效的交流对话、综合创新,无疑对于建立广泛的美学共同体,合力推进美学学科的发展繁荣,从而建构多元一体的世界美学具有积极的启示价值。

---

① Richard Shusterman. *Pragmatist Aesthetics: Living Beauty, Rethinking Art*. Maryland: Rowman and Littlefield Publishers, Inc ,2000, p. 260.

② M. Foucault. *On the Genealogy of Ethics: an Overview of Work in Progress, in Ethics: Subjectivity And Truth*. New York: New Press, 1997, p. 260.

③ [美]理查德·舒斯特曼:《生活即审美:审美经验和生活艺术》,彭锋等译,北京大学出版社 2007 年版,中译本前言 XX。

④ [美]安乐哲:《和而不同:中西哲学的会通》,温海明等译,北京大学出版社 2009 年版,第 390—391 页。

舒斯特曼身体美学视域下的中国古典美学

韦拴喜

摘　要：舒斯特曼身体美学的提出在极大程度上借鉴和运用了中国古典文化中的身体理论。中国古典哲学和美学不仅在理论上坚持重生贵身、身心一体的思想理念，而且倡导通过“礼乐教化”“坐忘”“禅定”等实践策略来修身养性、参禅悟道。以舒斯特曼身体美学为出发点，挖掘和考察中国自身的身体文化理论资源，以求同存异、互补共生的原则积极参与国际美学的交流与对话，对于中国美学谋求新的思考与建构具有重要的启示意义。

关键词：舒斯特曼；身体美学；身心一体；中国古典美学

“身体美学”（Somaesthetics）的概念由新实用主义代表人物舒斯特曼于20世纪90年代提出。就思想源泉而言，身体美学的出场，一方面缘于舒斯特曼对西方传统哲学与美学的身心二元论之反拨，另一方面则在很大程度上受中国古典文化的启发和影响所致。中国传统哲学与美学不仅为舒斯特曼的身体美学构想给予了诸多启示和灵感，还为其提供了强而有力的理论支撑。诚如舒斯特曼所直言：“我对中国文化学习得越多，我就越认识到身体美学研究能够从中国的丰富传统中受益，比如从哲学、医学、各种艺术，包括那些超越西方‘美的艺术’观念的艺术，比如战争艺术、装饰艺术、化妆术、房中术和烹调术等等。”[①]不仅如此，他还信心满怀地指出：“今天的中国哲学家，你们业已受到悠久而丰富的身体启蒙理论传统的滋养，将发现身体美学的观念是与美国哲学进行富有成效的对话的一个合适而有效的桥梁。”[②]基于此，刘小枫所谓的“带着中国问题进入西方问题再返回中国问题”[③]无疑是一条值得尝试的方法路径。以舒斯特曼身体美学的视域为出发点，对中国古典哲学与美学中的身体理论资源进行挖掘和考察，或可为我们中国自身的美学理论建设提供一定的启示意义。

---

① ［美］理查德·舒斯特曼：《身体意识与身体美学》，程相占译，商务印书馆2011年版，第5页。

② ［美］理查德·舒斯特曼：《生活即审美：审美经验和生活艺术》，彭锋等译，北京大学出版社2007年版，中译本前言XXI—XXII。

③ 刘小枫：《现代性社会理论绪论——现代性与现代中国》，上海三联书店1998年版，第3页。

一、中国古典美学中的身体观：重身贵生、身心一体

在中国传统文化经典中，鲜见作为合成词的“身体”，而多以众多不同的术语来指称。比如舒斯特曼就指出，“身”“体”“形”“躯”四个形容身体的术语同时出现于荀子的《劝学》篇中：“君子之学也，入乎耳，著乎心，布乎四体，形乎动静。端而言，蝡而动，一可以为法则。小人之学也，入乎耳，出乎口。口耳之间，则四寸耳。曷足以美七尺之躯哉！古之学者为己，今人学者为人。君子之学也，以美其身；小人之学也，以为禽犊。”在舒斯特曼看来，“躯”指的是未经过修养和教化的身体；“形”表达的是人类处于运动过程和静止状态中的，有机的、可见的形体结构；“体”强调的是动态的、活生生的身体；“身”则意味着处于社会关系体中，受社会文化之影响和塑造的身体。①

事实上，在中国古典文化中，“身”“体”等术语几乎表达着相近的意涵，并不如舒斯特曼区分得那样清楚。《说文解字》对“身”的解释是：“身，躬也，象人之形。”②段玉裁注解为：“躬谓身之躯，主于脊骨也。”③显然，“身”指的就是人的肉身躯体。其他诸如“人自顶以下，踵以上，总谓之身。颈以下，股以上，亦谓之身。”（《经义述闻·通说上》）“身，躯也。耳目鼻口百体共为一身”（《字汇·身部》）“躯也。总括百骸曰身。”（《九经韵览》）等大同小异的表述，都将“身”视为生理学意义上的身体。当然，“身”并不仅仅是具有形式结构的躯体，它还包含躬行实践这层意涵。比如：“鲧婞直以亡身兮，终然殀乎羽之野。”（《楚辞·离骚》）“尧、舜，性之也；汤、武，身之也；五霸，假之也。”（《孟子·尽心上》）“禹之王天下也，身执耒臿以为民先。”（《韩非子·五蠹》）等表述中的“身”皆有行动和践履之意。与“身”相应的“体”原写作“體”。《说文解字》将其解释为：“体，总十二属之名也。从骨，豊声。”④段玉裁注解为：“十二属，许未详言。今以人体及许书核之。首之属有三：曰顶，曰面，曰颐；身之属有三：曰肩，曰脊，曰尻；手之属有三：曰肱，曰臂，曰手；足之属有三：曰股，曰胫，曰足。”⑤可见，“体”本义也指人的躯体。当然，与“身”一样，“体”也兼具突出的动词含义。如“能戴大圆者，体乎大方”（《管子·心术下》）、“笃志而体，君子也”（《荀子》）、“故圣人以身体之”（《淮南子·汜论训》）等表述中的“体”都指代身体实践。由此引申而来的“体验”“体察”“体悟”“体认”“体恤”“体谅”“体道”等也都表达了“体”的这种含义。从词源学分析可看出，“身”与“体”的含义大致相同，两者既可指生物学意义上的肉身躯体，还可涵盖身体力行、亲身体验之意。

当然，中国古典文化也会将作为“肉体”的“身”“体”，与“精神”或“心灵”并列起来进行讨论，于是也就衍生出了所谓的身心关系论。但与西方意识哲学和美学身心对

① ［美］理查德·舒斯特曼：《身体意识与身体美学》，程相占译，商务印书馆2011年版，第4页。
② ［汉］许慎撰、［宋］徐铉校定：《说文解字》，中华书局1998年版，第170页。
③ ［汉］许慎著、［清］段玉裁注：《说文解字注》，上海古籍出版社1988年版，第388页。
④ 孙隆基：《中国文化的深层结构》，广西师范大学出版社2011年版，第86页。
⑤ ［汉］许慎著、［清］段玉裁注：《说文解字注》，上海古籍出版社1988年版，第166页。

立、扬心抑身的思想传统不同，中国传统哲学和美学在身心关系问题上历来守持重身贵生、身心不分的坚定立场。有学者就指出，中国传统文化是一种“身体化”（somatization）的文化。中国老百姓的整个生活意向都指向“安身”之需。“安心”只是“身体化”需要的一种附加功能，“中国人在精神形态却是由这个‘身’散发出去的‘心’之活动，亦即是克服人我界限的‘由吾之身，及人之身’的心意感通”①。重身贵生的理念反映的是中国传统文化以身体为存在之本原，坚持身体第一性的哲学立场。还有学者将中国思想中的“身”和西方思想中的“存在”（being）等量齐观，“西方思想家使用‘存在’概念的时候，中国思想家正使用着‘身’，并以‘身’为本体论思想的缘起”②。中国古典文化中的“孰不为守？守身，守之本也”（《孟子·离娄上》）、“虚其心，实其腹，弱其志，强其骨”（《道德经·第三章》）、“故贵以身为天下，若可寄天下；爱以身为天下，若可托天下”（《道德经·第十三章》）、“名与身孰亲？身与货孰多？得与亡孰病？甚爱必大费，多藏必厚亡”（《道德经·第四十四章》）、“君子贵其身”（《左传·昭公二十五年》）、“君子之道，本诸身”（《礼记·中庸》）、“不以天下大利，易其胫之一毛”（《韩非子·显学》）、“止至善者，安身也。安身者，立天下之大本也”（王心斋语录）等观点无不揭示出中国传统文化对身体的基础性地位和重要价值的充分肯定。王夫之在《尚书引义》中提出的“身即道，故爱身以爱道”的主张更是将身体提升到与“道”等同的高度，直接赋予其哲学本体论的地位。

正如有学者所认为的：“中国古代的身体概念的推出本身就代表了对人类哲学史上的种种二元论学说的克服和消解，它把诸如人与物、内在与外在、本我与自我、主观与客观、本体与显现等等对立二项经由一种亲身性的身体哲学真正融为一体。”③就中国古典哲学和美学身心不分的特质而言，如同“身”是包含了肉体与精神的身体一样，“心”也不仅仅是人的各种身体器官的中枢主宰，它还包括感知、欲望、情感、意志、认知等因素在内，并与“身”结合为相依共存、互为转化的统一体。诚如有学者所概括的：“‘心’，是含知、情、意、理一统的‘心’，或者说，心就是与身相对并内转相联、可互为转化的自然之心。‘心’有形上之维，所谓良心、良知、良能、‘最初一念之本心’，有人心和道心，有情和理，有知、情、志、欲、意，有德性之知和闻见之知，心之根据有性、有命，心之安放处有心胸、心宅和灵台，心的性灵化有魂、有灵、有神，心与身之贯通、与天地之贯通有气、有道，有身心无我、人我宇宙的呼应、相通和交感。”④显然，这正应和了王阳明“无心即无身，无身则无心”（《传习录》）的理论观点。由此可见，即使将“身”“心”分而论之，倡导天人合一、万物一体的中国传统文化始终坚持的依然是身心不分、心物一如的身心观。“惟中国人之视心身则有别，……中国人乃于和合中见分别，

① 孙隆基：《中国文化的深层结构》，广西师范大学出版社 2011 年版，第 30 页。
② 葛红兵、宋耕：《身体政治》，上海三联书店 2005 年版，第 8—9 页。
③ 张再林：《作为身体哲学的中国古代哲学》，中国社会科学出版社 2008 年版，第 5 页。
④ 吴兴明：《中国传统文论的知识谱系》，巴蜀书社 2001 年版，第 155 页。

亦即于分别中见和合。虽有分别,仍浑然和合为一体。"①就客观事实而言,在中国传统文化中,的确也不乏"身心分裂、以心控身"的思想观念(突出地体现在宋明理学之中),但就其根本而言,"以身为本、身心合一"终归是正统主流。正如有学者一针见血地指出:"由于中国思想发源时就有的整体性、统一性,注重现象而不注重构成的特点,中国古代思想一开始就把二者设想成体用合一的、神秘相应的、以意带气的、混沌不分的,倾向于现象地、一元地而不是截然两分地论说身与心。这使它在思想的发端处就拒绝平行论,不把身和心作为两个实体并互相影响的观念。这使它极易跳出科学(中国式的科学)的藩篱而走入审美和伦理的领域。"②或许正是受此启发,舒斯特曼才更为深刻地认识到,将身体与心灵视为两个不同的独立实体不过是西方传统哲学的一种误导。因而,他特意选用希腊语"Soma",而不是英语"Body"或"Felsh",以强调身与心的一体性关联,并由此而创造性地提出了"Somaesthetics"(身体美学)的学科概念。

二、儒道禅美学的修身之道:"礼乐教化""坐忘""禅定"

中国古典哲学和美学不仅在理论层面上强调重身贵生、身心一如,而且还尤其注重将这种理论观点落实于武术、禅宗、气功、太极等修身养性的实践活动之中。日本学者汤浅泰雄曾指出,中国传统哲学具有强烈的实践哲学的品格。中国传统哲学的三大流派,无不以日常生活中切身的健康及道德问题为处理对象。因此,中国的"形而上学"不能与西方的"metaphysics"等量齐观,而应当将其理解为"meta-medico-phychology",即"超医学性的心理学"。具体而言,就是以身心关系的临床及实际性的研究为基础的哲学。汤浅泰雄认为这种哲学还可称为"meta-praxis"。这也就是说,中国传统哲学不只是一种以观察和认知为基础的纯粹理论,还表现为一种能够以身心来加以实践修行的切身体验,并以这种体验为基础,获得超越日常经验的高层次知识。③ 汤浅泰雄对中国古典哲学的理解和把握是客观而深刻的。中国古典哲学和美学倡导正是通过具身化的修行方式,来追求一种人与天地万物原初为一的生命境界,并由此获得一种超脱、和谐、自由而愉悦的审美体验。

对于儒家哲学和美学而言,修身是其身体观最重要的内容。如"吾日三省吾身"(《论语·学而》)、"自天子以至于庶人,壹是皆以修身为本"(《大学》)、"天下之本在国,国之本在家,家之本在身"(《孟子·离娄上》)、"知所以修身,则知所以治人,知所以治人,则知所以治天下国家矣"(《中庸·第十二章》)等观点都体现出儒家将修身作为齐家和治国的基础和根本。儒家所谓"修身以道,修身以仁"(《中庸·第十二章》),强调个体通过参与社会活动,并在与他人的交往过程中,以"礼"的精神来约束和规范自己的言行

① 钱穆:《略论中国宗教》,见《现代中国学术论衡》,生活·读书·新知三联书店2001年版,第2页。

② 张学智:《中国哲学中身心关系的几种形态》,《北京大学学报(哲社版)》2005年第3期。

③ [日]汤浅泰雄:《气之身体观在东亚哲学与科学中的探讨——及其与西洋的比较考察》,见杨儒宾主编:《中国古代思想中的气论及身体观》,台北巨流图书有限公司1993年版,第67页。

举止，从而将自身的美德落实在“动容貌”“正颜色”“出辞气”之中，并以自身优雅而得体的举止行为来教化和影响他人。“君子所性，虽大行不加焉，虽穷居不损焉，分定故也。君子所性，仁、义、礼、智根于心，其生色也睟然，见于面，盎于背，施于四体，四体不言而喻”“形色，天性也；惟圣人然后可以践形”（《孟子·尽心上》）等论断，也都表明儒家强调通过一种身体的行动和审美修养，而不是通过理论文本的说教，来达到个体自身以及个体与他人的和谐状态。这实际上涉及身体伦理学的问题。在这点上，孔子曾提出“志士仁人，无求生以害仁，有杀生以成仁”（《论语·卫灵公》）的观点，意在说明尽管身体之于个体的宝贵性，但为了实现“仁者爱人”“推己及人”的目标，我们更应该像关心自我身体一样，去促成他人身体之保全。基于此，孔子主张我们要像爱护自己一样爱护他人。事实上，儒家哲学对身体审美修养的重视，对爱己爱人、推己及人之理念的倡导，实际上都是在强调自我审美修养之于个体及公众领域的伦理生活之重要性。无疑，这和舒斯特曼倡导的通过身体美学的实践策略来追求并实现审美化的伦理生活是完全一致的。此外，儒家哲学和美学还特别强调通过诗、乐、舞等身体演艺，来实现自我的提升和完善。这又涉及孔子“志于道，据于德，依于仁，游于艺”（《论语·述而》）的思想。修身之目的在于道的实现，修身的依据在于遵循道德规范和仁爱之道，而“艺”则是修身体道的方法路径。正如美国学者、波士顿儒家学派代表人物南乐山（Robert Neville）所指出的，从事太极拳、武术、马术、射艺、书法、音乐、舞蹈等艺术实践活动，以及诸如木工、屠宰、烹饪、编织、陶艺等技艺操作活动，对于发挥和提高身体的效能和潜能，以使身体趋于完美具有重要意义。① 宗白华先生也说，“只有活跃的具体的生命舞姿、音乐的韵律、艺术的形象，才能使静照中的‘道’具象化，肉身化”，“游于艺”的过程，是一种全身心地投入，心领神会、物我两忘、技进于道的过程，这不仅促成了我们身体效能的提升，还使我们获得了一种自由而超脱的身心体验，“灿烂的‘艺’赋予‘道’以形象和生命，‘道’给予‘艺’以深度和灵魂”。②

与注重修身以立人的儒家哲学有所不同，道家哲学和美学则注重养生，即对生命的保存和身体的保养。在某种意义上，道家文化就是一种“身学”，“在修炼身体的具体技术方面，它为中国文化贡献了：房中术、采补术、炼丹术、长生术。在思想方面，道家则产生了‘保身’‘全身’‘养生’‘尽年’等原理”③。与儒家一样，老子同样强调了修身对于“齐家、治国、平天下”的重要性：“修之于身，其德乃真；修之于家，其德乃余；修之于乡，其德乃长；修之于邦，其德乃丰；修之于天下，其德乃普。故以身观身，以家观家，以乡观乡，以邦观邦，以天下观天下。”（《道德经·第五十四章》）但与儒家身体观有所不同，老子对身体的重视缘于他对身体的忧患意识。因将身体视为忧患之源头，老子提出了去欲以保身的身体观念。他主张人们应排除身体欲念和主观成见，使内心

① ［美］南乐山：《中国哲学的身体思维》，见杨儒宾主编：《中国古代思想中的气论及身体观》，台北巨流图书有限公司1993年版，第207页。
② 宗白华：《美学散步》，上海人民出版社1981年版，第80页。
③ 孙隆基：《中国文化的深层结构》，广西师范大学出版社2011年版，第33页。

保持虚静状态，顺应自然之“道”，以实现对天地万物的审美观照，“致虚极，守静笃。万物并作，吾以观复。夫物芸芸，各复归其根。归根曰静，静曰复命。复命曰常，知常曰明”（《道德经·第十六章》）。这就是老子所谓的“涤除玄鉴”。庄子承续老子之思想，提出了“养生”观，并以“心斋”“坐忘”作为养生之法，“若一志，无听之以耳而听之以心，无听之以心而听之以气。听止于耳，心止于符。气也者，虚而待物者也。唯道集虚。虚者，心斋也。……夫徇耳目内通，而外于心知，鬼神将来舍，而况人乎”（《庄子·人间世》）。“心斋”强调的是一种抛弃利害得失，虚以待物的审美心理状态。意谓只有通过舍弃身体官能对外物的执着，将自我的感觉欲望和观念意识都虚化掉，才能使身心逐渐归于沉静而与气相融通，进入一种纯一的本然状态，“堕肢体，黜聪明，离形去知，同于大道，此谓坐忘”（《庄子·大宗师》）。“堕肢体”即抛弃身体的生理欲望，“黜聪明”则是去掉对是非得失的思虑，通过消除各种感官欲望的追求和满足，实存性的身体将转化为与心、气相通而归于自然之道的身体。由此可见，作为道家修养功夫的“心斋”和“坐忘”都是在强调排除一切的功利和杂念，甚至虚化掉身心的形式结构，通过“外天下—外物—外生”的修炼步骤，才可能做到身、心、气融为一体，相互贯通，从而以一种清静无为、无欲无求的审美心胸去看待万事万物，达致一种身心一气而与天地相融的审美境界。

较之儒家和道家，作为佛教宗派之一的禅宗，一方面，追求现实人伦和世俗生活之外的超脱。在它看来，变动不居的外部世界以及所有的功名荣辱都不过是虚假的幻象，只有“不生憎爱、亦无取舍、不念利益”的洁净本心才是唯一的真实。因此，只有保持内心的平衡，才能获得心灵的安宁和解脱。正如有学者所概括的，禅宗“全部的问题在于如何从对人生的空幻、虚无、悲观的情绪中求得一种精神的解脱和安慰”①。另一方面，作为中国化的佛学，禅宗没有否定感性世界和现实生活，主张信仰与生活的统一，认为众生皆有佛性，人人皆可成佛，反对纯粹的理论空谈，倡导不立文字，直指人心。不必出家，不宣扬枯坐冥思，就在这与感性生活保持联系的直接而当下的现实境遇中，便可超越，便可“悟道”成佛。“中国禅宗主张出世间而不离世间，反对到超世间的天国中去寻求解脱，因此禅宗美学并不弃绝现实人生，不否认即使在本质上是虚幻的世界中也存在着美”②。就修身策略而言，禅宗认为通过循序渐进的专门训练，不仅可将身体的效用及潜能发挥到极限，而且可使人在与万物的瞬间接触中去领略、去体悟物之真谛，进入一个物我两忘、心灵与宇宙融为一体的自由而平静的精神境界，“禅宗教义不可能仅仅通过语言表达，亲身体验才能理解其真正含义”③。除过棒喝、断指、斩猫等讲求“顿悟”的禅定方式之外，坐禅无疑是禅宗最为主要的训练方法。禅宗讲究坐禅之前必须将饮食、睡眠、身体、呼吸、心灵调节到一个最佳状态，坐禅时须通过严格调整和有效控制自己的呼吸吐纳，以唤起对此刻具体现实的高度注意，使肉身长

① 刘纲纪：《美学与哲学（新版）》，武汉大学出版社2006年版，第807页。
② 刘纲纪：《美学与哲学（新版）》，武汉大学出版社2006年版，第808页。
③ ［美］理查德·舒斯特曼：《身体美学与乌托邦式身体》，《世界哲学》2011年第5期。

时间地处于安稳、平静的状态，最终获得一种清新而美妙的快感体验。“从生理学上来说，呼吸只是空气的吐纳，但在东方哲学中，它确是具有哲学意义的一种活动，即与不可见的形而上的生命力相关”①。

正是由于禅宗对人的生存意义与生命价值的肯定，以及主张通过身体—心灵的训练方式，来求得自我的超越和解放，舒斯特曼对禅宗表现出极为浓厚的兴趣，将禅定推崇为身体美学的实践策略之一，他本人还专门到日本的禅宗寺院修行坐禅，以实践和验证其身体美学理论。显然，儒释道对各种具体化、规范化的修身策略的倚重，充分表明中国古典哲学和美学的修身之道是在身心一体的整体观基础上建立起来的一套既依赖于实践经验，但又不断向灵魂深处挺进的身心训练机制。“以修行经验为基础的东方身心观是以实践的方式在超越时间流的外部区域中的一种追求”②。

三、舒斯特曼身体美学与中国古典美学：求同存异、互补共生

如我们所知，曾在中国生活讲学长达两年之久的杜威，一直致力于中西方文化的对话与沟通。正如其女儿简所证实的那样，中国传统的思想文化对杜威“是如此重要，以至于起到了一种复兴其智识热情的效果”，杜威将中国视为“最靠近他心灵的国家，就如同他自己的国家一样”。③ 继承并扬弃了杜威实用主义思想的舒斯特曼，对中国传统哲学和文化的尊崇和赏识，较之杜威毫不逊色。他多次坦言，他所做的是一种桥梁性的工作，旨在将包括中、西方文化在内的不同东西有效地联结起来，“美国哲学和中国哲学之间，具有很大的互动的潜力。……正像美国人一样，中国人可以发展出比欧洲哲学更强有力、更丰富、更多样的思想，这些思想包容性更为广阔，更能满足新世界的需要。……欧洲哲学史可以供我们吸收许多东西，但是，新的生命的能量存在于这里（指中国）和美国。……中国哲学与美国哲学的不同之处，也使得这种对话富有成果，形成良好的互动和合作。美国是一个新的国家，中国是一个古老的国家。美国具有很少的传统，而中国有着古老而丰富的传统。……中国与美国学者可以一道从事非常有趣的工作。中国具有伟大的传统，也尊重传统。美国对传统则不够尊重，也许是太不够尊重了。这是我们要向中国学习的”④。基于此，舒斯特曼积极地在其实用主义身体美学与中国古典哲学和美学之间寻找可融合会通之处。

首先，在将哲学和美学视为一种生活艺术，指向一种人伦关怀的观点上，舒斯特曼身体美学与中国古典哲学和美学是趋于一致的。舒斯特曼认为，哲学和美学不止是一种描述事实的文本理论，还是一种可付诸实践的生活艺术。哲学和美学的根本目标不

---

① ［日］汤浅泰雄：《灵肉探微——神秘的东方身心观》，马超等编译，中国友谊出版公司1990年版，第190页。

② ［日］汤浅泰雄：《灵肉探微——神秘的东方身心观》，马超等编译，中国友谊出版公司1990年版，第193页。

③ ［美］理查德·舒斯特曼：《实用主义美学和亚洲思想》，彭锋译，《世界哲学》2003年第2期。

④ 彭锋：《实用与桥梁——中国学者与理查德·舒斯特曼的一次对话》，《文艺争鸣》2010年第5期。

在制造语言概念，而在增进我们的人生经验和审美体验，从而使我们的言行举止更为雅致和优美，最终通过一种落实于行动领域中的美德和教养来求得自我完善与社会改良。舒斯特曼坦言，中国古典哲学和美学堪称生活艺术之典范。比如，在儒家"兴于诗，立于礼，成于乐"的礼乐之道中，就包含着通过礼乐教化这种和谐的方式，来追求审美生活与和谐社会的理想。"儒家的核心原则'礼'传达了通过将生活的不同实践礼仪化而从艺术上来塑造人生这个观念的本质，正如孔子强调达到'和为贵'的伦理—审美理想而不仅仅是服从一成不变的道德法规或戒律。孔子还强调诸如诗、乐、礼和舞只要得到适当的研究和从事就可以成为有助于确立和保持那种(个人的和社会的)和谐的至关重要的方式。"①

其次，舒斯特曼身体美学推崇对多元化的价值立场，主张通过在两极之间寻找互补性和调和点，以折中性变通的方式来获取真理的观点，无疑也是中国古典哲学和美学的题中之义。身体美学反对西方身心二元论的哲学和美学传统，倡导灵肉兼修、知行合一，主张通过诸如太极、禅定之类将身体与灵魂有效结合的身体实践来改善我们的身体经验和身体行为。身体美学为通俗艺术的审美合法性进行辩护，力图打破高雅艺术与通俗艺术的对立和区分，以及因此而造成的社会—文化分裂。身体美学肯定积极而健康的生命欲望和身体快感，但反对单纯以满足身体的低级趣味为目的的享乐主义和纵欲主义。而身体美学所秉持的这种多元包容、"执两用中"的中道观，可以说正是中国传统哲学和美学的思想灵魂。比如"质胜文则野，文胜质则史。文质彬彬，然后君子"(《论语·雍也》)、"乐而不淫，哀而不伤"(《论语·八佾》)、"礼之用，和为贵"(《论语·学而》)等观点，都是在强调通过质与文、美与善的平衡协调、和合统一，以更好地服务于"和为贵"的伦理化审美生活。

再次，舒斯特曼身体美学同中国古典哲学和美学一样，表现出了对身体的肯定与尊崇。舒斯特曼之所以拓展出实用主义的身体维度，力倡建立身体美学学科，是因为在他看来，"一种实用主义美学必然要回归到身体自身，而美学研究只有从身体出发才能实至名归地回归到真正意义上的'感性学'"②。而如前文所述，中国古典哲学和美学不仅有丰富的重生贵身之思想，还有诸多切实可行的修身养性之策略。无怪乎舒斯特曼将中国视为身体美学的真正故乡，当他的身体美学构想被其西方同行奚落和嘲笑，他对身体的重视被一些学者指责为自私的个人主义和颓废的后现代审美主义之时，他首先想到的便是从中国传统文化中寻求理论支援。如其所言："进步的、开放的西方思想如何学习亚洲哲学和身体技术，同时以实用主义的方式使这种亚洲思想得到良好的发展，超出其本来的语境和用途，我应该指出，身体美学与肤浅的'新时代'的模仿和异国情调相距甚远，它是一个能够滋养惊人丰富和富有成效的东西对话的领域。在这种对话中，我们西方实用主义者尤其必须学会要耐心和仔细地倾听，因为我

---

① [美]理查德·舒斯特曼：《生活即审美：审美经验和生活艺术》，彭锋等译，北京大学出版社2007年版，中译本前言XVIII。

② [美]理查德·舒斯特曼、张再林：《东西美学的邂逅——中西学者对话身体美学》，《光明日报》2010年9月28日。

们不仅有许多东西要向我们的亚洲同事和他们的聪明祖先学习，而且我们经常过于缺乏基本的文化修养以至不能理解他们。"①

当然，由于中、西方文化在源头上根深蒂固的差异，舒斯特曼身体美学与中国古典美学虽然存在着诸多会通之处，但两者不可能达成完全的通约。中国文化在发端之时便具有的整体性、统一性的思维特征，使得中国古典身体美学不仅仅关注个体身体内在机能的完善、身体审美意识的推进，以及个体与社会的和谐共存，还尤其重视生命个体与整个宇宙自然的交相呼应、贯通一气。"中国古代哲学中的身体，是一种作为哲学本体的身体，体现了我与非我、灵魂与肉体、内在世界与外在世界'混然中处'的原始统一。'身体'不只是'七尺之躯'，更是作为'无我之我'，'形色天性'地与无限宇宙整体相关联。这样，身体并不局限在形而下的'形—气—心'层面，而是作为现象学意义上的非实体化的'潜在的身体'，即'可能活动的身体'，通过'下学上达'的途径，展现形而上的无限超越性。"②这其实也即宗白华先生所说的中国人所独有"于有限中见到无限，又于无限中回归有限"③的审美意识和生命情调。"无往不复，天地际也"（《易经》）、"万物皆备于我"（《孟子·尽心上》）、"体尽无穷，而游无朕"（《庄子·应帝王》）、"静而与阴同德，动而与阳同波"（《庄子·天道》）、"俯仰自得，游心太玄"（嵇康《赠兄秀才入军》）、"精骛八极，心游万仞"（陆机《文赋》）、"思理为妙，神与物游"（《文心雕龙·神思》）等观点，无不反映出中国古典哲学和美学向来致力于"既使心灵和宇宙净化，又使心灵和宇宙深化，使人在超脱的胸襟里体会到宇宙的深境"④。作为继杜威和罗蒂之后的实用主义家族谱系中的接班人，舒斯特曼的身体美学则旨在通过身体意识的改善，来提高身体感知的敏锐性，培养身体的审美愉快，以推进"更加肉身化的审美"。显然，"就事论事"的舒斯特曼缺乏中国古典哲学和美学宏阔而高远的宇宙空间意识及生命境界之追求，他更为看重的是其身体美学构想与身体实践策略对于伦理生活审美化之实现所具有的范导性和实效性。不过即便如此，舒斯特曼的身体美学还是为我们挖掘自身文化丰富的身体理论资源，积极参与国际美学的交流与对话，提升中国美学的国际地位，提供了一个新的视角和契机。诚如美国汉学家安乐哲所言："回到中国学术界，我们可以公平地说，虽然当代西方哲学忽略了中国，但自从严复将西方自由主义引至晚清以来，在将所有能够增强其竞争力的东西吸收到自身之中这个意义上来说，中国哲学一方面忠于自己的传统并具有活力，一方面又是具有吸引力并绝对是'比较性'的。"⑤

① ［美］理查德·舒斯特曼：《实用主义美学和亚洲思想》，彭锋译，《世界哲学》2003 年第 2 期。

② 陆航：《作为中西哲学桥梁的身体哲学——访西安交通大学张再林教授》，《中国社会科学报》2011 年 7 月 5 日。

③ 宗白华：《美学散步》，上海人民出版社 1981 年版，第 113 页。

④ 宗白华：《美学散步》，上海人民出版社 1981 年版，第 113 页。

⑤ ［美］安乐哲：《和而不同：中西哲学的会通》，温海明等译，北京大学出版社 2009 年版，第 356 页。

实践的身体美学：唐代文身艺术刍议

韦拴喜　柳　靖

摘　要：以附丽雕饰之美展示人体别样魅力的文身艺术，可视为身体美学独具一格的践行之道。而文身由最初的图腾象征和上古的刑罚标记发展成为身体装饰艺术，则是始自唐代中后期。或为彰显审美趣味，或为宣泄愤懑情绪，或为附庸风雅，文身习俗伴随着唐代社会思想、文化和经济的蓬勃发展而成为普罗大众竞相追捧的时代审美风尚，在不同层面满足了各大阶层寻求群体归属和自我认同的心理需求。唐代文身作为一种以人之肉身肌体为塑造美、展现美、欣赏美的直接载体和场域的审美实践，实现了文身由黥刑之罚向身体艺术的转变，不仅开启了人类对自我身体进行审美化观照和艺术化塑造的独特方式，还暗合了中国古人意图反抗政治伦理对于身体之规训，寻求生命自由与身体解放的内在冲动与可能。

关键词：身体美学；审美；唐代；文身

身体不仅是具有感知和鉴赏能力的审美主体，还是被观看、被装饰、被塑造的审美对象。从原始人类打磨贝壳兽骨，并穿孔串连作为颈饰以增添身体魅力，到现代人类通过化妆美容，甚至整形变性以实现身体蜕变；从社会大众广泛参与体育运动以强身健体，到越来越多的人积极投身瑜伽、太极等修行之术以修身养性，自远古而当下，由外表而内在，人们对自我身体的审美塑造从未停歇过。在人类观看身体、塑造身体、记录身体的各种可能途径中，自旧石器时代至今而延续了数千年之久的文身，作为一种源远流长的历史文化现象，经历了从图腾符号到刑罚标记再到时尚象征的演变过程，终而为当今社会的先锋青年所青睐有加。事实上，作为一种审美风尚，文身在唐代社会的风行程度远非今日所能想象。唐朝社会以其文化上的开放包容和经济上的空前繁荣，促使文身实现了由黥刑之罚向身体艺术的转变。唐代文身阶层之广泛多样，文身技术之纯熟高超，文身内容之包罗万象，文饰图样之丰富多彩，不仅造就了唐代社会蔚为大观的文身之风，还承托和引领宋代文身一举攀上了中国古代文身之巅峰。

一、文身意涵之历史变迁

文身作为一种古俗，由源发之初的图腾符号，到上古时代的刑罚标记，再到唐代的身体艺术表现形式，经历了一个漫长的历史发展演变过程。依身体美学首倡者舒斯特曼关于身体美学之不同维度的划分之法，不同于分析的身体美学专于制造理论或生产文本，有别于实用主义身体美学重在提供身体关怀的实用方法的，实践的身体美学旨在通过规范化的身体操作实践，提升人对其身体的自我认识和自我完善，以便推进"更加肉身化的审美"①。立足于身体美学的观照视域，在人体之上绘刺各式着色图案或花纹，以刻骨切肤的附丽之美展示身体之别样魅力的文身，可谓是实践身体美学之独特的案例范式。当然，文身并非自发端之时便具有身体审美之意涵，是及至唐代才成为一种身体审美实践的。

从出土的甲骨文看，"文"字至迟在殷商时期便已出现，而关于"文"之原初语义，《说文解字》中说："文，错画也。象交文。"所谓"错画"，即交错杂合之文字笔画。著名史学家、古文字学家朱芳圃《殷周文字释丛》的解释则为："文即文身之文，象人正立形，胸前之丿、乂……即刻画之文饰也。……文训错画，引伸之义也。"依朱氏之看法，从"文"字的象形来分析，其本意便指文身，即刺画花纹，"错画"之解，恐为后起之义。故此，有学者直接认为："不论人类的'文'化，还是人类的'文'明，最初都不是起源于仓颉老爷子造出来的象形文字，而是发端于有巢氏在自己身上挥洒颜料的准时尚冲动。也就是说，不是'文字'之文成就了最早的人类文化，而是'文身'之文成就了最早的人类文化。"②由此可见，文身作为"人猿相揖别"的自觉化行为，是人类由动物化趋向人化的一种见证。

作为一种起源极早的民俗事象，文身曾广泛流行于世界各地的原始民族，中国古代先民的文身现象也颇为普遍。尽管德国艺术史家格罗塞在探究艺术起源时指出，原始部族的画身、劙痕、刺纹等身体装饰，有的是作为部落的符号标记，有的起到宗教象征作用，还有的则具有纯粹的装饰意义，但即便是具有审美意义的身体装饰依然具有吸引异性和恐吓敌人的实用功能。"原始的装潢就大体而且全然不是作为装饰之用，而是当作实用的象征和标记"③。事实也确实如此。"中国古代各民族的文身习俗，也颇具代表图腾记号和宗教魔术的用意"④，中国古代的文身起初便是作为图腾象征和巫术符号，而在趋利避害、拜神庇佑的意义上得以流传的。

中国古代文身部族主要分布于东南沿海和西南丛林地区，以及荆楚一带的长江流域的湖泊区。如《礼记·王制》中说："东方曰夷，被发文身，有不火食者也。"《庄子·逍遥游》中也说："越人断发文身。"生活于沿海和丛林，或傍水而生的部族，被华夏人称作夷、越、蛮、獠。不同于中原地区相对安稳的农耕作业，"蛮夷之人"的渔猎生活需要从深水中取食，同猛兽争夺生存空间。当中原农耕者跪拜祖先和社稷之神，以求风调雨顺之时，"蛮夷之人"则刺刻猛兽图案于肌体，扮成兽类之模样，潜入大海、深入山

---

① ［美］理查德·舒斯特曼：《身体意识与身体美学》，程相占译，商务印书馆2011年版，第47页。
② 刘清平：《时尚美学》，复旦大学出版社2008年版，第24页。
③ ［德］格罗塞：《艺术的起源》，蔡慕晖译，商务印书馆1984年版，第234页。
④ 岑家梧：《图腾艺术史》，学林出版社1986年版，第37页。

林，为生计而与大自然搏斗。《汉书·地理志》中所说："文身断发，以避蛟龙。"《淮南子·原道训》也曾提到："九嶷之南，陆事寡而水事众，于是民人被发文身，以像鳞虫。"文身者纹上龙形或鳞片状图案，便可获得强大的心理暗示，仿佛化身蛟龙，悍勇无畏。

因文身并非源出于传统的华夏之地，故常被汉人视之为伤风败俗之蛮夷陋俗，加之其雕刻时需经受难耐的肌肤之苦，故文身作为"墨刑"被中原人用作惩戒罪犯的刑罚手段也便不难理解。据《尚书·吕刑》记载，黥墨之刑首创于轩辕黄帝。轩辕氏击败蚩尤之后，为彻底收服蚩尤残部，故创立了墨刑等以示威慑。《周礼·司刑》中也提及"墨罪五百"。郑玄注也说："墨，黥也，先刻其面，以墨窒之。言刻额为疮，以墨窒疮孔，令变色也。"作为五刑之一的黥刑或刺刑，便是在犯人面部或额头刺字或图案，再染墨形成永久印记以示惩戒。据载，五代后晋天福年间始有刺配之刑，意指在犯人面部刺字以示罪责，并发配流放边疆荒原。宋之后广为应用流传，并将其列入刑法志，后于《水浒传》中亦可窥得一斑。"伴随着人类文化在整体上从野蛮进展到文明，时尚文化也在善于提炼升华的精神心灵的改造下，同步地从野蛮跨越到文明，在感性形象方面'炫'得越来越优美，越来越雅致"①。在唐代社会以其前所未有的开放与包容，广泛接纳少数民族的奇风异俗等外来文化的过程中，文身这种古老而又时尚的感性炫象活动，自然而然地得到了浪漫自信的唐人之青睐，渐成审美风尚而广为流行。

事实上，文身艺术在唐代社会的流行也并非一蹴而就。据段成式《酉阳杂俎》所载，"街肆恶少，率髡而肤劄，备众物形状。恃诸军张拳强劫"②。唐代社会最初的文身者多以刺头、武人为主，"下层人也为社会提供时尚的候选，既是文化民主化的结果，也是文化民主化的心得标志和阶段。它标志着下层人已经不是只靠模仿上层来追求特殊性和特任的关注，还通过风格上的叛逆，通过标新立异"③。正因并非由上层阶层所发起，文身仍被鄙之以陋俗，严禁打压之："今京兆尹薛公元赏，上三日，令里长潜捕，约三十馀人，悉杖杀，尸于市。"④凡有点青文刺者，皆杖杀，可见官衙手段之狠厉、打压之猛烈。尽管如此，仍有不畏法而"顶风作案"者："时大宁坊力者张幹，劄左膊曰'生不怕京兆尹'，右膊曰'死不畏阎罗王'。又有王力奴，以钱五千，召劄工，可胸腹为山、亭院、池榭、草木、鸟兽，无不悉具，细若设色。"⑤正是在屡遭禁止，却屡禁而不绝，甚至愈禁愈烈的过程中，文身不断地发展和壮大，传播范围越来越广，由市井无赖扩展到文人雅士，最终纵而不禁，放任自流，终成风尚，蔚为大观。"身体作为自我的代表，成为个人的彰显，体现了一种外表伦理与审美"⑥。文身在唐代发展成为一种以带墨之针在肉身肌肤上进行手工刺绣，以求彰显生命活力、表现独特自我、炫耀自由个性的身体装饰艺术，这不能不说是唐人基于肉身感性之释放但又夹杂着精神心灵之满足的

① 刘清平：《时尚美学》，复旦大学出版社2008年版，第30页。
② ［唐］段成式撰、方南生点校：《酉阳杂俎》，中华书局1981年版，第76页。
③ 郑也夫：《论时尚》，《浙江社会科学》2006年第2期。
④ ［唐］段成式撰、方南生点校：《酉阳杂俎》，中华书局1981年版，第76页。
⑤ ［唐］段成式撰、方南生点校：《酉阳杂俎》，中华书局1981年版，第76页。
⑥ ［法］大卫·勒布雷东：《人类身体史和现代性》，王圆圆译，上海文艺出版社2010年版，第228页。

一种另类的身体审美实践。正是从这个意义出发，唐代文身艺术也在某种程度上成为中国古代身体美学与中国世俗审美文化的一种独特表达方式。

二、文身在唐代成为审美风尚之缘由

在秉持以德润身、以心控身之身心观的中国传统主流思想文化中，身体因被视为践礼达仁的场域和工具，而长期处于被束缚、被放逐的边缘境地。“人的精神价值过度高涨，人的真实肉身太被忽略，即使是信仰，即使是道德，也容易变成空洞教条”①。不过，尽管身体不得不接受王权政治和伦理纲常之规训，但它还是会以或隐或显的方式进行反抗，以彰显自己的在场。唐代文身之举便是身体“造反”的典型表现。由起初的严加管控、令行禁止，到之后的俯而就之、放任自流，文身之所以能在唐代成为崛地而起、风行一时的审美风尚，其背后有着思想、文化、政治、经济等方面的深层原因。

（一）儒、道、佛合流为文身奠定思想基础

始于魏晋南北朝的儒、道、佛三教合流之势，及至唐代则更显突出。儒、道、佛不同的身体审美观与修身养性策略，以及唐代社会三教并重，竞相发展，融汇合流的趋势，对文身在长安城的兴起与盛行，提供了方法论倾向，奠定了思想基础。

先秦儒家所主张的“天下之本在国，国之本在家，家之本在身”（《孟子·离娄上》）、“修身以道，修道以仁”（《中庸·第二十章》）等修身思想，以及“君子所性，仁、义、礼、智根于心，其生色也睟然，见于面，盎于背，施于四体，四体不言而喻”“形色，天性也；惟圣人然后可以践形”（《孟子·尽心上》）等身教之法，在韩愈、白居易、李翱、柳宗元等新儒家文以载道、济世为民的言说与诚意正心、立身成德的实践中得以承续。此外，儒家作为人伦之学、人伦之教，其核心旨趣是世间法和心性论。“不诉诸神而诉于人，不诉诸外在规约而诉之于内在情感，即把‘仁’的最后根基归结为以亲子之爱为核心的人类学心理情感”②的儒家俗世人伦之道，在李白充满浪漫想象和澎湃激情，以及杜甫饱含深沉蕴藉和人道情怀的诗歌中亦展现得淋漓尽致。可以说，儒学修身济国的现世关怀和以情为本的人性自觉，为唐代文身的兴起提供了内在驱动力。

唐代统治者在奉行“以儒治国”的基本国策的同时，亦尤为推崇作为“南面之术”的道家学说，更是将脱胎于道家的道教奉为国教，垂拱而治、不与民争成为治国方略。由于道教在唐代盛极一时，诸如入道求仙、炼制丹药、服食养气等希求性命双修、形神永固的道教方术便颇为流行，“神不离形，形不离神。神形相守，长生仙行成矣，保生之道遂矣”③。唐代的太宗、宪宗、穆宗等皇帝，以及李白、韩愈、元稹等文士皆有过服食丹药以求长生延年的经历，李白、白居易、李贺等更是创作了不少与仙道有关的诗歌，类似《仙传拾遗》《神仙感遇传》《十二真君传》等神仙题材的小说更是数量激增。

① 蒋勋：《肉身供养》，现代出版社2014年版，第120页。

② 李泽厚：《华夏美学·美学四讲》，生活·读书·新知三联书店2008年版，第45页。

③ 《道藏》第22册，上海书店出版社1988年版，第9041页。

无论是重生保身的长生之术，还是美体塑身的文身之风，皆可谓道家身心双修之法在唐人身上的不同展现。

自东汉末年传入中国的佛教至隋唐才真正进入鼎盛时期。中国佛教对印度佛教进行了本土化的改造，天台宗、唯识宗、华严宗等各佛教宗派都从自我领受和证得层面解读“佛性”，禅宗更是直接将“佛性”改造为“自性”，从而在一定程度上使佛家法身这个抽象本体实现了肉身化，使佛教修身的“出世间法”转变为“世间法”。作为最为风行、最能体现汉化佛教之特点的佛教宗派，“禅宗没有否定感性世界和现实生活，而主张信仰与生活的统一，认为众生皆有佛性，人人皆可成佛”①。它主张通过心悟、禅修等身心修持功夫，或以无意识的突然释放和升华，或以循序渐进的开化了悟，在物我两忘、宇宙与心灵融合一体的身心体验中明心见性，领悟生命之真谛和人生之意义。王维的诗与画之所以在闲静中见出深意，在冲淡中透着空灵，几近禅宗佛境之最高境界，便是其奉佛修心，有意参禅悟道的结果。佛教禅宗的世俗化、肉身化追求，及其作为“完全独特的个体感受和直观体会”②的悟道之法，无疑在唐代文身中都得以贯彻和体现。此外，佛教中广为流行的印黥之法，即“破肉以孔雀胆、铜青等画身作字及鸟兽形，名为印黥”③，亦在很大程度助长了文身成风之势。

（二）市民文化的繁荣催生文身之举

唐长安城作为同时期世界上规模最大、人口数目最多的城市，城内百业俱兴，繁荣昌盛。除了是中外文化交流融汇的中心外，长安城内还有着频繁的商业贸易活动。首先，唐长安城首开先例将城区划分为宫城、皇城、“市”（商业区）以及市民居住区，彼此区划分明，功能明确。其次，长安城内特设“东市”“西市”，分别位于城东、西两处，专供市民和商贾商业贸易之用，作为唐长安城的经济活动与商业贸易中心，亦是中外经济交流的重要场所。东市“四方珍奇，皆所积集”，商品皆为上等，以满足达官显贵之需；西市云集了来自南亚、东南亚及高丽、新罗、日本等各国商贾，邸店林立。这里有带有民俗风情的市井之物，也有来自西域的奇珍异宝，极度发达的商业贸易大大促进了城市的繁荣，同时也推动了市民经济的发展。

与之相应，市民数量与日俱增，市民文化兴起，世俗社会逐渐成型，市民审美亦趋于多元化，市民阶层对身体的重视关注使得身体走向审美领域，诸如其服饰着装、舞乐杂技以及雕题文身等方面，都是身体在不同领域的新的延展。新的市民阶层主体意识觉醒，开始关注自我，渴望自身受到重视，个性得到张扬。文身极具个性与新潮性，寄托了下层市民自身的审美理想与追求，进而得到广泛流传。市民阶层的兴起同样带来了阶层内部的重重矛盾与冲突，辅之以商品经济极具繁荣后所滋生的市民之贪婪欲望，无赖恶少、欺市恶霸一时之间也随之纷至沓来，文身被作为一种极具团体性与视觉

---

① 韦拴喜：《身体转向与美学的改造：舒斯特曼身体美学思想论纲》，中国社会科学出版社 2016 年版，第 203 页。

② 李泽厚：《华夏美学・美学四讲》，生活・读书・新知三联书店 2008 年版，第 168 页。

③ 〔唐〕段成式撰、方南生点校：《酉阳杂俎》，中华书局 1981 年版，第 79 页。

性的审美艺术，获得他们的青睐。

(三)自由开放的社会风气助长文身之风

唐文化以其广收博览的宏伟气魄著称，平等对待外来民族，不断吸收异域文化，促使各民族间相互融合，共同发展。浩荡的中西交流带来的不仅是文化的繁荣，更是各民族风俗之间的传播。一般认为，唐是少数民族与中央王朝关系最为融洽的一个历史时期。正是基于此，周边少数民族的文身习俗便得以传至中原。据《旧唐书》《新唐书》中记载，突厥、回纥、黠戛斯、西番、疏勒、东女等少数民族皆有文身之俗，诸如突厥人"剺面"，黠戛斯族人"男黥手、女黥项"，东女国男子"以青涂面"，等等。此外，柳宗元《咏僮俗》中所写"衣襟刺绣作纹身"即为西南壮族的文身风俗。唐代宽松、开放的社会环境和社会风气，使得文身这种极具新潮性与个性化的习俗一经传入便引人注目。因契合了唐人求新求异、追赶时髦的心理需求，文身终而成为盛极一时的审美风尚便在情理之中。

包容开放的社会风气促使唐人生成了较之往代更加乐观豪宕的审美心态，同时也展现在其审美情趣与能力等各方面。先秦时期是身体"挺立"的时期，中国古典身体美学于此萌蘖，《尚书》作为身体美学的先发之鸣，乃诸多身体性理念源生之处。先秦时期身体美学审美观念较之后世颇为隐晦，身体审美欣赏并非"直接地描摹人的身体之美，而是曲折物象以喻人"①，或以容貌观人论人，可见先秦时期审美心态较之唐的开放豪迈更为内敛含蓄。与之相谐，先秦时期在审美情趣层面整体呈现质朴的特征。

与之相反，唐人则呈现出一种积极勃发、兼收并蓄的状态，无论是对待外族文化抑或本土文化，唐人在审美层面体现出自信、宏大、绚丽、豪迈之追求，从这一时期的诗文画作皆可窥见。唐代乃诗歌盛世，唐代诗歌以其雄浑、阔大的审美意趣著称，尤以盛唐见长。唐代诗歌中所蕴含的便是唐人意气风发、昂扬向上的风采气质。在唐人的休闲活动中亦可寻得踪迹，蹴鞠、击鞠、马球等激烈的运动备受唐人青睐，场面宏大，热闹非凡，这与唐人的审美心态以及审美趋向不无关联。

乐观旷达的秉性既体现为唐人接受美的能力，又转化为对审美文化的鉴赏能力与创造能力。唐人对文身艺术极具包容性，大众审美接受度颇高，由起初视之为蛮夷陋习、鄙陋恶俗，到后来"以为美饰"且大加推崇，并在题刺内容上附着自身审美追求与意趣，恰如其分地契合了唐人当时的气质面貌。

三、唐代文身纹样及题刺部位

"原始的文身艺术，大多是装饰性的，抽象的几何形体的纹样，因为人体是对称的，其上的图案往往讲求均衡和对称的关系。"②而唐代文身纹样较之以往却更注重写实性与随意性，内容形式皆不拘一格。唐代可考据的文身纹样大致分为三类，即字句

---

① 方英敏：《先秦身体审美欣赏论》，《美与时代》(下)，2019 年第 6 期。

② 刘敦愿：《中国古代文身遗俗考(下)》，《民俗研究》1988 年第 2 期。

诗作、草木鸟兽与宗教异闻人物。

首先,纹刻字句诗作者应为人数最多的。一方面,纹刻字句诗词最为直截了当凸显文者内心所想所感,譬如用于叫嚣官衙的无赖,多直接纹刻寻衅话语,如"时大宁坊力者张幹,劄左膊曰'生不怕京兆尹',右膊曰'死不畏阎罗王'"①,公开叫板官衙。而好吟诗词歌赋者则直接将其文刺于身以示喜爱。另一方面,文身过程疼痛难忍,促使文者多选择较为简易的字句作为纹刻内容。

其次,纹刻草木鸟兽较之于刺字而言,需要更高超的技术与更昂贵的价格,由于要生动细致地再现花木、亭台等图案,也需要忍耐更大的肉体痛苦。与之相应的,比起纹刻诗词佳句,此类文身也更具审美价值。也有文者在纹刻了诗词之后,为了凸显诗词妙境,特配刺了与之相应的图画。譬如荆州街卒葛清,除了在身上纹刻了白居易诗词外,还配以图画示意,"反手指其劄处,至'不是此花偏爱菊',则有一人持杯临菊丛。又'黄夹缬林寒有叶',则指一树,树上挂缬,缬窠锁胜绝细。凡刻三十馀处,首体无完肤,陈至呼为'白舍人行诗图'也"②。此外,还有刺蛇纹者,"少,遍身刺一蛇,始自右手,口张臂食两指,绕腕匝颈,龃龉在腹,拖股而尾及骭焉"③。之所以选择蛇这一纹样,源于当时的民间崇拜。蛇在唐代被视作象征吉祥、丰收或子孙繁衍的祥瑞之物,尤其体现在西南文化中,以蛇为母题而绘制的图示纹样比比皆是。

最后,异闻传说中的人物也多作为纹样被文者纹刻于身。高陵县镂身者宋元素,"右臂上刺葫芦,上出人首,如傀儡戏郭公者。县吏不解,问之,言葫芦精也"④。可见得此类源于民间异闻传说的形象也被作为纹饰对象。除了少数纹刻精怪形象外,文刺宗教图案还是以佛偈天王为主。这与当时的社会文化背景也息息相关。宪宗佞佛,在武宗灭佛之前,整个大唐崇佛之风极盛,因而市民背上纹佛教护法天王也不足为奇。

文身部位也因纹样有别而略有差异。首先,最为明显的便是面绣,多见于妇女面部,作为美饰成为妆靥的一部分。其次,胳膊也多被作为纹身的场所,多见于市井无赖之流,选取相较而言颇易袒露、方便展示的肌肤纹之,与这一社会群体张扬外放的性格相契合。此外,背部由于可纹饰范围较广,且相对较为隐蔽而作为纹饰常见之处。与之相类似的还有胸腹部位,在此类部位所做文饰不易外现,有别于为了展示造势的无赖恶少,仅作为彰显个人情趣或宗教信仰的载体。除了局部文刺者,还有全身进行文刺者,"市里有三王子,力能揭巨石。遍身图刺,体无完肤"⑤。

四、唐代文身的群体分布及其审美心理

文身于唐朝成为一种新的审美风尚而被广为接纳传播,且遍布各个阶层,无不体

① 〔唐〕段成式撰、方南生点校:《酉阳杂俎》,中华书局1981年版,第76页。
② 〔唐〕段成式撰、方南生点校:《酉阳杂俎》,中华书局1981年版,第77页。
③ 〔唐〕段成式撰、方南生点校:《酉阳杂俎》,中华书局1981年版,第76页。
④ 〔唐〕段成式撰、方南生点校:《酉阳杂俎》,中华书局1981年版,第76页。
⑤ 〔唐〕段成式撰、方南生点校:《酉阳杂俎》,中华书局1981年版,第78页。

现其受众之多、影响之广，甚至于出现了专工文身的职业匠人，“蜀人工于刺，分明如画。或言以黛则色鲜。成式问奴辈，言但用好墨而已”①。甚至还有粗下、高细之分，“粗下者只能作简单的刺字，高细者则能刺出好看而又花绣图形来”②。与之相伴，不同的阶层也呈现出了迥异的审美风格，寄托着大相径庭的审美取向。

（一）文身的群体分布

1. 市井无赖

文身初入市井之时，以其极具视觉震撼效果广受无赖恶霸的喜爱，他们以之为团体的符号标识，与其游手好闲的生活状态以及具有反叛精神的人生态度相契合，因而无赖这一社会特殊群体当属彼时文身者所占比例之最。据载，“上都街肆恶少，率髡而肤劄，备众物形状。恃诸军张拳强劫，至有以蛇集酒家，捉羊胛击人者”③，产生了极其恶劣之影响。继而政府下令严禁市民文刺，凡文刺者皆“悉杖杀，尸于市”“市人有点青者，皆炙灭之”④。然仍有人视法令若无睹，文身点刺禁而不绝，其中有“劄左膊曰‘生不怕京兆尹’，右膊曰‘死不畏阎罗王’”⑤。借由文身彰显其标新立异之性格、反叛正统之态度，当系无赖也。

无独有偶，长安城内亦有借文身行不义之事的地痞流氓，“蜀市人赵高，好斗。常入狱，满背镂毗沙门天王，吏欲杖背，见之辄止。恃此转为坊市患害……经旬日，袒衣而历门叫呼，乞修理破功德钱”⑥。毗沙门天王指多闻天王，即民间所谓的“托塔天王”。其人在背上纹刻天王因而有恃无恐，差役因官衙刑罚多有禁忌而无法将其惩治，一来二去其愈加嚣张跋扈，时任蜀地官令李夷简怒而逮之，命衙役杖其背上的天王文身，直至皮开肉绽，文身尽毁。然而不日后，赵高竟袒露上身沿街拍门乞讨，欲重刺天王，实乃地痞流氓。

2. 穷途贼人

这一群体比之无赖恶少的社会影响更为恶劣，其所纹所刻之言亦更离经叛道，如“又贼赵武建，劄一百六十处番印、盘鹊等，左右膊刺言：‘野鸭滩头宿，朝朝被鹘梢。忽惊飞入水，留命到今朝。’”⑦。从中可窥得这一群体在现实生活的重压之下自暴自弃，以行窃偷盗苟且偷生。

亦有文者遍体文刺七十一处，“左臂曰：‘昔日已前家未贫，苦将钱物结交亲。如今失路寻知己，行尽关山无一人。’右臂上刺胡芦，上出人首，如傀儡戏郭公者”⑧，“郭公”乃是傀儡戏表演中一丑角，以其滑稽外形著称，又称“郭秃”。据北齐颜之推《颜氏

---

① 〔唐〕段成式撰、方南生点校：《酉阳杂俎》，中华书局1981年版，第78页。

② 伊永文：《唐宋“文身”及其文化意蕴》，《中国文化研究》1995年第2期。

③ 〔唐〕段成式撰、方南生点校：《酉阳杂俎》，中华书局1981年版，第76页。

④ 〔唐〕段成式撰、方南生点校：《酉阳杂俎》，中华书局1981年版，第76页。

⑤ 〔唐〕段成式撰、方南生点校：《酉阳杂俎》，中华书局1981年版，第76页。

⑥ 〔唐〕段成式撰、方南生点校：《酉阳杂俎》，中华书局1981年版，第76页。

⑦ 〔唐〕段成式撰、方南生点校：《酉阳杂俎》，中华书局1981年版，第76页。

⑧ 〔唐〕段成式撰、方南生点校：《酉阳杂俎》，中华书局1981年版，第76页。

家训·书证》载:“或问:‘俗名傀儡子为郭秃,有故实乎?’答曰:‘《风俗通》云:‘诸郭皆讳秃。’当是前代有人姓郭而病秃者,滑稽戏调,故后人为其像,呼为郭秃,犹如文康象庾亮耳。”①从文者纹刻其诗中,不难窥见此人家道中落后愤世嫉俗,奈何又无处宣泄,进而以文身的方式发泄满腔愤懑。

3. 文人雅士

据载:“又有王力奴,以钱五千,召劄工,可胸腹为山、亭院、池榭、草木、鸟兽,无不悉具,细若设色。”所谓“劄工”即唐代专职文身点刺之人,再由其胸腹之中所纹刻之复杂多样的风景纹身,亦可窥得此时文身技艺之高超。“蜀人工于刺,分明如画。或言以黛则色鲜。成式问奴辈,言但用好墨而已”②,由“工于刺”的匠人用上等墨汁浸注入身,色彩明艳且不易脱色。又从其花费五千钱文身刺青,可见此人对于山水风景画的痴爱,以及对于文身这种新型艺术的追求,以之为美饰纹刻于身,除了能够彰显自己高雅情趣以外,逼真生动、色彩鲜艳的纹样也颇具审美价值。

4. 骁勇军士

军士小将性情历来粗犷奔放,以纹刺彰显个性的做法在唐代亦屡见不鲜。“蜀小将韦少卿,韦表微堂兄也。少不喜书,嗜好劄青”③。与志趣高雅的诗词爱好者不同,他们大多不喜诗书,纯粹是将文身作为一种审美风尚来奉行追捧,因而便出现了“其季父尝令解衣视之,胸上刺一树,树梢集鸟数十。其下悬镜,镜鼻系索,有人止于侧牵之。叔不解,问焉。少卿笑曰:‘叔不曾读张燕公诗否?“挽镜寒鸦集”耳’④。意指韦少卿此人错把“晚景寒鸦集”听作“挽镜寒鸦集”文刺在身,且将诗作者张籍和张说(张燕公)混淆,令人啼笑皆非。

5. 达官显贵

除了诸如无赖窃贼、书生军士等下层市民之外,文刺也广为上层官员所喜爱。“崔承宠,少从军……后为黔南观察使。少,遍身刺一蛇”。观察使即地方军政长官,从上述史料载录中可窥见,崔承宠作为黔南地区观察使,加之黔南地区不乏多以文身为俗的少数民族,结合崔承宠黔南观察使的身份,不难窥得其爱好文刺之缘由。此人“捉优伶辈曰:‘蛇咬尔。’优伶等即大叫毁而为痛状,以此为戏乐”⑤。其恶趣味可见一斑。

6. 街子街卒

街卒差役“多出于对社会名流的崇拜,于身上刺上当时名人的诗词字画,标榜多识”⑥,“荆州街子葛清,勇不肤挠,自颈已下遍刺白居易舍人诗。……令其自解,背上亦能暗记”⑦。荆州街卒仰慕白居易,便索性将白居易之诗纹刻于身,借文身这种时尚

① 王利器撰:《颜氏家训集解(增补本)》,中华书局1993年版。
② 〔唐〕段成式撰、方南生点校:《酉阳杂俎》,中华书局1981年版,第78页。
③ 〔唐〕段成式撰、方南生点校:《酉阳杂俎》,中华书局1981年版,第76页。
④ 〔唐〕段成式撰、方南生点校:《酉阳杂俎》,中华书局1981年版,第77页。
⑤ 〔唐〕段成式撰、方南生点校:《酉阳杂俎》,中华书局1981年版,第77页。
⑥ 马林涛:《唐代民间社会的文身习俗》,《民俗研究》2002年第1期。
⑦ 〔唐〕段成式撰、方南生点校:《酉阳杂俎》,中华书局1981年版,第77页。

之举,行附庸风雅之事,以此来标榜自我之博学多识,传达其对名流雅士和高雅文化的艳羡之意。

7. 仆役马夫

"成式门下驺路神通,每军较力,能戴石簦靸六百斤石,啮破石粟数十。背刺天王,自言得神力,入场人助多则力生。常至朔望日,具乳糜,焚香袒坐,使妻儿供养其背而拜焉"[①]。驺为掌管车马之人,不难看出作为仆役的路神通自言借助将天王纹刻在背,仿若有神助般力大无穷。因此他每逢初一、十五便将身后的天王纹饰脱衣袒露,辄备供品,焚香背坐,让妻儿供奉之。可见,文身在表达个性、彰显志趣之外,辅之以异闻传说与世俗信仰,使文身具备了寄托美好生活愿景的现实功能。

8. 市人百姓

"宝历中,长乐里门有百姓刺臂。数十人环瞩之"[②]。由此"环瞩之"可见得文身已不被明令禁止,百姓亦乐于此道,在市井中较为流传。平民百姓无论男女皆以不同形式文刺皆体现了文身盛行之势。诸如靥钿绣面此类面部纹刻,也受到妇人的追捧,一时之间丹青点颊、花子作饰之风盛行,"今妇人面饰用花子,起自昭容上官氏所制以掩点迹"[③]。"近代妆尚靥,如射月、月黄、星靥……左颊有赤点如痣,视之,更益甚妍也。诸婢欲要宠者,皆以丹青点颊而进幸焉"[④]。妇女纷纷以之为美,加之多样化的纹刻手法与高超的丹青之术,赋予了文身极高的艺术价值。

(二)不同文身群体的审美心理

如社会学家西美尔(Georg Simmel)所说:"时尚是既定模式的模仿,它满足了社会调适的需要:它把个人引向每个人都在行进的道路,它提供一种把个人行为变成样板的普遍性规则。但同时它又满足了主体对差异性、变化和个性化的要求。"[⑤]依前文所述,文身作为唐代社会的一种普遍性审美风尚,自然根植于唐代特殊的政治、经济、文化等深层背景。但从审美心理角度来看,它从本质上反映出各阶层群体既想随俗从众,追赶时代潮流,又想标新立异,展现独特自我的内在张力和矛盾愿望。起初仅为刺头、武人所青睐的唐代文身之所以能突破阶层局限,发展成为一种普遍性的社会风尚,一定程度上是个体为适应社会变革和时代变迁之需求,寻求与社会结构建立联系,从而将个人行为同化为普遍规则,以实现社会认同和群体归属的必然结果。但也正如西美尔所指出的:"每一个时尚,就其本质而言,都是阶级时尚,也就是说,每次刻画的都是一个社会阶级的特性。这个阶级以其外表的相似,对内统一联合,对外排斥其他阶级。"[⑥]唐代文身者上至达官显贵下至贼子无赖,虽然群体跨度较大、分布较广,但客观

① 〔唐〕段成式撰、方南生点校:《酉阳杂俎》,中华书局 1981 年版,第 77 页。
② 〔唐〕段成式撰、方南生点校:《酉阳杂俎》,中华书局 1981 年版,第 77 页。
③ 〔唐〕段成式撰、方南生点校:《酉阳杂俎》,中华书局 1981 年版,第 79 页。
④ 〔唐〕段成式撰、方南生点校:《酉阳杂俎》,中华书局 1981 年版,第 78 页。
⑤ 〔德〕齐奥尔格·西美尔:《时尚的哲学》,费勇等译,文化艺术出版社 2001 年版,第 73 页。
⑥ 〔德〕西美尔:《金钱、性别、现代生活风格》,顾仁明译,学林出版社 2000 年版,第 61 页。

而言，由于社会出身、审美能力、个人偏好等固有差异，不同群体阶层文身的动机诉求与目的意义却不尽相同。因此，依据文身群体对审美意象之欲求的差异，可大致将文身者划分为纯审美需求主导的文身群体与非纯审美需求主导的文身群体两类。

审美需求主导的文身群体以文人雅士与市民百姓为典型代表。审美需求作为主体情感生命对客体形式的欲求，是本能欲求的转化与提升，是人的超越性需要，“这种欲求不是为了获得实用价值(功利)而是为了获得审美价值(功利)，追求审美的自由愉快”①。审美需要是人之内在天性，审美属性又是艺术之固有本质。唐代文身作为一种“有意味的形式”，便是由审美需求所驱动，满足人对审美形式的感性把握和情感欲求的身体装饰艺术。文人雅士之所以将诗画纹刻于身体之上，无疑是借由文身这种特殊的身体审美实践，将自我审美意趣和审美理想转化为世俗化的生活艺术，以彰显其富有个性的审美品位的有意而为之举。事实上，不止局限于眼高多识的文士群体，普通的市民百姓，尤以妇女以纹刻为饰，刺之于面并以之为美，一时间成为唐时期女性的流行妆容。人皆爱美，女子更甚。唐代女子的文面之举，在很大程度上亦是其肉身感性内在驱动之下的审美自觉之使然。

对于达官显贵、市井无赖等文人雅士与市民百姓之外的其他文身群体而言，其文身动机则更多是受非纯审美需求所主导。如我们所知，艺术并不能等同于审美，“艺术始终包含并实现非审美动机和目的，它要通过审美去再现和表现多种多样的社会心理生活，并显示生活丰富多彩于有机统一”②。无论是借文身以图标新立异的地痞、宣泄内心愤懑情绪的贼恶，还是借以附庸风雅的莽将、街卒，抑或寄托信仰的仆役，其纹刻的动机并非出自纯粹的、自觉的审美需求，而更多是审时度势地鉴别评估周边环境，通过建构一个符合时宜的身体从而找到自我存在于世之价值的从众合群之举。“如果不能在社会中感到完全地满足，社会成员至少努力尝试能够让自我感到自在，感到与自我达到了‘和谐’，使自己的身体个性化”③。身体是人与世界建立联系的桥梁，是个体在变动不居的世界中确立自我身份认同的本源。达官显贵、骁勇将士、市井无赖、仆役马夫等诸多社会群体，都通过文身这种时尚审美举动，找到了自我与世界建立联系的支点，满足了自我身份认同的精神需求。

五、结　语

唐代作为中国封建社会的青春时代，以其雄厚的经济实力、开明的政治环境、创新的思想理念，造就了以奔放气势、现世情怀、乐观精神等为主基调的文学艺术之最强音。“既不纯是外在事物、人物活动的夸张描绘，也不只是内在心灵、思辨、哲理的追求，而是对有血有肉的人间现实的肯定和感受，憧憬和执著。一种丰满的、具有青春活力的热情和想象，渗透在盛唐文艺之中。即使是享乐、颓丧、忧郁、悲伤，也仍然闪灼着

① 杨恩寰主编:《美学引论》，人民出版社2005年版，第181页。

② 杨恩寰、梅宝树:《艺术学》，人民出版社2001年版，第73页。

③ [法]大卫·勒布雷东:《人类身体史和现代性》，王圆圆译，上海文艺出版社2010年版，第228页。

青春、自由和欢乐。"[1]事实上,唐代文艺的乐观浪漫、自信豪迈、奔放挥洒,不止以李白、杜甫的诗歌,颜真卿、张旭的书法,吴道子的绘画,韩愈的文章等精英阶层的高雅艺术为表征,还应以作为唐人世俗文化和生活艺术之典范的民间文身为代表。

自远古便已存在的文身习俗,经由图腾象征而演变为刑罚标记,至唐代才升华为一种具有超越社会功能之外的审美意涵的身体装饰艺术。可以说,唐代文身艺术的出现,突破了将身体仅视作工具和媒介的传统审美模式,而将身体作为创造美、展示美、欣赏美的载体和场域,从而在一定程度上拓展了艺术的边界,丰富了艺术的内涵,使得唐代文化兼收并蓄、雅俗共赏的特征更显突出,并为后世提供了自我认知与自我完善的具身化审美范式。

当然,唐代文身的意义远不止于刷新艺术的定义和开启新的审美范式。在本质层面上,文身作为唐代繁盛文化的符号表征,不仅仅只是一场盛极一时的"时尚表演秀",而是唐人在"去道德化"冲动支配之下,意欲最大限度地逃脱人伦纲常的藩篱,追求感性肉身本能的特殊行为。如果说魏晋士人以其清峻高逸的文风境界、率真任诞的行事作风、超然物外的人生态度,引领了"人的觉醒"与"文的自觉"的时代进程,谱写了中国审美文化史上大放异彩的身体审美景观,那么,唐代社会的文身风尚在某种意义上,可谓承续了魏晋时代追求身体享乐、个性解放与生命自由的时代主题,推进了中国审美文化趋于生活化、大众化、世俗化的可能进路。当然,与魏晋六朝以门阀贵族为主体的精英化艺术不同,唐代文身则是世俗化、民间化的大众艺术。较之魏晋名士清谈啸歌、傅粉着香、褒衣博带、饮酒服药等修身美体、重生保身的生活艺术,唐代文身则彻底突破了"身体发肤,受之父母,不敢毁伤"的儒家身体观,是带有"暴力美学"色彩和"后现代"意味的另类身体艺术。正所谓"'图像'是抹灭不掉的具体符号,留在历史上,见证每一个时代最大多数人心里共同有过的梦想、渴望"[2],文身艺术作为唐人身体美学的直观表征和族群记忆的历史见证,不仅开启了人对自我身体进行审美化观照和艺术化塑造的新可能,还暗合了中国古人在身体与伦理相互博弈的历史夹缝中,反抗教化身体,追求身体解放,复归感性自我的文化潜流。质言之,唐人以文身这种充满活力和激情的身体审美实践无可辩驳地表明:人之为人的根本在于,人不仅是受理性所支配和道德所规约的动物,还是被性情所涵养和时尚所引领的动物。

---

① 李泽厚:《美的历程》,生活·读书·新知三联书店2009年版,第130页。

② 蒋勋:《肉身供养》,现代出版社2014年版,第1页。

东方身心观对日本能剧的审美观照
——从修行、身体、空间的角度出发

韩　聃

摘　要：以往，对能剧的理解多局限在古典戏剧理论范畴之内。在西方，以逻辑为起点，语言是解释世界的载体。与西方用言语来解释世界相比，在日本，古典戏剧——"能"，是表演者身体的"型"在舞台空间的"场"展现的"心技一体"的表演功夫，成为理解世界的载体。因而，能剧不仅作为古典戏剧的一种类型存在，而是通过蕴含于能剧表演中的"技"与"型"同能舞台空间的"场"来阐释思想的舞台艺术。

关键词：身心观；能；能剧；修行；型

引言：从东方的身心观看日本古典戏剧"能"

"能"是活跃在日本历史上七百余年的古典戏剧。现在普遍认为"能"是由田乐、猿乐发展而来。猿乐的前身是中国古代的杂艺，称之为散乐，隋以前叫百戏，包括舞蹈、武术、幻术、杂技等，最晚于8世纪中叶传入日本。14—15世纪，经由猿乐演员、剧作家、理论家世阿弥之手，将猿乐中滑稽解颐部分去除，形成以歌舞为中心，重在抒情，兼具宗教化、程式化和仪式化特征的戏剧形式，命名为"能"，取自汉语才能、能力之意。猿乐中滑稽因素为中心的即兴表演演变成为狂言，取自汉语"狂言绮语"之意。19世纪，能乐的名称取代了猿乐，包括"能"和"狂言"两种戏剧形式。

以往，对能剧的理解多局限在古典戏剧理论范畴之内。与西方古典戏剧对比，强调能剧中悲剧题材的艺术美学特征，曾概括得出"能是抒情的诗剧、歌舞剧和宗教剧"这一结论。然而在岁月淘洗中不断精进、洗练的"能"在日本却被定义为"型"的艺术。

"型"是表现样式的结晶，是能剧演员内在的修养功夫达到极致而产生的至高艺术表现力。换言之，内在人格的修养功夫是支撑至高艺术表现力的原动力。因此，"'型'的艺术"是欣赏者给予"能"演出最高的艺术评价。

在日本，许多能剧爱好者热衷学习表演能剧，是为了体验"型"的塑造过程，以呈现能剧表演中身心合一的艺术感受力。

日本哲学家汤浅泰雄很早就注意到了身心关系在艺术创作中的作用这一问题。他曾提出“能剧表演理论家世阿弥的能剧理论吸收了艺术训练即品性修养”的观点，并认为，“世阿弥提出了一个关于身心的重要理论，掌握艺术并不能光靠概念和理论，还必须通过身心的修养”。依照汤浅泰雄这一观点，带给我们欣赏能剧的又一视角。本文以世阿弥的能乐秘传书为论据材料，从身心的修行观念、能表演的身体与舞台的场域之间的关系、能表演者的身体与心的融合关系等三个角度，来印证、丰富、完善汤浅泰雄提出的东方身心观之于能剧艺术美的影响这一结论。

基于此，对能剧艺术美的理解为：“能”是修行的艺术——通过世阿弥在能乐论书中关于能表演者习艺过程中的“戒律”问题、艺道传承问题加以补足说明；“能”是“型”与“场”构建的艺术——提出能剧是对抗西方用言语来解释世界，是通过表演者身体的“型”在舞台空间的“场”展现的“心技一体”的表演功夫来理解世界这一观点；“能”是倡导身心融合的表演艺术——引用汤浅泰雄归纳世阿弥的“易心”“无心”两阶段表演说，结合中国道家美学思想加以阐释。应该说，能剧不仅是一种戏剧形式，而且从东方的身心观出发来欣赏这一舞台艺术，可以理解日本民族艺术美的独特性。

一、“能”是修行的艺术

日本哲学家汤浅泰雄曾指出，身心的修行观念存在于东方。应该说，日本人对身体的关注程度在世界上前所未有，并将“身体”作为与意志相对的概念来加以研究。与西方哲学中认为身体与心是相互隔离的实体不同，在东方视身心为一体，提倡身心一体的修行功夫是臻于人生至高境界的途径。用修行的观念介入对身体进行“塑形”，强调身体虽然被一定的规则所限制，但在限制中可以达到身心一体的自由状态。与众不同的是，这场以对身体“塑形”的修行活动被放置于舞台之上，成就了日本能剧的表演艺术。

日本能剧集大成者世阿弥对能剧表演技巧的传承问题格外重视。他强调指出：“若要展现最上乘的舞台艺术表现力，唯一的秘籍就是每天反复训练。”对学问、技艺方面的反复训练在日语中被称作“稽古”，意思是训练不仅仅在身体的实践中得以锻炼，也要介入修行的方法。这也是保证训练得以有效实施的关键。修行如何与“稽古”建立联系？在世阿弥的能乐秘传书《风姿花传》开头，用修行中的“戒”和“定”来规范艺道：

> 但凡，从年轻开始谨遵如下稽古各条款，大致如下：
> 一、好色·博弈·酗酒。三重戒、是为古人所定。
> 二、努力学艺、放下固执。

在学艺之初就要求直面佛法中的“戒规”。“定”是内心寂然辽阔的精神状态。通过修行可净化内在的精神境界，提升品格。对于日本艺术的理解，应从修行的思想着眼。

体用论是佛教用语。“体”指本体,“用”指表现于外在的作用。在《至花道》中曾有一处引用佛教“体用论”来说明“能”为何物:

要知“能”中的体用一事。体是花,用是香气。又如月和影的关系。深知体为何物,自然也会知道用为何物。

世阿弥借鉴佛教的体用论,是从根本上重视“能”这一门表演艺术。在《风姿花传·第三问答条款篇》中:

问:如何理解“能”是花?

答:此道的奥秘之所在,也是唯一重要的道理。其大意在《各年龄习艺条款篇》《模拟条款》中有详细记载。“一时之花”,例如少年时期的声音美之“花”、姿态美之“花”等,虽为可见之物,但因其“花”是以其各自自身条件为基础,如应季开放之花,很快就会凋谢……从七岁到现在,在各年龄习艺条款、模拟条款的各条各项真正从内心加以理解,刻苦练功,用心钻研之后,会领悟使“花”永不凋谢之境地。这样对各种模拟演技,动作技巧真正掌握,则可谓拥有“花之种”。所以说,若想知花,先要知种。花为心,种为技。古人云:

心地含诸种,普雨悉皆萌。
顿悟花情已,菩提果自成。

上述记述中“心地含诸种”等语出自禅宗六祖慧能在《坛经》中的偈语。是世阿弥为传扬家父遗训,振兴家族艺道,欲传递给子孙后代。慧能法师曾说,作为众生,无论是谁都拥有佛性,如果人们可以依从佛教的教义而行,佛心的种粒必能开花。他把存在于人性之上的佛性比作种子,把修行比作雨水,把人性的觉悟比作花朵。世阿弥同样用此比喻。他认为“一时之花”只是以年轻的身体为依托,总会有所凋零,这只是“用”。“能”的“体”才最为重要,对于能表演者而言,在学艺过程中要懂得这个道理,常常抱有“一行三昧”的修行之心,方可坚固其艺道。

世阿弥视习艺这件事为一场修行。故他将“能”的学习比喻为禅定。禅定是在日常的生活、行为、动作中要严守规范,遵守戒律。通过禅定,规范身体的目的是要规整内心。所以,世阿弥认为能艺者的心志要坚定。习艺关键处在于,规范身体使之成为所要扮演的角色形体,要有一颗修行之心,只有如此才能展现出艺术的美感。世阿弥在能剧理论著作《花境》中曾用木偶戏作为比喻:

生死去来,棚头傀儡。一线断时,磊磊落落。

他将人的生死轮回比作木偶戏的艺人一线牵着的木偶。木偶在台上表演,其背后是被一线所牵动。世阿弥认为能艺表演者的身体宛如台上的木偶,其背后也受一根丝线的牵连,而牵动形体在舞台上表演的就是人的内心。

在舞台上为观众呈现出被牵制和受限的身体,就是"能"的艺术魅力。世阿弥要求能表演者在日日夜夜的行动坐卧中,不忘初心,精进技艺。在古老的家训记载中,可以看得出世阿弥对"能"的理解是在有如修行一样的训练中得以完成的。

因为修行的思想被纳入学艺的过程,艺道传承的观念也为之加深。从世阿弥所留下的能乐秘传书中可知,古典戏剧"能"的舞台表演技能是通过师傅教授弟子来实现的。"艺道中的'道'是指为了达成目的所用的最佳通道。这条道路通常由天才一样的人物所开创,后继者们沿行此路,若不能专心行走在此路上,便不能达到目的地。遵从开创者路线的根本在于:为实现目的,先行者的道路可以为后来者实现目的提供安全性和保证性。换言之,遵从一种'道',就是遵从一种规范和保持一种'型',在遵从规范的实践当中,可以彰显出道的精神"。

进言之,艺道对习艺的规范首先体现在对习艺顺序有严格的界定。如学习"能",要先模仿歌和舞,之后要学习能乐中三种模仿对象的形体。在夯实基础之后,再追求艺术的表现风格。在《至花道》中记述有"无主风事"一条:

> 此艺,有"无主风"一事,是为表演貌似而神离,切要注意。特别是天生丽质者,更要当心此事。因为真正的禀赋来自苦心习得后的自然生成。在舞蹈、唱腔上一味地模仿老师,就是无主风。一时与老师的表演相似而缺乏自我的风格是能艺没有长进的表现。在向老师学习的过程中,自我能够全身心地投入,理解转换、形成自己的风格是谓有主风。拥有先天好的资质并加以后天的不懈努力才能成为有主风的能役者。

对于"能"的表演技法,世阿弥将其分为"有主风"与"无主风"两种境界。所谓"无主风",是指一味地模仿师傅的表演,即便一时模仿与师者极其相似,终究没有形成自己的风格,所学之艺没有灵魂,技艺不能堪称上流。所谓"有主风",是指努力向师傅学习,取其精华,最终形成自己的风格。全身心地投入训练,其结果必然达到"安位"。依据世阿弥的论说,天生适合"能"表演的好素质固然值得珍惜,但是若能坚守艺道,不断修行,比天生的好素质更为重要。修行包含若干个阶段,遵从艺道学艺也要有若干阶段。可以说"能"就是一种修行的艺术。成为能艺精湛的名家并非只是为了获取声名,通过在艺道上不断修行,可以锻炼人格,使艺术处于自由无碍的境地才是根本。

正是因为有一朝学艺、终身修行的信念做支撑,才会有古典能剧生生不息的艺术生命力的传递。如果说对于宗教而言,修行是一种救赎人脱离罪恶的通道,那么对于"能"的表演,修行则是通往至高艺术境界的手段。能乐研究学者松冈新平评述,"能"中的"不动的身体"是传递给世界的日本民族的艺术之美。可以说,世阿弥是借助于

"能"这种舞台艺术的表演来实现一种面向身体、思想与修行的东方身心观。正如日汤浅太雄所指出,身心的修行和转换是东方思想中最为独特之处。用修行的思想来启示艺术的表现力这一点践行于"能"的舞台艺术表现中。"能"在舞台内外,更是一种在东方文化视域下理解的修行的艺术。

二、"能"是"型"与"场"构建的艺术

日本学者中泽新一曾提出"哲学贯通于日本的艺术"这一观点:"西方人用语言来阐释哲学义理,在能够与之抗衡的阐述方式中,日本人选择了用艺能来表现。"

可以这样理解:在西方,哲学是通过语言来表达,语言是解释世界的载体;在日本,哲学是通过艺能来表达,艺能是理解世界的载体,体现着日本民族的思考方式。著名哲学家西田几多郎用"场"这一概念来表述日本哲学思想中特有的空间概念。"场"是描述空间性的一种表述,实际上这并非是哲学上的专有名词。对于这一日本化的"哲学术语"只有通过日本文学与艺术的表达方式加以理解,因此只有在对艺能的欣赏中才能触碰到日本文化思想的深层。能剧正是这样一种通过"场"与"型"来阐释日本思想的舞台艺术。与西方用言语来解释世界相比,处于东方的日本,通过身体在舞台空间的展现来表达对世界的理解。

戏剧人类学家提出,能剧表演有一种规则:表演者的表演有三分是在舞台的空间里展现的,还有七分是体现在与时间的对抗中。表演者在舞台上的表演是在一个特定的空间里耗费着自身的能量,他必须将数以千倍的能量蓄积在体内,在舞台的空间里与时间角逐。能表演者的身体在流动的时间中拥有充沛的能量,需要保持高度的紧张感和控制力。在东方传统戏剧中,那些被称为名角的戏剧表演艺术家,都能在舞台上控制自己的身体去完成那些程式化的舞台动作。西方戏剧理论中并没有对舞台上的身体进行明确界说,而在世阿弥的《花镜》中,对上述言及的舞台空间的"场"与能表演者的身体所塑的"型"之间的关系表现在"动十分心,动七分身"。

所谓"动十分心",就是说要充分地理解艺术的思想,是思想在激励着身体,而身体却能够在舞台有限的空间内懂得控制,有的放矢,收放自如。所以说,在舞台上处理好身与心的关系,是一个能表演者立足舞台的根本。所谓"动七分身",也是指在能演员和老师(师傅)学习的时候,不是单纯地接受身体动作的技巧,而是要懂得能剧是借助身体所塑之"型"表达与舞台空间的位置关系。换言之,能舞台是展现身体所塑之"型"的特定场域,而所塑之型来自对身体的控制和来自对心灵的把控能力,这样的表演才会有情趣。这是东方身心观所倡导的心神合一之于舞台理论的运用,在日本的能剧表演中尤为凸显。

能剧演出通常是由男演员来担任。角色有三种类型,概括为军体、女体和老体,分别对应战死沙场的武将、哀婉幽怨的女性形象、饱经风霜的老者形象。有别于戏剧表演中角色的类型化,世阿弥导入了"型"的概念,三种体是对以身体为媒介呈现出的"型"做了规定和制约,并附有三种体的图示说明。老体,通常扮演老人要弓腰、缩身,

展现年迈衰朽的样子,然而这样会使观众感到索然无味,如果着力表现老人的威严与优雅就会与众不同,对于老体这一"型"的塑造,做以"闲心远目"的注释。女体,由男性来扮演,要着力在身体上呈现出柔软优美的体态,做以"碎心舍力"的注释。军体,要在"型"上体现武士出生入死的刚毅勇猛和饱经磨难的沧桑感,所以做以"力体心碎"的注释。

世阿弥在以《风姿花传》为首的二十几部能乐秘传书中指出,能剧的根本是"型"的艺术,塑"型"的秘密在于练就身体在舞台上的定力。可以这样来比喻:在能舞台上的能演员的身体宛若一个充满能量的巨大装置,使观众感受到演员的身体受到一种看不见的制约力量所控制。世阿弥做了如下的解释:

> "生死去来,棚头傀儡。一线断时,磊磊落落"……表演动作之间有停顿和留白会让人感到有趣,在于能表演者的腰肢挺立,演技受内心所控制。表演动作与动作之间的停留、唱谣之间的停顿都存有空白,而观众却从未感到舞台上的停滞,是演员一直葆有内心的紧张感。沉淀于心底的充实紧张感充溢在舞台之上,这是让观众感到有情趣的根本。但却不可让生发于心底的紧张感流露于外。如果被观众看到了这份紧张感,就会使表演显得不自然。要呈现出有意为之的自然,达到看似无心的境地,才是表演的最上乘。换言之,妙趣横生何所在,万种技法于一心。

用被操控着的展现各种动作的人偶来打比方,把舞台表演的控制力比作一线牵连的感觉。能剧的根本在于"心"。用于"心"却不被人所察觉,如果被他人看出,就宛若看到了牵连人偶的线一样。何时何地,心底都要葆有恰似被一线牵连,但却不让他人感知的紧张感。充溢于舞台之上的充实紧张是创造能剧中"型"的根本,更是能剧生命生生不息的奥妙。

能剧注重内敛,不张扬,艺术上更加凝重,追求庄严与崇高。能剧的剧情简素、唱词的旋律单一,整个舞台表演的动作都极其缓慢,有停顿。能舞台有特有的样式,主角配角所站立的位置都有明确划分,通常主角出场时要经过长长的廊桥,上面有三棵松树。所以,对于能剧表演而言,并非着力在舞台上演绎故事,用宛转悠扬的唱词来打动观众,实际上,能舞台成为展现能表演者有控制力的身体的特定场域。能表演者用其"不动的身体"来与舞台的空间和点滴逝去的时间进行对抗,来展现"心技一体"的表演功夫。而观众需要在这份凝重的氛围里用"心"去品味这一独特的舞台艺术,不仅赋予欣赏戏剧的眼光,也能感知日本用艺术理解世界的方式。

三、"能"是倡导身心融合的表演艺术

在汤浅泰雄看来,世阿弥将能表演艺术分为两个阶段:

第一个阶段就是身体开始懂得配合由心所发出的指令，表演开始步入轨道，称为自如的阶段，或可称作“易心”；第二个阶段，是超越于自如的阶段，是最为成熟的阶段，或可称作“无心”。当身与心开始走向融合的时候，身体会在自觉与不自觉中感受到被心所征服。世阿弥认为这就好似能役者在刚开始演出时，还是能够感到受意识的支配在表演。这时的身与心还并未进入真正的融合，二者之间还存有间隙。能演员的身体在持久的训练中会达到自觉的“入型”的状态，身体将会摆脱来自心灵与意识的控制，身体会达到一种自觉的表演状态，从而达到至高艺术境界。

与在自如的阶段中，表演技巧和内心熟练配合到了一定程度，演员可以随心展示各种技巧相比，“无心”的阶段才是身心的真正融合，使一个演员已经忘记了自己是在表演，而已然化为表演对象本身。《风姿花传》中曾反复说：

演员模拟人物时，有的人能够达到不再追求要演得像的境地。模拟人物时，完全进入角色，达到出神入化的程度时，演员头脑中便不存在像与不像的意识了。若进入此种境地，把心思全部用于如何才能使其更加风趣之上，怎会无“花”呢？例如，模拟老人时，进入角色的优秀演员的内心感觉，与一个一般老人没有两样。作为一般的老人，因自己本身是老人，所以根本不需要想着要像老人，心里只是想着进入模拟对象之中的事而已。

身与心的主客矛盾消失了，在身心交融的状态下，身体已经摆脱了来自心灵的控制力，并且凭借直觉的创造力从日常的自我意识中升华出来。当身体已与主观合为一体时，心不再主导身体，此时表现在舞台上的便是任其自然的了。如在《列子·仲尼》中描写老子的弟子亢仓子，他掌握了老聃的道，被鲁侯请教时回答：“我体合于心，心合于气，气合于神，神合于无。其有介然之有，唯然之音，虽远在八荒之外，近在眉睫之内，来干我者，我必知之。”亢仓子描述了如何用形体感官来感受“道”一事，形体与心智契合，心智与元气契合，元气与精神契合，精神与虚无契合。在身心高度契合的状态下，哪怕是极其微小的东西、极其微弱的声音，极远极近，都会了然于心。在不知道是身体的感受还是心的感受在起作用的时候，一种自然而然的效果就会产生。

在舞台上的身体呈现出自觉，从而达到道法自然的程度，其根本在于摆脱功利心。世阿弥常说的初心不可忘——“时时初心不可忘，老后初心不可忘”，就是要忘记自己想要成功成名的心态，当一个演员不再被这些所扰的时候才会达到专注，只有专注才能全身心地进入角色。一个好的能役者应该具有人格修养的功夫，这是世阿弥从习艺的初始就反复告诫学生的。这一过程可以用中国哲学中的“体道”观念来进一步加以说明。在《庄子·大宗师》里，女偊向南伯子葵讲述了体道的整个过程。她先后经历了“外天下”“外物”“外生”三个阶段。

> 吾犹守而告之,三日,而后能外天下。已外天下矣,吾又守之,七日,而后能外物。已外物矣,吾又守之,九日,而后能外生。已外生矣,而后能朝彻,朝彻,而后能见独。见独,而后能无古今。无古今,而后能入于不生不死。

在体道的循序渐进、层层深入的过程中,首先忘却表面的外在事物和现象的变化,就是所谓排除外在世界变化对内心的干扰——称为"外天下"。进而要"外物",目的是要排除在物背后引发人种种欲望的东西,如功名、利禄等等。"外生"就是忘却生死,将生死置之度外。在这里,特指主体人欲求摆脱外在一切干扰而自发所作的努力。

宛若修行一般的反复练习,会把身体训练出能够塑型的自觉状态。世阿弥语称之为"阑位"。达到娴熟的表演技艺,就如同修行到达了最高阶段,在身体上体现为奔放自如。一旦进入到"阑位",对于身体,从心而来的控制力就会减弱,以至渐渐地消失。随即,身体和心之间的矛盾被消解,最初主观的意志(意识)给身体的命令通过训练成为身体的记忆,命令的指示作用消失了。打一比方,就是操纵人偶的提线不再被人看见了。这就是至高的艺术境界。从心而来的力从未消失,进入"阑位"技艺娴熟的能剧表演者的身体完全超越了心的控制。孔子云"从心所欲,不逾矩",可以形容所谓"无心"的艺术表现。能剧的生命如同反复不断地修行,将身体与心相融合,最终达到自由的境地。

这一切无疑都体现出东方所特有的身心观念,佛家用修行一以贯之,道家用"道""气"一以贯之,身心交融,可谓"心凝形释,骨肉都融"。在这种观念下才能解释"能"表演中身体的不动性。庄子在体道过程中谈到"心斋",在这一心理状态下所呈现出的外在形体如同"枯木死灰"一般。"能"的身体在舞台上虽是形若槁木,但在一声、一息的唱腔中,在每一个简短动作与下一动作的停顿中,都寓意包蕴宇宙大千的生息变化。能役者的内心世界应是"澄观一心而腾踔万象",只有外界逼真、生动的美感直达内心后,以心理时空来熨帖自然时空,浑融着主体生命形态的生生不息的"能"的世界就此出现。静并非绝对不动,而是蕴含着大动,蕴含着神思飞跃的"逍遥游"。在静中求动,以无为达到无不为。所以说"虚静"不是消极的等待,它以无载动有,以静追求动,以平如大漠的情怀去拥抱勃郁奔腾的大千,去迎接腾挪不绝的美和喷涌而至的灵感。

在世阿弥的整个论述中,哲学的基础就是"禅",可谓是形而上学。这种形而上学最根本的观点是,在现象界或人类自我意识所支配的日常世界的背后,存在着一种永恒自在的本体,其特点是"无"或"虚无。"无"有绝对的非二元性和不可言说性。在世阿弥的世界观里,在完美的艺术作品中,审美体验和宗教性体验是可以重合的。审美观照的最终目标是体验"无",即最终的真实,这也是艺道和其他道的共同目标。

很明显,在世阿弥撰写能理论著作时,其心目中戏剧表演的终极目标便是引起这种自由意识。这点他在很多地方都有明确的表述,特别是在《风姿花传》中他写道,一个高明的演员能"使观赏者的心灵及其感官深受震撼。在他们受感动但却丝毫未察自己的反应的一刹那,就进入了所谓的'花境',其间既有'痴迷'之瞬间,又包含超越认知的‘感觉’瞬间”，表明的是超越大脑意识活动的各种情感状态。这里，超越认知的“感觉”很类似于“悟”，即对此时此境中的无限与永恒的直观体会。这种体验虽然非言语所能描绘，但这并不意味着它是不可能产生的。

结语：能剧是展示“心技一体”表演功夫的舞台艺术

传统的东方的身心观是通过一定的修行来达到身与心的融合，以进入圆通无碍的大自由境地中去。世阿弥将“能”的表演的最终理想也设定为身与心的融合，也就是心对身的自由地驾驭。这首先来自心对于身体的一种克服。身体是有重量的客观存在体，心是人的主观愿望，客观的身体与主观的愿望之间存在着矛盾，为了使身与心的矛盾解除，主客之间达到了协调，能役者的表演才能获得成功。整个“能”的演出就是展现被训练过的身体的姿态，观赏被主观愿望所征服了的身体。在身体的动作与主观愿望协调的基础上，进一步要求控制自己的身体——这是更高层次的身与心的融彻。能剧的魅力在于在舞台上展现这样一种身心融合、心技一体的表演功夫。

东方文化的基本思维方式是综合，表现在哲学上就是“天人合一”，天法道、道法自然，虚静的观念、禅宗的思想，俨然已成为东方文化视域下人们普遍的思考方式。今天，当西方的文论话语不断地充斥甚至压迫整个文化界的时候，东方宛若潺潺溪水般的感悟式的话语方式则看似消沉、引退。然而，在深处，她以其更为独特的言说方式在向世界彰显出独有的艺术魅力。因而，在日本，能剧不仅作为古典戏剧的一种类型而存在，并且是通过蕴含于能剧表演中的“技”与“型”同能舞台空间的“场”来阐释思想的经典舞台艺术。

从汉字管窥我国古代身体装饰文化

王娅维　翟传鹏

摘　要：身体装饰是人类生活中重要的一环，汉字作为中华文化的载体，客观地记录了这一现象。从“笄”“梳”到“珥”“瑱”，从“钗”“钏”到“佩”“帏”等汉字，都昭示着古代身体装饰文化的鲜活存在。通过对这些汉字的分析，我们可以推断饰品从竹、木到骨、石、玉再到金属之发展过程，推衍其从实用到纯粹追求美观之演化轨迹。

关键词：汉字；装饰；文化

中国的装饰文化源远流长，原始先民就已使用物品装饰自己的身体。山顶洞遗址出土的穿孔兽牙、海钳壳、小石珠，半坡、大汶口等遗址出土的骨管、耳坠、发笄等，都是原始人的装饰品。考古发现为我们提供了古代身体装饰的物证，而记录汉语、承载中华文明的汉字，也为我们认识古代文化提供了一把钥匙。诚如黄德宽所言：“汉字自身实际上积淀着中国文化的深幽奥秘，并在客观上充当着文化传统的生动提示和指向。”①因而，我们“可以从汉字的形音义所携带的信息窥见中华文化的一斑”②。本文就以汉字为研究对象，管窥我国古代的身体装饰文化，从而进一步揭示汉字与文化的密切关系。

一、头部装饰

头部装饰是古人身体装饰中最炫目的部分，主要表现为装点头发和佩戴饰品。以头戴物品为装饰，汉字中留有显明的印迹，甲骨文“羌”作“”“”“”“”，像人戴羊角之形。于省吾云：“原始社会早期，人们为了猎取野兽，往往披皮戴角，装扮成野兽的样子，以便接近于野兽而射击之。后来戴角普及为一般人的装饰，以表示美观。”③羌字甲骨文形体就展现了头戴羊角装饰自身的习俗。

在古人眼里，头发是一等一重要的东西，“受之父母，不敢毁伤”。因而对头发的

---

① 黄德宽：《汉字阐释与文化传统》，见《汉字理论丛稿》，商务印书馆2006年版，第211页。

② 王宁、谢栋元、刘方：《〈说文解字〉与中国古代文化》，辽宁人民出版社2000年版，第9页。

③ 于省吾主编：《甲骨文字诂林》，中华书局1996年版，第122页。

打理、美化必不可少。《穀梁传》云:"吴,夷族之国也,祝发文身。"①《史记·西南夷列传》云:"西自同师以东,北至楪榆,名为巂、昆明,皆编发。"②中原先民对头发的装束,则是总发戴冠。

范晔云:"见鸟兽有冠角髯胡之制,遂作冠冕缨蕤以为首饰。"③古人从鸟兽的冠角受到启发,发明了冠。《说文》:"冠,豢也。所以豢发,弁冕之总名也。"小篆"","从字形上看,冠从冖,冖象用巾盖物;从元,元即首,以巾盖头,即冠的功用。字还从寸,《说文解字》而部说,'诸法度字从寸',即从寸的字都与法度有关"④。"冠"字字形不仅表明了冠的功能,而且包蕴着古代的礼制文化。根据《周礼》的记载,冠、冕、弁因使用对象、使用场合之不同而不同,戴法亦有严格的规定,即所谓的法度,故冠也是名分地位的标志。此外,古人还使用头饰。

笄,《说文》:"簪也。"古人用以固定发髻或弁冕。贾公彦注"主妇纚笄宵衣"云:"笄,安发之笄,非冠冕之笄。冠冕之笄,男子有,妇人无;若安发之笄,男子妇人俱有。"⑤古人男女皆长发,以笄固发不限于女性,固定冠冕则仅用于男子。《释名》:"笄,系也,所以系冠使不坠也。"指固冠之笄。郑玄注《士冠礼》言:"笄,今之簪。"⑥《说文》收字有"笄"无"簪",却以"簪"释"笄",是秦汉以后称"笄"为"簪",两字皆从竹,盖早期多以竹、木为之,后来才有骨玉金银笄,款式和工艺也随之考究和繁复,本以实用为主的发笄渐渐演变成了美化头发的饰品。《诗经》时代就有对其颂赞的诗句:"君子偕老,副笄六珈。"

与笄相类的还有"钗"。《说文》:"钗,笄属。"《释名》:"钗,叉也。象叉之形,因名之也。"钗与笄的区别在于双股、单股之分,但美发作用则超越了笄,后发展为专门的美发饰品,独为女性所用。故《玉篇》云:"钗,妇人歧笄也。"

今之梳子古已有之,齿稀疏者称"梳",密集者为"比",统称"栉"。《说文》:"梳,所以理发也。""栉,梳、比之总名也。""比"后来写作"篦",梳篦除了梳理头发外,亦可作装饰用。《玉篇》:"篦,钗篦也。"苏轼自注"溪女笑时银栉低",曰:"于潜妇女皆插大银栉,长尺许,谓之蓬沓。"⑦是篦也如笄、钗般插于发髻上装点头发。栉、梳从木,篦从竹,其最早也如发笄般以竹木为之,现存上古梳篦虽多为石、骨、玉制品,但"木质梳出现的时间应大大早于骨质梳"⑧。

历代诗词都有对耳饰的赞美,如"有匪君子,充耳琇莹""头安金步摇,耳系明月珰"等。李渔更有"饰耳之环,愈小愈佳"之佩戴理论的论述。考古发现新石器时代人

---

① 〔清〕阮元校刻:《春秋穀梁传注疏》,《十三经注疏》本,中华书局 1980 年版,第 2451 页。
② 〔汉〕司马迁:《史记》,中华书局 1998 年版,第 1073 页。
③ 〔南朝宋〕范晔:《后汉书》,中华书局 1998 年版,第 317 页。
④ 何九盈等主编:《中国汉字文化大观》,北京大学出版社 1995 年版,第 266 页。
⑤ 〔清〕阮元校刻:《仪礼注疏》,《十三经注疏》本,中华书局 1980 年版,第 1181 页。
⑥ 〔清〕阮元校刻:《仪礼注疏》,《十三经注疏》本,中华书局 1980 年版,第 950 页。
⑦ 〔宋〕苏轼著、〔清〕冯应榴辑注:《苏轼诗集合注》,上海古籍出版社 2001 年版,第 423 页。
⑧ 刘志成:《文化文字学》,巴蜀书社 2003 年版,第 257 页。

们就已佩戴耳饰，“珥”“瑱”等汉字也能说明在耳朵上坠挂饰品这一身体装饰方式的存在。

珥，《说文》：“瑱也，从玉、耳，耳亦声。”是“珥”为形声兼会意字，“玉”旁表示其类属，“耳”除了标注音读外，也标识了由“玉”“耳”构成的新字“珥”的意义，即言其玉为耳上饰。《玉篇》释之为“珠在耳”，知其为古代的珠玉耳饰，《史记·李斯列传》“宛珠之簪，傅玑之珥”是也。从字形上看，“珥”无疑是最能说明古代耳饰文化的汉字了。

甲骨文“”及其异体“”“”“”等，隶定为“縃”。郭沫若认为：“縃疑䋙(珥)之古字，象耳有充耳之形。”[①]李学勤以殷晚期乙卯尊上的“縃琅九”，与《殷契萃编》中的“縃九”相比较，认为“‘縃九’或‘縃琅九’，就是九件玉珥”[②]。郭、李二人都释之为“珥”。《殷墟花园庄东地甲骨》的编者认为，縃“是用丝线加以连缀再穿于耳垂的小孔中，縃字省去丝线下所缀之玉珥，只存丝形”[③]。认同将其释为“珥”。唐际齐认为，字中的“纟”形，是造字时所强调的耳下垂挂的圆形或菱形垂珠，“縃”字本义应该特指当时众多耳饰中的一种，此耳饰类似垂珠之形。[④] 故甲骨文“䋙”亦是表称耳饰的汉字。

瑱，《说文》：“以玉充耳也。”从古文献的记载看，瑱有两种戴法。一是塞于耳。《诗经·鄘风·君子偕老》：“玉之瑱也，象之揥也。”《毛传》曰：“瑱，塞耳也。”[⑤]二是系于冕而垂悬于耳旁。《释名》：“瑱，镇也，悬当耳旁，不欲使人妄听，自镇重也。”《左传》：“以币锦二两，缚一如瑱，适齐师。”孔颖达注：“礼以一条五采横冕上，两头下垂，系黄绵，绵下又悬玉为瑱以塞耳。”[⑥]无论哪种戴法，客观上都对耳朵起到了装饰作用，后成为耳饰之专称，故倪璠注庾信“小鬟宜粟瑱，圆腰连织成”句云：“瑱，耳饰也。”[⑦]

从《说文》的解释可以确定为耳饰的有“珥”“瑱”二字，“珰”义本非耳饰，后来也成了耳饰的专名。《释名》：“穿耳施珠曰珰。”《广韵》：“珰，耳珠。”这几个表示耳饰的字均为形声字，说明珥、瑱、珰等耳饰多以玉为之，但并非皆玉，《毛传》“天子玉瑱，诸侯以石”[⑧]即是明证。

脖子上佩戴饰品也是头部装饰的一大亮点。賏，《说文》：“颈饰也。”《正字通》：“联小贝为颈饰也。”“賏”所指称的事物是由一个一个的贝壳依次连接而成，说明最早的颈饰是以联缀小件物品而成的串饰。考古发现，古人多用海贝、螺介、牙齿、石头、玉等穿孔连串以饰颈，与“賏”字字形反映的信息相合。

---

① 丁福保编纂：《说文解字诂林》，云南人民出版社 2006 年版，第 653 页。

② 李学勤：《沣西发现的乙卯尊及其意义》，《文物》1986 年第 7 期。

③ 中国社会科学院考古研究所编著：《殷墟花园庄东地甲骨》，云南人民出版社 2003 年版，第 1640 页。

④ 唐际齐：《释甲骨文》，《中山大学研究生学刊(社会科学版)》2008 年第 2 期。

⑤ 〔清〕阮元校刻：《毛诗正义》，《十三经注疏》本，中华书局 1980 年版，第 314 页。

⑥ 〔清〕阮元校刻：《春秋左传正义》，《十三经注疏》本，中华书局 1980 年版，第 2113 页。

⑦ 〔北周〕庾信撰、〔清〕倪璠注：《庾子山集注》，许逸民校点，中华书局 1980 年版，第 263 页。

⑧ 〔清〕阮元校刻：《毛诗正义》，《十三经注疏》本，中华书局 1980 年版，第 321 页。

二、面部妆饰

涂脂抹粉这一修饰容颜之法，春秋战国时期就有——“螓首蛾眉”“长眉横玉脸”等诗句对眉妆的描绘，“丹唇外朗，皓齿内鲜”对红唇的刻画，“东家之子，增之一分则太长，减之一分则太短，着粉则太白，施朱则太赤”提到了白粉、红粉。而“粉”“黱”“黛”“脂”等汉字也积淀了古人画眉、涂唇、著粉的身影。

粉，《说文》：“傅面者也。”《释名》：“粉，分也。研米使分散也。”古傅面所用化妆粉以米粉研制而成，具体制法《齐民要术》有记载。由米粉制成的妆粉，为白色，故先秦文献多有“粉白黛黑”之称。“芳泽无加，铅华弗御”之铅粉，“美人既醉，朱颜配些”之红粉，都是米粉之后才出现的。

黱，《说文》：“黱，画眉也。从黑朕声。”许慎归其入黑部，说明“黱”也为黑色。《集韵》：“黱，黑色。”眉毛本来就为黑色，古人修饰眉毛一般遵循其本来样子来加工，所画眉色也以黑色为主，因而贾谊《劝学篇》言：“傅白黱黑。”

黛，《说文》无“黛”字。《玉篇》：“黛，同黱。”《集韵》：“黱，黛，或从代。”《正字通》：“黱，黛本字。”是“黱”“黛”异体而音义无别，“代”为替换、替代之意。由此可知，古人饰眉，有清理掉原来的眉毛，以黛色重新画出喜欢的眉形之法。《释名》曰：“黛，代也。灭眉毛去之，以此画代其处也。”庾信《镜赋》：“鬓齐故略，眉平犹剃”描绘的就是这种饰眉之法。

脂，《说文》：“戴角者脂，无角者膏。”本指有角动物的油脂，后泛指油脂、油膏。《玉篇》：“脂膏也。”《诗经·卫风·硕人》“肤如凝脂”是说皮肤如凝结的油脂般光滑、细腻、洁白。正由于脂有光滑滋润之效，古人便用来傅面。《释名》：“脂，砥也，著面柔滑如砥石也。”涂面之脂能使肌肤如砥石般柔滑。也就是《淮南子·修务训》“曼颊皓齿，形夸骨佳，不待脂粉芳泽而性可说者”所述之“脂”也。

宋玉《神女赋》“丹唇外朗”赞赏女性的嘴唇就像丹砂一样红润、鲜明，提到了当时施朱唇的行为。古人修饰红唇所用的东西也是脂。《释名》：“唇脂以丹作之，象唇赤也。”唇脂和面脂统称为胭脂，亦作“臙脂”，又称“燕脂”“焉支”或“燕支”，由于面脂和唇脂多加朱砂呈红色，多为女性所用，所以称女性的妆容为“红妆”，后亦代称女性。

三、肢体装饰

美化装饰自身，除了精心刻画脸部和头部外，肢体装饰也是不可或缺的。装饰肢体最直接有效的方式是衣服，衣服在遮阳抵寒的同时，又能装点、美化人的外在形象。服饰之外，人们装点肢体的方式当首推佩饰。

佩，《说文》：“大带佩也。”金文作“”“”等。“金文的佩字，作腰带之下佩带下垂的巾形，旁边的人形表示佩带在人身上”①。由此可知，佩指系在衣带上的物品，而

① 许进雄：《中国古代社会——文字与人类学的透视》，中国人民大学出版社2010年版，第279页。

衣带上可佩的东西很多,《礼记》提到纷帨、刀、砺、金燧、玦等。由于古人尚玉,“以玉比德”观念深入人心,“君子无故玉不离身”,“古之君子必佩玉”,因而“佩”渐专指系于衣带上的玉质装饰物。

珮,《玉篇》:“珮,佩玉也,本作佩,或从玉。”《正名要录》:“佩,正。珮,相承用作玉佩字。”《经籍籑诂》:“佩,俗作珮。”字书多以“珮”为“佩”的俗体,专指佩玉。《墨子》“铸金以为钩,珠玉以为珮”即作“珮”。古佩由多块玉组成,而组成“佩”的珩、璜、琚、瑀、琼、琚等都从玉,受字形类化规律的影响,便产生了从玉之“珮”,这进一步说明了古人尚玉和以玉为饰的习俗。

系挂佩玉的衣带是古代服饰中非常重要的部分,用以束紧衣服,也可悬挂日用品和饰品,是古人肢体装饰的纽带。置于衣带前面连接处的带钩常常做工精美,图案丰富,款式多样,具有很强的装饰性,而系于衣带悬于腰际的饰品,除玉佩外,香囊也比较常见。

帏,《离骚》:“椒专佞以慢慆兮,榝又欲充夫佩帏。”王逸注:“帏,盛香之囊。”[①]香囊,也称荷包、香袋,亦为古人随身佩戴的装饰物。帏字从巾,说明多用绸缎布料缝制而成,内装芳香的中草药,因而屈原曰“纫秋兰以为佩”。

《诗经·卫风·芄兰》:“芄兰之支,童子佩觿。”“芄兰之叶,童子佩韘。”又为我们记录了古代的两种佩饰——觿和韘。

觿,《说文》:“觿,佩角,锐端可以解结。”以“觿”为解结的器具,字从角,许慎以为其仿照动物角而来。毛亨注此句曰:“觿,所以解结,成人之佩也。”[②]臧振、潘守永《中国古玉文化》指出,觿在周代就已经由成人之佩演变为儿童的佩饰,并认为其源头为野兽的犬齿,云:“古人手握獠牙或佩戴獠牙,有显示威武、辟邪的作用,或有更深层次的形而上的含义。新石器时代晚期,玉器流行,以玉制成獠牙,随身携带,称之为觿。”[③]沈从文也有关于野兽犬牙演化成装饰物的论述:“最初拔取野兽的犬齿可能是猎手的纪念品,随后演化为装饰。青年男子把它佩戴于身,还具勤劳、勇敢与胜利的象征。”[④]

韘,《说文》:“射决也。所以拘弦,以象骨韦系着右巨指。”韘本是射箭时引弦的辅助用具,又称为玦,“冯珧利玦,封豨是射”是也,后世也称扳指。毛亨注此句曰:“韘,玦也,能射御则佩。”[⑤]童子佩韘,表示少年可以习射。传世和出土的韘,雕刻精美,基本上无法用于射御,而是纯粹的装饰品。

胳膊也是易于触及的装饰部位,其饰物多为环形。钏,《说文》:“臂环也。”唐慧琳《一切经音义》:“钏者,以金银为环,装饰其手足。”后来称“钏”为“镯”。明陆容云:

---

① 〔宋〕洪兴祖撰、白化文等点校:《楚辞补注》,中华书局 1983 年版,第 63 页。

② 〔清〕阮元校刻:《毛诗正义》,《十三经注疏》本,中华书局 1980 年版,第 326 页。

③ 臧振、潘守永:《中国古玉文化》,中国书店 2001 年版,第 106 页。

④ 沈从文:《中国古代服饰研究》,上海书店出版社 2002 年版,第 4 页。

⑤ 〔清〕阮元校刻:《毛诗正义》,《十三经注疏》本,中华书局 1980 年版,第 345 页。

"今人名臂环为镯，音浊，盖方言也。"①考古发现新石器时代就有玉石臂环，《说文》中有从玉之"环"，释为"璧也"。《尔雅·饰器》："肉倍好谓之璧，好倍肉谓之瑗，肉好若一谓之环。"古人归玉环为璧属，并没有解释为装饰品，是除了装饰身体之玉环外，亦有礼器等他用之环。到金属臂环出现，只为装饰之用，于是专造从金之"钏"。

今人以佩戴饰品、涂脂抹粉为女性身体装饰的手段和方法，古则无论男女，均可用之。"大汶口文化遗址的发现表明，当时的人们无论男女都佩戴一种由成对的猪獠牙制成的'束发器'或'牙约发'的发饰"②。秦兵马俑士兵头上都结有式样繁复的高耸发式。《史记·佞幸列传》："孝惠时，郎、侍中皆冠鵔鸃，贝带，傅脂粉。"③《正字通》云："钏，古男女同用，今唯女饰用之。"以此知古之男女，均结发用笄，皆涂脂粉妆饰面部，都佩戴饰品以点缀肢体。

由"笄""梳"到"钗""钏"，由"黱"到"黛"，由"佩"到"珮"，一个个汉字都内含着古代身体装饰文化。通过对这些汉字的分析，结合考古发现以及相关的古代文献资料，我们可以了解古人装饰自身的关注点和修饰概貌，推断古人面部妆饰的原料和方法，推拟饰品的形状、质地和使用情况。因而，我们认为，汉字不仅仅是记录汉语的符号，不仅仅是汉语使用者交流信息的工具，因为它"从本身内容到形式都标志着中国文化的鲜活存在"④之特质，所以也是我们了解古代社会、认知古代文化的一个极为有效的媒介。

---

① ［明］陆容撰：《菽园杂记》，中华书局1985年版，第104页。

② 晁福林：《先秦民俗史》，上海人民出版社2001年版，第25页。

③ ［汉］司马迁：《史记》，中华书局1998年版，第1141页。

④ 黄德宽：《汉字阐释与文化传统》，见《汉字理论丛稿》，商务印书馆2006年版，第212页。

图像与诗歌互证的胡腾舞审美意蕴

孙武军

摘　要：胡腾舞是汉末至北齐期间传入中原的粟特舞蹈之一，在隋唐时期达到了鼎盛。胡腾舞之所以能风靡中原，在于其具有三个方面的艺术特征和审美风格：雄健豪放的动作美和眉目传情的表情美；性感挺拔的人体美和妍彩奢华的服饰美；酣畅淋漓的醉意美和精湛高超的艺术技巧。本文从图像学、文学研究视角出发，对胡腾舞的审美意蕴进行了论证。

关键词：胡腾舞；入华粟特人；审美意蕴；墓葬图像；雄健豪放

从粟特传入中原的《胡旋舞》和《胡腾舞》，在唐代崔令钦《教坊记》和段安节《乐府杂录》中均被列入"健舞"类。"《胡旋舞》《胡腾舞》《柘枝舞》等西域民间舞，为什么在唐代会受到那样普遍的欢迎和热爱？甚至引起了某些人的忧虑，其原因是这些舞蹈具有西域游牧民族豪放、健朗的民族性格，矫捷、明快、活泼、俊俏的舞蹈风貌，与当时开放、向上的时代精神相吻合，符合当时人们的欣赏趣味和审美要求"①。具体而言，表现在这些舞蹈具有如下艺术特征和审美风格：雄健豪放的动作美和眉目传情的表情美；性感挺拔的人体美和妍彩奢华的服饰美；酣畅淋漓的醉意美和精湛高超的艺术技巧。

一、雄健豪放的动作美和眉目传情的表情美

动作是舞蹈最主要的组成因素和表现形式。每个动作由动态、动速、动律和动力四个基本元素所组成，这四个成分的组合使动作具有造型美、流动美、情感美等审美特征。② 用动作的四元素来解析胡腾舞，能使我们对胡腾舞所体现的雄健豪放的艺术风格准确把脉。

动态即动作的姿态，包括静止的姿态、流动的姿态、舞步等。从胡腾舞的图像来

① 王克芬：《中国舞蹈史(隋唐五代部分)》，文化艺术出版社 1987 年版，第 7 页。

② 于平：《舞蹈文化与审美》，中国人民大学出版社 2005 年版，第 246 页。

看,我们更多发现的是静止的舞姿,主要有扭头回顾、一手或双手上举、送胯提膝、扭腰踢踏等。文献记载则静止、流动的姿态均有,如腾踏、环行、叉腰等动作:"环行急蹴皆应节""反手叉腰如却月"(李端《胡腾儿》)。刘言史《王中丞宅夜观舞胡腾》载"弄脚缤纷锦靴软",说明胡腾舞以腿部和脚部活动为主,不断变换各种步伐,可能有碎步、移步、蹉步、踏步和跺步等多种舞步。动速即动作的节奏、速度。从胡腾舞者飞扬、摆动的飘带和衣袖,我们能感受到胡腾舞显明铿锵的节奏和活泼轻快的速度,如"蹲舞樽前急如鸟""跳身转毂宝带鸣"(《王中丞宅夜观舞胡腾》)。动律即动作空间走向、时间流动疾缓的内在规范,能使动作在空间走向、时间流动中构成一种形式美感及流动韵味。这一点我们只有结合《胡腾儿》《王中丞宅夜观舞胡腾》等诗歌记载才能有比较深切的体悟,仅依靠舞蹈图像较难获得。动力是动作的力度,有两层含义,一是指动作力度与情感强度的统一,形成一种情感倾向;另一种是指动作在运动中的"力效",如力点的爆发、转移、延伸等。从史书、诗歌记载来看,胡腾舞者需要具有足够的力量并能呈现出爆发、持久的力度,特别是像"跳身转毂"——筋斗[①]这样的高难度空翻动作。舞蹈过程中已"红汗交流珠帽偏"(《胡腾儿》),说明舞者消耗了相当大的体能,动作幅度应该较大,可能还倾注了较为深厚的情感。胡腾舞以独具风韵的动态、动速、动律和动力等,向我们展现了雄健豪放的审美意蕴。

除头部、躯干、上肢和下肢等大幅度、高频率的舞蹈动作外,胡腾舞者还比较重视在舞蹈过程中运用以眼神为主的丰富多变的面部表情。中国历来不乏关于舞者运用眼神的记载,如汉代张衡《舞赋》有"腾嫮目以顾眄,眸烂烂以流光"[②],南朝梁简文帝萧纲《舞赋》有"尔乃优游容与,顾眄徘徊"[③]。但通过眼含秋波、频盼美目来体现舞者楚楚动人的风姿和满含深情的感染魅力则在唐代才出现。如咏胡腾舞的"扬眉动目踏花毡"(李瑞《胡腾儿》)、咏柘枝舞的"曲尽回身处,层波犹注人"(刘禹锡《观柘枝舞二首·其二》)等。结合舞蹈整体风格和诗歌记载,我们可以看出,虽然中原早已有对于舞者眼神运用的关注,但其重心在于对幽怨哀思之情的彰显和脉脉矜持表达方式的肯定。与北朝之前中国儒家所坚持的含而不露的表达方式和思维定式不同,北朝隋唐受到鲜卑草原文化和波斯、印度、中亚等外域文化的渗透与影响,迈出了"开放"的一脚,感情的表达方式不再单单是含情脉脉,同时还包括大胆豪爽。胡腾舞、柘枝舞等粟特舞蹈舞者的表情方式不是中原式的被动与含蓄内敛,而是西域式的主动与张扬外露。"扬眉动目""层波注人"所展示的妩媚挑逗的眼神,能给胡舞观者以遍彻全身的感官刺激和审美享受。用白居易刻画杨贵妃"回眸一笑百媚生"的诗句来形容这些传入中原的胡腾舞、胡旋舞和柘枝舞的舞伎,可谓恰到好处。胡腾舞伎以眉目传情的表情美与雄健豪放的动作风格一起,向我们淋漓尽致地展现了胡腾舞独特的中亚艺术审

① 段晴:《筋斗背后的故事:从一个家喻户晓的词汇透视粟特文化的遗踪》,见《法国汉学》丛书编辑委员会编:《粟特人在中国——历史、考古、语言的新探索》,中华书局2005年版,第402—415页。

② 〔唐〕徐坚等著:《初学记》,中华书局1962年版,第382页。

③ 〔唐〕徐坚等著:《初学记》,中华书局1962年版,第382页。

美趣味。

二、性感挺拔的人体美和妍彩奢华的服饰美

虽然绘画、雕塑等艺术手段也表现人体，但其中的人体是静态的、空间性的。与此不同，舞蹈中的人体是动态的、时间性的、流动性的，是以人的整个身体为物质材料来塑造艺术形象。闻一多曾指出："舞是生命情调最直接、最实质、最强烈、最尖锐、最单纯而又最充足的表现。生命的机能是动，而舞便是节奏的动，或更准确点，有节奏的移易地点的动，所以它直是生命机能的表现。"①生命机能的表现来自人体，欣赏舞蹈的过程其实就是人类自我认识、内向观照和自我欣赏的过程。受到不同文化传统和思想观念的制约与浸透，人们对于人体美的观照有着显露与隐约两种态度。中亚粟特在北朝隋唐时期的舞蹈图像多表现舞者的身体曲线美，应该属于显露的态度。出土于撒马尔罕南部喀什卡河谷的7世纪纳骨瓮上，乐舞伎穿窄袖开襟似裙衣服，舞姿优美（图一）。② 出土于撒马尔罕的莫拉－库尔干遗址7世纪纳骨瓮的尖锥形部位，雕绘有两个舞者相对起舞，她们似穿紧身舞服，全身曲线美得到了最完美的体现（图二）。③ 片治肯特遗址发现的7至8世纪的一幅壁画中，最左边舞伎穿短袖高束腰裙，上身曲线优美。④ 中国传统舞服多宽大肥硕，既隐藏了舞者的纤纤玉手，又遮掩了舞者亭亭玉立的身材，从而降低了绰约婀娜舞姿带给观众的视觉冲击力，应该属于隐约的态度。

图一　喀什卡出土纳骨瓮乐舞图

图二　莫拉－库尔干出土纳骨瓮乐舞图

自北魏始，中国传统的隐约态度受到外域显露态度的影响，从而发生了一定的变化。《胡腾儿》开头一句就写胡腾舞伎来自凉州，"肌肤如玉鼻如锥"，这是对入华胡人舞者与众不同的长相和外貌的真实写照。李端的仔细观察与客观描写突出了胡腾舞伎的人体美。"慢脸娇蛾纤复秾"（岑参《田使君美人舞如莲花北鋋歌》）、"玉面添娇舞态奢"（刘禹锡《和乐天柘枝》）、"带垂钿胯花腰重，帽转金铃雪面回"（白居易《柘枝

① 孙党伯、袁春正主编：《闻一多全集（2）文艺评论·散文杂文》，湖北人民出版社1993年版，第209—210页。

② ［法］葛勒耐：《北朝粟特本土纳骨瓮上的祆教主题》，毛民译，见张庆捷等主编：《4～6世纪的北中国与欧亚大陆》，科学出版社2006年版，第191页。

③ ［俄］李特文斯基：《中亚文明史（第三卷）》，马小鹤译，中国对外翻译出版公司2003年版，第215页。

④ GUITTY A. *Sogdian Painting: The Pictorial Epic in Oriental Art*. Berkeley · Los Angeles · London: University of California Press, 1981:60.

妓》)、“红铅拂脸细腰人,金绣罗衫软著身”(张祜《李家柘枝》)等,则重在描写胡旋舞、柘枝舞者经过化妆的面部娇态,惟妙惟肖,引人入胜。

人体美最主要的表现部位非腰胯莫属。胡腾舞大幅度的顶胯、甩腰动作既展现出舞伎肢体的柔韧度,又表现了人们崇尚曲线美的审美倾向。“反手叉腰如却月”(《胡腾儿》),舞者整个身体弯成一个圆弧,仿佛一弯新月。“胡腾醉舞筋骨柔”(元稹《和李校书新题乐府十二首·西凉伎》),说明胡腾舞伎深厚的舞腰功底和精湛的柔韧技巧。关于柘枝舞伎的腰功,唐诗中的记载更是丰富细致。如果说高难度动作体现的是胡腾舞的阳刚之美,那么,舞者高度柔韧的腰功体现的就是胡腾舞的阴柔之美。

舞伎人体美的展现离不开紧身、短袖的舞服。受到胡腾舞多翻腾跳跃动作的要求,舞伎必须穿圆领窄袖长袍等舞服,脚蹬软靴,这样才能利于各种高难度激烈动作的顺利完成。“织成蕃帽虚顶尖,细氎胡衫双袖小……跳身转毂宝带鸣,弄脚缤纷锦靴软”(《王中丞宅夜观舞胡腾》)、“桐布轻衫前后卷,葡萄长带一边垂……红汗交流珠帽偏”(《胡腾儿》)是对于胡腾舞舞服的详细记载。这种紧绷在身体上,充分显露性感曲线和轮廓的色彩鲜艳的舞服,在以宽松长袖为传统的中原人看来,显然具有强大的视觉冲击力。

舞服的妍彩奢华是入华粟特人墓葬舞蹈图像的一大特征。安伽墓围屏石榻正面屏风第一幅图像中舞者“身着褐色翻领紧身长袍,袍前胸中部开襟,领口、前襟、袖口及下摆为红色,腰系黑带,穿白裤,脚蹬黑色长靴”(图三)①。虞弘墓石椁椁座背面彩绘上栏第三幅舞者“颈戴黄色项圈,圈下带四个圆形饰件。赤裸上身,手腕处戴一手镯,手镯上满是小铃之类的圆形饰物。肩披红绿二色的曳地长帔,长帔绕赤膊并随身体旋转而上下飞卷,帔端为尖头形状。下身着宽肥的红色短裤,腰系一条褐、黄、红、绿四色相间的圆头饰带,带在腹前打结,在腿间飘下又随着舞蹈摆动”(图四)②。这些舞服色彩鲜艳,对比鲜明,纯色特别是红色的大量使用,容易给观众营造热烈激荡的欢快氛围,具有强烈的艺术感染力。

图三　安伽正面屏风第一幅胡腾舞图

图四　虞弘椁座背面彩绘上栏第三幅胡腾舞图

① 陕西省考古研究所编著:《西安北周安伽墓》,文物出版社2003年版,第25—26页。

② 山西省考古研究所等:《太原隋虞弘墓》,文物出版社2005年版,第144页。

入华粟特人以高鼻深目、长身玉肤的域外体貌给汉人留下了深刻的印象，而胡腾舞伎更以柔骨细腰、性感挺拔的人体美和小袖锦靴、妍彩奢华的服饰美，填补、扩充了汉人对于中亚舞蹈艺术的认识与体悟。娇奢舞态与锦绣舞服的完美结合，不但表现了胡腾舞伎乃至粟特人追求乐感的生命意识，而且折射出入华粟特人日常生活审美化的美学旨归。

三、酣畅淋漓的醉意美和精湛高超的艺术技巧

胡腾舞与葡萄酒关系密切。唐诗中多次提到舞者在跳胡腾舞时，要么手持酒盏，要么醉意朦胧，如《王中丞宅夜观舞胡腾》载"手中抛下葡萄盏"，《胡腾儿》载"醉却东倾又西倒"，《和李校书新题乐府十二首・西凉伎》载"胡腾醉舞筋骨柔"等。入华粟特人葬具胡腾舞图像中，来通、叵罗、角杯、各种酒瓶或酒壶、酒坛出现频率很高，可以佐证唐诗记载。

河南安阳出土的入华粟特人双阙围屏石榻正面左侧第一幅图像中，胡腾舞者旁边女子手提酒瓶，可能是用于胡腾舞者饮用（图五）。① 安伽墓围屏石榻三幅胡腾舞图像中，酒坛、单柄鸡首壶、叵罗等酒器多有出现。史君墓石墓门西门框自上而下第二个着交领窄袖和齐膝袍的舞者应是在跳胡腾舞，他右手持来通杯上举，扭头看左下方，双腿分开，整幅图像似乎表现的是跳腾动作进行前的一刹那（图六）。② 与此相同，东门框自上而下第一个右手执角杯上举、左手叉腰、右腿前抬的舞者跳的也是胡腾舞（图七）。③ 众多入华粟特人墓葬的舞蹈图像中，酒具要么放置于舞伎周边地上，要么为舞伎旁边观舞者所持。如史君墓门框胡腾舞伎自己手持来通杯、角杯等酒具的舞蹈图像比较少见，此两幅图像也因直接表现了胡腾舞与葡萄酒的紧密关系而显得弥足珍贵。

吉美围屏石榻正面屏风自左至右第三幅下部有胡腾舞场面（图八）。④ 法国学者德凯琳（Catherine Delacour）和黎北岚（Pénélope Riboud）认为，此图像援用象征大自然之更新与再生的酒神胜利的表现题材，"其用意大抵在于帮助死者的亡灵脱离身体，从而踏上飞升之途"⑤。此观点似有过度阐释之嫌。笔者以为此图像更多的是模拟了现实生活中的实际情况，粟特人种植葡萄、酿制葡萄酒以及在宗教仪式和日常生活中畅饮葡萄酒，已是众多历史文献和图像资料所证明的，不一定非要和酒神胜利扯上关系。值得注意的是，将胡腾舞图像雕绘于酒瓶上，也说明了胡腾舞与葡萄酒之间的密切关系。关于这一点，安阳北齐范粹墓胡腾舞黄釉扁瓶、固原出土北朝胡腾舞绿釉扁

---

① 姜伯勤：《中国祆教艺术史研究》，三联书店2004年版，第45页。

② 西安市文物保护考古所：《西安市北周凉州萨保史君墓发掘简报》，《文物》2005年第3期。

③ 西安市文物保护考古所：《西安市北周凉州萨保史君墓发掘简报》，《文物》2005年第3期。

④ [法]德凯琳、黎北岚：《巴黎吉美博物馆展围屏石榻上刻绘的宴饮和宗教题材》，施纯琳译，见张庆捷等主编：《4～6世纪的北中国与欧亚大陆》，科学出版社2006年版，第114页。

⑤ [法]德凯琳、黎北岚：《巴黎吉美博物馆展围屏石榻上刻绘的宴饮和宗教题材》，施纯琳译，见张庆捷等主编：《4～6世纪的北中国与欧亚大陆》，科学出版社2006年版，第122页。

瓶、故宫博物院藏北朝胡腾舞黄釉扁瓶等给我们提供了丰富的实物资料。①

图五　安阳屏风胡腾舞图

图六　史君墓西门框胡腾舞图

图七　史君墓东门框胡腾舞图

图八　吉美屏风胡腾舞图

根据诗歌记载与墓葬图像可知，胡腾舞者在跳胡腾舞之前需要饮用葡萄酒，舞者抛下酒盏之后，即随着舞曲节奏的律动开始起舞。饮用葡萄酒不但能使舞者迅速进入角色，而且美酒的兴奋作用更能促使舞者异彩纷呈地呈现舞蹈高潮。杜甫称“李白斗酒诗百篇”，说的是李白酒醉后诗歌创作的兴奋状态，而胡腾舞者饮用葡萄酒亦可进入相类似的艺术创作或表演状态。与儒家“虚壹而静”、道家“心斋”“坐忘”等艺术创作观念不同，胡腾舞者借饮酒进入“迷狂”创作或表演过程的艺术观念与古希腊艺术之神、酒神狄俄尼索斯所象征的艺术精神相似。总之，“胡腾醉舞”这一审美意象向北朝隋唐时期中原传达的不仅是粟特葡萄酒文化在日常生活中的普遍性和深入性，更是酒文化与舞蹈艺术相互影响、相互浸润的较好例证。它不仅是物质文化与精神文化的交融与互动，更是物质文化为特有艺术观念与审美旨趣奠定基础的独特个案。

① 袁剑侠：《河南博物院藏黄釉扁壶的再审视》，《中原文物》2013 年第 3 期。

胡腾舞者精湛高超的艺术技巧既体现在诸如腾跃翻转的高难度动作、急速铿锵的舞蹈节奏、爆发持久的舞蹈力度等方面,也表现在脚踏舞筵、腰系长带和肩披巾帔等多种舞具的使用。《胡腾儿》载“扬眉动目踏花毡”,《王中丞宅夜观舞胡腾》载“乱腾新毯雪朱毛”,这里的“花毡”“新毯”是胡腾舞、胡旋舞和柘枝舞特有的舞具,①其图像表现即虞弘墓石椁椁座背面彩绘上栏第3幅胡腾舞图像(图四)中舞者赤脚踩踏的双环形圆毯。激烈昂扬、奔腾纵横的胡腾舞要在一个几乎仅可容足的小毯子上进行,可见其难度之大,没有精湛高超的艺术技巧是无法完成的。

李瑞《胡腾儿》载“葡萄长带一边垂”,所谓“葡萄长带”,应为“带端为葡萄叶形状的软腰带”②。虞弘墓石椁椁壁及椁座共出现舞蹈图像六幅,除石椁内壁中央夫妇宴饮图中的为胡旋舞外,其他五幅图像均为胡腾舞,多数胡腾舞舞者腰系颜色鲜艳、装饰华丽的腰带(图四),而且均飘向一边,与《胡腾儿》描述相同。从图像来看,这些长带似为舞蹈专门设计的舞具,与日常生活中所系腰带不同。胡腾舞者的高妙之处在于“跳身转毂宝带鸣”(《王中丞宅夜观舞胡腾》),即在进行翻筋斗的高难度动作时,使腰间长带因高速飘转而发出声响。正如学者所指出的:“胡腾舞是把技术和难度交汇和融合在一起,其难度是胡腾舞美的品级基础,即越是艰难的动作,越是具有美的质量和价值。”③与腰系长带相似,肩披巾帔也是胡腾舞比较常见的舞具之一。巾帔绕过舞者臂部打圈,随舞者动作飘动飞舞,与腰系长带一起,在展现舞者精湛高超艺术技巧的同时,增强了胡腾舞的飘逸美感。

结语

据文献记载,胡腾舞的伴奏乐器主要有琵琶(曲项和直项)、横笛、铜钹、丝桐,从图像资料来看,应该还有排箫、箜篌、笙、腰鼓、海螺、筚篥等。这些乐器特别是琵琶、横笛、铜钹和腰鼓等多能演奏出节奏明快、旋律高亢的舞曲,营造出撼人耳目、激荡澎湃的艺术氛围,具有刚劲豪放的审美风格。胡腾舞的演出之所以能够产生强烈的艺术效果,“四座无言皆瞠目”“木槿花西见残月”(《王中丞宅夜观舞胡腾》),这源于多方面因素,最主要的是因为胡腾舞来自中亚,具有与中原固有艺术迥异的艺术品味、审美风格和文化内涵。与魏、晋、南朝表演性舞蹈崇尚绮丽纤巧、柔曼婉约的艺术风格不同,北朝隋唐多推崇雄健豪放、明快活泼的舞蹈作品。中原人在欣赏来自外域激烈刚劲、矫捷欢快的胡腾舞时,既受到了前所未有的感官刺激,又在审美观念上得到了一次洗礼和提升。

---

① 翟晓兰:《舞筵与胡腾·胡旋·柘枝舞关系之初探》,《文博》2010年第3期。

② 张庆捷:《北朝唐代粟特的“胡腾舞”》,见《民族汇聚与文明互动——北朝社会的考古学观察》,商务印书馆2010年版,第373页。

③ 林春、李金梅:《古代中亚的胡腾舞考释》,《敦煌学辑刊》2010年第1期。

敦煌壁画迦陵频伽图像的起源与演变

孙武军　张　佳

摘　要：甘肃发现的北魏至隋代千秋图像作为中原句芒神、千秋鸟向唐代敦煌壁画迦陵频伽图像转变的中介，更多源自它们在死后世界想象中的角色功能，而非仅为人首鸟身的组合形式。迦陵频伽是作为中国佛教西方净土思想的组成因素出现在敦煌壁画中的，古代中国佛教艺术中的迦陵频伽最早应为出现于唐初的“敦煌风格”迦陵频伽。“敦煌风格”迦陵频伽是印度紧那罗形象、印度迦陵频伽文本、敦煌唐代佛教画工、唐代净土信仰、中原先唐人首鸟身形象等多种因素碰撞的结果。“敦煌风格”迦陵频伽的共同点体现在华美头冠、伸展双翼、修长卷尾、站立姿势、乐舞角色、净土场景等方面；有些迦陵频伽在双手合十姿势、献鸟献物角色、边饰纹样功能等方面有所突破。“敦煌风格”迦陵频伽在盛唐以后东进中原，出现在中原佛寺塔基地宫、佛教金棺银椁、皇室贵族墓葬等艺术载体中。

关键词：敦煌风格；迦陵频伽；紧那罗；人首鸟兽；西方净土

中国学界关于迦陵频伽的专题研究，肇始于台湾学者张水财。他认为：“佛教艺术中其造型是上半身为人、下半身为鸟之相，目前于中国境内所发现之年代最早者，推定为东魏武定七年(549)所作。以之与中、印两地原有之人头鸟神比较，发现其图像乃转化自印度紧那罗人头鸟之形，而非源于中土。”①2014年，台湾学者杨雅雯从整体、宏观的角度讨论了迦陵频伽图像在唐代的发展与演变，认为：“迦陵频伽的特质于唐代发展完备与多元，与佛教的关系是有意义上的增多且内容更加详细，但在本质上也持续被继承着。不同的经变中，有着文本上记载的差异，但却有着相同净土式的表现，迦陵频伽图像亦在这个转移的过程中一起被挪用。舍利的瘗埋，从隋代佛诞与涅槃的二重概念相融合的行为，演变至唐代地宫中将再生说法、佛国世界、涅槃三者的综合表现空间。迦陵频伽延续着佛说法的意义以及妙音的特质被挪用至地下空间中，象征着佛国世界。墓室中的迦陵频伽神瑞性质较高，椁上的图像为死后世界的想象与现世中

① 张水财：《佛教迦陵频伽鸟之研究》，华梵大学1997年硕士学位论文，摘要。

美好生活场景的交融。而迦陵频伽俑之陪葬品更是功能与意义的转化。”①

自2002年始，中国大陆多位学者先后著专文②研究迦陵频伽。其中，陈雪静、任平山的观点具有代表性。陈雪静认为：“迦陵频伽来源于古印度的神话传说，它借鉴了古希腊罗马神话中有翼神祇——天使的某些形象特征，是印度神话、希腊罗马神话相结合的产物。”③任平山不同意陈雪静的观点，提出：“迦陵频伽的人头鸟身形象并非完全来自于域外，而是佛教概念和艺术形式与中国本土传统人头鸟形象相结合的产物，虽然在内涵上确实属于佛教，但在形象上可谓中国人头鸟身的延续和发展，这种延续同时也对信仰产生影响，赋予了迦陵频伽人头鸟身之超自然形象所具有的宗教意义。”④关于敦煌迦陵频伽形象的来源问题，郑汝中早在1989年就提出了“中国说”，认为其“是由中国的羽人意识，进行加工演变的结果”，“敦煌壁画中的伽陵鸟乐伎，也正是唐代出现并发展的造型，也是宫廷歌舞艺术影响民间艺术的一种现实的反映”。⑤高德祥发展了郑汝中的观点，认为敦煌壁画中“所谓的‘伽陵频迦’，并不是由西域传来的一种形式，而是当时宫廷中盛行的一种乐舞形式，这种乐舞形式被称之为《鸟歌万岁乐》，而且在唐代时期的宫廷中非常流行”。⑥

一、甘肃北朝隋代佛教艺术中的人首鸟身形象

北朝隋时期佛教艺术中的人首鸟身形象，出现于甘肃庄浪水洛城北魏卜氏石造像塔、西魏莫高窟285窟、西魏莫高窟249窟、隋莫高窟401窟。

卜氏石造像塔高五层，一石一层，四面均有造像。塔背面第四层上部有两立佛及中间的人蹲坐柱形火坛，下部由面对的两个双翼形象组成，左边为单足立人首鸟身，右边为双足立凤鸟（图一）。⑦ 左边人首鸟身形象因画面太小看得不是非常清晰，大概能分辨出其面朝右，双翼分展上扬，三束尾羽后伸微翘。任平山将其称为“人头鸟”，⑧余

---

① 杨雅雯：《唐代迦陵频伽图像研究——以敦煌石窟壁画、地宫、墓室三场所为例》，台北艺术大学2014年硕士学位论文。

② 其他相关研究有：孙晓辉：《迦陵频伽的音乐属性阐释》，见《宗风·庚寅·冬之卷》，宗教文化出版社2011年版，第276—299页；徐英：《迦陵频伽：从西天佛国到北疆草原的意义嬗变》，《艺术探索》2013年第5期；叶明春：《唐代敦煌壁画“迦陵频伽”造像与佛教音乐美学》，《交响》（西安音乐学院学报）2013年第4期；汤晓芳：《西夏三号陵出土迦陵频伽、摩羯的艺术造型》，见《西夏学》第九辑，上海古籍出版社2014年版，第260—264页；胡曼：《从“迦陵频伽”图像的象征意义看唐代佛教音乐美学思想》，西安音乐学院2014年硕士学位论文。

③ 陈雪静：《迦陵频伽起源考》，《敦煌研究》2002年第3期。

④ 任平山：《迦陵频伽及其相关问题》，四川大学2004年硕士学位论文，第4页。

⑤ 郑汝中：《敦煌壁画乐伎》，《敦煌研究》1989年第4期。以《敦煌壁画中的乐伎》为题，收入郑汝中：《敦煌壁画乐舞研究》，甘肃教育出版社2002年版，第46页。

⑥ 高德祥：《敦煌壁画的〈鸟歌万岁乐〉》，《中国音乐》1991年第1期。修订稿以《鸟乐舞与〈鸟歌万岁乐〉》为题，收入高德祥：《敦煌古代乐舞》，人民音乐出版社2008年版，第173页。

⑦ 张宝玺：《甘肃佛教石刻造像》，甘肃人民美术出版社2000年版，第25页，图15。

⑧ 任平山：《迦陵频伽及其相关问题》，四川大学2004年硕士学位论文，第48—49页。

国江、薛炳宏将其称为“千秋万岁”,[①]显然是考虑到该形象的人首与鸟身两个特征。

西魏莫高窟285窟人首鸟身形象位于北侧窟顶,为该窟仅见一例,段文杰将其称为“千秋”(图二a)。[②] 人首鸟身形象展翅腾飞于半空,头部后伸,胸部挺起,似戴冠帽,颈部所系飘带随风后扬,尾羽修长飘逸(图二b)。[③]

第249窟人首鸟身形象所处位置及造型特征与第285窟相似,孙作云将其称为“羽人”,认为其“作人头鸟身有翼之状者,这表示他还未完全变成鸟”。[④] 现在看来此观点值得商榷,学者或将其称为导引护送升仙的千秋长命鸟或中国远古神话中的东方之神句芒(图三),[⑤]或将其称为禺强或千秋鸟。[⑥]

图一 北魏卜氏石造像塔人首鸟身形象

图二a 莫高窟285窟人首鸟身壁画

图二b 莫高窟285窟人首鸟身(线描图)

图三 莫高窟249窟人首鸟身壁画

郑汝中将隋莫高窟401窟莲花飞天藻井中的人首鸟身形象称为迦陵频伽,指出“凤

① 余国江、薛炳宏:《六朝时期的“千秋万岁”》,贺云翰主编《长江文化论丛》第九辑,南京大学出版社2013年版,第41—42页。

② 段文杰主编:《敦煌石窟艺术·莫高窟第二八五窟(西魏)》,江苏美术出版社1995年版,第168页,图版162,说明文字见第191页。

③ 杨东苗、金卫东编绘:《敦煌飞天精品线描一百例》,浙江古籍出版社2005年版,第36页。

④ 孙作云:《敦煌画中的神怪画》,《考古》1960年第6期。收入《孙作云文集·第4卷·美术考古与民俗研究》,河南大学出版社2003年版,第293页。

⑤ 刘玉权主编:《敦煌石窟全集·19·动物画卷》,上海人民出版社2000年版,第237页,图版216。

⑥ 赵声良等:《敦煌石窟美术史·十六国北朝·上卷》,高等教育出版社2014年版,第284页。

鸟中有一身为人首鸟身,是目前莫高窟发现迦陵频伽最早的图形”(图四a、图四b)。[1]

图四a　莫高窟401窟藻井人首鸟身壁画

图四b　莫高窟401窟藻井人首鸟身(摹本)

虽然关于人首鸟身形象的命名还存在分歧,但对于西魏莫高窟图像的中原因素来源,学者观点比较一致。孙作云指出:“敦煌画中的神怪画全是中国本土的东西,若求其根深,可以由南北朝上溯到两汉,从两汉上溯到战国,更由战国远溯到原始社会的图腾信仰与氏族制度。它有如此悠久的历史,所以形成了中国艺术中的民族传统,虽然在某些方面接受了外来文化,但也是执拗地被表现着。”[2]赵声良指出:“北魏晚期到西魏时期,这些汉代的神灵、仙兽开始出现在佛教寺院和石窟壁画中,表明佛教思想与中国传统神仙思想的融合,当时的人们把佛国世界理解为神仙的世界,而佛教也从中国的神仙思想中找到了可以得到理解与认同的位置,于是佛境与仙境就交织在一起了。”[3]

总之,甘肃北朝隋代佛教艺术所见人首鸟身形象数量少,庄浪与莫高窟的人首鸟身形象在出现载体(造像塔、石窟壁画)、出现场景(两立佛拜火及凤鸟、诸天神灵处于云气弥漫天界)、姿势(单足立、飞翔)、颈部长短(短颈、长颈)等方面均有所区别。

二、敦煌莫高窟初唐时期的迦陵频伽

有学者比照《阿弥陀经》,得出敦煌莫高窟最早的迦陵频伽出现在初唐的观点,应为不刊之论。[4] 需要说明的是,莫高窟332初唐窟南壁涅槃经变壁画“出殡”场景中位于棺材上的“立鸡”,可能由于该壁画面积较大(高3.7米、宽6.08米),相关图录不能展现其细节,任平山将其误称为“人头鸟”,并认为:“人头鸟立此套棺上,服务于释迦

---

① 图四a,采自郑汝中主编:《敦煌石窟全集·16·音乐画卷》,商务印书馆(香港)有限公司2002年版,第142页,图版122。图四b,采自刘庆孝、诸葛铠编绘:《敦煌装饰图案》,山东人民出版社1982年版,第24页。

② 孙作云:《敦煌画中的神怪画》,《考古》1960年第6期。收入《孙作云文集·第4卷·美术考古与民俗研究》,河南大学出版社2002年版,第302页。

③ 赵声良等:《敦煌石窟美术史·十六国北朝·上卷》,高等教育出版社2014年版,第284—287页。

④ [日]山本宏子:《敦煌壁画にみる迦陵频伽とその乐器》,《古代文化》第52卷《特辑人面鸟と有翼人——迦陵频伽を中心に(1)》,2000年,第26页;任平山:《迦陵频伽及其相关问题》,四川大学2004年硕士学位论文,第10—12页,尾注9。

涅槃，当与西方净土无关。但它却合乎逻辑地将南北朝丧葬文化中的人头鸟传统带入了佛教徒的葬礼中。"①其实，关于此"灵柩立鸡"问题，贺世哲②、段文杰③、谢生保④、谭蝉雪⑤等学者早已阐明，似已成定论。

唐代敦煌莫高窟壁画中的迦陵频伽因其数量众多而一直是迦陵频伽研究的主要组成部分，在数量统计、年代梳理、类别辨析、内涵阐释等方面，学界已取得一些研究成果。本文仅就代表性图像做一罗列，对于学界已有成果，采取略其所详、详其所略的原则。

庄壮将敦煌壁画中持奏乐器的人首鸟身形象称为伽陵频迦鸟（简称伽陵鸟）乐伎，认为敦煌壁画中伽陵鸟乐伎共有 54 组。其中，唐 46 组（初唐 3 组、盛唐 14 组、中唐 15 组、晚唐 14 组），五代 6 组，宋 2 组。⑥

初唐敦煌莫高窟的迦陵频伽出现在第 220 窟、329 窟、372 窟、386 窟壁画中，出现场景均为阿弥陀经变。阿弥陀经变，亦称西方净土变，是唐代前期现存各种经变画⑦中最多的一种。

题记为贞观十六年（642）的莫高窟第 220 窟南壁的阿弥陀经变是至今规模最大且保存最好的阿弥陀经变，画面中心为结跏趺坐于宝池中央莲台上的阿弥陀佛（图五 a）。⑧ 迦陵频伽立于画面右侧莲座菩萨华盖左侧平台上，面朝阿弥陀佛，双手合十或手持物，彩带束发且发带前端饰有宝珠，颈部、手腕戴串饰，五彩双翼伸展，斑点彩色尾羽微翘（图五 b）。⑨ 日本学者八木春生指出，敦煌莫高窟 220 窟大型经变相图的出现

---

① 任平山：《迦陵频伽及其相关问题》，四川大学 2004 年硕士学位论文，第 52—53 页。

② 贺世哲：《敦煌莫高窟的〈涅槃经变〉》，《敦煌研究》1986 年第 1 期。

③ 段文杰：《创新以代雄——敦煌石窟初唐壁画概况》，《中国壁画全集 · 敦煌 5 · 初唐》，辽宁美术出版社 1989 年版，第 1—24 页。收入段文杰：《敦煌石窟艺术研究》，甘肃人民出版社 2007 年版，第 230—231 页。

④ 谢生保：《敦煌壁画中的丧葬民俗》，见谢生保主编：《敦煌民俗研究（一）》，甘肃人民出版社 1995 年版，第 231—232 页。

⑤ 谭蝉雪：《丧葬用鸡探析》，《敦煌研究》1998 年第 1 期。

⑥ 庄壮：《敦煌壁画乐伎形式及其价值》，《敦煌学国际研讨会文集 · 石窟艺术编》，辽宁美术出版社 1995 年版，第 234—235 页。

⑦ 根据学者统计，现存唐代前期敦煌的经变图像种类及数量如下：阿弥陀经变（28 铺）、法华经变（20 铺）、观无量寿经变（17 铺）、弥勒经变（17 铺）、维摩诘经变（11 铺）、东方药师经变（6 铺）、涅槃变（5 铺）、劳度叉斗圣变（1 铺）。见段文杰：《唐代前期的莫高窟艺术》，敦煌文物研究所编《中国石窟 · 敦煌莫高窟》第三卷，文物出版社 1987 年版，第 161—176 页。收入段文杰：《敦煌石窟艺术研究》，第 59 页。

⑧ 段文杰主编：《中国敦煌壁画全集 · 5 · 敦煌初唐》，天津人民美术出版社 2006 年版，第 33 页，图版 34。

⑨ 段文杰主编：《中国美术全集 · 绘画编 15 · 敦煌壁画（下）》，上海人民美术出版社 1985 年版，第 14 页，图版 16。本文图五 b 在原壁画中的位置，在本文图五 a 中用黑色方框标出；本文除图一八 a 用白色方框外，其余均同图五 a。

直接受到了西安等中原地区的影响。[1]

图五 a　莫高窟 220 窟南壁阿弥陀经变壁画

图五 b　莫高窟 220 窟南壁阿弥陀经变画中的迦陵频伽

三、敦煌莫高窟盛唐时期的迦陵频伽

敦煌莫高窟盛唐时期迦陵频伽的出现场景种类较多，有观无量寿经变、阿弥陀经变、药师经变等。观无量寿经变场景包括 45 窟、148 窟、172 窟、180 窟、217 窟、320 窟等，阿弥陀经变包括 225 窟、445 窟等，药师经变包括 148 窟等。

敦煌莫高窟观无量寿经变场景中的迦陵频伽以 45 窟和 172 窟为代表。45 窟北壁中部观无量寿经变画面中央为正在说法的阿弥陀佛，周围有听法的众菩萨，画面下

① ［日］八木春生：《敦煌莫高窟第 220 窟南壁西方净土变相图》，李梅译，《敦煌研究》2012 年第 5 期。

部为由左右两侧各七人乐队组成(图六 a)。[1] 左侧乐队后上方有吹笙迦陵频伽,右侧乐队后上方有吹排箫迦陵频伽,均面向画面中央,双足立在覆莲圆毯上。吹笙迦陵频伽双手持笙,头戴两边上卷发带,双翼展开,修长卷尾自然后垂(图六 b);吹排箫迦陵频伽头戴饰有宝珠发带,修长卷尾上翘(图六 c)。[2] 在此无量寿经变场景中,两支迦陵频伽似乎参与到了两支乐队的集体演奏中。

图六 a　莫高窟 45 窟北壁的观无量寿经变壁画

图六 b　莫高窟 45 窟北壁观无量寿经变中的吹奏笙迦陵频伽(线描图)

图六 c　莫高窟 45 窟北壁观无量寿经变中的吹奏排箫迦陵频伽(线描图)

莫高窟盛唐 172 窟北、南壁均为观无量寿经变,[3]迦陵频伽共出现 9 次,[4]在演奏

① 敦煌文物研究所编:《中国石窟·敦煌莫高窟》第三卷,文物出版社 1987 年版,图版 136。

② 图六 b、图六 c,分别采自史敦宇、金洵瓘绘:《敦煌舞乐线描集》,甘肃人民美术出版社 2007 年版,第 174、173 页。

③ 敦煌研究院编:《敦煌石窟鉴赏丛书》第六分册(第 172 窟),甘肃人民美术出版社 1990 年版,图版 8、12。

④ 任平山:《迦陵频伽及其相关问题》,四川大学 2004 年硕士学位论文,第 15—16 页。

横笛、排箫(图七 a)[①]、笙、筚篥(图七 b)[②]等乐器。

图七 a　莫高窟 172 窟观无量寿经变吹奏横笛、排箫迦陵频伽(线描图)

图七 b　莫高窟 172 窟观无量寿经变吹奏笙、筚篥迦陵频伽(线描图)

莫高窟盛唐 148 窟东壁北侧药师经变中的迦陵频伽值得注意。该药师经变画中央部位为结跏趺坐于莲台上的药师佛,其两旁是日光、月光二胁侍及诸菩萨。画面下部宝池前玉栏围绕的舞台上为供养乐舞,包括两个胡旋舞伎及左右三十多人组成的乐队。舞伎前方有相互面对的两个迦陵频伽(图八 a)[③],学者或称其为“一对伽陵频迦乐伎一弹阮咸、一吹排箫”;或认为“一身迦陵频伽在演奏琵琶,另一身双手打开,掌心相对,口部张开,似在歌唱,两两相对好似用琵琶为歌唱伴奏”。[④]

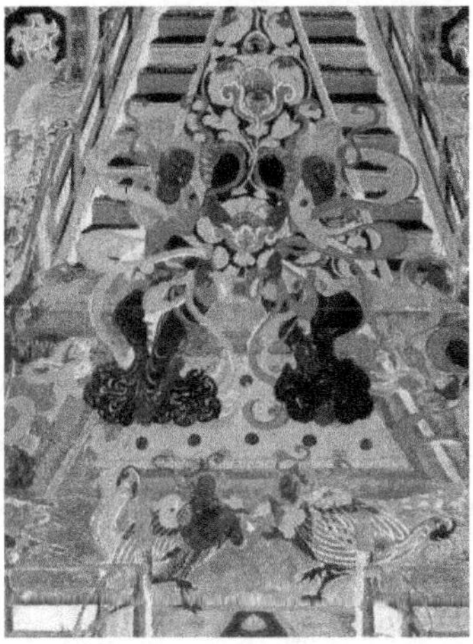

图八 a　莫高窟 148 窟东壁北侧药师经变中的奉献贡品迦陵频伽及舞蹈图壁画

① 欧阳琳、史苇湘、史敦宇编绘:《敦煌图案集》,上海书店出版社 1995 年版,第 136 页。
② 图七 b,采自史敦宇、金洵璠绘:《敦煌舞乐线描集》,甘肃人民美术出版社 2007 年版,第 175 页。
③ 孺子莘主编:《中国石窟寺乐舞艺术》,人民音乐出版社 2009 年版,第 267 页,图版 293。
④ 叶明春:《唐代敦煌壁画“迦陵频伽”造像与佛教音乐美学》,《交响》(西安音乐学院学报)2013 年第 4 期。

图八 b　莫高窟 148 窟东壁北侧药师经变中的献鸟迦陵频伽（线描图）

图八 c　莫高窟 148 窟东壁北侧药师经变中的献物迦陵频伽（线描图）

对照学者所绘线图（图八 b、图八 c）①，笔者发现两个迦陵频伽手中所持物并非乐器——左侧迦陵频伽双手缚持一鸟，从鸟伸出头部的姿势来看显然是试图尽力挣脱束缚；右侧迦陵频伽右手持一树叶状物体，左手摊开。欧阳琳认为，左侧迦陵频伽双手怀抱着吉祥雁鸟，雁鸟伸颈张望，右侧迦陵频伽右手握着蓓蕾。② 两个迦陵频伽装束、步态基本相同，只是修长尾羽姿势不同，一为上翘，一为向后伸展。两个迦陵频伽抬起右爪向前试探行走这一细节，很可能表明两个迦陵频伽是在向药师佛奉献贡品。

四、敦煌莫高窟中唐时期的迦陵频伽

敦煌莫高窟中唐时期的迦陵频伽与盛唐相比，不但数量增多，而且出现场景也更加多样化。出现在观无量寿经变的有 159 窟、112 窟、7 窟、126 窟、199 窟、201 窟、258 窟等，出现在药师经变的有 7 窟、159 窟、200 窟、238 窟、237 窟、360 窟、369 窟，出现在阿弥陀经变的有 369 窟、386 窟，出现在报恩经变的有 154 窟、200 窟，出现在金光明经变的有 158 窟，出现在说法图的有 166 窟，出现在十方佛赴会的有 258 窟，出现在金刚经变相的有 369 窟。③ 值得注意的是，迦陵频伽还出现在装饰纹样中，如 159 窟、225 窟、237 窟、359 窟、360 窟、361 窟等。同时，迦陵频伽也呈现出了新的角色——舞者。

敦煌莫高窟中唐 159 窟值得注意。该窟南壁观无量寿经变、北壁药师经变、主室盝顶帐形龛龛沿带状边饰均有迦陵频伽出现。南壁观无量寿经变场景中，迦陵频伽共出现 11 次（画面右下角一个为共命鸟），且均位于经变场面下部（图九 a）④，中间舞台一对舞伎左右边乐队身后各有三个迦陵频伽，舞台正面两个带护栏台阶上各有一个迦陵频伽，画面最底部有三个迦陵频伽，左侧的在吹横笛，中间的在舞蹈，右侧共命鸟在

① 欧阳琳、史苇湘、史敦宇编绘：《敦煌图案集》，上海书店出版社 1995 年版，第 139—140 页。

② 欧阳琳：《敦煌图案解析》，甘肃文化出版社 2007 年版，第 183 页。

③ 任平山：《迦陵频伽及其相关问题》，四川大学 2004 年硕士学位论文，第 16 页。

④ 段文杰主编：《中国敦煌壁画全集·7·敦煌中唐》，天津人民美术出版社 2006 年版，第 93 页，图版 91。

弹琵琶。

图九 a　莫高窟 159 窟南壁观无量寿经变迦陵频伽壁画

图九 b　莫高窟 159 窟南壁观无量寿经变迦陵频伽舞蹈(线描图)

该窟观无量寿经变中的迦陵频伽分布严格遵循对称构图原则,值得注意的是,画面最下部中间的迦陵频伽以舞蹈的形式出现(图九 b)①。舞蹈的迦陵频伽双手合掌举过头顶,食指似在击节,抬起的右爪、上翘的尾羽、几乎平展的双翼表明迦陵频伽舞意正酣。相似的舞姿还出现在晚唐敦煌莫高窟 361 窟②。董锡玖认为这是在跳龟兹舞或弹指舞,"弹指击掌等手势,是龟兹舞的典型动作"③。杜佑《通典》卷第一百四十

① 图九 b,采自史敦宇、金洵瑨绘:《敦煌舞乐线描集》,甘肃人民美术出版社 2007 年版,第 180 页。

② 李才秀:《从敦煌壁画中的舞姿看古代西域与内地的乐舞交流》,见《敦煌舞姿》,上海文艺出版社 1981 年版,第 149—150 页,附图 6。

③ 董锡玖:《敦煌壁画和唐代舞蹈》,《文物》1982 年第 12 期。收入《敦煌舞蹈》,新疆美术摄影出版社 1992 年版,第 52 页。

二载，北魏自宣武帝后“始爱胡声”，屈茨（龟兹）等胡乐与“铿锵镗锴”的胡舞对于中原人来说具有“洪心骇耳”“听之者无不凄怆”的震撼效果。这些胡乐胡舞“源出西域诸天诸佛韵调”，加之胡语难解，“是以感其声者，莫不奢淫躁竞，举止轻飚，或踊或跃，乍动乍息，跷脚弹指，撼头弄目，情发于中，不能自止”。[①]

莫高窟159窟北壁药师经变中，舞蹈的迦陵频伽、奏乐的迦陵频伽与人样乐伎同时出现在舞台上（图一〇）[②]，人样乐伎为迦陵频伽舞伎伴奏的场景比较奇特。画面中舞台内的迦陵频伽正拨弄着琵琶，前面的四个乐伎弯腰弓背，正沉醉在激亢高昂的音乐节奏中。舞台前面伸出的台子上，中间的迦陵频伽在跳巾舞，两旁的迦陵频伽分别在吹筚篥和横笛。

图一〇　莫高窟159窟北壁药师经变迦陵频伽壁画

莫高窟159窟主室盝顶帐形龛龛沿带状边饰也出现多个迦陵频伽，它们站立在莲瓣上，或跳袖舞（图一一 a）[③]，或拍拍板（图一一 b）[④]，或吹排箫（图一一 c）[⑤]。

① 〔唐〕杜佑撰、王文锦等点校：《通典》，中华书局1988年版，第3614—3615页。
② 段文杰主编：《中国敦煌壁画全集·7·敦煌中唐》，天津人民美术出版社2006年版，第123页，图版118。
③ 欧阳琳、史苇湘、史敦宇编绘：《敦煌图案集》，上海书店出版社1995年版，第180页。
④ 史敦宇、金洵瑨绘：《敦煌舞乐线描集》，甘肃人民美术出版社2007年版，第182页。
⑤ 欧阳琳、史苇湘、史敦宇编绘：《敦煌图案集》，上海书店出版社1995年版，第181页。

图一一a　莫高窟159窟主室盝顶龛沿跳袖舞迦陵频伽(线描图)

图一一b　莫高窟159窟主室盝顶龛沿演奏拍板迦陵频伽(线描图)

图一一c　莫高窟159窟主室盝顶龛沿吹奏排箫迦陵频伽(线描图)

第159窟西龛内沿装饰带的卷草纹中夹画有迦陵频伽和石榴纹,植物纹样和迦陵频伽完美地组合在一起(图一二)①。与159窟边饰中站在莲瓣上的迦陵频伽不同,225窟边饰中,迦陵频伽双腿自然后伸,将飞翔在空中的景象表现得淋漓尽致(图一三)②。

图一二　莫高窟159窟西龛内沿装饰带迦陵频伽壁画

图一三　莫高窟225窟边饰迦陵频伽(线描图)

① 关友惠主编:《敦煌石窟全集·14·图案卷(下)》,商务印书馆(香港)有限公司2003年版,第122—123页,图版130。

② 欧阳琳、史苇湘、史敦宇编绘:《敦煌图案集》,上海书店出版社1995年版,第171页。

同样属于装饰角色的迦陵频伽还出现在中唐360窟主室藻井井心的莲瓣圆盘中，迦陵频伽左手按弦，右手拨弄琵琶，整个造型为了适应圆盘而显得较为紧凑(图一四)①。

图一四　莫高窟360窟主室藻井迦陵频伽(线描图)

五、敦煌莫高窟晚唐时期的迦陵频伽

敦煌莫高窟晚唐时期的迦陵频伽与中唐相比，数量明显减少，出现场景增多，而且更加注重装饰功能。阿弥陀经变场景有156窟、107窟、192窟、196窟等，观无量寿经场景有12窟、141窟、144窟、232窟等，药师经变场景有177窟等，报恩经变场景有141窟，窟龛藻井装饰有14窟、85窟、9窟等。②

莫高窟晚唐156窟南壁上部为经变画，左起依次为金刚经变、阿弥陀经变、思益梵天问经变。③ 阿弥陀经变最下层舞台(图一五a)④上迦陵频伽出现三次，中间一个立在仰莲舞筵上，正在跳巾舞(图一五b)⑤，左、右两侧的迦陵频伽分别弹奏凤首箜篌、琵琶，为舞者伴奏。值得注意的是，阿弥陀经变右侧的思益梵天问经变中，乐伎、舞伎均为人样，这种区别表明迦陵频伽式乐伎、舞伎当与阿弥陀经变之间存在一定的对应关系。

---

① 欧阳琳、史苇湘、史敦宇编绘:《敦煌图案集》，上海书店出版社1995年版，第174页。

② 敦煌研究院编:《敦煌石窟鉴赏丛书》第六分册(第172窟)，甘肃人民出版社1990年版，第16—17页。

③ 敦煌文物研究所编:《中国石窟·敦煌莫高窟》第四卷，文物出版社1987年版，图版131，说明文字见第226页。

④ 孺子莘主编:《中国石窟寺乐舞艺术》，人民音乐出版社2009年版，第287页，图版324。图版说明文字描述为“思益梵天问经变”，误，当为阿弥陀经变。

⑤ 史敦宇、金洵瑨绘:《敦煌舞乐线描集》，甘肃人民美术出版社2007年版，第186页。

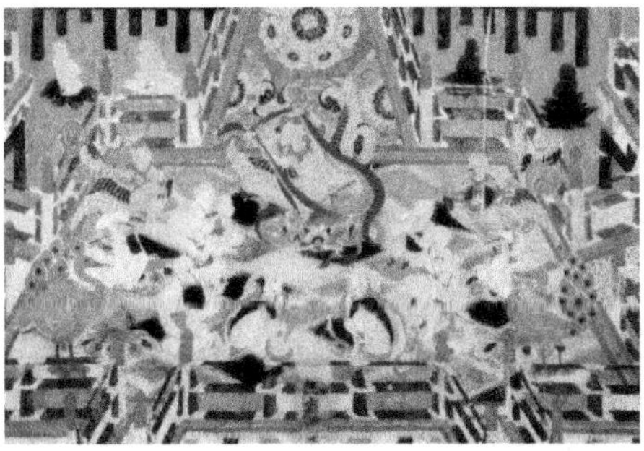

图一五 a　莫高窟 156 窟南壁上部阿弥陀经变迦陵频伽壁画

图一五 b　莫高窟 156 窟南壁上部阿弥陀经变跳巾舞迦陵频伽(线描图)

敦煌莫高窟晚唐 14 窟北壁西起画金刚杵观音、观音经变、如意轮观音、千手钵文殊各一铺。[①] 金刚杵观音即金刚杵菩萨,为密宗大日如来之异体,菩萨双手执金刚杵,结跏趺坐于莲花台上,密宗寓意金刚杵无坚不摧,能断尽一切烦恼,降服种种障魔(图一六 a)。金刚杵菩萨身后卷轴上侧横杆两端各有一个覆莲座,其上分别站立一迦陵频伽,两个尾羽相接于菩萨头顶上部正中植物纹,两个迦陵频伽整体呈现"人"字形构图,显然是为了适应菩萨头顶的整体结构(图一六 b、图一六 c)。[②] 迦陵频伽分别面朝左右斜前方,双手捧埙准备吹奏,双翼伸展(视觉效果显示外侧一翼较小,内侧一翼较大),最奇特的是尾羽打多个卷延伸至顶部,强化了装饰美化效果。

图一六 a　莫高窟 14 窟北壁金刚杵观音壁画

① 敦煌文物研究所整理:《敦煌莫高窟内容总录》,文物出版社 1982 年版,第 5 页。

② 图一六 a、图一六 b,采自关友惠:《中国敦煌壁画全集·8·晚唐》,天津人民美术出版社 2001 年版,第 87 页,图版 113,说明文字见第 52 页。图一六 c,采自史敦宇、金洵瑨绘:《敦煌舞乐线描集》,甘肃人民美术出版社 2007 年版,第 184 页。

图一六 b　莫高窟 14 窟北壁金刚杵观音身后迦陵频伽壁画

图一六 c　莫高窟 14 窟北壁金刚杵观音身后迦陵频伽(线描图)

图一七　莫高窟 14 窟龛楣底座迦陵频伽(线描图)

敦煌莫高窟晚唐 14 窟龛楣底座的迦陵频伽在造型与功能上均比较独特。欧阳琳认为,龛楣底座的迦陵频伽“不是天歌神、天乐神,而是金刚之神,他们双手举着莲花座,脚踏着莲花”(图一七)[①]。这两个迦陵频伽头戴珠冠,展开双翅,脖项上悬挂着璎

① 欧阳琳:《敦煌图案解析》,甘肃文化出版社 2007 年版,第 187—188 页,图 10—9。

络、项链，翅膀上端有卷草纹作装饰，这些特征与其他迦陵频伽造型相近。其独特之处体现在尾羽表现的弱化，这不但与画面布局密切相关，也有可能涉及迦陵频伽功能的新变。欧阳琳将这里的迦陵频伽称为金刚之神，显然是出于它们与力士相似的巨力支撑功能的考虑。

六、敦煌莫高窟迦陵频伽的东进及东西方来源

唐代敦煌莫高窟壁画所见迦陵频伽显然属于同一个艺术流派，它们的共同性体现在华美头冠、伸展双翼、修长卷尾、站立姿势、乐舞角色、净土场景等方面；而有些迦陵频伽在双手合十、献鸟献物、边饰纹样等方面则会出现突破。笔者将唐代敦煌莫高窟所见迦陵频伽称为“敦煌风格”。敦煌莫高窟以外，迦陵频伽还出现在唐代及以后的中原佛寺塔基地宫、佛教金棺银椁、皇室贵族墓葬等艺术载体中，姿势包括站立状与飞翔状，双手或者持乐器，或者捧果盘。冉万里将唐代及以后敦煌以外的迦陵频伽形象分为两个时期：“第一期，流行时间大体在8世纪以前，以第一类的站立状为主，手中所持物两者即乐器和果盘共存；第二期，主要流行于9世纪以后，以第二类为主，多曳叶片状长尾，站立或者呈飞翔状，双手合十或者手持果盘，手中不再持乐器。”①从时代先后来看，中原的迦陵频伽应该来自敦煌莫高窟，是敦煌莫高窟迦陵频伽东进的结果。

古代中国佛教艺术中的迦陵频伽最早应为出现于唐初的“敦煌风格”迦陵频伽。从文化与形象来源看，“敦煌风格”迦陵频伽为印度紧那罗形象、印度迦陵频伽文本、敦煌唐代佛教画工、唐代净土信仰、中原先唐人首鸟身形象等多种因素碰撞的结果。也就是说，“敦煌风格”迦陵频伽是来自东方中原与西方印度两种文明影响的结果。

图一八 a　阿旃陀第1窟持莲花菩萨壁画

图一八 b　阿旃陀第1窟持莲花菩萨壁画中的紧那罗(线描图)

① 冉万里:《中国古代舍利瘗埋制度研究》，文物出版社2013年版，第153页。

与"敦煌风格"迦陵频伽形象最为接近的印度紧那罗形象出现在阿旃陀石窟壁画中。阿旃陀29座佛教石窟分为前期和后期，后期属于大乘佛教时期，约开凿于公元450年至650年间，相当于笈多（王朝）时代和后笈多时代。阿旃陀石窟壁画亦分为前期和后期，后期壁画约作于公元450年至650年或更晚，题材包括本生故事、佛传故事、独尊佛像等。紧那罗形象在旃陀罗壁画中出现两次，且均为属于后期壁画的第1窟和第16窟。第1窟佛龛前室左壁为持莲花菩萨壁画（图一八a）①，约作于公元580年前后，画面中心为形体较大的菩萨及伴侣，周围的持拂尘者、紧那罗、爱侣、孔雀、猴子、棕榈、簇叶、山石等构成了繁密幽深的背景。② 紧那罗处于菩萨左上方，面朝菩萨，双手抚弄着琵琶；他头系条带，颈戴项链，双翼较小并展开，腰系革带，尾羽短小并上翘，腿部发达，双爪微屈展现出飞翔状态（图一八b）③。

第16窟前耳室左侧立柱壁画的紧那罗成对出现，左侧紧那罗双手弹琵琶，身边的紧那罗双手击铜钹（图一九）④，紧那罗形象与第1窟一样具有圆浑敦实的整体风格。阿旃陀第16窟壁画约作于公元475年至500年间，风格处于笈多时代古典主义艺术的盛期⑤。

图一九　阿旃陀第16窟前耳室壁画中的一对紧那罗（线描图）

《佛光大辞典》释"迦陵频伽"：

> 迦陵频伽，梵语kalavinka，巴利语karavīka。又作歌罗频伽鸟、羯逻频迦鸟、迦兰频伽鸟、迦陵毘伽鸟。略称迦陵频鸟、迦娄宾鸟、迦陵鸟、羯毘鸟、鹖

---

① 董玉祥：《从印度到中国：石窟艺术的产生与东传》，（台湾）艺术家出版社2012年版，第73页，图48。

② 王镛：《印度美术》，中国人民大学出版社2010年版，第194、208、209页。

③ Monika Zin, "Die altindischen vīṇās", Ellen Hickmann, Ricardo Eichmann (eds.), *Studien zur Musikarchäologie IV. Musikarchäologie Quellengruppen: Bodenurkunden, mündliche Überlieferung, Aufzeichnung*, Rahden/Westf: Verlag Marie Leidorf GmbH, 2004, p.339, Abb.74.

④ Monika Zin, "Die altindischen vīṇās", Ellen Hickmann, Ricardo Eichmann (eds.), *Studien zur Musikarchäologie IV. Musikarchäologie Quellengruppen: Bodenurkunden, mündliche Überlieferung, Aufzeichnung*, Rahden/Westf: Verlag Marie Leidorf GmbH, 2004, p.339, Abb.75.

⑤ 王镛：《印度美术》，中国人民大学出版社2010年版，第195页。

鹌鸟、羯脾鸟、频伽鸟等。意译作好声鸟、美音鸟、妙声鸟。此鸟产于印度，本出自雪山，山谷旷野亦多。其色黑似雀，羽毛甚美，喙部呈赤色，在卵壳中即能鸣，音声清婉，和雅微妙，为天、人、紧那罗、一切鸟声所不能及。在佛教经典中，常以其鸣声譬喻佛菩萨之妙音。或谓此鸟即极乐净土之鸟，在净土曼荼罗中，作人头鸟身形。(《大般若波罗蜜多经》卷三八一、《新华严经》卷七十八、《大智度论》卷二十八、《慧苑音义》卷下、《翻译名义集》卷六)。①

美国学者谢弗考证迦陵频伽与中国常见的卷尾科鸣禽非常相似，它就是印度的凤卷尾，又名"大盘尾卷尾"②。虽然谢弗所依据的为8世纪初诃陵国使臣向唐朝皇帝贡物的记载，但敦煌佛教画工可能在此以前就已经从来自印度的僧侣或商人那里对迦陵频伽的特征有所了解。所以他们在绘画的过程中特别突出了敦煌迦陵频伽的修长卷尾特征。这种情况与中国石窟寺的开凿受到印度阿旃陀等石窟的影响是相似的。正如薛克翘所指出的："开凿中国石窟寺的主持人和工匠们基本都没有亲眼观摩过阿旃陀石窟，但他们中有人了解早期印度佛教石窟的营造法式。"③初期敦煌石窟壁画很可能受到印度的影响，后来敦煌壁画则表现了印度思想和中国思想与日俱增的结合。④

印度表现佛国世界及西方净土的图像极少，与此不同，在南北朝时期中国中原石窟或寺庙就已经出现佛国世界，以净水表现其清净，以莲花化生表现进入佛国世界的境界，以楼阁殿堂表现天宫。可能受到中原的影响，敦煌壁画从唐代开始以净土世界作为多种经变画的中心主题，除了阿弥陀经变、无量寿经变及观无量寿经变等西方净土变外，还有弥勒经变、药师经变、法华经变、华严经变、天请问经变、报恩经变等。⑤很有可能的是，迦陵频伽是作为中国佛教西方净土思想的组成因素出现在敦煌壁画中的。

北魏甘肃庄浪水洛城卜氏石造像塔、西魏莫高窟285窟与249窟、隋莫高窟401窟等出现的人首鸟身形象很有可能是千秋，它们应该是受到汉魏晋南北朝时期中原墓葬句芒、千秋图像的影响。北魏至隋甘肃千秋图像作为中原句芒、千秋向唐代敦煌壁画迦陵频伽图像转变的中介，更多源自它们在死后世界想象中的角色功能，而非仅为人首鸟身的组合形式。

总之，初唐敦煌壁画迦陵频伽图像是印度紧那罗形象、印度迦陵频伽文本、敦煌唐代佛教画工、唐代净土信仰、中原先唐人首鸟身形象等东西方多种因素碰撞的结果，其在盛唐以后又东进中原，出现在中原佛寺塔基地宫、佛教金棺银椁、皇室贵族墓葬等艺术载体中。

---

① 慈怡主编：《佛光大辞典》，(台湾)佛光山出版社1988年版，第3965—3966页。

② [美]谢弗：《唐代的外来文明》，吴玉贵译，中国社会科学出版社1995年版，第230页。

③ 薛克翘：《中国印度文化交流史》，昆仑出版社2007年版，第111页。

④ [印]D. P. 辛加尔：《印度与世界文明》上卷，庄万友等译，商务印书馆2015年版，第408页。

⑤ 赵声良：《敦煌石窟艺术总论》，甘肃教育出版社2010年版，第218—219页。
孙武军：《入华粟特文化的审美特征及接受》，《考古与文物》2013年第5期，第116—123页。

入华粟特文化的审美特征及接受
——以入华粟特人墓葬图像为中心的考察

孙武军

摘　要:从入华粟特人墓葬的图像表现来看,入华粟特文化的审美特征主要体现在以下四个方面:善、恶二元的祆教审美观;彼岸世界的憧憬与灵魂不朽;日常生活的审美化;身体美的彰显。从墓葬图像来看,粟特审美文化与中原审美文化的区别主要体现在审美文化表达侧重点、表达方式和指导观念三个方面。入华粟特人对于中原审美文化的接受,更多地体现在礼制文化上,汉人对粟特审美文化的接受路径基本呈现出从拒绝排斥到主动接纳的转变轨迹,接受心理和评价历程则呈现出从“以丑为主”到“以美为主”的转变。

关键词:入华粟特文化;墓葬图像;审美特征

入华粟特人墓葬,特别是葬具和墓门多为石质,不但制作精致、装饰奢华,而且图像题材内容丰富多样,在北齐、北周、隋时期的中原墓葬中独树一帜。① 图像审美包括图像形式和图像内容两个方面,图像内容指的是图像的主题、题材等方面,即刻画的是什么。入华粟特人墓葬图像内容以粟特文化为主,所以图像内容的审美亦可看作主要是粟特文化或入华粟特文化的审美。粟特文化与中原汉文化区别明显,两者所蕴含的思想观念和审美旨趣亦有很大差别。为什么这样刻画?对于图像内容的选择隐含了墓主及其后代、墓葬图像的艺术家等怎样的思想观念和审美理想?入华粟特人对于中原审美文化如何看待和接受?汉人对于粟特审美文化如何看待和接受?以下就是对这些问题所做的尝试性回答。

① 目前可确定的入华粟特人墓葬集中出现在北朝后期至唐代之间,共有近30座。其中,北齐4座,北周3座,隋5座,唐15座。北齐、北周、隋时期入华粟特人墓葬均出土有石质葬具,北齐有安阳、日本美秀美术馆(以下简称“美秀”)、纽约未展出底座、青州;北周有康业、安伽、史君;隋代有天水、法国吉美博物馆(以下简称“吉美”)、安备、虞弘。相关考古文献和研究讨论,详见孙武军:《北朝隋唐入华粟特人墓葬图像的文化与审美研究》,西北大学博士学位论文,2012年,第20—91页。

一、入华粟特文化的审美特征

粟特人是一个擅长艺术创作、艺术鉴赏修养较高的民族，也是一个注重审美追求的民族。我们从粟特地区考古发现所见的技术高超、内容丰富的壁画，雕绘细致、形制精美的盛骨瓮和各种器物的图像等可见一斑。

汉文文献中所记载的入华粟特人有一部分是乐舞、绘画等艺术家，亦可证明。如《隋书·音乐志》载："故曹妙达、安未弱、安马驹之徒，至有封王开府者，遂服簪缨而为伶人之事。（北齐）后主亦自能度曲，亲执乐器，悦玩无倦，倚弦而歌。别采新声，为无愁曲，音韵窈窕，极于哀思，使胡儿阉官之辈，齐唱和之，曲终乐阕，莫不殒涕。虽行幸道路，或时马上奏之，乐往哀来，竟以亡国。"[①]《北史·恩幸传》载："（北齐）武平时有胡小儿……其曹僧奴、僧奴子妙达，以能弹胡琵琶，甚被宠遇，俱开府封王。……其何朱弱、史丑多之徒十数人，咸以能舞工歌及善音乐者，亦至仪同开府。"[②]毕波认为："更值得注意的是，胡人及胡乐地位的上升，竟至拉动了整个从事音乐阶层的人的地位上升，令人实在不能小觑胡乐之影响。"[③]关于"曹衣出水""曹家样"绘画风格的开创者曹仲达，唐代张彦远《历代名画记》卷八"曹仲达"条载："曹仲达，本曹国人也。北齐最称工，能画梵像，官至朝散大夫。国朝宣律师撰《三宝感通记》，具载仲达画佛之妙，颇有灵感。僧悰云：'曹师于袁，冰寒于水。外国佛像，无竞于时。'卢思道、斛律明月、慕容绍宗等像、弋猎图、齐武林轩对武骑名马图，传于代。"[④]以上粟特籍艺术家的艺术造诣虽然与入华粟特人墓葬图像中粟特文化的审美呈现之间没有必然联系，但用来说明入华粟特人注重审美文化的体现应该没有太大问题。

从入华粟特人墓葬的图像表现来看入华粟特文化的审美特征主要体现在以下几个方面。

第一，善、恶二元的祆教审美观。善、恶二元观是祆教的一个重要特征，不但有善神、恶神两种规模宏大、职责不同的神祇队伍，而且以阿胡拉·马兹达为首的善神队伍始终与以阿赫里曼为首的恶神队伍发生各种规模的战争和冲突。最终，善神队伍将战胜恶神队伍，世界将充满阳光、温暖、快乐，远离黑暗、寒冷和痛苦。善、恶二元观在波斯阿契美尼德王朝时的琐罗亚斯德教经典神话《阿维斯塔》中就已经存在，粟特版的琐罗亚斯德教应该坚持了阿契美尼德王朝、萨珊王朝的琐罗亚斯德教的善神、恶神相互发生战争的神话传统。粟特宫殿、宅邸壁画中有善神娜娜女神、风神维施帕卡等，盛骨瓮亦有六大从神等，壁画中也有不知名的长相怪异的各种恶神与魔鬼等，说明粟特版琐罗亚斯德教已经将善、恶斗争的教义和主题形象地表现在了图像中。入华粟特人

---

① 〔唐〕魏徵、令狐德棻撰：《隋书》，中华书局1973年版，第331页。

② 〔唐〕李延寿撰：《北史》，中华书局1974年版，第3055页。

③ 毕波：《中古中国的粟特胡人——以长安为中心》，中国人民大学出版社2011年版，第16页。

④ 〔日〕冈村繁译注：《历代名画记译注》，俞慰刚译，上海古籍出版社2002年版，第389页。

墓葬图像出现在墓葬中，与粟特所见宫殿、宅邸、寺庙建筑中的壁画在出现场景这一点上存在明显的区别，图像表现上也应该有所不同。虽然粟特盛骨瓮与入华粟特人石质葬具在大小、质地、形制等方面存在较大差别，①但在功能上是相同的，这也就决定了两者具有可比性。粟特盛骨瓮外壁浅浮雕的图像涉及祭祀圣火、祆教神祇、死者亡灵在钦瓦特桥接受审判、哀悼死者、奏乐舞蹈等内容，多与祆教有着密切的关系。其中的钦瓦特桥审判可以看作是明确的祆教善、恶二元观的体现，缘于在祆教教义中，钦瓦特桥在善、恶两种不同的亡灵面前，表现是不一样的——前者是装饰华丽的宽阔大桥，后者则为窄如刀锋的线桥。值得注意的是，入华粟特人葬具图像中粟特文化的体现并非仅仅来自粟特盛骨瓮，其应该是粟特壁画和盛骨瓮图像的融合，主要原因可能在于入华粟特人葬具尺寸比盛骨瓮大得多，需要借助粟特壁画内容来补充。善神、恶神同时出现的图像在盛骨瓮中几乎没有出现过，但在粟特壁画中却较多。饶有趣味的是，在史君石堂东壁、吉美左侧靠内一幅屏风上均出现有明确的善神、恶神图像，后者图像中善恶对战的主题更为明晰。连接史君石堂 E1 和 E2 钦瓦特桥下面的水中，有几个浮出水面的怪兽，它们张开血盆大口，锋利的牙齿外露，应该是恶神的象征性表现，与此相对应的是画面上方的双翼神祇或飞天，他们代表的应该是善神（图一 a）。吉美左侧内屏风画面上部刻绘一个四层圆轮，最内一层圆轮置一周缘饰有覆莲纹饰的底座，上坐一位头戴宝冠的四臂神祇，左右两侧各站立一位持弓射箭的神祇，这应该是善神的表现。画面下部水面上浮出九个怪兽的头部，或张牙舞爪，或怒目狰狞，或口喷火焰，应为恶神的象征性表现（图一 b）。另外，虞弘、史君、安伽等葬具上的人狮、狮牛等搏斗图像和美秀底座、纽约未展出底座两端的守护神持武器刺杀鬼魅的图像也是善、恶二元观的具体表现。众多善恶斗争的图像说明入华粟特人崇尚光明、远离黑暗的宗教观念和审美追求。②

---

① 目前可确定的入华粟特人墓葬集中出现在北朝后期至唐代之间，共有近 30 座。其中，北齐 4 座，北周 3 座，隋 5 座，唐 15 座。北齐、北周、隋时期入华粟特人墓葬均出土有石质葬具，北齐有安阳、美秀、纽约未展出底座、青州；北周有康业、安伽、史君；隋代有天水、吉美、安备、虞弘。相关考古文献和研究讨论，详见孙武军：《北朝隋唐入华粟特人墓葬图像的文化与审美研究》，西北大学博士学位论文，2012 年，第 96—101 页。

② 孙武军：《北朝隋唐入华粟特人死亡观研究》，《考古与文物》2012 年第 2 期。

图一 a　史君石堂 E1－2 的钦瓦特桥及善神与恶神

图一 b　吉美左侧内屏风的善神与恶神

第二,彼岸世界的憧憬与灵魂不朽。当墓主离开此岸世界,踏上彼岸世界的征程时,他的荣华富贵的现实生活就此画上句号。但无论是生前的墓主自己,还是墓主的后代亲属,显然都不能接受墓主将永远处于那冰冷阴暗的墓室这一现实。于是,就产生了一种消除这种担忧的方法,那就是通过图像或随葬品的形式模仿死者生前的生活状态,将此“搬”进墓室,如此一来,墓主亡灵将像生前一样,过着饮酒作乐、乐舞陪伴的幸福“生活”。

这首先体现在入华粟特人对于葬具形制的选择和使用上。郑岩指出,“我们在理解石棺椁和石棺床的象征意义时,还必须注意到一个比较微妙的问题,即它们形式虽然取自地上生者所用的建筑和家具,但是就其涵义来说,应是死者在地下起居之所,它只是现实生活的一个‘镜像’,而一切的装饰是为其死后的‘生活’准备的”,“洛阳北魏晚期殿堂和床榻形式的葬具都是被浓缩到最低限度同时又保留着具体的视觉形式的‘家’”。[①] 其次,葬具的材质、图像的雕绘技法和装饰手段等也显示出入华粟特人对于彼岸世界的憧憬。墓门、葬具多为石质,有的还是比较昂贵的汉白玉;多种雕刻技法的运用,包括阴线刻、浅浮雕、高浮雕和透雕等;单独的彩绘或在浮雕图像上设色、贴金等等,无一不寄托着入华粟特人对另一个“家”的祈祷与祝福。最后,标准墓主像的中心位置,鞍鞯俱全、无人骑乘的马作为墓主的象征性表现,既是受中原墓葬礼制文化传统的具体表现,也说明入华粟特人认为灵魂不朽,死者亡灵要接受死者后代的供奉与祭祀。美秀屏风 B(图二 a)、青州编号 4 和 8、吉美左侧第一幅屏风、虞弘椁壁浮雕正面右侧等墓主的象征性表现,说明祭祀墓主亡灵的活动很可能在墓主去世之后就要进行。入华粟特人墓葬是否有地上祠堂等供祭祀的建筑,文献中没有记载。青州石椁送葬图、万灵节图两块石板画面的上方,各有一个远处的盝顶建筑物,可能就是祠堂。总之,从葬具的选择和装饰、墓主亡灵的象征性表达、祠堂的设立等方面,我们均能深切

① 郑岩:《魏晋南北朝壁画墓研究》,文物出版社 2002 年版,第 251 页。

地体会到入华粟特人对于彼岸世界的憧憬及灵魂不朽的死亡观。[1]

图二 a　美秀屏风 B 墓主象征表现

图二 b　安伽正 1 屏风乐舞图

第三,日常生活的审美化。入华粟特人墓葬图像内容多与日常生活密切相关,从这些图像中,我们能够看到入华粟特人日常生活是一种审美化的呈现方式。伞盖在粟特和中原均有使用,在佛教、祆教、道教及墓葬图像中也都有一定程度的还原。[2] 据笔者所知,伞盖在中原比在粟特的应用更为普遍,在墓葬图像中比佛教、道教和祆教艺术广泛。要之,伞盖作为一种出行用具,不但有遮阳挡雨的实用功能,也有体现主人身份地位的象征意义。入华粟特人墓葬中的伞盖多出现在出行和墓主象征性表达的图像中,伞柄有直、曲两种,有的伞盖周缘垂有流苏等装饰物,顶部装饰有花瓣承托的摩尼宝珠纹,绮丽华美。显然,这里的伞盖除过实用功能和象征意义以外,还有一项不容忽视的作用,那就是体现了主人绮丽秀美的审美旨趣。

建筑、家具、器物等与伞盖相比,使用频率更高,在日常生活中的重要地位也更为突出。入华粟特人墓葬中既有中原式建筑,也有粟特式建筑,两种建筑除形制上的区别以外,最重要的不同就是前者缺少装饰,体现的是“实用”“朴素”“简约”等中原传统的美学观点。粟特式建筑在注重实用功能的同时,檐口、圆拱顶周缘和顶端等部位装饰联珠纹、日月纹、折尺纹、忍冬纹、蔓草纹和摩尼宝珠纹等纹样,增强了建筑的审美表现和欣赏效果(图三)。与建筑相同,在墓葬图像中的服饰、床榻、圆毯、胡瓶等上,也刻绘有联珠纹等纹饰,可见,入华粟特人追求绮丽秀美的审美愿望在“衣食住行”等方面均有丰富的体现和明确的表达。

---

① 孙武军:《北朝隋唐入华粟特人死亡观研究》,《考古与文物》2012 年第 2 期。

② 参见刘未:《魏晋南北朝图像资料中的伞扇仪仗》,《东南文化》2005 年第 3 期;王乐、赵丰:《敦煌伞盖的材料和形制研究》,《敦煌学辑刊》2009 年第 2 期。

图三　安阳左侧外屏风大门

除以上物质文化以外,墓葬图像中还有为数不少的宴饮观舞图和独饮听乐图,这应是入华粟特人文化艺术修养的表征。值得注意的是,在安伽围屏石榻正面屏风第一幅图像中,头戴尖顶虚帽的墓主亲自为突厥客人演奏竖箜篌,说明奏乐跳舞这些艺术形式很有可能被粟特社会各个阶层的人所掌握(图二 b)。结合前面提到的进入北齐上层社会的入华粟特人中相当一部分是从事音乐舞蹈等技艺,这就进一步增加了这一推断的可信度。

最后要提到的就是饮用葡萄酒图像,虽然这一点可以归结到物质文化中,但葡萄酒的饮用在粟特人那里应该不仅仅是一种物质文化的体现。首先,饮用葡萄酒图像出现的频率很高。其次,场合多样,除过宴饮、乐舞、出行外,圣火祭祀场面胡瓶、叵罗等酒具中盛放的也有可能是葡萄酒或者豪摩汁(图四)。再次,酒具种类多,使用方法讲究。

图四　安伽墓门门额祆教圣火祭祀场面中的酒具

以上几点均是入华粟特人墓葬图像中日常生活审美化的具体表现,背后隐藏的是入华粟特人满足快活欲望、追求人之本性、及时行乐的现实生活审美观。《北齐书·恩幸传》载,和士开对北齐世祖高湛所说的一句话值得我们深思:"自古帝王,尽为灰烬,尧、舜、桀、纣,竟复何异。陛下宜及少壮,恣意作乐,纵横行之,即是一日快活敌千年。国事分付大臣,何虑不办,无为自勤苦也。"①和士开,传记称"其先西域商胡",罗

① 〔唐〕李百药撰:《北齐书》,中华书局1972年,第687页。

新考证应为东胡后裔,但文化为西胡、粟特系统。① 和士开此番进言主要说明他善于揣摩上级领导高湛的嗜好,所谓投其所好、有的放矢;但也间接证明了入华胡人可能存在及时行乐、耳目之欲的日常生活审美观念。

第四,身体美的彰显。祆教教义将身体看作两种——生前的肉体和死后的尸体。相对于纯洁的圣火而言,两者都不同程度地沾染了不洁与污秽。祭司在祭祀圣火时必须戴上一种特殊的口罩——派提达那,目的就是为了防止呼出的气体污染圣火。尸体在天葬、埋葬前必须经过多道程序的消毒和三次犬视,目的是为了驱除尸毒。但在日常生活中,这种身体非美的宗教观念很难得到贯彻与遵守,粟特壁画、盛骨瓮图像和入华粟特人墓葬图像在给我们传达身体非美信息的同时,更多呈现出了多种途径、多种侧面的身体审美观。

图五　粟特阿弗拉西阿勃西壁壁画复原图

首先,墓主在每一幅画面的中心位置及其较他人硕大的形体,形象地突出了主人身份和养尊处优的地位(图六 a)。在粟特住宅、寺庙正面墙壁(正对门)壁画的中间位置,往往刻绘一个形体硕大、骑在动物装饰宝座上的神祇形象,两旁则或站立着伎乐、侍从,或跽坐着面对火坛的供养人(图五)。在一些世俗场景中,有时也有意夸大主要人物的形体,与周围的客人、乐伎、侍从形成了鲜明的主次对比。当然在印度、中亚、中国的佛教艺术和中国的墓葬艺术中,也存在这种表现手法。其内在目的应是一样的,就是强调神祇或主人的中心位置,而身体成为彰显地位和身份的最主要途径与标志。

① 罗新:《北朝墓志丛札(一)》,见何顺果、房德邻主编:《北大史学 9》,北京大学出版社 2003 年版,第 363 页。

a　安备屏风宴饮乐舞图

b　粟特片治肯特乐伎

c　安阳围屏石榻底座右侧守护神

图六

粟特人高鼻深目、浓须长身，与汉人长相完全不同。大多入华粟特人墓葬图像将粟特人的面貌体征表现得淋漓尽致，青州、康业墓主图像更多呈现出汉人特征，则可能是墓主及其后代欲将墓主塑造成纯正中原贵族的心理在作祟。人物形象多采用3/4侧面，显然是对于粟特传统艺术手法的传承和借鉴。这种手法的运用，将观者置于图像内在、封闭的情景之外，突出了画面中人物之间的互动与交流。装饰华丽的冠帽与主人的尊崇身份完美地结合在一起，与之相对的客人、仆从、乐伎、舞伎等却大多免冠，这种区别在图像中得到了充分的体现。

入华粟特人墓葬图像中的服饰独具特色，男服均为粟特服饰，女服则多是交领、圆领的汉式长裙，这一胡一汉也表明了入华粟特人区别对待男服、女服的服饰审美观。长袍有三角翻领、圆领等多种领型，长袍和裤子多为紧身设计，将人体曲线鲜明地凸显出来（图六 b）。衣襟多用联珠纹、忍冬纹装饰，服饰色彩对比搭配，加上黑色的长筒皮靴，给人以艳丽妖娆的审美感受。一般而言，天界神祇、守护神、乐伎、舞伎穿着较少，且多披帔帛，更加注重装饰，特别是头、腰、腿部形成的三道弯，具有强烈的感官刺激效果（图六 c），与中原传统表现大相径庭。

最后，坐姿、握持酒具的姿势体现出了优美的审美特征。人物大多坐在床榻或平地铺设的毯子上，主要人物一般是盘腿或屈一腿、伸一腿的坐姿，次要人物多为跽坐，这两种坐姿不但区别开了人物的主从之分，而且也隐含一定的象征意义。在粟特壁画中，面对火坛的人物一般是跽坐姿势，而世俗的宴饮场景则多为盘腿或屈一腿、伸一腿的姿势。入华粟特人墓葬图像中，还有一些人物坐在筌蹄上，有的一腿自然垂下，另一腿搭在垂下的腿上，有的则两腿一并垂下。这种坐姿既符合自然状态，又表现出了一种怡然自得的审美趣味。酒具形制多样，握持酒具的方式和姿势也稍有区别。最具有艺术表现意味的是持高足酒杯的方式，多为大拇指和中指握住杯脚，食指自然上跷，颇具艺术匠心和审美效果，使我们在观赏其实用表现之外，亦获得了一种品味生活的审美愉悦（图七）。

a. 巴拉雷克－捷佩壁画　　b. 安伽正 3 屏风　　c. 乌兹别克斯坦出土粟特银酒具

d. 青州石椁正面中间　　e. 安伽正 6 屏风　　f. 虞弘石椁正面中间　　g. 美秀屏风 E

图七　颇具艺术匠心的持酒具方式

二、粟特、中原审美文化的区别与接受

粟特审美文化与中原审美文化涉及面广，内容极其丰富，非本文所能力及，这里仅以墓葬图像为主，就二者区别展开论述。

第一，审美文化表达侧重点的区别。中原审美文化与墓葬这一特定环境紧密结合，在葬具图像、墓室壁画中侧重表现孝子、升仙、出行、墓主画像等与死亡相关的主题，而以生活用具为主的随葬品重在构建死者在另一个世界的“生活”。丧葬文化是中原文化的重要组成部分之一，各个时期都有等级森严的礼法规定。每一个时期的墓葬图像也受到当时流行的社会习俗和风尚观念的影响而表现出相对突出的特征。例如，北齐比较重视墓室壁画和葬具图像的绘制，而北周却实行薄葬政策，墓葬相对简陋。入华粟特人墓葬图像与北朝隋唐中原汉人、鲜卑人区别较大，虽在墓葬形制方面遵照中原礼制规定，但葬具图像却大大超出中原的传统内容，注重宗教祭祀和日常生活场面的表现。入华粟特人墓葬图像对于审美文化表达侧重点的新变超越了粟特盛骨瓮和中原墓葬的图像题材传统，彰显出了他们对于故土生活的思念。

第二，审美文化表达方式的区别。汉人对于墓葬图像中审美文化的表现采取的是遵从礼乐制度、压抑人本性的方式。对于感情的收敛和象征性表达，说明汉人充分认识到墓葬艺术与纯粹艺术之间的天壤之别。与此做法相反，入华粟特人墓葬图像虽也受到中原墓葬文化的影响，但他们在一定程度上将纯粹艺术的题材内容和创作手法运用到墓葬艺术图像的设计和制作当中。入华粟特人对于审美文化的表现采取的是一种开放的态度，所以我们能从众多丰富多样的图像中体会到入华粟特人日常生活的审美化呈现。

第三，审美文化指导观念的区别。汉人墓葬图像的题材内容比较固定、单一，虽在有些墓葬壁画或随葬器物中，我们能看到外域文化艺术的点滴遗痕，但所占比例极低，不足以代表时代潮流。隋唐时期，这种情况得到了改变。① 应与入华粟特人审美文化对中原影响时间的长久和范围的扩大密切相关，这在北齐、北周的墓葬艺术中体现得并不明显，也是汉人对于域外文化接受历程的真实体现。入华粟特人作为汉文化包围圈中的一撮移民，在文化上处于弱势，但他们并没有放弃自己的文化传统。相反，从入华粟特人墓葬图像中，我们能深切体会到他们对于粟特审美文化自觉传承的决心和信念。汉人在多大程度上接受粟特文化是一回事，入华粟特人如何看待粟特文化、自觉传播粟特文化是另外一回事。总之，汉人对于入华粟特人的文化偏见并没有完全影响或者阻止入华粟特人对于粟特文化在粟特聚落内部的传承和在汉文化圈的传播所作的努力。到了隋唐，随着汉人对于粟特审美文化看法的转变，粟特文化终于在中原大放异彩。

本文所论审美文化的接受包括两个方面，一是入华粟特人对中原审美文化的接受路径和心理历程，二是汉人对粟特审美文化的接受路径和心理历程。入华粟特人对于中原审美文化的实际接受情况，由于文献资料匮乏，无法得出客观的结论。入华粟特人墓葬图像对于中原审美文化的呈现，使得我们可以对此问题做出一些探索。入华粟特人对于中原审美文化的接受，更多地体现在礼制文化上。首先是墓葬形制、装饰等中原丧葬礼制方面；其次是中原墓葬图像中体现等级身份的墓主画像、车马出行等方面。最后是对于中原儒家孝文化的继承。

汉人对粟特审美文化的接受路径基本呈现出从拒绝排斥到主动接纳的转变轨迹，接受心理和评价历程则呈现出从“以丑为主”到“以美为主”的转变。根据史书和诗文对于粟特及入华粟特人的零星记载，可以看出汉人对于粟特文化艺术的观点并不是一成不变的，在实际操作中也发生了相当大的差异和变化。

北朝贵族对粟特文化艺术多持拒绝排斥态度。如汉人贵族颜之推对于胡乐及由此入仕的看法：“我有一儿，年已十七，颇晓书疏，教其鲜卑语及弹琵琶，稍欲通解，以此伏事公卿，无不宠爱，亦要事也。吾时俛而不答。异哉，此人之教子也！若由此业，自致卿相，亦不愿汝曹为之。”②鲜卑贵族高孝珩的态度与颜之推相同。《北齐书·广宁王孝珩传》载：“后周武帝在云阳，宴齐君臣，自弹胡琵琶，命孝珩吹笛。辞曰：‘亡国之音，不足听也。’固命之，举笛裁至口，泪下呜咽，武帝乃止。”③颜之推对于通过擅长

---

① 李星明：《唐代墓室壁画研究》，陕西人民美术出版社 2005 年版，第 167—170 页。

② 王利器撰：《颜氏家训集解（增补本）》，中华书局 1993 年版，第 21 页。

③ 〔唐〕李百药撰：《北齐书》，中华书局 1972 年版，第 145—146 页。

外来文化包括语言、音乐等途径博取政治仕途的做法嗤之以鼻，高孝珩将外来音乐称为“亡国之音”，态度更为激烈。北周时，北齐对粟特人及粟特文化强烈的反对态度有所缓和。[①]

唐代史学家则对入华粟特人明确标出“丑”“恶”的审美评判，如“至于胡小儿等，眼鼻深险，一无可用，非理爱好，排突朝贵，尤为人士之所疾恶”[②]、“商胡丑类”[③]、“西域丑胡”[④]等。佛教徒玄奘亦说粟特人“风俗浇讹，多行诡诈，大抵贪求，父子计利，财多为贵，良贱无差。虽富巨万，服食粗弊，力田逐利者杂半矣”[⑤]。唐代文学家受到粟特文化的强烈吸引，对于粟特人及粟特文化艺术持与史学家完全相反的观点，元稹《法曲》所谓“女为胡妇学胡妆，伎进胡音务胡乐。……胡音胡骑与胡妆，五十年来竞纷泊”[⑥]。将中原对于粟特文化的主动接纳态度表达得淋漓尽致，更不用说唐代赞美胡腾舞、胡旋舞、柘枝舞等粟特舞蹈的诗句了。另外，作为市井酒肆中的胡人女子——胡姬，因其独具异域风韵的容姿、艳彩华丽的妆束、紧身性感的服饰、爽朗直率的性格、娴熟高超的乐技和舞技等，吸引了大量文人墨客和年轻士子的注意力。[⑦] 总之，粟特音乐、舞蹈、服饰、葡萄酒乃至女子，在唐人看来，都是那么地充满韵味与风姿，唐人是以“美”的审美眼光来观照由远方吹来的这一缕“胡风”的。随着安史之乱的爆发，“胡风”也随之渐渐消逝在历史长河中。

总之，北朝隋唐时期，粟特文化与中原文化在中原大地上经历了冲突、磨合、融汇，再到冲突的过程。入华粟特人经历了“汉化”历程，而汉人经历了“胡化”历程。相比而言，前一历程要彻底一些，而后一历程则像一时激起的涟漪，随着时间的推移，水面又渐趋平静。

---

① “北周社会上下虽然也存在着胡化问题，但远远没有达到北齐那种地步，北周社会对于胡人的态度，无论是褒是贬，也都不太明确。”见毕波：《中古中国的粟特胡人——以长安为中心》，第75页。

② 〔唐〕李延寿撰：《北史》，中华书局1974年版，第3055页。

③ 〔唐〕李延寿撰：《北史》，中华书局1974年版，第1854页。

④ 〔唐〕李百药撰：《北齐书》，中华书局1972年版，第685页。

⑤ 〔唐〕玄奘、辩机原著，季羡林等校注：《大唐西域记校注》，中华书局2000年版，第72页。玄奘对于粟特社会文化和生活习俗的评价较低，可能与玄奘自己的佛教徒身份及粟特人较少崇信佛教有关。

⑥ 〔唐〕元稹撰、冀勤点校：《元稹集》，中华书局1982年版，第282页。

⑦ 葛承雍：《唐宋时代的胡姬与吴姬》，《中国历史文物》2005年第3期。

入华粟特人墓葬所见人首鸟身形象述论

孙武军

摘　要：学者关于入华粟特人墓葬所见人首鸟身形象的研究进行得比较深入，但众说纷呈，值得进一步分析考辨。在详细引证学界成果、梳理公元1至7世纪中国及中亚、西亚所见琐罗亚斯德教相关人首鸟身造型基础上，本文认为学界关于入华粟特人墓葬图像所见人首鸟身形象为斯鲁什神的观点，是目前看来较为可取的。

关键词：入华粟特人；祆教；斯鲁什；紧那罗

一、入华粟特人墓葬中的人首鸟身形象

入华粟特人墓葬中的人首鸟身形象，根据位置、职能可以分为两类。第一类位于火坛两侧，应为祭司，[①]数量较多；第二类位于屏风上侧，应为紧那罗，仅见一处。

祭司类型的人首鸟身形象出现在维多利亚和阿尔伯特博物馆藏北齐入华粟特人

① 笔者曾对入华粟特人墓葬中的火坛与祭司图像做了初步的统计、梳理与分类："根据火坛形制和祭司、供养人形象的区别，可将入华粟特人墓葬火坛、祭司或供养人图像分为两种。第一种，火坛形制比较简单，火坛旁边站立、跽坐的祭司或供养人长相与人相同，表现的应该是现实生活中的圣火祭祀场面。包括安阳双阙侧面，美秀石板F，康业正面第五块屏风，安伽墓门额左、右下角和吉美底座正面中央壸门，共五处。第二种，火坛形制大多相当复杂，装饰奢华，祭司均为人身鹰足，戴口罩，有的还表现有伎乐飞天，这种场景可能属于天界而非人间。包括美秀、纽约未展出底座，安备、虞弘底座正面中央位置图像，还包括安伽墓门额中央和史君石堂正面左、右两再次间，共六处。"见孙武军：《入华粟特人墓葬图像的丧葬与宗教文化》，中国社会科学出版社2014年版，第178页。

葬具底座(图一)①、北齐美秀围屏石榻底座(图二)②、北齐纽约未展出底座(图三)③、隋代安备围屏石榻底座(图四)④、隋代虞弘石椁底座(图五)⑤、北周安伽墓墓门门额(图六)⑥、北周史君石堂南壁(图七)⑦。

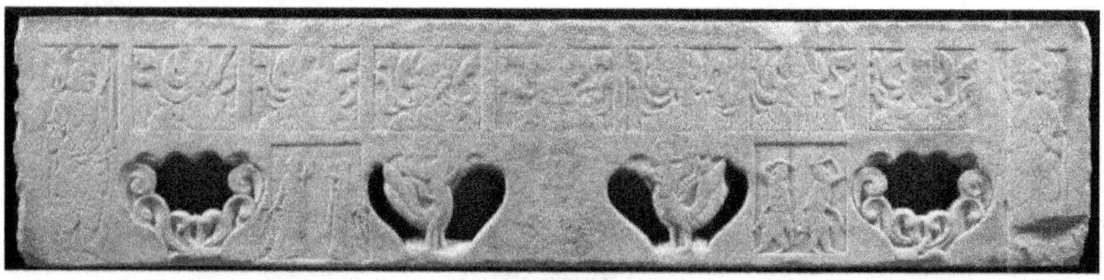

图一　维多利亚和阿尔伯特博物馆藏北齐入华粟特人墓葬具底座

图二　北齐美秀围屏石榻底座

图三　北齐纽约未展出底座

① http://media. vam. ac. uk/media/thira/collection_images/2013GL/2013GL9007. jpg

② 孙武军:《入华粟特人墓葬图像的丧葬与宗教文化》,中国社会科学出版社 2014 年版,第 183 页,图 3—2 第一排左。

③ Martha Carter, "Notes on Two Chinese Stone Funerary Bed Bases with Zoroastrian Symbolism", In Philip Huyse (éds.), *Iran: Questions et connaissances. Actes du IVe congrès européen des études iraniennes, organisé par la Societas Iranologica Europaea, Paris*, 6 – 10 *septembre* 1999, *Vol. I: La Periode ancienne*, Paris: Association pour l'avancement des études iraniennes, 2002, p. 284. Fig. 9.

④ 葛承雍:《祆教圣火艺术的新发现——隋代安备墓文物初探》,《美术研究》2009 年第 3 期,图 2。

⑤ 山西省考古研究所、太原市考古研究所、太原市晋源区文物旅游局:《太原隋虞弘墓》,文物出版社 2005 年版,第 134 页,图 181。

⑥ 陕西省考古研究所编著:《西安北周安伽墓》,文物出版社 2003 年版,第 16—17 页,图十三。

⑦ 西安市文物保护考古研究院编著,杨军凯著:《北周史君墓》,文物出版社 2014 年版,第 98 页、图 99,第 89 页、图 87。

图四　隋代安备围屏石榻底座

图五　隋代虞弘石椁底座线描图

图六　北周安伽墓墓门门额线描图

图七　北周史君石堂南壁线描图

笔者曾推测吉美围屏石榻第二块屏风上部(图八)①"人头鸟和森莫夫同时相对出现在一幅画面中,这种布局和有些千秋、万岁一致,这幅图的布局和表现有可能受到千秋、万岁的影响。具体而言,左边人头鸟有可能借鉴千秋,右侧森莫夫有可能借鉴的是万岁,如河南邓县南朝彩色画像砖墓所表现的那样"②。当时笔者未对印度宗教艺术中的人首鸟身形象进行梳理研究,仅将吉美人首鸟身形象与中国墓葬相关图像比较,今天看来,结论有进一步探讨的余地。从位置(画面上侧)、身态(飞翔)、造型("U"形)、左手所持物(植物果实与枝叶)、右手手势(祈祷)等来看,左侧的人首鸟身形象与印度的紧那罗很相似,它很可能就是从印度宗教传入中国的紧那罗。如果此论不误,

① [法]德凯琳、黎北岚:《巴黎吉美博物馆展围屏石榻上刻绘的宴饮和宗教题材》,施纯琳译,见张庆捷等主编:《4～6世纪的北中国与欧亚大陆》,科学出版社2006年版,第111页,图四。

② 孙武军:《入华粟特人墓葬图像的丧葬与宗教文化》,第191页。关于画面右侧森莫夫的研究,详见该著第218—225页。

那么它就是目前我们所知唯一的中国所见的紧那罗形象。当然,关于紧那罗传入中国的细节,如传播路径、传播主体等,我们还需要进一步探索。吉美屏风紧那罗形象的出现,进一步证明了入华粟特人墓葬图像的复杂化与多元化,告诫我们不能仅从祆教角度来解读入华粟特人墓葬图像。①

图八　吉美围屏石榻第二块屏风上部的紧那罗与森莫夫

二、众说纷纭的名称比定——学术史梳理

纽约大都会博物馆收藏有两件入华粟特人葬具底座。据笔者考证,其中展出的一件与日本美秀美术馆所藏葬具围屏原本为一个整体,未展出底座的围屏至今下落不明。② 美国学者卡特首先对这两件底座进行了研究,认为人首鹰身祭司可能是弗拉瓦希(Fravashis)③的相似表达,亦有可能与赫瓦雷纳(Khvarenah)有密切关系。④

美国学者朱利安诺与乐仲迪不认同学者将半人半鸟形象作为墓主信奉祆教的证据,理由是,粟特故地盛骨瓮、雕塑等与祆教有关的艺术品中并不认可这种形象,而粟特壁画中与祆教有关的写实或想象的鸟和动物形象,没有一例似鸟形人般戴着口罩。两位学者推测,入华粟特人墓葬中鸟身祭司的创作灵感并非来自粟特或祆教,很有可能来自汉代或者更早的中国墓葬与佛教石窟表达死后生活的组合动物形象,纽约底座

---

① 法国学者德凯琳、黎北岚认为,吉美围屏石榻的图像题材"出人意料地源自印度而不是伊朗的文化传统"。见《4～6世纪的北中国与欧亚大陆》,第125页。

② 孙武军:《入华粟特人墓葬图像的丧葬与宗教文化》,第36—39页。

③ 弗拉瓦希是古伊朗神话和叙事诗中灵魂的体现,西部伊朗称之为"弗拉瓦尔提"。因而,弗拉瓦希与祖先之灵的观念相关联;据说,亡故祖先之灵仍续存于冥世。据琐罗亚斯德教之说,所谓"弗拉瓦希",乃是与人之本体紧密相关的成分。对弗拉瓦希的崇拜,见诸米底亚人以及阿契美尼德王朝和帕提亚王朝。见魏庆征编:《古代伊朗神话》,北岳文艺出版社、山西人民出版社1999年版,第430页。元文琪将弗拉瓦希意译为"灵体",词意为"原始的精灵""天国里永恒的精神体""自然万物在天国的原型"。见元文琪:《二元神论:古波斯宗教神话研究》,中国社会科学出版社1997年版,第252页。

④ Martha Carter, "Notes on Two Chinese Stone Funerary Bed Bases with Zoroastrian Symbolism", In Philip Huyse (éds.), *Iran: Questions et connaissances. Actes du IVe congrès européen des études iraniennes, organisé par la Societas Iranologica Europaea, Paris, 6–10 septembre 1999, Vol. I: La Periode ancienne*, p. 267.

与虞弘石椁上的半人半鸟形象可以追溯到印度笈多王朝的紧那罗,紧那罗作为天界的音乐神在印度和中亚的佛教遗迹中均有出现。①

法国学者葛乐耐早先考证巴米扬石窟壁画、撒马尔罕盛骨瓮、入华粟特人葬具上的半人半鸟形象为达赫玛·阿弗里蒂(Dahma Afriti,巴列维语为 DahmānAfrīn)。② 俄罗斯学者马尔沙克接受了葛乐耐的观点,并认为纽约大都会博物馆 1996 年所展出入华粟特人葬具底座上的半人半鸟形象是神化了的祭司,即达赫玛·阿弗里蒂。③ 值得注意的是,在分别发表于 2004 年④、2007 年⑤、2013 年⑥的三篇论文中,葛乐耐接受了美国学者肖沃(Prods Oktor Skjærvø)的观点,将半人半鸟形象比定为斯鲁什神(Srōsh),论据是,入华粟特人墓葬特别是史君墓中的鸟身祭司的尾羽、腿与斯鲁什神的化身之一公鸡很相像。

姜伯勤先生在研究虞弘、安伽墓人首鹰身祭司图像时指出:"中国墓葬中祆教画像石上火坛两边的人首鹰身'祭司'型图像,也有帮助死者超升天堂的喻意。"⑦关于入华粟特人墓葬人首鹰身祭司的名称来源及图像比定,姜伯勤先生提到了萨珊波斯象牙盒人首鹰身图像、贵霜苏赫·考塔尔神庙火坛残存鸟下半身图像、片治肯特出土人头鸟身"Sirenen(塞壬)"雕塑、巴米扬佛龛壁画人头鸟身图像、《阿维斯塔》相关记载(赫瓦雷纳 Khvarenah、塞伊纳 Saêna、森莫夫 Senmurv)、《抱朴子》"千秋""万岁"等记载,试图在以上诸多图像、文献记载之间建立联系,认为千秋、万岁与 Xvarenah 均具有福运、福寿等相似含义。⑧

---

① Annette L. Juliano, Judith A. Lerner, "The Miho Couch Revisited in Light of Recent Discoveries", *Orientations*, Oct. 2001. 中译本:[美]安尼塔·朱里安诺、朱迪斯·勒内:《根据新近的发现对美穗(Miho)石榻的再认识》,陈永耘译,见周伟洲主编:《西北民族论丛》第一辑,中国社会科学出版社 2002 年版,第 290—291 页。

② Grenet Frantz, "Mithra dieu iranien: nouvelles données", *Topoi*, Vol. 11/1, 2001. pp. 38 – 40.

③ Marshak Boris, "La thématique sogdienne dans l'art de la Chine de la seconde moitié du VIe siècle", *Comptes – rendus des séances de l'Académie des Inscriptions et Belles – Lettres*, 145e année, N. 1, 2001. pp. 227 – 264. [俄]马尔沙克:《公元 6 世纪下半叶中国艺术所见粟特主题》,马健译,《考古与文物》2007 年增刊《汉唐考古》,第 332—333 页。

④ Frantz Grenet, Pénélope Riboud, et Yang Junkai, "Zoroastrian Scenes on a newly Discovered Sogdian Tomb in Xi'an, Northern China", *Studia Iranica*, Vol. 33/2, 2004, pp. 278 – 279.

⑤ Frantz Grenet, "Religious Diversity among Sogdian Merchants in Sixth – Century China: Zoroastrianism, Buddhism, Manichaeism, and Hinduism", *Comparative Studies of South Asia, Africa and the Middle East*, Vol. 27, No. 2, 2007, pp. 470 – 471.

⑥ Frantz Grenet, "Some hitherto Unrecognized Mythological Figures on Sasanian Seals: Proposed Identifications", In Под редакцией С. Р. Тохтасьева и П. Б. Лурье, *Commentationes Iranicae*, *Сборник статей к 90 – летию Владимира Ароновича Лившица*, Санкт – Петербург: Нестор-История, 2013, p. 204.

⑦ 姜伯勤:《中国祆教艺术史研究》,生活·读书·新知三联书店 2004 年版,第 146 页。

⑧ 姜伯勤:《中国祆教艺术史研究》,生活·读书·新知三联书店 2004 年版,第 124—125、101—104 页。

韩伟[①]、施安昌[②]、荣新江[③]等先生的论著，亦涉及虞弘、安伽墓葬图像中的人首鹰身祭司，但未展开论述。

张广达指出："安伽墓甬道尽头的石门的上部门额呈圆拱形，正面减地刻绘覆莲三驼座，莲座之上的圆盘供养火坛，火坛两侧各有一位祆教司祭，虞弘墓石椁上也有类似形象，祆教祭司的形象虽然在伊朗地区出土的印章纹刻中时有所见，但似乎也借用了中国神话中与火相关的阳燧鸟身和羲和人首以强调其宗教内涵。"[④]

任平山对粟特故地人首鸟身图像搜罗较细，认为："传入中国的中亚拜火教人头鸟与中亚尸骨瓮上的人头鸟在形象和身份上都存在很大差别。后者为女性，而前者——男性、被特意强调的胡须和鹰类特征、成对出现、拜火——有一系列自己的特征……拜火教人头鸟的文化属性和紧那罗、迦陵频伽都距离甚远。"[⑤]

王小甫在研究突厥祆教信仰文章中，对入华粟特人墓葬人首鹰身祭司图像做了较为详细的论述，认为肖沃的比定不可取，"葬具上的鸟身祭司就是古代突厥斗战神的形象，原本为拜火教神祇 Verethraghna（Warahrān/Bahrām）的化身之一"[⑥]。作者还认为，鸟身祭司上半身的拟人造型来自"王者灵光"，鸟身人形反映了拜火教里斗战神与灵光神特殊的密切关系。[⑦] 作者根据波斯波利斯大流士陵墓石刻上贵族以袖掩口的哀悼手势，推断虞弘墓石椁人首鹰身祭司以手掩口的动作也是哀悼行为，并认为入华粟特人墓葬上的祭司形象原本应是哀悼形式，只是由于特殊的需要，才被改造成了鸟身人形（斗战神 + 灵光神）。[⑧]

张小贵不同意姜伯勤、韩伟、施安昌、王小甫先生的观点，认为虞弘、安伽、史君葬具上的人首鸟身鹰足祭司形象可能受到佛教影响，根据其引述的文献，可推定作者所谓的佛教影响应该指的是迦陵频伽。[⑨]

单海澜对入华粟特人墓葬人首鹰身祭司与中土千秋、万岁做了比较，归纳出了四点差异："一、祭司鸟神深目高鼻多须，多粟特人相貌，着粟特人服饰，也就是说祭司鸟神多以粟特人为人型参照；而千秋、万岁则为汉人面貌，穿汉人服饰。二、祭司鸟神戴口罩或用戴手套之手捂嘴；千秋、万岁则没有这样。三、祭司鸟神与火坛形成一固定组合，祭司鸟神总照看守护着神圣的火坛，所以祭司鸟神多与火坛同时出现；千秋、万岁

---

① 韩伟：《磨砚书稿：韩伟考古文集》，科学出版社 2001 年版，第 106—109 页。

② 施安昌：《火坛与祭司鸟神：中国古代祆教美术考古手记》，紫禁城出版社 2004 年版，第 130—133 页。

③ 荣新江：《中古中国与外来文明》，生活·读书·新知三联书店 2001 年版，第 160—166 页。

④ 张广达：《唐代长安的波斯人与和粟特人——他们各方面的活动》，《唐代史研究》第 6 号，2003 年。收入张广达：《文本、图像与文化流传》，广西师范大学出版社 2008 年版，第 54 页。

⑤ 任平山：《迦陵频伽及其相关问题》，四川大学硕士学位论文，2004 年，第 95 页。

⑥ 王小甫：《拜火宗教与突厥兴衰——以古代突厥斗战神研究为中心》，《历史研究》2007 年第 1 期。以《突厥与拜火教》为题收入王小甫：《中国中古的族群凝聚》，中华书局 2012 年版，第 12 页。

⑦ 王小甫：《中国中古的族群凝聚》，中华书局 2012 年版，第 24 页。

⑧ 王小甫：《中国中古的族群凝聚》，中华书局 2012 年版，第 26 页。

⑨ 张小贵：《中古华化祆教考述》，文物出版社 2010 年版，第 126—131 页。

则独立存在。四、火坛祭司多位于重要位置，体现出祆教信仰者对于圣火的崇拜；千秋、万岁则位于画像石、画像砖、墓室壁画的不同位置，比较随意。”①作者推测入华粟特人墓葬的人首鹰身祭司图像一定程度上应是作为入华粟特人的画工，受到汉代以来大量人面鸟（主要为千秋、万岁）形象影响而制作的图像。②

赵晶关于入华粟特人人首鹰身图像的考证多承袭姜伯勤先生所使用过的材料，观点上稍有发明，认为“尽管‘人首鹰身’形象在某些方面与‘千秋’‘万岁’存在着相似之处，但他们是按照各自民族的传统习惯发展的；在表示福寿的意思上两者是互相接近的，但在具体性质上，‘人首鹰身’祭司是宗教文化中的一种形象，而‘千秋’‘万岁’是中国传统文化信仰的一种表现形式，这也是两者是以不同的组合方式出现的原因”，“将祭司的首部形象与鹰的下部形象相接合而成的‘人首鹰身’祭司神，无疑是将祆教中主持葬礼仪式的祭司神圣化，而且也具有帮助死者超升天堂的寓意”。③

法国学者黎北岚认为，入华粟特人墓葬中的鸟身祭司与印度艺术中的紧那罗、迦陵频伽虽然同为半人半鸟造型，且均在6世纪末至8世纪中期传入中国，两者却来自对来世不同的传统和观念。鸟身祭司与紧那罗、迦陵频伽均得益于中国古代朱雀和引魂使者的悠久传统。④ 入华粟特人墓葬中的鸟身祭司来自中国与中亚的图像语言，鸟身祭司很显然作为中亚人末世观念的独特标志出现在墓葬空间中，但其同时与中国死亡观念中的朱雀相似，即有意识地进行选择以符合中国墓葬礼制。⑤

谌璐琳的观点与单海澜、赵晶接近，认为入华粟特人墓葬中的人首鹰身祭司受到中国墓葬美术中的朱雀神鸟以及千秋、万岁等人首鸟身形象的启发，并与粟特自身文化传统中固有的人首鸟身形象相联系，从而将人首鸟身与祆教祭司合二为一，最大化地发挥了其在墓葬中的神圣作用。⑥

以色列学者申卡尔受到葛乐耐、黎北岚影响，首先认为从琐罗亚斯德教圣书《阿维斯塔·温迪达德》第18章14节记载斯鲁什神的化身之一公鸡及其祭司职能来看，入华粟特人墓葬中的人首鹰身形象应为斯鲁什神。虽然从形象来看，他们与印度紧那罗、紧那丽和希腊塞壬、哈尔皮埃相似，但前者为男性，后者为女性（紧那罗为男性），从性别来看，前者与后者没有传播关系。正如黎北岚所认为的，入华粟特人墓葬中的人首鸟身形象融合了中国墓葬中的两只鸟和粟特盛骨瓮上的两个祭司，入华粟特人混

---

① 单海澜：《祆教祭司鸟神与千秋、万岁图像之比较研究》，西安美术学院硕士学位论文，2007年，第9—10页。

② 单海澜：《祆教祭司鸟神与千秋、万岁图像之比较研究》，第21、22、30页。

③ 赵晶：《中国境内发现的石质葬具“人首鹰身”图像剖论》，见罗宏才主编：《从中亚到长安》，上海大学出版社2011年版，第357页。

④ Pénélope Riboud, “Bird-Priests in Central Asian Tombs of 6th-Century China and Their Significance in the Funerary Realm”, *Bulletin of the Asia Institute*, New Series/Volume 21, 2012, p. 11.

⑤ Pénélope Riboud, “Bird-Priests in Central Asian Tombs of 6th-Century China and Their Significance in the Funerary Realm”, p. 18.

⑥ 谌璐琳：《从人到鸟神——北朝粟特人祆教祭司形象试析》，见《西域研究》2013年第4期。

淆了他们所熟知的哈尔皮埃－塞壬与中国的鸟意象(朱雀),所以才产生了其墓葬中的人首鸟身造型。8 世纪的叙利亚作家西奥多·巴尔·库尼(Theodor bar Koni)在其《评注之书》(*Book of the Scholion*)第 11 章 13 条中记载,豪麻神也以公鸡的形象出现。① 在《阿维斯塔》所载神祇中,豪麻与祭司职能最相匹配,被认为是出类拔萃的祭司,所以入华粟特人墓葬中的人首鸟身形象也有可能是豪麻。②

张小贵最近的一篇文章否定了学界将人首鹰身形象视为达曼·阿芙琳与斯鲁什神的观点,并认为该形象应为护持火坛的祭司,是典型的琐罗亚斯德教象征,其创作意匠乃受古波斯"神赐灵光"的影响,意为将信众对火的崇拜传禀上神。这一形象比较真实地表达了琐罗亚斯德教礼仪中拜火这一重要特征,反映了古波斯政教合一的文化传统。③

总之,关于入华粟特人墓葬中火坛两侧人首鸟身形象的功能,学者基本达成共识,即认为是主持祆教圣火祭祀仪式的祭司。关于人首鸟身形象的称呼,分为三种情况:有明确定名;无明确定名,仅从文化渊源与图像影响出发;明确提出并非某种文化中人首鸟身形象(表 1)。另外,值得注意的是,张小贵认为人首鸟身形象(有翼形象)表达了古伊朗神话中的"神赐灵光"即赫瓦雷纳的概念。

表 1　入华粟特人墓葬图像所见人首鸟身形象的称呼

有明确定名		无明确定名,仅从文化渊源与图像影响出发		明确提出并非某种文化中人首鸟身形象	
形象名称	学者姓名	形象名称	学者姓名	形象名称	学者姓名
赫瓦雷纳	卡特、姜伯勤	紧那罗	朱利安诺、乐仲迪	紧那罗	任平山
弗拉瓦希	卡特	千秋、万岁	姜伯勤、单海澜、谌璐琳	迦陵频伽	任平山
达赫玛·阿弗里蒂	葛乐耐、马尔沙克	阳燧鸟身和羲和人首	张广达		
斯鲁什	舍沃、葛乐耐、申卡尔	迦陵频伽	张小贵		
突厥斗战神+灵光神	王小甫	朱雀	黎北岚、谌璐琳		
豪麻	申卡尔	引魂使者	黎北岚		

① Theodor bar Koni, *Livre des scolies : recension de Séert*, Robert Hespel & René Draguet (ed.), Lovanii: E. Peeters, 1982. 转引自 Michael Shenkar, *Intangible Spirits and Graven Images: The Iconography of Deities in the Pre-Islamic Iranian World*, Leiden: Brill, 2014, p. 27.

② Michael Shenkar, *Intangible Spirits and Graven Images: The Iconography of Deities in the Pre-Islamic Iranian World*, Leiden: Brill, 2014, p. 148.

③ 张小贵:《中古祆教半人半鸟形象考源》,《世界历史》2016 年第 1 期。

三、诸说简析及最有可能的比定——斯鲁什

综上所述，学者关于入华粟特人墓葬所见人首鸟身形象的研究进行得比较深入，但众说纷呈，值得进一步分析考辨，得出相对而言接近实际的观点。

关于赫瓦雷纳、弗拉瓦希、达赫玛·阿弗里蒂、突厥斗战神+灵光神诸观点，张小贵已予以反驳，论据充分，富有说服力，此不赘述。[①] 豪麻是古伊朗神话中的圣饮，又是这种圣饮之神，以及赖以制造圣饮的植物的称谓，圣饮、神祇、植物三者成为统一体。[②] 豪麻的固定修饰语为“祛除死亡的”或“延年益寿的”，在琐罗亚斯德跟前曾经显现为俊美的男子。[③] 豪麻以公鸡形式出现的记载为8世纪，晚于入华粟特人墓葬人首鸟身形象，所以申卡尔的比定不可取。

从文化渊源与图像影响出发的观点，如紧那罗、千秋万岁、阳燧鸟身和羲和人首、迦陵频伽诸说，包括希腊塞壬与哈尔皮埃，学者多从其形象的相似性出发，关于功能等亦有涉及，但毕竟并非对入华粟特人墓葬人首鸟身形象的实际定名。而任平山所坚持的入华粟特人墓葬人首鸟身形象断非紧那罗、迦陵频伽，当在情理之中。另外，朱雀的影响与引魂使者之说不能成立，源于前者虽在墓葬语境中，但其形象与人首鸟身相去甚远；后者虽也强调其墓葬语境，但引魂使者与圣火祭司之间并非必然相同。

入华粟特人墓葬中的人首鸟身形象（吉美围屏石榻第二块屏风上部的紧那罗除外）为祭司，其基本特征是手持巴尔斯曼（阿维斯塔语 Barə sman，中古波斯语 Barsom）[④]，口戴派提达纳。同时，这些人首鸟身祭司具有禽鸟形式、祭司职能、死亡语境等三个特征，琐罗亚斯德教文献记载中满足这三个特征或条件的，只有斯鲁什神。克莱耶布洛克在论述“仪式与日常纪念活动中的斯鲁什”时，将该论题分为十三个层面，其中两个层面即“丧葬仪式与实践中斯鲁什的地位”与“多种圣火的供奉”显得较为重要。死者亡后的三天内，时刻处于斯鲁什的护佑之下，其间的各种仪式都是奉献给斯鲁什的。[⑤] 作为奥尔马兹达（Ohrmazd，即阿胡拉·马兹达）在这个世界上的副使，斯鲁什不仅涉及恶力量玷污、威胁洁净的恢复和守卫职能，而且涉及护佑和提高世界自身的洁净——作为善恶混沌世界中善良的象征和体现。在不同等级特别是较低等级的

---

① 张小贵：《中古祆教半人半鸟形象考源》，《世界历史》2016年第1期。

② 魏庆征编：《古代伊朗神话》，北岳文艺出版社、山西人民出版社1999年版，第432页。

③ ［伊朗］贾利尔·杜斯特哈赫选编：《阿维斯塔——琐罗亚斯德教圣书》，元文琪译，商务印书馆2005年版，第84页。

④ 巴尔斯曼是琐罗亚斯德教特定宗教仪式中祭司手持的豪麻或石榴树枝。枝条的数量根据宗教仪式与典籍记载的不同而发生变化：《亚斯纳》祭仪为23枝，《温迪达德》祭仪为35枝，其他仪式中还有15枝、7枝、5枝等之别。所有枝条首先被摊开放置，然后取出其中两枝，其余则捆绑成一束。M. F. Kanga, “BARSOM”, *Encyclopædia Iranica*, Originally Published: December 15, 1988. Last Updated: December 15, 1988. http://www.iranicaonline.org/articles/barsom-av. 入华粟特人墓葬人首鸟身祭司所持当为单独取出的两枝巴尔斯曼。

⑤ G. Kreyenbroek, *Sraoša in the Zoroastrian Tradition*, Leiden: E. J. Brill, 1985, p.143, 150.

圣火奉献仪式中,向斯鲁什的奉献仪式扮演着重要的角色。① 根据《斯鲁什·亚什特》②记载,斯鲁什是第一个散开"巴尔斯曼"的神祇,是第一个吟诵琐罗亚斯德的五篇《伽萨》的神祇,也是第一个崇拜散开"巴尔斯曼"的神祇。显然,斯鲁什具有祭司的职能。③

入华粟特人墓葬图像中有神界(彼岸)和现世(此岸)两种祭司,其共同特征是手持巴尔斯曼,口戴派提达纳;不同特征是神界祭司为人首鸟身,现世祭司为完全人样。值得注意的是,粟特故地也有两种祭司的表现传统,只是神界祭司图像存留不够完整,且数量较少。据俄罗斯学者卢拜沙(Pavel Lurje)告知线索,笔者向澳大利亚学者贝兹(Alison Betts)请教,得知在1世纪,花剌子模即有与入华粟特人墓葬图像相似的人首鸟身祭司造型。如果贝兹所论不误,那么我们就可以得出,入华粟特人墓葬图像中的人首鸟身祭司图像传统来自中亚。

---

① G. Kreyenbroek, *Sraoša in the Zoroastrian Tradition*, pp. 158 – 159.

② 即《亚斯纳》第57章。L. H. Mills (trans.), *The Zend-Avesta*, *Part III*, *The Yasna*, *Visparad*, *Afrînagân*, *Gâhs*, *and miscellaneous fragments*, Oxford: The Clarendon Press, 1887, pp. 297 – 306.

③ William W. Malandra, "SRAOŠA", *Encyclopædia Iranica*, Originally Published: August 29, 2014. Last Updated: August 29, 2014. http://www.iranicaonline.org/articles/sraosa.

从日本传统艺能到古典能剧的美学传承
——以对艺能的观念、信仰、形式考察为中心

韩　聃

摘　要：“能”作为日本传统的艺术形式，是美的信息载体。它源于民间生活，出自民间艺术，选自人们熟悉的题材。能剧作为一种世俗性的民间艺能，在岁月的淘洗中，从众多民间艺能中脱颖而出，成为格调高雅且具有代表性的艺能，并在东方戏剧史上占有一席之地。从传统艺能过渡成为洗练、高雅的古典戏剧，是以民族信仰为审美依托，践行时代的审美理想。可以从艺能的发生为视点进行考察，理解日本文化当中的美意识，也正是理解日本文化的切入点。

关键词：技；艺；艺能；艺术；中日文化

“能”是活跃在日本历史上七百余年的古典戏剧，作为日本传统的艺术形式，是美的信息载体。“能”源于民间生活，出自民间艺术，选自人们熟悉的题材。现普遍认为“能”由田乐、猿乐发展而来。猿乐的前身是中国古代的杂艺，称为散乐，隋以前叫百戏，包括舞蹈、武术、幻术、杂技等，最晚于8世纪中叶传入日本。14—15世纪，经由能演员、能剧作家、理论家世阿弥之手，将猿乐中滑稽解颐部分去除，形成以歌舞为中心，重在抒情，兼具宗教化、程式化和仪式化特征的戏剧形式，命名为“能”，取汉语“才能、能力”之意。

有关能剧的起源在中日学界一直存有争议，从能剧的创立者、戏剧理论家世阿弥的戏剧理论著作《风姿花传》之《神仪篇》中所揭示的材料来看：第一，“能”的确定是从他国传入；第二，传入日本之后与本国的艺能相融合产生；第三，作为此种艺能的技法被代代传递；第四，此种艺能曾在各大神社供奉演出，祭祀曾是此种艺能的重要功用。17世纪，以新井白石为代表的许多日本儒学家认为“能”源于元曲。近年来，张哲俊教授研究得出的结论是，在中日文献的记载中没有能剧与元曲直接接触的历史事实，但佛教的传播是两国戏剧间接接触的桥梁。

无论从哪一种观点出发，不可否认的是，能剧脱胎于日本传统艺能，并与他国的艺术形式相融合。其审美曾受到中国“宋型文化”禅宗美学的影响，从鄙俗的民间杂艺过渡成为具有高雅审美情趣的受“众人爱敬”的古典戏剧。应该承认，文化间的交融

渗透可以影响一个民族固有的文化形态。但也应该看到,在与外来文化的融合过程中,根植于民族信仰之下的艺术审美原则在新的构建与阐释中发挥着至关重要的作用。

一、日本戏剧的摇篮:原始祭祀与模仿性动作并存的古老艺能

纵观世界各国戏剧的起源,几乎都是萌生于原始仪式中的歌舞表演。在日本,歌舞表演被称为“艺能”。日语词典将“艺能”解释为艺术技能,或者是艺术文艺的总称。在特定意义下被赋予情感表达的歌舞是作为戏剧的原初要素存在,包含巫与祭祀的表现形式,具有全民性质。从戏剧发生学的视域观察,在古代日本,人们曾借助面具装扮成田神或恶魔,祈求丰收和繁衍后代。这种原始的艺能,可视为日本戏剧艺术的胚胎。[①] 崇拜自然神和先祖神道的原初信仰,与原始农耕社会的社会形态关系密切,日本列岛的艺能形式即与此有直接关联。

日本最古老的艺能形式在今天只能通过文物来推测,如绳文时代的土偶和土面具。土偶主要以模仿女性为主。这些土偶,有的有夸张的乳房,有的表现妊娠状态。大约是为祈求繁荣增殖而作。另外,从土面具的眼睛、嘴巴的孔穴可以看出可能是人戴的面具——当时人们把自己装扮成天神、恶魔,借以驱散病痛、祈求丰收和多福。古人在进行这些活动时,无疑会有一些模仿性动作。这些土偶和面具的存在,虽说并不足以表明在公元前1世纪至公元一二世纪的日本诸岛存在着原始艺能,但可以说它是即将到来的原始艺能的萌芽。[②]

日本的戏剧是在民族艺能的基础上发展而来的,原始歌舞和祭祀活动是其源头。成书于8世纪、用汉字写成、现存日本最早的《古事记》《日本书纪》两部史书在开篇都设有“神代卷”,讲述了开天辟地到第一天皇——神武天皇前的大和国皇室祖先神和豪族祖先神的传说。《古事记》中记载伊邪那岐命之子天照大御神与须佐之男命神之间的传说:

> 故于是天照大御神见畏,开天户屋户而,刺许母理坐也。而高天原皆暗,苇原中国悉暗。因此而常夜往。于是万神之声,狭蝇那须满,万妖悉发。是以八百万神,于天安之河原,神集集而,高御产巢日神之子,思金神令思而,集常世长鸣鸟,令鸣而,取天安河之河上之天坚石,取天金山之铁而,求锻人天津麻罗而,科伊斯许理度卖命,令作镜。科玉祖命,令作八尺勾璁之五百津之御须麻流之珠而,召天儿屋命,布刀玉命。而,内拔天香山之真男鹿之肩拔而,取天香山之天之波波迦而,令占合麻迦那波而,天香山之五百津真贤木矣,根许士尔许士而,于上枝,取着八尺勾璁之五百津之御须麻流之玉,于中

① 孟昭毅:《东方文学交流史》,天津人民出版社2001年版,第150页。
② 唐月梅:《日本戏剧史》,昆仑出版社2008年版,第30页。

枝，取系八尺镜，于下枝，取垂白丹寸受，青丹寸手而，此种种物者，布刀玉命，布刀御币登取持而，天儿屋命，布刀诏户言祷白而，天手力男神，隐立户掖而，天宇受卖命，手次系天香山之天之日影而，为天之真折而，手草结天香山之小竹叶而，于天之石屋户伏污气。①

在这组神话中，须佐之男命大闹姐姐天照大御神所掌管的高天原（天之国），吓得天照大御神慌忙躲进"天岩屋户"，结果高天原一片黑暗，八百万众神集于天安河，歌舞祈祷，以诱天照大御神再现，使天地复明。其间就有女神天宇受卖命用香山藤蔓束发，手持竹叶，袒胸露乳，腰带串绕，脚踏空桶咚咚作响，溯翻起舞，引得众神大声哄笑不已的情节。天宇受卖命以桶当作乐器，顿足作响，在狂舞中展现了性的魅力，轰动了高天原。这就反映了原始人无意识地流露出来的对审美的追求。《日本书纪》中还记载了天宇受卖命乃"猿女君的远祖"，即猿女君是天宇受卖命的后裔，后来成为伊势神庙的巫女，其职能是在举行神事仪式上，表演舞蹈神乐。这种祈祷式的舞蹈，乃是最原始的舞蹈动作。② 这段记载更足以说明在日本遥远的古代，已有歌舞表演，并有了简单的情节装扮。

在《日本书纪》中记载了另一则神话，哥哥火照命逼走弟弟火远理命，不料弟弟反交好运成为海神。某日，哥哥钓鱼被狂风卷入大海，便呼唤弟弟，立誓道："若我活着，吾生儿八十连属，不离汝之垣边，当为俳优之民也。"得救后，果然"兄以韶涂掌涂面"，"乃举足踏行学其溺苦之状"。在这里，被征服者必须沦为征服者的"俳优"，为征服者献艺，这显然是一种原始的进贡艺术。其中，可见当时已具有职业性艺人、化装表演、滑稽的摹拟性动作和简单情节等戏剧因素。③

在《古事记》上卷"天若日子"条中记载：

故，天若日子之妻，下照比卖之哭声，与风影到天。于是在天，天若日子之父，天津国玉神，及其妻子闻而，降来哭悲，乃于其处作丧屋而，河雁为岐佐理持，自岐鹭为扫持，翠鸟为御食人，雀为碓艾，雉为哭女，如此行定而。日八日夜八夜游也。

此段所描述的是送葬队伍中所举行的歌舞。在《日本书纪》第二卷"神代下"中记载：

天稚彦之妻下照姬，哭泣悲哀，声达于天，是时，天国玉，闻其哭声，则知夫天稚彦已死，乃遣疾风，举尸至天，使造丧屋而殡之。即以川雁，为持倾头

---

① ［日］寺川真知夫：《古事記神話の研究》，塙書房，2009年，第157页。

② 唐月梅：《日本戏剧史》，昆仑出版社2008年版，第29页。

③ 乔德文：《东西方戏剧文化历史通道》，湖南文艺出版社1991年版，第177页。

者及持帚者，又以雀为舂女。以鹪鹩为哭者。凡以众鸟任事。而八日八夜，啼哭悲歌。①

这些是《日本书纪》与《古事记》中所描述的送葬时所行音乐歌舞不同之处，送葬行事中尽是悲歌。

在日本还有一种艺能叫作歌垣。歌垣也叫嬥歌，是在八月十五的夜晚或是一年的春秋两季，在摄津的歌垣山、大和的海石榴市、肥前的杵岛岳、常陆的筑波山等地——相当于今天的盂兰盆会上——青年男女聚集在一起，饮酒歌唱，舞蹈欢乐表达青年男女的爱慕之情，也是人与人之间沟通感情的方式，在今天成为习俗。与歌垣相关的记载出现在《古事记》《日本书纪》《万叶集》《风土记》等中。如：

太子怀恨，忍不发颜，果之所期，立歌场众，执影媛袖，蹲躅从容。②

内容通常是“求婚歌”之后紧接着“答婚歌”，以及具有人类情感意识的神合唱歌曲，这些歌谣中有的明显带有构成故事的情节和戏剧动作。当然，充其量只能算作一种简单的戏剧片段表演，在祭礼、始宴、战斗间歇供本部族群体观赏助兴。③

《古事记》记载的有些歌谣，除供口头吟唱之外，还作为类似戏剧片段或舞曲的歌词，伴随一定的表演，如《久米歌》是一首英雄颂歌，原本是持剑格斗的舞蹈。歌词如下：

勇敢的久米朗们啊！
粟田里长着一根臭韭，
连根带苗地拔掉吧，
不杀尽敌人绝不罢休！
勇敢的久米儿郎们的
墙脚下栽了一株花椒，
嘴里辣辣的，我忘不了此仇，
不杀尽敌人绝不罢休！④

它的原型可能是战前动员仪式上鼓舞士气的歌舞，也可能是平日操练时的模拟演

---

① 日本古典文学大系《日本书纪》(上)，岩波书店1965年版，第137页。
② 日本古典文学大系《日本书纪》(下)，岩波书店1965年版，第9页。
③ [日]西乡信纲等：《日本文学史——日本文学的传统和创造》，佩珊译，人民文学出版社1978年版，第17—19页。
④ [日]西乡信纲等：《日本文学史——日本文学的传统和创造》，佩珊译，人民文学出版社1978年版，第7页。

习。[1]《久米歌》也是"歌垣" 歌舞的一种,属于日本古代人民演出战斗歌舞的一种集体表演形式。

依据上述记载的神话传说,可以推断出日本最初的艺能形式有天之岩户的歌舞,模仿海幸、山幸的表演,庆吊的歌舞即歌垣等。在丰富的神话和传说故事里所蕴含的日本原初的艺能,也就是日本戏剧的原初形态。换言之,在远古文艺诸形态尚未分化之前,诸多的原初戏剧因素,混同在原始的舞蹈、歌谣和原始祭祀的咒语以及模仿性的动作之中。它们的生成,最初都由源自生活的喜怒哀乐的本能感动而引发,并且是与生产劳动、祭祀活动、性欲冲动等紧密相连,体现出一种纯粹的原始情绪和朴素感情。[2]

二、戏剧"能"的产生:从民间的咒术祭祀到宫廷的佛事祭拜

世阿弥在《风姿花传》第四《神仪篇》中记述:

> 申乐产生于神代之事如下,据说天照大神躲进天上石屋中时,天下常暗无明,八百万神仙聚集到天香具山,为取悦大神,开始奏神乐,扮细男。其时天之钿女主动走出,手持饰有白线的榊树树枝,在燃火的庭院中歌唱、踏足,似神灵附体又唱又跳。因大神只能隐约听其声音,便将石门打开一些,于是天下复明。当时神仙们的脸上看去很白。其时的游艺为"能"之始。

这段记载虽带有许多臆想的成分,认为"能"的初始是游艺的形式,但这种形式来自日本民间的传统艺能,具有祭祀、简单情节扮演的戏剧成分。其中又描述出"能"的又一来源:

> "能"产生于日本之事,据说在钦明天皇[3]当朝,大和国泊濑河[4]泛滥之时,自上流顺水漂下一个坛罐,漂至三轮神社的牌坊附近,被宫中之人拾起,只见坛罐中有一婴孩,柔美如玉。因其人为天降之人,奏闻天荒。其夜,天皇梦见婴孩说:"我本大汉国秦始皇之在再生,因与日本有缘分,今在此显现。"天皇觉奇,于殿上召见。此人随其成长才智过人,年十五时任大臣,被赐予"秦"姓,此人即秦河胜。上宫太子治理国政,天下出现大乱之时,太子按神代,天竺吉例,命河胜演奏六十六曲模拟曲,同时自作六十六曲曲目"能面",赐予河胜。河胜在皇宫演出其曲,天下大治,国土安宁。上宫太子鉴于世风

---

① 乔德文:《东西方戏剧文化历史通道》,湖南文艺出版社 1991 年版,第 177 页。

② 唐月梅:《日本戏剧史》,昆仑出版社 2008 年版,第 39 页。

③ 6 世纪飞鸟时代的天皇。

④ 河川名,位于奈良县境内。

日渐衰败，将原来的“神乐”的“神”字去掉偏旁，只留其半。因这样就成为“申”字，故命名为“申乐”，即申说愉悦之意。同时亦有分离于“神乐”的“神”字之意。①

传说有一秦始皇的后代叫秦河胜，他将此艺传于子孙，并建立神乐六十六曲，企盼天下大治、国土安宁。后这一能艺在记载时被去掉偏旁，写作“申乐”，取“申说愉悦”之意。秦河胜的子女代代传承此艺，日后在日本各大神社演出。

高野晨之的《歌舞音曲考说》讲述道：

……史料证明，能为猿乐与田乐共同催生以前，是为延年中所产生。日后进化成为猿乐与田乐的“能”。②

从这段记述中可以看出，“能”最初产生于延年，而后吸取了田乐能与猿乐能的形式。能势朝次在其《能乐源流考》中针对“能”的源流是猿乐能、田乐能与延年能进行了细致的考辨，认为猿乐、田乐与延年均为盛行于日本中世，在佛寺中扮演，以当时僧侣文化为指导的祭礼仪式。

在众多艺能的融合中，具有祭祀性质的猿乐能、具有宗教情怀的延年舞与民间劳作中形成的田乐能是促成能剧生成的重要形式。能剧成立初期，凭借猿乐能的兴起，吸纳了田乐、延年的音曲和表演因素。猿乐作为“能”的重要源头对能剧的形成产生强大推动力，已被学界所认可。

12 世纪后期，出现了在祭礼上演出的“翁”猿乐。由隶属于政治权力极强的大寺院与神社的艺座来演出。翁猿乐中戴假面的角色为中心人物，翁与其他各种角色一起登场，依次起舞，祈祝国泰民安、福至降临。在镰仓到南北朝时期，翁猿乐的两种角色类型延命冠者、父尉者，通常一起登场演出一段既各自独立又浑然一体的带有祝福性质的歌舞。关于翁猿乐诞生的经过有许多不明之处，但根据成立的时间推测，是由活跃在修正会、修二法会上的“咒师猿乐”发展而来的。这种艺能是修正会、修二会进行的密教仪式，属于真言宗密法修行。另外，他们也在追傩式的“龙王”“沙罗门”“鬼”等节目中演出。翁猿乐的祝祷性就是源于法咒师的镇鬼除魔，是从寺社的法会和祭礼中形成的。翁猿乐和咒师猿乐都是猿乐中的一部分，长久以来，在演出中通过艺人的不断完善而加入了许多戏剧的元素。

延年是指在佛事法会之后，作为余兴，由僧侣所扮演的艺能的总称，包括从平安到镰仓的童舞、白拍子舞、猿乐等。延年并不仅是在寺院里寻常进行的僧侣们的演艺，而

① ［日］世阿弥：《风姿花传》，王冬兰译，中国社会科学出版社 1999 年版，第 58 页。

② ［日］高野晨之：《歌舞音曲考说》，日本饭冢书房 1981 年版，第 197 页。

是为接待皇族、贵族、武家而上演的具有游宴性质的表演,所以曲目内容丰富多样。[1]延年能包括有开口、当弁、连事、大风流、小风流等五个曲目。开口是指一个人在讲述,传达出后面内容的梗概和主题。当弁取答辩、回答之意,是由两个僧人作滑稽的机智问答,在问答之中带有富于演技的动作表演,可看作一种即兴喜剧。连事是一种把事情的缘由用词语或歌词连接起来的艺术,由多人登台,很多时候有儿童或僧人插入白拍子[2]的朗诵或是舞蹈,是谣曲的原始形式。风流,这个词本意为“高雅而华贵”,在日本平安时代特指精心推敲斟酌过的物语、和歌、用于装点衣服、祭祀队伍的豪华装饰物和化装的游行队伍及伴随音乐的舞蹈、群舞等。风流分为大风流与小风流。大风流曲目中,有相当于大王的人物登场,和开口人相互问答,导出故事情节,最后演奏舞乐。小风流的舞蹈要素较多,以独特的乱白拍子或白拍子等舞蹈结尾。[3] 风流、延年是具有一定戏剧表现形式的艺能,素材多取自与佛教相关的中国故事。[4]

> 当今,奈良兴福寺举行唯摩会,在讲堂举行法会之时,饭堂之中演延年舞。这样可使异教徒平静,在此期间,同时在饭堂前讲经说法。此做法为祇园精舍昔时做法之传。[5]

田乐产生于平安时代,始于农村举行农耕仪式时演出的吹笛敲鼓歌唱舞蹈的形式,所以称作田乐。它是一种原始的充满民俗性的艺能,起初是一种纯粹的农耕祭祀仪式。田乐也和猿乐一样,成立了艺座在全国各处巡回演出。据12世纪的记录所载,当时已经出现田乐师并进行职业性的活动。1145年,已经结成本座(白川)和新座(奈良)两个团体,在近江的日吉、山城的宇治也都有田乐座,受到各个阶层的欢迎。作为演出的内容,包括田乐舞、高跷及飞剑等杂技。田乐曾一度非常盛行,甚至连当时的公卿贵族也争相学习表演。1349年,为架设京都四架桥举行田乐募捐演出时,很多权贵都临席观看,由于观众过多,看台被压塌,死伤多人。这在日本演出史上留下因演艺盛行而酿成惨事的特殊一页。[6]

世阿弥改革大和猿乐所采用的蓝本即为田乐,他曾向田乐艺能“本座”的一忠学习,并且认为,田乐的一忠、近江猿乐的犬王都是他要向之学习的“当道”之先祖。田乐师一忠与猿乐师犬王的表演中摒除了原有猿乐中的许多粗俗的装扮而提倡呈现

---

① [日]河竹繁俊:《日本演剧史概论》,日本岩波书店1966年版,第73页。

② 白拍子是中世的艺能形式。白拍子在音乐上指雅乐及声音清晰的拍子,这里则指平安末期的歌舞和表演的女艺人。

③ 参见[日]河竹繁俊:《日本演剧史概论》,日本岩波书店1966年版。

④ [日]表章、天野文雄:《能樂の歷史》,日本岩波书店1987年版,第12页。

⑤ [日]世阿弥:《风姿花传》,王冬兰译,中国社会科学出版社1999年版,第60页。

⑥ 王冬兰:《镇魂诗剧:世界文化遗产——日本古典戏剧“能”概貌》,中国戏剧出版社2003年版,第3页。

"幽玄"的本风,精于老人、女子、军人的表演。在《申乐谈仪》中有此记述:"田乐之风体,动作为动作,音曲为音曲也。"是将动作与音曲分开来谈论。而与之相对,猿乐又一新座的增阿弥则认为要将动作与音曲结合在一起加以表现,世阿弥也将这一点进行了吸收。除此以外,他又将曲舞、小歌、郢曲等都融合到了他所创立的猿乐能中,从而奠定了今天"能"这一舞台艺术的多元基础。他进一步地将大和、近江两种猿乐的特色加以调和,创造了独具特色的"能"。世阿弥的伟大贡献就在于他能够将同时代的文艺优长兼收并蓄。当时最为流行的歌舞——曲舞是从镰仓至室町时代以来一直流行于民间的一种以鼓为伴奏,配合朗诵故事而舞蹈的艺能形式,他大胆采用了曲舞的曲调,展开模拟小歌的新尝试。他还直接师从大和地区的"女曲舞"高手乙鹤(加贺)学习曲舞,摄取了曲节部分。原"大和猿乐"的故事脚本——谣曲也是以小歌曲节为基础的音曲,但世阿弥在此基础上加入了曲舞的曲节,使其韵律更为协调,并创造了小歌节曲舞,使猿乐能更加多姿多彩。①

三、能剧的艺术表达:民族信仰与审美观念的融合

1. 艺术形式以民族信仰为审美依托

能剧作为一种世俗性的民间艺能,在岁月的淘洗中,从众多民间艺能中脱颖而出,成为格调高雅且具有代表性的艺能,受到"众人爱敬"。其原因首先在于艺术根植于民族的艺术审美习惯,这一审美习惯受到民族信仰的深刻影响。日本民族原有的宗教意识和宗教信仰为"神道","神道"这个概念虽取自《周易·观卦》的彖辞"观天之神道,而四时不忒,圣人以神道设教,而天下服矣"。但神道信仰却是日本早已存在的没有经卷的秉持自己独特内涵的民族宗教信仰。最初以自然神灵为崇拜对象,后以祖先崇拜为对象,以至后来崇拜对象为以宗族血亲为纽带的上层首领。在日本民族的风俗习惯中,神被比作孕育万物生命力和生产力的目视而不见的神秘力量,故称之为"产灵"(productive power),因而凡是能够护佑生命,带给人以生活平定、繁荣、安康的神都可作为崇拜的对象。

能剧中有一个古老的特殊剧目叫作"翁"。翁被视为最神圣的剧目,通常在庆祝典礼上表演,以祈祝国泰民安的歌舞为主。角色登场,持面具箱的人在最前面,舞台上依次站立着翁、千岁、伴奏人员和歌队。首先,翁角色在最前方向观众鞠躬,然后坐下来演唱。当主角翁演唱之后,配角千岁配合演唱,大意是"瀑布水生在叮咚作响,太阳光在温暖地照耀"。千岁唱完,舞千岁舞,之后退下。翁在千岁歌舞之间从面具箱中取出面具戴好。千岁退下后,翁边歌唱边向舞台中央起舞,舞姿庄严,以脚踏大地的动作为主。翁舞毕退回原位,摘下翁面,放回面具箱中退场。坐在旁边的三番叟边唱边走向舞台中央,舞动较为激烈的舞姿。这种舞也是以步履坚实、脚踏大地的动作为主。

① [日]河竹繁俊:《日本演剧史概论》,日本岩波书店1966年版,第100页。

亲近自然，想象成为各种生灵，歌唱简单音节，通过踏步舞姿来祈福，是日本传统艺能的重要表现方式。能剧共有五种表现类型，分别为“神”“男”“女”“狂”“鬼”，在古代演出中，这五类能剧演出依次上场表演，在这之前总是最先有一段翁面舞的表演，祈求国泰民安、风调雨顺。

正如世阿弥在《风姿花传》中反复申述的：

> 圣德太子命秦河胜为普天之安，万民之乐，创作演出六十六曲目，将其命名为申乐。自己，世世代代将风花雪月之风雅情趣融入其中，竭力使其更有风趣。[①]

将传统艺能中与农事劳动相关的模仿性动作转化成为具有抒情写意的表演动作，将咒术祭祀的民间艺能改造成为宫廷贵族公卿演出、祭拜佛事的倡导剧的形式，加之配合日本民间艺能中抒情的歌舞，形成了内容洗练、品性高雅的戏剧舞台艺术，这根源于日本民族固有的审美意趣。

世阿弥在他的一系列能剧理论著作中谈到了能剧演出的功用在于：

> 艺能创作之初乃为使人心变得柔和，感动上下，增加福寿。归根到底，诸道都是为其福寿加添。[②]

能剧的创作遵从日本艺能的美学原则，要求能够担当起陶冶民众性情的作用。正如世阿弥所说：

> 葆有生命内在的丰盈与内心的和缓，以至于把众人之心引向静谧、安详的境地。日本的艺能常是与人的教养美紧密相连……茶道、花道等许多日本中世的艺道都是将生活之美外化，带给内心充盈与平和是艺能创作的目的。[③]

叶芝曾将日本能剧比喻成抒情的诗剧，这是西方人对能剧的普遍审美认同。究其根本，正是缘于能剧所传达出的中正、平和、可以慰藉心灵的艺术美感。这与日本民族固有的艺术审美观念紧密相关。

2. 艺术表达与时代的审美理想趋同

14 世纪末，正是日本的中世时代。王权贵族衰微，武家把持国家政权。曾几何

---

① ［日］世阿弥：《风姿花传》，王冬兰译，中国社会科学出版社 1999 年版，第 24 页。

② 小宫豊隆、久松潜一、能勢朝次：『日本芸能史講話』，紫乃故郷舎，昭和二十四年第 73 页。

③ 小宫豊隆、久松潜一、能勢朝次：『日本芸能史講話』，紫乃故郷舎，昭和二十四年第 74 页。

时，雍容华美的大唐气象在艺术审美上给予日本以强烈影响，而中世时代一改这一审美旨趣，转为推崇宋型文化的枯淡、静默之美。前述的猿乐和田乐都曾得到武家的庇护，可以说能剧是为取悦统治阶级的审美认同而得以发展的。欲求用内心的坚忍来克服现世的苦楚与外在世界的荒芜，依据传统来对抗外部影响，是这一时期美学思想得以建立的内在机制。中世艺术的美感是在秩序与非秩序之间建立起来的，这本身就是独特的。以中世的和歌为例，它打破了以往抒情的传统，在现世的无常、宗教的理念与人本存在的错落之中展现。① 这一时期，反映时代样式的新题材——军事物语出现，如《平治物语》《平家物语》《保元物语》《太平记》等，多是以描写没落阶级情感为基调，体现出无常的世界观。揭示社会的矛盾与刻画人物的内心在以往的文学作品中并不多见。“さび”②“幽玄”的美学观念，成为贯穿日本民族终始并具代表性文化特质的艺术美学特征，正是在此时确立的。源于武家文化以庶民阶层为基础建立的政权，出现了加强摄取宋元文化的趋势。③ 中世文艺思想最为显著的特征，就是将本民族的文化与外来文明融会贯通。

在审美认同上，这一时期也呈现出相应的特点。

第一，启蒙倾向和娱乐倾向的出现。与平安时代的贵族化倾向比较起来，武士阶级的文化修养相去甚远。这一阶级尚武，面对文学与文艺更喜接受具有教训色彩和启蒙色彩的文艺样式。从《平家物语》为开端，为数众多的战记物语出现，就是因为这些作品富有劝诫与启蒙的色彩。《曾我物语》和《义经记》等也都被武士阶层所喜爱，理由就是具有教训和启蒙的意味。在娱乐方面，如白拍子、曲舞、小呗、猿乐、狂言、连歌等都是倾向于庶民阶层的艺术，在这一时代绽放光彩。

第二，文学特征具有一种朴素性的发现。与平安时代贵族审美的典雅气息相比，这一时期的文艺具有明朗、劲健的庶民性质，体现出武士阶层不拘泥于细部、崇尚力量、欠缺细腻感受力、情趣不足等性格特征。比如与前期的《源氏物语》中的心理描写比起来，《义经记》就有了主人公的悲剧命运的书写，让庶民阶层能够感同深受，主人公夕颜的诡奇的人生际遇、悲剧的人生命运引发了阅读者的同情。庶民阶层的审美情趣跃然纸上，在得意与失意、富贵与贫贱、善与恶的一系列冲突对立中，作品的矛盾意识得以凸显。能剧的素材大量取自中世时期的军事物语。

第三，英雄崇拜思想的萌生。面对乱世，英雄崇拜成为这一时期的一种民间信仰。

---

① 参见[日]笠原伸夫：《中世の美学》，日本桜枫社，1967 年，第 3—5 页。

② さび也写作汉字“寂”，有寂静之意，但更多表示中世的美学特征，是一种对立中寻求平衡的审美意识，与平安时代的妖艳相对的古朴优美，视为古雅的风趣。

③ [日]永岛福太郎：《中世文芸の源流》，日本河原书店，1948 年，第 4 页。在交流史上，对从平安时代即中国唐以来的中日交流的官方记载颇多，但是中世以来，即从中国的宋代开始作为官方的中日交流基本已经废止，但是作为民间的交流其实更为兴盛，应该说，这一时期日本对于中国文化的借鉴吸纳往往更强于前代。所以永岛福太郎分析认为是以庶民文化为基础的武家文化推动了这一时期日本对中国文化的摄取。可以说，他从根本上把握了日本这一时期的思想特征。

所谓的英雄被定义为治世的豪杰或是充满战斗精神,爱憎分明、智勇双全的人物。他们当中多是对部下宽厚仁慈者,可以说是世人心目中理想的英雄化身形象。比如《荣花物语》中的道长,被用赞歌般的笔触加以描写,这也是中世文学的一个特色。以英雄为中心,进一步渲染英雄是超人类的存在,从而体现出庶民阶层具有无限的想象性。这一时期表达内心深处对实力的肯定与赞美的艺术作品出现。

第四,会合共乐的性质出现。将很多事物放置一处共同组合成为同一的艺术是中世文学的重要特色。说唱《平家物语》时,以面对众多受众为目的。小呗、今样、白拍子等一并会同,进而像猿乐、田乐、曲舞、幸若等样式共同作为对象来加以考虑,容纳包含高低贵贱的许多受众。中世文学不仅有文字书写的,也有那些可以通过静听——进入耳中的有韵律和感受性的音乐,以及用眼睛所看到的舞姿等,都可以得到鉴赏,听觉的美感与视觉的美感同时融入其中。

古典戏剧"能"正是在这一文化背景下产生的。区别于以往大和猿乐,从对被模仿对象的外在模拟,而转向重视人物内心塑造,称之为"本意"的写实,能剧充分演绎了独特的幽玄之美。能剧取材于军事物语、民间传说,还有中国题材的"唐事能"。《敦盛》等剧目取自《平家物语》,出场角色有僧侣法师,主角多是战死在战场上的武士。在前半场扮演成一个凡夫俗子,让法师为其超度灵魂;下半场武士的灵魂出现,叙述武士家族生平荣辱,最后灵魂得以安息,进入佛家所说的修罗道中。这些作品仍然保留了以往猿乐能与佛教劝导相关的内容,是日本中世倡导剧的延续。能剧是一种宗教意味十分浓重的祭祀性戏剧样式。可谓内容上的祭祀剧,形式上的假面剧,风格上的悲剧。①

历代将军都奉行保护、援助能艺术的发展方针,这一方针一直持续到江户时代。如今,能剧已被誉为日本之国粹。

> 雅乐失于高远,演剧流于悲俗,不远不悲,能保国粹之美者,夫惟能乐乎,按能乐起源诸说纷纷,虽不可得详盖远滥觞于神乐雅乐等,而总称猿乐者也,及北条氏,其乐渐盛、与田乐大行于世、至足利氏、技不适世、人稍嫌厌之、方义满时、结崎之徒辈出、一变旧态、本原曲舞、而增补之、创作新猿乐者、名曰能乐、以大鼓舞作与世道人心、于是贵贱上下、悦其曲娱其艺、幕府至以能乐定为武家式乐是、斯道益勃兴、名僧智识、编着谣、以之为教化、名工妙手、研究曲技、以之为能事。

在形式和内容上进行新的整合以迎合统治阶级的审美趣味,扬弃外来文化,对本民族的艺能进行改革,成为孕育"能"的时代土壤。除此以外,推动"能"这一艺术形式

---

① 翁敏华:《中日韩戏剧文化因缘研究》,学林出版社2004年版,第142页。

生生不息的重要因素,来自伟大的艺术家——世阿弥的出现,他是被历史选择的必然结果,是当之无愧的日本中世的表演艺术大师。“理解日本文化当中的美意识,可以从艺能的发生为视点进行考察,它正是我们了解日本文化的一个很好的切入点”①。

① [日]小笠原恭子:《芸能の視座》(艺能的视座),日本桜楓社,1984年,第8页。

古典文艺理论中“虚静”范畴的哲学探赜

韩 聃

摘 要:“虚静”思想在中国古典美学、艺术理论中颇具特色。它具有中国古典美学中特有的整体直觉思维特征。“虚静”的深刻意义在于,老子、庄子,在他们思想起步的地方,根本没有艺术的意欲,更不曾以某种具体艺术作为他们追求的对象。他们所追求到的最高境界就是“道”。使其本、道、自然、天道无为一脉相承。“虚静”本作为体道的人格修养功夫出现,对后来的文艺以至于文艺创作主体带来了深远的影响。

关键词:虚静;道;体道

“虚静”的思想,是最具中国特色而又最为深刻的哲学思想,即使将它放在最杰出的西方思想中也是毫不逊色、豁然挺出的,而且在现代仍具有巨大价值。“虚静”之初始与文学艺术无涉,老子提出的“致虚极,守静笃”、庄子所云“虚静恬淡,寂寞无为者,万物之本也”都侧重于视“虚静”为万物之本。“虚静”是庄子所强调的认识“道”的途径和方法。通过对“道”的体悟,使得那些“至人”“神人”“圣人”的理想人格与审美主体所具有的主体人格相通,同时流露出对审美知觉活动的感悟。这是中国古典美学、文学理论的一大特色。

陆机在《文赋》中提出:“伫中区以玄览。”刘勰在《文心雕龙·神思》中道:“是以陶钧文思,贵在虚静,疏瀹五藏,澡雪精神。”“虚静”开始和文学创作相关联,不仅被视作艺术构思的基本前提,还体现了中国古代特有的思维特征——整体性直觉思维。本文从“虚静”观念的产生开始,深入探讨具有中国文论特色的理论范畴——“虚静”的哲学依据,以求教于大家。

一、“虚静”观念的产生

“虚静”一语,最初见于周厉王时代的《大克鼎》铭文“冲让厥心,虚静于猷”,原本是指“宗教仪式中一种谦冲、和穆、虔敬、静寂的心态,以便虚而能含,宁静致远,用以摆脱现实欲念,便于敬天崇祖”。在宗教仪式中葆有谦虚、和穆、虔敬、静寂的心态,是上古先人与先祖、与天地建立沟通情感的通道。

上古，人们拟人化地想象着自然世界，认定可以操纵人类自身命运的是天地自然之众神。于是，上古先人通过祭祀仪礼来敬拜祖先及天地众神灵。在敬拜过程中，对生命的起源产生强烈的好奇心。同时，也有了生命之流的永恒不息之感，仿佛觉得天地自然之神与祖宗先妣之灵逐渐融和。以此在敬拜祖先、天地众神中求得平安，以期生命的扩展。

伴随着人们对宇宙的整体有了一定的认识和把握，逐渐开始认定一切天然形成的事物，包括社会与人类自身，都与宇宙天地同体，也由此认为宇宙天地为人类提供了观念的样式和行为的依据，那就是应该视宇宙、社会、人类为一体，来理解、分析、判断以及处理身处的外在世界。因为现象世界中，包含拥有同一来源、同一结构、同一特性的不同事物。人类开始认识到，自身与宇宙天地的往来是源于人类与宇宙天地拥有同一来源。

洞察天地万物之心，并通过庄重的仪式表达对宇宙天地的敬畏之情。在虚静、庄重、肃穆中欲求"人心"通向"天道"。在一种模糊的"天道"观念指引下，上古先民就将对宇宙自然的惧怕、对先人的怀念、对想象中众神灵的敬畏共同投入到了一种"神圣"的体验当中。《礼记·祭义》曰："祭之日，入室，僾然必有见乎其位；周还出户，肃然必有闻乎其容声；出户而听，忾然必有闻乎其叹息之声。"虚静观念是在人与先祖、宇宙天地的"对话"中产生的。是人类忘却自我意识，在宁静自守中与宇宙天地生生不息的律动冥合。"虚静"观念就是在人与宇宙天地自相面对，在与天同体的神圣体验中产生的。

二、虚静——道与体道

(一)道的本体乃是虚静

宇宙的初始乃是道。"有物混成，先天地生。寂兮寥兮独立而不改，周行而不殆，可以为天地母"(《道德经·第二十五章》)，"道生一，一生二，二生三，三生万物"(《道德经·第四十二章》)。在老子看来，"道"就是产生一切万有的根源。它静而无声，动而无形。"夫道，有情有信，无为无形；可传而不可受，可得而不可见；自本自根，未有天地，自古以固存；神鬼神帝，生天生地……"(《庄子·大宗师》)。可见，创生宇宙万物的根本"道"是无形无状，没有固定形态的，世界的一切运转冥冥中都受到"道"的支配。老子的"道"是"先天地生""为天地母"的宇宙本体。庄子的"道"是"道不可闻，闻而非也；道不可见，见而非也；道不可言，言而非也"(《庄子·知北游》)。另一方面，"道"又无处不在于万物，至在蝼蚁、屎溺中。"道"乃天地万物得以存在的依据，天得之以高，地得之以广，日月得之以行，万物得之以昌。所以庄子主张"道通为一""万物皆一"。

宇宙的本体和生命就是"道"。在中国古代哲学中，对于世界本体的认识，或言道，或言理，或言气，不一而足。但论到本体特征的性质，往往会言及"虚静"二字。"道"的形态可以说就是虚静的，"唯其虚，故无所不在，无所不入，无所不纲；唯其静，故能掌握动,形成动,统摄动。这样,对于千姿百态、生息消长的万物,其本体根源是虚静的……”

“道冲,而用之或不盈”(《道德经·第四章》),“天地之间,其犹橐龠乎!虚而不屈,动而愈出”(《道德经·第五章》)。“冲”“虚”在这里都是强调道体本身是“虚”的,这个“虚”的道体就是万物的本根。这个“虚”是不会穷竭的,天地之间犹如风箱,一开一合间凝聚天地之元气,“动而愈出”——天地运行,万物便会生生不息。所以“虚”中拥有产生万有的根源,含有无尽的创造因子。“虚”的东西,必然会呈现静的状态,“夫物芸芸,各复归其根。归根曰静,静曰复命”(《道德经·第十六章》)。万物蓬勃地生长,老子在蓬勃生长的现象中,看出往复循环的道理。在他看来,万物纷纷纭纭,千态万状,但是最后总要返回到自身的本来状态,这种状态乃是虚静的状态。“虚静恬淡,寂寞无为者,万物之本也”(《庄子·天道》)。由此生发出万物之本根,生命之源的特质就是虚静、恬淡、寂寞、无为。我们可以说道的本体是虚静的,而体道的方式也唯独只有虚静。

(二)虚静——体认“道”的途径与功夫

庄老哲学中的“道”是“独立而不改”“周而复始”,超越于万物之上的,认识它,不能靠理性分析,而只能靠“直觉”和“体悟”。若要直观悟道,主体必须具有虚静的精神状态。

最先提出“虚静”这一说法的是老子。他说:“致虚极,守静笃。”(《道德经·第十六章》)“虚”“静”是指心灵原本清澈、空明的状态,只是因私欲的活动与外界的干扰,才会变得闭塞不安,所以必须时时做“致虚”“守静”的功夫,以恢复心灵的明净。范应元说:“致虚、守静,并非绝物离人也。万物无足以扰本心者,此真谓虚极、静笃也。”面对纷繁牵扰的大千世界,不为之所动,保持心的空虚宁静,时时“致虚”“守静”必须通过主体的修养功夫来达到。这个修养功夫在庄子那里得到了具体的落实。

在《庄子·大宗师》里,女偶向南伯子葵讲述了体道的整个过程。她先后经历了“外天下”“外物”“外生”三个阶段:

> 吾犹守而告之,三日,而后能外天下。已外天下矣,吾又守之,七日,而后能外物。已外物矣,吾又守之,九日,而后能外生。已外生矣,而后能朝彻;朝彻,而后能见独。见独,而后能无古今。无古今,而后能入于不生不死。

这是体道的循序渐进、层层深入的过程。“外天下”是指排除外在世界变化而对内心的干扰,这是第一层次的,首先忘却表面的外在事物和现象的影响。进而要“外物”,目的是要排除在物背后引发人种种欲望的东西,如功名、利禄等等。这是进一个层次的。“外生”就是忘却生死,将生死置之度外。在这里,是主体人欲求摆脱外在一切干扰而自发所做的努力。经过这样一番努力,才可以“朝彻”“见独”。“朝彻”是一种如朝阳初升般地清静明亮、圆融无碍的精神状态。只有达到这种状态,才可与“道”

相会，从而成就庄子心中理想的人格典范。

庄子进一步提出了“心斋”和“坐忘”两个重要命题。如果说通过“外天下”“外物”“外生”的修炼过程是指向主体对外在世界的克服而言的话，那么“坐忘”则是主体对自身克服的一种人格修养功夫。“堕肢体，黜聪明，离形去知，同于大道，此谓坐忘”（《庄子·大宗师》）。“坐忘”包括两个方面：一是外忘其形体（即“堕肢体”“离形”），摆脱生理的欲求；二是内忘其心智（即“黜聪明”“去知”），摆脱理性的活动。只有不受形体和心智的双重束缚，才能与大道冥同为一。“坐忘”是要从根本上消除人的物质欲望。外在纷繁的物象可以激起人欲望的原因就在于，人的身体是接应外物、承载欲望的器皿，忘记了自己的物质形体，承载欲望的器皿不复存在，从而“忘足，履之适”“忘腰，带之适”。“去知”，就是要忘掉主体的认识能力，忘掉主体对外在世界的一切是非判断。“忘是非，心之适也”。“坐忘”比起“外天下”“外物”“外生”的体道方式而言更为彻底，归根结底是达到“无己”“丧我”的境界。彻底摆脱外在异化之我，回归到无限接近“道”本体的本真之我的状态。

再看“心斋”：

> 无听之以耳，而听之以心。无听之以心，而听之以气。听止于耳，心止于符。气也者，虚而待物者也。唯道集虚，虚也者，心斋也。（《庄子·人间世》）

“外物”“坐忘”之后，主体心灵所呈现的状态就是虚静的“心斋”状态。一切认知活动停止以后，人的心灵就会万般澄澈，清明透亮，“心斋”实际上就是“离形去肢”“外物”“外天下”“外生死”以后空明开阔的心境。“无听之于耳，而听之以心。无听之以心，而听之以气”，是要求主体不再去关注耳、目等外在感官的存在，同时也消除由耳目心意所带来的各种知觉。只有放弃耳、目这些外在感官的知觉功能，使之经过一个气化的过程，内心才会成为“虚室”。

> 瞻彼阕者，虚实生白，吉祥止之。夫且不止，是之谓坐驰。夫徇耳目内通，而外于心知，鬼神将来舍，何况人乎？（《庄子·人间世》）

“徇耳目内通”是一个十分重要的环节，是能够使耳、目等外在感官与内在感官——心之间相互贯通的环节。与用外在感官去感知事物相比，“内通”因为是与心之贯通而保证畅达无阻地接受到外在信息，不再专注于耳、目是接受外在信息的媒介和通道，而要把它们通通忘掉，达到“坐忘”，只有与内在感觉器官——心融合为一个整体，“虚而待物”的状态才能够到来。此时，主体的内心才会“虚实生白”，即是一个大明的境界。这样主体也会最大限度地敞开而拥抱这个世界。

通过对外在感官的“坐忘”过程，而达到虚、静、明的“心斋”状态，最后终于实现了“无物”“无名”“无己”的绝对自由的精神境界。这种状态用一个“游”字可以概括：

若夫乘天地之正，而御六气之辩，以游无穷者，彼且恶乎待哉。（《庄子·逍遥游》）

乘云气，骑日月，而游乎四海之外。（《庄子·齐物论》）

与造物者为人，而游乎天地之一气。……逍遥游乎无为之业。（《庄子·大宗师》）

圣人将游于物之所不得遁而皆存。《庄子·大宗师》）

逍遥游的主体是“圣人”“神人”“真人”，他们代表了庄子心目中的理想人格，在独与天地的精神往来中体验到无比的自由和愉快。在一切自由的来去往返中，不牵滞一物，顺任自然。重要的是不以自己的心智去损“道”。他们通过“体道”而得到自身的超越，从而也就超越了一切是非、功利。“体道”过程中所成就的理想人格恰是审美主体所必须的主体人格。所以说“体道”与艺术审美之间必然建立联系。表现在如下几个方面：

1.“虚静体道”与审美的非功利性

“虚静体道”通过“堕肢体”“黜聪明”而达到“离形”“去知”。所以说“虚静”的根本是要“去知”和“去欲”。“去知”就是去掉那些在日常生活中具有判断是非得失的心智活动和名理知识，也是忘掉主体的认识能力，避免人对事物作出判断和分析的认识行为。庄子说至人应该具有区别于一般知识的“真知”，“真知”是要依靠个体从被平时的理性知识所阻隔的感性体验中获得。要想领悟到本然生意的宇宙生命必须放弃主体的判断分析行为，而“以无知知者”（《庄子·人间世》）。“去知”实际上就是近于现象学的“中止判断”，是要撤除主体先前的认知结构，这是审美态度的重要前提。通常所说的知识具有一定的分解功能，是以“用”为前提的，主体所视之物不能完整地传入主体内心。“去欲”即是忘掉自身肉体的物质性存在，把人从欲望中解脱出来，不受任何欲望扰动的精神主体自然不会被任何外在的世俗观念和个人得失所搅扰。此时心灵与所要知觉的事物仿佛被置放在真空中，两者之间没有阻隔。从认识的角度来说，这时的主体所要进行的知觉活动是“纯粹意识活动”。看、听的感觉功能只能把感觉投注于事物的表面，却不能通向事物的内部；而“纯粹的知觉活动”不再是把知觉作为认识事物的手段，而是接纳物象的孤立的知觉活动，也正是审美过程中所需要的知觉活动。“去知”“去欲”以后，精神主体可以说完全处在一种非功利状态下，这是审美活动必备的条件。

当处在非功利的状态下，看到的物象再也不是在日常生活中所看到的带有人的主观欲望而用于作出判断的“物”。审美主体在“去知”“去欲”的同时必然“去物”。之所以要“去物”，就是因为“物”能够引发人的功利心。所以恽南田所说：“离山乃见山，执水岂见水。”人只有摆脱了所有名利的诱惑，不再关心物对于个人欲望的满足，把物象从实用功利中抽出，才会对物作出审美的把握。而这正如康德所说的那样：“一个关于美的判断，只要夹杂着极少的利害感在里面，就会有偏爱而不是纯粹的欣赏判断。"

"坐忘"真正要强调的是"无己"和"丧我"。主体不仅无视于外在事物的存在,也忘记自己的物质形体和认知能力。从而,超越那个充斥本能欲望的实用的自我和运用理智思维的理性自我,以达到无限接近道本体的本真之我。本真之我才是对审美对象所做审美观照的精神主体。

2."虚静"在于虚实静动的转化

由"虚""静"而得"实""动"在古代认识论中是常谈,《老子》《荀子》《管子》皆是如此。"休则虚,虚则实,实者伦矣。虚则静,静则动,动则得矣"(《庄子·天道》),要达到"虚静"的心理状态,则要"休"。成玄英疏曰:"休虑息心。"即思虑不兴,清静无为,使心灵处于"休息"的状态。所以,庄子最后认为,只有休虑息心,才能使内心虚静空明,才能体悟到真实而又完备的"道"。也只有"休虑息心",处于内心的宁静,才能照见生生不息的宇宙万物。当人超脱于世事的纷扰,摆脱于功名利禄的诱惑,不再以实用的眼光去看待外在世界时,内心的澄澈宁静才会照见事物的本然面貌。宋何坦说:"盖静可以观动也,人能不为利害所汩,则事物至前,则数一二"。

与"心斋"相反的心理状态是"坐驰"。"夫且不止,是谓坐驰"(《庄子·人间世》)。坐驰"是指外形正襟危坐而内心却飞腾驰骛。而"心斋"却是形同槁木、心若死灰般宁静心境下包容宇宙大千的生息变化。枯木死灰的外表下并非一潭死水,而是可以"澄观一心而腾踔万物"。这种状态下,人的主体心灵与物之间才会没有间隔,外界的逼真、生动的美感才会畅通无阻、完完整整地直达主体内心。中国艺术家以心理时空来融汇自然时空,他们眼中的感觉世界是经过净化和深化的对象,是从特定时空中超脱出来,浑融着主体生命形态的生生不息的世界。苏轼几句诗来得具体:"欲令诗语妙,无厌空且静。静故了群动,空故纳万境。"(《送参廖师》)静,指的是视听感官对外界的关闭;空,是指排除了不必要的意向和干扰,精神专注于内心,因而能体察了解客观事物的生动变化。静并非绝对不动,而是蕴含着大动,蕴含着神思飞跃的逍遥"游"。在静中求动,以无为达到无不为。所以说"虚静"不是消极的等待,它以"无"载动"有",以"静"追求"动",以平如大漠的情怀去拥抱勃郁奔腾的大千,去迎接腾挪不绝的美和喷涌而至的灵感。

3.心斋的"虚""静""明"

"虚静"是对"心斋"所作的进一步描述。"明"就是虚静之心所产生的效果。

> 至人之用心若镜,不将不迎,应而不藏,故能胜物而不伤。(《庄子·应帝王》)
>
> 圣人之静也,非曰静也善,故静也。万物无足以铙心者,故静也。水静则明烛须眉,平中准,大匠取法焉。水静犹明,而况精神?圣人之心静乎,天地之鉴也,万物之镜也。夫虚静恬淡,寂寞无为者,天地之平,而道德之至,故帝王圣人休焉。(《庄子·天道》)

这里把“虚静”比喻成水或是明镜。水静，浊物下沉，才能清澈见底；心静，才能有如镜子一样照见万物。主体心灵有如水和镜子一般一尘不染，这样主体心灵与要知觉的事物之间没有了丝毫的间隔。镜之照物就是在静的状态下观物，所照之“物”不再是引人心生欲望之物，而是和人亲近的永恒生命本体。“不将不迎”恰是说明知觉直观的情形：一是不将具有分析判断的知识加诸物上，二是不将自己的利害好恶的成见附加在物的身上，这样人对物的观照不再被是非成见所歪曲。“有将有迎”，就会有阻隔；“不将不迎”，就是主体之心与天地万物没有任何阻隔地彼此照面，是主体之心对物的自由而平等的观照。

庄子用“朝彻”“大明”所描绘的其实是体道的一种终极体验。

> 宇泰定者，发乎天光；发乎天光者，人见其人，物见其物。（《庄子·庚桑楚》）

“宇”是指向人的心灵；“泰定”就是虚静；“天光”就是自然之光，人的心在虚静中可以洞见自然之光亮，说明人若以虚静自处，可归回本真之我，人的自身本体就具有光辉。此种“明”是直通到天地万物的本质。“光”“明”本是道的特征，是在静默玄冥中吐露的，静默的光明才是人生命的大明亮，它是从克服“内”“外”“多知”等多重束缚的体验中悟得的。这种悟得是一种“豁然贯通”，其背后是走向了生命自身的光明。虚静之心，自然而然的是“明”，这种“明”“光”是具有其和宇宙相通的本质。所以庄子说：“圣人之心静乎？天地之鉴也，万物之镜也。”由本质所生发之“明”“光”不仅照遍大千；而“明”“光”即是人与天地万物的共同本质之自身，所以通乎一切，成就一切。

庄子所说的“明”是以虚静为体的根源的知觉。此知觉是有洞彻力的知觉，在老子便谓“玄览”，这种根源的知觉也就是审美知觉。当主体的心灵如明镜般“官天地、府万物”的时候，从意识的角度来说主体意识为“纯粹意识”，即将进行的知觉活动也是“纯粹意识活动”。此时，审美知觉的一切准备就绪，意识开始活动必然就是审美的知觉活动。可以说“虚”“静”“明”也正是审美知觉活动的一个启动的条件。

三、“虚静”与“虚壹而静”的比较

在先秦时期，不仅庄老言谈虚静，宋尹、荀韩也都讲虚静。荀子的“虚壹而静”的思想对后世产生比较普遍的影响。《荀子·解蔽》云：

> 人何以知道？曰：心。心何以知？曰：虚壹而静。心未尝不臧也，然而有所谓虚；心未尝不满也，然而有所谓壹；心未尝不动也，然而有所谓静。

荀子的“虚壹而静”是知“道”的一种思想方法。质言之，就是人在思考事物的本质或规律时要虚心、全面，不要用自己固有的成见和思考的片面性危害认识。“壹”就是心绪专一、心境守一。荀子的“虚壹而静”是人认识活动开展之前的前提和基础，强调人的理性和思维的作用。

“虚壹而静”与“虚静”比较起来，两者之间确有相通的地方。荀子认为“虚静”是人知“道”的心理境界，人达到了虚空的心理境界，才能熟悉了解并获得“道”。在荀子看来，“虚壹而静”能够使人进入“大清明”的境界中去。在进入“大明”这一点上荀子与道家的“虚静”说相类似。但是荀子对“虚”的理解不同于道家强调内心的澄澈空明，摒弃外物进入，而是强调积累知识的重要性，强调注重后天的学习，重在“知”。

荀子的“虚壹而静”只是一种知“道”的手段，而庄老的“虚静”却有着双重的含义，它既是道的本体，又是体道的方法。“虚静”的要义在于使精神涤除周围世界、理智和生存本身对它的沾染，以成一种“高度修养境界的空灵明觉之心”。庄老哲学认为，正是这种沾染，阻碍了人的精神对无所不在、无形无象、窈窈冥冥的宇宙之道的呈现。道是“大象无形，大音希声”，所以依靠理性的思维和一般意义上的知识是很难把握的。唯一可能的是通过人对象或物的观照。这里象或物，本身既非道也非物，而是道的象征或象之物。只有在象和物中才有可能领悟不可言说、不可命名的“道”。“知”必然要运用言说和命名来思考，反而远离了道。所以说老庄的“虚静”说源于对“道”的深观远照，更适合于审美和艺术。“虚静”本身包含着两种不同的价值取向：一个是道家具有超功利色彩的提倡逍遥避世、自然无为，偏重于审美心理的观物方式的虚静；一个是儒家重视道德伦理修养，内省观照，偏重于学习认知的虚静。

以上是关于“虚静”思想哲学依据的分析。对虚静思想探讨的意义在于，虚静不单纯是一种创作理论，虚静本身既是方法，又是目的；既是过程又是状态。静的过程是事物向着本体的归复，返回自身；静的状态就是心灵的状态，即“圣人之静也，非曰静也善，故静也。万物无足以铙心者，故静也”。这是一分直指内在心灵的“圣人”般的宁静。同时又呈现出中国艺术精神之大美，这正是一种修养功夫所企及的人生境界，也恰是中国古典美学、文论的一大特色——艺术的美感与人格修养的功夫息息相关。能够通过对虚静思想哲学依据的探讨来理解中国美学中美之为美的元素，正是此文的一点意义所在。

参考文献

1. 徐复观：《中国艺术精神》，华东大学出版社 2001 年版。
2. 朱光潜：《无言之美》，北京大学出版社 2005 年版。
3. 宗白华：《美学散步》，上海人民出版社 1981 年版。
4. 叶朗：《中国美学史大纲》，上海人民出版社 1985 年版。
5. 张少康：《中国古代文学创作论》，台湾文史哲出版社 1991 年版。
6. 童庆炳：《艺术创作与审美心理》，百花文艺出版社 1992 年版。
7. 张皓：《中国美学范畴与传统文化》，湖北教育出版社 1996 年版。
8. 郁沅：《中国古典美学初编》，长江文艺出版社 1986 年版。
9. 周来祥：《论中国古典美学》，齐鲁书社 1987 年版。

10. 李泽厚:《美学三书》,天津社会科学院出版社 2003 年版。
11. 张松如、陈鼓应、赵明、张军:《老庄论集》,齐鲁书社 1987 年版。
12. 李先耕:《老子今析》,中国社会科学出版社 2002 年版。
13. 陈鼓应:《庄子今注今译》,中华书局 1983 年版。
14. [美]苏珊·朗格:《艺术问题》,滕守尧译,南京出版社 2006 年版。

审美之维与文化之维的会通
——兼及对中国当代美学的启示

韦拴喜

摘　要:审美之维与文化之维的会通不仅缘于它们之间的天然联系及本质内涵的一致性,也是当代文化语境中美学学科向纵深发展的现实需求。审美文化学与文化美学试图通过对生命价值与人类文明之理想形态的知识建构,促成审美之维与文化之维的深层会通,以开启美学研究的新思路、新方向。基于审美之维与文化之维的联姻关系日益密切的趋势,中国当代美学研究理应坚持理论思辨与现实关切相结合,以反思性、批判性意识干预大众的政治生活与文化生活,以开放与恪守并举的姿态,实现与中国传统文化的有效对接以及与西方外来文化的平等对话,从而建构既适应时代的文化现状,又体现中国特色的当代美学理论。

关键词:审美之维;文化之维;会通;审美文化;文化美学;中国当代美学

审美与文化虽是不同的范畴,但作为人之生命意义与终极关怀的重要体现,以及实现人之全面发展与自由解放的重要途径,它们之间不论在逻辑还是事实上,都存在着互融互动的紧密关联。伴随着后现代消费时代的到来以及美学学科现代转型的内在需要,审美之维与文化之维相会通的趋势更是日渐明显。审美文化学和文化美学致力于会通审美之维与文化之维的学科尝试,为中国当代美学的学科建设提供了诸多借鉴与启示,促发我们以一种文化自觉意识省察与思考中国当代美学的知识生产路径问题。

一、审美之维与文化之维会通的学理依据

纵观美学史,不难发现美学的发展与文化的进步历来便是互动生成的关系。文化既为人类审美提供了具体的人文语境,也成为人的审美意识的外化和延伸。诚如马克思所言:“不仅五官感觉,而且连所谓精神感觉、实践感觉(意志、爱等等),一句话,人

的感觉、感觉的人性，都是由于它的对象的存在，由于人化的自然界，才产生出来的。”[①]而审美则是人类文化的典型体现和最终归宿，“审美活动作为人类文明发展的体现形式，必然内在地展示主体发展的自觉历程以及它在文化上的进步”[②]。古希腊艺术对欧洲文化的发展产生了深远影响，至今“仍然能够给我们以艺术享受，而且就某方面说还是一种规范和高不可及的范本”[③]，而它无疑是植根于希腊文化的土壤而成长起来的。文艺复兴运动在美学艺术上所取得的空前成就，自然是和当时的新兴资产阶级倡导思想解放和个性自由的文化思潮密切相关的。德国古典美学之所以能成为近代西方美学的顶峰，也是和德国古典文化追求人之精神自由和道德完善的思想理念分不开的。以中国百年美学的发展史观之，20 世纪二三十年代，正是受西学东渐之文化潮流的影响，才出现了与民族启蒙和传统文化批判相结合的美学热潮；20 世纪五六十年代，以马克思主义意识形态对传统文化之改造为主题，中国掀起了关于美的本质问题的大讨论；及至 20 世纪七八十年代，种种西方文化思潮涌入中国之际，美学又肩负起了人性解放和文化复兴的时代重任。由此可见，美学与文化学之间的关联与沟通是自然而然、不可分割的。

文化研究（Cultural Studies）思潮的兴起与泛审美时代的来临，将审美之维和文化之维的会通推向了前台。文化研究这个在西方起步较早“成名”却晚于后现代主义的人文思潮，“不是一套为文学研究而设的方法，而是一系列没有界限的、评说天下万物的各种著作，从哲学殿堂里学术性最强的问题到人们以不断变化的方法评说和思考的身体问题，无所不容”[④]。可以说，文化研究超越了单一的、确定的知识范围和学科领域，意在打破学科间的壁垒，实现跨学科的融通。此外，文化研究不主张对文本的封闭性阅读，而关注文化理论之于社会现实问题的阐释力和效用性。“文化研究最终目标并不是文本，而是在每一个流通时刻的主体形式的社会生活”[⑤]。文化研究的跨学科性质、反文本倾向和实践精神，为处于僵化和封闭境地的美学理论在学术视野、旨趣、方法路径等方面的转型提供了重要借鉴。如果说文化研究只是一种学术思潮，那么，审美泛化则是人人可见可感的文化事象。消费时代的审美不再是少数知识精英的专利，而是急遽转向一个被广泛扩张和泛化的状态，日益蔓延和渗透到社会文化及大众的日常生活等各个层面。这种由审美泛化而来的文化状态，对传统美学带来了前所未有的冲击和僭越，促使其向着跨文化、跨学科的方向发展。诚如舒斯特曼所指出的：“美学研究的兴趣变得越来越广了，远远超出了传统的美的艺术的领域。不仅兴起了

① ［德］马克思：《1844 年经济学哲学手稿》，中共中央马克思、恩格斯、列宁、斯大林著作编译局译，人民出版社 2000 年版，第 87 页。

② 李西建：《审美文化学》，湖北人民出版社 1992 年版，第 5 页。

③ ［德］马克思：《政治经济学批判导言》，见《马克思恩格斯选集（第二卷）》，中共中央马克思、恩格斯、列宁、斯大林著作编译局译，人民出版社 1995 年版，第 29 页。

④ ［英］乔纳森·卡勒：《文学理论》，李平译，辽宁教育出版社 1998 年版，第 4 页。

⑤ ［英］理查德·约翰生：《究竟什么是文化研究》，陈永国译，见罗钢、刘象愚主编：《文化研究读本》，中国社会科学出版社 2000 年版，第 33—34 页。

自然美学和环境美学，而且出现了家庭美学和产品设计美学、日常生活美学、体育美学等等……审美化已经广泛地渗透到了我们的文化之中、我们的生活世界之中”。[①]。因此，当文化研究扩展至人文科学的各个领域，当审美泛化成为一种普遍的文化现象之时，审美之维与文化之维的会通便成为一种适时、适势的必然。

审美与文化在本质内涵上的一致性，也使得审美之维和文化之维的会通成为必然。文化问题向来受到国内外学界的普遍关注，而“文化问题的重要，并不在于用多少种定义对它进行界定与描述，而在于把握其实质与指向”[②]。事实上，无论我们从何种角度对文化进行界定，恒定不变是文化与人对其实存状态的持续关注脱不了干系。文化上的每一个进步，都是人不断地反思自我、超越自我，趋优而创新，迈向自由而全面发展的一步。就其根本而言，文化指涉的是生命的终极关怀问题。如伊格尔顿所说：“文化可利用它漂流在社会之中这一事实，超越社会狭隘的界限，探究那些对全人类至关重要的事件。它可以具有普遍性，而非仅局限于狭窄的历史性。它能提出终极问题，而不仅仅是那些实用的或狭隘的问题。”[③]康德也曾指出：“一个有理性的存在者一般地(因而以其自由)对随便什么目的的这种适应性的产生过程，就是文化。所以只有文化才可以是我们有理由考虑到人类而归之于自然的最后目的。”[④]康德所谓的这个“能独立于自然界而本身自足”[⑤]的终极目的在很大程度上就是审美，“审美的这种形式合目的性，是自然与人类心理结构同构对应关系的实现，是对人类把握自然整体能力的培育，因而具有全人类的伟大目的，亦即康德所说的‘文化’目的”[⑥]。因此，审美是人“向自身、向社会的即合乎人性的人的复归”[⑦]，从而成为“作为本体看的人”[⑧]，也即文化—道德的人之重要途径。在这个意义上，审美之维与文化之维的会通，缘于两者均与人类对其生存状态与生命意义的关切紧密相关。

二、审美之维与文化之维会通的学科尝试

审美文化学和文化美学是以知识图景的方式，致力于沟通审美之维与文化之维的有效尝试。尽管前者重在将文化视角引入美学体系之中，并从审美超越的角度来塑造、提升和推进人类当代文化，后者则更多地立足于当下时代新的文化视野，以文化意识与文化精神为导向，来建构适应时代发展的美学理论形态。但在方法论立场和价值取向上，两者则是趋于一致的。它们都注重审美与文化之间的互动与融通，都致力于个体生命意义与人类文明之理想形态的理论建构。诚如有学者所言：“真正的文化应

---

① 彭锋：《新实用主义美学的新视野——访舒斯特曼教授》，《哲学动态》2008 年第 1 期。
② 李西建：《审美文化学》，湖北人民出版社 1992 年版，第 5 页。
③ [英]特里·伊格尔顿：《理论之后》，商正译，商务印书馆 2009 年版，第 95 页。
④ [德]康德：《判断力批判》，邓晓芒译，人民出版社 2002 年版，第 287 页。
⑤ [德]康德：《判断力批判》，邓晓芒译，人民出版社 2002 年版，第 286 页。
⑥ 杨恩寰主编：《美学引论》，人民出版社 2005 年版，第 171 页。
⑦ [德]马克思：《1844 年经济学哲学手稿》，人民出版社 2000 年版，第 81 页。
⑧ [德]康德：《判断力批判》，邓晓芒译，人民出版社 2002 年版，第 291 页。

当是审美文化，真正的美学应当是文化美学，两者都观照于人的发展状态。”①

1. 审美文化学：文化的审美塑造与提升

众所周知，审美文化研究是自20世纪90年代以来学界内外广泛讨论，但颇多争议的一个论域，仅就“审美文化”的概念界定和学科定位就存在诸多分歧。我们无意于对各家学说做盖棺论定式的最终裁决，而是力图通过对审美文化研究的意义与内涵之分析，探究其在促成审美之维与文化之维的联结与互动方面做出的努力。

审美文化研究在中国的兴起是消费社会的理论产物。20世纪末以来，随着市场经济的发展和全球化浪潮的出现，以世俗娱乐为主导的消费文化勃然兴起，并跃迁为中国社会的主导文化，人们的审美观念也由单一性、封闭化状态而发展为一种极具扩张性的活跃因子，渗透到不同的社会领域和文化层面。文化语境的变迁和大众审美观的转变，要求有相应的美学理论对此做出合理的阐释与审视。审美文化研究正是以一种对消费社会的文化转型之正面回应，对传统美学研究范式之积极革新的姿态应运而生的。由于审美文化研究尤其重视文化在人类审美活动中的现实影响以及审美在人类文化形态中的意义生成，因而，在研究视野上，它试图打通审美与文化之间的隔阂，并将文化作为审美活动的一种崭新维度，纳入美学理论的阐释范围之中；在路径选择上，它摒弃了传统美学抽象而封闭的纯理论思考，而采用自下而上的研究方法，对与大众生活实践相关的审美文化现象进行阐释与分析。

如伊格尔顿所说：“文化涵盖了从阳春白雪的艺术高峰到单调乏味的日常生活的低谷。”②从摇滚音乐到武侠小说，从艺术设计到商品包装，从风俗时尚到伦理生活，从电子传媒到图文艺术……一切与当代大众日常生活相联系，且含有审美因素的社会文化现象都被纳入审美文化研究的视野之中。表面看来，审美文化似乎成了对消费时代这诸多文化类型的一种概括，但审美文化并不能简单地与其画等号。不可否认，“由于生活方式在今天为审美伪装所主宰，所以美学事实上就不再仅仅是载体，而成了本质所在”③。这使得“消费文化”“大众文化”“媒介文化”等文化形态与审美文化存在重合交叠之处。但不同的是，审美文化的基本出发点是美学的立场，审美价值含量标示了审美文化的特殊品质。如果说“消费文化”“媒介文化”等文化类型的兴盛，在极大程度上以迎合与满足大众的世俗享受为导向，审美多半只是作为一种外在装饰或符号象征，对其推销、推广起到一定推波助澜的效应，那么，审美文化尽管不可避免地包含实用功利性，但它更多地是基于人类精神升华之需要，将审美和艺术因素凝聚、内化于文化形态之中，以丰富人的精神文化生活为最终目的。就此而言，审美文化是一种合目的性与规律性、功能性与审美性、现实性与超越性高度协调统一的文化形态。

因此，审美文化研究绝不止于从学术角度对消费社会层出不穷的文化现象进行描述与分析，而是要沉潜到实践层面，对具体的审美文化现象进行实证性的个案考察，以

---

① 李西建：《审美文化学》，湖北人民出版社1992年版，第18页。

② ［英］特里·伊格尔顿：《理论之后》，商正译，商务印书馆2009年版，第81页。

③ 彭锋：《新实用主义美学的新视野——访舒斯特曼教授》，《哲学动态》2008年第1期。

审美价值和审美精神来塑造与提升当代文化的发展趋向，从而真正实现审美之维与文化之维的内在统一。这就要求审美文化以一种有别于宗教精神与实践精神的艺术精神方式，也即依照“美的规律”介入社会文化以及大众日常生活之中，彰显文化之于审美的现实影响以及审美之于文化的意义生成。以文化的现实关怀意识干预人的生存质量、精神状态及情感生活，以审美的超越精神提升人的心灵境界，引导其尽可能地朝着全面、完整的人格理想发展，不断趋向由“必然王国”向“自由王国”也即“审美王国”的迈进。正是通过将纷繁驳杂的文化事象纳入美学的阐释体系，并以审美精神和审美理想来塑造与提升当代文化乃至人自身的方式，审美文化研究得以有效地贯通了审美之维与文化之维，从而扭转了封闭式、独白式的美学研究格局，拓展了美学研究的领域与空间。

2. 文化美学：美学的文化学观照与阐释

与审美文化一样，文化美学的出场也是当代社会文化发展现状的客观要求和美学研究向纵深发展的逻辑延伸。面对大众文化、通俗文化与传统的高雅文化、主流文化分庭抗礼，并大有占据主导之势的时代语境，以审美与文化之间的互动为出发点，以文化意识与文化精神为导向，建构一种适应时代要求的文化美学便势在必行。

在我们看来，所谓文化意识，至少包含两个层面的内涵：一是动态发展的眼光，一是兼收并蓄的胸襟。在荷兰当代哲学家皮尔森看来，文化与其作为一个名词，不如作为一个动词来理解，“我们在考察文化时，不是把它作为一个已完成的事态、一个现状，而是把它作为现代文化构成其一个阶段的历史过程”①。皮尔森对文化的动态性、发展性之强调，正切中了文化意识的内涵。这就意味着美学理论必须立足于不断发展变迁的文化现实，以一种动态开放、与时俱进的思维方式，适时地对其研究重心及学科结构进行相应的调整。唯其如此，美学研究才可能保持自身的内在活力以及对社会现实问题的有效阐释力。文化意识的另一层内涵则是兼容并蓄的胸襟，这依赖于高度的理性自觉。人类创造活动的丰富性，决定了人类文化在内容、类型及层次上的多样性、异质性和复杂性，而不同的文化形态只有在承认各自差异的前提下，互通有无，取长补短，才能共生共荣。正如费孝通所说：“只有在认识自己的文化、理解所接触到的多种文化的基础上，才有条件在这个正在形成中的多元文化的世界里确立自己的位置，然后经过自主的适应，和其他文化一起，取长补短，共同建立一个有共同认可的基本秩序和一套各种文化能和平共处、各抒所长、联手发展的共处守则。”②在美学研究中，必然需要这样一种既尊重各种文化的独特性和异质性，又探求不同文化背后的共通性和普遍性的自觉意识，以便在多元化的文化形态中，提炼出恒定不变的文化精神，对美学理论进行新的思考和诠释。

就其本质而言，文化精神则涵盖了创造性、批判性和超越性等诸多内涵。如我们所知，人与动物的本质区别在于“动物只按照它所属的那个种的尺度和需要来构造，

① ［荷］C·A·冯·皮尔森：《文化战略》，刘利圭等译，中国社会科学出版社1992年版，第3页。
② 费孝通：《费孝通论文化与文化自觉》，群言出版社2005年版，第233页。

而人却懂得按照任何一个种的尺度来进行生产,并且懂得处处都把内在的尺度运用于对象"①。在这个意义上,人是一种自由自在的文化存在物,人类实践是一种自由自觉的文化创造活动。人类进行文化创造的历史过程,也是文化精神不断积淀和凝聚,人自身趋向自由自觉的"类特性"的过程。因此,文化之于人自身的发展完善这样一种精神内涵,必然要求当代美学研究以关注人的生存境遇和心理状态,提升人的生活质量和精神境界为己任,积极干预个体的现实生活过程,以促进人的自由而全面发展。当然,文化并非只作为一种进步和解放的力量而存在,对文化的不当使用,也可能使其成为限制和贬低人的一种异在力量。比如,当前的消费社会中,人类审美价值取向上的物质享乐主义倾向,审美生产中的机械复制性做法,审美消费中的感性原欲的膨胀等等,都属于文化异化的表征。"在市场决定价值的文明体里,随着艺术变得越来越可有可无,文化反而能够将自身的非必要性变成德性。它还能在这充满铁律和无情势力的世界里,为偶发事件、零星的特例、毫不相干的事物、奇迹般的例外大声疾呼"②。建设当代形态的美学学科,必然要求灌注新的文化精神,以文化的批判性、超越性来平衡和消解消费文化的世俗性与功利性,从而导引人类文化、文明的发展方向与进程。

事实上,早在20世纪末,胡经之先生就倡导走向文化美学研究。依照胡经之的设想,文化美学既要坚守美学立场和审美精神,从美学角度对现代化过程中出现的各种具体文化现象进行思考和审视;又要关注当今现实,探索当代文化如何走雅俗共赏之路,并唤起新的审美精神。③ 这和上述我们对文化美学内涵的分析是基本一致的。尽管作为学术构想的文化美学,与系统化的文化美学学科距离尚远,但仅仅是这样的学术倡导和致思取向,便体现出当代学人致力于沟通审美之维与文化之维的学科努力,从而为当代美学研究开拓了一种新思路和新方向。

三、审美之维与文化之维的会通对中国当代美学的启示

审美文化学和文化美学致力于会通审美之维与文化之维的学科尝试,为中国当代美学的学科建设提供了诸多借鉴与启示。加之新的历史条件下,如何应对时代文化发展的潮流,对各种审美文化现象做出合理的观照与阐释,已成为当代美学亟须回答的时代课题。基于此,美学研究理应正视复杂多变的文化现实,重视审美与文化之间的深层互动,拓宽研究视野,转变研究范式,坚持与时俱进,谋求新的思考与建构。

其一,当代美学的发展必须坚持形而上的理论思辨与形而下的现实关切相结合。这是美学学科走出僵化、狭隘的理论困境,寻求新的发展思路的有效路径。我们知道,传统美学因缺少文化学的维度,一味执着于形上的理论思辨和抽象的逻辑演绎,从而在依靠哲学话语寻求学理之完满性和逻辑之自洽性的同时,忽略和舍弃了审美与整个社会文化及大众审美实践之间的联系。因而,在时代背景与社会境遇发生转变之时,

① [德]马克思:《1844年经济学哲学手稿》,人民出版社2000年版,第58页。

② [英]特里·伊格尔顿:《理论之后》,商正译,商务印书馆2009年版,第94页。

③ 胡经之:《走向文化美学》,《学术研究》2001年第1期。

面对层出不穷的审美文化现象，传统美学因无法对其作出合理有效的阐释，而陷入无能为力的尴尬境地。因此，我们呼唤当代美学从审美与文化的互动论视角出发，在完善自身理论建设的同时，积极介入日常生活领域，从生活世界中寻求生机与活力。这就是说，作为哲学的美学仍然必须坚持理论形态的学科建构，对审美现象及审美经验进行理论概括与提升。作为"感性学"（Aesthetica）的美学，理应用诗性智慧去关注现实生活领域中的审美实践与审美经验，力求在话语形态上实现由"形上向世俗"的蜕变，在价值指向上体现"重经验阐释和个性超越"的现实功能。总之，理性思辨与现实关切的结合，要求美学既不能满足于自语独白式的玄学思辨，也不能止步于简单的现象描述和经验实证，而要从特定文化语境中的审美事实出发，对具体的审美现象进行个案分析与考察，并将其抽象凝结为系统化的话语理论，用以指导人们的审美实践活动。

其二，当代美学的发展应更加突出其作为人文学科的反思性与批判性。如我们所见，"在一个科学与商业为主导的世界，人文科学日渐被排挤到边缘"[①]。而批评性的自我反省，作为人文科学的一个基本特征，无疑是其化解危机、超越自身的根本方式。正如伊格尔顿所言："人文科学已经丧失了清白之身：它不再自诩不受权势的玷污。它如还想继续生存，停下脚步反省自己的目的和担当的责任（assumption）就至关重要。"[②]立足于当前的消费社会，要凸显美学的反思性与批判性，不能仅仅依靠以"人文精神""终极关怀"为指向的抽象的道德理想主义和审美浪漫主义批判，更需要彰显美学的政治文化功能。这并非是倡导取消美学自律性，回归"文艺为政治服务"的倒行逆施。事实上，即便由于美学既不纯属于哲学，也不纯属于文艺的特殊事实，而使其成为受政治影响较小的一门学科，我们也无法否认，美学与政治之间终究存在着相互影响、相互介入的关系。且我们所说的政治维度，不是指与权力关系和阶级利益相关的社会政治，而更多意指一种与人的自由发展和审美解放相关的文化政治、生活政治，它体现于人类社会生活的各个领域，沉淀在一个民族的文化心理结构之中，从根本上导引着文化与文明的发展进程。基于此，一方面，美学学科需要对自身进行反思，以便从狭隘封闭的学院研究中抽身出来，确立一种日常性的价值立场和以人为本的价值理念，开拓生活与意义的生成空间，使之成为与人的感性生活密切相关的学科。另一方面，面对消费社会中越来越多的大众将无边蔓延的娱乐自由和消费自由当成自由以及存在意义的全部，并以此掩盖政治生活的自由参与和文化生活中的自由创造之现实状况，[③]美学理应以批判性意识对当下社会的文化现状进行补偏救弊，对大众的价值取向乃至文化的发展走向进行引导规约。

其三，当代美学发展需要在守持本土化的前提下，发展跨文化整合的知识形态。全球化时代，在西方文化不断地强势入侵，中国文化因遭遇"殖民化"而"失语、失位"

---

① ［英］特里·伊格尔顿：《理论之后》，商正译，商务印书馆2009年版，第80页。

② ［英］特里·伊格尔顿：《理论之后》，商正译，商务印书馆2009年版，第27页。

③ 陶东风：《去精英化时代的大众娱乐文化》，《学术月刊》2009年第5期。

的状态下，中国当代美学亟须思考其出路及走向问题。为此，我们必须在立足民族文化的独特背景，守持民族文化的身份特征和文化根基的前提下，积极地展开与不同的文化形态之间的交流和对话。正如舒斯特曼所认为的，当欧洲哲学如今大谈“终结”与“边缘化”的时候，既尊重传统又注重革新的中国哲学却可以发展出比欧洲哲学更强而有力、更丰富多样、更具包容性的思想，以满足新的世界需要。① 依此而论，当代中国美学一方面需要实现古今对接，即挖掘和继承中国古代丰富的美学理论资源，将其融通于中国当代美学的建构之中，以确立起中国审美经验的现代话语表述；另一方面，当代中国美学需要同西方文化建立一种常态化的对话机制。这需要我们在秉持多元文化价值观的基础上，打破“西方文化中心论”，搁置东、西方美学体系高下优劣的价值判断，以一种“对差异的接受能力、对变革的开放心态、追求平等的激情和在其他人的生疏感面前承认熟悉的自我的能力”②积极参与到同西方文化的平等对话之中。

“以中国而言，它面对的问题是如何在时下的全球辩论中占一要席。并非西方人对中国人的看法和理论不感兴趣，在我看来，更多地毋宁是当代中国确实没有任何带有中国特色的东西值得由汉学家介绍到西方。由此，在时刻关心全球发展之际，中国人应以新颖的手法坚守他们的立场，这不仅会给无知的西方人提供经由创造性诠释的丰富的中国文化遗产，而且还为纯粹以西方为中心的文化讨论增添全新的维度，从而对世界文化做出贡献。中国思想可以也应该像其他区域从柏拉图到海德格尔的思想家那样作为普遍的参照系。其实，西方现代思想本身就是对一个悠长而内容丰富的传统的创造性转换，因此现代西方理论家会再自然不过地在他们的论述中参照此种传统，而对欧洲以外的思想史毫无概念。但是中国色彩应该不仅限于中国传统，也要包括以批判态度积极加入理论讨论，挑战西方盛行的观点。当然这也可包括创造性地诠释（或误释）和吸取西方思想。”③德国汉学家卜松山为全球化时代的中国文化“切诊把脉”，并开出的这张“药方”，值得我们在建构中国当代美学的过程中去认真思考。

① 《实用与桥梁——中国学者与理查德·舒斯特曼的一次对话》，《文艺争鸣》2010 年第 5 期。

② ［英］C·W·沃特森：《多元文化主义》，叶兴艺译，吉林人民出版社 2005 年版，第 119 页。

③ ［德］卜松山：《在跨文化语境中对理论的反思》，《中国学术》2003 年第 2 期。

论杜甫宴乐诗的悲美风格及其成因

张　倩

摘　要:杜甫诗中涉及欢宴游赏之乐的宴乐诗呈现悲美的风格特征,即使是安史之乱之前本该极尽欢娱之作亦是如此。究其原因,汉代以来宴饮音乐的“尚悲”审美传统使审美客体——宴乐本身即具有悲的特质。忧患意识使杜甫察觉社会的危机:百姓不堪重负;科举制度名存实亡;奸臣把持朝政。从而使审美主体——杜甫具有悲的心理结构。“悲”是杜甫与宴乐发生共鸣的契合点,由此而形成杜甫宴乐诗的悲美风格。

关键词:杜甫;宴乐诗;尚悲;忧患

音乐至唐,蔚为大观,这一艺术形式与唐代文学特别是唐诗有着千丝万缕的联系,音乐成为许多唐代著名诗人的描写对象,唐人的音乐观亦在唐诗中有诸多体现。就杜诗而言,涉及音乐的诗篇约二百首,其中多有言及宴饮音乐。现在研究者对杜甫宴乐诗的关注相对较少,对其所描写的音乐显示出的审美风格及原因也缺乏恰当全面的解释,本文试就这一问题作一论述,以就教于方家。

一

杜诗中涉及宴饮音乐的约百首,在杜甫宴乐诗中,不论文人雅集所奏之乐,还是达官贵人宴享所奏之乐,它们的功能都是纯娱乐性,并不具备礼仪性和教化性。但在诗中它们却有一种共同的倾向——“悲”的审美特征。即使是居长安时所作诗中描写社会上层达官贵人欢宴游赏的音乐时,杜甫仍多用“哀丝”“哀吟”“悲歌”“悲管”等形容。

《同李太守登历下古城员外新亭》:新亭结构罢,隐见清湖阴。迹籍台观旧,气溟海岳深。圆荷想自昔,遗堞感至今。芳宴此时具,哀丝千古心。主称寿尊客,筵秩宴北林。不阻蓬荜兴,得兼《梁甫吟》。

《丽人行》:就中云幕椒房亲,赐名大国虢与秦。紫驼之峰出翠釜,水精之盘行素鳞。犀箸厌饫久未下，鸾刀缕切空纷纶。黄门飞鞚不动尘，御厨络绎送八珍。箫管哀吟感鬼神，宾从杂沓实要津。

《城西陂泛舟》：青蛾皓齿在楼船，横笛短箫悲远天。春风自信牙樯动，迟日徐看锦缆牵。鱼吹细浪摇歌扇，燕蹴飞花落舞筵。不有小船能荡桨，百壶那送酒如泉。

《自京赴奉先县咏怀五百字》：况闻内金盘，尽在卫霍室。中堂舞神仙，烟雾散玉质。暖客貂鼠裘，悲管逐清瑟。劝客驼蹄羹，霜橙压香橘。朱门酒肉臭，路有冻死骨。荣枯咫尺异，惆怅难再述。

以上四首诗均作于天宝年间。《同李太守登历下古城员外新亭》作于天宝四载（745），杜甫次年入长安，此时正过着"裘马颇轻狂"的生活，但其作"芳宴"之上奏的却是"哀丝"。后三首作于杜甫困居长安时期，《城西陂泛舟》作于天宝十三载（757），这是一首专咏宴游的诗歌。《杜诗详注》中仇兆鳌曰："此泛陂而志声妓之盛也。"[①]仇注引顾宸语："天宝间，景物盛丽，士女游观，极尽饮燕歌舞之乐。此咏泛舟实事，不是讥刺明皇，亦非空为艳曲。"[②]但此"饮燕歌舞之乐"却是"横笛短箫悲远天"。《丽人行》《自京赴奉先县咏怀五百字》分别写于天宝十二载（756）和天宝十四载（758）。天宝十四载十一月安禄山反，此时正为动乱前夕，诗中均涉及宫中显贵宴饮之事。《资治通鉴·唐纪三十二》："（天宝）十载，上命有司为安禄山治第于亲仁坊，敕令但穷壮丽，不限财力，既成，具幄帟器皿，充牣其中，……虽禁中服御之物，殆不及也。……甲辰，禄山生日，上及贵妃赐衣服宝器酒馔甚厚。"[③]仇兆鳌："朱注：《旧唐书·玄宗纪》：天宝十四载，冬十月，上幸华清宫。十一月丙寅，禄山反。公赴奉先时，玄宗正在华清宫，所以诗中言骊山事特详。十一月九日，禄山反书至长安，玄宗犹未信，故诗中但言欢娱聚敛，乱在旦夕，而不及禄山反状。"[④]从以上记载可知，平日玄宗待安禄山甚厚，故禄山反书至，帝犹不信，与贵妃欢宴游赏当极尽欢乐之至，当无忧虑之嫌，但杜诗中谈及玄宗贵妃宴游之乐仍是"箫管哀吟感鬼神""悲管逐清瑟"。

安史之乱后言及宴饮音乐的杜诗亦是如此，但有明显不同之处，即在丝竹管弦之"哀"中，其更多的成分是杜甫感时伤世之"泪"。此时国家动乱，诗人报国无门，漂流巴蜀湖湘。在"不须吹急管，衰老易悲伤"（《陪王使君晦日泛江就黄家亭子二首》）、"笛声愤怨哀中流，妙舞逶迤夜未休"（《陪王侍御同登东山最高顶宴姚通泉晚携酒泛江》）、"乐助长歌逸，杯饶旅思宽"（《宴忠州使君侄宅》）、"哀筝伤老大，华屋艳神仙"（《秋日夔府咏怀奉寄郑监李宾客一百韵》）等诗句中，杜甫心境之"悲"如此明显，以至于很难把它与乐曲本身之"哀"严格区分开来。

---

① 〔唐〕杜甫著、〔清〕仇兆鳌注：《杜诗详注》，中华书局1979年版，第177页。

② 〔唐〕杜甫著、〔清〕仇兆鳌注：《杜诗详注》，中华书局1979年版，第178页。

③ 〔宋〕司马光编著、〔元〕胡三省音注：《资治通鉴》，中华书局1956年版，第6902—6903页。

④ 〔唐〕杜甫著、〔清〕仇兆鳌注：《杜诗详注》，中华书局1979年版，第264页。

如果说安史之乱后，杜诗多感时伤世，对于宴乐的描写，必然融入了诗人较多的主观情感，表现出“悲”的美学特征。那么，在安史之乱之前，达官贵人耽于享乐，夜夜笙歌，其音乐应该以纯粹的娱悦为主，何以其诗作中的宴乐亦以悲者居多？究其原因，有两点不容忽视：首先，自汉代始，中国对于宴饮音乐的“以悲为美”的审美传统使宴乐本身即具有“悲”的特质；其次，作为宴乐的欣赏个体和诗歌创作主体的杜甫，其“悲”心理结构也是重要因素之一。从美学的角度来说，前者造就了客体“悲”的特征，后者直接影响主体的审美理念的形成，两者的结合，最终形成了杜甫宴乐诗的“悲美”风格。

二

宴饮音乐，古称之为“燕乐”，后又称为“宴乐”。燕乐者，宴享时所用之乐也。以西周礼乐文化为发端。周代国君和普通贵族“以飨、燕之礼，亲四方之宾客”（《周礼·大宗伯》），要奏乐为娱。其部分入乐之词至今还保留在《诗经》中。宴乐在产生之初，基本功能是娱乐，后逐渐发展为政治功用，从而又具有礼仪性和教化性。在周代社会“礼之用，和为贵”的政治理念下，其中庸、平和的风格倾向表现得较为突出。

至汉，宴饮音乐始有“悲美”风格。刘邦建国，社会上层多为楚人。楚文化成为汉代社会的主流文化，自然楚地音乐登堂入室，且为整个社会所崇尚，“不唯项羽会作那楚词式的歌，‘力拔山兮气盖世’；就是汉高祖也会作楚词式的歌，‘大风起兮云飞扬’”[①]。而楚乐本身正是一种悲乐。从郭茂倩《乐府诗集》所记载的楚调曲来看，其曲词就多为慷慨哀怨之词。“离堂悲楚调，君奏豫章行”（陈羽《送殷华之洪州》）即是这种特征在文学作品中的反映。欣赏悲乐，于是就成为汉代社会的审美风尚。阮籍《乐论》曰：“汉桓帝闻楚琴，凄怆伤心，倚扆而悲，慷慨长息，曰：‘善哉乎！为琴若此，一而已足矣。’”[②]可见，汉代人已经把欣赏悲乐作为一种审美享受。即使宴饮之时，亦是如此。范晔《后汉书·周举传》载，外戚梁商在永和六年三月上巳大会宾客于洛水，“商与亲昵酣饮极欢，及酒阑倡罢，继以《薤露》之歌，坐中闻者，皆为掩涕”[③]。其宴饮之时所奏之乐《薤露》即为丧歌。从这些音乐中可以感受到汉人普遍的感伤气质。这种“悲”是汉代人对人生和宇宙的深刻思考，是对人生短暂、世事无常的深刻体验，是一种特殊的审美感受。奥地利著名音乐评论家汉斯立克说：“如果悲哀的音乐都有使我们悲伤的力量——那谁还想活下去呢？……即使他把整个世纪所有痛苦作为它的题材，我们也还是感到内心的愉快。”[④]由此可见，悲伤的音乐不仅具有超强的感染力，而且还能给人们带来一种特殊的审美愉悦。

---

① 李长之：《司马迁之人格与风格》，生活·读书·新知三联书店1984年版，第3页。

② 蔡仲德注译：《中国音乐美学史资料注译》，人民音乐出版社1990年版，第375页。

③ 〔宋〕范晔撰、〔唐〕李贤等注：《后汉书》，中华书局1973年版，第2028页。

④ 〔奥〕爱杜阿德·汉斯立克：《论音乐的美——音乐美学的修改新议》，人民音乐出版社1978年版，第86—87页。

魏晋以降，战乱频仍。恶劣的生存环境，动荡的形势，使得魏晋文人内心的悲剧意识愈加浓重。李泽厚《中国美学史》说："自楚汉以来至魏晋，音乐越来越倾向于表现哀，而不是表现乐。人们对音乐的欣赏，也日益以它能表现哀，使人流泪感动为贵。"[①]曹丕追怀昔日与文人相游的情景，是"高谈娱心，哀筝顺耳"[②]（《与朝歌令吴质书》）。王粲也以"管弦发徽音，曲度清且悲，合坐同所乐，但愬杯行迟"[③]（《公宴诗》）的诗句，来表示清且美的乐歌具有"悲"的美感享受。嵇康在《琴赋》序中对魏晋"悲音美"的时代风尚，作了精当的概括："称其才干，则以危苦为上；赋其声音，则以悲哀为主；美其感化，则以垂涕为贵。"[④]这种强烈的悲剧意识，是时代给予他们对于人生的最深切的体会，是魏晋人生观在审美领域的渗透。他们希望建功立业，但是世道混乱，政治险恶，目睹社会动乱的哀痛及人生无常的悲观情绪，浸染到他们心灵深处，而"导养神气，宣和情志，处独穷而不闷者，莫近于音声也"[⑤]。于是，他们把欣赏悲乐作为一种情感的宣泄。在品味悲乐的过程中，忧闷悲哀的心情得以宣泄，从而达到心境的宁静与和谐。

隋祚不长，却为唐代文化的开放奠定了基础，但就宴乐来说，"悲美"风格并未有本质的改变。隋代吸收了魏晋南北朝时的宴饮音乐和传入中原地区的各民族音乐，制定了七部乐，后增为九部乐。魏晋南北朝时期流行的清商乐自然也被纳入九部乐中。清商乐，亦称"清乐"，调主悲，哀怨凄凉。陈后主"隔江犹唱《后庭花》"之曲《后庭花》即为清乐，其音甚哀，此曲在唐代的宴饮音乐中多有应用。

唐代音乐因袭隋制，在隋九部乐基础上制定十部乐，在十部乐中，既有清商乐，同时也有"燕乐"一类，姑且不论学界关于燕乐和清乐从属关系的争论，认为唐代十部乐中的"燕乐"和"清商乐"都是唐代宴饮音乐乐曲的来源，已成共识。葛晓音先生《盛唐清乐的衰落和古乐府诗的兴盛》一文中指出："初盛唐士大夫在日常饮宴、游览中用以自娱的音乐，仍多为清商乐。"[⑥]于是，"悲美"的音乐风尚在唐代得以延续。由于宴乐之风的盛行，宴乐活动的主体又多为士大夫之流，而这些士大夫还拥有另一重身份——文人，从而便促使了宴乐诗的发展，具有悲美风格的宴乐就成为文人表现的对象，同时也成为文人抒发情感的载体。唐诗中，"陆离轩盖，凄清管弦。萍疏波荡，柳弱风牵。未淹欢趣，林溪夕烟"（高球《三月三日宴王明府山亭》）、"丝管清且哀，一曲倾一杯"（张说《岳州宴别潭州王熊》）等宴乐诗，不胜枚举。

由此可见，自汉代始产生的宴乐"以悲为美"的审美风尚使宴饮之时所奏之乐具有"悲"的特质，此风延续至唐，尽管其间乐曲类型多有变动，但"悲"的特质没有发生本质的改变。这就对杜甫宴乐诗"悲美"风格从审美客体的角度做出了合理的解释。

---

① 李泽厚、刘纪纲：《中国美学史·魏晋南北朝编》，安徽文艺出版社1999年版，第197页。
② ［梁］萧统编、［唐］李善注：《文选》，上海古籍出版社1986年版，第1895页。
③ ［梁］萧统编、［唐］李善注：《文选》，上海古籍出版社1986年版，第944页。
④ ［梁］萧统编、［唐］李善注：《文选》，上海古籍出版社1986年版，第836页。
⑤ ［梁］萧统编、［唐］李善注：《文选》，上海古籍出版社1986年版，第836页。
⑥ 葛晓音：《盛唐清乐的衰落和古乐府诗的兴盛》，《社会科学战线》1994年第4期。

三

在审美过程中，面对同一审美客体，不同的审美主体有着不同的体验，审美主体的心理构成也起着重要作用。唐太宗论乐之言颇有代表性，曰："夫音声能感人，自然之道也，故欢者闻之则悦，忧者听之则悲。悲欢之情，在于人心，非由乐也。"①所以在注意到杜甫宴乐诗"悲美"风格的客观原因的同时，作为欣赏音乐和创作的主体——杜甫的审美心理，也是不容忽视的原因之一。

杜甫，是儒家思想的倡导者和实践者。起源于先秦的儒家忧世精神，在杜甫身上得到了充分的体现。他信守"致君尧舜上，再使风俗淳"的理想，即使在最困顿与无望的时候，亦是"白首甘契阔"的矢志不渝。他"穷年忧黎元，叹惜肠内热"：自己的茅屋为秋风所破，却高歌"安得广厦千万间，大庇天下寒士俱欢颜"；自己"幼子饿已卒"，却能够"默思失业徒，因念远戍卒"。杜甫在后世深入人心的是"中原未得平安报，醉里眉攒万国愁"的形象。杜甫不计穷达的执着，将儒家的忧世精神推向了高潮。就是这种对国家、对人民深沉的忧患意识和责任感，使杜甫能洞察盛世承平背后的乱世之兆。

杜甫于天宝五载(746)入长安，其时正值唐代社会繁荣的高峰期。唐玄宗早期以励精图治的精神创造了开元盛世，其承平气象一直为后人所追忆。郑綮在《开天传信记》中记载："开元初，……河清海晏，物殷俗阜。安西诸国，悉平为郡县。自开远门西行，亘地万余里，入河隍之赋税。左右藏库，财物山积，不可胜较。四方丰稔，百姓殷富，管户一千余万，米一斗三四文，丁壮之人，不识兵器。路不拾遗，行者不囊粮。"②其时"百姓殷富"，政治清明。杜甫"忆昔开元全盛日，小邑犹藏万家室。稻米流脂粟米白，公私仓廪俱丰实"(《忆昔》)可谓是开元盛世的实录。由于社会的持续发展，各方面矛盾并未激化。天宝年间的社会经济超过了开元时期。户口的稳定增长历来是封建王朝经济发展的标志之一，天宝间人口比之开元，多至百万。元结《问进士》云："开元、天宝之中，耕者益力四海之内，高山绝壑耒耜亦满，人家粮储皆及数岁，太仓委积陈腐，不可校量。"③依元结之语，开元天宝之繁荣可见一斑。

事实上，天宝年间，社会繁华背后是危机四伏。百姓不堪重负，不仅遭黩武之害，亦受盘剥之苦，而臣子却因善敛民财而受重用。《资治通鉴》载："上(玄宗)在位久，用度日侈，后宫赏赐无节，不欲数于左、右藏取之。鉷探知上指，岁贡额外钱帛百亿万，贮于内库，以供宫中宴赐，曰：'此皆不出于租庸调，无预经费。'上以鉷为能富国，益厚遇之。鉷务为割剥以求媚，中外嗟怨。丙子，以鉷为御史中丞、京畿采访使。"④

作为国家遴选人才的科举制度，也名存实亡。《资治通鉴》载："天宝六载，上欲广

① 〔后晋〕刘昫等撰：《旧唐书》，中华书局1975年版，第1041页。

② 〔唐〕郑綮：《开天传信记》，见〔五代〕王仁裕等撰、丁如明辑校：《开元天宝遗事十种》，上海古籍出版社1985年版，第50页。

③ 〔唐〕元结：《次山集》，四库全书本。

④ 〔宋〕司马光编著、〔元〕胡三省音注：《资治通鉴》，中华书局1956年版，第6869页。

求天下之士,命通一艺以上皆诣京师,李林甫恐草野之士对策斥言其奸恶,建言:'举人多卑贱愚聩,恐有俚言污浊圣听。'乃令郡县长官精加试练,灼然超绝者,具名送省,委尚书覆试,御史中丞监之,取名实相副者闻奏,既而至者皆试以诗、赋、论,遂无一人及第者。林甫乃上表贺野无遗贤。"[①]杜甫一腔热血来到京师,却被李林甫"野无遗贤"的闹剧所戏弄。玄宗早期励精图治、重视人才,多次于含元殿、洛城南门楼、兴庆门亲自策试举子。至天宝年间,此举已成为粉饰太平、表现政治清明的幌子。杜甫《献三大礼赋》,玄宗奇之,诏试集贤院,后无果而终。

唐朝廷亦是"鸾鸟凤皇,日以远兮。燕雀乌鹊,巢堂坛兮"。天宝五载(746),李林甫排斥了贤相张九龄、李适之等人,开始独揽大权,朝政日益黑暗。凡是正直的、有才能的人无不受到排挤陷害。四月,左相李适之罢相。天宝六载(747),李邕、裴度复被杖死。正月,李林甫遣其爪牙就杀北海太守李邕,李适之惧,饮药死。无论社会表面怎样平静的如一泓湖水,事实却如高力士在奏章中写的:"自陛下威权假于宰相(李林甫),法令不行,灾眚备于岁时,阴阳失度,纵为轸虑,难以获安。"[②]

杜甫天宝五载所到之唐都长安,是天下财富聚集之地,如赵翼所云:"唐人所咏长安都会之繁盛,宫阙之壮丽,以及韦曲莺花,曲江亭馆,广运潭之奇瑶异锦,华清宫之香车宝马,至天宝而极矣。"[③]身处如此繁华之地,杜甫并没有醉倒于太平盛世。相反,杜诗对上述社会之危机多有表现。

天宝年间,边塞诗人在高歌战斗的豪情,杜甫却写下"君已富土境,开边一何多""边庭流血成海水,武皇开边意未已"的诗篇。《送高三十五书记十五韵》:"崆峒小麦熟,且愿休王师。请公问主将,焉用穷荒为。"仇注曰:"首戒边将穷兵。天宝之乱,由当时黩武所致,公已先见其兆矣。"[④]田园诗人在低吟着生活的闲适,杜甫却留下"朱门酒肉臭,路有冻死骨"的名句。面对达官贵人"绣罗衣裳照暮春,蹙金孔雀银麒麟""紫驼之峰出翠釜,水精之盘行素鳞"的豪奢、李林甫"野无遗贤"的闹剧,忧患意识使杜甫对唐王朝的将来充满忧虑。天宝年间的承平已如绚烂美丽的海市蜃楼,掩盖其下的是政治腐败、民不聊生。有着敏锐洞察力的杜甫,已察觉动乱将至,国之将倾。天宝十三载(754),杜甫与储光羲、高适、岑参、薛据同登慈恩寺塔,共作同题诗《同诸公登慈恩寺塔》,唯公"自非旷士怀,登兹翻百忧"。仇兆鳌曰:"百忧,悯世乱也。"[⑤]

目睹达官贵人的豪奢无度,亲历奸臣的妒贤嫉能,耳闻边士的苦语怨言,无怪乎乐入杜甫之耳尽为"箫管哀吟感鬼神""横笛短箫悲远天"。对国家社会的忧患意识和责任感使审美主体——杜甫有着"悲"的审美心理,此便构成了杜甫宴乐诗悲美风格的主观因素。在审美生发之始,既定的心理构成使审美主体对引起情兴的外物有一定的

---

① 〔宋〕司马光编著、〔元〕胡三省音注:《资治通鉴》,中华书局1956年版,第6876页。

② 〔唐〕郭湜:《高力士外传》,见《开元天宝遗事十种》,上海古籍出版社1985年版,第117页。

③ 〔清〕赵翼:《廿二史札记》,四库全书本。

④ 〔唐〕杜甫著、〔清〕仇兆鳌注:《杜诗详注》,中华书局1979年版,第126页。

⑤ 〔唐〕杜甫著、〔清〕仇兆鳌注:《杜诗详注》,中华书局1979年版,第104页。

选择，主体总是乐于接受那些符合自己既定的人格倾向和心理结构的事物，对它们的感受特别灵敏，并与之发生强烈的共鸣。本身即具有“悲”的特质的宴乐，就较易于与杜甫产生心灵的碰撞，“悲”即是杜甫与宴乐发生共鸣的契合点。由此而形成杜甫宴乐诗的悲美风格。

《天子游猎赋》的封禅观念与“文赋互见”
——兼论《封禅文》的创作主旨

张　华

在“国之大事，在祀与戎”（《左传·成公三年》）的中国古代，封禅作为最高级别的祭祀大典，在国家建设中地位极为重要。《史记·封禅书》云：

> 自古受命帝王，曷尝不封禅？盖有无其应而用事者矣，未有睹符瑞见而不臻乎泰山者也。虽受命而功不至，至梁父矣而德不洽，洽矣而日有不暇给，是以即事用希。《传》曰：“三年不为礼，礼必废；三年不为乐，乐必坏。”每世之隆，则封禅答焉，及衰而息。厥旷远者千有馀载，近者数百载，故其仪阙然堙灭，其详不可得而记闻云。①

作为象征天下太平的重大仪式，封禅也是国家礼制建设的重要组成部分。《封禅书》在司马迁《史记》中被列为“八书”之一，与礼书、乐书、律书、历书、平准书、河渠书、天官书并列，其重要性不言而喻。在“大一统”事功驱动下而产生的汉大赋，是“礼乐争辉，辞藻竞骛”②的典型，汉大赋自然地与礼制建设密切相关。从《史记·封禅书》及《司马相如列传》可见，《天子游猎赋》与《封禅文》文赋“互见”，是从“议封”到“劝封”的转变，并非所谓形式上的“劝百讽一”“曲终奏雅”，内容板块之间彼此疏离，而是在其“封禅”观念引导下的统一整体。这是由文与赋不同的文体特点所致，与《史记》“互见法”有所不同。本文试从司马相如的封禅观念和《天子游猎赋》与封禅条件的对应关系作简要论述。

一、司马相如的封禅观念

司马相如的封禅观念在《史记·司马相如列传》中清晰可见。司马相如病卒之

---

① 〔汉〕司马迁：《史记》，中华书局1982年版，第1355页。

② 〔南朝梁〕刘勰著、范文澜注：《文心雕龙注》，人民文学出版社1958年版，第672页。

后，“其遗札书言封禅事，奏所忠。忠奏其书，天子异之”。此“遗札书”即《封禅文》，于篇末作者再叹曰：

大汉之德，逢涌原泉，沕潏漫衍，旁魄四塞，云専雾散，上畅九垓，下溯八埏。怀生之类沾濡浸润，协气横流，武节飘逝，迩陕游原，迥阔泳沫，首恶湮没，闇昧昭晢，昆虫凯泽，回首面内。然后囿驺虞之珍群，徼麋鹿之怪兽，导一茎六穗于庖，……钦哉，符瑞臻兹，犹以为薄，不敢道封禅！盖周跃鱼陨杭，休之以燎，微夫斯之为符也，以登介丘，不亦恧乎！进让之道，其何爽与？①

在这里司马相如证明了大汉皇朝已经具备了封禅泰山的条件，有“上畅九垓，下溯八埏”的统一事功，有“首恶湮没，闇昧昭晢，昆虫凯泽，回首面内”的现实基础，更有“符瑞臻兹”的“天意”昭示，饱含深情地寄托了对大汉“犹以为德薄，不敢道封禅”的赞颂，后以大司马进言表达对封禅的建言，申明封禅之义：

陛下仁育群生，义征不憓，诸夏乐贡，百蛮执贽，德侔往初，功无与二，休烈浃洽，符瑞众变，期应绍至，不特创见。……或谓且天为质闇，珍符固不可辞；若然辞之，是泰山靡记而梁父靡几也。……夫修德以锡符，奉符以行事，不为进越。故圣王弗替，而修礼地祇，谒款天神，勒功中岳，以彰至尊，舒盛德，发号荣，受厚福，以浸黎民也。皇皇哉斯事！天下之壮观，王者之丕业，不可贬也。愿陛下全之。②

这段话反复叹曰“不可辞”“不为进越”“不可贬也”，对汉天子封禅的资格与必要性加以反复说明，并最终感动了皇帝：

于是天子沛然改容，曰：“愉乎，朕其试哉！”乃迁思回虑，总公卿之议，询封禅之事，诗大泽之博，广符瑞之富。③

文中虽云假设问对，却是真情流露，亲切自然。文末反复叹曰：“厥之有章，不必谆谆。依类讬寓，谕以封峦。”④最终促成了武帝的封禅大典：“司马相如既卒五岁，天子始祭后土。八年而遂先礼中岳，封于太山，至梁父禅肃然。”武帝封禅原因众多，其中不乏神仙方士言封禅之后即可成仙的蛊惑，但不能否定的是司马相如《封禅书》对武帝封禅的推助之功。

① 〔汉〕司马迁：《史记》，中华书局 1982 年版，第 3065 页。
② 〔汉〕司马迁：《史记》，中华书局 1982 年版，第 3067—3068 页。
③ 〔汉〕司马迁：《史记》，中华书局 1982 年版，第 3070 页。
④ 〔汉〕司马迁：《史记》，中华书局 1982 年版，第 3072 页。

在早于《封禅文》的《难蜀父老》一文末尾，司马相如也曾提及封禅之事：

且夫王事固未有不始于忧勤，而终于佚乐者也。然则受命之符，合在于此矣。方将增泰山之封，加梁父之事，鸣和鸾，扬乐颂，上咸五，下登三。观者未睹指，听者未闻音，犹鷦明已翔乎寥廓，而罗者犹视乎薮泽。悲夫！①

司马相如将大汉功德提到了前所未有的高度，甚至认为在五帝三王之上。对此，论者多以为“谀”，甚至这种做法“助成了武帝好大喜功之习”。② 但其以皇帝将欲封禅泰山之盛事说理，确有说服力，为开发和安定西南夷奠定了坚实的理论基础。可见“封禅”在司马相如心目中的崇高地位。

《汉书·艺文志·诸子略》小说家类著录《封禅方说》十八篇，班固注云作于武帝时，余嘉锡先生《小说出于稗官说》谓：“此《封禅方说》，盖即当时诸儒及方士所言封禅事。”③其于《六艺略》礼类也录有《古封禅群祀》《封禅议对》《汉封禅群祀》三种著作。而《史记·封禅书》多载汉武帝时期曾有许多儒生和方士言说封禅之事。同时代的大史学家司马谈也十分真诚地肯定汉武帝的文治武功，认为其已超越前代，应该告成功于天地，去封禅泰山。生活于这种社会风气之中的司马相如，或多或少会受其影响，从而在赋作中有所体现。

值得注意的是，无论《史记·封禅书》还是《司马相如列传》都明确指出，并不是所有的帝王都有封禅的资格，“帝王只要合乎条件就可以封禅。封禅的条件……可分为四项：(一)受命——先要获得天命，方可改朝换代，所谓‘自古受命帝王’，‘皆受命然后得封禅’；(二)功至——应指改朝换代成功，国家统一，而且政权稳固；(三)德洽——应指政治上轨道，人民安和乐利，安于新朝代；(四)暇给——以上三项工作都完成了，开始有闲暇从事于礼乐，封禅即是古代帝王之大礼”④。后来符瑞成了皇帝“受命”的象征，暇给亦归于政权稳固的“功至”之中，于是“在儒家看来，封禅者必须满足三个条件：成就统一天下的事功、有受天明命的符瑞显现、恩德遍洽泽被群生”⑤。从《难蜀父老》和《封禅文》可见司马相如强烈的封禅观念，“厥之有章，不必谆谆。依类讬寓，谕以封峦”的感慨应不仅仅是就《封禅文》一篇而发，应该是具有普遍意义的。从司马相如《封禅文》和司马谈的临终遗言可以看出，“一、劝导武帝封禅是当时许多大知识分子的共同想法，相如作为文坛领袖，自觉担当了撰文劝说的责任；二、晚年的司马相如虽然看透官场，淡薄名利，但也并没有真的忘怀政治，他一直对国家民族的强盛充满了热切的期待”⑥。故“献谀”之说不合情理。关于《封禅文》是对汉武帝的“讽

---

① ［汉］司马迁：《史记》，中华书局1982年版，第3052页。
② ［明］凌稚隆辑：《史记评林》，见《四库未收书辑刊》第1辑第10—11册，北京出版社2000年版。
③ 余嘉锡：《余嘉锡论学杂著》，人民出版社1958年版，第278页。
④ 阮芝生：《三司马与汉武帝封禅》，《台大历史学报》1985年第20期。
⑤ 李宪堂：《大一统专制权力之象征》，《文史哲》2010年第6期。
⑥ 踪凡编：《司马相如资料汇编》，中华书局2008年版，第4—5页。

武帝不要夸功封禅"①的"尸谏"之说,也值得商榷。班固《典引》,就是以司马相如《封禅文》为范本,"光扬大汉,轶声前代"②。《封禅文》和《天子游猎赋》的主旨一样,都是为了"颂述功德"③,更深层次则为"封禅"引导下对"仁德"的向往,其所歌颂的即为其所向往的。因此,《天子游猎赋》不是"谀颂",而是有目的的"颂",其"颂"是为了引导武帝修仁德以"封禅"。

《天子游猎赋》未明言"封禅"之深意。笔者以为原因有三:其一,此时汉武帝及诸侯王奢侈盛行,仁德未洽,相如从游梁到侍从天子,深有感触,遂生"讽谏"之义,如若名以"封禅"条件不足以"讽",难免获罪武帝而事与愿违;其二,相如初出,奉旨作赋,有取悦武帝之意,只好隐含主旨,暗中流露;其三,赋的"穷貌体物"文体特点决定了在赋作中不宜展开议论,大谈特谈"封禅"条件和议论封禅之事。其最终的主旨只有在条件成熟之际的遗札《封禅文》中申明。这就是司马相如的文赋"互见",与《史记》中的"互见法"有异曲同工之妙,但又有所不同。

关于《天子游猎赋》分篇及创作时间,历来多有争议。高步瀛先生在《文选李注义疏》中就认为,《文选》中的《子虚赋》《上林赋》的写作时间相隔十年之久。换句话说,《天子游猎赋》分为两部分,命名为《子虚赋》的前一部分作于游梁时期,命名为《上林赋》的后一部分作于汉武帝时期。持此说者,历来不乏其人。刘跃进先生则根据文献记载,认为《子虚赋》乃初稿,而《上林赋》为定稿。其定稿时间是在元光元年(前134)。在此基础上,梳理资料,论述了元光元年的一系列改革措施,认为《上林赋》的创作顺应那个特定时代的要求,因而得到时人特别关注。④ 刘氏总结综括各家之言,资料翔实,逻辑严密,结论令人信服。可以肯定的是,《上林赋》创作时的司马相如已是名闻遐迩的武帝文学侍从,此时的汉武帝"初即位,尤敬鬼神之祀,搢绅之属皆望天子封禅改正度"。并命儒者赵绾、王臧等"草巡狩、封禅、改历、服色事"。又于此时,方士李少君以黄帝封禅成仙事蛊惑武帝,"见之以封禅则不死,黄帝是也"。⑤ 司马相如取悦武帝之意自不待言,而欲以赋议政,拔侍弄之臣的目的也隐约可见。高祖受命之时,功至而德未洽;文帝之时,德洽而不暇给,而此时汉家开国已久,上述封禅条件已备,投武帝之所好,论"封禅"就成了达到目的的十分有效的途径。于是,作为封禅的必要条件的"诗大泽之博,广符瑞之富",自然也成为其《天子游猎赋》的深意所在。这从此赋形式、内容及主旨三个方面可以看出。

二、全景描写与一统事功

《子虚赋》《上林赋》作为《天子游猎赋》的上、下篇,其对比之意,视而可见。《子

---

① 〔清〕张裕钊:《濂亭遗文》(卷一),光绪乙未刻本。

② 〔梁〕萧统编、〔唐〕李善注:《文选》,中华书局1977年版,第682页。

③ 〔梁〕萧统编、〔唐〕李善注:《文选》,中华书局1977年版,第682页。

④ 刘跃进:《〈子虚赋〉〈上林赋〉的分篇、创作时间及其意义》,《文史》2008年第2辑(总83辑)。

⑤ 〔汉〕司马迁:《史记》,中华书局1982年版,第455页。

虚赋》中楚使子虚言云梦泽为楚国七泽之“特其小小者”，反衬楚地之大、楚物之繁。乌有先生申之以君臣之义，极言齐地之广、苑囿之盛，此一次对比；《上林赋》推出天子游猎盛况，极力描述上林苑之广大、物产之丰富、游猎场面之壮观，皆在齐楚之上，此二次对比。作者对上林苑的描写极为细致详尽，以虚实相生的手法展现了上林苑的全貌。齐楚较之，相形见绌。上林苑，其实就是大汉帝国的缩影和代表，对上林苑全景式的描写，正是大汉皇朝一统天下的象征。

全景式的描写集中体现在强烈的方位意识上：

> 左苍梧，右西极，丹水更其南，紫渊径其北；……东西南北，驰骛往来，出乎椒丘之阙，行乎洲淤之浦，径乎桂林之中，过乎泱莽之野。①
>
> 于是乎周览泛观，瞋盼轧沕，芒芒恍忽，视之无端，察之无涯。日出东沼，入乎西陂。其南则隆冬生长，踊水跃波；……其北则盛夏含冻裂地，涉冰揭河。②

这种东南西北，全景描述，上下左右，弥不涉及，跨度之大，令人震惊，很难相信这是天子校猎的场所，而仿佛是整个大汉帝国。宋人程大昌在《演繁露》卷十一评《上林赋》云：

> 亡是公赋上林，盖该四海言之。其叙分界，则曰“左苍梧，右西极”；其举四方，则曰“日出东沼，入乎西陂”，“南则隆冬生长，踊水跃波”，“北则盛夏含冻裂地，涉冰揭河”。至论猎之所及，则曰“江河为阹，泰山为橹”。此言环四海皆天子园囿，使齐、楚所夸，俱在包笼中。彼于日月所照，霜露所坠，凡土毛川珍，孰非园囿中物，叙而置之，何一非实。③

余有丁亦云：

> 亡是公虽言上林，而所叙舆图品物，乃网罗四海。盖天子以天下为家，故侈言之若此。后人乃以卢橘等訾议之，拘矣。④

程、余二人所言，可谓切中肯綮。袁枚“文人兴到”⑤之说，未能明察个中深意。

在泛观周览的描述中，还确立了一个“中”的宇宙空间地位。“中”作为人类最古

---

① 〔汉〕司马迁：《史记》，中华书局1982年版，第3017页。

② 〔汉〕司马迁：《史记》，中华书局1982年版，第3025页。

③ 〔宋〕程大昌：《演繁露》（卷十一），见朱易安、傅璇琮、周常林、戴建国主编：《全宋笔记》第四编第九册，大象出版社2008年版，第84页。

④ 〔明〕凌稚隆辑：《史记评林》，见《四库未收书辑刊》第1辑第10—11册，北京出版社2000年版。

⑤ 〔清〕袁枚：《随园诗话》，人民文学出版社1982年版，第514页。

老的观念之一，发轫于人类蒙昧初开，始为万物命名，确立空间秩序的远古时代，它意味着某个群体对自己在宇宙间的地位及自己独特性的欣赏和肯定，因而“中”的观念，开始就是一种价值确认，是一个权力符码。《上林赋》始终将天子所在列于中央地位，采取东西南北、上下左右的陈述方式，其实就是对这种宇宙空间地位的重申与确认。这种确认不可以史实比之，只是一种文学化的写照。杨慎说：“左苍梧，右西极，其诞著矣。丹水紫渊，若有若无，杂以霸、浐、泾、渭、丰、鄗其间，使虚实相半，听者眩耳。”①《子虚》《上林》二赋，以“中”的宇宙空间观念及虚实相半的写法，借上林苑物产之丰、面积之广，“苞括宇宙，总揽人物”，表达了对“普天之下，莫非王土；率土之滨，莫非王臣”②（《难蜀父老》引《毛诗》语）的大一统事功的赞颂之情。

此外，对作为全景之一的校猎场景的描写，也表现了大一统的时代主题。如校猎的第一段写道：

> 于是乎背秋涉冬，天子校猎。乘镂象，六玉虬，拖蜺旌，靡云旗，前皮轩，后道游。孙叔奉辔，卫公骖乘，扈从横行，出乎四校之中，鼓严簿，纵猎者，江河为阹，泰山为橹，车骑雷起，隐天动地，先后陆离，离散别追，淫淫裔裔，缘陵流泽，云布雨施。生貔豹，搏豺狼，手熊罴，足野羊。蒙鹖苏，绔白虎，被豳文，跨野马，凌三嵕之危，下碛历之坻，径峻赴险，越壑厉水。椎蜚廉，弄獬豸，格瑕蛤，铤猛氏，罥騕褭，射封豕。箭不苟害，解脰陷脑，弓不虚发，应声而倒。③

此段写得激烈壮观、惊心动魄，千载之下，犹令人心旌为之回荡。这是有汉一代的时代精神，“它是人对客观世界的征服，这才是汉代艺术的真正主题”④。可谓饱含激情和刺激，达到了人神共庆、盎然蓬勃的欢快境界，是其高度自信心和自豪感的表现，象征着大汉帝国之武力强大、所向无敌、征服天下、长养万类、统御群生、一统天下的赫赫事功。

三、祥瑞记载与受天明命

举行封禅大典，只有一统的事功、帝王的贤明还不够，还要上天降下来征兆，即所谓的“国之将兴，必有祯祥”⑤（《史记·楚元王世家》），这是自然界和人类社会的隐秘关系，与中国古代的“天人相应”“受天明命”思想有关。符瑞的出现成为封禅必不可少的条件。

关于符瑞的记载及歌颂由来已久。符瑞，可以有珍禽异兽、奇花异草、奇珍异宝

---

① 凌稚隆辑：《史记评林》，《四库未收书辑刊》第1辑第10—11册，北京出版社2000年版。
② 〔汉〕司马迁：《史记》，中华书局1982年版，第3051页。
③ 〔汉〕司马迁：《史记》，中华书局1982年版，第3033—3034页。
④ 李泽厚：《美的历程》，天津社会科学院出版社2002年版，第127页。
⑤ 〔汉〕司马迁：《史记》，中华书局1982年版，第1990页。

等，也可以是自然现象。它们是吉祥的征兆，同时也是帝王受命的征兆。这在《天子游猎赋》中多有提及，且看《上林赋》中有写离宫别馆的一段：

于是乎离宫别馆，弥山跨谷，高廊四注，重坐曲阁，华榱璧珰，辇道纚属，步櫩周流，长途中宿。夷嵕筑堂，累台增成，岩突洞房，俯杳眇而无见，仰攀橑而扪天，奔星更于闺闼，宛虹拖于楯轩。青虬蚴蟉于东箱，象舆婉蝉于西清，灵圄燕于间观，偓佺之伦暴于南荣，醴泉涌于清室，通川过乎中庭。磐石裖崖，嵚岩倚倾，嵯峨磼礏，刻削峥嵘，玫瑰碧琳，珊瑚丛生，瑉玉旁唐，玢豳文鳞，赤瑕驳荦，杂臿其间，垂绥琬琰，和氏出焉。①

在这段话中，可谓祥云笼罩，符瑞毕集。其中有奔星、宛虹、青虬、象舆，也有仙人灵圄、偓佺，有醴泉、通川，有玫瑰、碧琳、珊瑚、珉玉、垂绥、琬琰、和氏等美玉，等等。通观全文，亦不乏麒麟、凤凰、孔鸾、玄鹤和“长千仞，大连抱”的欃檀、木兰，豫章、女贞等瑞兽、灵鸟、异草的描写，对祥瑞之物的连类铺排，是深合时代风尚的。这些祥瑞之物是司马相如对盛德大业的装饰与点缀，更是封禅所必须具备的条件。

此外，这种千祥云集、“符瑞臻兹”的场景可谓与好大喜功、才情浪漫、雅好神仙的汉武帝心理深相契合。汉武帝开创了以“改元”来“应天顺人”的传统，确立了符瑞现则更改年号的风气，“有司言元宜以天瑞命，不宜以一二数。一元曰建元，二元以长星曰元光，三元以郊得一角兽曰元狩云”②。元狩、元光、元鼎、天汉等年号，皆为据“天瑞”而纪年的典型。除此之外，汉武帝还多次以诏书形式宣布符瑞的出现。元光元年（前134）五月，汉武帝贤良诏：

朕闻昔在唐、虞，画像而民不犯，日月所烛，莫不率俾。周之成、康，刑错不用，德及鸟兽，教通四海，海外肃慎，北发渠搜，氐羌徕服；星辰不孛，日月不蚀，山陵不崩，川谷不塞；麟、凤在郊薮，河、洛出图书。呜乎，何施而臻此与！今朕获奉宗庙，夙兴以求，夜寐以思，若涉渊水，未知所济。猗与伟与！何行而可以章先帝之洪业休德，上参尧舜，下配三王！朕之不敏，不能远德，此子大夫之所睹闻也。贤良明于古今王事之体，受策察问，咸以书对，着之于篇，朕亲览焉。③

汉武帝下诏要求臣子歌颂古今帝王的功绩，实际上更多的是希望臣子们为大汉王朝歌功颂德，并开了径直以诏书的形式宣布符瑞出现的先例。类似的诏书，仅在《汉书·武帝纪》中记载的就有：元封二年（前109）六月：“甘泉宫内中产芝，九茎连叶。

① 〔汉〕司马迁：《史记》，中华书局1982年版，第3026页。
② 〔汉〕司马迁：《史记》，中华书局1982年版，第460—461页。
③ 〔汉〕班固：《汉书》，中华书局2007年版，第160—161页。

上帝拨临，不异下房，赐朕弘休。”①元封四年（前107）冬十月：“朕躬祭后土地祇，见光集于灵坛，一夜三烛。幸中都宫，殿上见光。”②太初二年（前103）夏四月：“朕用事介山，祭后土，皆有光应。其赦汾阴、安邑殊死以下。”③可见武帝对于符瑞的关注。当然，这是其“神道设教”的工具和手段，同时也成了臣子阿谀奉迎的途径。根据刘跃进先生的考证，司马相如《天子游猎赋》也完成于元光元年，自然考虑到了汉武帝的这种阅读期待，之所以深得武帝赏识，与其营造这种“符瑞臻兹”、颇类仙境的场景不无关联。此外，对于符瑞的记载，也有一定的规劝皇帝应天合时、施行仁政的警诫作用。

四、讽谏主旨与泽被群生

《史记·司马相如列传》引《上林赋》后，司马迁总结曰：

> 赋奏，天子以为郎。无是公言天子上林广大，山谷水泉万物，乃子虚言楚云梦所有甚众，侈靡过其实，且非义理所尚，故删取其要，归正道而论之。④

索隐大颜云：“不取其夸奢靡丽之论，唯取终篇归于正道耳。”小颜云：“删要，非谓削除其词，而说者谓此赋已经史家刊剟，失之也。”司马迁说：“子虚之事，大人赋说，靡丽多夸，然其指风谏，归于无为。作司马相如列传。”⑤（《史记·太史公自序》）“相如虽多虚辞滥说，然其要归引之节俭，此与诗之风谏何异。”⑥（《史记·司马相如列传》）明确指出，司马相如作赋，目的不在于夸饰之词，而在于最后的论道之“讽谏”，司马迁作《司马相如列传》在于褒扬其赋作讽谏之旨。关于司马相如赋作讽谏之旨，前人多有论述，但其目的简单地归于“无为”，似乎略有偏颇。《子虚赋》篇末借乌有先生之口指出：“今足下不称楚王之德厚，而盛推云梦以为骄，奢言淫乐而显侈靡，窃为足下不取也。”⑦明显有论道之迹。论道之旨在《上林赋》篇末亦清晰可见：

> 于是酒中乐酣，天子芒然而思，似若有亡。曰：‘嗟乎，此泰奢侈！朕以览听馀闲，无事弃日，顺天道以杀伐，时休息于此，恐后世靡丽，遂往而不反，非所以为继嗣创业垂统也。’于是乃解酒罢猎，而命有司曰：‘地可以垦辟，悉为农郊，以赡萌隶；隤墙填堑，使山泽之民得至焉。实陂池而勿禁，虚宫观而勿仞。发仓廪以振贫穷，补不足，恤鳏寡，存孤独。出德号，省刑罚，改制度，

---

① 〔汉〕班固：《汉书》，中华书局2007年版，第193页。
② 〔汉〕班固：《汉书》，中华书局2007年版，第195页。
③ 〔汉〕班固：《汉书》，中华书局2007年版，第200页。
④ 〔汉〕司马迁：《史记》，中华书局1982年版，第3043页。
⑤ 〔汉〕司马迁：《史记》，中华书局1982年版，第3317页。
⑥ 〔汉〕司马迁：《史记》，中华书局1982年版，第3073页。
⑦ 〔汉〕司马迁：《史记》，中华书局1982年版，第3014—3015页。

易服色，更正朔，与天下为始。①

文中提到的“发仓廪以振贫穷，补不足，恤鳏寡，存孤独。出德号，省刑罚，改制度，易服色，更正朔”似乎与校猎不甚相关，但却是相如讽谏的主旨，在他看来，“是以六合之内，八方之外，浸浔衍溢，怀生之物有不浸润于泽者，贤君耻之”。其目的是建议皇帝“游乎六艺之囿，骛乎仁义之涂，……述《易》道，放怪兽，登明堂，坐清庙，恣群臣，奏得失，四海之内，靡不受获。于斯之时，天下大说，乡风而听，随流而化，喟然兴道而迁义，刑错而不用，德隆乎三皇，功羡于五帝”②。最终使“今封疆之内，冠带之伦，咸获嘉祉，靡有阙遗矣”③。从而恩德遍洽、泽被群生，为封禅创造最有利、最重要的条件。通过这辗转曲折、极尽靡丽的描写，不难看出，作者最终是想达到托赋议政的目的。

齐楚藩国作为汉天子管辖下的诸侯国，亡是公对其夸耀游猎之盛进行批评，也是汉天子恩德遍洽的组成部分，只有天子、诸侯一齐尚节俭、修仁德，才能达到泽被群生的封禅条件。

此外，司马相如与司马迁都不约而同地对武帝迷信神仙的做法进行了批评。司马迁作《封禅书》讽刺武帝好神仙的行为，司马相如则作《大人赋》讽谏武帝，“必长生若此而不死兮，虽济万世不足以喜”④。对“大人”“乘虚亡而上遐兮，超无友而独存”⑤。的写照，委婉地表达了对当时盛行的脱离现实的求仙风气的批评与蔑视。可见，二人都极力反对武帝封禅所持的求仙倾向，所标举的同为对“泽被群生”的仁德盛世的呼唤。不同的是，司马相如卒于元狩五年（前118）⑥，距元封元年（前110）武帝封禅泰山尚有八年，而司马迁作《史记》乃是在封禅泰山之后。

五、结语

综上，如果说铺张扬厉的风格、虚实相半的内容是尽情歌颂汉天子一统天下的事功以及受天明命的符瑞的话，那么，篇末的“归于节俭”便是对“泽被群生”的呼唤与谏言。“劝百”与“讽一”在这里并不矛盾，而是和谐地统一在了作者的“封禅”观念之下，只有将三者全部做到，才能“德隆乎三皇，功羡于五帝”，获得封禅的资格。综观《史记·司马相如列传》可知，在节俭的表层含义背后，是其对“封禅”即“仁德盛世”的深情向往。此外，提倡“封禅”与“节俭”也不矛盾，“封禅”恰恰是讽谏武帝“归于节

---

① 〔汉〕司马迁：《史记》，中华书局1982年版，第3041页。

② 〔汉〕司马迁：《史记》，中华书局1982年版，第3041—3042页。

③ 〔汉〕司马迁：《史记》，中华书局1982年版，第3051页。

④ 〔汉〕司马迁：《史记》，中华书局1982年版，第3060页。

⑤ 〔汉〕司马迁：《史记》，中华书局1982年版，第3062页。

⑥ “司马相如既卒”，《集解》徐广曰：“元狩五年也。”见《史记》卷一百一十七《司马相如列传第五十七》。

俭”的终极目的，而只有“归于节俭”才能真正德洽群生，具备封禅的条件。《天子游猎赋》主旨为通篇的歌颂与篇末的讽谏所湮没，真实的想法在遗文中方才加以申明。“初即位，尤敬鬼神之祀”且好大喜功的汉武帝，把象征“一统事功”的“封禅”看得极其重要，而这封禅必备的上述三个条件顺理成章地成了司马相如大赋所关注的焦点，“封禅”需要的一统事功和受天符瑞是“劝”的主要内容，而德洽群生则是“讽”的最终目的。在儒生看来，封禅在于明受命，武帝封禅旨在求神仙，相如这一主旨在表层含义的掩盖之下，深藏于其“封禅”观念之中，在《天子游猎赋》与《封禅文》的文赋“互见”中清晰可见。这一创作主旨的湮没，是导致“劝百讽一”“曲终奏雅”误解的主要原因。《汉书·司马相如传》赞曰：“扬雄以为靡丽之赋，劝百而讽一，犹骋郑卫之声，曲终而奏雅，不已戏乎？”在后世赋家的形式模拟和评论家的嘉许中，这一误评成为散体大赋的“定论”，一直延续到今天。而“尸谏”之说则在另一个方面，走向了极端。无论是过于的“谀”还是过分的“谏”的解释，都未能深谙之主旨。

万光治先生在《汉赋通论》中谈道：“汉代经学其于赋体文的影响之一是在内容结构上，也常常使某些赋作在酣畅淋漓的物象描绘的后面，拖着一条沉重而又极不协调的尾巴，‘曲终奏雅’‘劝百讽一’之所以成为汉赋的最为突出的缺陷，经学是应当负有很大责任的。”①这反映了在经学独尊的时代背景下，文学向经学的靠拢。同时，汉人“依经立论”的思想也同样体现在创作之中，即以文学创作体现经学内容，赋作结尾的经学点缀即是典型。蒙文通先生经过分析、对比，归纳出了五种制度：井田、辟雍、封禅、巡狩、明堂。② 封禅居其一。在《天子游猎赋》的篇末，还提到了井田、辟雍、巡狩、明堂等其他几项内容。通过《天子游猎赋》与《封禅文》以及《难蜀父老》诸篇封禅主旨的分析，便不难发现经学对于赋以及赋体文的深远影响，作为近乎纯文学的汉赋也难脱经学之窠臼。董治安先生也认为：“大赋从一开始所听命和附庸的，主要是以公孙弘、董仲舒等为代表，以《公羊春秋》学为基本内容的今文经学。它适应了汉武帝的政治需要，在一定历史阶段高居定于一尊的地位。自司马相如起，在大赋作家笔下，不仅充满儒家仁政、德化等一般说教，而且还不同程度地触及或反映了诸如‘天人应合’、‘大一统’、尊君抑臣、倡言改制以至侈谈祥瑞之类的内容，具体表现了所受今文经学的实际影响。”③

从文学的角度看，“更值得注意的是，经学事实上还铸造了一种正统的赋观。这就是，把大赋的作用比拟于《诗》教，按照《诗》的‘美刺’价值要求大赋同样具有‘劝’

① 万光治：《汉赋通论》，巴蜀书社1989年版，第30页。

② 蒙文通：《蒙文通文集》（第三卷），巴蜀书社1995年版。蒙文通最早提出今文学的五种制度，是在1938年写成的《儒家政治思想之发展》一文中，此文是由《汉儒之学源于孟子考》《非常异义之政治学说》《非常异义之政治学说解难》修改合并而成，公开发表于1942年出版的《志林》杂志上。蒙文通于1961年刊载于《孔子讨论文集》的《孔子和今文学》一文中，再次分析今文学的五种制度。蒙文通在这两篇论文中所讨论的今文学的五种制度，几乎没有多少区别。时隔23年之后仍然坚持自己的观点不变，说明蒙文通对今文学的五种制度的分析是成熟的，是定型了的。

③ 董治安：《汉赋的困厄与解脱——关于汉赋同经学的若干问题》，《文史哲》1990年第5期。

与'讽'的政治职能"[①]。《汉书·王褒传》引汉宣帝云:"辞赋大者与古《诗》同义,小者辩丽可喜。"班固所谓"或以抒下情而通讽谕,或以宣上德而尽忠孝",都是对这种赋观的明确表述。在这种赋论观念的影响下,过分谈论其"曲终奏雅""劝百讽一"的缺陷就不难理解了。然而,综上可知,这种观念显然是不明其创作背景及主旨之举,是把内容与形式割裂开来的表现。在儒家思想影响下,这种认识影响深远,几成定论,直到今天。

① 董治安:《汉赋的困厄与解脱——关于汉赋同经学的若干问题》,《文史哲》1990年第5期。

论孔子对司马迁取舍运用上古神话传说的沾溉

张 华

摘 要:司马迁在《史记》中采用了大量的上古神话传说以补上古史资料的缺失,其对上古神话传说的取舍除受时代背景、个人经历、“爱奇”倾向及《史记》创作原则及主旨影响外,也深受孔子思想的沾溉。在司马迁对上古神话传说取舍加工的过程中,孔子的天命观、符瑞思想、春秋“取材”及对神话历史化的贡献无疑起到了“导夫先路”的重要作用。对其脉络进行梳理,有助于我们深刻把握中华文化薪火相传的发展演变历程。

关键词:孔子;《史记》;上古神话传说;神话历史化;天命观

从《史记》中关于孔子的记载可见,司马迁对孔子极为推崇,并以孔子著《春秋》功业的后继者自居。他认为“孔子布衣,传十余世,学者宗之”①,堪称“素王”,并将其纳入“世家”,与王侯并驾齐驱。“太史公曰:‘先人有言:“自周公卒五百岁而有孔子。孔子卒后至于今五百岁,有能绍明世,正易传,继春秋,本诗书礼乐之际?”意在斯乎!意在斯乎!小子何敢让焉。’”②在此,司马迁明确表示要以孔子著史为榜样和创作《史记》的动力之一。在《史记》中司马迁多处引用孔子的言论。《殷本纪》云:“孔子曰,殷路车为善,而色尚白。”《吴太伯世家》云:“孔子言‘太伯可谓至德矣,三以天下让,民无德而称焉’。”《伯夷列传》云:“孔子曰‘伯夷、叔齐,不念旧恶,怨是用希’。”其于《礼书》《律书》《封禅书》《河渠书》等篇也随处可见。

司马迁在《史记》中采用上古神话传说以补上古史资料的缺失,并将上古史追溯到传说中的黄帝,其取舍加工上古神话传说,除受时代背景、个人经历、“爱奇”倾向以及创作原则及主旨影响之外③。也深受孔子的影响。本文拟从孔子的《春秋》“取材”与司马迁的神话取舍原则、孔子的天命观与司马迁对历史神话化的批判、司马迁对孔

---

① 〔汉〕司马迁:《史记》,中华书局 1982 年版,第 1947 页。

② 〔汉〕司马迁:《史记》,中华书局 1982 年版,第 3296 页。

③ 张华:《人神之际多元互动下的“实录”坚守——司马迁取舍上古神话传说的原因探析》,《中华文化论坛》2011 年第 2 期。

子神话历史化的继承与发展、孔子的符瑞思想与《史记》的符瑞记载等四个方面进行论述。

一、孔子的《春秋》“取材”与司马迁的神话取舍原则

汉武帝“罢黜百家,独尊儒术”后,儒学成为官学,上升到至尊的地位。司马迁就有师从古文经大师孔安国和今文经大师董仲舒研习《古文尚书》和《公羊春秋》的经历。时代背景及这一特殊履历使得司马迁对儒家经典十分推崇,而且相当熟习,《五帝本纪》即是以《尚书》及《大戴礼记》中的《五帝德》《帝系姓》为准则取舍史料的。《史记·太史公自序》云:“余闻之先人曰:‘伏羲至纯厚,作易八卦。尧舜之盛,《尚书》载之,礼乐作焉。汤武之隆,诗人歌之。《春秋》采善贬恶,推三代之德,褒周室,非独刺讥而已也。’”①“是故礼以节人,乐以发和,书以道事,诗以达意,易以道化,春秋以道义。”②在此,司马迁对六书的主旨及专长进行了深刻阐释。

孔子作为六经删定者和传承人,在儒学独尊之后,成为万众效法的一代宗师,其言论遂成为千古不易的最高法则。《史记》中许多篇章就大量引用孔子言论阐述自己的看法。《太史公自序》引:“子曰:‘我欲载之空言,不如见之于行事之深切著明也。’”③《天官书》载:“幽厉以往,尚矣。所见天变,皆国殊窟穴,家占物怪,以合时应,其文图籍禨祥不法。是以孔子论六经,纪异而说不书。”④由是可见,太史公取舍运用史料是以孔子为榜样,用事实说话,而是不空发议论,继承了孔子删定六经的审慎态度和严谨精神。

在六经之中,司马谈、司马迁父子皆认为《春秋》一书为孔子所作,“幽厉之后,王道缺,礼乐衰,孔子修旧起废,论诗书,作春秋,则学者至今则之”⑤,“仲尼厄陈蔡,作春秋”⑥。孔子作《春秋》一事对司马迁影响尤为深远,“夫春秋者,礼义之大宗也。夫礼禁未然之前,法施已然之后;法之所为用者易见,而礼之所为禁者难知”⑦。极为司马迁所推崇。《春秋》的书写方法也是司马迁作《史记》的指导思想之一。《春秋》详今而不写古的做法,对司马迁取舍上古神话传说、建构上古史产生了极大影响。陆贾在《新语·术事》中云:

> 道近不必出于久远,取其致要而有成。《春秋》上不及五帝,下不至三王,述齐桓、晋文之小善,鲁之十二公,至今之为政,足以知成败之效,何必于

---

① 〔汉〕司马迁:《史记》,中华书局1982年版,第3299页。
② 〔汉〕司马迁:《史记》,中华书局1982年版,第3297页。
③ 〔汉〕司马迁:《史记》,中华书局1982年版,第3297页。
④ 〔汉〕司马迁:《史记》,中华书局1982年版,第1343页。
⑤ 〔汉〕司马迁:《史记》,中华书局1982年版,第3295页。
⑥ 〔汉〕司马迁:《史记》,中华书局1982年版,第3300页。
⑦ 〔汉〕司马迁:《史记》,中华书局1982年版,第3298页。

三王？故古人之所行者，亦与今世同。立事者不离道德，调弦者不失宫商，天道调四时，人道治五常，周公与尧、舜合符瑞，二世与桀、纣同祸殃。①

这段话充分肯定了《春秋》略古详今的写作原则。《史记·三代世表》云："太史公曰：五帝、三代之记，尚矣。自殷以前诸侯不可得而谱，周以来乃颇可著。孔子因史文次《春秋》，纪元年，正时日月，盖其详哉。至于序《尚书》则略，无年月；或颇有，然多阙，不可录。故疑则传疑，盖其慎也。"②由此可见，司马迁对孔子详写近世历史的做法十分赞赏，对其序《尚书》时于不可知的上古历史采取简略或缺而不录的态度大加称誉。《史记·孔子世家》云："至于为《春秋》，笔则笔，削则削，子夏之徒不能赞一辞。"③司马迁对《春秋》寓褒贬于曲折的文学笔法也大为称道，在孔子的笔削与隐喻之中，虚无缥缈的神话传说不足以表现其对于历史事实的态度，故略而不述。《史记》"其文直，其事核，不虚美，不隐恶"④的"实录"精神，以及"至于麟止"⑤的时代断限，都深受孔子作《春秋》的启发。《史记·三代世表》说："余读谍记，黄帝以来皆有年数，稽其历谱谍终始五德之传，古文咸不同，乖异。"⑥对于这种迷惑，司马迁采取"折中于夫子"⑦的态度，得出"夫子之弗论次年月，岂虚哉！"⑧的结论，而没有相信谍记的说法。然而，司马迁为了写一部通史，不得不自上古开始，在上古史史料奇缺的情况之下，无法完全做到"上不及五帝，下不至三王"。司马迁将两千多年的上古历史简化为少数篇章，只是略及大概，"网罗天下放失旧闻，考之行事，稽其兴坏成败之理"⑨，其取舍上古神话传说补充上古史史料之不足，是和孔子作《春秋》及序《尚书》的"取材"原则相吻合的。

二、孔子的天命观与司马迁对历史神话化的批判

《史记》中的上古神话传说主要是始祖神话。关于始祖神话，张筠认为，"《史记》于始祖神话材料的运用涉及了神话与历史关系的三种形态，即神话的历史化，如黄帝；神话化的历史，如简狄、姜嫄、女修等；历史的神话化，如刘邦等。司马迁于刘邦神化材料的处理表现了清醒的历史批判意识"⑩。司马迁对历史神话化的批判，就受到了孔子天命观的影响。

---

① 王利器撰：《新语校注》，中华书局1986年版，第41页。
② 〔汉〕司马迁：《史记》，中华书局1982年版，第487页。
③ 〔汉〕司马迁：《史记》，中华书局1982年版，第1944页。
④ 〔汉〕班固撰、〔唐〕颜师古注：《汉书》，中华书局1962年版，第2738页。
⑤ 〔汉〕司马迁：《史记》，中华书局1982年版，第3300页。
⑥ 〔汉〕司马迁：《史记》，中华书局1982年版，第488页。
⑦ 〔汉〕司马迁：《史记》，中华书局1982年版，第1947页。
⑧ 〔汉〕司马迁：《史记》，中华书局1982年版，第488页。
⑨ 〔汉〕班固撰、〔唐〕颜师古注：《汉书》，中华书局1962年版，第2735页。
⑩ 张筠：《从〈史记〉对始祖神话材料的处理看司马迁的历史观》，《中华文化论坛》2003年第1期。

孔子把天看作有意志的人格化的上帝,看作人类和自然界的最高主宰。像一切神教信徒一样,孔子对于上帝也充满了虔诚敬畏之情,并把它作为衡量善恶是非的标准和精神的寄托。孔子神话思想的一个重要特点是,重点记载至上神上帝而不言具体神祇。《论语·述而》中说:"子不语怪、力、乱、神。"①这种强烈的反差说明孔子崇信具有高度抽象本质的上帝,而对离奇怪诞、违背常理的具体神祇则避而不谈。孔子思想中的宗教观念与理性精神是相互矛盾的,他对天、天道和天命的观点比较复杂,既有相信天命,认为不能得罪上天而敬畏天命的一面,同时也有敬天命而又远之的一面。《论语·八佾》:"王孙贾问曰:'与其媚于奥,宁媚于灶,何谓也?'子曰:'不然!获罪于天,无所祷也。'"②《论语·季氏》:"君子有三畏:畏天命,畏大人,畏圣人之言。小人不知天命而不畏也,狎大人,侮圣人之言。"③《论语·雍也》:"樊迟问知。子曰:'务民之义,敬鬼神而远之,可谓知矣。'"④《史记·孔子世家》:"子贡曰:'夫子之文章,可得闻也。夫子言天道与性命,弗可得闻也已。'"⑤这些显示了孔子对天道和性命的敬畏与罕言。孔子观念中的"天"是有多重意义的,有时是指支配一切具有思想意志的上天,如"获罪于天,无所祷也""畏天命"等,《论语·颜渊》谓"死生有命,富贵在天"⑥;有时又指自然之天,即自然界的运行规律,《论语·阳货》谓"天何言哉?四时行焉,百物生焉。天何言哉?"⑦总之,我们可以说孔子对天的态度是敬仰的,正是出于敬畏的态度所以不轻易言"天命"和"天道"。这种罕言天道鬼神的态度是其既重视天命意志,更重视现实人生的表现。

孔子思想中宗教观念与理性精神是以矛盾的形式并存的,这使其在理性精神限制下不能肯定神话的存在,而其理性精神的不彻底又使其不能完全否定神话。于是,孔子只是徘徊于两者之间,对神话存而不论。

司马迁取舍上古神话传说也受孔子天命观的影响,使其在信天命与不信天命之间不时发生冲突。在司马迁看来,具体神祇"其言不雅驯",和虚无缥缈的上帝相比,与理性背离的程度更加遥远,故罕论具体神祇。他在《大宛列传》中明确表示:"至《禹本纪》《山海经》所有怪物,余不敢言之也。"⑧

司马迁一方面继承了孔子天命观,另一方面又对传统天命观进行了大胆的怀疑。《伯夷列传》云:

---

① 〔清〕刘宝楠撰、高流水点校:《论语正义》,中华书局1990年版,第480页。
② 〔清〕刘宝楠撰、高流水点校:《论语正义》,中华书局1990年版,第100页。
③ 〔清〕刘宝楠撰、高流水点校:《论语正义》,中华书局1990年版,第611页。
④ 〔清〕刘宝楠撰、高流水点校:《论语正义》,中华书局1990年版,第236页。
⑤ 〔汉〕司马迁:《史记》,中华书局1982年版,第1941页。
⑥ 〔清〕刘宝楠撰、高流水点校:《论语正义》,中华书局1990年版,第488页。
⑦ 〔清〕刘宝楠撰、高流水点校:《论语正义》,中华书局1990年版,第698页。
⑧ 〔汉〕司马迁:《史记》,中华书局1982年版,第3179页。

> 或曰："天道无亲，常与善人。"若伯夷、叔齐，可谓善人者非邪？积仁洁行如此而饿死！且七十子之徒，仲尼独荐颜渊为好学。然回也屡空，糟糠不厌，而卒早夭。天之报施善人，其何如哉？盗跖日杀不辜，肝人之肉，暴戾恣睢，聚党数千人横行天下，竟以寿终。是遵何德哉？此其尤大彰明较著者也。若至近世，操行不轨，专犯忌讳，而终身逸乐，富厚累世不绝。或择地而蹈之，时然后出言，行不由径，非公正不发愤，而遇祸灾者，不可胜数也。余甚惑焉，傥所谓天道，是邪非邪？①

这段话体现了司马迁对天命思想的质疑与反思，索隐曰："太史公惑于不轨而逸乐，公正而遇灾害，为天道之非而又是邪？深惑之也。"自周公始，正式割断了人神之间的血缘纽带，认为："皇天无亲，惟德是辅。"②司马迁对"天道无亲，常与善人"的传统思想产生了怀疑，这是对儒家思想的突破，也体现了司马迁著书欲"成一家之言"的批判精神。

武帝即位之后，虽然将儒学推上了独尊的地位，而其个人对神仙思想更为热衷。司马迁在对历史神话化的批判的同时，也对武帝求仙做法进行了大胆的否定与批判，这与孔子"不语怪、力、乱、神"天命观的影响密切相关。在他看来，历史神话化和仙话都是不切实际的虚幻之说，都是对"怪、力、乱、神"的热衷，是统治阶级麻痹人民的手段，对它的批判恰恰是对孔子重视现实人生和现世社会的继承，体现了司马迁强烈的关注现世的精神。

在取舍上古神话传说时，司马迁不言具体神祇，认为"其言不雅驯"，并对刘邦等历史神话化进行了大胆的批判，继承了儒家"天道观"并有所突破，正是在这种思想指导下，司马迁笔下的神话传说才走下了神坛，具备强烈的历史真实感。在取舍材料建构上古历史的过程之中，孔子天命观起到了非常重要的指导作用。

三、司马迁对孔子神话历史化的继承与发展

孔子是历史上第一个发现并肯定神话历史化的思想家，他的这一贡献是非凡的，其影响早已超出了神话范围，而涉及其他更为重要的方面。不仅影响到中国古代思想文化，拓展了上古中国的历史空间观念，而且促进了统一的中华民族观念的形成。司马迁正是在孔子发现并肯定神话历史化的基础上，取舍加工而成上古史，使得中华民族观念得以确立。在这一过程中，孔子功不可没。

吕微曾经比较了《吕刑》与《汤诰》《非攻》《楚语》《山海经》中记录的蚩尤作乱神话。结果表明，成书于商朝初年、早于《吕刑》近千年的，同样讲述蚩尤、三后神话的《汤诰》就已经充分历史化了。这提示我们，中国神话的历史化性质可能原本就是汉

---

① 〔汉〕司马迁：《史记》，中华书局 1982 年版，第 2124—2125 页。

② 〔清〕阮元校刻：《十三经注疏（影印本）》，中华书局 1980 年版，第 227 页。

语神话的“本来面目”之一。[1] 认为这种神话历史化现象其实远在商代就开始了，并不是以孔子为代表的儒家所开创的。这一说法值得商榷。孔子整理六经，曾经序《尚书》，《汤诰》作为《尚书》一篇，有没有受到其历史化思想的修正，我们已经无从考证。可以确定的是，在深受儒家思想影响的中国，孔子对神话历史化的解释，其影响之深远是毋庸置疑的。

孔子最先肯定的是有关尧、舜、禹的神话演变为历史传说，并对此作了正式记录。《论语·泰伯》记载：

子曰：“巍巍乎！舜、禹之有天下也，而不与焉。”

子曰：“大哉，尧之为君也！巍巍乎，唯天为大，唯尧则之。荡荡乎，民无能名焉。巍巍乎，其有成功也，焕乎，其有文章！”

舜有臣五人而天下治。武王曰：“予有乱臣十人。”孔子曰：“才难，不其然乎？唐、虞之际，于斯为盛。有妇人焉，九人而已。三分天下有其二，以服事殷，周之德，其可谓至德也已矣。”

子曰：“禹，吾无间然矣。菲饮食而致孝乎鬼神，恶衣服而致美乎黻冕，卑宫室而尽力乎沟洫。禹，吾无间然矣！”[2]

孔子在肯定神话历史化的同时，还加入了自己独到的见解，完全淡化了神话色彩，使尧、舜、禹一变而为人间帝王和仁德谦让的上古圣君。

孔子主张“大一统”，在他所编定的《书经》中建立了虞、夏、商、周的历史正统观。在“不语怪、力、乱、神”的同时对一些传说进行了“历史化”的合理解释。例如，《太平御览》卷七十九引《尸子》：

子贡问孔子曰：“古者黄帝四面，信乎？”孔子曰：“黄帝取合己者四人，使治四方，不计而耦，不约而成，此之谓四面也。”[3]

“黄帝四面”被解释为派四个大臣去“治四方”。又《韩非子·外储说左下》载：

鲁哀公问于孔子曰：“吾闻夔一足，信乎？”曰：“夔，人也，何故一足？彼其无他异，而独通于声。尧曰：‘夔，一足矣，使为乐正。’故君子曰：夔有一，足，非一足也。”[4]

---

① 吕微：《现代神话学与经今、古文说——〈尚书·吕刑〉阐释的案例研究（摘录）》，见陈泳超主编：《中国民间文化的学术史观照》，黑龙江人民出版社2004年版。

② 〔清〕刘宝楠撰、高流水点校：《论语正义》，中华书局1990年版，第107—108页。

③ 〔宋〕李昉等撰：《太平御览·卷七十九》，中华书局1960年版。

④ 〔清〕王先慎撰、钟哲点校：《韩非子集解》，中华书局1998年版，第297页。

在此,孔子对"一足"作了历史化的巧妙的阐释。《大戴礼记·五帝德》中又云:"孔子曰:'……生而民得其利百年,死而民畏其神百年,亡而民用其教百年,故曰三百年。'"①把黄帝活三百年说成三百年的影响,如此等等,这些都被司马迁接受,并写进了《史记》之中。

司马迁在接受"神话历史化"的过程中,大抵不离孔子所言,用田野调查的方法与孔子著述参照,以确定取材的内容。《五帝本纪》云:

> 太史公曰:学者多称五帝,尚矣。然《尚书》独载尧以来,而百家言黄帝,其文不雅驯,荐绅先生难言之。孔子所传《宰予问五帝德》及《帝系姓》,儒者或不传。余尝西至空桐,北过涿鹿,东渐于海,南浮江淮矣,至长老皆各往往称黄帝、尧、舜之处,风教固殊焉,总之不离古文者近是。予观《春秋》《国语》,其发明《五帝德》《帝系姓》章矣,顾弟弗深考,其所表见皆不虚。《书》缺有间矣,其轶乃时时见于他说。非好学深思,心知其意,固难为浅见寡闻道也。余并论次,择其言尤雅者,故著为本纪书首。②

对取舍上古神话传说采取审慎的态度,"考信于六艺,折中于夫子"。《伯夷列传》首段云:

> 夫学者载籍极博,犹考信于六艺。《诗》《书》虽缺,然虞夏之文可知也。尧将逊位,让于虞舜,舜禹之间,岳牧咸荐,乃试之于位,典职数十年,功用既兴,然后授政。示天下重器,王者大统,传天下若斯之难也。而说者曰尧让天下于许由,许由不受,耻之逃隐。及夏之时,有卞随、务光者。此何以称焉?太史公曰:余登箕山,其上盖有许由冢云。孔子序列古之仁圣贤人,如吴太伯、伯夷之伦详矣。余以所闻由、光义至高,其文辞不少概见,何哉?③

由此可见,太史公对于传说中多有涉及而文献典籍罕载的人物不加选取,而是以孔子多次颂赞的古圣先贤作为主要的选材对象。站在神话学的立场上,孔子和司马迁的神话历史化,是对神话的"忽视"和"歪曲解释",致使中国上古神话零散甚至亡佚。然而,站在历史的角度来看,反对把超自然内容直接写入历史,的确是一个严谨、科学的历史观。由于司马迁对孔子神话历史化的继承,使得中国上古史神话和历史杂糅,成为一道非常奇特的文化景观。

---

① 〔清〕王聘珍撰、王文锦点校:《大戴礼记解诂》,中华书局1983年版,第119页。
② 〔汉〕司马迁:《史记》,中华书局1982年版,第46页。
③ 〔汉〕司马迁:《史记》,中华书局1982年版,第2122页。

四、孔子的符瑞思想与《史记》的符瑞记载

《论语·子罕》:"子曰:'凤鸟不至,河不出图,吾已矣夫!'"从这句话中可以看出孔子对符瑞的看重。朱熹注曰:"凤,灵鸟,舜时来仪,文王时鸣于岐山。河图,河中龙马负图,伏羲时出。皆圣王之瑞也。"①麟、凤、龟、龙号称"四灵",是中国传统文化的四大亮点。《礼记·礼运》云:"何谓四灵?麟、凤、龟、龙,谓之四灵。"②麟为仁兽,主和平、嘉瑞;神龟主寿,龙凤呈祥。麟列"四灵"之首。

《孔子世家》中记载了孔子"获麟绝笔"一事:"鲁哀公十四年春,狩大野。叔孙氏车子鉏商获兽,以为不祥。仲尼视之,曰:'麟也。'取之。曰:'河不出图,洛不出书,吾已矣夫!'颜渊死,孔子曰:'天丧予!'及西狩见麟,曰:'吾道穷矣!'"③学术界对此颇多争论。在司马迁时代,人们对"孔子获麟绝笔"一事则是确信无疑的,认为春秋鲁哀公十四年(前481)春,西狩于大野泽获麟,此乃圣王之嘉瑞,这是符合当时"天人感应"学说和统治阶级"受天明命"思潮的。当然,这也受到了当时学术思想的局限,以及汉儒重师承家法风气的影响。《春秋左传集解》杜预注曰:"仲尼伤周道之不兴,感嘉瑞之无应,故因《鲁春秋》而修中兴之教,绝笔于获麟之一句,所感而作,固所以为终也。"④孔子认为,麒麟是吉祥之物却被猎获是出非其时,预示着不祥,是"吾道穷"的符兆,遂不再作《春秋》而"绝笔"。司马迁以此确立了《史记》创作的下限。时值政治和国家繁荣以至天降麒麟,"郊雍,获一角兽,若麃然。有司曰:'陛下肃祗郊祀,上帝报享,锡一角兽,盖麟云","风符应合于天也"(《孝武本纪》)。《太史公自序》:"于是卒述陶唐以来,至于麟止。"⑤《太史公自序》集解引张晏曰:"武帝获麟,迁以为述事之端。上纪黄帝,下至麟止,犹《春秋》止于获麟也。"⑥《太史公自序》索隐引服虔云:"武帝至雍获白麟,而铸金作麟足形,故云'麟止'。迁作《史记》止于此,犹《春秋》终于获麟然也。"⑦

孔子"获麟绝笔"一事对司马迁取舍上古神话传说产生了直接影响,即是在《史记》中保留了许多符瑞的记载。如《五帝本纪》曰:"于是禹乃兴九招之乐,致异物,凤皇来翔。天下明德皆自虞帝始。"⑧《夏本纪》曰:"于是夔行乐,祖考至,群后相让,鸟兽翔舞,箫韶九成,凤凰来仪,百兽率舞,百官信谐。"⑨"夏后氏德衰,诸侯畔之。天降

---

① 〔宋〕朱熹撰:《四书章句集注》,中华书局1983年版,第111页。

② 〔清〕阮元校刻:《十三经注疏(影印本)》,中华书局1980年版,第1329页。

③ 〔汉〕司马迁:《史记》,中华书局1982年版,第1942页。

④ 〔晋〕杜预注、〔唐〕孔颖达疏:《春秋左传集解》,上海人民出版社1977年版,第1796页。

⑤ 〔汉〕司马迁:《史记》,中华书局1982年版,第3300页。

⑥ 〔汉〕司马迁:《史记》,中华书局1982年版,第3301页。

⑦ 〔汉〕司马迁:《史记》,中华书局1982年版,第3301页。

⑧ 〔汉〕司马迁:《史记》,中华书局1982年版,第43页。

⑨ 〔汉〕司马迁:《史记》,中华书局1982年版,第81页。

龙二，有雌雄，孔甲不能食，未得豢龙氏。”[①]将符瑞与朝代兴衰联系在了一起，这是在《大戴礼记·五帝德》中所不曾有的。

综上所述，司马迁继承孔子思想而又对其有所突破，将神话传说进一步历史化，从而使其定格为上古史的一部分，在中华民族几千年的文明史中，经过儒家经典与历代史家的不断继承与强化，逐渐成为人们的共识。后世虽有新的神话不断产生，但因《史记》中神话传说的影响存在，我们都会潜意识地视之为小说家言，自觉将其与正史区分开来，这不能不说是太史公取舍上古神话传说的一大贡献。而在这一取舍加工的过程中，孔子的天命观、符瑞思想、春秋“取材”及对神话历史化的贡献无疑起到了“导夫先路”的重要作用。对其进行脉络梳理，有助于我们把握中华文化薪火相传的发展演变历程。

① 〔汉〕司马迁：《史记》，中华书局1982年版，第86页。

从《史记·五帝本纪》看司马迁的学术研究方法

张　华

摘　要:《五帝本纪》作为《史记》开篇之作,被誉为"中华正史第一本纪",历来受到学界广泛的关注和高度评价。司马迁的"实录"精神和学术研究方法,于此篇得到了鲜明的展现。《五帝本纪》所蕴含的研究方法对于当今学术研究仍具有深刻的启示作用。主要体现为资料收集的广博性、田野调查的广泛性、甄别选材的严谨性、研究思考的深入性等几个方面。从这个意义上讲,司马迁的"实录"不仅是对历史事实的秉笔直书,更窥见其严谨求实的科学研究方法。

关键词:《史记》;《五帝本纪》;学术研究方法

司马迁《史记》是以"实录"著称的史传文学名著,《五帝本纪》作为《史记》第一篇,内容在于通过对上古神话传说的取舍梳理,首次勾勒上古史的优美画卷。在对纷繁芜杂的神话传说片段的钩稽整理中,依然能够秉持"实录"原则,除受时代背景、个人经历,"爱奇"倾向以及创作原则及主旨影响之外,[①]也深受孔子的影响。[②] 此外,还与司马迁科学的研究方法密切相关。这在《五帝本纪》"太史公曰"中可以清晰地看出来:

> 学者多称五帝,尚矣。然《尚书》独载尧以来,而百家言黄帝,其文不雅驯,荐绅先生难言之。孔子所传《宰予问五帝德》及《帝系姓》,儒者或不传。余尝西至空桐,北过涿鹿,东渐于海,南浮江淮矣,至长老皆各往往称黄帝、尧、舜之处,风教固殊焉,总之不离古文者近是。予观《春秋》《国语》,其发明《五帝德》《帝系姓》章矣,顾弟弗深考,其所表见皆不虚。《书》缺有间矣,其轶乃时时见于他说。非好学深思,心知其意,固难为浅见寡闻道也。余并论

---

① 张华:《人神之际多元互动下的"实录"坚守——司马迁取舍上古神话传说的原因探析》,《中华文化论坛》2011 年第 2 期。

② 张华:《论孔子对司马迁取舍运用上古神话传说的沾溉》,《中南大学学报(社会科学版)》2012 年第 1 期。

次，择其言尤雅者，故著为本纪书首。[①]

这段论赞对关于黄帝的历史材料的取舍以及运用材料的衡量尺度进行了详细的说明，充分体现了司马迁的作史态度，为全书历史材料的取舍确立了一条总纲领。此外，我们还可以从中窥见司马迁科学的研究方法，主要体现为资料收集的广博性、田野调查的广泛性、甄别选材的严谨性、研究思考的深入性等几个方面。

一、资料收集的广博性

《史记·太史公自序》云："序略，以拾遗补艺，成一家之言，厥协六经异传，整齐百家杂语。"[②]由此可知，《史记》的撰写主要以六经记载为主，兼及百家杂说。然而，其所涉及资料远非这些。张大可先生对《史记》中因事涉及论列到的书籍进行了归纳，共104种，分四部分：（一）六经及其训解书（23种）；（二）诸子百家书（50种）；（三）古今历史书及汉室档案（24种）；（四）文学书（7种）。[③] 由此可知，司马迁所谓"百家"其实已经超出了我们所说的"诸子百家"的范畴而有了更为广泛的意义，其不仅包括诸子百家书中上古神话传说的记载，而且还有对文学书以及汉室档案和历史书的征引。

从《五帝本纪》赞语可以看出，在对黄帝资料收集的过程中，司马迁参阅了广义的诸子百家的书籍，得出了"其文不雅驯"的结论。而"孔子所传《宰予问五帝德》及《帝系姓》，儒者或不传"则包含了两层含义。首先，是对儒者所云比较熟悉，即对于儒家经典资料的收集。其次，对孔子所传宰予问《五帝德》及《帝系姓》也要做深入细致的分析比较。《五帝本纪》索隐云："《五帝德》《帝系姓》皆《大戴礼》及《孔子家语》篇名。以二者皆非正经，故汉时儒者以为非圣人之言，故多不传学也。"[④]所以，司马迁对于资料的收集，除了汉代公认的儒家经典之外，对于当时较为冷僻且多不传学的"非圣人之言"也不遗漏，体现了其穷尽材料的严谨撰述态度。

资料收集的广博性需要具备宏阔的学术视野和必备的客观条件，这与司马迁的撰述宗旨、丰富的求学经历以及太史公一职的便利条件息息相关。首先，司马迁撰述《史记》，"欲以究天人之际，通古今之变，成一家之言"[⑤]。这就客观上要求其博览古今文献典籍，以探讨天地古今的奥秘。《太史公自序》中也说："网罗天下放失旧闻，王迹所兴，原始察终，见盛观衰，考论之行事，略推三代，录秦汉，上记轩辕，下至于兹，著十二本纪，既科条之矣。"[⑥]这一撰述宗旨必然要求其广博地收集文献资料。其次，司马迁有着丰富的游学经历。《太史公自序》中说道："太史公曰：余闻董生曰：'周道衰

① 〔汉〕司马迁：《史记》，中华书局1982年版，第46页。
② 〔汉〕司马迁：《史记》，中华书局1982年版，第3319—3320页。
③ 张大可：《〈史记〉文献研究》，民族出版社1999年版，第157—170页。
④ 〔汉〕司马迁：《史记》，中华书局1982年版，第47页。
⑤ 〔汉〕班固撰、〔唐〕颜师古注：《汉书》，中华书局1962年版，第2735页。
⑥ 〔汉〕司马迁：《史记》，中华书局1982年版，第3319页。

废，孔子为鲁司寇，诸侯害之，大夫壅之。孔子知言之不用，道之不行也，是非二百四十二年之中，以为天下仪表，贬天子，退诸侯，讨大夫，以达王事而已矣。'"[①]这里的"董生"就是指董仲舒。司马迁向他学习过《古文尚书》和《公羊春秋》，打下了扎实的经学功底。《古文尚书》是司马迁写作《五帝本纪》的主要参考书，但《古文尚书》在当时尚未被列于学官。《汉书》卷八八《儒林传》云："孔氏有《古文尚书》……未立于学官。安国为谏大夫，授都尉朝，而司马迁亦从安国问故。迁书载《尧典》《禹贡》《洪范》《微子》《金縢》诸篇，多古文说。"[②]这一经历对司马迁跳出当时狭隘的经学窠臼产生了积极作用。董仲舒的公羊学派在当时影响很大，大讲灾异、祥瑞之说，当时社会上盛行的"天人感应"的思潮，尤其是邹衍和董仲舒的五行说对司马迁取材产生了重要影响。从思想史上看，这是一种"普遍性的氏族宗教气氛"，"所谓普遍性的氏族宗教气氛，即在于以神化先王为前提，以天人感应为内容。这就是搢绅先生和儒者的职业的构成部分"。[③] 关于这种氏族宗教气氛在长期的历史发展过程中始终没有中断。司马迁在撰述《史记》的过程中，充分考虑到了这一宗教气氛，将视野扩大到关乎"天人之际"的各个领域。其次，司马迁继任太史令一职为其参阅大量文献典籍提供了极大的便利。司马谈"卒三岁而迁为太史令，紬史记石室金匮之书"[④]。天下典籍都集中在相当于当时国家图书馆的藏书之地，为司马迁博览各类典籍，广博地收集各类文献资料创造了得天独厚的条件。

二、田野调查的广泛性

司马迁对六经及百家的记载，也不是随意取用的，而是经过"西至空桐，北过涿鹿，东渐于海，南浮江淮矣，至长老皆各往往称黄帝、尧、舜之处"的田野调查，得出"风教固殊焉，总之不离古文者近是"的结论。由此可见，司马迁十分重视田野调查，以便更加深入地验证文献资料。

通过对《史记》全书的总结，关于司马迁田野调查的途径，概括起来有以下几种：

一是游历访问，实地调查。《五帝本纪》："余尝西至空桐，北过涿鹿，东渐于海，南浮江淮矣，至长老皆各往往称黄帝、尧、舜之处，风教固殊焉。"可见太史公游历范围之广。《周本纪》："学者皆称周伐纣，居洛邑，综其实不然。武王营之，成王使召公卜居，居九鼎焉，而周复都丰、镐。至犬戎败幽王，周乃东徙于洛邑。所谓'周公葬于毕'。毕在镐东南杜中。"[⑤]《蒙恬列传》："适北边，自直道归，行观蒙恬所为秦筑长城亭障。"司马迁通过实地考察纠正了当时学者的错误认识，体现了其不迷信古人、严谨求实的作史精神。

---

① 〔汉〕司马迁：《史记》，中华书局 1982 年版，第 3297 页。

② 〔汉〕班固撰、〔唐〕颜师古注：《汉书》，中华书局 1962 年版，第 3607 页。

③ 侯外庐等：《中国思想通史》，人民出版社 1957 年版，第 84 页。

④ 〔汉〕司马迁：《史记》，中华书局 1982 年版，第 3296 页。

⑤ 〔汉〕司马迁：《史记》，中华书局 1982 年版，第 46 页。

二是接触当事人或他人口述材料。《太史公自序》:"余闻之先人曰:'伏羲至纯厚,作易八卦。尧舜之盛,《尚书》载之,礼乐作焉。汤武之隆,诗人歌之。'"①《五帝本纪》:"至长老皆各往往称黄帝、尧、舜之处。"②司马迁十分重视"先人""长老"的口述材料,将其与正式文献资料综合推敲,对历史事件得出客观确切的解释。

三是采集歌谣诗赋、俚语俗谚。其中有乐府歌谣、文人诗赋和民歌童谣以及俚语俗谚。如伯夷叔齐《采薇之歌》:"登彼西山兮,采其薇矣。以暴易暴兮,不知其非矣。神农、虞、夏忽焉没兮,我安适归矣? 于嗟徂兮,命之衰矣!"③(《伯夷列传》)民歌生动形象、质朴真实,反映了当时人们的内心思想,也从侧面揭示了历史的真实。这些歌谣诗赋、俚语俗谚在太史公笔下穿插得当,运用自如,为叙述远古历史提供了生动形象而不乏真实性的佐证,同时也增强了文学趣味。

四是参照文物和图像。在司马迁生活的西汉社会艺术和人们观念中弥漫的,是从远古留下来的种种神话和故事,它们几乎成了当时不可或缺的主题或题材,汉代画像砖上有伏羲、女娲的蛇首人身,有西王母、东王公的传说和形象,有双臂化为两翼的不死仙人王子乔,以及各种奇禽怪兽、赤兔金乌……"它们并不是以表面的动物世界的形象,相反,而是以动物为符号或象征的神话——巫术世界来作为艺术内容和审美对象的。从世上庙堂到地下宫殿,从南方的马王堆帛画到北国的卜千秋墓室,西汉艺术展示给我们的,恰恰就是《楚辞》、《山海经》里的种种。天上、人间和地下在这里连成一气,混而不分"④。司马迁生活在这种艺术氛围中,不可避免地要接触一些文物图像等材料。这对于其印证文献记载大有裨益,《留侯世家》中谈到司马迁自己见了张良的图像"状貌如妇人好女",而改变了原以为其人"魁梧奇伟"的想象即是一例。

三、甄别选材的严谨性

《五帝本纪》还体现了司马迁甄别选材的严谨性。主要体现为运用了比较研究的考证方法。"予观《春秋》《国语》,其发明《五帝德》《帝系姓》章矣,顾弟弗深考,其所表见皆不虚"。将《春秋》《国语》与《五帝德》《帝系姓》相互印证,取六经而不拘泥于六经,这在当时非常难能可贵。

《文史通义·易教篇》中说:"六经皆史也。"⑤在汉代以前,六经就已经成了当时人们的知识渊薮和真理依据。徐旭升先生论及经典对神话流传的作用时阐释道:"由于人智的进化,知道了神话的不可靠,就逐渐把古史传说加以修正,加以'人化'对于古史资料其他不可靠的部分也渐渐地能怀疑,并且加以严格的批判。在这方面有相当大的成绩。但是,无论如何,他们怀疑和批判的对象全是部分的,他们所作的是修正或

---

① 〔汉〕司马迁:《史记》,中华书局 1982 年版,第 3299 页。
② 〔汉〕司马迁:《史记》,中华书局 1982 年版,第 46 页。
③ 〔汉〕司马迁:《史记》,中华书局 1982 年版,第 2123 页。
④ 李泽厚:《美学三书》,天津社会科学院出版社 2007 年版,第 64 页。
⑤ 〔清〕章学诚著、叶瑛校注:《文史通义校注》,中华书局 1985 年版,第 1 页。

补正的工作，经的最高权威在基本上没有动摇，传说时代所流传下来的一部分古史资料，在经典的荫庇下，在前两千年间的人的心目中，是比将来正史中所载史实更可靠的。”①司马迁在《伯夷列传》中说：“学者载籍极博，必取信于六艺。”②在《太史公自序》中对六经的所长一一加以说明：“夫《春秋》，上明三王之道，下辨人事之纪，别嫌疑，明是非，定犹豫，善善恶恶，贤贤贱不肖，存亡国，继绝世，补敝起废，王道之大者也。《易》著天地阴阳四时五行，故长于变；《礼》经纪人伦，故长于行；《书》记先王之事，故长于政；《诗》记山川谿谷禽兽草木牝牡雌雄，故长于风；《乐》乐所以立，故长于和；《春秋》辩是非，故长于治人。是故《礼》以节人，《乐》以发和，《书》以道事，《诗》以达意，《易》以道化，《春秋》以道义。拨乱世反之正，莫近于《春秋》。《春秋》文成数万，其指数千。”③即便如此，司马迁还是对于六经所载有所保留地选用。我们对照《史记·五帝本纪》和《大戴礼记·五帝德》即可看出。

《史记·五帝本纪》和《大戴礼记·五帝德》对照表

五帝名称	文献名称	
	史记·五帝本纪	大戴礼记·五帝德
黄帝	姓公孙，名轩辕。	曰轩辕。
	轩辕之时，神农氏世衰。诸侯相侵伐，暴虐百姓，而神农氏弗能征。于是轩辕乃习用干戈，以征不享，诸侯咸来宾从。而蚩尤最为暴，莫能伐。炎帝欲侵陵诸侯，诸侯咸归轩辕。轩辕乃修德振兵。	无
	无	黄帝黼黻衣，大带，黼裳，乘龙扆云。
	有土德之瑞，故号黄帝。	无
	无	春夏乘龙，秋冬乘马，黄黼黻衣。

① 徐旭生：《中国古史的传说时代（增订本）》，文物出版社1985年版，第21—22页。
② 〔汉〕司马迁：《史记》，中华书局1982年版，第2121页。
③ 〔汉〕司马迁：《史记》，中华书局1982年版，第3297页。

续表

五帝名称	文献名称	
	史记·五帝本纪	大戴礼记·五帝德
舜	乃命羲、和,敬顺昊天,数法日月星辰,敬授民时。分命羲仲,……以殷中春。其民析,鸟兽字微。申命羲叔,……以正中夏。其民因,鸟兽希革。申命和仲,……以正中秋。其民夷易,鸟兽毛毨。申命和叔……以正中冬。其民燠,鸟兽氄毛。岁三百六十六日,以闰月正四时。	伯夷主礼,龙、夔教舞,举舜、彭祖而任之,四时先民治之。
禹	于是禹乃兴九招之乐,致异物,凤皇来翔。天下明德皆自虞帝始。	无

由上表可以看出,司马迁作《五帝本纪》虽然多取自《大戴礼记·五帝德》,但详细对照不难发现,这两篇又有一些不同之处。司马迁把《五帝德》中的一些神异的记述剔除出去了,如"黄帝黼黻衣,大带,黼裳,乘龙扆云""春夏乘龙,秋冬乘马,黄黼黻衣"①等句就没有录用。可见司马迁对儒家经典的东西也是经过详细考察的,并非全盘借用,认为"不雅驯"的内容也会加以摒弃。在《五帝德》《帝系姓》之外,司马迁还广泛吸纳其他诸子言论记入上古史中。关于蚩尤的一段,《五帝德》没有记载,而在《山海经·大荒北经》中有类似记述。"有土德之瑞,故号黄帝"又带有邹衍、董仲舒阴阳五行说与五德终始说的影子。"于是禹乃兴《九招》之乐,致异物,凤皇来翔。天下明德皆自虞帝始"②则明显有"天人感应"与"符瑞"思想的痕迹。这些都是司马迁"整齐百家杂语"的结果,如此极大地丰富了上古史的内容,使之更加凸显其独特的魅力。

四、研究思考的深入性

《五帝本纪》体现了司马迁研究思考的深入性。"《书》缺有间矣,其轶乃时时见于他说。非好学深思,心知其意,固难为浅见寡闻道也"。研究思考的深入性是在前面工作基础上的大总结和大综合,没有广博的材料、广泛的调查,严密的分析,是很难做到的。《五帝本纪》首起黄帝,确立"大一统"主旨,对于零散而不系统的上古神话传说进行取舍增删,化古奥为通俗,最终一以贯之,连缀成文,尤能体现这一点。

首起黄帝,体现"大一统"思想。《五帝本纪》中,有这么一段关于黄帝的记载:

> 东至于海,登丸山,及岱宗。西至于空桐,登鸡头。南至于江,登熊、湘。北逐荤粥,合符釜山,而邑于涿鹿之阿。迁徙往来无常处,以师兵为营卫。官

---

① 〔汉〕司马迁:《史记》,中华书局 1982 年版,第 119 页。

② 〔汉〕司马迁:《史记》,中华书局 1982 年版,第 43 页。

名皆以云命，为云师。置左右大监，监于万国。万国和，而鬼神山川封禅与为多焉。获宝鼎，迎日推策。举风后、力牧、常先、大鸿以治民。顺天地之纪，幽明之占，死生之说，存亡之难。时播百谷草木，淳化鸟兽虫蛾，旁罗日月星辰，水波土石金玉，劳勤心力耳目，节用水火材物。有土德之瑞，故号黄帝。①

这段文字纵横捭阖，有如大江大河一泻而下，写疆域之广、物色之繁，气势恢宏，情壮雄浑，颇有汉大赋的气概。我们还可以清晰地发现，黄帝形象由先秦时期的神话传说人物，走下神坛，成为一位人间帝王。以黄帝为代表的古圣先王在上古社会生产力水平极其低下的情况下"修德振兵"，讨伐不臣之臣，致力于统一大业，或"治五气，艺五种，抚万民，度四方"以治理社会，大到统一疆土、教化黎民，小到"淳化鸟兽虫蛾"，刻画出一个励精图治、爱民如子的帝王形象。帝高阳颛顼、帝高辛帝喾，乃至唐尧、虞舜等都是如此。从中我们依稀可以看到古圣先王在中华民族统一和文明发展史上的赫赫之功，他们的事迹在司马迁笔下呈现出"大美"的气象和刚健有为、奋发向上的美学特征。以黄帝作为开端正是契合了汉代宣传"大一统"、歌颂"大一统"的时代需要。将黄帝确立为中华民族的共同祖先，则是司马迁经深入思考而做出的重大贡献。

对经典的变化采用，化古奥为通俗。《史记·五帝本纪》："乃命羲、和，敬顺昊天，数法日月星辰，敬授民时。分命羲仲，……以殷中春。其民析，鸟兽字微。申命羲叔，……以正中夏。其民因，鸟兽希革。申命和仲，……以正中秋。其民夷易，鸟兽毛毨。申命和叔……以正中冬。其民燠，鸟兽氄毛。岁三百六十六日，以闰月正四时。"②这段记载与《尚书·尧典》仅数字之差，显然是变化《尚书·尧典》而来的。《五帝本纪》："数法日月星辰。"③《索隐》云："《尚书》作'历象日月'，则此言'数法'，是训'历象'二字，谓命羲和以历数之法观察日月星辰之早晚，以敬授人时也。"④如此一来，就容易理解了。又如《五帝本纪》："岳曰：'异哉，试不可用而已。'"⑤《尚书》作"试可乃已"。《史记会注考证》引钱大昕语曰："古人语急，以'不可'为'可'也。"司马迁增"不"字即作了口语翻译，其义显明，否则就会造成误解。《史记》引据经典文字，将古奥难懂的古文字译为当时通用语言是一个伟大的创举，其例不胜枚举。这也是太史公"成一家之言"的一个方面。

五、结语

综上所述，经过去粗取精、去伪存真，以及严密的逻辑思维、深入的研究思考，司马迁才于浩瀚繁杂的先秦典籍中，梳理出了上古史的脉络，并且在这一脉络中，体现了他

① 〔汉〕司马迁：《史记》，中华书局1982年版，第6页。
② 〔汉〕司马迁：《史记》，中华书局1982年版，第16页。
③ 〔汉〕司马迁：《史记》，中华书局1982年版，第16页。
④ 〔汉〕司马迁：《史记》，中华书局1982年版，第17页。
⑤ 〔汉〕司马迁：《史记》，中华书局1982年版，第20页。

本人的史学思想和历史观。《五帝本纪》的撰写体现了学术研究的全过程,其中资料收集的广博性、逻辑思维的严密性辨伪、田野调查的重要性,研究思考的深入性几个方面,至今仍是学者研究治学的必经之路,仍然具有深刻的启示作用。

论《诗经》雅、颂的天人观

储兆文

摘　要：天人观是中国文化的母题，渗透到民族精神与民族意识的各个方面。《诗经》雅、颂里充满了诗意化的天人思想：先民们从“天生万物”而萌生了“天生人”的观念，天被视为有生命的实体（上帝），它成了最高伦理道德的化身（天道）；因君为天之子，故天君同道，君应有德，顺天保民（王道），否则君违天道，王位将倾。这种天君同道思想是基于现实的苦难和先民对理想政治的追求；这种诗化思维，对天的神化与对君的控制并存，其结果是在现实性的虚幻中实现了理想化的满足。

关键词：《诗经》；天；君；民；理想政治

从上古神话到《诗经》，我们的先民逐渐由认识自然过渡到认识自身及其所组成的人类社会，在两者的接壤处，可以从《诗经》雅、颂中管窥到先民们建立在理想政治追求基础上的天人观。

拉法格在《思想起源论》中指出：“在生命和生活中都存在许多谜，这些谜常常占据着人们的脑力。一旦人们开始思想，他们就试图来解答，并且尽可能和按照他们的知识所允许的限度内解答了他们。”①先民对人类自身的认识是从人的起源开始的，但是由于知识贫乏所形成的蒙昧和片面性，从而使他们的认识往往披上神秘的光环，有些方面被扭曲、被夸大、被替代，其中最明显的特征是用某一方面的片面知识去通释与之相关的一切事物或现象，对人的产生的理解便是如此。他们在长期的实践中发现，草木庄稼的生长取决于天气的冷暖变化，春天草木从土地里长出，随后发芽开花，秋天草木枯黄凋敝；风调雨顺则谷物丰收，旱涝灾害则庄稼减产……因而在上古先民的意识里有了“天生万物”的印象，并将这种印象延伸到“天生人“的领域：“天生烝民，有物有则。”（《诗经·大雅·烝民》）“天命玄鸟，降而生商。”（《诗经·商颂·玄鸟》）这里叙述的“天”像生“物”一样的生“烝民”，以及“天”命令“玄鸟”下界生“商”，都肯定人是由天生的。而《诗经·大雅·生民》的“厥初生民，时维姜嫄。……载生载育，时维

---

① 〔法〕拉法格：《思想起源论》，王子野译，生活·读书·新知三联书店1963年版，第5页。

后稷”是叙述周的祖先后稷的诞生，虽然已过渡到人（姜嫄）生人（后稷）的阶段，但其中仍然潜藏着大地生庄稼的意识积淀：“姜嫄”实际上代表广袤的平原，“嫄”即“塬”，而“稷”即为先民们的主要食物“谷子”。因为天与地是紧密相联的，故称天为父，称地为母。《诗经·小雅·巧言》曰：“悠悠昊天，曰父母且。”《诗经·周颂·天作》曰：“天作高山，大王荒之。”这里地也成了天的创造物。天、地相联是天人关系借以建立的基础，因为天与地相反相承，共同负载着人类，人虽由天生，却生活在大地上，天与人是这种“转折亲”关系，并通过这种亲族关系将人与万物联系在一起。

但是，这种天生人的观念，并非对人类起源作科学意义的探讨，而是一种认识体系，更是一种伦理观、道德观与政治观的最初显现。这可从《易经·序卦》中得到印证。《易经·序卦》曰：“有天地，然后有万物。有万物，然后有男女。有男女，然后有夫妇。有夫妇，然后有父子。有父子，然后有君臣。有君臣，然后有上下。有上下，然后礼义有所错。”[①]它是以天地为根，然后为礼义寻找权威的依据，其归宿在礼义——儒家的伦理观、道德观与政治观的核心。

《诗经》雅、颂的天地生人观念，实质是人在其人格化了的天上，透视自己及所处的社会，来寻求建立一种伦理关系和政治结构。这是对天、人的神化，是迈向理想化的第一步。

天既然能生育万物和人，那么它自身也是有生命的实体，也应和人一样有精神意志，这种精神意志集中体现在《诗经》所谓的“上帝”身上。为了实现对苦难人间的理想化，先民们虚拟出了主宰人间同时又是人的母体的上帝或天帝，“天帝经常监察人的行动，特别是统治者的行动。他以祸惩罚那些违反天意的人，以福奖赏那些顺从天意的人”[②]。上帝的意旨实际上是人们神化了的理想。《诗经》雅、颂中的上帝（或天）是以欢乐的赐予者、苦难的拯救者、正义的监护者和道德的评判者的面目出现的。天降丰年时，人们赞颂上帝：“自天降康，丰年穰穰。来假来飨，降福无疆。”（《诗经·商颂·烈祖》）征夫不堪徭役之苦时，向上天呼救：“明明上天，照临下土。我征徂西，至于艽野。二月初吉，载离寒暑。心之忧矣，其毒大苦。”（《诗经·小雅·小明》）久旱无雨时，君臣百姓祭求于天：“瞻仰昊天，有嘒其星。大夫君子，昭假无赢。”（《诗经·大雅·云汉》）

可见，先民心目中的上帝是伟大而威严的。当欢乐和幸福降临时，作诗颂美它；当逆厄来临时，又向上帝诉说求援。虽然有时在灾难持续时，发出过责难与疑问，但仍将它看作唯一的救星，未尝对它彻底绝望。

《诗经》雅、颂中天人观的核心是天君同道观。主要表现在正、反两个方面：第一，天有天心，赐惠万民；君应有德，顺天保民。仁爱慈惠是上天的本性，人君亦应如上天一样，具有“令德”。“假乐君子，显显令德。宜民宜人，受禄于天。”（《诗经·大雅·假乐》）而所谓“令德”最终落实在“宜民宜人”上，唯其如此，才能得到上天的保佑和福禄。因此，天君同道就是要求人君不断接受仁慈上帝的诱导，顺天而治，解救民瘼。

① 高亨：《周易大传今注》，齐鲁书社1979年版，第648页。

② 冯友兰：《中国哲学简史（第2版）》，北京大学出版社1996年版。

第二,天命无常,它也制造灾难,倾覆君位。上天"无私载""无私覆",有着恒久执一的品格,但天意并非一承不变,它有着自己取予载覆的法则,其标准是"唯德是辅",君王若顺天保民,则风调雨顺,拥有王位,否则,上天变其成命,覆其王位,以有德者代之。"匪上帝不时,殷不用旧。虽无老成人,尚有典刑。曾是莫听,大命以倾。"(《诗经·大雅·荡》)

这里叙述上帝曾立殷(商)为王,使拥有天下,因袭不已,但商纣王逆天无德,所以上帝变其成命,倾覆了商朝;周虽是小国,但文王有德,顺乎天意民心,故上帝以周代商,使周拥有天下。也就是说,"如果一个人得罪了上天,即使祷告也找不到对象,无论怎么祷告也没有用"①。君位君权是"天授",更是"民授"。"民授"就是"一个人有较高的修养,人民群众拥戴他做国君"②。

这种将凶吉祸福、邦国兴废系于天命的观念,虽是宿命的,但它是先民们在苦难时代对明君圣主的向往,因为有德之君,能相对地使天下太平,生民可稍事安宁;而暴虐之君,则会带来天下大乱,生民涂炭。无论是上帝"唯德是辅",还是"天命无常",都反映了先民对王道乐土的理想的追求,它采用曲折的形式集中到上帝的公正无私上。

天君同道是先民寻找到的化理想为现实的途径。然而,这是一种无可奈何的宿命的途径,其思路如下:

基于现实的苦难,人们主观精神产生了改变它的欲望(人道);而要改变现实,对于重压下的初民来说,只有借天之威,故虚拟出一个公正无私的上帝,它有着自己的法则(天道)。又因为先民们生活的幸与不幸,很大程度取决于君的贤与不贤,要实现"乐土"的理想,必须让人君顺天养民(王道),唯有如此,原本苦难的现实才能变成理想的现实。它以现实为起点,其归宿仍是现实,其中对天的神化是关键,天人交感是基础,而其归宿在于对现实的理想化。③ 这种理想化的人间乐土,在《诗经》雅、颂里有大量反映。如:"我黍与与,我稷翼翼。我仓既盈,我庾维亿。以为酒食,以享以祀。以妥以侑,以介景福。"(《诗经·小雅·楚茨》)

其实,先民们的这种理想,是建立在玄想基础上的,最终得到的只能是一枚不可能真正实现的无果花。然而,这种追求是执着的,深植于我们整个民族的文化意识之中,在一有现实可能或超出人的承受阈限时,常常变成变革社会的巨大内驱力。

《诗经》雅、颂里的天人观,尤其是天君同道观,一方面固然是对君王的神圣化、合法化,是无奈愚昧的表现;一方面也是对君王的约束与威慑。因为国君虽为上天所立,是天子,有生杀予夺的统治权,但是,"天无私覆""惟德是辅",因而,国君必须以民为本,以德为本,这在无形中为国君套上了"紧箍咒",使他不得不采取一些利民措施。所以说,《诗经》雅、颂里所反映的天人思想,实质是先民借至高无上的天威,来实现对人间王道乐土的理想政治的追求,尽管其赖以实现的基础是那么的虚幻与脆弱。

---

① 张岂之主编:《中国思想文化史》,高等教育出版社2006年版,第95页。

② 张岂之主编:《中国思想文化史》,高等教育出版社2006年版,第126页。

③ 高亨:《周易大传今注》,齐鲁书社1979年版。

明清白话小说“窥听”叙述的表现形式与文学价值试论

杨程远

摘 要:作为内聚焦式视角的表现之一,“窥听”是大量存在于明清白话小说中的人物行为方式,具有多样的表现形式和多重的文学意味。本文在前人的研究基础上,拓宽研究对象,深化理论研究,以不同类型的明清白话小说为参照,探讨“窥听”行为的多样表现形式和在情节推进、悬念制造、人物刻画、氛围营造等多个层面的文学价值,这对于我们进一步认识明清白话小说创作中的视角问题及其意义,都将不无裨益。

关键词:明清白话小说;窥听;情节推进;人物刻画;氛围营造

“窥听”包括偷窥和窃听,即施事者在受事者未知的情况下,对其进行窥视和探听的行为。由于空间的障碍和信息传递的阻隔,有意和无意的窥听现象在生活中屡见不鲜,并因此大量出现于文学作品特别是叙事作品当中。在早期的史书记载中,就不乏相关描写。如《左传·宣公二年》描写晋灵公派去的刺客鉏麑看到赵盾上朝前的情景:

> 晨往,寝门辟矣,盛服将朝。尚早,坐而假寐。麑退,叹而言曰:“不忘恭敬,民之主也。贼民之主,不忠;弃君之命,不信。有一于此,不如死也!”①

借鉏麑的窥视,展示出了在非公开场合下赵盾的真实形象。此外如《左传·僖公二十三年》的“(重耳)谋于桑下。蚕妾在其上,以告姜氏”事、《史记·卷一百一十七》的“(司马相如)弄琴,文君窃从户窥之,心悦而好之”、《明史·列传第二十五》的朱元璋令锦衣卫窥视宋讷等,均可见古代史书中已大量存在“窥听”的记载。按,此类带有机密性质的细节本难于流传下来,此正如钱锺书所言,是“左氏设身处地,依傍性格身分,假之喉舌”创作出来的。而这样的描写在后世小说中被继承了下来并有了更多的发展,成为小说推进情节、刻画人物、营造氛围、表达深意的重要方式,足见钱氏谓史书

---

① 杨伯峻编著:《春秋左传注》,中华书局2009年版,第658页。

是“后世小说、院本中对话、宾白之椎轮草创,未遽过也”[①]的论断是很有见地的。应该说,我们首先有必要从叙事学中的视角问题出发,将“窥听”这类细节描写进行理论上的梳理,然后再着重观察其在情节推进与刻画人物等方面的文学价值。

一、作为限知视角重要表现形式的“窥听”叙述

叙事视角是叙事学研究的重要组成部分。视角,即作品叙述事件、观察问题的立足点。从观察者划分,可以分为外视角和内视角。其中,内视角是以作品中的某个或某些人物为立足、观察的角度,通过他们的感官来描写叙述对象。由于作品中的人物成为情节与其他人物的见证者、刻画者,因此呈现出的情节和人物也带有强烈的个人色彩和戏剧性。所以相比起外视角,内视角有强烈的“移情”和“再现”色彩,显得更加色彩丰富。因而内视角经常被作者用于深化作品的方式。两种大的视角下又可细分,热奈特《叙述话语》中按聚焦模式(即聚焦者是处于故事内还是故事外)分为三大类:一是“零/无聚焦”,或“全聚焦”,即无固定观察角度,以叙事者展开描写的全知叙事为主。二是“内聚焦”,让人物成为叙述者,因此也称“同视界”式或“人物视点”式。三是“外聚焦”式,即叙述者所了解的情况少于剧中人,仿佛置身局外。因此,“窥听”属于内视角的表现形式之一,聚焦者位于故事当中,为“内聚焦”式。[②]

视角对于作品的影响不可忽视,“在觉与不觉、见与未见,存在着一个感知的角度问题。因而实在不应该把视角看成细枝末节,它的功能在于可以展开一种独特的视境,包括展示新的人生层面,新的对世界的感觉,以及新的审美趣味、描写色彩和文体形态”。在漫长的叙事作品史上,全知视角是主要采用的方式,而限知视角则是对其一定程度上的补充与突破。传统小说评点中已经有人注意到视角改变对人物刻画的意义所在,如众所周知的金圣叹对阎婆惜坐楼听宋江、李逵杀罗真人故事的改动,均体现出他是在自觉地利用人物特殊的观察视角来展示双方的性格与心态。“窥听”作为限知视角的表现形式之一,被小说作者广泛使用。如果按窥听者和被听者的关系划分,“窥听”行为实可分为三类:第一,听者、被听者均无心。如《红楼梦》中宝钗碰巧听到小红和坠儿的谈话。第二,听者有心,被听者无心。如《金瓶梅》和清代才子佳人小说中存在的大量窥听,以潘金莲尤甚。第三,较为特殊,被听者有心,而听者无心。《三国演义》中“群英会”后周瑜与蒋干故事即属此类。之所以做此划分,是因为不同的双方关系,所呈现出的戏剧性以及之于情节人物的意义是不同的。明清白话小说中存在着大量“窥听”的文学描写,其数量之繁多、形式之复杂均值得留意。但目前对其进行集中研究的尚在少数,如张燕《“窥视”的艺术情蕴——从〈金瓶梅〉到〈红楼梦〉的私人经验之文本呈现》、周璐《窥听——〈金瓶梅〉中隐蔽的眼睛和耳朵》、傅翀《谈〈红楼梦〉中对“窥听”书写的特点与意义》等,以及某些论述《红楼梦》《金瓶梅》叙事

---

① 钱锺书:《管锥编(一)》,生活·读书·新知三联书店2016年版,第273页。

② 申丹、王丽亚:《西方叙事学:经典与后经典》,北京大学出版社2010年版,第113页。

视角艺术的单篇论文。上述文章在爬梳作品描写方面均较为细腻,但亦稍有缺憾。一是只局限于一两部作品中,且均为世情小说,未能对整个明清小说各个类型的作品做较为全面的观照。事实上,除世情小说以外的其他类型作品中,"窥听"叙述也是大量存在并有其文学价值的。二是其篇幅主要是对作品的梳理和分析,而从理论角度进行的分析尚不充分。作为视角艺术的重要组成部分,"窥听"叙述对于作品的情节推进、人物塑造、氛围营造、讽世主旨等均有不可忽视的作用。本文拟从这几个角度切入,进行比较深入的阐述。

二、作为情节推进方式的"窥听"叙述

"窥听"作为具有空间属性的日常行为,因双方位置的阻隔性、信息传递的模糊性,先天就带有浓郁的场景因素和戏剧化色彩。场景对于小说意味的构成是至关重要的,"毫无疑问,'场景'是一部小说的中心。对读者来说,读一部小说总是想看到一些令人感兴趣的场面。因为只有这些场面才能使人们真切地感受到各种生活气息,经历生命的旅程"①。在小说中,场景的构成与布置本身,往往已经能在全知叙述以外产生有力的叙事效果,正如周宪在韦恩·布斯《小说修辞学》的译序中所说:"小说中的某些细节、场景作为一种特殊设置、对照物或背景,也都具有某种程度的议论功能,表明了作者对人物、事件的倾向性。"②在"窥听"这一内聚焦模式的场景中,叙述者变成了故事中的人物,完全融于故事当中,使读者几乎无法感知他的存在,情节的推进几乎完全依赖于人物的言行,从而构成一种戏剧化的叙事视角,给读者以比较客观的印象和强烈的戏剧观感。前面提到的《三国演义》第四十五回"群英会蒋干中计"即是非常戏剧化的一幕,实可作为"双向窥听"的例子:

> 蒋干……看周瑜时,鼻息如雷。干见帐内桌上,堆着一卷文书,乃起床偷视之,却都是往来书信。内有一封,上写"蔡瑁张允谨封"。干大惊,暗读之。书略曰:"……"干思曰:"原来蔡瑁、张允结连东吴!"遂将书暗藏于衣内。再欲检看他书时,床上周瑜翻身,干急灭灯就寝。瑜口内含糊曰:"子翼,我数日之内,教你看操贼之首!"干勉强应之。③

此时帐内的情景和周瑜的神态,全从蒋干眼中画出,蒋干以为周瑜毫无觉察,因此在他而言,是自己在窥听周瑜;而在周瑜与读者眼中,冷眼旁观蒋干的却又是周瑜,二者均是有意为之。此场景中,这一双向度的"窥听"行为本身就有着强烈的戏剧性,使读者仿佛融入场景当中,跟随蒋干的视线去观察和想象所看到的一切,正所谓"一切叙述者和旁观者,不论第一人称还是第三人称,都能把他们的故事基本上作为场面传

---

① 徐岱:《小说叙事学》,商务印书馆2010年版,第186页。

② [美]韦恩·布斯:《小说修辞学》,华明等译,北京联合出版公司2017年版,第13页。

③ 〔明〕罗贯中:《三国演义》,人民文学出版社2000年版,第378页。

达给我们”①。而作为窥听的另一方，叙述者偏偏对周瑜的心理活动选择了留白。留白是中国传统书画艺术创作中的手法，即为了使整个作品画面更为协调优美而有意留下部分空白，从而给观者腾出想象的空间。移用至小说创作中，留白即作者有意忽略了交代人物的内心活动。换句话说，叙述者此时讲述的情况少于小说人物自己所知道的情况，这就借助于戏剧化叙事视角给故事蒙上了扑朔迷离的面纱。

作为“内聚焦”模式的一种，“窥听”先天地具有某些观察盲区，这种盲区造成了叙事留白，在一定程度上成为激发读者的阅读兴味与探索欲的技巧，而“在小说中，所谓技巧也就是对阅读心理的有效把握”②。这样一来，叙述者不再扮演上帝角色，而是成为故事中的一员，这就“在形式上消除了叙述者与读者的不平等关系”，体现出摆脱全知叙事的努力方向，从而留下了一些具有真实感的空白，给读者以更多想象的可能性。《醒世恒言》中的《勘皮靴单证二郎神》述徽宗妃子韩夫人因病在太尉杨戬府内调养，长期未得宠幸的韩夫人在二郎神庙中看到丰神俊雅的二郎神雕塑时为之心旌摇曳。不想再次祷告完毕后，竟见“二郎神”下凡至前，韩夫人遂喜与之云雨。如此蹊跷情节自然引发读者怀疑，作者借故事中杨戬夫妇的疑虑对这种怀疑进行了一定程度的舒展，但又借此布置了更多的疑云，并暂时未予点破。直到众人经过反复的勘察探究，才捉获了假扮二郎神奸淫韩夫人的庙官，其交代起因就是“当日在庙中听见韩夫人祷告，要嫁得个丈夫，一似二郎神模样。不合辄起奸心，假扮二郎神模样，淫污天眷”③。“窥听”在这里成为情节的开端和关键因素，而叙述者选择了留白，直到最后才点破真相，从而大大增加了故事的悬念。读者置身情节当中，虽然没有全知的上帝视野，但也获得了因留白带来的阅读乐趣。《红楼梦》第三十回“龄官划蔷痴及局外”，述宝玉在蔷薇花架外窥视到有女孩用簪在土上画“蔷”。作者细腻刻画了宝玉眼中女孩的形容动作以及宝玉的心理活动，但却对女孩究竟是谁、动作有何含义等关键问题未予说明，同样造成了暂时的叙事空白，其妙处就在于读者、叙述者、人物处在同一位置，人物无法知道的，读者和叙述者同样无法知道，这就将悬念保留到了最后，人物作为叙述代言人，“对事件的发展过程产生某些可以估量的影响”④。

作为内聚焦的限知视角，“窥听”对全知叙述的突破还体现在对事件发展过程的推进上。在大量的平铺直叙和细节堆砌之后，如何才能实现情节的质的飞跃，并且符合情理、不显生硬，是每个小说作者所面临的问题。这种飞跃在整个作品的结构中处于转折的节点的位置，“结构要运转、展开和整合，没有内蕴的能量和动力，是不可想象的”⑤，而基于作品人物的自身性格和内在逻辑所产生的本体势能，是结构得以运转的重要因素。《三国演义》中，刘备初到荆州，即引起了刘表妻子蔡夫人对这位“世之

① ［美］韦恩·布斯：《小说修辞学》，华明等译，北京联合出版公司 2017 年版，第 144 页。
② 徐岱：《小说叙事学》，商务印书馆 2010 年版，第 207 页。
③ ［明］冯梦龙编著：《醒世恒言》，上海古籍出版社 1987 年版，第 715 页。
④ ［美］韦恩·布斯：《小说修辞学》，华明等译，北京联合出版公司 2017 年版，第 143 页。
⑤ 杨义：《中国叙事学》，人民出版社 2009 年版，第 82 页。

枭雄”的警觉。这一伏笔终于以“窥听”的形式得以展开并催生情节推进:刘备在刘表询问接班人问题时明确表示不建议废长立幼,被蔡夫人“隔屏听密语”,并被同样提防刘备的蔡瑁得知,于是加害刘备的进程被大为提前,遂于不久后上演了刘备跃马檀溪、偶遇水镜乃至后来三顾茅庐的一系列重要情节。在刘备故事中,基于蔡夫人性格特征而合理产生的“窥听”行为是刘备命运的重要转折点,它直接诱发了后面的情节,大大加快了刘备脱离刘表、独立创业的人生历程。事实上,在历史演义、英雄传奇小说中,作为情节运转的重要势能,作者往往赋予窥听到的信息以非常重要的、能够引发听者与被听者命运转折的戏剧色彩,从而推动情节的质的发展。林冲作为《水浒传》主人公之一,在其故事中的多数时候缺乏自主性,他的命运体现出强烈的被动性,始终为幕后黑手所操纵。而从他被陷害发配至沧州后,这种操纵则逐渐退居幕后(只在李小二口中被提及一次),林冲的生活似乎渐趋平静。这种操纵是否还会进行,又是以怎样的方式施及主人公?叙述者暂时选择了留白。直到林冲于山神庙中,偶然听到陆谦等人在庙外谈论整个阴谋过程,原先的叙述留白才瞬间暴露于读者眼前,林冲传记的故事元素立刻从“隐忍苟活”翻转为“揭竿而起”,发生了质的、为之前许多平铺直叙所不能达到的飞跃式的效果。事实上,林冲故事中始终不乏“窥听”的存在,当林冲步入白虎节堂,高俅在其欲离开之时突然出现,作者虽未明写,但高俅躲于暗处的窥听之行不难想见;野猪林中,鲁智深在千钧一发之际跳出搭救林冲,说的第一句话便是“洒家在林子里听你多时”。可见在《水浒传》等以情节见长的英雄传奇类小说中,“窥听”是较为常见也行之有效的情节推进方式,它常常能使情节得到快速进展,在调节叙事节奏、增进读者阅读兴味上均有明显效果。

当然,由于题材、环境与人物的特殊性,“窥听”大量发生并被普遍作为情节推进的方式,还是主要见于世情小说当中。作为清代才子佳人小说作者常用的细节描写,“窥听”之于情节的发展,往往产生于亭台轩轾、花丛树木的遮掩中,双方的沟通因之阻隔并滋生误会或波澜,给小说增加了戏剧悬念与情节起伏。如荑荻散人(即荻岸山人、天花藏主人)的《玉娇梨》中,述苏友白在吴翰林后花园见到“无迥出之姿”的无艳而误以为是红玉因而大失所望,后文中红玉侍女嫣素又误把粗俗丑陋的张轨如当作苏友白,种种误会均使苏的情感之路产生了暂时的偏离。而红玉本人凑巧窥到苏友白,大为倾心,嫣素的误传化解,全书的情感主线得以复归正轨。《平山冷燕》中,两位男主角平如衡、燕白颔以文名互闻,但素未谋面,小说正是以“窥听”作为链接二人人生轨迹的黏合剂,精心设置了“这带柳林……也有疏处,也有密处,也有几株近水,也有几株依山,也有几株拂石,也有几株垂桥。最深茂处盖了一座大亭子,……到春深时,莺声如织”[①]的林中之亭,从而为平窥视燕题诗于壁并赞不绝口的情节提供了可行的发生场所,进而引发了后文二才子联句竞才的情节。从这些典型描写中不难看出,“窥听”是才子佳人小说作者立足于此类题材的相应环境,所选择的比较合理而有效

① 〔清〕荻岸山人编次:《平山冷燕》,中国经济出版社2010年版,第83页。

的情节推进方式。

总之，作为内视角的表现形式之一，明清白话小说中“窥听”的描写多为作者有意为之，这是由于空间上的阻隔、障碍而导致这一行为先天具有的模糊性与神秘性所决定的。在叙事效果上，它提供了叙述留白，为读者带来了强烈的代入感。在情节运转上，它利用故事本身所拥有的合理势能、人物自身合理的性格逻辑，给情节以质的突破，故事的传奇性、情节走向的不确定性因之大大增强。

三、作为人物塑造与氛围营造手段的“窥听”叙述

从心理学视角来看，“窥听”行为的产生与人类内心的欲望得不到满足息息相关。弗洛伊德以“本我、自我和超我”三个概念概括人类心理功能的不同侧面。其中，本我寻求解除兴奋和紧张以及释放能量，是没有理性、逻辑、价值观、道德感和伦理信条的，是一个人内心最深处、最原始的欲望体现。在日常生活中，当人们渴望透过日常的伪装与空间的阻隔看到真相，满足内心的原初欲望时，“窥听”即成为他们自觉或不自觉选择的途径之一，因此弗洛伊德认为“每个人的潜意识中都有偷窥他人的欲望”①。总之，窥听来自性本能欲望刺激下产生的内在驱动力，从窥听中，主体才能获得最兴奋的性快感。现实生活中的各色人等虽然未必都是受到性的刺激，但确实是因为本能欲望的被压抑和不满足，因而产生了强烈的窥探与占有的欲望。

如前所述，世情小说在内容上有诸多与其他题材作品不同的地方，其地点多为家庭闺阁，其人物多为妻妾妯娌，其情节多为日常琐屑。这样，在较为舒缓的叙事节奏中，平凡的人物生活穿梭于园林院落之间，彼此之间发生有意无意的“窥听”行为的概率大大增加，这在清代才子佳人小说中即已有相当多的表现。如《玉娇梨》第四回中以吴翰林、张媒婆的窥视分别写出“内外兼美”的苏友白和“容光秀美”的白红玉。正是因为窥视者吴圭、张媒婆的见多识广，其评价自然比较公允，从而使苏、白这对才子佳人的形象更具说服力。而作为世情小说的代表，《金瓶梅》和《红楼梦》中的此类描写不仅数量更多，而且更具有典型性和文学意味，它们对于这两部小说的人物刻画有着不可忽视的作用。被田晓菲视为“充满偷窥乐趣”②的《金瓶梅》，其中各式各样的“窥听”现象多达四十次。可以说，在这部以明代中后期世态人欲为主要描写对象的小说中，“窥听”是刻画人性、展现人欲的重要手段，正如黄卫总所说，“与打破封闭空间的各种企图密切相关的窥淫癖也因此成为《金瓶梅》最为重要的叙述特征之一”③。如第八回“和尚听淫声”，写前来为武大烧灵的和尚偶然听到潘金莲西门庆的交媾之声，“听了个不亦乐乎”，并告诉其他和尚，众僧皆“手之舞之，舞之蹈之”。通过和尚们的眼耳窥听到云雨场景，不仅使充斥全书的床第之事形式稍显多样，也写出了本应六

---

① [奥]弗洛伊德：《释梦》，孙名之译，商务印书馆2004年版，第243页。

② 田晓菲：《秋水堂论金瓶梅》，天津人民出版社2014年版，第45页。

③ [美]黄卫总：《中华帝国晚期的欲望与小说叙述》，张蕴爽译，江苏人民出版社2012年版，第50页。

根清净的出家人内心的欲望通过这种变态途径所得到的释放。作者进而引发读者的思考:出家人尚且如此,何况在家之人?美国电影理论家劳拉·穆尔维认为,“观看癖,是来自通过视觉使另一个人成为性刺激的对象所获得的快感”①。通过窥听,常年禁欲的僧人内心备受压抑的情欲得以宣泄,产生了强烈的快感,正是这种快感吸引着他们乐此不疲。因此,通过大量的窥听描写,包括第十二回金莲与小厮私通、第八十三回与陈经济私通均被秋菊看到,第十三回的迎春、第三十四回的小厮画童和平安、第七十八回中的秋菊等人均有窥听西门庆与妇人或男宠苟且的经历,让读者看到了这个富贵之家里上演不尽的龌龊肮脏与偷窥风气的横行,进而才能明确作者所展现出的是明代中后期愈演愈烈的人欲横流的社会境况,以至于“偷窥他人私生活和了解他人隐秘欲望细节的强烈愿望是愈来愈多的晚明作家(特别是小说家)所要面对的现实”②。

而从窥听者与被窥听者的关系来看,或许还能有更深一层的阐述。法国精神分析学家雅克·拉康提出“镜像理论”。他认为,主体的欲望是他者的欲望,从根本上来说是本体的一种缺乏所导致的,真正的自我是在自我与他人的一系列角色转换过程中逐渐建立起来的。拉康强调在窥听中“主体向他者欲望之网的一种沉陷”,并认为“欲望并不是对某物或某人的欲望,而是对他人欲望的欲望”③。当上述窥听者在窥听西门庆的性行为时,主体已经不仅仅属于他自己,而是已然沉溺于西门庆与其性伙伴所搭建的欲网之中,主客体形成了一种相互作用、注视和“窥听”的微妙关系。从这个角度观察全书女主人公潘金莲的行为,可能会更有启发。潘金莲是书中明写“专一听篱察壁”,惯用窥听伎俩的女人,全书描写她的“窥听”行为多达十次左右,占全书“窥听”描写的四分之一强。然而,与前述数位不同的是,潘金莲是不乏床笫经验的妇人,她的“窥听”主要是来源于自己内心的不安全感,更进一步讲,是来源于古代社会一夫一妻多妾制下女人低下的地位。潘金莲虽有出众的容貌与床技,但要想拴住西门庆的心,获得在这个家庭中较高的地位,却不是一件容易的事。因此,通过“窥听”去获取更多的真实信息成为她巩固地位的必然之选,她可以此了解西门庆和他的其他女人的动态,如第十一回金莲和雪娥口角,雪娥不忿而去月娘、李娇儿屋内大骂金莲,恰被“立于窗下潜听”的金莲尽皆听到,金莲随即进房与雪娥大闹,二人矛盾日深。第二十三回“金莲窃听藏春坞”,述金莲偷听西门庆与宋惠莲云雨,当听到西门庆说宋的脚比金莲还小,以及宋谓金莲与西门庆亦是露水夫妻时,“气得在外两只胳膊都软了”④,从此对宋怀恨在心。由于主客体的相互作用,“窥听”对于人物塑造实有一种双向展示的效果:作为被窥听者,自然显示出的是西门庆的淫乱与纵欲及其家风的窳败;作为窥听者,潘金莲的好妒、心计、暴躁与占有欲则展露无疑,而且在一次次的窥听中,妻妾之间

---

① [美]劳拉·穆尔维:《视觉快感与叙事电影·序》,见吴琼编:《凝视的快感——电影文本的精神分析》,中国人民大学出版社2005年版,第7页。

② [美]黄卫总:《中华帝国晚期的欲望与小说叙述》,张蕴爽译,江苏人民出版社2012年版,第50页。

③ 黄作:《不思之说——拉康主体理论研究》,人民出版社2005年版,第3页。

④ 〔明〕兰陵笑笑生:《金瓶梅词话》,人民文学出版社2000年版,第265页。

的矛盾也被加重，情节得到了相应的推进。现代作家苏童有一段话，很能体现这种占有的心理："我有一种奇怪的欲望：想闯入不属于自己的生活。闯入某一空间东张西望之后，我体会到一种占有欲望，一种入侵的感觉。"①这正是"窥听"满足了窥听者心理上的占有欲的极好注脚。

如上所述，"窥听"带给人物塑造的价值往往是双向的。青心才人《金云翘传》中，金重和王翠翘的再次相见即起源于金的窥听，金重爱慕翠翘人才，捡到金钗后即"探望了两日，忽见墙头上树阴里，隐隐约约像有个美人窥看一般，金生心知是了，恐怕失去机会……"②，进而得与虽然"羞羞涩涩、躲躲藏藏"但亦含深情的翠翘私语传情。在这段发生于私密空间内的故事中，金重的大胆和主动，翠翘的羞涩而深情都被刻画得摄人心魄，这对于塑造双方形象产生了简洁而有力的效果，产生了富有诗意与情味的叙事效果。不过，当作者尽可能保持对人物的限知态度时，其意味可能会更为丰富。《红楼梦》第二十七回中，宝钗碰巧听到了滴翠亭中小红和坠儿的谈话，便思"金蝉脱壳"之计，嫁祸以黛玉。这次"窥听"，宝钗无意为之，小红和坠儿亦不知情，属于典型的双方均为无心的"窥听"行为。这样的行为中，"窥听"就因双方性格、作风的不同而成为叙事突转的枢纽，在强烈的突发性、偶然性中又有因人物内在性格而导致的必然性，事件的发展方向因之有了多元走向的可能。不仅如此，当高明的作者仍然从故事中人的视角出发，保持限知叙事的态度，给予尽可能客观的描写时，人物内涵就有可能得到充实与开掘。譬如这里宝钗做出栽赃黛玉的选择，是蓄谋已久的有意为之，从而构成对黛玉的一击，还是仅仅出于自保，属于迫不得已的急中生智？（无论如何，这一行为又与宝钗缜密有心机的主体性格毫不矛盾，符合逻辑）作者虽然对宝钗此刻的心理活动有所涉及，但却放弃了解释其行为起因的权利，而是把评判的主动权交给了读者，从而使人物内涵更加具有文学的模糊性与阐释的多元性。

作为世情小说的另一代表作，《红楼梦》中亦不乏大量的窥听描写。一方面，"窥听"仍是作者表现人物性格、助推情节进展以及实现讽世意图的重要手段，如第三十二回黛玉窥听宝玉与湘云的谈话、第四十四回王熙凤在窗外听到贾琏与鲍二家的调笑、第七十五回尤氏在窗外听到贾珍等人赌博玩乐等，均对人物塑造有点睛之效，黛玉的多疑、凤姐的善妒、尤氏的软弱均栩栩如生。不仅如此，这些描写还在一定程度上构成对窥听者的反讽，如黛玉生怕宝玉"借此生隙，同史湘云也做出那些风流佳事来"③，却不想听到的是宝玉专情的肺腑之言；尤氏以"贤良"著称，但面对丈夫的淫乱却从来沉默不语。作者均未明言自己的态度，但窥听者的姿态与被窥听者的表现形成的对照，还是体现出一种对黛玉的多疑小性、尤氏的软弱无能的反讽。再如七十七回晴雯与宝玉诀别一段，宝玉一面与晴雯洒泪死别，却随即被一直在屋外窥听的灯姑娘骚扰。这一幕实具有强烈的象征性：公子宝玉和丫头晴雯之间是没有任何掺杂的真"情"，是

---

① 汪政、何平编：《苏童研究资料》，天津人民出版社 2007 年版，第 117 页。

② 〔清〕青心才人编次：《金云翘传》，中国经济出版社 2010 年版，第 12 页。

③ 〔清〕曹雪芹著、无名氏续：《红楼梦》，人民文学出版社 2008 年第 3 版，第 432 页。

令人动容的生离死别;而水性杨花的灯姑娘之于宝玉的则只有赤裸裸的"欲",是荡妇勾引年轻公子的世俗场面。因之,情与欲形成了鲜明的对比,悲剧与闹剧构成了强烈的反差,而这都是灯姑娘的窥听和随之而来的醋意所引发的。作者于不露声色之中透露出显著的讽世意味。

但另一方面,与《金瓶梅》相比,《红楼梦》中相关描写的意蕴与色彩已然发生了某些微妙的变化。全书更多的"窥听"描写发生在主人公贾宝玉身上,然而宝玉的"窥听"与《金瓶梅》中的一系列类似描写迥然不同。首先,宝玉的窥听绝大多数是机缘巧合,有意为之的情况(如第五十二回听平儿与麝月谈论虾须镯被盗之事)很少,如第十九回听到茗烟与卍儿云雨、第二十七回看到黛玉葬花、第三十回看到龄官画蔷等,大多是无心凑巧,绝非有目的的刻意为之。其次,当宝玉窥听到这些人物场景时,他的反应总是首先为对方着想:

> 宝玉跺脚道:"还不快跑!"一语提醒了那丫头,飞也似去了。宝玉又赶出去,叫道:"你别怕,我是不告诉人的。"(第十九回)
>
> 试想林黛玉的花颜月貌,将来亦到无可寻觅之时,宁不心碎肠断!(第二十八回)
>
> 看他的模样儿这般单薄,心里那里还搁的住熬煎。可恨我不能替你分些过来。(第三十回)
>
> 宝玉听了,又喜又气又叹。喜的是平儿竟能体贴自己;气的是坠儿小窃;叹的是坠儿那样一个伶俐人,作出这丑事来。(第五十二回)①

宝玉从未想过从窥听到的真实信息中得到什么对自己有利的东西,相反,他始终以自己温厚博爱的心胸,体贴入微地关心着每一个自己遇到的生灵,唯恐不能尽意。如果说《金瓶梅》中潘金莲的窥听是她搜集情报、反击情敌的撒手锏,那么可以说《红楼梦》中宝玉的窥听则是他"护法群钗"、关爱命途多舛的女儿们的慈悲心肠的重要表现,是刻画他"爱博而心劳"的"痴"之形象的有力途径。进而,因主要窥听者形象与内蕴的不同,所营造出的全书氛围也是不同的:潘金莲的窥听让情节笼上了阴森、可怖的云雾,整体氛围是不稳定的、缺乏安全感的;而以宝玉视角进行的窥听则让人感受到作者对女儿们温暖细腻的关怀,给小说营造出一种亲切深情的韵味,一如大观园和煦明媚的春花秋月。类似的描写在才子佳人小说中往往具有类似功效,如《白圭志》中张庭瑞窃听得杨菊英"娇声雅韵"的琴声,遂弹《凤求凰》曲、吟七言绝句以动其听,"窥听"成为才子佳人琴曲传情、相互唱和的纽带,在"月白风清,万里如画"②的行船上,为小说营造出诗意盎然的不俗氛围。《玉娇梨》中的主人公苏友白、红玉、嫣素等人多有园林楼阁中"窥听"行为,既与他们身为才子佳人的含蓄作风相符,也给小说增添了神

① 〔清〕曹雪芹著、无名氏续:《红楼梦》,人民文学出版社2008年第3版,第255、373、413、704页。
② 〔清〕崔象川编次:《白圭志》,中国经济出版社2010年版,第12页。

秘而浪漫的情调。而神话小说《西游记》则利用题材的自由性,多次描写孙悟空变化小虫,去窥听妖怪们的信息(如第二十一回听黄风怪等),或监视好色偷懒的八戒(如第二十三回变红蜻蜓听八戒与黎山老母化身老妇之对话,第三十二回变蟭蟟虫听八戒私语等),不仅成为刻画孙悟空灵巧狡黠形象的点睛之笔,也给这部具有很强娱乐性的小说更添了轻松、滑稽的色彩。由此,"在'内聚焦'中,我们看到的不是人物自身的内在性,而是反映在这个内在性中的外在世界"①。当然,人物自身的内在性也因之得到了深化,不可不谓一举两得之笔。

明清白话小说中的"窥听"现象数量繁富、形式多变,本文在有限的篇幅内不可能尽数搜罗,只能在尽可能多的作品中列举一些比较有代表性的描写进行探讨。虽然如此,我们还是可以看到,基于现实生活场景和人物性格逻辑的"窥听"描写,因其隐秘性和不确定性成为作者推进情节质变、制造故事悬念、刻画人物与营造氛围的有效手段。直到现当代文学创作阶段,这仍是一个很值得注意并大量存在于作品中的现象,并因作者观念的革新、手法的多元而具有更多的意味。如武侠小说宗师金庸笔下就不乏此例,《射雕英雄传》中黄蓉在牛家村曲三酒馆的密室里给郭靖疗伤,二人目睹了外面发生的一切,成为后来情节发展的关键动因;《笑傲江湖》中林平之在衡山城里窥听各路武林人士闲话,引出主角令狐冲;《碧血剑》中袁承志偷听焦公礼父女说话,决定出手行侠,等等。再如苏童《妻妾成群》中,颂莲的窥听成为揭露陈家罪恶的有力手段。法国作家罗伯·格里耶的《窥视者》,径直选择"窥视"作为小说视角,通过小说中各色人等的"窥视"来揭示现代社会冷漠的现实。可见,"窥听"在现当代以及外国文学中还有更加丰富的表现,这些都是值得进一步探讨的、有利于深化视角问题乃至整个小说艺术研究的课题。

---

① 徐岱:《小说叙事学》,商务印书馆2010年版,第230页。

论明清小说中的《金刚经》书写

杨程远

摘　要:《金刚经》作为大乘佛教的核心经典之一,在中国流传甚广,对文学作品有着深远影响。明清小说中存在着形式多样的《金刚经》情节书写,这些情节所体现出的明清时代的宗教生态、大众宗教心理以及对小说艺术的影响,均有集中探讨的可能性与必要性。

关键词:《金刚经》;明清小说;宗教心态

中国古代小说与宗教的渊源甚深,特别是长篇白话小说的巅峰时期——明清两朝的小说作品,与宗教毫无关联的作品几乎没有。美国学者乔基姆在《中国的宗教精神》一书中甚至说:“所有的中国通俗小说均包含着宗教主题……这些小说的情节中向来不脱离因果报应的观念。”①此说或有绝对之嫌,但亦可佐证宗教主题在通俗小说中的影响之大。大致说来,古代小说的宗教书写形式可分为如下几类:第一是主题非常明确,宗教故事或人物在小说中占有非常重要的位置,或者纯为宣扬教义的辅教之作。前者如《西游记》等,后者如《二十四尊得道罗汉传》等。第二虽非明写宗教题材,但是宗教观念,特别是善恶报应、因果轮回的观念在小说中有着或隐或显的体现,甚至影响全书的结构框架,如《金瓶梅》《醒世姻缘传》等。第三是某种宗教经典或其主旨教义在作品里有比较重要的表现,如《心经》《金刚经》《维摩诘经》《楞严经》等。其中,《金刚经》因其在大乘佛教中的重要的位置和适中的篇幅,对中土的文艺创作影响颇大。明清小说中存在着各种与《金刚经》有关的情节书写,这种书写的特点与前代既有类似的地方,也有不同之处,其特点与成因具备集中研究的可能性与必要性。

一

唐宋时期,短篇小说中已有大量与《金刚经》相关的故事,《酉阳杂俎》《续幽怪

---

① [美]克里斯蒂安·乔基姆:《中国的宗教精神》,王平等译,中国华侨出版公司1991年版,第139页。

录》《太平广记》等均有收录。段成式《酉阳杂俎续集》中的《金刚经鸠异》专门记述《金刚经》的灵验事迹，如：

> 公安潺陵村百姓王从贵妹，未嫁，常持《金刚经》。贞元中，忽暴疾卒。埋已三日，其家复墓，闻冢中呻吟，遂发视之，果有气，舆归。数日，能言，云："初至冥间，冥吏以持经功德放还。"王从贵能治木，常于公安灵化寺起造，其寺禅师曙中常见从贵说。
>
> 石首县有沙弥道荫，常持念《金刚经》。宝历初，因他出夜归，中路忽遇虎，吼掷而前。沙弥知不免，乃闭目而坐，但默念经，心期救护。虎遂伏草守之。及曙，村人来往，虎乃去。视其蹲处，涎流于地。①

时人以《金刚经》为消灾避难、化险为夷甚至起死回生的良方，主要是因为《金刚经》自身内容所述有着特殊的宗教功效，不仅可为生者除灾祛祸、益寿延年，亦可为亡者超度而转生极乐世界，加之其主旨特色与经典地位，被后代小说赋予极高的心理诉求并加以神化就是很正常的事了。宋代《太平广记》的"报应类"则分布着大量与《金刚经》应验相关的故事，是全书佛经故事最多的一类，据统计共有114则。因此，鲜明的实用倾向，完全为解决现实中的问题而生是唐宋时期小说中《金刚经》书写的重要特点之其一。其二是虔诚的经典崇拜心理，字里行间体现出对经典的不可置疑的崇拜心态，近乎"发明神道之不诬"。其三，这些故事大都篇幅短小，情节简单，基本是为宣扬佛经的神异功能而作，近乎"辅教之作"。

明、清两代的通俗小说中的《金刚经》情节书写亦有不少，据不完全统计，明清小说中涉及《金刚经》的作品达67部，其情节模式大致可分为三类。

第一类，和前代作品相似，着重表现《金刚经》的神异作用和无上法力，宣扬其灵验与福报的功能。如《警世通言》中的《宋小官团圆破毡笠》述宋敦为一位"一生不曾开荤，每日只诵《金刚经》"②的老僧买棺殓尸，夜间老僧托梦说愿投胎做其子以报恩。后果生一子起名宋金，人品敦厚但家境贫寒，被其岳父抛弃后伤病缠身。遇一老僧，授以《金刚经》为其治好身体。后来宋金致富，与妻重归团圆，夫妻同诵《金刚经》至老不衰。《西湖二集》中的《邢君瑞五载幽期》其入话故事述陕右地区人"不晓得佛、法、僧三宝，只好杀生害命，赌气争财，贪其酒色而已"③。忽一日来了一个年轻绝色女子，先后提出谁人能背诵《普门品》《金刚经》和《法华经》，她才出嫁。最后马小官全部背出，和女子喜结连理，却不料当天晚上女子就亡故了，而且尸体很快腐臭。后众人得一西域老僧点化，才知这是观世音菩萨为劝人皈依三宝、懂得富贵美色不能长久而变化。从此，人心得到教化，而笃信佛法的马小官一家都成了正果。《假邻女诞生真子》述曾

① 〔唐〕段成式：《酉阳杂俎 附续集》，中华书局1985年版，第231、234页。

② 〔明〕冯梦龙：《警世通言》，华夏出版社2007年版，第206页。

③ 〔明〕周清源：《西湖二集》，刘耀林、徐元校注，浙江文艺出版社1985年版，第261页。

有一人在深山中被狐妖化成的美女纠缠，念起《金刚经》来，口中即闪金光，狐妖现出原形，遂寻路而归，免其患难。类似者还有《醒世姻缘传》第三回述晁源祖父给他托梦，说只要《金刚经》在庄，“前后有许多神将护卫，(狐姬)所以无处下得手。……他必是怕那《金刚经》的”①。小说末回述狄希陈遵胡无翳语，虔诵《金刚经》万卷之数，其一切冤愆便尽为消释。这类模式更多见于文言短篇小说，如《聊斋志异》中的《酆都御史》、《新齐谐》中的《金刚作闹》、《淞滨琐话》中的《柳育》等皆为此类模式。

第二类，以《金刚经》“性空幻有”的主旨特别是“金刚六如”偈作为对人生空幻的点评或对小说主题的总结归纳。如《初刻拍案惊奇》的《金光洞主谈旧迹　玉虚尊者悟前身》中金光洞主对冯相所说：

> 人生寄身于太虚之中，其间荣瘁悲欢，得失聚散，彼死此生，投形换壳，如梦一场。方在梦中，原不足问；及到觉后，又何足悲？岂不闻《金刚经》云：“一切有为法，如梦幻泡影，如露亦如电，应作如是观。”自古皆以浮生比梦，相公只要梦中得觉，回头即是，何用伤感！②

崇祯本《金瓶梅》第一回：

> 罗袜一弯，金莲三寸，是砌坟时破土的锹锄；枕上绸缪，被中恩爱，是五殿下油锅中生活。只有那《金刚经》上两句说得好，他说道：“如梦幻泡影，如电复如露。”见得人生在世，一件也少不得，到了那结束时，一件也用不着。③

在人欲膨胀、道德滑坡的明代中后期，重在说红尘富贵不可长久、终归空幻的《金刚经》“六如”颂词对于文人内心深处的迷惘和悲哀有着一定的缓解。这种书写在明清小说中比较普遍，如《醋葫芦》《说岳全传》《归莲梦》等均可见。总之，在这两类模式中，我们仍然能看到前代作品中的《金刚经》崇拜情结，经卷在故事中大都被赋予灵验神奇的色彩，有的还被作者援引其名句以证人生无常、万法皆空。和前代不同的是这些故事大多篇幅较长，情节曲折，小说艺术演进的轨迹可以甚为清晰地看出。

第三类，是将《金刚经》放置在世俗色彩和娱乐性较强的情节中，甚至暗含戏谑嘲讽之意味。其中以《二刻拍案惊奇》的《进香客莽看金刚经　出狱僧巧完法会分》最为典型。述洞庭山中一寺庙的至宝是白居易手书《金刚经》，逢灾年米贵，寺中一僧辨悟提出当掉白书《金刚经》换钱。众僧皆赞同，辨悟遂至王相国府与严都管交涉，但因时久经卷已经残缺不全：

---

① 〔清〕西周生辑著：《醒世姻缘传》，袁世硕、邹宗良校注，人民文学出版社2015年版，第36页。

② 〔明〕凌濛初编著：《初刻拍案惊奇》，保群、萧邸校点，齐鲁书社1995年版，第534页。

③ 〔明〕兰陵笑笑生：《皋鹤堂批评第一奇书金瓶梅》，王汝梅校注，吉林大学出版社1994年版，第12页。

辨悟在道人手里接过包来，打开看时，多是零零落落的旧纸。严都管道："我只说是怎么样金碧辉煌的，原来是这等晦气色脸，到不如外边这包，还花碌碌好看，如何说得值多少东西！"……一直翻到后面去，看见本府有许多大乡宦名字及图书在上面，连主人也有题跋手书印章，方喜动颜色道："这等看起来，大略也值些东西，……我与师父五十石去罢。"①

《金刚经》本身是大乘佛教的根本经典之一，加之名士白乐天亲笔书写，允为稀世之宝，当被寺庙倍加珍藏才是。但在小说中却成了僧众换取钱粮的筹码，辨悟和严都管均不在意其佛教与文物价值，而是对纸张零落和钱财多少讨价还价。这样的情节很容易使人想到同时代《西游记》中如来对"人事"所发表的"我还说他们忒卖贱了，教后代儿孙没钱使用"②的惊人之语。后来好善敬佛的王相国夫人得知此事，不仅把经卷还给辨悟，还赠给了众僧五十石米。可在坐船回寺途中，一群香客争看经卷，结果其中一页落入水中。柳太守眼中的经卷则是"零零落落，纸色晦黑，先不象意。揭开细看字迹，见无个起首，没头没脑"③。结果辨悟和住持在归途中遇一老者，在其家中竟发现了缺失的《金刚经》首页，结尾处照旧渲染其"善守此福，必有后果"的神异。小说虽仍以《金刚经》带来的福报和灵验结束全篇，但前大半中经文灰头土脸的面貌和所遭遇的一系列令人啼笑皆非的经历，实已把所剩不多的神异与教化色彩大为冲淡，留在读者心目中的《金刚经》只是一部残缺不全、用于世俗交易的商品而已。

《三宝太监西洋记通俗演义》有两处提及《金刚经》，以第七十回的斗法描写更具娱乐想象色彩，述唐状元与金角大仙斗法，国师指点唐状元说道："你明日把本《金刚经》放在他的颈脖子上，他就安斗不成。"最终果应其言：

却说唐状元拿了一本《金刚经》，找着他文身，只见他颈颡脖子上一股白气冲出来。唐状元也不管他气不气，白不白，连忙的把那《金刚经》放在上面。放了这《金刚经》不至紧，一会儿就不见了文身，就变成一个土堆在那里。一会儿土堆又长起来，一尺就一丈，一丈就十丈，就变成一个大山在那里。唐状元心里想道："我夫人还不准信，原来佛力广无边。国师之教不当耍子！"④

此时世情小说中的《金刚经》形象也更少神异色彩。《红楼梦》第二十五回述王夫

---

① 〔明〕凌濛初编著：《二刻拍案惊奇》，华夏出版社2007年版，第5页。
② 〔明〕吴承恩：《西游记》，李天飞校注，中华书局2014年版，第1232页。
③ 〔明〕凌濛初编著：《二刻拍案惊奇》，华夏出版社2007年版，第10页。
④ 〔明〕罗懋登：《三宝太监西洋记通俗演义》，陆树崙、竺少华校点，上海古籍出版社1985年版，第901页。

人命贾环抄《金刚咒》唪诵，“那贾环正在王夫人炕上坐着，命人点灯，拿腔作势的抄写”。我们知道，王夫人本是信佛之人，她让贾环抄《金刚咒》唪诵，或有希冀以《金刚经》的内涵教化贾环，使其收敛浮躁心性的意图。但后面的内容与这种初衷完全相悖：贾环看到宝玉与彩霞玩耍，心生妒忌，故意将蜡烛推到宝玉脸上，恰恰是“我执”的表现。这里《金刚经》没有之前许多作品中那般神异的效力，它甚至对诵读者（贾环，包括王夫人）几乎没有任何的改变。这就在客观行文中构成一定的对佛教法力无边的质疑与反讽。后四十回中还有两次涉及，分别在第八十八回和一百一十回，贾母耗费颇多心力写了大量的《金刚经》经卷送人，“许下一场九昼夜的功德”，但并没有挽救家族败落的命运，甚至连身边人都难以改变：“我们大老爷和珍儿是在外头乐了，最可恶的是史丫头没良心，怎么总不来瞧我！”①在对佛教的暗讽上，后四十回一定程度上延续了前作的风格。

不难发现，明清小说中的《金刚经》情节书写比前代更为生动、细腻、曲折，甚至以《金刚经》经卷的来去聚合作为故事核心内容。有的故事中，《金刚经》不再如前代作品中是神圣不可侵犯、受世人顶礼膜拜的经典，而是成了交换钱粮的筹码、斗法比武的法器或编排笑话的素材（如《捧腹编》），或在暗中不无嘲讽之意。这些都是前代作品中所不曾出现且值得注意的。

此外，《金刚经》在小说中还经常作为人们日常宗教生活的重要元素而出现，如《续金瓶梅》《杀子报》《孽海花》《官场现形记》等。这些仅为提及，并无描写，兹不详述。但亦可见明清时期《金刚经》在百姓生活中的影响之深远。

二

《金刚经》的内容及其在大乘佛教中的地位，是通俗小说中相关书写的源头。《金刚经》为初期大乘佛教的代表性经典之一，也是般若类佛经的纲要书。佛教认为，欲抛弃世俗的执念，把握佛门的真谛，就必须以广大的般若智慧，洞见万物的本来面目，无所住、无执着，把握“性空幻有”之理，广破见执，方能得到真正的解脱。般若类经典的主要思想是说明诸法“性空幻有”的道理，“性空”是说一切事物、现象都是因缘和合而成，事物自身无恒久自性；“幻有”并非无有，而是说事物自性虽空，但只是幻化不实，因缘关系是确实存在的。这两个范畴构成了般若思想的主体。《金刚经》虽然篇幅不长，但包含了般若思想的根本元素，其特点是“破相扫执”，尤其是对执着于“四相”②即“我执”的破除。正如其全部内容最后所归结的“六如”颂词。吕澂认为，大乘经典中以般若类经典出现最早，般若类经典中则以《金刚经》出现最早。由于意旨精

---

① 〔清〕曹雪芹著、无名氏续：《红楼梦》，人民文学出版社2008年第3版，第335、1475页。

② “四相”的解释有两种。一是指现象生成、存在、变异、毁灭的过程；二是指四种错误观念，即“我相”（认为自我为实有）、“人相”（认为自我与其他众生不同）、“众生相”（认为自我依据五蕴而存在）、“寿者相”（认为自我的寿命不断）。佛教认为，有此“四相”就是众生而不是菩萨。此处当取第二种解释。

深，篇幅适中，《金刚经》在中国流传甚广，在历代都有重要的影响。六朝时期，小说中多观世音救难故事，而到了唐代，人们对佛典的崇拜由以观世音为主要内容的《法华经》转到了《金刚经》，唐高祖"尝命徐文远讲《孝经》，僧惠乘讲《金刚经》，道士刘进嘉讲《老子》"①。可见此时《金刚经》已经得到统治者的高度重视。唐玄宗曾下旨颁布御注《金刚经》，并与《孝经》《道德经》一同颁行天下。天台、三论、贤首（华严）等宗派都曾为《金刚经》作注疏，现存主要译本中以鸠摩罗什本最为流行。

作为中国化了的佛教宗派，禅宗受《金刚经》的般若智慧影响甚深，其五祖、六祖皆提倡持诵《金刚经》。据《坛经·行由品》记载，惠能听有客诵《金刚经》，便觉开悟，照其指点往黄梅，参礼五祖弘忍，而弘忍传授给他的也正是《金刚经》。因此惠能的禅学思想是受到了《金刚经》的重要启发，他的"菩提本无树"偈正是在对《金刚经》"实相非相"理解的基础上而作的，从而受到弘忍的赏识并继承其衣钵，成为禅宗的正宗。《坛经·般若品》认为，"持诵《金刚般若经》，即得见性。当知此经功德无量无边，经中分明赞叹，莫能具说。此法门是最上乘，为大智人说"②，重在说此经"功德无量无边"的神化作用。惠能的弟子神会拜谒惠能时，也借用了《金刚经》的"无住"思想。《五灯会元》载："（神会）谒六祖。祖曰：'知识远来大艰辛，将本来否？若有本则合识主，试说看。'师曰：'以无住为本，见即是主。'"③"无所住"是《金刚经》的核心思想：

> 是故须菩提，诸菩萨摩诃萨，应如是生清净心，不应住色生心，不应住声香味触法生心，应无所住而生其心。
>
> 是故须菩提，菩萨应离一切相，发阿耨多罗三藐三菩提心。不应住色生心，不应住声香味触法生心，应生无所住心。若心有住，则为非住。④

六祖惠能就是听闻"应无所住而生其心"而发心开悟的。惠能对"无所住"思想进行改造，发展成为禅宗的"无住、无相、无念"。《坛经》对"无住"的解说是："念念之中，不思前境，若前念今念后念，念念相续不断，名为系缚；于诸法上，念念不住，即无缚也，此是以无住为本。"这是《金刚经》的精义。自惠能后，《金刚经》因其广大般若智慧，成为禅宗立宗的经典。

由于记述之神妙、主旨之精深，特别是唐宋以后中土佛教主流的禅宗对它的推崇，明代以前已有诸多关于《金刚经》的神化记述，如《持诵金刚经灵验功德记》中记载了许多相关的故事，并在末尾有这样的记述：

> 凡欲转念《金刚般若波罗蜜经》者。先须启请八大金刚名字。发至诚心

---

① 〔唐〕刘肃：《大唐新语》，许德楠、李鼎霞点校，中华书局1984年版，第162页。

② 魏道儒译注：《坛经译注》，中华书局2010年版，第49页。

③ 〔宋〕普济：《五灯会元》，苏渊雷点校，中华书局1984年版，第102页。

④ 〔明〕朱棣集注：《金刚经集注》，一苇校点，齐鲁书社2007年版，第73、106页。

然后转念经。此八金刚自来常当拥护持经之人。第一奉请青除灾金刚。能除一切众生宿灾殃咎悉令消灭(主大海)。第二奉请辟毒金刚。能除一切众生热毒病苦(主除灾毒)。……①

念诵《金刚经》,需奉请八大金刚,并发至诚之心才行。八大金刚均有其神异处,且大多与消灾除害、葆有功德相关,这就从一开始便给这部经典赋予了能祛毒驱恶的灵验色彩。且《金刚经》本身就有这样的说法:

须菩提,若善男子、善女人,受持读诵此经,若为人轻贱,是人先世罪业,应堕恶道。以今世人轻贱故,先世罪业即为消灭,当得阿耨多罗三藐三菩提。②

佛教本易成为通俗文学敷衍的题材,《金刚经》既为核心经典,又具有先天的神异色彩,这些都构成了后世小说中《金刚经》崇拜情节的源头。

三

明清通俗小说中的《金刚经》情节书写,除了与前代相似的神化色彩外,有两个特征是此前所不多见的,一是描写的世俗化倾向,二是以其"性空幻有"的主旨点明或归纳主题。形成这一现象的原因是多方面的,除了佛教传统信仰的延续影响,又和明清时代官方的宗教政策、帝王好尚等因素相关,同时与《金刚经》本身的特点和时代思潮不无关系。

明太祖十分重视佛教"阴翊王度"的作用和佛典的推广,曾下令"诏天下沙门讲《心经》《金刚》《楞伽》三经,命宗泐、如玘等注释颁行"③。此外,朱元璋规定度牒由官方免费发放,但条件是必先通过考试,只有精通《心经》《金刚经》《楞伽经》者才准其继续为僧。其子朱棣同样十分重视佛教,永乐二十一年(1423),谕命编撰《金刚经集注》,并亲自为集注作序。此版本以鸠摩罗什译本为底本,收录众多注家,俗称《金刚经五十三家注》,加之朱棣以"九五之尊"敕令奉行天下,遂成为后世的流行版本。清康熙帝同样重视佛教的教化作用,曾告诫子孙说:"神佛之教,亦惟以善引人……神佛者皆古之至人,我等礼之敬之,乃理之当然也。"④于内廷刊刻《金刚经》《维摩诘经》等二十二部大乘经典,还曾手书过包括《金刚经》在内的多部大乘经典。雍正与佛教的关系更为密切,他研习佛教经典十分用功,和藏传、汉地佛教的高僧都有接触,他还命人开藏经馆,刊刻《大藏经》,后乾隆帝下诏刊印百部,分赐天下寺院。诸多帝王的推

---

① 《大正新修大藏经》第85册,台北新文丰出版公司1983年版,第159页。
② 〔明〕朱棣集注:《金刚经集注》,一苇校点,齐鲁书社2007年版,第125页。
③ 〔明〕葛寅亮:《金陵梵刹志》(上),何孝荣点校,天津人民出版社2007年版,第50页。
④ 〔清〕雍正皇帝:《圣祖仁皇帝庭训格言》,《纂印文渊阁四库全书》第717册,台湾商务印书馆1986年版,第632页。

崇好尚是《金刚经》大行天下、深入人心的先决条件。

虽然明清帝王皆重视佛教作用，但其时佛教（包括其他宗教如道教等）的总趋势是世俗化的。陈洪先生指出："为了自身的生存，二者不约而同地走上了世俗化的道路，佛教各宗派都向最近世俗的净土宗靠拢，道教则背离了全真保和、清心寡欲的原旨，而完全倒向了画符禁咒、斋醮祈祷的一面。"①明、清两代，禅宗仍是汉地佛教的主流。如前所述，禅宗思想受《金刚经》影响颇深，以"性空幻有"为核心，认为佛性本有，心性本自清净，只因被凡尘烦恼遮蔽，不能自见，所以主张明心见性，方可成佛，"曰：云何即得解脱？（慧海）师曰：本自无缚，不用求解，直用直行，事无等等"②。修行者认为，平常心即是道，无论日常衣食住行莫非道之所在，所以礼佛读经皆为无用。其发展所向，便是强调本心即道、本心即佛，而忽视了经教、戒律和实修的重要作用。唐代，禅宗教团内部就已经出现呵佛骂祖现象，如德山宣鉴禅师称"这里无佛无祖，达摩是老燥胡，释迦老子是干屎橛，文殊、普贤是担屎汉"③。然则思想与欲望本非泾渭分明，禅宗特别是狂禅在高度重视心性的同时，也客观上为人欲的解放开了方便之门。明代佛教衰微，禅宗失去活力，被称为"明初第一宗师"的楚石梵琦，于禅法上不修经教，延续了呵佛骂祖的做法，极显禅教中的"平常心"："心本是佛，造作还非。""一大藏教，只是个卖田乡帐。"④明代中后期，禅宗有一定程度的崛起，但主要还是因知名禅师对禅宗的现状不满，痛斥"禅病"而起，而其中较著名者如云溪袾宏、憨山德清等人秉承宋以来三教合一的主张，既重禅学，也重义学和净土。因此禅发展到这一阶段，义理上已经鲜有创新，随缘任性的生活代替了心性修养的功夫，客观上导致禅门一时戒律荡然，世俗意味浓厚。

与此同时，思想界的另一活跃部分是王学的兴起。心学本质上是欲将外在之"天理"转移至人的内心，以变为人固有内在之"良知"。这就打破了外在如僵化的程朱理学和经典的神圣地位之束缚，客观上张扬了人的主体意志。王阳明明心返本的主要功夫是"致良知"。他说："吾平生讲学，只是致良知三字。"⑤在他看来，良知本为清净，但被私欲蒙蔽，只要时时有致良知之念，则能本心澄明。这显然深受前述禅宗"明心见性""破相扫执"的修行方法的影响。刘宗周就曾说"良知之说，鲜有不流于禅者"⑥。而在历史实际中，正如陶慕宁先生所指出的："关于心、性、情、良知等概念的形上思辨本身就很容易在适当的社会气候条件下将人的心灵世界导向内省化、私向化和复杂化。"⑦嘉靖、万历年间，王学之泰州学派更受禅宗"随缘任运"观念之影响，以个体

---

① 陈洪：《结缘：文学与宗教——以中国古代文学为中心》，北京师范大学出版社 2009 年版，第 288 页。

② 〔宋〕普济：《五灯会元》，苏渊雷点校，中华书局 1984 年版，第 155 页。

③ 〔宋〕普济：《五灯会元》，苏渊雷点校，中华书局 1984 年版，第 374 页。

④ 麻天祥：《中国禅宗思想发展史》，武汉大学出版社 2007 年版，第 236 页。

⑤ 〔明〕王守仁：《王阳明全集》，吴光等编校，上海古籍出版社 2011 年版，第 1091 页。

⑥ 〔清〕张廷玉等：《明史》卷二百五十五，中华书局 2015 年版，第 6592 页。

⑦ 陶慕宁：《青楼文学与中国文化》，东方出版社 1996 年版，第 138 页。

生命个性之解脱为根本点，更加具有离经叛道的倾向。如四库馆臣云："如王守仁之末派，皆以狂禅解经之类。"①尤以"王学左派"中的李赞肯定人欲，追求个性的自由发展，以"童心"为最高理想人格，"穿衣吃饭，即是人伦物理"，"夫童心者，绝假纯真，最初一念之本心也"，②均强调本性之清净纯真，反对"道理闻见"对本性的戕害。在文艺创作观念上，他主张文艺作品应当以"趣为第一"，重视小说的娱乐消遣作用。可见，当人的本心被提到了前所未有的高度后，与心性并存难分的欲望也随之膨胀。

心学与禅学既有相同之处，在商品经济发展、市民阶层扩大的时代下就更易合流，促使人们以"本心"之力重新审视偶像、经典与权威，认识主体的独立性与批判性遂被大大强化，张扬起叛逆与质疑之风。这样的思潮自然对通俗小说的创作产生了深远影响，无论是描写和肯定市民阶层欲望的"三言""二拍"，还是嘲讽佛祖菩萨的《西游记》、刻画了率性不拘小节的鲁智深形象的《水浒传》，以及诸多调侃、戏谑《金刚经》的通俗小说情节，都与其不无关联。在此时人们的笔下，《金刚经》等已不止是必须顶礼膜拜、敬畏有加的经典，它还可以成为交易的工具或斗法、玩笑的材料。

然而，具有开拓性、颠覆性的时代思潮往往是一把双刃剑。明中后期是社会物欲膨胀、人欲横流的时代，统治者如武宗、世宗等都是以荒淫著称的皇帝，他们对情色欲望的渴望蔓延到了社会中下层，人们不以床第之事为耻，"士人嗜谈情性，以纵情逸乐为风流，所谓'一日受千金不为贪，一夜御十女不为淫'"③，大量露骨的艳情小说也产生于这一时期。而禅宗和心学的流布虽然使人们重视个性的张扬，但同时也容易成为纵欲荒淫之人打出的旗号。大众在表面的醉生梦死中迷茫和痛苦着，这是为部分有识之士所感到痛心的。中国古代小说本有寓以劝惩的传统，刘勇强先生认为："劝惩与娱乐是白话小说发展中形成的两大基本功能。如果还要细分的话，宋元时期更偏于娱乐，而明中后期则突出了劝惩意义。"④明中后期正是商品经济发达、人欲膨胀而社会动荡不安的时期，因此作为有一定良知和洞察力的作家，在小说中以宗教观念和典籍寓以劝惩，也是小说创作的题中之义，不宜尽以虚言套话视之，许多评论家都曾于此三致意焉。如冯梦龙说："试令说话人当场描写，可喜可愕，可悲可涕，可歌可舞，再欲捉刀，再欲下拜，再欲决脰，再欲捐金。怯者勇，淫者贞，薄者敦，顽钝者汗下。虽日诵《孝经》《论语》，其感人未必如是捷而深也。"⑤作为熟悉佛教经典的文人，以《金刚经》的无边法力与"性空幻有"的主旨点醒世人，正是有志于以小说寓以劝惩而匡救人心的作家的重要选材之一。

对于敏感灵性的文人来说，《金刚经》传递的般若思想对他们最大的影响莫过于其"如露亦如电"的空幻、无住的思想：世间的一切空幻不实、皆非永恒，它们只是一种

① 〔清〕永瑢等：《四库全书总目》卷一《经部一》，清乾隆武英殿刻本，中华书局1965年版，第1页。
② 〔明〕李贽：《焚书》，陈仁仁校释，岳麓书社2011年版，第21、172页。
③ 吴存存：《明清社会性爱风气》，人民文学出版社2000年版，第3页。
④ 刘勇强：《中国古代小说史叙论》，北京大学出版社2016年版，第372页。
⑤ 〔明〕冯梦龙编：《喻世明言》，人民文学出版社1958年版，叙第1页。

幻相,如露如电,倏忽而逝。对此,唐人已多有歌咏,“梦幻将泡影,浮生事只如”①“开时不解比色相,落后始知如幻身”②。而在明清小说作家笔下,这种空幻无住的思想使他们在寓以劝惩的同时,也在观照社会人生,品评笔下人物故事时多了一层空幻感伤的色彩。《金刚经》等经典的主旨对于欲海沉浮中的世人不啻一剂清醒的良药,而对小说作家则提供了重要的灵感,这对明清很多通俗小说的主旨设定和情节安排产生了深远影响。从《金瓶梅》开篇即引“如梦幻泡影,如电复如露”句以证“人生在世,一件也少不得,到了那结束时,一件也用不着”和薛姑子“电光火石”的讲说,到毛氏父子为《三国演义》开篇添加的“是非成败转头空,青山依旧在,几度夕阳红”词句,莫不如是。而高手如曹雪芹者则充分吸收了禅宗“空幻”“无住”的精神并将其与感伤悲幻的时代文学风貌相融合,不仅产生了如《好了歌注》这样的杰作,而且与《红楼梦》全书鲜花着锦般的主体故事有机融合,创造出冷热悲喜交织的极富张力的艺术世界,大大丰富了小说的美学意蕴与宗教内涵。这些笔墨的存在让小说于热闹非常的情节之外,多了一种冷眼旁观的叙事视角和一种冷峻而富有禅意的审美风格,丰富了作品的艺术风貌与思想层次。但是,如果创造者功力不逮,则易流于生硬肤浅,如《说岳全传》将岳飞与秦桧的忠奸斗争归结以庸俗的神话故事并以因果轮回作为全书始终,以如来念诵“金刚六如偈”收尾,反而削弱了作品的现实批判力度。总之,出于劝惩与创作的双重考虑,《金刚经》及其主旨成为不少小说创造者吸收利用的养分。

综上所述,人们(尤其是中下层文人和平民)一方面在狂禅与心学合流的时代思潮下,对佛教与经典抱以一种实用主义和玩世不恭、戏谑玩笑的态度;一方面作为在动荡时代下彷徨于欲海、难以掌控自己命运的个体,又对佛法的广大神异充满敬畏与膜拜的心理。这种深层次的矛盾复杂的心态,是造成明清通俗小说许多篇目中矛盾宗教书写的重要根源,《金刚经》情节书写即是其表现之一。而文人对《金刚经》思想进行领悟吸收后创作出的相关书写,给小说本身增添了清冷空幻的艺术风貌,加深了其思想深度,成为明清小说中宗教书写的重要一环。

① 〔唐〕贾岛:《长江集新校》,李嘉言新校,上海古籍出版社1983年版,第74页。
② 〔唐〕白居易:《白居易集笺校》,朱金城笺校,上海古籍出版社1988年版,第776页。

论《金瓶梅》中的梦幻奇异现象

冯　阳

摘　要:本文运用审美分析的方法,对《金瓶梅》中的梦幻奇异现象进行探讨,得出结论:《金瓶梅》中的梦幻奇异现象和特定环境下的人物心境密切联系。并且把梦幻奇异现象和小说文境进行了较为恰切的结合,表现出人物心境化的个性特点。这使得中国古代小说中的梦幻奇异现象描写,从人和神交接互感的通道,变成了人物心灵呈现的独特空间。

关键词:梦幻奇异现象;描写;《金瓶梅》

《金瓶梅》中梦幻奇异现象的描写特征是把梦幻奇异现象和人物的个性心理、小说文境进行了较为恰切的结合,从而使中国古代小说中的梦幻奇异现象描写从人和神交接互感的通道变成了人物心灵呈现的独特空间。从整体上来看,它有以下特征:侧重于心境化的梦幻奇异现象的系统表现;以卜卦、偈语、化度为总为结;梦幻奇异现象艺术表现的由神化到人化。

一、侧重于心境化的梦幻奇异现象的系统表现

《金瓶梅》中的梦幻奇异现象类型主要有卜卦偈语、幻觉、梦境、鬼魂、天气现象(雪)等,其中幻觉、梦境等梦幻奇异现象类型占了很大的比例,而且它们割断了与神的联系,直接指向人物心理,因而表现出了向心境化的梦幻奇异现象类型集中的倾向。

1. 随情而生、因人而异的梦境设定

梦境是《金瓶梅》中心境化的梦幻奇异现象表现的重点,它是围绕着李瓶儿进行构建的,起于李瓶儿对西门庆的思念。在第十七回“宇给事劾倒杨提督　李瓶儿许嫁蒋竹山”中,李瓶儿盼西门庆不遇,“妇人自此梦境随邪,夜夜有狐狸假名抵姓,摄其精髓”①。

---

① 〔明〕兰陵笑笑生:《金瓶梅》,王汝梅、李昭恂、于凤树校点,齐鲁书社1991年版,第217页。

小说通过梦境形象地展现了李瓶儿隐秘的欲望存在，把人物内在的心理，自然地外化为她的精神情境，从而使梦境变成了人物心境和性格的形象化载体。《金瓶梅》不仅用梦境表现人物的心境，而且还用它描写人物的多元心理。如第六十回李瓶儿面对官哥的死，她梦见花子虚抱着官哥儿叫她，寻了新房同去居住，“李瓶儿还不舍西门庆，不肯去，双手就抱那孩儿，被花子虚只一推，跌倒在地。撒手惊觉，却是南柯一梦”①。

对官哥的思念，对花子虚的负疚，对西门庆的留恋，通过梦境，它们分别站在她情感世界的一极，对她的灵魂进行多维的审问。小说不仅用梦境描写了同一个人的不同心境，而且更给我们展现了不同人物心境的七彩变化。在《金瓶梅》中，面对李瓶儿的死，小说写了众人不同的梦境反应：迎春梦见李瓶儿嘱咐：“你每看家，我去也。”②梦中李瓶儿简短的话语，不仅有主子对奴才的关照和嘱托，还反映了迎春在心底对自己命运的忧虑；当夜，应伯爵也做一梦，见西门庆取出两根簪子与他瞧，说一根折了。他说：“可惜了，这折了是玉的，完全的倒是硝子石。”③在应伯爵这个帮闲人物心里，有钱的李瓶儿肯定是玉，而无钱有色的潘金莲自然是硝子石。同时，西门庆也“梦见东京翟亲家那里，寄送了六根簪儿，内有一个磂折了。”④对于西门庆来说，他的六个大小老婆就是他手上的六根簪儿。李瓶儿自官哥死去，身体越来越差，这自然会在他心里形成阴影，因而就会梦见一簪要折了。

可见，同是针对李瓶儿死的梦，各人的梦有着不同的心境色彩。小说正是通过这缤纷的梦境，给我们揭示了人物纷繁的心灵存在。

2. 透视人物心境的幻觉、鬼魂和直觉

《金瓶梅》中对幻觉进行了独到的描写，表现出了心境化的个性特点。如小说在西门庆第一次看到潘金莲时，就用了幻觉的抒写方式，形象地描写了一个淫贼的心境：“（西门庆）回过脸来看，却不想是个美貌妖娆的妇人。但见……一捻捻杨柳腰儿，软浓浓粉白肚儿，窄星星尖巧脚儿，肉奶奶胸儿，白生生腿儿……”⑤小说用富于联想性的视觉幻化，让西门庆的眼光穿过了墙壁，透过了衣服。从而把一个色徒的内心世界，外化成了生动的形象描写。然而在小说中，更多的对幻觉的描写则是笼罩在因果报应大背景下的冤魂，如第九回武松给哥哥守灵时所见的武大郎的冤魂，这是一种“静中恍见端倪”的内在的精神体验⑥，武二对哥哥的悲怜和死因的怀疑心态，在这里得到了恰切的表现。再如第七十九回西门庆三更纵马过石桥所见花子虚的魂魄黑影也如是。

《金瓶梅》对人物心境化描写的另一把钥匙就是直觉，主要是通过潘金莲和西门

① 〔明〕兰陵笑笑生：《金瓶梅》，王汝梅、李昭恂、于凤树校点，齐鲁书社1991年版，第738页。
② 〔明〕兰陵笑笑生：《金瓶梅》，王汝梅、李昭恂、于凤树校点，齐鲁书社1991年版，第779页。
③ 〔明〕兰陵笑笑生：《金瓶梅》，王汝梅、李昭恂、于凤树校点，齐鲁书社1991年版，第784页。
④ 〔明〕兰陵笑笑生：《金瓶梅》，王汝梅、李昭恂、于凤树校点，齐鲁书社1991年版，第785页。
⑤ 〔明〕兰陵笑笑生：《金瓶梅》，王汝梅、李昭恂、于凤树校点，齐鲁书社1991年版，第42页。
⑥ 陈来：《有无之境——王阳明哲学的精神》，人民出版社1991年版，第396页。

庆表现出来。因为此二人泛淫的心理状态，最容易让潜意识盖过意识对精神的修正，①从而让人物隐秘的心境外化为直觉的行为表现。如在潘金莲被贪财的王婆卖给充满仇恨的武松时，小说描写潘金莲暗想道：

> "我这段姻缘，还落在他手里。"就等不得王婆叫她，自己出来，向武松道了万福，……妇人道："既要娶奴家，叔叔上紧些。"②

这里对潘金莲反乎常人的心态描写，是用人物的直觉定向的语言行动描写出来的，作品正是通过这种精神上的直觉定向过滤，给我们描绘了潘金莲富于性格化的心境状态。

3. 象征性的情景设定——雪

恶劣的天气现象作为天人感应的心灵外化的异兆在小说中出现，在《金瓶梅》中被浓缩到了"雪"景上。轻盈飞舞、晶莹剔透、洁白无瑕的雪景，到了《金瓶梅》中，给人的却是沉重无比的"血"感。

《金瓶梅》中多次写到大雪，然而一般大雪过后，就会有死亡来临。因而"大雪"就意味着"大血"，它是被心境化了的天气景象。如第一次雪景的描写起自潘金莲和武松的见面，小说写道："只见四下彤云密布，又早纷纷扬扬，飞下一天瑞雪来。"③这一场大雪，不仅暗示了武松是潘金莲人生命运的起笔，也埋伏下潘金莲的了局，而且还引出了第五回武大的死亡。从此，"大雪"就成了小说环境描写的重点意象之一。

《金瓶梅》中对雪景的描写有六次之多，分别是：第二回潘金莲大雪会武松；第二十一回吴月娘雪天祈子；第三十八回潘金莲雪夜弄琵琶；第四十六回元夜游行遇雪；第六十七回西门庆书房赏雪；第七十七回西门庆踏雪访爱月。可见，小说中雪景的描写起于潘金莲，终于西门庆。雪的冷和欲的热互为映衬，它们共同形成了《金瓶梅》中二元对立又互为统一的典型化心境存在，从而定下了小说整体性的情景基调。由雪景所散发出的凄冷、恐惧、悲剧、虚幻，以及它和炽热欲火所共同交织缴绕的悲艳文境，在小说中则笼罩为无处不在的潜在心境。

在《金瓶梅》中，像雪景这样心境和情境交织外化的奇异物象还有许多，如官哥的"博浪鼓"和西门庆的"金扇"这些"小道具"④，以及成为"西门庆诸妾争风吃醋所激化的阴险狠毒心理的象征"的雪狮子猫⑤，都成为人物心境外化的奇特物象。

二、以卜卦、偈语、化度为总为结

在《金瓶梅》中，心境化的梦幻奇异现象的表现是在卜卦、偈语的整体结构的大背

---

① ［奥］弗洛伊德：《精神分析引论新编》，高觉敷译，商务印书馆2002年版，第58—61页。

② 〔明〕兰陵笑笑生：《金瓶梅》，王汝梅、李昭恂、于凤树校点，齐鲁书社1991年版，第1151页。

③ 〔明〕兰陵笑笑生：《金瓶梅》，王汝梅、李昭恂、于凤树校点，齐鲁书社1991年版，第35页。

④ 叶朗：《中国小说美学》，北京大学出版社1982年版，第183页。

⑤ 杨义：《杨义文存》第一卷《中国叙事学》，人民出版社1997年版，第286页。

景下进行的，卜卦、偈语在《金瓶梅》中担当着隐喻结构和情节的作用。小说共安排了四次大的神道卜卦、佛家预言化度，它们分别为：第一回的金刚佛语；第二十九回的吴神仙算命；第四十六回的卜龟儿卦；第一百回的普静幻化度孝哥。

1. 金刚佛语——人物命运安排的纲领

《金瓶梅》重写财色，作品第一回就开宗明义，用《金刚经》上的一句话，对财色与人生的关系做了一个总结。这就是："如梦幻泡影，如电复如露。"[①]这是《金瓶梅》中人物命运归宿的一个总纲。

《金瓶梅》中的核心人物一般都青春夭亡，命如朝露。潘金莲，第一回交代她25岁，第八十七回"亡年32岁"，在整个小说的年龄跨度仅为七个年头；李瓶儿，第十三回交代她23岁，第六十二回死于27岁，小说存在年龄仅为四个年头；春梅，第二十九回交代她约不上18岁，在第一百回"亡年29岁"；西门庆，第一回交代他二十六七岁，第七十九回死时33岁，小说年龄跨度也仅为六七年；等等。可见，他们都如电露般迅速地迈向了生命的终点。

他们之所以如此短命，正是因为他们充满了色财之淫欲。小说围绕着西门庆，给我们描写了人物极端膨胀的财色之欲。西门庆用金钱交结官府，把持一方，淫欲肆虐。与其相对应的，首先是一群充满欲望的淫妇，如潘金莲、李瓶儿、林太太、春梅等，其次是一批为了金钱而卖身的淫婆，如李桂姐、王爱香、王六儿等。在这种金钱和肉欲之中，小说给我们描写了众多扭曲的心灵，有西门庆和潘金莲变态的淫威，有韩道国纵容妻子通奸的丑态，又有林太太阴秽的心灵，等等。然而西门庆泼天的富贵，无限膨胀的欲望，却只是昙花一现。他的金银随云散，妻妾付流水。不仅西门庆的命运如此，陈敬济、春梅也是如此。他们有不同的身世经历，但却有着共同的欲望指向，因而就有了共同的"如梦幻泡影，如电复如露"的命运归宿。

2. 吴神仙算命、卜龟儿卦——人物整体形象和命运的具体安排

第二十九回"吴神仙冰鉴定终身"，张竹坡评"此回乃一部大关键也"[②]。通过吴神仙的算命，给小说主要人物的整体形象和命运归宿做了一个总结和预示，从而伏下了后半部分情节的众多线索。

西门庆是"多得妻财""不出六六之年，主有呕血流脓之灾""五鬼在家吵闹，些小气恼""旬日内必定加官""今岁间必生贵子"。可见，这基本勾勒出了西门庆在小说中的大致生命轨迹：起家富于妻财，娶孟玉楼、李瓶儿等得财；得官生子，当了提刑副千户；五鬼在家吵闹，揭示出了他生活在妻妾的矛盾之中；最后呕血流脓死于36岁以前。他的外貌形象是"头圆颈短""体健劲强"，他的性格是"为人一生耿直，干事无二，喜则和气春风，怒则迅雷烈火""富而多诈""亦生贪花"。所描述的西门庆是一个喜怒无常，耿直与多诈交织，自娱贪花的复杂形象，这无疑在一定程度上是对小说中西门庆性格的整体性的总结。

---

① 〔明〕兰陵笑笑生：《金瓶梅》，王汝梅、李昭恂、于凤树校点，齐鲁书社1991年版，第9页。

② 〔明〕兰陵笑笑生：《金瓶梅》，王汝梅、李昭恂、于凤树校点，齐鲁书社1991年版，第145页。

吴月娘是“必得贵子”，“善持家”，“若无宿疾，必刑夫”，“六亲若冰炭”。这是对吴月娘的得子、西门庆死于她前、西门庆死后吴大舅对她冷若冰霜等情节做了一定的暗示。潘金莲是“光斜视以多淫；脸媚眉弯，身不摇而自颤。面上黑痣，必主刑夫；人中短促，终须寿夭”。这形象地点出了潘金莲的唯淫的性格本质，并且暗示了她杀死武大和折腾死了西门庆的情节。李瓶儿是“容貌端庄，乃素门之德妇。只是多了眼光如醉，主桑中之约”“必产贵儿”“体白肩圆，必受夫之宠爱”“常遭厄运”“三九前后定见哭声”“鸡犬之年焉可过”。素门有德、桑中之约，这给我们揭示了李瓶儿性格的复杂性。得子、受宠、厄运、“三九见哭”也基本勾勒出了李瓶儿在小说中的命运框架。

可见，小说用吴神仙的算命，对核心人物做了一次较为全面的总结和预示，从而伏下了此后小说情节发展的众多头绪。当然，由于采取了算命的形式，因而虚实兼有。第四十六回的卜龟儿卦是对吴神仙算命的补充说明，从而使人物的性格及其在小说中的命运行止进一步明朗化。两者互为映衬，形成了全书的情节隐喻系统。

3. 普静化度——人物精神的归宿

永福寺是死去亡灵的安歇地，因此，对于男主人公西门庆的精神轮回的化度，就成了小说人物精神归宿的焦点，它开始于象征着灵魂轮回的永福寺。

小说至第四十六回已近一半，为了给主人公西门庆伏下死穴，为后半部书打下更多的合理伏线，小说在第四十九回安排了让西门庆在永福寺遇见梵僧，求得房中术秘药，这给西门庆的死因做了铺设，从而小说引出了富于象征轮回的永福寺。

小说第五十七回，特意插入了对永福寺的介绍。永福寺是《金瓶梅》中人物灵魂的归宿点，在此时出现，正是为第五十九回官哥的亡灵而安排下的。从此，西门家族开始走上衰灭的命运。第七十九回，小说又安排了西门庆的死期，正是他儿子孝哥出生之时。这正应了永福寺的“万回”之意，所以在普静大师的眼里，孝哥就是未来的西门庆，因而他要度孝哥入佛门。从而安排下了第八十四回吴月娘去泰安给娘娘进香归途，巧遇普静大师的救助，含糊地许下了孝哥做普静大师弟子的心愿，伏下了第一百回的了结：在普静大师的化度中，死去的众亡灵一个一个地从小玉的幻觉中走过，前去投胎轮回；最后普静大师再通过幻像，展现了孝哥的前身是西门庆，从而度孝哥入了佛门。这就给西门庆的灵魂找到了归宿。

扑朔迷离的《金瓶梅》，在幻梦中于佛门结束。小说人物的灵魂，最后在普静大师的化度下，于永福寺得到了轮回和归宿。永福寺是《金瓶梅》中死亡和新生的精神纽结。

三、梦幻奇异现象艺术表现的由神化到人化

《金瓶梅》中的梦幻奇异现象和《水浒传》《西游记》相比较，其个性特点是从神化走向了人化。这主要体现在其中对梦幻的描写上，它体现了作家对梦幻奇异现象在小说中构建的新认知，主要表现有以下几点：

1. 梦幻的表现由神托梦幻到相关人物魂魄的进入梦幻

《水浒传》《西游记》中梦幻里的主要人物是神和魂魄，如《水浒传》中的九天玄女、秀士、乌龙神君、北斗七星等；《西游记》中梦境中的老龙、南极星君、阎罗、太白金星等，一般多通过托梦的方式形成人物的梦境，梦境一般代表了神的意志，从而形成了梦境和做梦者分离的情景描写。即使是对魂魄的描写，魂魄也更具神性的独立，而和梦者自身情感关联性较差。如《水浒传》中晁盖、张顺的魂灵给宋江托梦，《西游记》中唐太宗、刘全、翠莲的魂游和还魂等，都更富于神性而脱离人物心境的表现。

而在《金瓶梅》中，人物梦幻中的角色则完全变为同人物联系紧密的魂魄和形象。在小说描写的所有梦幻中，没有一个神人出现。即使是魂魄，在整体上也更显现出和梦幻者本人情感的密切关联性。如李瓶儿梦中的花子虚等，这些魂魄，多反映了人物的恐惧和思念等的情感状态。在人物梦幻中出现的小说中的未死人物，如官哥病重时李瓶儿梦中的官哥等，这时的梦境完全成了人物情感的形象化呈现。可见，《金瓶梅》中梦幻奇异现象的描写，在形式结构上已经开始了从神性向人性的转化。

2. 梦幻的性质由神性呈现到人物的心境呈现

在《水浒传》《西游记》中，梦幻是神和人交接的通道，因而其中的梦幻多笼罩在神性之下，它是人物富于神性和神对人物前途命运指点的形象化呈现。如《水浒传》中的九天玄女、乌龙神君等，《西游记》中的南极星君、太白金星等，都是通过梦境和小说人物交接，传达天意，指点迷津。梦幻在这些作品中，是小说神性的形象化呈现，它被看成脱离做梦者本体的另一个神的世界。

可是，在《金瓶梅》中，梦幻的描写有了一定的变化，这就是从神性呈现走向了人物的心境呈现。《金瓶梅》的梦幻中没了神的位置，有的只是和人物情感世界联系密切的人与鬼魂的形象，从而反映了人物复杂的情感世界，因而是人物心境的形象化呈现。

从神性呈现到人物的心境呈现，这反映了对梦幻这种人类精神现象的更为深刻的认知，从而使对它的描写由以表现神为中心转变为以表现人为中心。这才真正是开启人物隐秘心灵世界的一把新钥匙。

3. 梦幻的内在矛盾由统一走向对立

在富于神性呈现的梦幻中，梦幻一般代表了神人的意志，对人物的命运有绝对的权威性，因而梦幻中反映出来的是富于神性的预示。梦幻中人物面对神的权威，只有俯首听命，因而这时梦幻的内在没有矛盾的对立。

然而，当梦幻作为对人物心境的呈现，这种平静就被打破了。梦幻成了人物复杂心境的形象反映。这时，人物隐秘的不可调和的矛盾心境，就会以梦幻的形式被形象地表现出来。如第六十回李瓶儿思念孩子所做之梦，其中提到的人物有花子虚、官哥、西门庆，他们都和李瓶儿不同的内心情感纠合在一起，这里包含害死丈夫的恐惧和内疚、面对亲情的难舍难分、对西门庆的不舍和依恋等。然而这众多的内在情感冲突，却被作者用这一个小小的梦境揭示了出来。人物复杂的心境，如在眼前。可见，对梦幻从神性化到心境化的呈现中，梦幻的内在矛盾由统一走向了对立，这进一步完善了梦幻作为人类精神表象的丰富内涵。

总之,《金瓶梅》中的梦幻奇异现象描写呈现出了心境化的个性特点。小说从不同的心灵纬度和视角,进行了诸多方面的形象化描述,使梦幻完全脱去了神性的色彩,从而走向了人物丰富的情感世界。这些都标志着对梦幻奇异现象的认知进入到了一个新阶段。

祝允明文言小说的文学史意义及其与吴中文化的关联

杨程远

摘　要：祝允明是“海内日兴于艺文，而是邦尤称多士”的吴中地区文人创作团体中重要的一位。以往针对祝允明的研究多数停留在其书画作品上，对其诗文关注者有之但数量有限，对其文言小说作品的研究则更为匮乏。其实祝氏在文言小说方面的创作不仅数量可观，而且不少篇章描写生动、委婉动人，对了解明中叶的民俗文化、社会风貌颇有益处，对后世话本小说亦有不小的影响。本文通过对祝允明文言小说作品内容、特色的研究，进一步认识祝氏的文学成就及其在明代以及中国文言小说史上的地位；同时借以探究祝氏文言小说作品背后作者独特的思想倾向，明代中叶的吴中风土人情、士人心态等因素，以期对祝允明乃至吴中文人的整体性研究起到一定程度的补充作用。

关键词：祝允明；文言小说；吴中士人

祝允明一生著述颇多，且涉及多种文类，包括诗（古体、近体、歌行）、赋、散文（记叙、传志、碑版）、小说等。据王宠《明故承直郎应天府通判祝公行状》、王世贞《祝允明像赞》、陆粲《祝先生墓志铭》、皇甫涝《祝氏集略序》、《明史・艺文志》、《千顷堂书目》、《苏州府志・艺文志》等史料的记载，其作品有以下几种：《怀星堂集》（即《祝氏集略》）三十卷、《小集》七卷、《文集》七卷；《祝子罪知录》十卷、《读书笔记》一卷、《蚕衣》一卷、《浮物》一卷；《志怪录》五卷、《野记》四卷、《前闻记》一卷、《猥谈》一卷、《语怪》（现存一卷）；《成化间苏才小纂》六卷、《江海歼渠记》一卷；另有一些参加编写的地方志，如《正德兴宁志》《正德姑苏志》等；此外还有《金缕》《醉红》《窥帘》《畅哉》《掷果》《拂弦》《玉期》等集。结合小说在文体和体制上的特征，并结合古小说的特点，我们可以确定小说的四个划分原则，即叙事原则、虚构原则、形象原则、体制原则。从内容来看，《志怪录》和《语怪》以鬼怪、神灵、特异之事为主，可划入志怪类小说；《野记》和《前闻记》的取材以明代实有的帝王名臣为主，但也有不少三教九流之徒、奇人异事和有明一代的典章制度，因此我们称其为杂史轶闻类小说可能会更为全面、更为接近实际一些。

一、祝允明文言小说的创作情况及艺术特色

(一)志怪类小说创作情况

1. 鬼神、妖怪

吴中地区的民风民俗本就“尚神而信鬼”“喜讹尚怪,轻人道而重鬼神”。传统因素和时代风尚,共同造成了弘正时期的志怪小说“特多变怪谶应之谈”①,将内容集中于鬼怪神灵、怪兽异人、天象灾异等超自然现象。《志怪录》就是一例。在《志怪录》中,关于鬼神的记载占到相当大的比重,全书214则记载,以鬼怪、阴间为内容的作品就有64条,几乎占全书的三分之一篇幅。而通过这些作品,作者所要表达的内容又是不尽相同的。应该说,其中大部分篇章表现出因果报应的思想,通过讲述“善有善报、恶有恶报”类的故事,表达作者渴望惩恶扬善、匡扶正义的心愿。如卷一“柏妖”:

> 景泰间,石亨总兵西征,振旅而旋。舟次绥德河中,天气晦暝。亨独处舟中,扣舷而歌,忽闻一女子,沂流啼哭,连呼“救人”者三,亨命军士拯之。女泣曰:“妾柏姓,小字永华。初许同里尹氏,迩年,尹家衰替,父母逼妾改适,妾苦不从,故赴水尔。”亨诣曰:“汝尚何归?”女曰:“愿为公相箕帚妾尔。”亨纳之。裁翦、补缀、烹饪、燔焯,妙绝无议,亨甚嬖幸,凡亲厚者辄令永华出见之。
>
> 是年冬,兵部尚书于公谦至其第,亨欲夸宠于公,令永华出见,永华殊有难色,督行者相踵于路,永华竟不出。于公辞归。亨大怒,欲拔剑斩之,永华趋匿壁中,语曰:“妾本非人也,实一古柏,久窃日月精华,是成祟尔。自古邪不胜正,今于公社稷之器,安敢出见?独不闻武三思爱妾不见狄梁公之事乎?妾于此将永别矣。”言罢,杳然。②

全篇讲述了一个植物化妖的故事。虽然是妖精,但这一柏妖的形象却并不给人以传统志怪、神魔小说中的妖怪那种邪恶阴森的负面印象,而是充满着美好的品性,全篇的氛围亦着意营造出一种文尽而意不尽的淡淡的哀怨之感。作者在这里的态度是颇为复杂的,既存在邪不胜正、妖不胜人的正义感,同时又对这样一个美丽善良的女子抱有些许好感和同情,因此全篇结尾就不免显得有几分令人惆怅,好似“曲终人不见,江上数峰青”。同时,石亨、于谦皆为明代真实历史人物,这给全篇增加了不少的历史感,这种历史感与虚构奇幻的色彩相混杂,造成一种亦真亦幻的故事氛围——这也是祝允明志怪小说的一大特色。

---

① 孙楷第:《戏曲小说书录解题·卷一·〈湖海奇闻集〉六卷(叙录)》,人民文学出版社1990年版,第12页。

② 〔明〕祝允明:《志怪录》,见《四库全书存目丛书·子部·小说家类》第246册,齐鲁书社1995年版,第537页。

作者笔下的鬼千奇百怪，有多种多样的特色，但类似柏永华这样有情有义者却并不鲜见。再如卷二“鬼送葬”，记录潘宗生前乐善好施、宅心仁厚，“途遇骸骨辄墐之病伤者，施以药饵，人多藉是以生”①。其恩泽不仅被于众人而且感动鬼神，所以死后能有鬼魂来为他送葬。连鬼都懂得知恩图报，不能不说这样的故事在一定程度上暗含了作者对世态人情的讽刺。

此外，作者还通过鬼怪故事间接反映了普通百姓生活的状况。如卷一“鬼买棺”写瘟疫横行年月，某家七口人统统死于瘟疫，以至于无人收尸，只有死者中的一位老人以魂魄显灵的方式，给自己一家购置了棺材，其惨状无以复加。作者通过这样的超自然描写，表达了对灾年中处于水深火热的老百姓的同情，其笔下悲惨凄凉之景象可谓触目惊心。

2. 奇人奇事

除鬼怪神仙之外，作者还记录了许多奇人奇事。这类故事的一大特点是包容性强，上至显贵官员，下至引车卖浆者之流，可谓无所不包。就前者而言，如卷一“陈僖敏俞宫保”记陈僖敏公镒和太子太保俞公，卷二“俞少保易骨”记刑部尚书俞士悦，卷三“于尚书”记一代忠臣于谦，等等。作者通过对这些名人独特经历的记载来表现他们的不同于常人之处。这也体现出当时民间对这些人物神化的倾向。

值得注意的是，祝允明在这里还用一些篇幅追记了自己的前辈先人。《志怪录》中有十二则故事直接涉及作者的先祖，如他的外祖父徐有贞、祖父参政公祝颢以及先祖母钱淑人等。这是不奇怪的，如前所述，童年的祝允明曾深受内外二祖的影响，两位长辈的学问风范给他留下了深刻的印象，正如他自己后来所追忆的那样：“幼存内外二祖之怀膝，长侍妇翁之杖几，师门友席，崇论烁闻，洋洋乎盈耳矣。”②

在这些故事中，《语怪》中的“水宝”和“济渎贷银”颇有新意，从中我们可以在一定程度上嗅到时代的气息。“水宝”讲述一人入贡，在山西某地山下发现水之珍贵者，向居民出钱买之，不料当地人从居民到县令均漫天要价，从十金、二十金一直飙升至五千金，惹得此人大怒，提兵相向，当地居民惧于其兵力只得让出水源。这人得水后，向懵懂的当地居民说明了水的宝贵：“金贝珠玉，万宝皆虚。天下唯二宝耳，水、火是也。假令无二宝，人能活耶？二宝自有之，火宝犹易，惟水宝不可得。”③说明了水资源的重要性。这篇小说不仅批评了穷乡民众的愚昧闭塞，还涉及了商品交换和自然资源的珍贵，题材迥异于传统的文言小说，令人有耳目一新之感，是明代中叶商品经济之发达情况在文学中的投射。“济渎贷银”在这方面体现得更为明显，在这篇小说中，神灵直接参与人世间的金融活动，而且公正无私，一切均按经济规律、常规手续来办事，而且人

---

① 〔明〕祝允明：《志怪录》，见《四库全书存目丛书·子部·小说家类》第246册，齐鲁书社1995年版，第342页。

② 〔明〕祝允明：《野记》，见《四库全书存目丛书·子部·小说家类》第240册，齐鲁书社1995年版，第3页。

③ 〔明〕祝允明：《语怪》，见《四库全书存目丛书·子部·小说家类》第125册，齐鲁书社1995年版，第603页。

间放高利贷者的刻薄寡恩在这里是看不到的。如果没有明代中后期商品经济的繁荣，没有人们商品交换、流通活动的日益频繁，很难想象，这样一位充满人情意趣和经济理财色彩的神灵会在小说作品中出现。这篇作品对于后人认识当时浓郁的商业氛围提供了直观的、形象的佐证材料。

奇人奇事的记载在祝允明志怪小说中也占有一定的比重，其中多数是对自然界奇异现象的记录，如卷一的“天裂”“鳖怪”“石马饮水”等，这反映出祝允明作为古代文人对奇异自然现象有所关注但又无法给予合理解释，只好照闻而录的心理，对于我们认识当时的自然环境和古人心态有一定的参考价值。

（二）杂史轶闻类小说创作情况与特色

祝允明的杂史轶闻类小说主要包括《野记》《前闻记》两种。陈文新《文言小说审美发展史》对轶事小说有如下定义：“这类作品不讲格高调遒，不在乎文理的有无，闲暇时写，闲暇时读，从整体上弥漫着闲适的氛围……选用‘轶事小说’自有其合理性。”①由此，我们完全有理由把《野记》和《前闻记》归入杂史轶闻类小说。综合来看，祝允明的杂史轶闻类小说所著录的内容有如下几种：

一是明代皇帝、名臣事迹。两部书虽然都以此为主，但侧重各有不同。从《九朝野记》的题目就可知，其间主要是对洪武至弘治这九朝名人事迹的记录，其中又以朱元璋、朱允炆、朱棣、朱祁镇四位皇帝的记载为主。《野记》虽不是正史，但从中我们却可以看到明代皇帝许多真实的写照。盖因这些作者“不必太摆史官的架子”，所受限制较少，有时反而能进行更为真实的记录。如《野记》中对朱元璋的记载，就多着重于揭露其暴虐残酷。卷一便记朱元璋滥杀南京大中桥附近数千家；卷三“洪武欲杀袁凯”记朱元璋欲杀袁凯，而袁凯以佯狂得免事，虽然短小，但人物面貌栩栩如生：

> 洪武间，宪典火烈，期以止辟。刑部郎袁凯，上久欲除之。一日，忽问凯：“有某犯法，朕将诛之，而太子辄欲宥之，何也？”凯对曰：“陛下欲杀之者，法之正；太子欲生之者，心之慈也。”上含怒……叱出。凯知不免矣，即日佯狂，颠缪百端，或搏面煎炙如犬秽状，家人潜布诸涂，辄自拾啖之。既久，人以为真狂，上闻，乃置之。②

几段不长的对话和几个简短的动词，就把统治者的残暴刻薄刻画得淋漓尽致，而袁凯佯疯的做法，更是从侧面展示了在暴政下生存的艰难，不由令人想起《水浒传》中宋江佯疯躲避官司的情节。袁凯是明初著名诗人，因《白燕》一诗负有盛名，人称“袁白燕”。这样一位知名士人，却仅仅因为几句并无恶意的回话就险遭杀身之祸，只有靠装疯卖傻才能苟活，实在令人感喟。朱元璋作为明朝开国君主，对士人的价值和作

---

① 陈文新：《文言小说审美发展史》，武汉大学出版社2008年版，第15页。

② 〔明〕祝允明：《野记》，见《四库全书存目丛书·子部·小说家类》第240册，齐鲁书社1995年版，第603页。

用有着清醒的认识。一方面，士人是治国不可或缺的群体，因此朱元璋常常表现出他对士人的亲近、笼络，如被他称为“开国文臣之首”的宋濂的文集中就保留了不少朱元璋与臣下的唱和诗作。但另一方面，他对士人的严酷、防范、猜忌也是十分严重的。永乐间僧人惠暕曾说：“洪武间，秀才做官，吃多少辛苦，受多少惊怕，与朝廷出多少心力！到头来，小有过犯，轻则充军，重则刑戮。”①可谓对洪武年间士人“终身履薄冰”般生存状态的真实写照，也流露出对朱元璋刻薄阴毒的不满。袁凯的事件就是颇具代表性的一例。除了皇帝，《野记》还记录了不少明代开国文武功臣的事迹，如徐达、李善长、宋濂、方孝孺等人。这类故事，一方面表现出祝允明“苟得其实而记之”的裨补史阙的目的，另一方面也体现出他对政治的态度。这两方面对后人的研究都不无参考价值。

二是多记载民间传闻。祝允明小说的一大特色，就是渐近于平民的创作态度。这不仅在手法、语言上有比较突出的表现，而且在入传人物上表现得更为明显，作者记录了很多民间的传闻故事，凡夫俗子、三教九流皆入其笔下。相比对王公大臣的记述，《野记》《前闻记》中的民间故事更为完整、曲折，人物形象也更为生动。如《前闻记》“沈孝子”：

> 吴邑之相城，有一乞儿姓沈，年在中岁，每诣沈隐君孟渊所请，丐凡所得，多不食而分贮之筒篚中，隐君初不为意，久而问焉。则曰：“将以遗老娘耳。”……丐至一岸旁，坐地出箪中饮食，整理之，擎至舡边，舡虽陋而甚洁，老媪坐其中，丐登舟陈食母前，倾酒，跪而奉之，伺母接杯乃起，跳舞而唱山歌，作嬉笑以乐母，母意殊安之也。必母食尽乃更他求自得，若无得则自受馁，终不先食已也，日日如之。几数年母死，丐始不见。隐君叹托，亦时少周之，此非有为而为，可谓真孝矣。②

这则故事记录了一个事母至孝的乞丐形象，他自己尚且食不果腹，心里却始终装着母亲，不仅时刻惦记母亲的温饱，而且竭尽所能要让母亲快乐。本篇颇多沈孝子孝敬母亲的细节描写，这一形象乃贫苦人民热情善良、孝敬老人的美好品德的缩影。

相比于志怪小说，祝允明的杂史轶闻类小说同样有着自己的特色。这首先表现为创作的世俗化特色。在祝允明的杂史轶闻小说中，世俗化是多方面的，从素材上的民间性，到语言的俚俗化、口语化，以及思想情感的民间色彩。其次是其中有的篇目与早期志人小说简约、短小的特点有所不同，更注重故事情节的曲折多变，构思细致精巧，从而更具传奇的风貌。这方面的典型故事有《野记》第四卷的“嘉定少年徐达劫人新妇”事。全文篇幅较长，叙事紧凑，多有起伏和悬念，出场人物众多且性格比较鲜明，

---

① 〔明〕陆容：《菽园杂记》，上海古籍出版社 2005 年版，第 134 页。

② 〔明〕祝允明：《枝山前闻》，见〔明〕陶宗仪等编：《说郛三种》，上海古籍出版社 1988 年版，第 644 页。

少年徐达的无赖形象和奸商乙的丑恶嘴脸刻画得颇为成功。还有《猥谈》和《前闻记》中都有的《义虎传》，也是祝允明小说中较为著名的一篇。

二、祝允明文言小说和吴中文化

（一）信鬼崇神：祝允明文言小说与明代中期的吴中文化

除了根植于传统的“发明神道之不诬”的鬼神实有观念外，明代中期吴中地区“轻人道而重鬼神”的民风民俗更是此一时期志怪小说复兴的重要原因。弘治、正德时期，吴中文人的小说家笔下勾画了江南民众世俗化的生活图景。这些作品共同产生于江南的风土人情之中，作品中人物的言行悲欢、地域的冷暖寒暑均体现出浓郁的地域色彩。祝允明的小说在这方面有多层次的描绘。

首先，吴中风貌在祝允明的笔下得到了较多的展示，这主要体现在两方面：一是展现吴中的地域风貌，这不仅包括自然环境，而且包括吴中的人物语言、生活习俗等。在以故事为主的小说作品中，地域风貌描写当然不占主要位置，但作者笔下江南特定场景如沟壑纵横，多水、桥、船等场景的反复出现，已经给小说作品笼罩上了一层氤氲的水汽，弥漫了一股江南独有的气息。《志怪录》卷三“长桥美人”把故事发生的场景设置在“吴江垂虹桥胜板东南桥”，和女主人公飘逸、浪漫而又不乏世俗禀性的形象正相吻合。《野记》卷四“蔡指挥女报仇”事：“吴邑朱生，宣德中商湖、湘，泊舟官河下，其旁四方客云集，娼船蚁附焉。”[①]故事虽未如上一则那样把发生的地点交代得十分明确，但“泊舟官河下”足见发生在江南地区这一事实。吴中向以草木繁盛、山水秀丽著称，在这样的环境下产生的作品，其所写的异物、异事、天灾，许多都带有浓郁的水乡风情。如前所述的《志怪录》卷一的“鳖怪”故事，离奇而又饶有趣味，这样的生物和环境，这样的文学情趣，非江南不能有之。二是人们生活中常见的动植物，如犬、虎、狐、马、鸡、柳、桃、牡丹等均可在作品中看到。与动植物紧密相连的是自然灾害，这些在祝允明的小说中也有为数不少的再现，它们是古代人民承受苦难的一份记录。《志怪录》中对自然灾害有许多令人感到诡异的、带有神异色彩的记述：

成化巳未夏，四月，吴城地大震。旦视之，遍地生白毛，毛正类猫须，长数寸，风过，冉冉而动。两日忽无有。予家收得几茎，历久不变，今尚存。[②]

成化初，苏之上塘有锻工陈常者，善铸泻，每得人白银，必入铅铜之类造伪而还之，前后侵人财不赀矣。识者见其所制，称为陈常银，唯恐误得，人咸恶之。一日大雨，大雷震死此工于市，举体焦灼，而亡其首。人方称怪，又数月，有人自扬州来者，乃言某月日扬州亦大雨雷震，雨后忽落一首于彼市中，

---

① 〔明〕祝允明：《野记》，见《四库全书存目丛书·子部·小说家类》第240册，齐鲁书社1995年版，第256页。

② 〔明〕祝允明：《志怪录》，见《四库全书存目丛书·子部·小说家类》第246册，齐鲁书社1995年版，第587页。

视之乃此工也。其受报如此。①

即使在与自然灾害相关的描写中，也不忘宣传因果报应的观念，这也体现出吴中的民间文化色彩。这一点在前面已有较为详尽的讨论，兹不赘述。

其次，祝允明小说表现了吴中地区“信鬼神，好淫祀”的风俗。吴地自古崇鬼敬神，这在许多典籍中都有相关记载。宋代范成大《吴郡志》说“（吴地）其俗信鬼神，好淫祀”，由宋至明，这种风气在不断增长，“吴风淫靡，……毁宗庙而建淫祠，黜祖祢而尊野厉”。② 生活于明代中期吴中地区的祝允明本就持鬼神实有观念，其小说作品中记载了很多的鬼神故事、民间祭祀和一些吴中地区特有的神祇。如《志怪录》卷五的“樟柳神”“吊桶大仙”“五通神”等，都属于吴地多见但不属于传统祭祀范围之内的神灵，这就是所谓的“淫祀”。如：

正统间，陈僖敏公方握台章，宠眷超越，家族繁盛，门阀赫奕。而其家所奉五通忽大作孽，变怪百出，关闭户牍，敲扑垣壁，惊人扰畜，无所不至，火在在起，扑之则灭，而物不焚伤。白昼勯勷，邻市皆知见，禳治无效，久亦任之，若罔闻知。然其后殊无咎征要，亦不能祸福人耳。③

陆粲《庚巳编》中说：“吴俗所奉妖神，号曰五圣，又曰五显灵公。乡村中呼为五郎神。盖深山老魅，山萧、木客之类也。”④可证明当时五通神在吴中确实影响广泛。

再如卷一“郭耳大神”记载了一个来历不明的神帮助王曙一家发财的故事。正统年间，锦衣百户王曙新建宅第，还未入住，里面却先住进一位自称是王曙父亲故交的神仙。这位大神逼着王曙供奉他，并给他家带来很多好处。此外，祝允明小说还记载了许多吴地民众大量祭祀的其他神仙，如水神、城隍神、萧公等。可以说，祝允明的小说是我们了解明代中叶吴中地区民风民俗的重要参考资料。

（二）求真尚俗：祝允明小说与明代中后期士人心态

众所周知，一个时期的文学会受到彼时政坛格局、主要思潮和文学家生存状态等多重因素的影响，但这种影响并非直接附加于文学之上，而是通过一重要中介来完成这种影响，这个中介就是士人心态。⑤ 仔细考察明代从初期到中后期的政局和思潮，我们可以发现其清晰的演变轨迹和对士人心态的影响，以及这种心态对文学、对祝允

① 〔明〕祝允明：《志怪录》，见《四库全书存目丛书·子部·小说家类》第246册，齐鲁书社1995年版，第557页。

② 〔宋〕范成大撰、陆振岳校点：《吴郡志》，江苏古籍出版社1999年版，第8页。

③ 〔明〕祝允明：《志怪录》，见《四库全书存目丛书·子部·小说家类》第246册，齐鲁书社1995年版，第562—563页。

④ 〔明〕陆粲：《庚巳编·卷五》，见《明代笔记小说大观》，上海古籍出版社2005年版，第655页。

⑤ 罗宗强：《魏晋玄学与士人心态研究》，天津教育出版社2005年版，第5页。

明文言小说的影响。

明代初年，士人们刚刚从连续数年的元末混战中解脱出来，又随即在朱元璋的高压统治之下陷入了"终身履薄冰"式的生活。而这两者与明初的文言小说创作都有着显著的因果关联。元代末年，元朝统治者的腐朽统治引发了全国性的农民起义和接踵而至的兵连祸结。这一长达数十年的动荡局面在小说领域留下了深刻的烙印，从《三国演义》对群雄割据浓墨重彩的描写，到《水浒传》为传奇英雄树碑立传的创作宗旨，可以说都与这一时代背景息息相关。明初的文言小说数量不多，但亦有自身的特色，瞿佑《剪灯新话》中不少篇目都把元末的战乱、人民的颠沛流离和离合悲欢作为重要题材，如艺术成就较高的《翠翠传》《爱卿传》《绿衣人传》等。这些作品大多文采斐然，继承了唐传奇"始有意为小说"的创作态度，无论是其情感的婉丽多姿，还是文笔的华美动人，均如胡应麟所评"自《玄怪》《树萱》之流，而极于《剪灯》《秉烛》"①。应该说，以《剪灯新话》为代表的元末明初的文言小说作品，给后来者开了一个好头，如他们有可能在唐宋小说以及元末明初小说的基础上创作出更加优秀的作品。

然而，明朝开国皇帝朱元璋在建国伊始就以强权手腕来管理思想文化领域。作为大明的最高统治者，朱元璋所做的一切无不以巩固统治为目的，因此他自然和历代君王一样重视尊孔和礼法的重要。从洪武元年至三年（1368—1370），朱元璋先后制定了乘舆、冠服的制度，修订了礼书，甚至对普通民众房屋的规格、服饰的颜色等都进行了烦琐而严苛的规定。但另一方面，他又不是唯儒家马首是瞻，而是对于那些有悖于统治的、含有民主因素的说法，他都必欲除之而后快，典型的例子是他命人删去《孟子》中具有民主色彩的言论，如"君之视臣如土芥，则臣视君如寇仇"等话。毫无疑问，在封建统治日益加强的当时，孟子的这些言论是万难容于明太祖的。

有了这样的统治手腕，朱元璋对士人和对文学的态度不难想见。洪武年间的知名士人，或死或贬，少有全者，如宋濂、高启、张羽、徐贲、杨基、魏观等皆不能免，前文提到的袁凯一事亦可见一斑。这种生存状态，确如陆容《菽园杂记》中所说是"（士大夫）善终者十二三耳"。在文学观念上，朱元璋完全从实用角度、从维护统治的考虑出发，形成了他重实用、去浮华的文学观念："虚词失实，浮文乱真，朕甚厌之。"②也正是从这个角度出发，他高度评价高明的《琵琶记》，谓之是"富贵家不可无"的作品。在这样的政治环境下，文人噤若寒蝉，近半个世纪的小说作品只有寥寥几种，而前期的《剪灯新话》也被列为禁书，产生于永乐年间的《剪灯余话》和《效颦集》，已然将阐发儒家伦理作为作品的主旨。由是，政治的高压和思想的专制，造成了明初文言小说乃至整个小说文坛较长时间的萧条和沉寂。

经过明初从洪武到成化八朝后，历史终于步入了明代中叶的弘治、正德、嘉靖年间。明代中后期是明代乃至中国古代史上思想最为活跃躁动的时代，而造成这一现象的根源，主要是商品经济的高度发展以及由此带来的日益壮大的市民阶层和日益活跃

① 〔明〕胡应麟：《少室山房笔丛》，上海书店出版社 2001 年版，第 435 页。
② 《明实录·太祖实录》第一百四十九卷，上海书店 1982 年版，第 2354 页。

的思想。

明代中叶商品经济的发展是不争的事实，这在当时的众多笔记、史料中均有不同程度的反映。如何良俊记载："此时百姓，十一在官，十九在家……今百姓十九在官，十一在家。""余谓正德以前，百姓十一在官，十九在田，盖因四民各有定业，百姓安于农亩……昔日逐末之人尚少，今去农而改业为工商者，三倍于前矣。"[①]足见正德以后，民间从事工商业者的数量大大增加。而工商业发展带来的结果也是非常显著的，那就是城市的繁荣和市民阶层的壮大，乃如苏、杭、宁、扬等均以繁华富丽著称。明人张翰就记载了当时浙江、江西、福州、滇南等多个地区商业的发达，谓之"夫贾人之趋厚利者，不西入川，则南走粤"[②]。

与工商业的发达相伴随的，是思想领域的改变，这主要表现在统治者和士人两个层面。从明代统治者来说，此一时期他们在思想领域的辖制，相比明初的严苛程度而言已经大为松懈，在小说方面，明初被列为禁书的《剪灯新话》已经可以刊刻于世，而诞生于明初的巨著《三国演义》《水浒传》也得以以刻本的形式流传于世，其中《三国演义》的最初刊刻地竟为皇室的司礼监。从士人来说，由集心学大成的王阳明，到泰州学派的李卓吾公然以"穿衣吃饭"为人伦物理，反传统、反礼教、市民意识和世俗观念的渗透已经成为不可避免的社会思潮。

这一点在南方的富贵繁华之地表现得尤为明显，其中即以吴中士人为代表。在思想文化方面，他们的共同特点：

一是读书多而且杂，知识面和特长均非常广泛。如文徵明在《沈先生行状》中谓沈周"若释老，若稗官小说，莫不贯总淹浹"[③]，王宠在《明故承直应天府通判祝公行状》中谓祝允明"玄诠释典，稗官小说之类，无所不通"[④]。其他乃如唐寅、朱存理等人，他们不仅博通传统儒释道典籍，出入于诗画之间，而且对于过去为人所鄙视的稗官小说也很有兴趣，并且把他们的所见所闻都纳入自己的小说当下，我们从祝允明小说中题材上的杂取并蓄即可见一斑。

二是求真尚俗，即重视真情、不避世俗。这是此一时期士人中一股主要的文学思想，而不限于吴中。正如罗宗强先生所言："在一个时期内，吴中诗风更重抒发个人情怀。但是，重抒情亦非仅吴中文人所独有。"[⑤]重抒情，重自我表现，乃是明代一个时期内多数文人的共同创作风貌，而以吴中尤为突出。以宏道、中道、宗道为组成的"公安三袁"，提出著名的"独抒性灵，不拘格套"的主张，其诗文大多清新、率真、自然，不假雕琢。时人谓唐寅的作品多为"不经思，语殊俚浅"，祝允明也重视"固宇宙之不能无"的"幽诡之物"，他的笔下，多为凡夫俗子、市井人物的生活和悲欢，也就是说，喜爱浅

---

① 〔明〕何良俊：《四友斋丛说》，见《元明史料笔记丛刊》，中华书局 1997 年版，第 110—111 页。

② 〔明〕张翰：《松窗梦语》，见《明清笔记丛书》，上海古籍出版社 1986 年版，第 75—77 页。

③ 〔明〕文徵明著、陆晓冬点校：《甫田集》卷二十五，西泠印社出版社 2012 年版，第 103 页。

④ 〔明〕祝允明著、孙宝点校：《怀星堂集》，西泠印社出版社 2012 年版，第 643 页。

⑤ 罗宗强：《明代文学思想史》，中华书局 2013 年版，第 83 页。

俗、诡诞的创作风格成为一时之趋。祝允明文言小说题材的庞杂、艺术风格的求真尚俗，正是在明中叶的这一经济、思想转变的大背景下形成的。在他的作品中，虽然说教成分仍然不少，但从作者对鬼怪神异、市井小民题材的侧重以及不少篇目中精细的描摹刻画来看，以祝允明等吴中士人为代表的弘、正时期文人，均显示出与明代前期文言小说作者如李昌祺、赵弼等人不同的心态。

三、祝允明文言小说的影响

(一)祝允明文言小说的文学史地位:在中国文言小说史上

如前所述，由于政治上、经济上、思想上等多方面的影响，明初的小说经历了比较漫长的低沉萧条阶段。成化以前，小说一直遭到官方的打击和禁毁，如《剪灯新话》流行于世时，当时的国子监祭酒李时勉曾建议英宗把这部文言小说集列为禁书，他的主要理由就是作品中存在大量的“怪异之事”和“无根之谈”。此外，素以“耿介廉慎”著称的李昌祺，也仅仅因《剪灯余话》的创作而被家乡先贤祠拒绝接纳。从这两例我们已经不难感受到，此一时期小说所承受的来自政治和社会思潮的肃杀之气。

与政治背景相应的，是阳明心学产生之前的明代前期的思想状况，即宋元理学为士人的主要思想倾向。乃如曹端、薛瑄、陈献章等人，他们的主张自然各有不同，但大体而言，尊崇宋元以朱熹、程颐为代表的理学则是其共同点。由是，明初半个世纪中留给小说自由创作的政治空间、社会环境都相当稀缺，除了以《剪灯新话》《剪灯余话》《效颦集》等为数不多的作品以外，我们能看到的只有较长时期的沉寂和空白。而当我们对三部文言小说集的风格加以观照时，不难发现，从《剪灯新话》中强烈的现实关怀，到《剪灯余话》中大量诗词嵌入所形成的儒雅风格，再到《效颦集》中过分浓重的说教色彩，正统思想对于小说的影响的不断加深宛然可见。

不过，在沉寂中往往潜伏着声响的前兆，在寂寥中亦不乏可圈可点的作品。成化之前，文言小说的总体数量不多，但亦呈星星点点之状，如署名“玉峰主人”的中篇小说《钟情丽集》的描写就相当可观，全篇描写琼州的一对青年恋人辜辂和瑜娘的跌宕起伏的爱情故事，他们无视礼教和法令的严苛，以真情为重，从互赠情诗、相与私奔、顽强斗争到最终苦尽甘来、喜结连理，情节可谓一波三折，回环往复，与叙事婉转、有意为之的唐传奇遥相呼应。在此，我们已经可以看到日后弘治、正德、嘉靖年间小说创作的复苏之前兆。

成化以后，文言小说逐渐由之前的低落开始了复苏。这一过程，正可以借用祝允明本人的话来印证：“国初殆绝，中叶又渐作。”①其原因，除了前文述及的官方在思想领域内辖制的松懈之外，还有文言小说作品本身的因素：文言小说多为短篇，易写易传，其传播之方便、影响之迅速，自然比动辄数十万字甚至百万字的白话长篇小说要容易得多。文言小说的创作可谓源远流长，给予明中叶文言小说作者以可资借鉴的材

① 〔明〕祝允明著、，孙宝点校：《怀星堂集》，西泠印社出版社 2012 年版，第 478 页。

料，如祝允明就说过宋代洪迈的《夷坚志》对自己的志怪小说的影响："吾是以知吾书虽鄙芜，不敢班洪，亦姑纵吾所喜乐，而纵之无伤矣。"①

明中叶文言小说的复苏集中体现在吴中作家的创作上，正是吴中地区富饶的物质条件、秀丽的自然环境、悠久的文化传统和浓郁的文化氛围给这些才子们的小说创作提供了源源不断的素材与灵感，而以弘治、正德年间最甚，所谓"至弘、正间，才艺代出，斌斌称极盛"②。共同的成长环境、生活经历使他们的小说创作具有很多的一致性，这主要表现为数量上的大幅上升、题材上的爱奇好异、态度上的信鬼崇神和艺术上的以传奇法志怪等。

数量上的大幅上升。相较于明代前期文言小说的低谷，弘、正时期的文言小说数量有了明显的增多，其中较富有代表性的如祝允明《志怪录》《语怪》《野记》《前闻记》、周礼《湖海奇闻》《秉烛清谈》、杨循吉《吴中故语》、陶辅《花影集》、陆粲《庚巳编》等。作者和作品数量的增多，使文言小说的复兴有了最基本的保证。

题材上的爱奇好异。吴中历史悠久，又为山水草木繁盛之地，生活于此的才子们自然喜爱奇异诡诞之题材。祝允明撰《志怪录》《语怪四编》等即可见一斑，其他吴中作家作品如陆粲《庚巳编》、杨循吉《吴中故语》、周礼《湖海奇闻》等也都不同程度地有这种倾向。他们于江南秀丽的自然山水、奇异的人情世态持浓厚的兴趣，与之相应的，是许多作家态度上的信鬼崇神。正如陈国军先生所言："弘正时期，吴中文人对神鬼怪妖一般均采取了劫疑持信的态度。"③

艺术上的"用传奇法，而以志怪"。这句话本是鲁迅先生在《中国小说史略》中对蒲松龄《聊斋志异》的评价。先生意为，《聊斋志异》的题材虽多是鬼怪神异之事，但在手法上却并未停留在以往志怪小说"粗陈梗概"式的水平上，而是吸纳了唐传奇"叙述宛转，文辞华艳"的特点，以细腻的工笔手法刻画鬼神世界的悲欢离合。吴中士人这一时期的创作，一大特点是传奇和志怪的杂糅，即志怪小说集中时或出现叙事、文辞皆有可观的传奇小说，如祝允明《前闻记》中的"义虎传"、《语怪》中的"桃园女鬼"、《志怪录》中的"长桥美人"，陆粲《庚巳编》中的"洞箫记"等均属此现象。这些作品的内容虽然仍不外鬼神之事，但是无论是描摹上的细腻委婉、语言上的华艳动人，还是意境上的缠绵悱恻，都有着传奇小说的影子。这些作品，其艺术水准已远胜同集中的大多数志怪作品，他们成为明中叶士人抒怀言志的又一文类。

综上所述，从我国小说史上的辉煌篇章——"始有意为小说"的唐传奇、具有浓厚说教意味的宋传奇，再到文言小说史上的高峰《聊斋志异》《阅微草堂笔记》，不应忽视这中间较为重要的一环，即明代文言小说由衰落到复苏的经过。而在这一过程当中，以祝允明、都穆、杨循吉等人为代表的吴中士人的创作，为这一复苏做出了小说史上相

① 〔明〕祝允明：《志怪录》，见《四库全书存目丛书·子部·小说家类》第246册，齐鲁书社1995年版，第526页。

② 〔明〕袁宏道：《袁宏道集笺注》，上海古籍出版社1981年版，第186页。

③ 陈国军：《明代志怪传奇小说研究》，天津古籍出版社2006年版，第170页。

应的贡献，是值得肯定的。当然，我们也必须看到，这些作家的作品中虽然有少量艺术成就较高者，但总的来说，多数作品仍停留于“丛残小语”的阶段，并非认真之作。比前，则难与唐传奇的文采斐然、有意为小说的创作态度齐肩；比后，亦不能与《聊斋志异》的曲折动人、《阅微草堂笔记》的典雅意趣相类，在很多方面甚至有倒退的倾向。因此对于弘、正时期吴中小说家的文言小说作品，不应给予其过高的评价，而应将其视为一个整体，从文学史的层面去观照其过渡性的作用和价值。

（二）祝允明文言小说的影响

祝允明文言小说作品由于其成就上的局限，在小说艺术方面所提供给后人可资借鉴的地方其实并无太多。其作品的后世影响，主要体现在其中的不少素材为后世小说创作提供了素材和灵感的来源，这其中不乏“三言”“二拍”《女仙外史》《型世言》等成就较高的小说作品。

祝允明杂史轶闻类小说《野记》中有不少故事为“二拍”所吸取并加以敷衍。其中较典型的如“蒋霆以戏言得妻”，讲述的是成化间余杭商人蒋霆与两个同伴因雨躲藏在一庄户人家门口，蒋霆戏言说此乃我岳父之家。不料后来阴差阳错之间，户主陶翁的女儿随蒋霆至家，为其生子持家，甚是贤惠，二人真的成为夫妻。这篇故事首尾完整，情节波澜起伏，是祝允明小说中比较引人注目的一篇，因此被凌濛初看中，说：“此本说话出在祝枝山《西樵野记》中。”①其实凌濛初此处记忆有误，祝允明的这部作品应该是《九朝野记》。《西樵野记》乃侯甸所作。凌濛初将此故事敷衍成他《初刻拍案惊奇》中的《陶家翁大雨留宾　蒋震卿片言得妇》的故事，他把本事的字数扩充了八倍，写成了委曲详尽、情节和人物对话都更为细腻的白话小说。不过对比可知，原故事的大体框架结构乃至一些细节并未改变，甚至蒋霆、陶翁、蒋妻等人物姓名和设定也没有大的变化。胡士莹先生在他的名著《话本小说概论》中也有相关记载。

同为《野记》卷四，其中有如下记载：淮安蔡指挥之女被舟中贼人杀死全家，蔡女为求生报仇，不得不流落为娼。后得遇吴邑朱生，告以前因后果，朱生拔刀相助，助蔡女得报全家被害之仇。冯梦龙据此写成了《醒世恒言》中《蔡瑞虹忍辱报仇》的故事，将原作简短粗糙的叙述铺衍成了长达一万多字的白话小说作品。此事亦见胡士莹《话本小说概论》。

《义虎传》是祝允明文言小说中最富艺术性、描写最为翔实生动的一篇，此作既见于《野记》，又见于同为祝氏杂史轶闻类小说的《前闻记》，祝允明对它的重视亦可见一斑。这篇故事既是当时吴中义虎故事中成就较高的一篇，也对后来的小说创作影响颇大，如冯梦龙《醒世恒言》中的《大树坡义虎送亲》的入话故事即以此故事为本。祝允明原作内容前已有述，讲述的是老虎伸张正义，救了穷人并吃掉了为富不仁者，使穷人夫妻重归团聚。冯梦龙的入话对其进行了改写，首先是字数上的增加和情节、对话上的细腻，其次增加了两位主人公的姓名“韦德”和“张稍”，以及韦德夫妇在大难不死后

① 〔明〕凌濛初：《初刻拍案惊奇》（上），人民文学出版社1994年版，第214页。

从此信佛的情节，从而更加突出了“天道好还”的因果宿命论主题。在正话故事中，义虎形象又成为勤自励和林潮音婚姻经历中的重要枢纽，这同样也可视为来自《义虎传》的灵感所致。此事见胡士莹《话本小说概论》。

此外，如《型世言》中《奇颠清俗累仙术动朝廷》关于周颠的身世、遇火灾而未死的事迹都可以看出对祝允明小说的取材。《野记》卷二中唐赛儿事迹的相关内容是明代小说中较早涉及此事的，其带有神化色彩的描述也值得注意。因此说吕熊在创作《女仙外史》时在一定程度上受到了这段记述的影响，恐怕也不能说是无稽之谈。

总之，祝允明的文言小说在内容上数量颇丰；在艺术上，虽仍以“丛残小语”为主，但也不乏艺术成就颇高的传奇类作品。从他的作品中我们可以看到文言小说在明代的过渡形态。六朝志怪、唐宋传奇的题材和手法均是祝允明因袭与模仿的对象。在明代因政治、思想等多重原因所导致的小说长期萧条之后，正是有了祝允明等吴中作家的创作努力，从而刺激了人们对小说的关注和兴趣。文言小说在明代弘治、正德时期走向了复苏，进而迈入了后期的兴盛阶段，当与之不无关系。往远一点说，清代文言小说的高度成就，在某些方面或也可见其关联。因此，无论从文学史、小说史还是从历史的角度来观照，祝允明的文言小说都自有其存在的艺术价值和参考价值。

论《闲情偶记·词曲部》中的统一性

冯　阳

统一性原则是统领《闲情偶记·词曲部》最重要的一条主线，它贯穿在“结构”“词采”“宾白”“科诨”等篇中，从而使其成为整个词曲部的内在逻辑线索。

一、“结构”篇：系统性统一

“结构第一·小序”中说“结构”二字：“如造物之赋形，当其经血初凝、胞胎未就，先为制定全形，使点血而具五官白骸之势。倘先无成局，而由顶及踵，逐段滋生，则人之一身，当有无数断续之痕，而血气为之中阻矣。”①这为整个结构提出了系统性的统一。

1. 作家和作品的统一——这是做人和作文的统一

“戒讽刺”云：“凡作传奇者，先要涤去此种肺肠（指“倒行逆施，借此文报仇泄怨”），务存忠厚之心，勿为残毒之事。”因之作者继而认为：“凡作传世之文者，必先有可以传世之心，而后鬼神效灵，予以生花之笔，撰为倒峡之词，使人人赞美，百世流芳。传非文字之传，一念之正气使传也。”

这里，作者谈了做人、作文、文章传世三者的统一性。做人是最主要的，“必先有可以传世之心”，才可能有生花妙笔，才能以文传世。并且指出文只是做人和传世的一种介质，而真正被人所传的是作家的正气。但是，作家的正气要流传，没有媒介也是不行的。因此，应该做到做人与作曲的统一。

2. 主人公、核心情节、次要人物、次要情节、细节的统一

第一，主人公和次要人物、核心情节和次要情节、细节的统一。“立主脑”云：“一本戏中，有无数人名，究竟俱属陪宾，原其初心，止只一人而设。即此一人之身，自始至终，离合悲欢，中具无限情由、无穷关目，究竟俱属衍文，原其初心，又只为一事而设。引一人一事，即作传奇之主脑。”

---

① 〔清〕李渔：《李渔随笔全集》，巴蜀书社2003年版，第9页。本文《闲情偶记·词曲部》引文，全出自此书。

次要人物、次要情节、细节，都是主人公、核心情节的衍文。它们的产生、变化、发展都是围绕着主人公、核心情节并与其有着内在的本质的联系。这对于创作和理解作品都是非常重要的，找出次要人物、次要情节、细节和主人公、核心情节隐含于文本中的内在的本质的统一联系，我们也就基本上读懂了作品。

第二，情节、细节前后的统一。“密针线”云：“凑成之功，全在针线紧密，一节偶疏，全篇之破绽出矣。每编一折，必须前顾数折，后顾数折。顾前者，欲其照应；顾后者，便于埋伏。”情节、细节以及人物等只有前后统一，才能保证整个作品故事是一个有机的整体，才能更富于生活的本真，更有意境。

第三，主脑和情节安排的统一。突出主脑，删减头绪，使头绪服从主脑，是主脑和情节安排统一的关键。“减头绪”云：“作传奇者，能以‘头绪忌繁’四字刻刻关心，则思路不分，文情专一。”并且，应以不同的情节，反复濡染人物，使戏曲形象更为鲜明。只有在“易其事不宜其人”的辩证统一中，才能“使观者各畅怀来，如逢故物之为愈乎”。

3. 立意“求新奇”与“戒荒唐”的统一

“脱窠臼”云：“‘人惟求旧，物惟求新’。新也者，天下事物之美称也。而文章一道，较之它物，尤加倍焉……古人呼剧本为‘传奇’者，因其事甚奇特，未经人见而传之，是以得名，可见非奇不传。‘新’，即‘奇’之别名也。”

由此可见，新是传奇的本质特征，传奇不新无以传也。但是，求新奇并非求离奇，因为离奇超乎人情物理之外。戏曲是给大众看的，只当在耳目之前求新，因而应该“戒荒唐”。立意上“求新奇”与“戒荒唐”的统一，才是戏曲的最高追求。

4. 人物、事件的虚实统一

历史故事，由于已成为历史并且被人们普遍熟知，因此在入戏曲时应“实则实到底也”，满场角色也要用古人，前后要统一；若现时故事，则人物事件可虚构，“是谓虚则虚到底也”，也应保持前后统一（“审虚实”）。因此，作者认为：“虚不似虚，实不成实，词家之丑态也。”在这种统一性中，包含了人物与人物的统一、人物与事的统一、事与事的统一，只有这三者高度统一，才能给观众以真实的形象感受。

二、“词采”篇：俗、雅之统一

俗、雅是戏曲词采考虑的核心问题，词曲本是街谈巷语，理应俚俗，但是俗之又俗，不仅影响它的传播面，并且还会使它走向媚俗，从而失去已有的观众和进一步的流传。正如周德清在《中原音韵》中说：“造语必俊，用字必熟，太文则迂，不文则俗。文而不文，俗而不俗。”[①]因此俗、雅必须得到恰当的统一。

1. 言浅和意深的统一

“贵显浅”云：“诗文之词采，贵典雅而贱粗俗，宜蕴藉而忌分明。词曲不然，话则

---

① 〔元〕周德清：《中原音韵》，见俞为民、孙蓉蓉主编：《历代曲话汇编——新编中国古典戏曲论著集成·唐宋元编》，黄山书社2006年版，第289页。

本之街谈巷议,事则取其直说明言。"语言通俗易懂,是词曲语言的本质特点,但是通俗并不等于意浅,好的戏曲正是要通过通俗的语言,表达深刻的意蕴,"以其深而出之以浅,非借浅以文其不深也"。言浅和意深的统一是词曲在言、意方面的自身要求。

2. 俗而有"机趣"

通俗并不等于无趣,陶渊明、李白之诗语言平易,却韵味绵长。制曲亦然,词采要俗中有"机趣"。"重机趣"云:"'机趣'二字,填词家必不可少。机者,传奇之精神;趣者,传奇之风致。"在行文中,注重语言表达要隐含机锋趣味,并且给人物、情节设下伏线,做到"承上接下,血脉相连"。俗和机趣的统一,使曲文更富于整体性和趣味性。

3. 语、人、情、景的统一

"戒浮泛"云:"以生、旦有生、旦之体,净、丑有净、丑之腔故也……以情乃一人之情,说张三要像张三,难通融于李四。"从整体上看,曲词虽然以俗为尚,但是在具体的曲词中,则应该因人而异,语言要符合人物的身份、个性,使语与人相统一。语言不仅要与人物个性相统一,而且要与人物的喜怒哀乐的情感变化相一致,这样才能使人物不流于古板。进而,景与情要相协,"善咏物者,妙在即景生情"。情融于景,不能"舍情言景"。人、情、景、语的统一,是戏曲词采的妙境。

4. 雅而不矫

"忌填塞"云:"填塞之病有三:多引古事,迭用人名,直书成句。其所以致病之由亦有三:借典核以明博雅,假脂粉以见风姿,取现成以免思索。"雅是符合人物身份个性和情节情景的雅,而不是矫揉造作的虚荣之雅,因而切忌无度填充壅塞。雅与不矫的统一,是词采之雅的本真表现。

三、"宾白"篇:宾白与曲文的统一

"宾白"小序云:"尝谓曲之有白,就文字论之,则犹经文之于传注;就物理论之,则如栋梁之于榱桷;就人身论之,则如肢体之于血脉……故知宾白一道,当与曲文等视,有最得意曲文,就有最得意之宾白,但使笔酣墨饱,其势自能相生。"可见,宾白与曲文是一个相互统一的有机整体,它们互为映衬,互相触发。因此,宾白的词境应与曲文的词境相统一。

1. 语言在宾白与曲文中统一

在曲文中要代人物立心立言,在宾白中也要代人物立心立言,"语求肖似",从而使人物性格鲜明统一。另外,语言在宾白与曲文中的统一还表现在"白随曲转"。"字分南北"云:"北曲有北音之字,南曲有南音之字……此一折之曲为南,则此一折之白悉用南音之字;此一折之曲为北,则此一折之白悉用北音之字。"但是,虽有南北之音,却不能多取南、北之各地方言,应尽量取在南、北两地分别通用的语言,因为在"十里不同音"的中国,太多的方言不仅让大众听不懂,而且也不利于后世的流传。因而制曲者要"少用方言"。此外,宾白的语言,还应该前后统一,"时防漏孔"。

2. 以宾补词,不夺曲文

第一,以宾词补曲词。“词别繁减”云:“至于新演一剧,其间情事,观者茫然;词曲一道,止能传声,不能传情(情事),欲观者悉其颠末,洞其幽微,单靠宾白一着。”词曲所不能明者,以宾白补之,宾白和词曲之间是互补的统一。

第二,“文贵洁净”,不夺曲文。由于宾白和曲文在整个作品中所占比重不同,曲文一般远远多于宾白,因而宾白要扮演好它的角色,就应该“意则期多,字唯求少”,贵洁尚净。

第三,“意取尖新”,以宾境补曲境。“意取尖新”说:“白有尖新之文,文有尖新之句,句有尖新之字,则列之案头,不观则已,观则欲罢不能;奏之场上,不听则已,听则求归不得。”可见,宾白的“纤巧”精细,可以激发观众的欣赏欲望,调节曲文和演出的境界,从而在一定程度上补充了曲境在某些方面的不足,使作品更为生动活泼、引人入胜。

四、“科诨”篇:“诨”“正”之统一

插科打诨,虽在词曲中是不起眼之处,但是在调节戏曲气氛上却起着非常重要的作用。因而,“科诨”篇小序中说:“然欲雅俗同欢,智愚共赏,则当全在此处留神。文字佳,情节佳,而科诨不佳,非特俗人怕看,即雅人韵士,亦有瞌睡之时。”然而,怎样处理好科诨是制曲人思考的重要问题之一。恰当的健康的科诨能给人以美感,然而一味的科诨或者邪诨则会使人感到乏味甚至恶心。因而在科诨中要处理好“诨”“正”的和谐统一。

1. 在内容上,“诨”“正”之统一

科诨逗乐取笑的一部分内容是男女之事,有些有淫亵之嫌。因此,在这一部分内容上打诨要注意“诨而不淫”、笑而有正,并且尽可能含蓄,或借他事喻之。“戒淫亵”云:“如说口头俗语,人尽知之者,则说半句,留半句。或说一句,留一句,令人自思。则欲事不挂齿颊,而与说出相同,此一法也。如讲最亵之话虑人触耳目,则借他事喻之,言虽在此,意实在彼……此又一法也。”科诨在内容上“诨”“正”统一的另一方面是“近俗”而非“太俗”。“忌俗恶”云:“科诨之妙,在于近俗,而所忌者,又在于太俗。不俗则类腐儒之谈,太俗即非文人之笔。”通俗给人以亲近感,太俗又叫人感觉到没有灵气而兴味索然,因此科诨之妙在于“近俗”而非“太俗”的统一。

2. 在境界上,诙谐与节义、科诨与角色相统一

“重关系”云:“于嬉笑诙谐之处,包含绝大文章;使忠孝节义之心,得此愈显。”诙谐中蕴忠孝节义,嬉笑中存严正之意,笑后使人深思、猛醒、感慨,甚至继之以哭。科诨作为一种各个角色都可使用的语言现象,其在塑造人物上的最高境界是科诨与角色相统一。“重关系”云:“‘科诨’二字,不只为花面而设,通场脚色皆不可少。生旦有生旦之科诨,外末有外末之科诨,净丑之科诨则其分内事也。”随着角色的不同,科诨的境界风格也随之变化,从而使科诨与角色相统一。

3. 在形式上,科诨与曲境相统一

“贵自然”云:“科诨虽不可少,然非有意为之。……妙在水到渠成,天机自露,‘我本无心说笑话,谁知笑话逼人来’,斯为科诨之妙境耳。”只有曲境自然而然地孕育出了笑话,到了非说不可的时候,才能用科诨,这样才是诨而不滥,自然而然,达到了科诨与曲境的完美统一。

由此可见,统一性原则是贯穿《闲情偶记·词曲部》中的主要线索,又是其内在结构中的基本逻辑,它对词曲部具有统摄和系统化的作用。

李龏《唐僧弘秀集》版本源流考

张　倩

摘　要：李龏编《唐僧弘秀集》是一部专选唐代僧诗的选本，宋本十卷，现存宋陈宅书籍铺刊本一全本，一残本。元本不存。明刊本颇多，而且多由名家校正，版本颇精。一种为明嘉靖黄鲁曾刻本据一宋本刊刻。明万历沈春泽刻本一种为陆贻典、邓邦述校元本，另一种为黄丕烈校宋本，此校宋本在孙潜夫校明刊本、叶石君校旧抄宋书棚本之基础上，黄丕烈再据宋棚本所校之本。明末汲古阁本是毛晋校刊本，傅增湘曾两次校此汲古阁本，初次据李盛铎所藏残宋本校，次又用清内府藏宋棚本校前未校完之处。清初汲古阁本是毛扆在毛晋校刊基础上再行校刊之本。此书善本颇多。

关键词：李龏；《唐僧弘秀集》；版本源流

唐代僧诗发达，成为一种独特的文学景观。《唐僧弘秀集》，宋李龏编，是宋代一部专选唐代僧诗的选本，同时也是现存的唯一一部宋代专选唐代僧诗的选本。《四库全书总目提要》曰："唐僧有专集者不过数家，其余散见诸书，渐就澌灭。龏能裒合而存之，俾残章断简一一有传于后，其收拾散亡，要亦不能谓之无功也。"①现在学术界此集版本研究尚属空白，本文就其版本源流情况进行一番考述，以就教于方家。

李龏，字和父，号雪林，笠泽（今上海松江）人。家吴兴三汇之交，效元、白歌诗，不乐仕进。年登耄期，自作墓志，死后葬河道两山间，梅树百株。李龏曾于宋宝祐六年（1258）刻此书，并为之写序，《唐僧弘秀集原序》曰：

> 古之吟咏情性一本于诗，诗至唐为盛，唐之诗僧亦盛，唐一代为高道为内供奉，名弘材秀者，三百年间，今得五十二人，诗五百首，或取于各僧本集，或出于诸家纂录，皆有拔山之力，搜海之功，风制不尘，一字弗赘，发音雄富，群立峥嵘，名曰《唐僧弘秀集》，不敢藏于巾笥，刊梓用传，识者第毫残松管，灯焰兰膏，截锦扬珠，神愁鬼毒，诗教湮微，取以为缁流砥柱，艺苑规衡，非假沾

---

① 〔清〕永瑢等：《四库全书总目·集部·总集类》卷一八七，中华书局 1965 版，第 1700 页。

名鼓吹于江湖也。兼禅余风月客外，山川千古之下，一目可见耳。皇宋宝祐第六春，中和节日，荷泽李龏和父序。①

李龏序中谓此书中有诗僧五十二人，考宋本中实有五十一人。

（一）

《宋史艺文志补·集部·总集类》载："李龏《唐僧弘秀集》十卷。"②此书现存最早版本为宋陈宅书记铺刊本。傅增湘《藏园订补郘亭知见传本书目·集部八·总集类》载："《唐僧弘秀集》十卷，宋李龏撰。……宋陈解元书籍铺刊本，十行十八字，白口，左右双阑。前李龏序，序后有'临安府棚北大街睦亲坊南陈解元宅书籍铺刊行'二行。存一全帙，有徐乾学、季振宜藏印。故宫藏。又一残帙，存卷一至八，有黄丕烈跋。李木斋藏。"③由此推知，《唐僧弘秀集》现存宋书棚本二本，一全帙，一残帙。《文禄堂书影·集部》载有其两页书影。傅增湘《藏园群书经眼录·集部七·总集二》曰：

《唐僧弘秀集》十卷，宋李龏辑。存卷一至八，计八卷。宋陈宅书籍铺刊本，十行十八字，白口，左右双阑，版心下方间记刊工人名，有翁天祐、徐、林二等字。前李龏和父序，序后空二行有牌子，如下式："临安府棚北大街睦亲坊南陈解元宅书籍铺刊行。"卷十后有旛式丹色木印记："嘉兴崇德凤鸣世医蔡济公惠家无瓦石之储，惟好蓄书于藏，以为子孙计，因书此传之不朽。"钤印有"蔡氏公惠""乾学""徐健菴""季振宜藏书""濮阳李廷相双桧堂书画私印"朱文大长印。第二卷第八页原缺，新钞补。清宫旧藏，函帙仍内府原装，内有原签一纸。凡六行。"《弘秀集》原一套，四本，五十六年三月十六日畅春园发下去衬纸改插套，一本，係唐朝名僧之诗，宋宝祐年间人李龏纂录并序。宋板。"（壬申正月初六日见于文友堂）④

由上可知，此宋棚本全本被蔡惠公、李廷相、徐乾学、季振宜收藏，后归文友堂，后又为清内府所藏。傅增湘在《藏园群书题记续集·补遗》中曰："……适东坡生日，文友堂主人忽持一宋本见示，首尾完善，喜出望外，急炳烛研朱一夕而毕。……"⑤可见，傅氏所见为文友堂藏本，现此书已收入《四库全书》，《四库全书总目·集部·总集类》

① 〔宋〕李龏：《唐僧弘秀集》，四库全书本。

② 〔清〕黄虞稷、倪燦撰：《宋史艺文志补·集部·总集类》，见《宋史艺文志·补·附编》，商务印书馆1957年版，第265页。

③ 〔清〕莫友芝撰、傅增湘订补、傅熹年整理：《藏园订补郘亭知见传本书目》卷十六上，中华书局1993版，第44页。

④ 〔清〕傅增湘：《藏园群书经眼录》卷十八，中华书局1983年版，第1515—1516页。

⑤ 〔清〕傅增湘：《藏园群书题记续集》卷六，见《国家图书馆藏古籍题跋丛刊》，北京图书馆出版社2002版，第41页。

载:"《唐僧弘秀集》十卷,内府藏本。宋李龏编,龏有《剪绡集》,已著录。此所选唐代释子之诗,自皎然以下凡五十二人,诗五百首。前有宝祐六年龏自序。采摭颇富,而亦时有不检。……"①

关于此书宋棚本残本,现存北京大学图书馆,有多书记载。傅增湘《藏园群书经眼录·集部七·总集二》曰:"《唐僧弘秀集》十卷。宋李龏辑,存卷一至八,计八卷。宋陈宅书籍铺刊本,十行十八字,白口双阑,版心上记唐僧几,下记刊工姓名翁天祐,翁、天祐刊。二、三、四卷皆此字,大约一人所刊也。有黄丕烈跋四段。乙亥二月、癸亥端阳、己巳中秋。(李木斋先生藏书。癸丑)"②此书为李盛铎藏书,其《木樨轩藏书题记及书录》之《题记·集部·总集》载:

《唐僧弘秀集》十卷(存卷一至八)宋李龏辑,宋刻本。

此残本《唐僧弘秀集》乃士礼居旧藏,《百宋一廛赋》所称"衲子之宏秀"是也。甲申[光绪十年·1884]夏书贾仲仁卿从金陵收孙澄之家书中有此种,以番饼十六枚易之。顷缪筱珊编修从都中寄新刻《士礼居题跋》,中载荛夫先生校宋本,所校即此宋本。元本即跋中所称"此刻",曾于国初为孙潜夫、叶石君以旧钞本即陈解元书棚本、明刻本校过。据荛夫跋知,诸本皆不如是本之善,则此本为当世鸿宝也。惜不得以荛夫先生校本补足使成完书耳。乙酉[清光绪十一年·1885]开岁雨水后口日,盛铎记。③

李盛铎记叙了得书经过,此书为黄丕烈士礼居旧藏,黄氏为此书写有跋语。本书除记载此宋刊残本版式外,还录有袁克文跋。《木樨轩藏书题记及书录》之《题记·集部·总集》载:

《唐僧弘秀集》残本八卷[(存一至八) 宋李龏辑 宋刊本 黄丕烈袁克文跋卷一有缺页]"

半页十行,行十八字。白口,左右双边。板心题唐僧几,下有刊工姓名。刊工为翁天祐,或题翁字,或天祐字,或天祐刊。每卷标题唐僧弘秀集卷第几,次行低七格题"菏泽李",空一格题"龏",又空一格题"和父编",三行低一格题某某若干首,四行低三格为诗题。玄、弦、树、构、匡均缺笔。卷一前缺一页半,自"何人省识此情远"起。上有"士礼居"朱文小方印,盖荛圃收此书时已如此。后缺九、十两卷。有"汪印士钟"白文、"阆源真赏"朱文两方印。

---

① 〔清〕永瑢等:《四库全书总目》卷一八七,中华书局1965年版,第1700页。

② 〔清〕傅增湘:《藏园群书经眼录》卷十八,中华书局1983年版,第1516页。

③ 〔清〕李盛铎著、张玉范整理:《木樨轩藏书题记及书录》,北京大学出版社1985年版,第30—31页。

有黄荛圃四跋[见《荛圃藏书题识》]。①

另江标辑《宋元行格表》卷上、顾广圻撰，黄丕烈注《百宋一廛赋》(及其他二种)、汪士钟编《艺芸书社宋元本书目·集部》均有记载。

《唐僧弘秀集》有元本。清莫友芝撰《藏园订补郘亭知见传本书目·集部·总集》载有元刊本。《万卷精华楼藏书记·集部》载："《唐僧弘秀集》十卷，宋李龏编，元本，前代释子诗凡五十二人，诗五百首。"②此元本不知是刊本还是抄本。清钱曾撰《读书敏求记·总集》载："《唐僧弘秀集》十六卷。宝祐第六春，菏泽李龏和父编。共僧五十二人，得诗五百首。此系元人抄本，旧藏杨君谦家，予获之于孙岷自，岷自购一《古图记》，刻镂孙江字绝佳，苦爱之，即改名江。亦吾乡俊民也。"③钱曾载为元人抄本。惜不论元刊本还是元抄本，现都已不存。

（二）

《唐僧弘秀集》明清刊本颇多，而且多由名家校正，故版本颇精。有明嘉靖黄鲁曾刻本、明万历沈春泽刻本、明末汲古阁本、清初汲古阁本。明嘉靖黄鲁曾刻本，此书国图藏有两本。其一本前有黄鲁曾撰《唐僧弘秀集序》，曰："……唐僧之诗亦有数者之情景也，但其意甚差别，语甚新殊，而披玩展诵之，余自生意外之意，及弛思外之思耳。忆夫久滞抄录舛讹增窜如临崖之骑泛海之舟，其不糜碎而沉溺者几希，今日欲永其传，以彰后英，无以博弈俟之。……卷卷校饬，字字考订，绣诸梓以为诗人之所兼采云。"④由黄序知，黄在刻是书前，也经过一番校订，但未言据何本校订。此书半页十二行，行二十字，白口，左右双边，单鱼尾。另一本书亦是此种版式，只无黄鲁曾序，卷首有朱文钧跋："《唐僧弘秀集》，明嘉靖刻本，乙丑嘉平购诸厂肆，文禄堂临清徐氏藏书也。丙寅新正四日，翼盦。"⑤可见，黄刻本刻于明嘉靖年间，曾为文禄堂收藏。傅增湘《藏园订补郘亭知见传本书目·集部八·总集类》亦载有此版本，曰："明嘉靖黄鲁曾刊本，十二行二十字，白口，左右双阑。"⑥

明万历沈春泽雨若校刻本。此本国图藏有，是书半页八行，行十八字，四周单边，无鱼尾。每卷首页均有"明吴兴沈春泽雨若校"。前有邓邦述跋及沈春泽《刻弘秀集序》，后有陆贻典跋。沈春泽《刻弘秀集序》曰："宋李龏编《唐僧集》十卷，……今年秋入白门奚囊萧索，惟二书板随行，回与友人鄗圣仆、宋从玉、葛震父三君校异订伪，始称

① 〔清〕李盛铎著、张玉范整理：《木樨轩藏书题记及书录》，北京大学出版社 1985 版，第 352—353 页。

② 〔清〕耿文光撰：《万卷精华楼藏书记》卷一百三十五，北京图书馆出版社 1997 版，第 4437 页。

③ 〔清〕钱曾撰、丁瑜点校：《读书敏求记》卷四，书目文献出版社 1984 版，第 144 页。

④ 〔宋〕李龏：《唐僧弘秀集》，明黄鲁曾刊本，卷首。

⑤ 〔宋〕李龏：《唐僧弘秀集》，明黄鲁曾刊本，卷首。

⑥ 〔清〕莫友芝撰、傅增湘订补、傅熹年整理：《藏园订补郘亭知见传本书目》卷十六上，中华书局 1993 年版，第 44 页。

全璧。……万历己未长至吴兴沈春泽在蒋榭撰，莆阳宋翙书于浪楼。”①从沈序知，此版本成于明万历四十七年(1619)，据所借抄本刊刻，但此抄本抄之何时并未言明。陆贻典曾据一旧抄本对此版本校对过，书末有其跋曰：“向自孙岷自借乃祖唐卿翁旧抄本校过，恐忘所自，故援笔识之。戊戌四月廿九日敕先。”②此旧抄本应为元抄本，清钱曾撰《读书敏求记》所载有元人钞本，获自孙岷自，陆贻典向孙岷自借其祖唐卿翁旧抄本，应为此元人钞本。但陆贻典未校完，邓邦述进行了续校。卷首邓跋曰：“此书四册后有陆敕先字一行，实未校毕也。检《全唐诗》抄本，细校一过，颇有异同，《全唐诗》抄本取据多善本。其源出于钱牧翁，故可贵也。壬子九月校讫，书此小传，亦摘入。今《全唐诗》所载与牧翁底册亦异，盖此详而彼略，两书体裁又不同耳。正闇。”③

沈刻《唐僧弘秀集》除陆贻典、邓邦述据他本校对外，另还有校宋本，即在孙潜夫校旧刻，叶石君校旧抄之基础上，黄丕烈在据宋本所校之本。杨绍和《楹书隅录·续编》载：

校宋本《唐僧弘秀集》十卷，一册。壬寅四月在丁俊卿店见一旧刻，假归对读一过，钞缺佚三处，共诗五首。二十四日孙潜夫记。

……

余于己卯岁得一钞本，照陈解元书棚本录，字样琐碎细详，首尾与此本校者不异，后有杨循吉诗笔，盖是杨氏藏本。己未新正，检出参看一次，诚善本也。附记于此，冀后之好古者毋忽于敝纸败笔本子。朴学斋老人叶石君识。

乙亥二月收此书，因出旧藏宋刻残本校一过，自卷一周昉题“何人曾识此情远”一句起，至卷八止。凡下方以墨识皆宋刻也，卷中避讳如贞作贞(少一捺)、树作树(少一点)，皆未之校改，又如峰作峯、间作闲、艸作草、鐘作锺，亦校之未细，因皆无关于文义，略之。惟此本一校旧刻，一校钞本，遇宋刻与旧刻钞本异者，则识曰：“宋刻同此刻。”以别于他校也，惜宋刻首尾缺失，当赖此校本参之。孙校旧刻当即余所藏明刻，每页廿四行，每行二十字之本也。望后二日辰刻记，复翁黄丕烈。

是日午后，复取明刻校序及卷一，宋刻所缺者并九、十两卷。偶有与校本异者，用墨笔著于上方，明刻似与孙校不尽合，大段同宋刻，胜于此沈刻多矣，唯有总目宋刻卷首缺失，未知同否。复翁。(均在末卷后)

有叶万叶树莲印、石君朴学斋归来堂、函□斋印、南阳道毂臣鑑明古心水李氏收藏各印记。④

---

① 〔宋〕李龏：《唐僧弘秀集》，明沈春泽刊本，卷首。

② 〔宋〕李龏：《唐僧弘秀集》，明沈春泽刊本，卷末。

③ 〔宋〕李龏：《唐僧弘秀集》，明沈春泽刊本，卷首。

④ 〔清〕杨绍和：《楹书隅录》卷四，见《铁琴铜剑楼藏书目录　楹书隅录　滂喜斋藏书记》，中华书局1990版，第666页。

从此校宋本多人跋语中知，此本先经孙潜夫校旧刻，叶石君校旧抄，后经黄丕烈校残宋本。孙潜夫所据之旧刻应为明刻本，孙氏谓此旧刻“牧斋所藏，亦在钱遵王处”。《五十万卷楼群书跋文·集部六》载：“《唐僧弘秀集》十卷，明刊本，虞山钱氏，北平谢氏旧藏。”①黄丕烈在宋刊本跋语中亦称：“孙校旧刻当即余所藏明刻，每页廿四，每行二十字之本也。”②又曰：“余藏《唐僧弘秀集》此残宋本外，只有明刻二十四行行二十字本。”③以上可知，钱氏谢氏所藏当此明刻本，即孙校旧刻，从其版式看，此明刻应为明黄鲁曾刻本。

叶石君校旧抄，此抄本照陈解元书棚本录，字样琐碎细详，但此抄本现已不存。黄丕烈于万历三年(1575)二月得此孙潜夫、叶石君所校之本，出其旧藏宋残本，校自卷一周昉题“何人曾识此情远”一句起，至八卷止，进行校两家之误。校雠情况黄氏在宋残本卷前有跋记载，此跋亦可见于清黄丕烈撰《士礼居藏书题跋记续·集部》：

余藏《唐僧弘秀集》此残宋本外，只有明刻二十四行行二十字本，每卷次行止有菏泽云云一行，无校刻人姓名，卷首但载李序并目录，前后无他序跋，必从旧本出也，因仅为明刻，行款又与宋本不同，故未之取校，顷从李明古家散出之书，获一明吴兴沈春泽雨若校刻本，殊不逮向藏明刻。而其本却经孙潜夫校旧刻，又经叶石君校旧钞、照陈解元书棚本录出之本，因出残宋刻覆之，益见宋刻之妙，而孙校之校旧刻本，叶校之照录书棚本，皆不逮。遂手校一过，始于卷一之缺页起，及八卷止，可谓能正两家所校之误矣，然向止有明刻本，而无校宋本，不敢以明刻为是，今得孙校，知旧刻即明刻本，叶校即照录之书棚本，凡宋本所缺，俱可以两家所校本补之，未可谓校本之可废也。忆余自癸亥始得此，今岁星一终，而又得两家校本副之，藏书之难，一至于是。乙亥二月望后一日，校此残本于两家校本上，既竣事，书其颠末于此云，复翁。④

明末汲古阁刊本，毛晋校刊，每卷后均有“琴川毛晋校刊”字样，此本国图藏有。半页九行，行十九字，白口，左右双边，双鱼尾。此本傅增湘据宋本校，并录有黄丕烈跋四段及李盛铎题识。傅增湘《藏园群书题记续集·补遗》载：

校宋本《唐僧弘秀集》跋。《唐僧弘秀集》余藏本为汲古阁所刻，然版心无标题，卷末无子晋跋，未审刻于何时，所据为何本也。明嘉靖时有刻本颇为精雅，曾两见之，以直昂，不及收，亦未能取校。旧闻椒微师有宋刊残本，癸亥

① 〔清〕莫伯骥：《五十万卷楼群书跋文·集部六》，见《国家图书馆藏古籍题跋丛刊》，北京图书馆出版社2002版，第32页。

② 〔宋〕李龏：《唐僧弘秀集》，宋刊本，卷首。

③ 〔宋〕李龏：《唐僧弘秀集》，宋刊本，卷首。

④ 〔清〕黄丕烈：《士礼居藏书题跋记续·集部》，见《国家图书馆藏古籍题跋丛刊》，北京图书馆出版社2002版，第96—97页。

岁暮自津沽假来，因取汲古本手校一过，其书缺第九、十两卷，又卷首缺二页，苦无别本可补，方以为憾。适东坡生日，文友堂主人忽持一宋本见示，首尾完善，喜出望外，急炳烛研朱一夕而毕。十日之中两见宋本，俾完点勘之功大，遂生平之愿，余于此书信谓有夙缘矣。此书为南宋书棚本，九行十八字，椒微师本为士礼居故物，详载《荛圃藏书题识》，不复赘述。文友堂本为内府旧藏，李龏序后牌子尚存，文曰："临安府棚北大街睦亲坊南陈解元宅书籍铺刊行"，检卷中钤印，知历藏嘉兴蔡公惠、濮阳李廷相、徐乾学、季振宜诸家，书中夹签为"乾隆五十六年三月十六日畅春园发下重装"，盖南巡时臣工进奉之物，余于他书曾屡见此签也。①

从傅氏跋知，傅氏曾两次校汲古阁本，初次用椒微师藏本，即李盛铎所藏残宋本，次又用内府藏本全本即宋刊全本校前未校完之处。校正情况，傅氏在上述跋语后记载甚详，如下：

开卷标题李龏乡贯"菏泽"，即误为"荷泽"。通计全书十卷，改正者凡二百又三字。其差失最锯者卷三无可诗中脱《寄青龙寺原上人》五律一首，卷十尚颜诗次第紊乱，与下栖蟾诗相羼杂，其《夷陵即事》本为五律，乃割以后四句入栖蟾诗，而题为《读齐已上人集》，而《读齐已上人集》本诗则题自纪之第二首，且本卷标明尚颜诗十八首，栖蟾十首，今检汲古本，尚颜只十二首，而栖蟾乃为十七首，取宋本核之，则栖蟾诗中之《与王嵩隐江上》《秋思》《冬暮送人》《送徐道人东游》《与陈陶处士》《自纪》六首皆尚颜诗而误入者，一转移间而两僧之诗数与标目适合，然微见宋本又烏知其窜乱如是，其甚也。第有不可解者，卷八法振诗中《张舍人南溪别业》七律一首，汲古阁本有之，而宋本转失载，卷一皎然诗《寄李纵员外》一首，汲古阁下注一作某，各句其文字乃与宋本同，又卷二灵澈诗中小注，宋本亦无之，是子晋必别据一宋本付梓，而非出于棚本可知矣。聊志于此，竢异时之考证焉。戊寅八月藏园识。②

从傅氏跋语知，傅氏所藏汲古阁本不知刊于何时，其本尚颜诗次第紊乱，与国图藏清初汲古阁本不是同一版本，清初汲古阁本，经毛扆再校过尚颜诗不误，故傅氏藏汲古阁本应为明末汲古阁毛晋校刊本，此本不是据现存宋棚本重刻，而是别据另一宋本，但是何宋本现已不存，未知其详。

清初汲古阁刊本，此本国图藏有，半页十行，行十九字，白口，左右双边，双鱼尾，版

---

① 〔清〕傅增湘：《藏园群书题记续集》卷六，见《国家图书馆藏古籍题跋丛刊》，北京图书馆出版社 2002 版，第 40—42 页。

② 〔清〕傅增湘：《藏园群书题记续集》卷六，见《国家图书馆藏古籍题跋丛刊》，北京图书馆出版社 2002 年版，第 42—43 页。

心无标题卷数，每卷后皆有字一行“琴川毛晋校刊　男扆再校”，此本是毛扆在毛晋校刊基础上再行校刊之本。另外此书中还有据宋手校的痕迹，文中亦有改动之字，《北京图书馆善本书目·集部·总集类》载为周叔弢据宋本校。此本在傅增湘《藏园群书经眼录》有载，但题为明末汲古阁刊本。《藏园群书经眼录·集部七》曰：“《唐僧弘秀集》十卷，宋李龏撰。明末毛氏汲古阁刊本，每卷后题‘男扆再校’。此本与八行本不同，卷十尚颜诗不误，是校改重刻也(甲子)。”[①]此本为毛扆再校之本，尚颜诗不误，故此本应为清初汲古阁刊本。

文渊阁四库全书收有《唐僧弘秀集》，据内府藏本过录，清永瑢等撰《四库全书总目·集部·总集类》载：“《唐僧弘秀集》十卷，内府藏本。”[②]据前述傅增湘跋语知此本为文友堂所藏之本，即南宋书棚本全本。

综上所述，李龏《唐僧弘秀集》是现存唐代僧诗的优秀选本，此书善本颇多。宋本十卷，现存宋陈宅书籍铺刊本一全本、一残本。元本不存。明嘉靖黄鲁曾刻本据一宋本刊刻。明万历沈春泽刻本两种，一种为陆贻典、邓邦述校元本，另一种先后经过孙潜夫、叶石君、黄丕烈校勘；明末汲古阁本乃毛晋校刊本，傅增湘曾两次据宋本校此本；清初汲古阁本是毛扆在毛晋校刊基础上再行校刊之本。明清刊本多由名家校正，版本颇精。对于唐代僧诗的保全，此书立下了汗马功劳。

---

① 〔清〕傅增湘：《藏园群书经眼录》卷十八，中华书局1983版，第1516页。

② 〔清〕永瑢等：《四库全书总目》卷一八七，中华书局1965年版，第1700页。

谢枋得《注解唐诗绝句》版本源流考

张　倩

摘　要:谢枋得撰《注解唐诗绝句》是一部评注著作,见解独到,其评点方法为后世提供了良好的范例。其宋本已佚,国内现存两种明刊本。清本有清同治二年(1863)望三益斋刊本、宛委别藏本、清光绪八年(1882)《谢叠山先生评注四种合刻》本。此书在日本广为流传,写本及刻本颇多,国内现存的民国胡光国重刊本据日本弘化四年(1847)长满连刻本重刊,奉天学务公所铅印版《唐诗绝句注解》底本为日本吉田勿来明治四十一年(1908)刻本。

关键词:谢枋得;《注解唐诗绝句》;版本源流

《注解唐诗绝句》是谢枋得对宋人赵蕃、韩淲所编的唐诗选本《章泉涧泉二先生选唐人绝句》进行注解的一部著作,见解独到,其评点方法为后世提供了良好的范例。现在学术界此集版本研究尚属空白,本文就其版本情况做一梳理,以就教于方家。

此书又名《叠山先生注解章泉涧泉二先生选唐诗》《注解唐诗绝句》《唐诗绝句注解》。赵蕃(1143—1229),字昌父,号章泉,信州玉山(今江西玉山)人。以祖旸恩补官,终直秘阁,绍定二年卒,谥文节。韩淲(1159—1224),字仲止,号涧泉,上饶(今江西上饶)人,韩元吉之子。仕不久即归里。嘉定十七年卒。谢枋得(1226—1289),字君直,号叠山,信州弋阳(今江西弋阳)人。宝祐四年(1256)进士。官至江东提刑、江西招谕使知信州,力拒元兵。宋亡,居闽中。程义海荐之于元朝廷,辞不起。元至元二十六年,福建行省强之北行,至大都,绝食死。门人私谥"文节"。

一

《宋史·艺文志》不载,元明时书目中,只高儒《百川书志·卷之十九集志八》载:"《唐诗绝句》五卷。"[①]此书传至清代也非常罕见,只《虞山钱遵王藏书目录汇编·也是园书目》及《藏园群书经眼录》亦有著录,皆作五卷。此书在日本有多种版本。

① 〔明〕高儒等:《百川书志·古今书刻》,古典文学出版社1957年版,第292页。

此书现存版本前均有谢枋得之序，序曰：

幽不足动天地，感鬼神。明不足厚人伦，移风俗。删后真无诗矣。韩退之以三代文章自任，诗则让李杜三百篇之后，便有杜子美，名言也。唐人学子美多矣，无其志终无其声音，独绝句情思幽妙，可联辔齐驱于变风境上，章泉、涧泉二先生诲人学诗自唐绝句始，熟于此杜诗可渐进矣。建安王道可抗志力学，不为世所易，问枋得曰："叶水心、汤文清咸以章泉、涧泉为上饶师，先生道德风操可得闻乎？"枋得略说："二先生选唐绝句，与道可共观，其微言绪论关世道，系天运者甚众，何日从容为子诵之。"广信谢枋得君直序。①

从序可知，章泉、涧泉二先生选此唐诗选本，是作为学诗范本之用。此书编写的具体年代已难以查考。宋代书目无此书记载，现存此书的最早版本为明刊本。

此书从宋至明在社会上还广为流传，并受到各方面重视。清张金吾撰《爱日精庐藏书志·集部·总集类》载："《唐诗绝句选》五卷，旧抄本。宋章泉先生赵蕃昌父、涧泉先生韩淲仲止选，叠山先生谢枋得君直注。前有姑苏张益锓梓序云，叠山先生尝取赵昌父韩仲止二先生所选唐人七言绝句诗凡三百首为之注解云云，此本止一百首，想经抄胥删削非锓梓时旧本矣，是书传本绝稀，惟《也是园书目》著录，君直孤忠劲节，精贯三光，书以人重，有不仅以罕观为珍者，而可以残缺置之乎？……张益锓梓序（宣德甲寅）。"②从此序可知，谢注《唐诗绝句》曾于明宣德九年（1434）刊刻，只不知据何本所刊。张益为此书作序，云谢注诗为三百首，三百首本现已不存，仅存一百首。此明本现已不存，张金吾所得只是抄本，亦不存。

莫友芝《藏园订补郘亭知见传本书目·集部八·总集类》曰："《注解章泉涧泉二先生选唐诗》五卷，宋赵蕃、韩淲编，谢枋得注。明刊本，八行十六字，白口，左右双边，注双行低一格。"③此书记载与《稿本中国古籍善本书目书名索引·集部·总集》记载相同，并注明"明顾孔殷、张国祥，清孙文栋、徐仲则题跋，清黄丕烈、丁丙跋"④。此书现存南京图书馆，未及见。黄丕烈、丁丙跋分别收录在《荛圃藏书题识续录》卷四和《善本书室藏书志》卷三十八，由于丁丙跋引入了黄丕烈跋文，现把《善本书室藏书志》中丁丙跋抄录如下：

《注解章泉涧泉二先生选唐诗》五卷，明初刊本，黄荛圃藏书。章泉先生赵蕃昌父精选，涧泉先生韩淲仲止精选，叠山先生谢枋得君直注解。此书仪

① 〔宋〕谢枋得：《注解唐诗绝句》，宛委别藏本。

② 〔清〕张金吾：《爱日精庐藏书志》卷三五，见《清人书目题跋丛刊四》，中华书局1995年版，第647—648页。

③ 〔清〕莫友芝撰、傅增湘补、傅熹年整理：《藏园订补郘亭知见传本书目》卷十六上，中华书局1993版，第49页。

④ 天津图书馆编：《稿本中国古籍善本书目书名索引》（下），齐鲁书社2003年版，第1761页。

徵阮元抚浙时进呈，四库未收书提要云："宋谢枋得撰，按赵蕃，字昌父。韩淲，字仲止，皆江西上饶人，为清江刘子羽之门弟子，当时名人魁儒如叶适、汤汉皆推重之，此书五卷，自韦应物至吕洞宾共五十四人，计诗一百单一首，皆七言绝句也，而李白、杜甫、韩愈、元稹之流皆不入选，惟刘禹锡选至十四首，为最多，其余诸家皆寥寥，盖其体例出于唐人，故与《极元集》之类相似。枋得之注能得唐诗言外之旨，可以为读唐诗者之津筏，卷端有枋得自序，序为建安王道可而发。此书世罕传本，惟钱曾《也是园书目》有之，而不载于《敏求记》。枋得之书传世甚少，《宋史》本传、艺文志皆不载，书以人重，不仅以罕观为珍也。"卷末题崇祯甲戌秋七月二十八日顾孔殷藏书，有顾孔殷印，禹功顾殷之印，禹功四印。又崇祯乙亥蒲节后三日南溪张国祥书钤，有张国祥印，康熙甲戌秋七月孙文林重装，有文林印。道光纪元八月下弦日，复见心翁题云："此柱国王氏遗书也，贾人收得，疑为宋刻，余曰：'此宋人选唐诗耳，乃明刻，非宋刻也。'"书载《述古堂目》，卷数亦合，卷尾藏书诸家各有题识并图记，惟顾孔殷一人似乎其名甚熟，适访顾子湘筠，因阅张氏画徵录，末后有墨笔画人姓名附记诸条中有顾殷禹功，当即此人，较此签记，少一孔字，或孔字係大排行，故从省也，惜其艺能传籍贯不传耳。有黄丕烈印、士礼居、士礼居藏三印。①

可见此书曾被明顾孔殷、张国祥，清孙文栋、黄丕烈收藏。《藏园群书经眼录·集部七》载徐文敏旧藏明刊本与此本应是同一版式。曰："《注解章泉涧泉二先生选唐诗》五卷，宋赵蕃、韩淲辑。明刊本，八行十六字，白口。左右双阑，注双行低一格，十五字。首卷标题后题'章泉先生赵蕃昌父精选''涧泉先生韩淲仲止精选''叠山先生谢枋得君直注解'三行。前有谢枋得序。钤有'徐缙珍赏'、'徐氏珍藏'、'玉堂学士'、'徐玄佐印'（皆朱文）、'经筵日讲官'（白文）、'汪士钟印'（白）、'阆源真赏'（朱）各印。是书刊印精美，为徐文敏旧藏，玄佐其子也，莫丈楚生（棠）戊戌九月得于滬渎。此书四库未录，阮芸台（元）始以进呈。（己未）"②

据《稿本中国善本书目书名索引·集部·总集》载，此书明刊本有二种。一种为前所提。一种为八行十六字，黑口，四周双边，现存天一阁。骆兆平《新编天一阁书目·天一阁遗存书目》载："《唐诗绝句精选》五卷，宋赵蕃、韩淲编，谢枋得注，明刻本，一册。"③

此谢注本在日本版本颇多，查屏球《和刻本胡次焱〈赘笺唐诗绝句选〉之渊源与文献价值》一文中提到日本现存谢注本多种，仅内阁文库书目中就记载有四种《唐诗绝

---

① 〔清〕丁丙：《善本书室藏书志》卷三十八，见《仪顾堂题跋·续跋　善本书室藏书志》，中华书局1990版，第886—887页。

② 〔清〕傅增湘：《藏园群书经眼录》卷十八，中华书局1983版，第1516—1517页。

③ 骆兆平编著：《新编天一阁书目》，中华书局1978年版，第136页。

句》:番号319－0077,写本,江户初,林罗山藏;番号319－0078,写本,江户,丰后佐伯藩主毛利高标献上本;番号319－0079,写本,文化02年,昌平黉,昌平阪学问所藏;番号319－0080,刊本,弘化04年昌平阪学问所藏。另外,现在日本书市中尚有多种明治时期的刊本与铅印本,如《唐诗绝句五卷》,森大来校阅,吉田宇之助编纂,日本明治四十一年(1908)东京民友让铅印本。[①] 惜无法见到。

二

此书传至清代非常罕见。有清同治二年(1863)刊本,望三益斋所刊,题为《叠山先生注解讲唐诗》,半页九行,行二十一字,注文小字双行,行二十字,白口,左右双边,版心中缝有“望三益斋”几字。卷首有谢枋得之序及阮元的“揅经室外集卷一《注解章泉涧泉二先生选唐诗》五卷提要”。提要之后为《宋史》中所载谢枋得的传记。是书入选诗人共五十一家,与揅经室所载五十四人不同。查其目录,有一人分见两卷者,杨巨源卷一及卷五均有,高蟾卷一及卷五均有,许浑卷三及卷四均有,故此书实选诗人五十一家,揅经室记应误。此书四库未收,后经阮元呈进,收进《宛委别藏》中。张允亮编《故宫善本书目·宛委别藏书目·集部·总集类》目三载:“《注解章泉涧泉二先生选唐诗》五卷,二册,宋谢枋得撰,钞本。”[②]此书半页八行,行十六字,白口,左右双边,版式与黄丕烈所藏明刊本同,可见是据明刊本所抄。此抄本同时也被清代吴棠付梓刊刻,清光绪八年(1882)京都豫章别业刊本《谢叠山先生评注四种合刻》第二部为《叠山先生注解章泉涧泉二先生选唐诗》,此版本前有吴棠跋,曰:“同治壬戌秋,军事稍暇,购得谢文节公所注唐诗,为仪徵阮氏文选楼抄本。复检《揅经室集》,知为阮文达经进之书。《宋史》论公嵚崎全忠节,又称卖卜建阳市中,人多延至其家,使为弟子论学。……文节公传书甚少,亟付梓以广流传。恭读钦定《全唐诗》,此本多有异同,及一人分见两卷,悉乃其旧,读者当自得之。癸亥仲冬盱眙吴棠跋。”[③]据吴棠跋知,吴棠曾据阮元抄本于同治二年(1863)重刻。

《谢叠山先生评注四种合刻》中选入的《叠山先生注解章泉涧泉二先生选唐诗》为抄本,此抄本以明刊本为底本,并用吴棠刻本参校。此《合刻》前有《谢叠山先生评注四种合刻序》,序曰:“……去岁春仲,昀于同年王棨臣舍人处见公《注解唐诗》两卷,前有公自序一首,不注年月,然纸色斑驳,字体苍劲,知非近时物,询所自来,舍人谓诸山左道中,喜而假之,归质之潼商观察刘春轩比部因同诣万文敏师,师展观谓曰:‘此前明刊本也。’盖手录重梓之,以公诸世。……又访得盱眙吴勤惠公重刊本参校之。……时光绪九年岁次,昭阳协洽季春月,同里后学江澍昀识。”[④]此合刻本半页八

① 查屏球:《和刻本胡次焱〈赘笺唐诗绝句选〉之渊源与文献价值》,《中国典籍与文化》2007年第3期。

② 张允亮编:《故宫善本书目》,故宫博物院民国二十三年(1934)排印本,第19页。

③ 〔宋〕谢枋得:《谢叠山先生评注四种合刻》,京都豫章别业刊,清光绪八年(1882)版。

④ 〔宋〕谢枋得:《谢叠山先生评注四种合刻》,京都豫章别业刊,清光绪八年(1882)版。

行，行二十字，注小字双行低一格，行十九字，黑口，左右双边，无格，其诗选家及诗作与望三益斋刊本同。

三

另外，现存还有两种民国刊本，一种为民国十二年（1923）胡光国重刊本；一种为由述古堂校刻、奉天学务公所铅印本，题为《唐诗绝句注解》。

胡光国重刊本据日本弘化四年（1847）长满连刻本重刊。胡刻本前有井上惪序、谢枋得序、胡光国重刊《谢注唐诗绝句》序、沈启运跋，另有吴鸣麟、沈鼎题词及四库未收提要、长满连附信，此书末又有长满连跋及张松龄跋。长满连原刻现存上海图书馆，从胡刻可窥其貌。井上惪序曰："……友人谦庵，曩者在国学偶购之，则罗山林子之手泽，盖影抄原本者，因誊写以藏。今兹夏日，手校镂版，欲传之于不朽。世之学诗者，由是书以进唐人，则古昔诗教可复兴矣。谦庵斯举，不亦伟乎？颁及于余，余翻而观之，首载清儒阮氏之言，乾隆四库未收，乃知西土亡佚已旧（久）矣。……余窃喜之，于其嘱序也，不敢以不文辞也。弘化丁未秋八月后学甲斐井上惪于江左泉桥之侨居。"①由此知，长满连刻本据影抄本抄录，并付之枣梨，此影抄原本是何本，已无法知晓。江宁沈启运跋曰：

> ……辛酉秋，以悼亡戚，余益无聊，偶检故室病时出所藏书簏，得有谢叠山《注解唐诗绝句》一书，为日本人刊本。乃上海老友姚子梁观察文栋于有清光绪朝乙酉岁充出使日本参赞时所持赠者。书凡五卷，都五百卷，卷皆散叶，什袭至今，垂四十年矣。芟阙存完，得三百六十五卷，仍按原书五卷合定成本，分饷乡里诸雅故。愚园灌叟胡碧澂分转光国，吾乡笃于孝而勇于义者也。见而爱之，毅然输资，力主重刊，以留先贤手泽，而保中国国粹。伟矣哉！此举也。……顾先生传世之书素罕，而是书又久佚海外，中国鲜有知者。向非日本谦庵主人嗜古好学，获影抄原本，镂而行之，姚君何从得而赠余？余亦奚自分馈吾侪？不将终古湮没乎？即不然，而无胡叟之力，重付枣梨，恐有书无版，卒无以永其传，犹憾事也。何图姚君携归后，阅数十年，更得胡叟重镂，固叟之盛德事，亦先生忠义之气，浩然不可磨灭，郁积必彰时也。凡读先生注解者，得不哀其遇而幸其传也夫！江宁潜民沈启运跋，耳天庵主姚椿寿书。②

据沈启运跋知，此长满连刻本乃沈启运老友姚子梁自日本携归，后又胡光国重刊并写有序言。序曰："……沈君绍笙昨过余园，出日本谦庵主人所刊《唐诗绝句》见示，云由姚子梁观察前自海外携归者。余受而读之，盖宋谢叠山注解章泉、涧泉二先生选唐诗五卷也。是书未经四库收入，揅经室已谓世罕传本，又考叠山所著作，《宋史》本

① 〔宋〕谢枋得：《谢注唐诗绝句》，胡光国重刊本，民国十二年（1923）版。

② 〔宋〕谢枋得：《谢注唐诗绝句》，胡光国重刊本，民国十二年（1923）版。

传、艺文志皆不载。然其《却聘》一书，乡塾童竖迄今皆能记诵，则其忠义之气发为文章，照乎寰宇，固历百世而不可磨灭也。……沈君因请余重刊之。……白下愚园灌叟胡光国序。"[①]胡刊本半页十行，行二十一字，注亦大字低一格，白口，左右双边。

奉天学务公所铅印版1908年版《唐诗绝句注解》，以日本吉田匆来明治四十一年(1908)刻本为底本，此吉田本应是上述查屏球文中所记日本书市中流传的吉田宇之助本。奉天学务公所铅印版前有日本森大来序及萧鸿钧序，书末有日本吉田纯卿《书唐诗绝句》跋。跋曰："宋谢叠山节义文章高于一世。其论诗，亦自具一见地。其《唐诗绝句注解》五卷，我国已有刊本，然久渐少。苏峰德富先生深惜之，命余重刊焉。乃请槐南森先生校阅且序之，幸得本书广传益世，是则二先生之赐也，于余乎何有？及刻成，书一言于卷末。明治戊申三月下浣吉田纯卿撰。"[②]以此知吉田匆来明治戊申重刊此书，并请槐南森大来作序，序曰："……世传叠山谢氏《唐诗绝句注解》五卷，……顷吉田匆来，以其传本渐少，再刊以问于世，属余校阅，因即再读一过。姑举所疑于宿昔者以谂读者，非云序也。明治戊申二月槐南森大来识于青山南麓百二精舍。"[③]此书由萧鸿钧六弟礼衡从日本购回，再由述古堂钱曾校阅，奉天学务公所代铅印问世，此经过在萧鸿钧序中交代颇详。曰：

> 宋谢叠山先生所注《唐诗绝句》，阮文达公谓"能得唐诗言外之旨，可以为读唐诗者之津筏"。坊间向少传本。昔年求之日本，亦未获见。六弟礼衡，顷由韩京购得日人最近刻本，阅之。虽不免按迹而议性情之病，然短章微论，感人心、厚风俗，于吾国今日诗教，不无裨益。如第二卷《闺怨》注附之《捣衣曲》，及第五卷《金陵图》诗注，尤足以发社会之深醒矣。述古堂主人，借刊以广其传，请序于余，余维奏定学堂章程，中小学堂读古歌法，言唐宋人之七言绝句，词义兼美者亦可授读，以合于古人"诗言志""律和声"之旨，即可通于外国学堂唱歌作乐、和性忘劳之用。方今诗歌教科书未有定本，如是编之词约义正，其或有当。用识数言，以质主持风教者。光绪戊申七月既望湘乡萧鸿钧。"[④]

以此知，述古堂主人钱曾借吉田匆来本校刻，后奉天学务公所代为铅印问世，以作教科书之用。近世有1988年浙江古籍出版社出版黄屏校点本《谢注唐诗绝句》，以《胡刻谢注唐诗绝句》为底本，以奉天学务公所本参校。

此书另有在谢注基础上，胡次焱再行赘笺之本，由于此注本罕见，国内现存只明正德十三年(1518)刊本，藏中山大学图书馆，日本现存胡赘笺本多种，可参看查屏球《和刻本胡次焱〈赘笺唐诗绝句〉之渊源与文献价值》一文，此不赘述。

---

① 〔宋〕谢枋得：《谢注唐诗绝句》，胡光国重刊本，民国十二年(1923)版。

② 〔宋〕谢枋得：《唐诗绝句注解》，奉天学务公所铅印本，清光绪三十四年(1908)版。

③ 〔宋〕谢枋得：《唐诗绝句注解》，奉天学务公所铅印本，清光绪三十四年(1908)版。

④ 〔宋〕谢枋得：《唐诗绝句注解》，奉天学务公所铅印本，清光绪三十四年(1908)版。

赵孟奎《分门纂类唐歌诗》版本源流考

张　倩

摘　要：宋代赵孟奎编《分门纂类唐歌诗》是唐宋收录唐诗最多的唐诗集，收诗四万七百九十一首，可与《全唐诗》媲美，但早于《全唐诗》四百多年。惜此书全本已佚，现存有宋刊本十一卷，曾先后藏于绛云楼、汲古阁、铁琴铜剑楼。后世抄本汲古阁影宋写本、玲珑山馆藏清抄本、宛委别藏本、清曹寅家藏影写宋刊本俱是由此宋刊本出。

关键词：赵孟奎；《分门纂类唐歌诗》；版本

《分门纂类唐歌诗》，宋赵孟奎编。孟奎，字文耀，号春谷，宋太祖十一世孙。善治书，年十九登宝祐四年（1256）进士。观文殿学士，江东安抚使，封周国公，谥忠惠。其所编《分门纂类唐歌诗》是唐宋收录唐诗最多的唐诗集，收诗四万七百九十一首，清编撰《全唐诗》，据此书增入唐诗甚多，成为重要的参校之书。惜此书全本已佚，现存只十一卷。纵然此书只存有残卷，但作为最早最多收录唐诗的诗集，研究其版本，仍有一定的价值。

一

是书国图藏有宋刊本，赵孟奎对此书写有自序，序曰：

诗源于情性之正，其来久矣。人不能无乐，乐斯咏，咏斯嗂，诗以兴焉。世有升降，情性无古今，诗未尝泯也。夫子删诗，定取三百篇以为经，雅颂之音铿天地，动鬼神。一时从臣才艺固足办此列国之风，妇人女子，小夫贱隶，片善寸美，俱所不弃。商颂仅五篇，以《那》为首，正考父得于周太师，夫子汲汲存之。虽左氏所载逸诗如《茅鸱》《祈招》之类，亦太山一毫芒耳，非采星宿遗羲娥也。然亦诗非夫子不敢删，删之者僭，聚流成海，聚宝成山，聚一代之诗而成集，殆取是耳。唐文为一王法而诗尤工。杜子美、李太白、韩退之、柳子厚，人诵其言，家有其集，不必类聚而传也。间有一吟一咏散落人寰，残碑断碣、异闻杂纪，何可胜计。尝鼎一脔，固知其美，终不若过屠门大嚼之为快。

是集之编，搜罗包括靡所不备。凡唐人之作，上至圣制，下及俚歌，郊庙军旅、宴飨道途、感事送行、伤时吊古、庆贺哀挽、迁谪隐沦、宫怨闺情、闲居边思、风月雨雪、草木禽鱼，莫不类聚而胪分之。虽不足追思无邪之盛，要皆由人心以出，非尽背于情性之正者也。昔荆公尝选唐人三百家为一集，名曰《诗选》；姚铉作《唐文粹序》谓有《唐诗类选》《英灵》《间气》《极元》《又元》等集，皆有去取于其间，非集录之大全也。雪林李君龏嗜唐诗，穷一生以为工，予既毕举子业，先公俾学诗，每相与讲论，叹诸家不可尽见，因发吾家藏，手出纲目，合订分类，志成此编。宦辙东西轴，嘱李君足成之，旁收逸坠，慕致平生所未见者，得一千三百五十三家，四万七百九十一首，大略备矣。列为若干卷，盖首尾十余年而后毕，缮而藏之。予惧成之之难，而失之之易也，行必携以自随，公暇时复倒箧翻阅。因谋锓梓庋焉。后之览是集者，如入建章而睹千门万户之富，动心骇目，迷不知其所从。若夫嗜胾而隽其永，啜醴而咀其醇，则在君子之自得而已。咸淳改元正月十五日赵孟奎书。①

从序中得知，赵孟奎编是书之原因在于"每相与讲论，叹诸家不可尽见，因发吾家藏，手出纲目，合订分类，志成此编"。此书收诗人一千三百五十三家，四万七百九十一首，可谓繁富矣。因其觉成之之难，而失之之易，故因谋锓梓庋焉。此序书于咸淳元年（1265），故此宋残本应刻于咸淳间，此本存十一卷，天地山川类五卷，草木虫鱼类第三卷至第八卷，半页十行，行十八字，白口，左右双边。前有严元照题诗并跋及赵孟奎自序、毛扆跋，书末有顾广圻、倪稻孙跋，并有王石谷、唐孔明报书。此书曾被铁琴铜剑楼收藏，故《铁琴铜剑楼书影 · 宋本书影集部》录有其四页书影，此书之序跋被收录在《铁琴铜剑楼藏书题跋集录 · 卷四集部》中，严元照跋曰："……乾隆癸丑，余有浮梁之行，经过虎邱，而萃古斋购此书，作诗纪事，久未录出。西窗清暇，取以消遣，每册钤以侍儿香修小印，并录诗于卷端，计此书之归余，已十有一年矣。嘉庆八年五月十六日，修能严元照书。……宋刻残宋本，往往为书估割去卷数，甚则去其首尾两页。此书存者于全书仅十之二，犹思作伪，割去首尾，几及半部。古书经劫，良可叹也。修能书。……"②由此推知，乾隆五十八年（1793）严元照得此书而收藏。在此前是书曾被绛云楼和汲古阁收藏，毛扆跋历数其得书经过，曰：

《书赵孟奎唐歌诗后》。此书系牧翁先生藏本，后归先君，先君见背后，余兄弟往见，先生问及遗书，答："以宋本皆先君子手授。"问赵孟奎《唐歌诗》属谁，答云："属扆。"又问《施注苏诗》，云："亦属扆。"先生注目视扆曰："汝何幸也！此二者皆良书也，余与君家俱有之，余为六丁下取，惟君家独存，故问。《唐歌诗》吾家故物，尊府君见而奇之，后余又得绵纸强半部，从内府流

① 〔宋〕赵孟奎：《分门纂类唐歌诗残卷》，宋刊本。

② 〔清〕瞿良士辑：《铁琴铜剑楼藏书题跋集录》，上海古籍出版社1985年版，第318页。

出，纸白墨新，燦然夺目。尊府君因求此本，适床头金尽，遂以相质，内府藏本有序目，并抄去。犹忆其序云一千三百五十三家，四万七百九十一首。"又云："《苏诗》王注荒陋，施注典核，即如吹洞箫之客，姓名艺能甚悉也，他可类推矣。君家有缺卷，屡从余借抄，未与也，今深悔之。"扆闻之茫然不知所谓。归家篝灯发两书而读之，《唐歌诗》无序目，及检《苏诗》，《赤壁赋注》亦无吹箫人姓名，次日反复翻阅，果于《次孔毅父诗注》见之，而所抄赵孟奎序目，奈何失去。后二年，检书录中得之，开卷疾读二句，不误一字，急录入册内，按目展玩，虽十存其一，有隐僻姓名从未寓目者，因思以天下之大，好事者之众，岂无全书。①

此文后为寻书之历程。可见此书为绛云楼旧藏，后归汲古阁，毛扆因其为残本欲求全书，使严拱侯寻书受尽甘苦。后毛扆读明代叶盛《叶文庄集》谓从雷侍郎录残本，完者仅二十七卷，乃欣然自足，不复求矣。

《铁琴铜剑楼藏书目录·集部五·总集类》对是书宋刊本卷数内容记载稍详，曰："《分门纂类唐歌诗》十二册，宋刊残本。题赵孟奎《分门纂类》。案孟奎，字文耀，号春谷，宋太祖十一世孙。观文殿学士，江东安抚使，封周国公，谥忠惠。……每半页十行，行十八字，匡、贞、朗字有阙笔。先藏绛云楼，后归汲古阁，自序总目毛斧季从绛云楼藏别本抄补……"②此"别本"即毛扆跋中钱谦益所谓内府本，从钱氏语得知，钱氏绛云楼有两本宋刊《分门纂类唐歌诗》，是本后归汲古阁，又一本为内府流出本，"纸白墨新，燦然夺目"。此内府藏本有序目，并被汲古阁抄去，故得脱绛云之炬，得以存焉。此宋本中有沈与文印，姑苏山人斧季（即毛扆）、何元锡借观印、芳椒堂印、元照严氏修能诸朱记。此书还被丁诚叔（即丁健）收藏，莫伯骥《五十万卷楼群书跋文·集部六》载："《唐分门纂类唐歌诗》残本十一卷，传录宋刊本，丁诚叔旧藏。"③他书也有记载，江标辑《宋元行格表》载："宋残本《分门纂类唐歌诗》，行十八字，十二册。瞿氏书目。"④汪士钟编《艺芸书舍宋元本书目·集部》载："《分类唐诗》存十二卷。"⑤

明代书目对此书大多无记载，只叶盛《泾东稿》第七卷见之，此段文字也可见于宋刊本书末《附录叶文庄公书唐歌诗后》载："《唐歌诗》残书十册，录于雷景阳侍郎。此书赵孟奎编《分门纂类》，其用志勤矣。旧凡百卷，今存此三十一卷，内三十一、三十二卷见《名类诗逸》，三十九、四十卷仅有首末二纸，所存实二十七卷，盖三不及一也。景

---

① 〔宋〕赵孟奎：《分门纂类唐歌诗残卷》，宛委别藏本。

② 〔清〕瞿镛：《铁琴铜剑楼藏书目录》卷二十三，见《铁琴铜剑楼藏书目录 楹书隅录 滂喜斋藏书记》，中华书局1990年版，第362页。

③ 〔清〕莫伯骥：《五十万卷楼群书跋文》，见《国家图书馆藏古籍题跋丛刊》，北京图书馆出版社2002年版，第22页。

④ 〔清〕江标：《宋元本行格表》卷上，《丛书集成初编》本，第41页。

⑤ 〔清〕汪士钟：《艺芸书舍宋元本书目·宋板书目·集部》，《丛书集成初编》本，第23页。

阳云:‘尚有一册,寻未得。’”①叶盛谓当时是书存为二十七卷,但现已不存,现存是书卷数最多为宋刊残本十一卷本。

二

傅增湘谓后世抄本皆从此宋本出,《藏园订补郘亭知见传本书目·集部八·总集类》载:“《分门纂类唐歌诗》一百卷,宋赵孟奎编。宋刊本,十行十八字,白口,左右双阑。存天地山川类五卷,草木虫鱼类六卷,共十一卷。有毛扆、顾广圻等跋,瞿氏铁琴铜剑楼藏。此为仅存宋本,传世抄本均从此出。”“考现存之汲古阁影宋写本、玲珑山馆藏清抄本、宛委别藏本、清曹寅影写宋刊本俱是由此宋刊本出。”②

毛扆《汲古阁珍藏秘本书目·集部》曰:“赵孟奎《分类唐诗》十本,影宋板精抄。”③傅增湘《藏园群书经眼录·集部七·总集二》曰:

> 《分门纂类唐歌诗》一百卷,宋赵孟奎辑,存十六卷。
>
> 汲古阁影宋精写本,十行十八字。每卷前附目录,大题在下,其文如下:“天地山川类卷第十八　赵孟奎分门纂类　唐歌诗十八。”前有咸淳改元正月十五日赵孟奎序,言发吾家藏,手出纲目,合订分类,嘱李君足成之,旁收逸坠,得一千三百五十三家,四万七百九十一首,十余年而后毕云。存卷如后:卷十八天地山川类第十八　卷二十天地山川类第二十　卷二十一天地山川类第二十一　卷三十二天地山川类第三十二　卷九十一草木虫鱼类第三　卷九十二草木虫鱼类第四　卷九十三草木虫鱼类第五　卷九十四草木虫鱼类第六　卷九十五草木虫鱼类第七　卷九十六草木虫鱼类第八　凡十卷,又复出十八、二十二、九十一、九十三、九十四、九十六,记六卷。④

傅氏载此书现存十卷,此书现藏国图,但只有七卷,为卷十八、卷二十、卷九十一、卷九十三至九十六。

国图另有一清抄本,四册,存十卷,天地山川类四卷,草木虫鱼类六卷,半页十行,行十八字,无格。书末除有毛扆、叶盛跋外,尚有清吴骞、唐翰跋。吴骞跋曰:“南宋秘阁修撰,赵孟奎文耀《分门纂类唐歌诗》十册,昨岁见之吴门旧肆,乃宋椠本,楮墨精好,后有毛斧季手跋,及王石谷、唐孔明报书,盖汲古阁旧藏也。及读斧季之跋,历叙得书源流。……未几,获此旧抄本,凡六册,首尾间有阙,翻约可一十二卷,盖江都马氏玲珑山馆所散出者,欣然以示予,予观其跋,虽非斧季手书,并少石谷、孔明二劄,然抄手

---

① 〔宋〕赵孟奎:《分门纂类唐歌诗残卷》,宋刊本。

② 〔清〕莫友芝撰、傅增湘订补、傅熹年整理:《藏园订补郘亭知见传本书目》卷十六上,中华书局1993年版,第52页。

③ 〔清〕毛扆:《汲古阁珍藏秘本书目》,《丛书集成初编》本,第27页。

④ 〔清〕傅增湘:《藏园群书经眼录》卷十八,中华书局1983年版,第1513页。

端整，犹不失为中郎之虎贲……”①《拜经楼藏书题跋记·别集总集》载：“赵孟奎《分类唐歌诗》原本百卷，此仅四册十卷，盖从宋本影印者。首有咸淳改元孟奎自序，序后有总目，分类凡七，天地山川类三十二卷，朝会宫阙类八卷，经史诗集类三卷，城郭园庐类二十卷，仙释观寺类十二卷又十一卷，兵师边塞类二卷，草木虫鱼类十二卷，每页十八行，行十八字。总目及每卷首行，题某卷第几，下空二格，题赵孟奎，又空一格，题分门纂类，次行题唐歌诗，下列总卷数目，盖亦所谓大名在下，小名在上者，每卷各有子目，每首诗前低二格书题，次行低五格入人名，行款亦为近古，后有毛斧季二跋，及《附录叶文庄书唐歌诗后》一条，先君子跋见愚谷文存。此书云，何义门评点《唐音戊签》中一条云，赵孟奎《分类唐歌诗》残本十余卷，汲古毛氏收得之，今归蒋生千道，然予在吴门所见者，岂千道所藏本耶？当更访之。己酉立夏日，某又记……”②从吴骞跋知，其曾见宋刊本，今又阅此清抄本，为马氏玲珑山馆藏本。此本应为半页十行，行十八字，《拜经楼藏书题跋记》中载每页十八行应误。此清抄本曾藏于严元照家，宋刊本末有严元照跋曰：“余家尚有马氏小玲珑山馆所藏旧抄本六册，欠页欠字，与此本（即宋本）同，即从此录出者，序跋亦全，惟欠末后王、唐两札，当择好书者赠之。修能。”③严跋曰此书六册，国图所藏为四册，已失其两册。从严跋知，此清抄本亦是由宋刊本抄录。

《分门纂类唐歌诗》还有宛委别藏本。清阮元等撰《揅经室外集》载：

> 《分类唐歌诗残本》十一卷提要
>
> 宋赵孟奎编。孟奎，字文耀，宋太祖十一世孙，宝祐丙辰文信国榜进士，官至秘阁修撰。是编元书凡一百卷，《分门纂类》孟奎自序云：“得一千三百五十三家，四万七百九一首。”此本依绛云楼旧藏过录，仅存天地山川类五卷，草木虫鱼类六卷。据毛扆跋称，《叶文庄集》谓从雷侍郎录残本，完者仅二十七卷。公为英宗朝名臣，前此且二百年，尚止乎此云云。缺佚虽多，然全书体例由是可推，且唐人隐僻姓氏如毛扆所记文丙、详大诸人，亦未尝不藉是以存也。”④

由是可知，宛委别藏本亦是依绛云楼藏本过录，即亦是由宋刊本过录。民国二十四年（1935）上海商务印书馆据宛委别藏抄本，影印其中部分书籍，亦收录了此书。阮元进呈之宛委别藏本多有删节改动，傅增湘对此有详细考证。《藏园订补郘亭知见传本书目·集部八·总集类》载：“清曹寅家影写宋刊本，十行十八字，存十一卷，即从前记宋刊本出。余取宛委别藏本校之，乃知阮氏进呈时颇有改动，篇章缺失者径删之，目

---

① 〔宋〕赵孟奎：《分门纂类唐歌诗残卷》，清抄本。

② 〔清〕吴骞：《拜经楼藏书题跋记》卷五，《丛书集成初编》本，第132—133页。

③ 〔宋〕赵孟奎：《分门纂类唐歌诗残卷》，宋刊本。

④ 〔清〕阮元：《揅经室外集》卷三，《丛书集成初编》本，第142—143页。

录不完者以意补之，甚至增损行幅，妄连前后二文为一，谬误颇多，卷中次第亦有紊乱处，余别有跋详言之。"①

清曹寅家影写宋刊本。傅氏《藏园群书经眼录·集部七·总集二》对宛委别藏本及清曹寅家影写宋刊本对校记载甚详，曰：

《分门纂类唐歌诗》一百卷，宋赵孟奎辑，存十一卷。

清曹栋亭家影写宋刊本，十行十八字。前有咸淳改元正月十五日赵孟奎序。原书一百卷，今存者之只十一卷，取宛委别藏影本校之，乃进呈时颇有更动。

第一晓晚类：曹本白居易《暮立诗》下尚有项斯《黄州暮愁》一首，只存三行，阮氏进呈宛委本删去。

第二山类一卷：曹本前缺数页，不知属于何卷。然张子容《巫山诗》之前尚有六行，存残诗二行，又鞠侯诗五律一首。阮本以其残缺，删去前六行，别补目录一页，自《巫山诗》钞起，以致直至卷末行格，皆非宋本之旧矣。

第二十二山类：曹本卷首有缺页，现存郭密之《石门山诗》之前尚有残诗六行，阮本删去，别钞目一页又六行补其缺，于是此卷以石门山为首。卷末此本齐己《假山诗》下尚有薛涛《题从生假山诗》三首，又张籍《秋》、白居易《秋山》诗各一首，阮本皆删去。

第□□□川类：曹本缺卷首各页，其下为皮陆太湖诸诗。今阮本亦钞目于上以补其缺，以皮日休《太湖诗》为本卷之首，岂知本卷之前尚有皮日休"七相三公尽白须"七绝一首，阮本竟删之。卷末止于张九龄《玄武湖诗》，而此本其后尚有李白《郎官湖诗序》十四行，阮本亦删去矣。

第九十一花类：此本目录缺一下二上两半页，阮本补之。

第九十二、第九十三：两本同。

第九十四：第十九页原缺。其十八页末乃杜甫《除草诗》，阮本以其残缺，遂改《除草》为《移草》，而以房彦谦"移从杜城曲"一诗接之。于是以下各页皆迟推一行，与原本异矣。卷末王周《金盘草》诗后尚有张说《冬日见牧牛人担青草归》七言一首，阮本乃遗落不存。

第九十五，木诗：两本同。

第九十六，木二诗：卷末顾况《洞庭孤橘歌》后尚有杜甫《病橘》一首，诗三行，不完。阮本以不完删去。②

此文字详细记载了阮元进呈之宛委别藏本中的讹误。后又收录了曹寅手跋，其文

---

① 〔清〕莫友芝撰、傅增湘订补、傅熹年整理：《藏园订补郘亭知见传本书目》卷十六上，中华书局1993年版，第51页。

② 〔清〕傅增湘：《藏园群书经眼录》卷十八，中华书局1983年版，第1513—1514页。

曰："是书曾藏虞山钱宗伯家，首卷子晋借钞，得脱绛云之炬，真灵光矣。甲申修《全唐诗》，从斧季借阅，增入人诗甚多，观者不可以为刍草而轻之。寅。"①由此可知，曹寅家藏本亦是由绛云楼旧藏宋刊残本影刻。

综上可见，赵孟奎《分门纂类唐歌诗》的宋刊本仍存，因卷帙浩繁，现存只有十一卷，后世抄本皆从此本出。此书为唐诗的保存立下汗马功劳，如阮元所说"唐人隐僻姓氏如毛扆所记文丙、详大诸人，亦未尝不藉是以存也"。同时，"修《全唐诗》，从斧季借阅(宋刊本)，增入人诗甚多"，成为编撰《全唐诗》的重要参校之书。

① 〔清〕傅增湘：《藏园群书经眼录》卷十八，中华书局1983年版，第1514页。

继承与创新——古籍中农事图绘制手法探析

王　璐

摘　要：古籍中的农事图展现了古代农业生产画面，主要存在于南宋之后的农书、类书当中。在农事图的绘制历史上，南宋楼璹《耕织图》与清代焦秉贞《耕织图》为创新之作，起到了里程碑式的模范作用，两图的绘画技法与绘画理念被广泛模仿与继承。其他农事图对此两图多为移花接木式的机械模仿，少开拓创新。

关键词：农事图；耕织图；农事绘画；古籍

农事图是展现农事场景的图画，不仅是古代绘画史上长盛不衰的题材，也作为插图大量存在于农书、类书等古代典籍当中。古籍中的农事图，描绘了农村生产生活的画面，同时展现了农业生产的过程、农具的用途，兼具艺术性与科学性。中国古籍中的农事图主要集中在宋、元、明、清四代的农书、类书当中。南宋时楼璹创作《耕织图》，以四十五幅图像展示了水稻种植和养蚕缫丝的全过程。此后历代仿拟者不断，如元代程棨绘《耕织图》四十五幅，清代焦秉贞绘《耕织图》四十六幅。这些耕织图以诗图相配的形式呈现，在古代农书中自成一格。此外，元、明、清时代农书、类书中绘制的插图也有不少以大幅画面展现劳作场景的。元代王祯《农书》，明代徐光启《农政全书》，明代宋应星《天工开物》，清代陈梦雷《古今图书集成》、杨屾《豳风广义》等书中均绘制有大量的农事图。中国古代农事图的题材多样，以耕种和蚕桑为主要描绘对象，并涉及养殖、捕鱼等多种主题。农事图展示了不同农事活动的具体环节，如布种、耘田、浴蚕、络丝等，每一幅图都是古代农事场景的生动展现。观察古籍中的农事图，可以发现相似题材的图画在画面上多有重复，图画的整体布局甚至物象细节都彼此相似。因此关于古籍中图像的源流问题一直众说纷纭。比如20世纪几种版本的王祯《农书》和《三才图会》的出版说明中，皆标榜自己是《古今图书集成》的主要图像来源。本文将就农事图绘制手法方面的传承问题展开讨论，以辨其源流。

本文试图探究：在古籍农事图的创作过程中，在绘制手法上是否存在一定的传承模式，使得在从宋代至清代如此广泛的时间跨度当中，诸多农事图出现视觉上或多或少的相似性；画家通过哪些途径，将前人农事图中的内容呈现在自己的新绘图像当中；在前后相承的过程当中，有无众人效仿的标杆，在继承当中有无创新。关于农事图的绘制手法，主要有以下三种传承途径。

一、人物移植法的运用

比较不同文献中的农事图，轻易可见相互重复者。或是对整幅图像的完全复制，或是对原画稍加修改而成的新作，可见图像绘制中确存在借鉴模仿的现象。对他人作品进行完完全全复制的，如清代画院的众位画家，曾模拟康熙朝焦秉贞的《御制耕织图》，创作了大量的复制品。除这种机械直接的整体复制外，一些人物形象反复出现在不同的农事图中，十分亮眼。这种将前人图像中个别人物形象摘取下来，移植到新图当中的手法，可以称其为人物移植。人物移植避免了对画作的整体复制，是一种移花接木式的替换。将前人图像中的人物搬迁入新图，一种情况是出于务实的目的，为了更好地描绘农具。在元代著名农学家王祯的《农书》中，专设"农器图谱"部分，绘制了大量的农事图，文图相配，细致地描绘了各种类型的农事器具。在明刊本王祯《农书》"农器图谱"中，有"田漏"一图（见图一），展现了一种田家计时器具。

图一　王祯《农书·田漏》图

图一描绘了一处农田，两位农夫正在辛勤地耘田。田埂上，稍远处是手牵男童的送饭妇人，稍近处有一老者持扇观作，老者身边为田漏。其实画中的人物并非作者首创，送饭妇孺与观作老人的形象是由不同的农事图中移植来，被组合到了"田漏"图当中。送饭妇孺与观作老人的形象，最早应该出现在南宋楼璹《耕织图》的"二耘"和"三耘"两图当中。楼璹的原作虽然已经亡佚了，但是还有与楼璹《耕织图》相呼应的楼璹《耕织图诗》传世，且有后世摹本可览，可以大致推测楼璹画作的原貌。楼图的诸多摹本当中，宋末元初的程棨《耕织图》距原作年代较近，且保存完好，其中"二耘"图中出现了一妇一孺的馌食组合，"三耘"图绘有劳作者和持扇老人的形象。另外，楼璹"二耘"及"三耘"诗作展现了诗句和画面的一致性。《二耘》："解衣日炙背，戴笠汗濡首。敢辞冒炎蒸，但欲去稂莠。壶浆与箪食，亭午来饷妇。要儿知稼穑，岂曰事携幼。"《三耘》："农田亦甚劬，三复事耘耔。经年苦艰食，喜见苗薿薿。老农念一饱，对此出馋

水。愿天均雨阳，满野如云委”。①

诗作中清晰地描绘了“要儿知稼穑，岂曰事携幼”和“老农念一饱，对此出馋水”这两种人物形象。可以推测，楼图中绘制了与诗句相符的场景，即“二耘”中的妇孺与“三耘”中的老者。因此，王祯《农书》的“田漏图”是取前人绘画中的物象拼凑而成的，摹绘对象若非楼璹《耕织图》，则为此图的后世摹本。绘制这些人物、场景的目的，应该是为了说明田漏的作用。田漏为农家计时器具，若只在图中绘一田漏，难以说明农具的作用效果。于是，作者绘制了耘田者、送饭者、持扇者这些人物组合来说明四时变换，阐释了耕耘须惜时如金、不误农时的道理。

人物移植的另一种情况则是出于艺术的需要，增添与农务活动并无直接关联的次要人物，加强画面的生动性和趣味性。对这一情况的最好阐释当属儿童形象的运用。农事图中大量绘制儿童形象，自清代康熙年间焦秉贞《耕织图》始。焦秉贞所绘制的《耕织图》中，出现了许多正在嬉戏玩耍的儿童，在图画当中起到点缀装饰的作用，给画作带来了生活气息。清代其他农事图当中，经常可见从焦秉贞《耕织图》当中承袭下来的儿童形象。展现祭祀蚕神场景的图像，在多种农书中都有绘制，著名者有宋人《蚕织图》，元代程棨《耕织图》，明代邝璠《便民图纂》，清代焦秉贞《耕织图》、杨屾《豳风广义》、郝子雅《桑蚕图》，等等。历代祭祀蚕神图中，焦秉贞首次绘制了一对母子的形象，母亲在祭台前双膝跪地祭神，依偎在身边的幼子伸手索乳，使她不得不分心回头照顾幼子，为严肃的祀神场景增添了不少乐趣。乾隆年间杨屾撰《豳风广义》，光绪年间郝子雅绘《桑蚕图》，均在其祀神图中绘制出了这一对母子。《豳风广义》和《桑蚕图》的编纂目的都是为了推动当地的桑植事业，阅读对象是普通民众，“俾乡民一目了然，以代家喻户晓”②。故在图像绘制上倾向于大众审美趣味，借用了焦秉贞图中的儿童形象，增添画面的生活感。人物移植并非农事图的独有现象，乃是秉承中国传统绘画的一贯思路。早在南朝谢赫《古画品录》中，就提出了绘画“六法”，其中有“传移模写”③一则，讲的就是靠模仿借鉴得以传移流布。人物移植，便是传移模写法在农事图中的运用与实践。就各代农事图中的人物形象观之，南宋楼璹《耕织图》与清代焦秉贞《耕织图》有较多的创新。其余各类农事图，在选取效仿对象时，多取材此两图。

二、对背景细节的取舍

在背景环境的描绘方面，房屋、树木、家畜等物象由于外形近似，本身就不具备较高的辨识度，因此，对背景的考察可以从画家对物象的取舍入手。不同的画家在绘制背景时，对细节的刻绘程度各异，繁简不同。在此，以表现布秧场面的农事图为例，管窥相同题材图像在不同时代背景下的审美取向。元代程棨《耕织图 · 布秧》当中，最

① 〔宋〕楼璹：《耕织图诗》，见 http://www.a-sia.si.edu/SongYuan/F1954.21/F1954.21.asp.

② 张集贤：《桑织图》，见中国农业博物馆编：《中国古代耕织图》，中国农业出版社 1995 年版，第 177 页。

③ 〔南朝齐〕谢赫：《古画品录》，《文渊阁四库全书》812 册. 上海古籍出版社 1987 年版，第 3 页。

突出的主体就是撒种的农夫,在他的身后绘有一条田埂,整幅图画便已完成,除此外别无他物。明代万历刻本邝璠的《便民图纂·布种》当中出现两位农夫,添加了树木、草地、水鸟等细节,充盈了整幅画面。此图在细节上颇为充实,整个画面都被画家笔下的线条占据,没有一处空白,在视觉上的感受可以归结为一个"满"字。无独有偶,明代的另外一部日用类书《新锲全补天下四民利用便观五车拔锦》,同样刊刻于万历年间,当中的布秧图也是以"满"为美,画家用各类动植物填充了画面的每一个角落。在清代康熙年间焦秉贞所绘制的《耕织图·布秧》当中,绘制了两位农夫与一名儿童,数条田埂纵横分布,远处的几棵树木和数间田舍错落有致,一个典型的田家生活空间就此筑成。这幅布秧图中的物象并没有过"满",构图合理,视觉上更为舒适。从几幅布秧图的大致描述中可以看出,早期的农事图构图简单,在元代时极为朴素,只绘劳动主体。到了明代中期,产生了较大的变化,此时书籍已经商品化,《便民图纂》等日用类书的出售对象是下层百姓,因此偏向于百姓的审美趣味。至清代焦秉贞创作《耕织图》时,相比物象的丰富,画家更在意的是构建一个理想当中的雅致舒适而生趣盎然的田家生活图。由此可见,农事图历史上背景细节的刻画趋势,有两次较大的转变,一次是在明代中期,一次是在清代早期。

明代中期农事图对背景细节的关注主要受到同时代绘画风尚的影响。明代万历时期是版画的巅峰时期,此时各类图籍中的版画插图呈现出了飞跃式的发展。从技术层面上讲,自版画诞生之后,经过数百年的积累,其雕刻经验已经极为丰富,技术突破的基础已经形成。在审美层面,市民阶层新兴,生活风尚的艺术化和商品化对画风提出了精细化的要求,"没有好的插图的书籍在这时期好像是不大好推销出去似的"①。明代万历之后由于印刷书的商品化流通,出现了大量绘制有农事图的日用类书。日用类书的读者是普通百姓,其中的插图需要符合普通百姓的审美观念。以明代嘉靖版和万历版的两种《便民图纂》相比较,便可以看出其中的显著差异。从嘉靖到万历,相去不过数十年,无论是页面布局还是画风技法都有明显的变化。画作的规格在嘉靖年间是狭长型,万历时改为和书籍页面相同比例的竖型图,更加适应作为商品流通的印刷书。绘画风格上,嘉靖本的图画质朴浑厚,万历本的图画讲求精美。万历本的《便民图纂》中,劳动背景被刻画得细致而生动,室外场景有了大量的树木、花草做点缀,室内场景的屋檐地板、帷幔廊柱,都被绘制得丰满细腻,人物形态自然、姿态万千,生活气息扑面而来。

清代早期农事图的风格又是一变,这次转变,受到了清代焦秉贞《耕织图》的直接影响。焦秉贞所创作的《耕织图》,受清代院画影响,呈现出宫廷绘画的典雅风范。因为焦图是康熙帝所敕修,画作上方有康熙皇帝亲笔题写的《御制耕织图诗》并序,其政治地位极高,具有其他农事图不可比拟的导向作用。所以焦秉贞之后的清代农事图,对焦图的模拟痕迹相当重,有时甚至不绘新图,直接照搬焦图。清代相当数量的农事

① 郑振铎编著:《中国古代木刻画史略》,上海书店出版社2006年版,第50页。

图都秉承了焦秉贞图的宫廷风格，典雅精致。在这些农事图中，劳作背景所呈现的是整个生活空间，居住环境与园林景观相结合，室外场景则与室内场景相结合，创造出山水、树木、楼阁、家饰为一体的雅致居所，院落幽深、景致错落，阁楼、假山、池塘、植被环绕。更有甚者，元、明时代的农书，到了清代再版时，经清人的翻刻，也成为近似于风景画的精美插图。明代宋应星的《天工开物》，到了民国年间，被收录进王云五"万有文库"，其中的部分插图直接被焦秉贞《耕织图》中的场景所替换。清代四库全书本王祯《农书》与明本相比，有的图像"明本只画的农具，库本则多了背景，因而农具本身就比较小了，甚至不大清楚"①。诚然，清代宫廷画风的农事图，在环境、景观的描绘上不惜笔墨，赏心悦目，但是没有能够充分展示农具，已经不似农事图像。清人古籍中的农事图已经不再是对农业器具的写实刻画，而摇身变成精美雅致的风景画，对环境的描绘，大大超过了对农具本身的刻画。农具掩映于层层渲染的园林景观中，只占较小篇幅，在画中的主体地位不再突出，退为配角。而且模拟之作多数只仿得焦图原作皮毛，过于机械，生动不足，画中的劳作者也都身形纤瘦、衣着典雅，背离了农事图的本来面貌。这样一来，农事图丧失了展示农具的原始功能，遭后人诟病不少。

梳理农事图的发展脉络，万历时为一个重要的转折点，图像风格细腻热烈，清初再变为细腻且典雅。同是对细节的追求，但是由于受众的不同，图像所呈现的风格差异显著。清代焦秉贞的《耕织图》，是大胆创新的一次成功尝试，导致了清代农事图的风格转变。但是其后的模拟之作大多质量不高、机械重复，且忽略了农具的刻画，不为行家所取。

三、绘画技法的创新

古籍中农事图的绘画技法，以清代焦秉贞《耕织图》为转折点。焦秉贞《耕织图》以前的农事图，所绘之物并无太多的立体感，也不讲究比例。用现代人的眼光审视，仿佛所有景物都处于同一平面之上，不易分辨大小远近。这一传统绘法在清代初期被焦秉贞加以改革。焦秉贞生活于康熙朝，在掌管天象、历法事务的钦天监任职，得以结识钦天监中的西洋传教士。他的焦点透视法，很可能就是从西洋传教士处习得的。焦秉贞在绘制《耕织图》时，大胆创新，把焦点透视法引入宫廷绘画，融会贯通，纯熟地将焦点透视法与传统中国宫廷绘画相结合。他所绘制的《耕织图》，"凡仰阳合覆，歪斜倒置、下观高视等线法，莫不由一点而生……凡目之视物，近者大远者小"②。焦秉贞《耕织图》中的物象极具立体感，有强烈的远近对比，营造了深远的画面空间。此图经康熙皇帝作序题诗、版刻刊行，一时模仿者如泉涌，康、雍、乾几朝不乏摹绘画作。这些画作，有的经帝王题诗，颁示臣工，有的张贴于祭坛屏风。更有朝臣命工匠摹绘此图于各类工艺品上，制墨、绣扇，再进献帝王，一时花样百出。细观这些摹绘作品，与焦秉贞原

① 王毓瑚校：《王祯农书》，农业出版社 1981 年版，第 10 页。

② 〔清〕年希尧：《视学》序言，雍正年间刻本。

作几乎没有差异，极为忠实于原著，无非是对焦图的复制罢了，少有创新。

在清代各类古籍的农事图中，焦秉贞《耕织图》的重复绘制率同样居高。在清代甚至民国时期的农事图中，不难见到焦秉贞《耕织图》中的场景。如雍正年间的《古今图书集成》中，部分农事图直接来源于焦图。乾隆年间的《豳风广义》，很多农事图都是模仿焦图绘制的。民国王云五“万有文库”本的《天工开物》，其中的“浴蚕”“老足”“取茧”“择茧”等图直接挪用了焦秉贞图中相同主题的图像。上文阐述过，焦秉贞的开创性贡献在于焦点透视法的运用。那么，这一技法是否被《古今图书集成》、《豳风广义》、王云五“万有文库”版《天工开物》等典籍中的农事图所继承呢？

观察这些典籍中的农事图，乍一看很混乱，运用了焦点透视法的图像和传统的中式图像混杂出现，似无规律可言。细观之，凡是从焦秉贞《耕织图》当中直接复制来的图像，皆采用焦点透视法，其他图像所用的仍旧是传统的中式画法。《古今图书集成》，康熙末年开始编纂，雍正年间成书，编修资料源于诚亲王胤祉协一堂的私人藏书及陈梦雷的家藏。① 作为资料汇编，《古今图书集成》以采集为主，较少原创。因此，源自焦秉贞《耕织图》的图画保留焦图原貌，源自其他典籍的图画自然不会使用焦氏的透视法。王云五本《天工开物》与《古今图书集成》类似，凡是从焦秉贞图中复制而来的图像都呈现出焦点透视法，其余则无。而《豳风广义》的情况稍有不同。是书由农学家杨屾所撰，乾隆年间付梓。书中有《终岁蚕织图说》十二幅，其中半数之多都取材于焦秉贞《耕织图》，采用的是前文阐述的移植之法，以焦图中的物象为基础改绘新图。这些画作只采用了焦图的物象，没有采用焦点透视法。但又有一图例外，便是《终岁蚕织图说・九月》(见图二)，图画只有部分采用了焦点透视法。

图二 《豳风广义・终岁蚕织图说・九月》图(部分)

图二中所绘建筑物围栏的透视感极强，由近及远有交汇的趋势，成功运用了焦点

① 唐天尧：《陈梦雷与〈古今图书集成〉》，《福建师范大学学报(哲学社会科学版)》1981 年第 2 期。

透视法。画作的其余部分使用的却是传统画法。对比焦秉贞图可知,《九月》图是对焦秉贞《耕织图·成衣》的模仿,围栏部分忠实于原图,其余部分则有改动。《终岁蚕织图说》题为王元伯所绘。王元伯生平未知,其人未必受到过西方技法的训练,也很可能不了解焦点透视法原理。他在依焦图摹绘新图时,绝大部分画作没有借鉴焦图技法,只是借鉴了焦图中的人物景观,并把他们用传统画法展现出来。只有《九月》一图,围栏部分完全复制焦秉贞原图,无意中保留了焦点透视法,形成了一幅图画中的部分内容使用焦点透视法的奇特现象。焦秉贞所创造的中西结合的新式画法,虽然受到了康熙皇帝的推崇,但时人评价褒贬不一。对于当时的画家来说,很难接受这种偏离传统的新式画风。因此,《耕织图》虽红极一时,但焦点透视法并没有得到广泛普及。后人对焦秉贞《耕织图》的模仿,仅仅是依样画瓢,机械重复,不曾真正习得焦点透视法。焦图的仿绘作品甚夥,但用焦点透视法创作新画的却不曾见。在农事图当中,部分或者全部照搬焦秉贞原图的,可呈现出焦点透视法则,而改绘的作品就难以将此技法展现出来了。

纵观中国古籍中农事图的绘制,具有里程碑作用的图像有二:一是南宋楼璹绘制的《耕织图》;二是清代焦秉贞绘制的《耕织图》。楼图极高的原创价值引起他人竞相效仿,其后古籍中的农事图多以楼图为宗;焦图一出,亦引起其他画家的大量摹绘。楼璹所绘《耕织图》,虽然如今已经亡佚,但从后人的各类序跋当中不难看出,楼图为同时代及后代的农事图创作提供了效法对象。清代焦秉贞《耕织图》版刻刊行后,即成为一个新的标杆,其后的农事图不乏焦图的影子。

在古籍农事图的绘制历史上,最有创新意义的莫过于楼璹《耕织图》与焦秉贞《耕织图》两图。其余的农事图则传承的成分远远大于创新的成分,更多地是杂糅前人的图像之后,稍加改造而成新图。比如《古今图书集成》,其图像并不是某一位画家的创造,而是取材众书,采各家图像,兼容并包。因此,很难明确《古今图书集成》的图像是源自哪一部著作,它更类似于是前人文献积累的汇总。在这一积累过程中,楼图与焦图称得上是真正的创新之作。其余的农事图,复制度和重复率高,很少有突破创新。这一点正符合中国农书的整体编纂思路,数量虽多(据张芳、王思明主编的《中国农业古籍目录》统计,古代农书共计存目 2084 种,佚目 84 种①),但编纂思路禁锢,重复前人原文的比例颇高。正如孔子所言,“述而不作,信而好古”。“作”的成分要远远小于“述”的成分,这亦是中国人善传承少创新的文化心理的体现。

① 中国农业科学院南京农业大学中国农业遗产研究室编:《中国农业古籍目录》,北京图书馆出版社 2003 年版,第 3 页。

清代御制耕织图的编纂特征及文献价值

王　璐

摘　要：清代御制耕织图是由康、雍、乾、嘉四位帝王分别参与，相继编纂而成的系列图像文献，在绘制、刊刻过程中形成了多种版本类型，其序文题诗都表达了帝王对农桑的重视和对江南风物的观赏。其作为图像文献也有承传关系和变化过程，对历代的单幅图像分别加以比照，可以考察其在绘画方面的发展，也能解读其中所蕴含的丰富文化内涵。

关键词：清代；御制文献；耕织图；文化内涵

在清代宫廷典籍中，御制文献占有很大比例。特别是康乾时期，皇帝组织文臣对收藏于宫廷以及从民间征集的汉文书籍文献进行了大规模的整理、汇辑工作，编纂和刊刻（或抄录复制）了多种大型丛书、类书、总集等文献。这些文献均被冠之以“御制”的名目，成为皇帝实施文治的标志性成果。其中御制的耕织图是一组有图有书法有题诗的系列文献，代表了御制文献的一种类型，自康熙朝以来不断被绘制、摹绘或刊刻，可以考察书画类文献复制传播的基本流程。本文梳理清代御制耕织图的系列版本，探讨其中图像文献的传承关系。从书籍史的角度来看，这也是中国书画类文献从绘制形成到复制刊刻以及流传演变过程的一个有意义的例证。

一、清代御制耕织图版本的编纂特征

清代御制耕织图是一个统称，包括由康熙、雍正、乾隆、嘉庆四位帝王相继题写诗作的多种版本的耕织图，是累积而成的一个系列。

1. 清代御制耕织图的来源与版本系列

耕织图并非清代帝王首创，最早绘制耕织图的是南宋高宗朝的于潜县令楼璹。“宋高宗即位江南，乃下劝农之诏”①，楼璹因此诏而绘制《耕织图》。楼璹的《耕织图》原绘于长卷之上，分为耕图和织图两部分，共有 45 幅画作，每图配有五言诗一首。这

① 〔明〕宋濂：《题〈织图〉卷后》，见《宋濂全集》，浙江古籍出版社 1999 年版，第 657 页。

些画作与诗歌，以江南地区的生产生活为绘刻对象，分别描述了种稻收获和养蚕纺织的一系列劳作程序。此图绘成后进献高宗，朝野传颂，轰动一时。此后，宋、元、明时期都有模仿之作，比较著名的如南宋宫廷画师仿楼图"织图"部分绘制的《蚕织图》、元代程棨仿楼图绘制的《耕织图》、明代邝璠编纂的《便民图纂》中刊刻的《农务女红之图》等。

清代御制耕织图始于康熙朝。康熙二十八年(1689)康熙皇帝南巡时，"江南人士出其藏书，进献者甚多，内有陈旉《农书》、秦观《蚕书》、于潜公《耕织二图诗》三书，皆宋版也。奉敕合为一编，付内廷收贮"①。康熙帝所见到的《耕织二图诗》已经不是楼璹的原作，而是宋版书了。康熙帝有感于农桑稼穑之艰辛，命宫廷画师焦秉贞绘制新图。焦秉贞依据楼璹图画《耕织图》一册，素绢本着色，耕图、织图各 23 幅，共计 46 幅。每幅画作上方有康熙皇帝亲笔题写的七言诗一首，画面空白处题有楼璹原作五言诗。康熙三十五年(1696)，这组诗画作品由名刻工朱圭、梅裕凤刻板雕成。康熙亲笔书御制序文(序前有"佩文斋"一玺，后题"康熙三十五年春二月社日题并书")，由此形成了《康熙御制耕织图》(后也有称之为"佩文耕织图""康熙御制耕织图诗"的)，由内府印制。雍正未登基时，曾命宫廷画师仿《康熙御制耕织图》绘制新图，与焦图的画面布局基本相同，每幅均有他题写的五言诗一首，但未收录楼璹五言诗，有趣的是画中农夫农妇的形象以胤禛和其福晋为原型，此图应命名为《胤禛耕织图》(现存北京故宫博物院)。乾隆曾经和韵康熙创作并题耕织图诗("乾隆四年夏四月既望题并书")，乾隆七年(1742)官方编修《钦定授时通考》，将康、雍、乾三帝的耕织图诗作汇集在一起收入。嘉庆十三年(1808)，武英殿校订《钦定授时通考》，嘉庆下谕将本人依康熙原韵而作的耕织图诗补入《钦定授时通考》(现在《文渊阁四库全书》中的《钦定授时通考》就是修订过的版本)，这就形成了清代四帝题诗汇刻本耕织图。

从康熙御制耕织图开始，经雍正、乾隆到嘉庆，四位帝王相继题诗或作序，通过多种版本形式复制耕织图，形成了清代御制耕织图系列文献。这不仅反映了清代帝王对江南风土人情的特殊喜好，也借此表达了各自的主张。康熙《御制耕织图序》叙述最为详细，主要表达对农夫的怜悯及对农事的重视："古人有言：衣帛当思织女之寒，食粟当念农夫之苦。朕惓惓于此，至深且切也。爰绘耕、织图各二十三幅，朕于每幅制诗一章，以吟咏其勤苦，而书之于图。自始事迄终事，农人胼手胝足之劳，蚕女茧丝机杼之瘁，咸备其情状。复命镂板流传，用以示子孙臣庶，俾知粒食维艰，授衣匪易。《书》曰：惟土物爱厥心臧。庶于斯图有所感发焉。且欲令寰宇之内，皆敦崇本业，勤以谋之，俭以积之，衣食丰饶，以共跻于安和富寿之域，斯则朕嘉惠元元之意也夫。"②雍正的《耕织图跋》叙述"伏读皇父特制耕织图序，云生民之本，以衣食为天。又云用以示子孙臣庶，俾知粒食维艰，授衣匪易。盖欲令寰宇之内，一皆崇本而抑末"，因此也命

---

① 〔清〕万作霖：《〈农书〉识语》，见《知不足斋丛书》第 9 辑，长塘包氏开雕。

② 清圣祖：《御制耕织图诗序》，《钦定授时通考》，《景印文渊阁四库全书》第 732 册，台湾商务印书馆 1987 年版，第 725—726 页。

人绘制耕织图,不仅是“暇时展阅,若身在其中,不觉目旷而心怡也”,更是“以敬承皇父重农桑以阜成兆民之至意,而常念稼穑之艰难,悯杼柚之劳瘁,以检身于礼度也”。[①]嘉庆在陈述自己补刊乾隆《钦定授时通考》本耕织图的动机时也谈到“以示朕祇遹成谟、重民务本至意”[②]。由此可见,清代御制耕织图系列文献具有政治象征意义,一方面传承了汉民族重视农桑、体恤民生的观念,可以塑造贤明君主的形象;一方面也维系了清代帝王自身所谓“圣圣相继”[③]的政治伦理。

2. 清代御制耕织图的绘制步骤与版本类型

清代四位帝王御制的一系列耕织图,虽然版本繁多,但主要有绘本、写本、刻本三种类型。其中绘本由宫廷画师绘制,设色手绘。清宫绘本众多,著名的有康熙年间焦秉贞绘《耕织图》、冷枚绘《耕织图》,雍正潜邸时期命内廷画师绘制的《胤禛耕织图》,乾隆年间陈枚绘《耕织图》等。精品绘本上裱有帝王的亲笔或刻本诗作。写本是清代帝王为耕织图所题写的诗作,不与画作装裱在一起,单独装帧存于内廷。如嘉庆皇帝有御笔题写的《耕织图诗》与《蚕织图诗》各一册,楷书嘉庆帝五言耕织图诗,不录画作,存于内廷。刻本是以装裱有帝王诗作的绘本耕织图为底本而镌刻成书的版本。如康熙三十五年(1696)内府刻印的《康熙御制耕织图》,乾隆七年(1742)官修农书《钦定授时通考》中的三朝诗汇刻本耕织图。

这三种类型是基于清宫的书画类文献绘制步骤而自然形成的。其绘制步骤是:首先由帝王指定内廷画师作画,画作部分先行完成,如焦秉贞绘制的《康熙御制耕织图》图像部分。接下来由帝王御书诗歌和序文于笺本之上。书写日期或在画作雕版完成之后,如《康熙御制耕织图》;或仅在画作绘本完成之后,如《胤禛耕织图》、冷枚所绘《耕织图》。帝王所题写的诗文有的是画作完成之后创作的,如康熙的御制耕织图诗;有的是誊写往日所作的诗文,如乾隆和韵康熙的耕织图诗原作于其皇子时期,登基后又为冷枚《耕织图》而重新书写。帝王书法完成之后,需要裱于画作之上,与画作合为一体,如《康熙御制耕织图》《胤禛耕织图》、冷枚所绘《耕织图》。若不需要装裱于画作之上,则单独装裱,如嘉庆皇帝《耕作图诗》册页。最后是版刻的部分,《康熙御制耕织图》完全依照焦秉贞所绘《耕织图》而刻印,再现了康熙帝御书笔法与焦图原貌。而乾隆年间的三朝诗汇刻本和嘉庆年间的四朝诗汇刻本,则根据刻本的需要而重绘画作,并采用了便于排版的印刷字体。

从版本类型而言,四帝所制的耕织图密切关联。《康熙御制耕织图》由焦秉贞的绘本而产生内府刻本。以此为祖本,《胤禛耕织图》、乾隆三朝诗汇刻本御制耕织图、嘉庆四朝诗汇刻本御制耕织图,相继模仿创作,不断叠加,最终形成了集成式的汇

① 清世宗:《耕织图跋》,《皇清文颖》第8卷,《景印文渊阁四库全书》第1449册,台湾商务印书馆1987年版,第204页。

② 清仁宗:《〈钦定授时通考〉卷首上谕》,《景印文渊阁四库全书》第732册,台湾商务印书馆1987年版,第2—3页。

③ 〔清〕董诰等:《〈钦定授衣广训〉卷末跋文》,见《故宫珍本丛刊》,海南出版社2001年版,第363页。

刻本。

从清宫内务府造办处的原始档案中可以发现,清代宫廷还存在着大量绘本形式的耕织图。这些耕织图画作一般是做陈设装饰之用,其中最常见的用途是充当装饰画。造办处档案记载:"乾隆十年(1745)二月二十七日,司库白世秀副催总达子来说太监胡世杰交耕织图二十四页,传旨交三和在蚕坛内贴,赶祭蚕坛要贴上。于三月初六日副领催徐三将托表得耕织图三十四页持去,交三大人随奉二大人,谕此图着贴在蚕坛平门上,其平门内另糊白绢石青大小线。于三月初七日副催总强锡将耕织图二十四页贴在蚕坛。"①蚕坛是祭祀蚕神的地方,在这里张贴的"耕织图共二十四页"应为耕织图的"织图"部分。此外,《钦定日下旧闻考》记载雍和宫内有课耕屏,绘耕织图。②《国朝宫史》记载雍和宫中书院"东寝宫御笔匾曰窗含远色,西室屏门上前曰劝农、后曰课织,绘耕织图于屏间"③。无论是贴于祭祀蚕神的场所,还是置于书院,这些在清宫中起装饰功用的耕织图,也从一个侧面反映了皇帝对农耕事务的关注。由于这些粘贴的装饰画不易取下单独保存,历时稍久,便易损毁。这也是清宫中大量绘本耕织图虽有记载却没有保存下来的一个原因。

二、清代御制耕织图之图像的文献价值

清代御制耕织图的刻本是图文并茂的文献典籍,各种刻本的耕图、织图系列文献也有承传关系和变化过程,并具有丰富的文化信息,这也是中国书籍史上值得单独解读的图像文献。

1. 图像文献的承传和变化

清代御制耕织图不仅脱胎于南宋楼璹的《耕织图》,而且与宋、元、明三代的其他耕织图以及中国古代类书、农书中的农事插图有着复杂的承传关系。本文以《康熙御制耕织图》中的《经》图为例,将其与类似农事图像进行对比,说明图像文献的发展演变过程。

南宋时期经架图的代表作是南宋宫廷画师所绘《蚕织图》中的《经靷》一图,与此图类似的是元人程棨所绘《耕织图》中《经》图。两图都模仿南宋楼璹《耕织图》绘制,采用传统设色工笔画的绘制方法,在构图上有类似之处,经架较为开阔。明人所绘制的经架图刻本,可以参考明代万历年间王圻父子的《三才图会》与同时期徐光启的《农政全书》。两书构图基本相同,简明清晰,经架较为瘦长,以说明劳动技艺和生产步骤为目的,没有过多的细节刻画。从明代中期开始,随着雕版刻印技术的发展,书籍中的图像绘制逐渐发生了变化。

楼璹的《耕织图》在绘成数十年后,当时的绍兴知府汪纲曾经命工重绘付梓,此本在嘉熙年间由楼璹的曾孙楼杓重刻。明代天顺年间,江西按察佥事宋宗鲁得楼杓刻本

① 中国第一历史档案馆、香港中文大学文物馆合编:《清宫内务府造办处档案总汇》第13册,人民出版社2005年版,第356页。

② 〔清〕于敏中等编纂:《日下旧闻考》第20卷,北京古籍出版社1985年版,第268页。

③ 〔清〕鄂尔泰、张廷玉等编纂:《国朝宫史》第16卷,北京古籍出版社1987年版,第387页。

的残卷，重加考订付梓。宋宗鲁刻本《耕织图》如今在日本存有和刻本，为日本延宝四年(1676)狩野永纳翻刻。由于翻刻者知识欠缺，将《经》图名称误题作“络丝”。宋宗鲁本《经》中出现了个别景物(盆景)，只是笔法还比较简略。邝璠所刻《便民图纂》中的《经纬》图模仿宋宗鲁图，画面中的房屋结构、人物、部分景物都是基本一致的，但绘图更为细腻，添加了不少景观细节。这说明从明代中期开始，耕织图的绘制已经开始注重对生活场景和细节景观的刻画，不再是单纯表现劳动技术的步骤，而是具有风俗画的某些特征。

到了清代，《康熙御制耕织图》的《经》图更多增加了农户的生活环境、房屋、景物等细节，特别是在经架下还绘制了两个正在玩耍的小孩，富有家庭生活情趣。同一时期的类书《古今图书集成》中的《经架图》，也可以看到庭院、房屋、树木等与《康熙御制耕织图》类似的生活场景。

从上述多种经架图可以窥知，历代的耕织图有某种传承关系，也发生了一定演变。到《康熙御制耕织图》出现达到一个高度，其中的画面已经从简朴变为丰富，大量增加了日常生活的景物和环境，不仅描绘了农家生活的具体场景，也反映了绘画技法(借鉴了西洋焦点透视的绘画技巧)和版刻技术的成熟，这使耕织图的画面可以作为细致入微、具有层次感的艺术作品来欣赏了。

2. 图像文献的文化信息

耕织图分为耕图、织图两部分。从南宋楼璹《耕织图》到清代御制耕织图，每一幅同题的画图，都可以纵向进行对照和比较，从其间的异同和变化中，不仅可以了解绘画和版刻技术的发展，如上面提到的《经》图；还可以发现民间风俗、人物服饰、农事工具和器物等是否发生了微妙变化，窥探画家不经意间所透露的历史文化信息。下面仅选取宋、元、明、清四代耕织图中的“祀谢”图(见图一至图四)来解读其中隐含的内容。所谓“祀谢”图表现的是民间祭祀蚕神的情景，画面中都有蚕神像，有摆着蚕丝和供品的祭台，还有几个作跪拜状的人物。但仔细观察从宋代至清代的耕织图，其中确实有所变化。

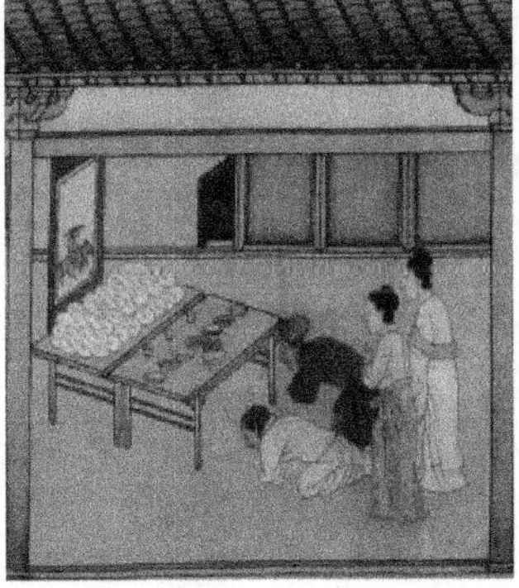

图一 南宋《蚕织图·谢神供丝》①

图二 元·程棨《耕织图·祀谢》②

① 全景博物馆丛书编委会编纂：《中国人物画博物馆》，海燕出版社2003年版，第150页。

② http://www.asia.si.edu/songyuan/F1954.20/F1954-20.Documentation.pdf.

图三　明·邝璠《便民图纂·祀谢》①

图四　清《康熙御制耕织图·祀谢》②

第一,增加了生活细节。

宋人《蚕织图》(图一)中的画面,屋檐下的构图比较简单。元代程棨的《耕织图》(图二)只是在祭台旁增加了箱子作为家居摆设。明代邝璠的《便民图纂》(图三)加入了较多细节刻画,神灵的图像清晰可辨,地板也画出了复杂的花纹,此外还出现了一个孩童,构成了一家老小参与祀谢的画面。而清代《康熙御制耕织图·祀谢》(图四)的内容更加丰富,增加了院落门和环绕的树木,屋檐变成了具有立体感的房屋。但蚕神像被巧妙地掩蔽了,人们仅能从侧面看到神像图的后背空白。参与祭拜者不仅有男人、妇女,还有幼儿、丫鬟。男主人聚精会神祭拜神灵,两名妇女却转头被啼哭索乳的幼儿所吸引,这一细节极大地增加了画面的生活情趣。清代御制耕织图中的多幅图作中都添加了孩童,大多是男孩,鲜见女孩形象,这也表现了中国绘画中借男孩表达多子多福愿望的传统情趣。

图五　焦点透视法分析图③

① 〔明〕邝璠:《便民图纂》,《续修四库全书》第975册,上海古籍出版社2002年版,第228页。

② 《御制耕织图诗》,《续修四库全书》第975册,上海古籍出版社1996年版,第402页。

③ 《御制耕织图诗》,《续修四库全书》第975册,上海古籍出版社1996年版,第402页。笔者王璐加工绘制。

第二，吸收西洋绘画技法。

比较宋、元、明、清四代的耕织图，在绘画技法方面，清代御制耕织图的最大变化就是运用了西方的焦点透视法。焦点透视法在平面上创造了三维空间，清人著述所谓西画之透视法“凡仰阳合覆、歪斜倒置、下观高视等线法，莫不由一点而生”①。由图五可以看出，将清代御制耕织图中的建筑线条延伸，则相交于一点，从而增加了画面的立体感，这证明此图成功运用了焦点透视法。

第三，蚕神形象有所变化。

这四幅画作表现了民间祭祀蚕神的风俗。其中宋、元、明三幅图都描绘了蚕神的形象，只有清代的耕织图采用了含而不露的手法。再对照来看，三幅图中的蚕神像也有所不同。宋人《蚕织图·谢神供丝》（图一）描绘的蚕神为一人骑一马的形象；元人程棨《耕织图·祀谢》（图二）中的蚕神像较小且模糊，但大体看来应与明代《便民图纂·祀谢》（图三）中的蚕神形象相似；明代《便民图纂·祀谢》（图三）中的蚕神比较清晰，展现的是一位有四条臂膀且两臂举剑于头顶的横眉怒目的神人。

参考有关记载，可以找到蚕神形象变化的缘由。王祯《农书》描述：“蚕神，‘天驷’也。天文、辰为龙，蚕、辰生，又与马同气，谓天驷即蚕神也。《淮南王蚕经》云，黄帝元妃西陵氏始蚕，至汉、祀菀窳妇人、寓氏公主，蜀有蚕女马头娘，此历代所祭不同。然天驷为蚕精，元妃西陵氏为先蚕，实为要典。若夫汉祭菀窳妇人、寓氏公主，蜀有蚕女马头娘，又有谓三姑为蚕母者，此皆后世之溢典也。”②

由此可知，古之蚕神有多位，其中之一就是马头娘，是一个身披马皮的女子形象，或为骑乘马匹的女子形象，为民间所供奉。③ 宋人《蚕织图》（图一）中一人骑一马的形象与此特征相符，所绘当为马头娘。马头娘，又称马明王，明王为神之通称。民间祭祀的马明王不止一位，凡是马姓或是与马相关的神灵皆可称之为马明王。据记载，民间还有养马人“祭马王”的风俗，“其祭品用牛羊一腔，不用猪，谓马王在教，不享黑牲肉也。其像则四臂三日，狰狞可怖，其神牌则书‘水草马明王’字样”④。仔细观察图二、图三，其中的蚕神面相威厉，三眼四臂，似乎就是“水草马明王”。由此推测，民间祭祀蚕神有可能将不同的马明王混为一体，或者是画工未加深究而失误（清代御制耕织图的画工可能发现了这种混乱现象，采取了回避的手法）。但有书记载，这种三眼多臂形象“流行于浙江嘉杭湖地区……对此神有两说：一说即蚕花娘娘；二说为男性，其像为三只眼睛六只手，来历不明”⑤。无论如何，历代耕织图中的蚕神形象，作为一种相互关联的图像文献，为考察这一民俗提供了一条重要线索。

---

① 〔清〕年希尧：《〈视学〉序言》，雍正年间刻本。

② 王毓瑚校：《王祯农书》，农业出版社 1981 年版，第 373 页。

③ 陶雪迎：《蚕神信仰中的马头娘信仰》，《亚细亚民俗研究》第三辑，学苑出版社 2002 年版，第 99 页。

④ 李家瑞编：《北平风俗类征》，商务印书馆 1937 年版，第 85 页。

⑤ 赵永良、蔡增基主编：《江南开发论文集（附录） 江南风俗志》，南海出版公司 2002 年版，第 647 页。

综上所述,清代御制耕织图作为系列的文献版本,在中国古代耕织图的传承和演变过程中,富有集大成的意义。其中帝王的序跋文及题诗等表达了统治者重视农桑的治国理念,也反映了其对江南风土人情的特殊喜好。作为图像文献本身,其绘画技法、画面布局以及所蕴含的丰富文化内容,都值得详细考察和解读。由此可见,清代御制耕织图作为一种特殊的宫廷文献,在中国古代图像书籍的编纂、出版与传播史上具备多方面的研究价值。

徐灏六书观浅探

王娅维

摘　要：“六书”理论是古代文字学的一个重要理论，是研究字形结构不可或缺的部分。徐灏的六书观贯穿于其《说文解字注笺》中，对“合体象形”的批判，是其最为精华的部分。

关键词：徐灏；六书；六书观

“六书”理论是贯穿于中国古代文字学的一条轴心线，是《说文》学的一个核心理论，随着《说文》学的发展在清代达到高峰。清代《说文》学著作甚丰，据丁福保《说文解字诂林》统计，有清一代治“说文学”且有著作传世的就有200余人。我们探讨清代的六书学，研究清代文字学思想，离不开对每一部著作、每一位学者具体观点的分析与梳理，徐灏的《说文解字注笺》（以下简称《徐笺》）是一部对段玉裁《说文解字注》（以下简称《段注》）进行阐释、补充、补正的著作。姚孝遂先生云：“徐灏的《说文解字注笺》在形式上是段书的附庸，而实际上则是具有独到见解的一部著作。他对文字的观察与分析，是细致而深入的，有不少精辟的论断。”①他的“六书”思想就主要体现在该部著作中。在这篇文章中，我们将从其具体的论述出发，探讨徐灏的六书观。

一、徐灏的象形观

徐灏恪守象形的传统说法。在“气”字下云：“古盖作，象形，所谓画成其物，随体诘诎也，篆文小变其势。”②按，“气”的甲骨文作“”，“”，金文作“”（大豐簋）、“”（齐侯壶）。于省吾《双剑誃殷契骈枝》：“‘气’字初文作‘’，降及周代，以其与‘上下’合文及纪数‘三’字易掍，上画弯曲作‘’，又上下画均曲作‘气’，以资识别。”③“气”字的字形源于对“云气之貌”的抽象描绘，小篆“”则是汉字演变过程中

① 姚孝遂：《许慎与说文解字》，中华书局1983年版，第57页。

② 本文所引《说文》及《段注》内容均引自段玉裁：《说文解字注》，上海古籍出版社1988年版；《徐笺》各条均引自《续修四库全书》著录本。

③ 于省吾：《双剑誃殷契骈枝》，北京虎坊桥大业印刷局代印，1941年初版，第57页。

为了和别的字相区别而作了稍稍变形，这种形变在金文和简帛文字中已经表现出来，如“”齐侯壶，“”睡虎地简，“”《老子》帛书乙等。

反对“合体象形”。徐氏在“牟”字条云：“牛鸣声无可象，故作，象其气，而从牛建类，使人知其为牛鸣耳。段以为合体象形，非也。”在“番”字条云：“段谓番合体象形，非也。”针对此类字，提出了“凡许书言从某象形者，皆造字因其形简略难明，故加偏旁建类”的观点。认为“番”“”“”“”“肱”“牟”等字，其字形的一部分指向意义，如“”像“人面”、“”像“耳垂”、“”像“肌理”、“”像“臂肱”、“”像“牛鸣声气”，而另一部分则是为了明确意义范畴，使字义在字形上彰显得更加明了。如果单用“”表示“牛鸣声”，用“”表示“耳垂”，则表意模糊不清，容易产生误解，故加“牛”“耳”以限定，即徐灏所谓“加偏旁建类”。认为《说文》中“从某象形”的字，均属于此类。

主张全体象形。段玉裁分象形为独体象形和合体象形，徐灏对合体象形持反对态度，提出了“但云象形者，乃为全体形也”。虽然他对一些字的分析并不恰当，如“日”，附会“太阳上有乌”这一说法，强说“日”中的“乙”像鸟，但这并不影响他把象形视为一个整体来处理，看到了象形字是不可分割的这一特征。

二、徐灏的指事观

徐灏在“上”字条云：“上下无形可象，故于一画作识，加于上为上，缀于下为下，是谓指事。《自序》曰‘指事者，视而可识，察而见意也。’不以为会意者，义属于虚。凡有事物可见者，皆指事也。”认为“上”“下”表示的是一种比较抽象的概念，不是像具体之形，无法用某种具体事物的形象来描绘，所以只能借助于笔画符号来表示，加一点于上表示“上”，加一点于下表示“下”这一概念，这样的字是为指事。抓住了指事字抽象和指画标识的关键。

三、徐灏的会意观

徐灏认为“止戈为武”“人言为信”，皆合二字会意，所以“凡合二字三字见意者，皆为会意”。重文亦是二字三字之合，只不过其为同字之合，他在“珏”字条言“凡重文于六书当为会意”。如“卉”，《徐笺》：“艸之总名，故从三屮。三者，众也，当为会意。”“茻”，《徐笺》：“从四屮，犹重艸也，会意。”

凡取一字分析之，或诘诎之，皆为会意。《徐笺》：“片即今义之半字。以一木分而为二，从半木会意。”“勹，勹从人曲之，盖怀中包裹之意，引申为屈曲之意。”“夨，从大而曲其首，与勹从人而曲之同例，皆会意，非象形也。”徐灏认为“木”一分为二，“片”字为其中的一半；“夨”字通过改变“大”字的部分笔画来表示意义；“勹”字从“人”字形体弯曲而成，此类均为会意字。此说与周伯琦同，《六书正讹》云：“夨，倾头也。从大而夨其头会意。"①《说文》:"夨,倾头也。从大,象形。"《段注》:"夨象头倾,因以为凡倾之称。象形者,象头不直也。""夨"字甲骨文作"""",《夨簋》作"",《夨王鼎》盖作"",说文小篆作"",像侧头站立的人形。罗振玉《增订殷墟书契考释》云:"此象倾头形。"②"夨"这个字为象形字,只不过它所代表的词不是事物的名称,而是表示事物某一状态的名称。《说文》:"勹,裹也。象人曲形,有所包裹。"段玉裁也认为其为象形。董莲池言:"于省吾认为(勹)象人侧面伏俯之形,即'伏'字初文。"③"勹"并非由"人"字弯曲而来。徐灏所讲的此类会意字,是指通过对已有汉字的字形进行相应的弯曲变形、增减笔画等方法来表示意义,除"片""爿"可以看作木字的一半外,"夨""勹"等并不属于此列。

四、徐灏的形声观

《徐笺》"元"字条云:"谐声之法,因形建类而附之以声,使人因声以知其物,如江河皆水也,其形从水,其声从工从可,则知其为江为河。许君《自序》曰:'形声者,以事为名,取譬相成,江河是也。'"此外,徐氏认为有些形声字的形符、意符在构字时所处的相对位置是有意义的,不可随便更改,如"旱""旰",同为"日""干"组合,以"干"为声,日在上为"不雨",日在旁则为"晚"。同时,他也看到了形声字意义的传达,并不全受意符位置的制约。如"昃",《说文》:"日在西方时侧也。从日仄声。"④篆文作"",隶作"昃",亦作"",段玉裁认为""训为"日在西方",不能把"日"移之"仄"上,隶书"昃"字把"日"置于上方不合理。徐灏批驳段曰:"形声之字,固有以偏旁上下为义者,然亦有取其字体相配,不可拘墟。若如段说,训日在西方,不容移日在上,然则,晢训为明,晋训为进,啓训为晴,为日晞乾肉,其日皆当在上,何以置于下乎?乃之或体,冥字正从声,因与昃形近,易淆,故书传罕用,久而佚之。《系传》存此,真乃一字千金。惟入夨部为小误耳。"《甲骨文字释林》姚孝遂按曰:"徐灏之说,堪称允当。卜辞为之初形,本不从夨,为后起会意兼形声字。"⑤徐氏对文字的分析实事求是,具体问题具体分析,方法妥当。

因声载义。徐灏根据声符的功能差异把形声字分作两类,一类是声符兼表义者,即"因声载义",另一类是声符不兼表义者。声符不兼表义者,其声符仅仅用来标示读音,而与形声字的意义无关,如"江""河"等,兼表义者则形声字的意义寓于声符当中,

---

① 〔元〕周伯琦:《六书正讹》,《影印文渊阁四库全书》第228册,台湾商务印书馆1983年版,第179页。

② 罗振玉:《增订殷墟书契考释》,东方学会石印本1927年版,第55页。

③ 董莲池:《说文部首形义新证》,作家出版社2007年版,第248页。

④ 孙海波:"日侧时为昃。"姚孝遂:"卜辞昃字诸形象日西昃时人影之倾侧。"罗振玉:"从日在人侧,象日之形。"董作宾:"与象人影倚斜,下从日,正为日昃之义,是乃初文,昃反为后起之字矣。"又曰:"从日从,为会意字,为大,人立正面之形,或则象人影之侧斜。日昃,则人影侧也。《说文》作,易会意为形声矣。"

⑤ 于省吾主编:《甲骨文字诂林》,中华书局1996年版,第298页。

如"𥡴""袼""菩"之类。

省声省形。徐灏和段玉裁一样，对许慎的"省声"多持怀疑态度。如"牢"，《说文》："从牛冬省。"《徐笺》："太牢具牛、羊、豕，少牢但有羊、豕，无牛也。字从牛者，举大牲也。象圈形，与同意，许云从冬省，殆非也。"按，"牢"字甲骨文作""""等，以牛羊在圈牢中会意，有从牛者，亦有从羊者，古文字一字异体也。罗振玉云："牢为兽栏，不限牛，故其字或从羊。"[1]徐氏"象圈形"之说，确也。李孝定《甲骨文字集释》："所谓从冬者，实象牢形，即许言'取其四周帀'者是也。冬省说，非。"[2]许慎以小篆分析，误以为从冬。[3] 徐灏把省体的条例归纳为二，"齋"字下云："凡省体有二例，其一省之而可识者，如齋从齊省，羆从熊从罷省，倉从食省，曾从曾省，及孝、考等字皆从老省之类是也。其一古籀本不省，后乃省之，如融从蟲省声，而籀文不省，麇从囷省声，而籀文不省之类是也。"然而，他对一些字的省形之说，并不符合文字实际。如"會"，《徐笺》："合者，併也。合併则有所增加，故从亼，从曾省。曾犹重也，谓重叠相合也，因之凡相遇曰會。"徐氏支持完善许说，实属牵强。"會"金文作""""，像两物上下相合之形。《段注》："《禮经》：'器之盖为會，为其上下相合也。'"董莲池《说文部首形义新证》引高鸿缙云："會即膾的初文，因与会合的會声音相近，借为会合之会，遂又追加肉旁作膾字以表其本义，会形遂被假借义所专，许慎形义分析不确。"[4]故"會"非从亼也，亦非从曾，篆文可分析为从亼从曾者，文字演变过程中线条化笔画化之结果也。

五、徐灏的转注观

转体为转注。徐在"下"字条曰："段以互训为转注，大误。许云：'转注者，建类一首，同意相受，考老是也。'异部互训，非建类一首，明矣。况转注乃造字之一法，岂可以训诂之注释当之乎？转注之说，先儒传闻异词，迄无定论。系传谓若耆耋等字取类于老，松柏同受意于木，江汉同主于水，似于'建类一首，同意相受'之旨有合，但如此则转注即是谐声，六书仅有其五，恐非法也。惟戴仲达以转体为转注，如反上为下，反为，反为之类是也。此说人多疑之，予窃以为独得转注之解。"唐代裴务齐、宋元间戴侗、元代周伯琦等都以汉字的形体左回右转、正反倒侧等转变字形方向的造字方法为转注。徐灏继承戴侗的观点，以转体为转注。党怀兴在《宋元明六书学研究》中说，"左右回转的说法，五代时的徐锴，宋时的郭忠恕、毛晃等已明确指出其谬，以为是俗说野言"，并指出此转注之说"既与许慎的转注说法有较大的差距，又与汉字的实际不符"。[5] """"本为一字，象手之形，甲骨文既有向左之形""，又有向右之形

---

① 罗振玉：《增订殷墟书契考释》，东方学会石印本1927年版，第13页。

② 李孝定：《甲骨文字集释》，台湾"中央研究院"历史语言研究所1970年版，第313页。

③ "冬"字篆文作""，说文古文作""，与"牢"字""之""相似。

④ 董莲池：《说文部首形义新证》，作家出版社2007年版，第137页。

⑤ 党怀兴：《宋元明六书学研究》，中国社会科学出版社2003年版，第155页。

“”，后才分化为表示左手的“”和表示右手的“”，其间并不存在反体之变。“永”字甲骨文作“”，也作“”，即后世之“𠂢”字，本为一字，左右正反无别，后分而为二。

六、徐灏的假借观

《徐笺》“中”字条云：“假借之例，如西本象鸟巢，借为东西之西；来本象麰麦，借为行来之来。许云‘假借者，本无其字，以声讬事’，西来是也。”假借因声近音同而发生，与文字形体无关，属我们一般所理解的假借。

形近相借说。徐氏提出：“古文以形近相借，乃假借之又一例，如以中为艸，以亏为亏之类是也。所以然者，盖其音虽异，而字形与文义可以望而知之，如钟鼎文‘惟几年’，‘惟’多作‘隹’，人皆知为‘惟’之假借，故可相通也。”这就撇开了“以声讬事”的原则，转向文字形体的相近相似，由文字的形近而相假借，假借字所表示的原字和意义可以“望而知之”，假借字和被假借字的音读不必相同或相近。按，“惟”用于句首，为语气词，也作“唯”“维”。钟鼎文多借“隹”为“惟”，并不是如徐灏所言二者形体相近，而是由于音近。“惟”乃从心从隹声的形声字，于象形字“隹”为后起，在其产生之前，以“隹”为之，实为可能，《昌鼎》就作“”。徐氏以形近而为假借之说法与“以声讬事”相去甚远，从其所举例字来看，“中”“艸”为形近相混，“隹”“惟”为古今字的关系，故徐氏形近相借之说不足取也。

徐氏又云：“六书之法，有借他字之形以为此物之形，而兼取其声者。”如“主从丶，象镫火，而丶亦声”，“ 盇从大，象盇，而大亦声”。按，《说文》云：“主，镫中火主也，从象形，从丶，丶亦声。”《段注》：“象形，谓象镫形。从丶，谓火主。丶亦声。”《说文》：“丶有所绝止，丶而识之。”《六书正讹》：“丶，古主字，镫中火主也。象形，借为主宰字，隶作主。”“主，镫中火炷也，象形。”[①]徐氏“借他字之形以为此物之形，而兼取其声者”谓“主”字借“丶”字字形来表示镫中火炷之形，同时兼取“丶”字的音而为其音。“主”字甲骨文作“”“”“”等，像镫中火苗燃烧之形，并非借“丶”来像火炷之形。“盇”，金文中有“”形，像一有盖器皿之形，上面像盖覆之形而并非从大，后来才演变得与“大”之形同，如“”“”“”，“盇”字从“大”，是字形发展演变的结果，并非借“大”字形体表示器物之盖，徐说难以成立。

七、徐灏的兼书观

指事兼声。如“珥”，《徐笺》：“此从玉建类，从耳指事，兼声，言其玉为耳上饰也。”俎，《徐笺》：“，半肉形，从且指事，兼声。”按，“珥”为珠玉耳饰，所以徐言其从耳指事。“俎”为祭祀时盛放牲体的礼器，甲骨文作“”“”“”，金文有“”“”“”，

---

① 〔元〕周伯琦：《六书正讹》，《影印文渊阁四库全书》第 228 册，台湾商务印书馆 1983 年版，第 137 页。

江楚陵简作“”,肉在且上。[①] 因而徐氏言其从且指事。由此可知,徐灏认为“耳”、“且”等独体字亦可以充当指事字的指事符号,也就是说指事字的标识符号本身可以有固定的意义,构字时起作用的是凝结在字上的意义。

指事兼会意。如“天”,《徐笺》:“天,从一在大上指事,大象人形,说见大部,段以为从一大会意,义得两通,此与止戈为武,人言为信,皆合二字会意。《自序》曰:‘会意者,比类合谊,以见指挥,武信是也。’”徐氏认为“天”字从一在大(人)上指事,又同意段玉裁从一大会意之说。“旦”,《徐笺》:“从日在一上,日初出地平时也,此指事兼会意。”徐灏认为“一”既可以看作指事符号,也可以理解为像地平线之形,“一”为地,“日”在其上,表示日出平明之时,指事讲得通,会意也可,所以说是指事兼会意。按,“旦”甲骨文作“”“”“”等,《颂鼎》作“”,《侯马盟书》作“”。于省吾先生认为:“契文旦字当系从日,丁声。丁、旦,双声并端母。”[②]“丁”字古文作“”“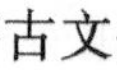”“”等形,“旦”字下部分字形与之合。如果说“旦”为指事字,则“日”“一”的位置应该固定不变,然而《扬簋》作“”,“日”在下。徐灏分析“六书”,虽然参照了一些金文资料,但仍然是基于小篆字形之上的,他对“天”“旦”中一横的分析,就篆文而言,指事兼会意是讲得通的。然而徐灏讲的指事兼会意,并非都可成立。如“字”,《徐笺》:“从子在宀下指事,兼会意,妇人乳自居室中也。”“”,子在宀下,当为会意,而非指事。

会意兼形声。《徐笺》“禮”字条云:“凡言从某,某亦声者,皆会意兼形声。如吏从史从一,史亦声;祏从示从石,石亦声之类是也。”吏,《说文》:“从一从史,史亦声。”《段注》:“凡言亦声者,会意兼形声。”《徐笺》:“从一从史会意,言遵守法令也,史亦声,段云会意兼形声是也。”按,古文“吏”“史”“事”“使”本为一个字,后而分化,作“”“”,以手持中会意。会意兼形声的字,多为孳乳分化字,其声符兼有表意作用,所谓“因声载义”也。从其一级构件之间的组合方式来看,为表义构件和示音构件之组合,应当为形声字。

徐灏反对“合体象形”之说,提出“造字因其形简略难明,故加偏旁建类”,主张全体象形。对指事的分析,抓住了指事字的关键特征——抽象和指画标识。但又认为除了点、横这样的符号外,一些有明确意义的独体字也可以充当指事符号,如“字”字中的“子”,“看”字中的“手”等,这就导致指事和会意的分界不明,分析具体的字往往混淆难辨。除分析了同体会意和异体会意外,提出了“凡取一字分析之,或诘诎之,皆会意”一说,从其所举例字看,此说实属牵强。徐灏依据声符是否兼表意义把形声字分为两类,“因声载义”乃是对“右文说”的继承和运用。他认为形声字意符的位置有意义可寻,但并非所有的形声字都如此,对许慎“省声”多持怀疑态度,把省体的条例归

---

① “且”字甲骨文作“”“”“”,林义光《文源》:“(且)即俎之古文……从二肉在俎上,肉不当在足间,则二横者俎上之横,非足间之横也。”“俎”本作“且”,后因形体演变而作“俎”,“俎”并非从且指事。董莲池认为:“俎是两足之俎的侧视形,为俎之两足,且为俎之面,本为独体象形,构形与‘且’无关。”

② 于省吾主编:《甲骨文字诂林》,中华书局 1996 年版,第 1100 页。

纳为省之而可识者和古籀本不省，后乃省之两类。承宋元明以转体为转注之说，前人对以转体为转注之说早有批判，该说实应抛弃，而徐氏承之，不足取。认为假借除了"本无其字，以声讬事"之例外，还可以"以形近相借"，也可"借他字之形以为此物之形，而兼取其声者"，与许慎假借之说相去甚远，亦不足取。

徐灏讲"六书"，主要基于许慎的论述；讲兼书，也是从《说文》的字形分析入手，并不像同时代人分类繁复的兼书观，他的主要贡献是对段玉裁"合体象形"之说的批判。段玉裁根据象形字的形体结构之不同提出"独体象形"与"合体象形"之分，对后世影响颇大，而徐灏则持反对态度，主张全体象形，提出"造字因其形简略难明，故加偏旁建类"。认为所有的象形字都应该是一个完整的、不可分割的形体，因为事物不管大小，"或独立，或附于它物之上，都是一个完整的个体"。[①] 所以，象形字必然为独体字。清人黄以周在《六书通故》中以"象形为独体字"为立足点对段玉裁进行批判，近现代学者唐兰、姚孝遂、高明等也不同意"合体象形"说，此实乃由徐灏发端。

① 高明：《中国古文字学通论》，北京大学出版社1996年版，第47页。

论《徐笺》补正《段注》说解字形的成就

王娅维　程传鹏

摘　要:清徐灏《说文解字注笺》在补正段玉裁《说文解字注》字形分析上取得了巨大的成就,表现有三:运用钟鼎文研究的成果来考证字形;吸取宋元明文字学研究之精华,继承与发扬其说解字形正确的部分;通过对字义、词义的分析,结合汉字造字理据说解字形,补正段说。虽然他的字形分析有的并不正确,有的考释有待商榷,但瑕不掩瑜。

关键词:《说文解字注笺》;段注;字形;钟鼎文

段玉裁《说文解字注》(以下简称《段注》)是《说文》学史上的一部力作,王念孙为其作序云:"盖千七百年以来无此作矣。"①然其亦有不足和缺陷,清代就出现了专门对其进行补充、订正的著作,如王绍兰的《说文段注订补》、钮树玉的《段氏说文注订》、徐承庆的《说文解字注匡谬》、徐灏的《说文解字注笺》(以下简称《徐笺》)等。"徐灏的《说文解字注笺》在形式上是段书的附庸,而实际上则是有独到见解的一部著作。他对文字的观察与分析,是细致而深入的,有不少精辟的论断"②。其在说解文字字形方面的成就尤为突出,对《段注》字形分析的补正更为有力。

一、以钟鼎文考证字形补正段说

宋以来,随着金石学的不断发达,学者便运用其成就来考释字形字义。徐氏在论及汉字字形时,不仅继承了利用钟鼎文字考释字形字义这一传统,并通过对钟鼎文字资料进行比较论证,在考察文字形体的演变方面进行了积极的探索与实践,在文字字形的考证和文字形体演变的印证上,得出了许多精辟的论断,对《段注》的字形分析做了必要的补充、说明和订正。例如:

"戈"。《说文》:"平头戟也,从弋,一衡之。象形。"《段注》:"从弋,谓秘长六尺六

---

① 〔汉〕许慎撰、〔清〕段玉裁注:《说文解字注》,上海古籍出版社 1988 年版,序第 1 页。

② 姚孝遂:《许慎与说文解字》,中华书局 1983 年版,第 57 页。

寸。一衡之，象形，衡各本作横。依许全书例证，弋之首一横之而已矣。"《徐笺》："古钟鼎文作' '，正象戈形，小篆变为一横，从弋，其柲也。"[①]徐氏认为"戈"字本为象形，小篆" "中"戈"形变作一横，另一部分"弋"则是柲的变形。甲骨文"戈"字有" "" "" "等形，金文则有更为象形的" "" "形。罗振玉《增订殷墟书契考释》云："戈全为象形，丨象柲，一象戈，非从弋也，古金文或作 者，形已失也。"[②]李孝定《甲骨文集释》："中竖象柲，中长横画，一端象刃，他端象内，直画下端或作' '，象其鐏，横画一端或从' '，象垂缨。"[③]段氏阐释了"弋"乃"戈"之柲，徐氏从钟鼎文字形体出发，不仅支持"戈"为象形，并且说明了字形中"一横"的源头及变化，补充订正了段氏对"一横"的解释，其说至确。

"单"。《说文》："大也，从吅甲，吅亦声，阙。"《段注》："大也，当为'大言'也。浅人删'言'字，'大言'故从'吅'，'阙'谓甲形未闻也。《尔雅》《广雅》说大皆无'单'。"《徐笺》："传注未有训单为'大言'者，故段说非也。考《阮氏钟鼎款识》，《姬单匜》'单'作' '，《氏盘》作' '，馀多作' '，是甲者，隶变之讹体。《款识》又有作' '者，然则并非'从吅'也，疑此即古'箪'字，象形，借为'单独'之'单'，因为借义所专，又加'竹'作'箪'耳。"李孝定云："许君盖不知单字本义，故云'阙'，其下说解弟就篆体言之耳。据许说单为会意兼形声字，据卜辞、金文言之，单实象形字。徐灏《段注笺》以为象箪形，孔广居《说文疑疑》以为'觯之古文。觯，爵之大者，故单训大也'。说确未是，然较他家解《说文》者为近于朔谊。丁氏以'干'解'单'，更以'兽'字从' '或从' '证之，于形音义三者俱合，说盖可从，金文作' '' '，与卜辞同，非从吅也。"[④]从单字的甲骨文、金文字形来看，"单"字像某种武器的形体，当为独体象形，徐灏在分析了钟鼎文的各种字形之后得出"不从吅"，其结论是正确的。

又如"目"。《说文》："人眼，象形，重童子也。"《段注》："人目由白而卢，童而子，层层包裹，故重画以象之。"《徐笺》："许君以二画为重童子，非也。段说亦传会。考《阮氏钟鼎款识》，《目父癸爵》作' '，象形绝肖。小篆从古文变耳，'目'篆本横体，因合于偏旁而易横为直，如'睘''罘'等字则不改也。《系传》古文作' '，盖本作' '，易横而直，又改而方之。""目"字甲骨文有" "" "" "等，乃像眼睛之形，后变横体为竖体，进而方折笔画化，遂成"目"，徐说是合乎文字事实的。李孝定云："篆文于象形已远，《段注》读重一字句绝，谓嫌人不解'二'，故释之，其说确是。然于形仍不类，卜辞象形绝肖，小篆竖书且匡廓整齐，其形已失，然文字衍化之通例也。"[⑤]

"衣"。《说文》："依也。上曰衣，下曰裳，象覆二人之形。"《段注》："云覆二人则贵贱皆覆，上下有服而覆同也。"罗振玉云："衣无覆二人之理，段先生谓覆二人则贵贱

① 本文所引《说文》及《段注》内容均引自段玉裁：《说文解字注》，上海古籍出版社 1988 年版；徐灏《说文解字注笺》各条均引自《续修四库全书》著录本，上海古籍出版社 1995 年版。

② 罗振玉：《增订殷墟书契考释》，东方学会石印本 1927 年版，第 46 页。

③ 李孝定：《甲骨文集释》，见于省吾主编：《甲骨文字诂林》，中华书局 1996 年版，第 2309 页。

④ 李孝定：《甲骨文集释》，见于省吾主编：《甲骨文字诂林》，中华书局 1996 年版，第 430 页。

⑤ 于省吾：《甲骨文字诂林》，中华书局 1996 年版，第 552 页。

皆覆,其言亦迂回不可通。此盖象襟衽左右掩覆之形。”①早在甲骨文发现之前,徐灏从小篆出发,结合金文字形,阐释“衣”字之具体所象。《徐笺》:“古钟鼎文多作‘□’,与小篆同体,上为曲领,左右象袂,中象交衽,此象形文,明白无可疑者,许君盖偶未审耳,段谓覆二人则贵贱皆覆,穿凿无常。”批判许、段之说,至确也。

二、取宋元明研究文字之精华补正段说

宋元明时期的《说文》学研究,表现出一种疑古思辨的倾向,学者们力求摆脱旧说的束缚,审视许慎的观点,怀疑《说文》,创立新说,学界对其评价历来不高。至清代汉学复兴,学者以《说文》为经典,对其更是贬低有余。《四库全书总目》:“盖字学至元明诸人,多改汉以来所传篆书使就己见,几于人人可以造字。”②然而徐灏却能撇弃时代的偏见,挖掘宋元明学者见解之精辟者以证己说。如:

“刃”。《说文》:“刀坚也。象刀有刃之形。”段承许说,以为象形。《徐笺》:“刃者,刀口之刿,不得于刀上别作一画以为形。周伯琦谓‘从一指事’,于义为长。”按,《说文释例》:“夫刀以刃为用,刃不能离刀而成体也。顾刀之为字,有柄有脊有刃矣。欲别作刃字,不能不从刀,而以丶指其处,谓刃在是而已。”③“刀”字甲骨文作“□”,象刀之形,“刃”字作“□”,以一点指向刀刃之处,乃指事也,非象形。徐灏认定周伯琦之说是正确的,故引来说明“刃”的字形。

“也”。《说文》:“女阴也,象形。”《段注》:“此篆女阴是本义,假借为语词,本无可疑者,而浅人妄疑之,在许当时必有所受之也。”《徐笺》:“戴氏侗曰:‘□,沃盥器也,有流以注水,象形,亦作“□”,借为词助,词助之用多,故正义为所夺而加“匚”为“匜”。’灏按,□《钟鼎款识》字甚多,断无以女阴铭其器者也,小篆变作‘□’,也、匜盖古今字。”高鸿缙对“也”字字形做过详细的分析:“《春秋传》曰‘奉匜沃盥’。字原象匜注水之形,水之流注,二与三无别,以其为皿也,故加皿旁,以其金(铜)制也,故加金旁,亦或金、皿并加之。东周之时‘也’始借用为语助词,小篆以‘也’已借为助词,乃加‘匚’作‘匜’,于是歧为二字。”④在高氏之前,徐灏通过对字形的分析,就已认同戴侗也字为形象之说正确,纠正段说。

“鼓”(□)。《段注·鼓部》:“此篆当作□,今正。”(“□”隶定为“皷”)《徐笺·鼓部》:“段改篆非也……鼓从壴从又持半竹击之,其始盖专为考击之称,后为鼓声之名,故又改支从支,为鼓击之鼓,实一字耳。由此观之,戴氏谓壴即鼓之本字,信矣。”

按,《说文·鼓部》:“鼓,郭也。春分之音,万物郭皮甲而出,故谓之鼓。从壴,支象其手击之也。《周礼》‘六鼓:靁鼓八面,灵鼓六面,路鼓四面,鼖鼓、皋鼓、晋鼓,皆两

① 罗振玉:《增订殷墟书契考释》,东方学会石印本1927年版,第42页。
② 〔清〕永瑢等:《四库全书总目》,中华书局1965年版,第372页。
③ 〔清〕王筠:《说文释例》,中华书局1987年版,第25页。
④ 周法高主编:《金文诂林》,香港中文大学出版社1977年版,第7149页。

面。’”《玉篇·鼓部》：“鼓，瓦为椌，革为面，可以击也。”[①]王筠《说文解字句读》：“《释名》：‘鼓，廓也。张皮以冒之，其中空也。’”[②]《说文·攴部》：“鼓()，击鼓也。从攴从壴，壴亦声。”宋濂《篇海类编》：“鼓，击也，抚也，扇也，动盪之也；又冶铸，又鼓琴鼓瑟。从攴，与钟鼓之鼓不同，然亦作鼓。”[③]《徐笺·攴部》：“击鼓谓之鼓，因之凡有所考击亦皆谓之鼓，此实字虚用之例。”易本烺《字辨证篆》：“鼓，击鼓也。从攴从壴。案，钟鼓字从支，鼓击字作攴，今概作支。”[④]以上各种说法以“鼓”为钟鼓之鼓，为名词，而“鼓”为击鼓之鼓，后引申、泛化为“击”之义，为动词，两者区分明确。

唐兰先生在《殷墟文字记》中云：“金文‘鼓’字，或从，或从，殊无别。卜辞则有从‘攴’从‘殳’二体。盖古文字凡象以手执物击之者，从‘攴’、‘殳’或‘支’，固可任意也。”又云“‘壴’为‘鼓’之正字，为名词；鼓、鼓、鼓，为击鼓之正字，为动词，《说文》既以鼓为名词之鼓，遂以鼓专动词。”[⑤]郭沫若《卜辞通纂》亦云：“壴，乃鼓之初文。象形。”[⑥]“壴”字甲骨文作“”“”“”等形，像鼓竖立正视之形。董莲池云：“上Ψ为鼓之饰物，中为鼓面，下为承鼓之架，乃‘鼓’的象形字。”[⑦]早在唐、郭二氏之前，徐灏就根据戴侗之说，明之矣。《徐笺·壴部》：“戴氏侗曰：‘壴，乐器类，草木箢豆，非所取象。其中盖象鼓，上象设业崇牙之形，下象建鼓之虡。’伯曰：‘疑此即鼓字。鼓，击鼓也，故从攴。’”唐兰评之曰：“戴侗《六书故》谓‘鼓不应有二字，击鼓为鼓，犹箸衣为衣，非分为二’。徐灏《说文段注笺》谓‘鼓从壴从又，持半竹击之，其始盖专为考击之称，后为鼓鼙之名，故又改支从攴，为鼓击之鼓，实一字耳’。较戴说为胜。”[⑧]由此知，“壴”乃名词钟鼓之初文，后以“鼓”为之；“鼓”与“鼓”均为动词击鼓之“鼓”，为一字也，从“攴”与从“支”义同，不存在改变偏旁之说，《说文》以鼓为名词，以鼓为动词，遂分而为二耶。诚如唐兰先生所云：“徐灏说壴即鼓字，犹得文字发生之真。”[⑨]

再如“我”。《说文》：“施身自谓也。或说我，顷顿也。从戈从𠦬。”段从许说。《徐笺》：“元周伯琦曰：‘戈名象形，借为吾我字。’按，即古文之变体也。”王国维言：“我字疑象兵器形，训余为借义。”[⑩]《甲骨文字诂林》云：“周伯琦《说文字源》《六书正讹》据钟鼎彝铭以说解文字，每多创获，丁福保笃信《说文》，于戴侗、周伯琦之背离《说文》深恶痛绝之，其《说文解字诂林自叙》云周伯琦‘以戊为戈矛之戈，庚为钟虚之虚，诞漫叵信，视同戏剧’。实则此正周氏之真识灼见处。许慎《说文解字》，于古文字之

---

① ［南朝梁］顾野王：《玉篇》，《影印文渊阁四库全书》第224册，台湾商务印书馆1983年版，第139页。

② ［清］王筠：《说文解字句读》，中华书局1988年版，第171页。

③ ［明］宋濂：《篇海类编》，《续修四库全书》第230册，上海古籍出版社1995年版，第211页。

④ ［清］易本烺：《字辨证篆》，《续修四库全书》第240册，上海古籍出版社1995年版，第397页。

⑤ 唐兰：《殷墟文字记》，见于省吾主编：《甲骨文字诂林》，中华书局1996年版，第2774页。

⑥ 郭沫若：《卜辞通释》，见于省吾主编：《甲骨文字诂林》，中华书局1996年版，第2772页。

⑦ 董莲池：《说文部首形义新证》，作家出版社2006年版，第121页。

⑧ 于省吾主编：《甲骨文字诂林》，中华书局1996年版，第2777页。

⑨ 唐兰：《殷墟文字记》，见于省吾主编：《甲骨文字诂林》，中华书局1996年版，第2774页。

⑩ 于省吾主编：《甲骨文字诂林》，中华书局1996年版，第2427页。

学，厥功至伟，然许氏多据小篆立说，不尽合于文字之初形本义。戴侗、周伯琦实开以古文字订正许书之先河，间亦有臆说，未可厚非。”①正是因为徐灏继承了戴、周开创的以古文字正许书的传统，他才能发现戴、周等人说解文字字形高明之处。

三、直接分析字形补正段说

徐灏分析字形，并不拘泥于字形，而是能从词义、从其作为构件进入他字的意义等多方面入手，或推演汉字之古形本形，或批判段玉裁的字形说解，或就具体字形提出己见，取得了可观的成果。因而杨树达先生云：“许君而后，戴侗、周伯琦以逮晚近王筠、朱骏声、徐灏之徒，稍事补苴，时有胜义。”②

如“攴”。《徐笺》：“疑本象手有所执持之形，故凡举手作事之义皆从之，因用为扑击字耳。”徐灏之推测，以意义为突破口。《说文》：“攴，小击也。从又卜声。”徐云：“从攴之字多非击义，攴训小击，理有难通，且条枚之枚，细微之微，皆从攴，其非取义于击，更可知。”林光义《文源》：“从攴之字当象手有所持形。”③董莲池云：“象手举棍棒之形。”④从“攴”之“枚”，《父辛簋》作“”，《枚父丙卣》作“”，《枚家卣》作“”。其右部分像手拿器物之形，可证徐说正确。

“晶”。《说文》：“晶，精光也。从三日。”“曡，万物之精，上为列星。从晶生声，一曰象形，从口，古口复注中，故与日同。”段从许说。《徐笺》曰：“晶即星之象形文，故、字从之。古文作、二形，因其形略，故又从生声，小篆变体似有三日，而非从日也。古书传于晶字别无他义，精光之训，即星之引申，因声转为子盈反，遂歧而二指耳。”按，“晶”甲骨文作“”“”，“曡”字甲骨文作“”“”“”。杨树达《积微居甲文说》：“星字甲文作，或加声旁作，其为天上星宿之象形字甚明。”⑤董莲池言：“晶即星的象形初文，甲文作、诸形，象星三三两两相在之形，追加声旁生而作、，构形和日无关。口中之点是饰笔，‘精光也’是‘星’的引申义，后来晶与星二形发生分化，以晶专表精光之义，以星专表星辰之星。”⑥徐灏从“晶”作为构件构字的意义出发，结合词义，说“晶”为“星”之初文，与“日”无关，正许、段之说，与后世发现的时代更早的甲骨文合，其言不凡。

又“车”。《段注》：“象形，谓象两轮一轴一舆之形。此篆横视之乃得。”《徐笺》：“段以二画象轮，一直画象轴，其中方之，以象轸取义，迂晦。”“车”字甲骨文有“”“”“”“”等形。罗振玉言：“卜辞诸车字，皆象从前后视形，或有箱，或有辕，或

---

① 于省吾主编：《甲骨文字诂林》，中华书局1996年版，第2434页。
② 杨树达：《积微居小学述林》，台湾大通书局1971年版，第214页。
③ 林光义：《文源》，林氏自刻本1920年版，第27页。
④ 董莲池：《说文部首形义新证》，作家出版社2006年版，第47页。
⑤ 杨树达：《积微居甲文说》，上海古籍出版社2007年版，第20页。
⑥ 董莲池：《说文部首形义新证》，作家出版社2006年版，第176页。

仅作两轮，亦得知为车矣。”①金文字形有写法较为繁复的“□”“□”“□”等形，亦有较为简省的“□”“□”“□”等形。孙诒让言：“考金文车，本象驷马车之全形，其义至精，不仅可证《说文》之讹，且可考证故驷马车制……两□象两轮，旁两画象毂端之键而轴贯之。”②很显然，“車”乃为车轮之象，本为车字字形的一部分，后不断简化，遂单为车字。段氏分解其象轮、象轴、象轸之说，与实际字形不符，徐灏批判的是。

“眉”。《说文》：“目上毛也，从目象眉之形，上象额理也。”《段注》：“□象眉形，□为额理。”《徐笺》：“疑当以□象眉毛。”按，“眉”字甲骨文作“□”，金文作“□”“□”“□”形，都突出眼睛上方，即眉毛，小篆作“□”，“□”乃“□”之变，应为眉毛。清孔广居《说文疑疑》：“‘眉’古作‘□’，下象目，上象毛，小篆‘□’即古文之小变，非象额理也。”③徐说确也。

再如“周”。《说文》：“密也，从用口。□，古文周字，从古文及。”《段注》：“《左传》晏子曰：‘清浊小大，短长急徐，哀乐刚柔，迟速高下，出入周疏，以相济也。’以周与疏反对。忠信为周，谓忠信之人无不周密者，善用其口则密，不密者皆由于口。”《徐笺》批评段说字形：“密与不密皆用口也，然则但从用口，何以知其必为密乎？段说非也。用口未详，口疑囗之误耳。”《甲骨文字诂林》：“甲骨文周字不从口，为方国名或地名之专用字，古文字中方国名或地名之专用字如‘鲁’‘商’‘唐’‘吴’等等，每每增‘口’作为偏旁，《说文》从‘用’‘口’，乃讹变之形体。林义光《文源》已言之。许慎说解‘周’字为‘用口’会意，从而导致各种臆说，段玉裁以为‘善用其口则密，不密者皆由于口’尤属牵强。”④“周”字甲骨文作“□”“□”“□”“□”等形，至金文始有增口之形出现，如“□”“□”等，此“口”与“口耳”之“口”无关，虽然徐灏并能为“周”字之“口”做出一个确切的判断，但他对段氏的批评是正确的。古文字造字理据与城邑相关的字多从口，如“□”“□”“□”等，国名、地名亦多有口，至于其是否为囗，不能证实，亦不能证伪，“口疑囗之误”，可备一说。

四、《徐笺》说解字形之失

几千年来，汉字形体不断演变，象形程度越来越低，加之讹变以及简体、俗体的使用，使得某些汉字丧失了构形理据，这对我们梳理汉字形体流变的历程和疏通意义发生、引申、转移的脉络造成了巨大的障碍，加之受古文字资料多寡的限制，徐灏对汉字形体的分析，就难免出现失误和不妥。

如对“□”字形的分析，徐灏承许、段之误，认为“为”乃母猴之象形字，并论证曰：“母古音读若牧，母猴犹言猕猴，猴性好动，故为字从爪，象猴形。江阴孔广居曰：‘为字上从二爪，下腹为母猴形，谓□象形’是也。盖小篆上体作□，为二爪，其一爪左笔引

---

① 罗振玉：《增订殷墟书契考释》，东方学会石印本1927年版，第46页。

② 孙诒让：《契文举例》，见于省吾主编：《甲骨文字诂林》，中华书局1996年版，第3175页。

③ 丁福保编纂：《说文解字诂林》，云南人民出版社2006年版，第978页。

④ 于省吾主编：《甲骨文字诂林》，中华书局1996年版，第2128页。

长，中画与下体相连，遂不可复识耳。古文亦从二爪，即以为两母猴形。”按，“为”字甲骨文作“”“”，金文作“”“”，均像手牵大象之形。罗振玉《增订殷墟书契考释》云：“‘为’字古金文及石鼓文并作‘’，从爪，从象，绝不见母猴之状，卜辞作手牵象形，知金文及石鼓文从者，乃之变形，非训覆手之爪字也。意古者役象以助劳，其事或尚在服牛乘马以前。”①许、段、孔并误，而徐承之。

又如“師”。《徐笺》曰：“故狮子只作師……狮子威服百兽，故凡师教为长者皆曰师，三军之长，所师人众，因之师有众义。《释诂》曰：‘师，众也。二千有五百人为师。’周礼夏官序官文，古文，象形，汉简作，云出义雲章，又作云见石经。盖小篆从，变移其上体为偏旁，象头，与兕、禺之类、象头同例，象足，与、等篆下体同。”按，甲骨文、金文多以“𠂤”“帀”为“師”，《铁云藏龟》作“”，《盂鼎》作“”，《师寰簋》作“”，《蔡太师鼎》作“”。《说文》：“师，二千五百人为师。从帀，从𠂤。𠂤，四帀，众意也。”孔广居《说文疑疑》：“𠂤俗作堆，积聚也，聚则众，散则寡，故𠂤有众意。帀，俗作匝，周徧也，众则周，寡则不周，故匝亦有众意。众必有长以率之教之，故又为師长字。狻麑为百兽之长，故亦名師，俗作獅，非。”②狮子非中原土著，《本草纲目》记载：“狮子出西域，状如虎而小，黄色。亦如金色猱狗，而头大尾长。亦有青色者，铜头铁额，鉤爪锯牙弭耳。”后传入中原，汉顺帝时疎勒王来献犎牛及狮子，故此前的中原先民是不会创造出“狮子”的象形文字来的。《后汉书·顺帝纪》作“師”，乃假借也，后加“犭”旁专表示“狮子”。徐灏以“”像头，“”像足，认为“師”为“狮子”之象形文字，实乃谬误。

纵观《徐笺》中对《段注》说解字形的阐释、批判与补正所取得的成就，我们不难发现，徐氏乃是在坚持考据精神之下，主要以古文字为切入点和依据，并触及字义，来考察、分析汉字字形，同时继承和发扬了宋元明时期《说文》学领域的治学精神，许多结论都与后世出土的古文字资料相合。不仅在《段注》说解字形的补正上取得了成绩，更为汉字的字形研究做出了巨大的贡献。

---

① 罗振玉：《增订殷墟书契考释》，东方学会石印本1927年版，第60页。

② 丁福保编纂：《说文解字诂林》，云南人民出版社2006年版，第1582页。

明代浙江词人用韵考

谭湘衡

摘　要:本文结合江浙吴语方言考察明代浙江词人的用韵情况。经过系联,其用韵系统可以归纳为十五部,其间有不少参差通押现象。这些现象大致反映了三种情况:语音正常演变;方音入韵现象;仿古现象。和中原地区相比较,浙江地区的语音演变比较缓慢。

关键词:明代;浙江;词;用韵;通押

中国古代的韵文为研究语音的发展提供了丰富的材料,也为研究当时的具体方音提供了可能。在用韵的研究方面,学术界已经做了很多的探索,尤其是在唐诗宋词的用韵研究上,取得了丰硕的成果。然而,人们很少研究明清时期词的用韵。本文试图以明代浙江词人的词作用韵为材料,探讨明代浙江词人的押韵特征及其反映出的某些方音特点。

一、材料的范围及研究方法

本文以饶宗颐、张璋两位先生的《全明词》为依据,从书中所收近两万首词作中选取有一定代表性的二十家浙江词人的4473首词、7395个韵段作为研究对象。

关于研究方法,本文主要采用韵脚字系联法。在确定每首词的韵脚时,基本上参照饶宗颐、张璋先生的《全明词》以及王力先生的《汉语诗律学》。不能确定韵脚字时,本文通过排比同词牌的词借以辨别确定韵字。

经过系联,可以将浙江词人的用韵分为歌戈部、家车部、皆来部、支微部、鱼模部、尤侯部、萧豪部、先廉部、真侵部、庚青部、江阳部、东钟部、铎觉部、屋烛部、德业部等十五韵部。在浙江词人的用韵中存在较多通押现象。下面我们按照阴声韵、阳声韵、入声韵的划分,对各韵部间的重要通押现象作一分析总结。

二、通押现象的统计分析

1. 阴声韵

在阴声韵中,通押现象主要出现在歌戈部与鱼模部、歌戈部与家车部、支微部与鱼模部、支微部与皆来部。

歌戈部与鱼模部通押共26例,47个韵段。在江浙方言中,《广韵》歌戈二韵与鱼韵二等字、虞韵轻唇字以及模韵是不分的。沈宠绥曾说,“模及歌戈、轻重收呜”,认为“歌戈似与模韵相通,但满呼半吐殊品(模韵满呼、歌戈半吐)”。可见,鱼模虽与歌戈“殊品”,但两者是可以通用的。在民歌、俗曲中,鱼模、歌戈也常通押。我们在宋词用韵中也发现了歌戈部与鱼模部通押的例子。如黄裳《霜叶飞·谁能留得年华住》:“住、处、数、过(过)、暮、去;舞、聚、主、语、故、宇。”现代吴方言区的苏沪嘉小片,有一个语音特点就是“歌戈韵与模韵多混”①。而在今天的嘉善方言中,几乎所有歌戈部字的韵母都被念成了[u]。这证明了歌戈部与鱼模部通押是方音入韵的表现,也再次论证了“现代吴语的语音系统,其基本面貌大抵至迟在宋元之际已经形成”②。

歌戈部与家车部通押现象不是某一个地区方音的反映,从宋词用韵来看,这种现象广泛分布于江浙、山东、四川等地词人的作品中。“歌戈与家车通押是较古的用韵现象,魏晋南北朝诗文韵段中就已经普遍存在”③。如张华《游仙诗》:“沙、波。”曹植《闲居赋》:“波、华、过。”上古麻韵兼属鱼部、歌部,东汉鱼部麻韵一系的字转入歌部,歌麻不分。“南北朝第一期歌戈与麻还是混用的,至第二期以后,麻韵方才独立”④。从此以后,歌戈与麻不再混用,壁垒分明。因此,我们将明代浙江词人用韵中出现的这种通押现象看作是一种仿古。

支微部与鱼模部通押共82例,151个韵段。这两部的通押也显然与吴语有关。徐渭曾有“松江人支、朱、知不辨”的说法(松江音系属于吴语音系)。我们知道,南曲的创作多用吴音,而这种通押情况在浙江元人的散曲用韵中就有体现,如周文质《咏小卿》【越调·紫花儿】:“之、乎、垆、蚨、书、甫、叔。”据鲁国尧先生考察认为,“支微部与鱼模部通押在宋代的江西、福建、江浙地区词人中就已经比较普遍”。这些可以说明支微部与鱼模部的通押是方音入韵的结果。

支微部与皆来部通押共8例,10个韵段。在唐代诗歌和墓志铭用韵中,蟹摄和遇摄就有一些字押入了止摄,这种情况在初唐四杰、李白、杜甫、寒山子、韩愈等人的作品中都有体现。“蟹、止两摄互相通押的现象,大概是由于两摄各自内部诸韵趋于合流,主元音演变得比较接近”⑤。另外,在本文中还出现了少数非蟹摄的皆来部字与支微

① 侯精一主编:《现代汉语方言概论》,上海教育出版社2002年版。
② 侯精一主编:《现代汉语方言概论》,上海教育出版社2002年版。
③ 魏慧斌:《宋代江浙词人用韵考》,《湛江师范学院学报》2006年第4期。
④ 魏慧斌:《宋代江浙词人用韵考》,《湛江师范学院学报》2006年第4期。
⑤ 唐作藩:《汉语史学习与研究》,商务印书馆2001年版。

部通押的现象。皆来部字本身就不稳定，非常活跃，很多韵字都有两属的情况。而这种趋势也会体现在部与部的通押上。

2. 阳声韵

阳声韵的通押现象主要集中在侵寻部、真文部与庚青部，江阳部与庚青部，东钟部与庚青部。

侵寻部、真文部、庚青部三部的分别在于它们的韵尾分别为 m、n、ng，而主元音相同。侵寻部收闭口音 - m，真文部收前鼻音 - n，庚青部收后鼻音 - ng。周德清的《中原音韵》和成书于明英宗正统七年(1442)的《韵略易通》，均将此三部分置。这些都说明，在北方语音中，这三部是不相混的。浙江词人用韵中的通押现象显然与吴方言有关。正如徐渭所说："凡唱，最忌乡音。吴人不辨清、亲、侵三韵。"考察现代吴语也是如此，"斤京金""因英音"都读 ing。

江阳部与庚青部相押，是文白两读的结果。现代汉语方言包括吴语在内，许多梗摄字都有文白两读，白读正好与江阳部主元音相同。薛遴先生曾在《由〈方言注〉、〈尔雅注〉看早期吴语》一文中提道："'蝇，东齐谓之羊。'此亦转语耳。今江东人呼羊声如蝇。凡此之类皆不宜别立名也。(《方言》卷十一12，第70页)……这条也是说明当时'羊'、'蝇'这两类字声音相近。"浙江方言中，江阳部与庚青部读音相近的特点，在一些地方志中也有记载。如"庚从阳音。最早见于康熙《上海县志》，以后乾隆十五年《上海县志》、乾隆四十九年《上海县志》、嘉庆《上海县志》、同治《上海县志》都提到这个特点。"[①]这证明了江阳部与庚青部通押的现象，是方音入韵的体现。

同样，东钟部与庚青部通押亦是方音入韵的结果。在宋代浙江词人吴文英的用韵中，就有一例东钟与庚青相叶的例子，《高山流水·素弦——起秋风》："风、葱、声(清)、鸿、红、栊、浓、中、宫、茸、工、钟、慵。""在现代吴语中，苏州吴县南部地区和北部陆墓、太平的一些村庄'东'和'登'同音，'东'读如'登'。'东'读'登'的地区，古通摄字跟臻摄、曾摄字相混。如农 = 能、从 = 层、工 = 耕。但是乡政府所在地的集镇已经不读[ŋ]韵了，而是正在向苏州城区话和普通话靠拢。[ŋ]是原来的读音，[oŋ]是受城区和普通话的影响。"[②]

3. 入声韵

入声韵的通押现象主要集中在铎觉部与月帖部。

入声韵韵尾在明代浙江方言里，开始全面向喉塞尾转变，入声韵内部已经没有太严格的区别。而本文入声韵内部的通押现象，正好说明了这种情况。鲁国尧先生在《宋代苏轼等四川词人用韵考》中曾提出："当中古的入声韵在削弱时，入声字的 p、t、k 三尾在融合的过程中是 p 尾 t 尾向 k 尾字集中靠拢的，尤其是以央元音为主元音的深

---

① 刘民钢：《上海话语音简史》，学林出版社2004年版。

② 颜逸明：《吴语三论》，见《吴语研究——第三届国际吴方言学术研讨会论文集》，上海教育出版社2005年版。

摄入声和臻摄入声。”①从现代吴语入声韵只剩喉塞尾的特点来看，本文也认为这种推断是正确的。因为k尾是舌根塞音，与喉塞音的发音部位最相近，是向喉塞尾转变必经的一个过渡音。

4. 其他韵部间的通押

除了阴声韵、阳声韵、入声韵内部的通押外，明代浙江词人用韵中还存在各部之间的通押现象。在明代浙江词人7000多次的用韵中，有25次入声字与阴声字相押，这说明明代浙江方言中入声韵仍存在，但入声韵尾已经不那么稳定了。再结合现代吴方言，多数地区都还保留着入声。不过入声韵尾已由－p－t－k三韵尾共存，简化到只剩下一个喉塞尾了。赵元任先生就曾在《现代吴语研究》中讲到吴语“有入声而没有－p－t－k韵尾”。入声只有一个喉塞尾，而喉塞尾在日常发音中，当气流非常弱时，是不太容易被察觉的。这就为入声韵与主元音相同的阴声韵押韵提供了条件。

阳声韵与阴声韵通押6次，这说明阳声韵部分字的韵尾也发生了变化。部分阳声韵字韵尾脱落，可以与主元音相同的阴声韵相押。薛遴先生曾在《由〈方言注〉、〈尔雅注〉看早期吴语》一文中提道：“周祖谟先生《尔雅校笺》25页：‘南方人呼剪刀为剂刀。’……现代吴语各地方言仙韵、先韵失去鼻音韵尾的现象很普遍，有人（张琨1985）认为此条可以证明吴语中鼻音韵尾的失落早在郭璞时已经发生。”这也证明了吴语在发展过程中，出现过鼻音韵尾脱落的现象。而在现代嘉善方言中，许多阳声韵部的字都失去鼻音韵尾，或者变成鼻化韵。而江阳部和庚青部中，也有许多字念成鼻化韵，如荡、将、张、横、生、耕。鼻化韵在实际语音中，发音比较微弱，与相同元音的阴声韵读音相近。这就说明，浙江词人的用韵中，出现阳声韵与阴声韵通押的情况是语音发展的结果。

三、明代浙江词人用韵特征总结

根据上文的分析，我们发现明代浙江词人的用韵中，寒先部与监廉部已合为先廉部，真文部与侵寻部已合为真侵部，德质部与月帖部已合为德业部。这些现象反映了明代浙江地区语音的几个重要变化：闭口韵的－m尾已消变为－n尾，入声韵尾已消变为喉塞音韵尾。此外，在明代浙江词人的用韵中存在的许多通押现象，大致反映了三种情况，即语音正常演变、方音入韵的结果、仿古现象。

总之，明代浙江词人的用韵有规律可求的一面是主要的，但它也不像清代编撰词韵书的词学家们所认为的那样，词人们作词完全是按照某一本或某一类词韵书创作。他们有很多的作品都是以实际语音为根据进行创作的，这才使不同地区词人的用韵会有所不同。

---

① 北京大学中文系《语言学论丛》编委会：《语言学论丛（第八辑）》，商务印书馆1981年版。

汉族语言与彝族语言的量词特点比较研究

梁　浩

摘　要：彝族语言与汉族语言中都有丰富的量词，但彝族与汉族语言中的量词在使用方法上有所区别。本文介绍了汉语与彝语的量词类型及用法，比较了汉语与彝语的量词的使用特点。研究表明，在相同点上，汉语和彝语都是名量词较多、动量词相对较少，汉语和彝语的名量词大都由名词转义而来。在不同点方面，汉语在量词与名词的搭配上分工较细，而彝语则类属性强。汉语与彝语在儿化韵、量词重叠形式、量词的数量名结构语序以及“半”的结构等方面存在明显差异。

关键词：汉族语言；彝族语言；量词特点；比较

引言

量词是通常用来表示人、事物或动作的数量单位的词。彝族语言与汉族语言中都有丰富的量词，但彝族与汉族语言中的量词在使用方法上有所区别。为了深入了解彝族语言与汉语的区别，本研究从使用特点的角度比较分析了汉语与彝语的量词的使用上的异同，为学术界深入研究彝族语言提供了理论参考。

一、汉语的量词类型及用法

在汉语中，一般将可与量词和能够表示计数的名词以及能够量度物体的名词连用，或者是能够与数词连用的词和词素，在汉语中常用来指代某一类别。此外，这一类别中还包含以形状和功用为划分的名词类型。从基本类型来划分，汉语的量词分为名量词与动量词。

（一）汉语的量词类型

1. 名量词

在汉语的名量词类型划分中，共分为四类，即专用名量词、临时名量词、通用名量词和计量名量词。其中，专门用来表示事物的计量单位叫作专用名量词。比如“亩、条、枝、颗、张、双”等。名量词的来源也各有特点，有的名量词出自名词，比如一缸水中的“缸”，一箱子书中的“箱子”等，在量词中，我们把诸如这类量词叫作“借用量词”。临时名量词，顾名思义，这种名词只是偶尔被用在量词的位置上，表示数量。如(1)端上两盘饺子；送来一瓶酱油。(2)一屋子都是人；摆了一床东西。通常而言，在这种句子中，凸显了某个地方放置了某物品的数量。两组话的不同点在于：首先，(1)组的数词可以是任意数词，而(2)组中的数词通常而言只能用作“一”；其次，(2)组中有关数量的描述，重点在于多，(1)组则没有这个含义。诸如公斤、亩等这类形容度量衡的词，一般都是计量名词。类似于种、类、点等量词的，一般就是通用名量词的一种。其中，量词“个”越来越通用，具体表现为，跟量词“个”搭配的名词越来越多。在实际的量词运用中，也要具体情况具体分析，有的必须使用专用量词，比如说描述电影时，“一部电影”较为合适，若选用量词“个”，“一个电影”则是不恰当的。又比如说“纸”，绝对不能选用量词“个”。动量词就是类似“去一趟”“看一遍”“哭一场”中的“趟”“遍”“场”这样的词，用来表示动作的数量单位。

2. 动量词

动量词中，又细分为专用动量词和工具动量词。类似于次、回、遍、顿等这类词，叫作专用动量词。在表达具体含义时，各有不同。同时，搭配动词进行组合时，适用范围也不同。比如说“次”，它就可以和很多动词进行组合搭配，但是对于“趟”这个动量词来说，能搭配使用的就很少了，只有“走”“跑”等才可以搭配运用。句子“他踢了我一脚。”“我打了他一巴掌。”“老师瞪了我一眼。”在这三句话中，“踢”需要用“脚”，“打”需要用“巴掌”，“瞪”需要用“眼”。诸如这类临时用来表达动作的量的词，只能适用于这种特定环境，如果脱离了这种语境，那么它们只能说是一般名词。所以把这种动量词称作临时动量词。

3. 复合量词

在具体的量词运用中，有时候把名量词和动量词搭配运用，从而共同表示特殊的计量单位，这种情况下的量词，就被称作复合量词。一般而言，复合量词的常见搭配是“名量词 + 动量词”。名量词的应用环境较为宽松，在构成复合量词的过程中，多个名量词组合在一起即可构成。在动量词中，构成复合量词最常用的只有“次”，比如班次、卷次、人次、台次、批次、辆次等。

(二)汉语量词的用法

汉语中的量词在使用上必须遵循一定的规则，主要有以下两大使用方法：

第一，重叠使用。在量词的具体运用中，不少量词都可以重叠起来具体使用，但是计量名词不可重叠。重叠使用的如“个个”“张张”等名量词、“次次”“回回”等动量词。此外，量词重叠使用的还有一种情况，如“一个个”“一件件”“一次次”等“一 + AA”的形式。这种形式，运用在不同的语境中，所表达的含义也有所不同。一般而言，表达的意义主要有三种，分别是“每一”，即“AA”的形式，“逐一”和“多”的意思。如“体育健儿一个个身强力壮”“要认真地一件件检查清楚，不要遗漏”“他一次次地打电话给我”等。

第二，组合使用。在对名词的具体修饰中，常将数次和量词组合使用。但在具体的使用中，也有形容词插在数词和量词中间的情形，构成"数词+形容词+量词"的搭配形式。比如"他手里提着一大包东西"，在这句话中，重点突出的是量的大小，含有突出强调之意。在实际的语境运用中，需要注意：(1)当量词是专用名量词，具体运用要特别注意。如"他扛着一大件行李"等。(2)当量词为临时名量词时，形容词较易运用其中。如"晚上他吃了一大碗饭"等。(3)在上述搭配中，能够运用的形容词有限，多为少数单音节形容词。如"大、小、长"等。

二、彝语的量词类型及用法

彝族语言中的量词分类如同汉语中的量词分类一样，也是物量词和动量词两类。在彝族语言中，物量词的数量远超动量词的数量，在彝族量词中居于主体地位，其中属于物量词的有度量衡、个体单位和集体单位量词三种。这三种量词各有自身独特的语法和语义。

(一)彝语的量词类型

1. 名量词

在彝族语言中，名量词主要是指代能够表达人或事物单位的量词，在构成形式上，主要是"名词+数词+量词"。按照彝语中的量词特点和类型，结合名词代称事物的具体归类，彝语中的物量词主要包括三类，即度量衡、个体单位和集体单位量词。在个体量词中，又细分为泛用量词、专用个体量词、语义属性归类量词以及形状量词这四种。这四种类型的量词并非是完全独立的，在分类的属性上也偶有交叉重合，这是因为在名量词中部分量词具有双重性。比如作为个体量词的同时又是泛用量词的"lw^{33}(个)"，作为属性量词同时又是汉语借词的"ka^{33}(杆)"，既是形状量词、属性量词的"ggu^{21}(副)""碗"等。在物量词中，度量衡量词，顾名思义，就是指能够表示长度、面积、重量、容量等的量词。其中，长度量词又分两种，分别是标准和非标准长度量词。数值和进制关系明确的，为标准长度量词；数值关系不准确的、估计的，则为非标准长度量词。比如"tsa^{13}"就是一个标准长度量词。在彝语量词中，最能够凸显彝语量词特点的当属个体单位量词了，而且在实际的应用中，个体单位量词又常与事物的具体类别存在关联关系，在使用具体量词时，需要根据事物的属性和外观来选择具体的量词，因而在彝语的量词中，个体量词最多。一般语境下，只要能够视为个体单位的量词，都属于个体量词。在具体来源中，类似于"一个人"(tso^{21} ta^{21} zo^{21})的，则属于直接源于事物来做计量单位的。

2. 动量词

在彝语中，动量词如同汉语中的动量词一样，都是指代动作行为。在应用中，一般将动量词和数词放置在动词的前面，以表修饰作用，用来指代动作和行为的量，"数词+量词+动词"为常见构成形式。比如"ta2vi2bins"(背一背)、"taubuu"(吃一口)等。

(二)彝族语言量词的用法

同汉语一样,彝语中的量词也有其使用的规则。一是量词通常不单独使用,量词+数词构成数量词后,在句子中一般可以充当主语、谓语、定语和宾语。二是量词应用时,一般放在数词和指示代词后面。三是当需要量词修饰动词,充当状语时,一般情况下需要将数词和动量词进行搭配,构成数量词重叠,之后再进行修饰。四是在量词的搭配上,量词与数词构成的数量词和名量词以及动量词,它们之间在搭配上有所不同:数量词和物量词的搭配形式为"名词+数词+量词";数量词和动词的搭配形式为"数词+量词+动词"。两者的结构形式有所不同。

三、汉族语言与彝族语言的量词使用特点比较分析

前文分析了汉语、彝语的量词类型及用法,以下进一步对两者的量词的使用特点做一比较分析。

(一)相同点

1. 汉语和彝语都是名量词较多,动量词相对较少

在两种语言中,量词的共同特点都是名量词多、动量词少。具体来说,汉语量词中,根据《现代汉语量词词典》统计说明,名量词 583 个,其中包含既是名量词又是动量词的 45 个、动量词 46 个。量词加起来一共 629 个。其中,名量词在所有量词中占 92.7%,动量词在所有量词中占比则仅为 7.3%。由殷焕先、何平主编的《现代汉语常用量词词典》(山东大学出版社 1991 年版)中,量词共有 789 个,其中,492 个都属于名量词。由刘子平主编的《汉语量词词典》(内蒙古教育出版社 1996 年版)中,共有量词 892 个,而且大多数也都为名量词。由吕叔湘主编的《现代汉语八百词》(商务印书馆 2006 年版)中,共有 144 个名量词与相应名词的搭配。由此可见,在所有的汉语量词中,经常使用的量词已经超过了 600 个,而且这 600 个中绝大多数都是名量词,动量词则极为少见,且在量词应用中的使用也较为有限。彝语中,同样如此。名量词占彝语量词中的多数,达到了 92.6%,共有名量词 137 个;而动量词在彝语量词中则仅占 7.4%,只有 11 个。通过上述数据,可以鲜明地发现,汉语的量词数量远超过彝语,究其原因,就在于量词的具体使用上。汉语中,量词也较为常用于方言中,而且根据实际需求,在生活中,人们还不断地发展和创新量词。但是在彝语中,量词的运用只出现在日常生活中。

2. 汉语和彝语的名量词大都由名词转义而来

根据量词的发展演变,可以知道量词多是源于名词,是基于名词的基础上进行语义转变而来的,而且在语法意义中,单位词的含义就源于本意。比如汉语中的"头",它的意思就是脑袋,《说文解字》中的具体阐释为"头,首也"。原本仅仅指示人的头部,后来泛指各种头部。在很早以前,人们祭祀用牛、羊、猪的头部,所以在计量中,一般用"头"这个量词,进而演变为其他动物计量时也使用"头"来表示数量。在彝语中,名量词的来源也是名词,比如用来表示块或片的事物量词"块",原先,"块"本来指的

是“土块”，后来才演变为量词，比如“一块瓦”“一块糖”等。

（二）不同点

1. 在量词与名词的搭配上，汉语分工较细，彝语则类属性强

在量词和名词的搭配上，汉语和彝语多少有些不同。在汉语中，属性较强的名词必须要和属性较强的量词进行搭配才行，比如表示牲口的数量，一般“牛”和“头”相搭配，“马”则和“匹”相搭配，“狗”则和“只”或者“条”相搭配。汉语在个体的量词应用上，有着十分明确的分工，因而在个体量词的数量上表现较多。在彝语中，搭配则相对较为宽松，个体量词在作用上表现为区分名词性质、状态和类别，所以在彝语中，量词最为突出的一个属性为类属性，即起到分类作用。比如“dzo^{55}”意义上可以说是“窝、群”，如“一窝鸡、一群鸡”；“lr^{33}”在彝语中的含义就如同汉语量词“个、块、枚、头”等个体量词一般，属于英语语法中的万能量词，类似于“piece”，表示的含义和汉语量词中好几个量词的含义都相同，因此在彝语量词中，应用十分广泛。汉语中的“根、枝、条”等，pass 表示形状，一般指长且硬的，但有时候也形容扁圆且能够容纳物品的东西，类似于汉语中的“面、碗”等。从这里也可以看出，在个体量词的数量方面，汉语量词明显多于彝语量词。

2. 汉语与彝语在儿化韵上存在差异

在汉语量词和彝语量词中，虽然说两者都存在儿化韵，但它们之间还是存有不小的区别。具体表现为：一是语音方面。在彝语中，量词的儿化音节有三个，分别是[e][ie][ue]。但是在汉语中，儿化音节则多达数十个，而且音节在变化上也极为丰富。在彝语中，儿化音节有松和紧两套，而且存有明显的卷舌音。在汉语中，儿化时卷舌音虽然存在，但是更多时候表现为卷舌动作，或卷舌音色。二是词汇方面。汉语中，量词是没有儿化韵的。但是在彝语中，多数量词在借用汉语方言之后，能够进行儿化，方言中也可以儿化，这方面两者的差异十分明显。

3. 汉语与彝语量词的重叠形式存在差异

在两种语言的重叠形式上，汉语个体的一般重叠行为是“从”式，即“个个、件件、天天、次次”等。当然，这种重叠形式在语法意义上存有显著差别。比如：(1)“个个”，“姑娘们个个都很高挑”，在这里，“个个”表示的意思是“每一个”；“小明天天盼望着回家”，在这里，“天天”表示的含义就是“每天”。(2)“连续”的含义，比如“代代相传”“节节败退”等。彝语中除了与汉语叠词类似的含义外，还有部分汉语叠词中没有的含义。比如：(1)“今年树上就结了几个苹果”，在这里，“几个”的含义是“数量少”的意思。(2)“一趟趟能碰见他，一趟趟碰不见他”，在这里，“一趟趟”的意思是“有时候”。

4. 汉语与彝语量词的数量名结构语序差异

在彝语和汉语的量词应用中，两种语言环境下量词都能和数词搭配组成数量短语，只是在具体的搭配中，语序会略有不同。汉语环境下，具体的语序结构为“数词 + 量词 + 名词”；彝语环境下，具体的语序结构则为“名词 + 数词 + 量词”。汉语环境中，名量词和数词进行搭配后，一般用在将要修饰中心词的前面，即“数 + 量 + 名”的形式，比如“三本书”“一杯茶”等。彝语环境中，语序为“名 + 数 + 量”，而且在应用中，语序结构不受名词、量词种类的影响。无论是普通名词还是抽象名词、是泛用量词或

者个体量词，都可搭配，如“我一天一天地长大了”。

5. 汉语与彝语量词中“半”的结构差异

在汉语中，“半”“双”也属于数量词的范畴。根据具体语境的不同，在具体的含义表达上，它既可以当作数词，也可以当作量词。作为数词使用时，“半”只能表达统数，而不能用作序数，具体含义是指一半，也就是二分之一。作为量词使用时，“半”只能和“一”“两”这俩数词进行搭配，而且在使用中，不能去掉“一”和“这、那”等进行直接的搭配，也不能进行重叠。做量词时，“半”通常都是跟随于数词之后，比如“两半烙饼”；当“半”做数词使用时，一般结构为“大半个”“大半生”等，常位于数词和名词的中间。此外，在数量组合中，还可以搭配插入“多(少)”，如“一多半”“一少半”，而且只能在“一半”时才可以插入。彝语环境中，“半”既能当作数词使用，又能当作量词运用，是一个较为特殊的词汇。当用作数词使用时，“半”常用于数量词组之后，如“一粒半”；当用作量词使用时，则跟随于数词之后，如“一半”。

四、结束语

综上所述，通过对比，我们可以看出汉语与彝语中的量词都是名量词较多，动量词相对较少，汉语和彝语的名量词大都由名词转义而来。在不同点方面，汉语在量词与名词的搭配上分工较细，而彝语则类属性强。汉语与彝语在儿化韵、量词的重叠形式、量词的数量名结构语序以及“半”的结构等方面存在明显差异。

参考文献

[1]董振邦，李玉红. 汉语量词之管见[J]. 学术探索，2015(09)：134—137.

[2]陆华艳. 浅谈维汉语量词的异同[J]. 和田师范专科学校学报，2007(03)：184—185.

[3]张伟. 试谈汉语量词的表达功能——兼谈汉维语中量词运用之异同[J]. 语言与翻译，1988(03)：62—64.

[4]杨娟，刘云. 彝族语言中的量词分析[J]. 贵州民族大学学报(哲学社会科学版)，2015(04)：18—22.

[5]蓝卡佳，罗秀琴，付秀英. 仡佬族地区黔西、大方方言中的“XAA”式数量短语[J]. 遵义师范学院学报，2015，17(05)：49—52.

[6]张鹭. 论汉语对彝族语言传承的影响及传承路径研究[J]. 贵州民族研究，2015，36(02)：202—205.

[7]骆牛牛. 彝族语言传承与保护的思考[J]. 贵州民族研究，2015，36(03)：235—238.

[8]木乃热哈，李晶. 甘洛彝族语言使用情况调查研究[J]. 中央民族大学学报(哲学社会科学版)，2009，36(06)：102—106.

[9]木乃热哈，沙志军. 仁和彝族语言转用及其教育[J]. 民族教育研究，2005(02)：33—37.

[10]安丰存，吴宇偲，程工. 汉语量词产生及其功能演变过程的句法分析[J]. 解放军外国语学院学报，2016，39(02)：1—10.

[11]卢鑫莹. 汉语个体量词异化使用的多元认知分析[J]. 洛阳师范学院学报，2012，31(01)：103—107.

[12]邓根芹，周英. 白茆山歌的量词分析[J]. 常熟理工学院学报，2011，25(05)：110—113+124.

《酉阳杂俎》非佛教外来词概述

梁　浩

摘　要:《酉阳杂俎》大量收录非佛教外来词,是研究晚唐非佛教外来词比较理想的语料。这些非佛教外来词均为名词,多来源于印度、西域等地区。这些外来词在音节上常出现省音现象,并以音义加类别为主要构词方式。另外,古人在运用这些词语时往往在含义方面进行了相应的改造。

关键词:《酉阳杂俎》;非佛教;外来词

古汉语中的外来词丰富了古代汉语词汇,促进了古代汉语词汇多音节化发展,既处处符合本民族语言的规律,又时时为本民族语言增添异域魅力。

晚唐著作《酉阳杂俎》(前集二十篇、续集十篇)是一部"以志怪为主,内容驳杂,分类编次"的百科全书式笔记小说。该书内容囊括了唐代社会生活的各个方面,其中大量收录非佛教外来词,是研究晚唐非佛教外来词比较理想的语料。能够较好地梳理该书的非佛教外来词,并能总结其特点,必将对古汉语外来词研究有一定裨益。

一、《酉阳杂俎》非佛教外来词概况

《酉阳杂俎》一书集中记载外来词的有以下几章:《境异》一章多记各国国名、人物、风俗、特产;《贝编》一章、《寺塔记》上下二章、《金刚经鸠异》一章多载随佛教传入的外来词;《广动植》四章则有很多外来动植物、药物、香料名称值得关注。另外,还有一些外来词散见于其他各章。对该书非佛教外来词(即并非随佛教文化传入的外来词以及随佛教文化传入但宗教色彩已经淡化的外来词)进行梳理后,我们可以得出以下明细。

1. 唐以前传入汉语的名物外来词

(1)先秦传入:

马脑(梵语阿斯玛加波的意译,即玛瑙)、孔雀(意译词)、琉璃(梵文俗语音译,即玻璃)、酪(匈奴语音译)等。

(2)西汉传入：

箜篌（音译，语源不详）、笳（音译，语源不详）、穹庐（意译词，即蒙古包）、郁金（香）（意译词）、胡椒（意译词）、蒲萄（伊朗语音译，即葡萄）、胡桃（意译词，即核桃）、胡瓜（意译词，即黄瓜）、单于（匈奴语音译）、骆驼（匈奴语音译）、橄榄（音译，语源不详）、固不婆律（马来语音译，即冰片）等。

(3)东汉传入：

苏合香（音译＋类别，语源不详）、菩提树（梵语音译＋类别）、思惟树（意译词，即菩提树）、胡饭（意译词，一种食物）、丁香（意译词）等。

(4)汉代传入：

琵琶（音译，语源不详）、师子（一说梵语音译，一说吐火罗 A 语音译，即狮子）、（安）石榴（伊朗语音译）、琥珀/虎珀（叙利亚语音译）、颇梨（音译，语源不详，即玻璃）、藿（音译，语源不详，即藿香）、安息香（树）（意译词）等。

(5)魏晋南北朝传入：

鸡舌（意译词，即丁香）、旃檀（梵语音译，即檀香）、祆（神）（音译＋类别，语源不详，即拜火教）、野悉蜜（阿拉伯语音译，即素馨）、无石子/摩贼/跋屡子（波斯语音译）、娑罗（梵语音译，即柳安）、金钱花（意译词）、毗尸沙花（音译＋类别，语源不详，即金钱花）、形虞（梵语音译，即阿魏）、龙脑（香）（意译词，即冰片）等。

(6)时代不详：

辟邪（波斯语意译词，即安息香树）、阿虞截（波斯语音译，即阿魏）等。

2. 唐代传入汉语的名物外来词

井鱼（意译词，即鲸鱼）、昧履支（梵语音译，即胡椒）、荼蔔花（梵语音译＋类别，即郁金花）、尸利沙树（梵语音译＋类别，即大叶合欢）、靺鞨（少数民族语，即红玛瑙）、波斯枣（意译词，即枣椰子）、窟莽（波斯语音译，即枣椰子）、婆罗遮（西胡语音译，即苏幕遮，一种龟兹化装乐舞）、胡榛子（意译词，即毛榛）、阿月浑子（波斯语音译，即毛榛，一种坚果）、白豆蔻（意译词）、荜拨梨/荜拨（梵语音译，即长胡椒）、阿梨诃（拂林语音译，即长胡椒）、波斯皂荚（意译词，即腊肠树）、忽野檐默（波斯语音译，即腊肠树）、阿梨去伐（拂林语音译，即腊肠树）、驴唇书（意译词，古印度一种文字，现已不存）、饆饠（波斯语音译，一种饼类食品，现已不存）、捺祇（波斯语音译，即水仙花）、阿末香（阿拉伯语音译＋类别，即龙涎香）、阿驿（波斯语音译，即无花果）、底称实/底珍（拂林语音译，即无花果）、偏桃/婆淡（波斯语音译，即巴旦杏）、俱那卫（音译，即夹竹桃）、齐暾（树）（波斯语音译＋类别，即油橄榄）、齐虚（拂林语音译，即油橄榄）、婆那娑（树）（波斯语音译＋类别，即菠萝蜜）、阿蔀獭（拂林语音译，即菠萝蜜）、蔓胡桃/蛮中藤子（意译词，即油瓜）、紫鑛（意译词，即紫胶）、大秦书（意译词，即古拉丁文字）、那伽花（梵语音译＋类别，印度蛇花的一种）、齐（波斯语音译，植物名，树汁可为香料，具体不详）、顸勃梨他（阿拉姆语音译，植物名，树汁可为香料，具体不详）、阿勃参（叙利亚语音译，一种阿拉伯植物，具体不详）、畔茶佉水（梵语音译＋类别，一种无机酸，具体不详）、咀赖罗（梵语音译，植物名，可入药，具体不详）、阿魏（吐火罗语音译）等。

3.《酉阳杂俎》中外来专名

《酉阳杂俎》一书记录了大量古代外来的专有名字，其中包括古国名、族名、地区名、人名等，这些专有名词特色鲜明，也是外来词的重要组成部分。

（1）东方（主要指朝鲜半岛和日本岛等地区）：

高句丽、高丽、百济、新罗、倭国、金刚三昧等。

（2）北方（主要指我国北部、一部分西北地区，蒙古国和俄罗斯等地区）：

匈奴、龙城、鲜卑、突厥、射摩、阿史德窟、骨利干国、坚昆、曲漫山等。

（3）西方（主要指西域及西域以西地区，西藏等地区）：

西戎、茹茹、党项、乌耗、悬渡、罽宾国、龟兹、阿主儿、拘夷国、苏都识匿国—苏都瑟匿国、夜叉城、赞普、康国—康居、焉耆国、于阗、乌弋、大月支、吐火罗国、缚底野城、厌达国、乌浒河、小勃律、小海、西蕃、吐蕃、大食、波斯、拂林等。

（4）南方（主要指我国南方少数民族地区，印度及东南亚等地区）：

南蛮、西屠、木耳夷獠、牂牁、身毒、摩揭陀国—摩伽陀国、满胄王、乌仗那国、俱位国、私诃条国、梵那衍国、金轮王、交趾、真腊、环王国、婆利国、伽古罗国、昆仑、拨拔力国等。

二、《酉阳杂俎》非佛教外来词特点

《酉阳杂俎》中的非佛教外来词特色十分鲜明：

第一，从音节方面看，该书记录的外来词常常出现省略音节的现象。古汉语是以单音节词汇为主的，虽然到了唐代双音节词汇大大增多，但相对于其他语种，词汇的音节仍显得少得多。因此一些外语词进入汉语时就出现原词音节被省掉的现象。如荜拨梨被省称为荜拨，固不婆律也常称为婆律，璧琉璃省为琉璃等。

第二，从词性角度看，该书非佛教外来词均为名词。《酉阳杂俎》是百科全书性质的笔记小说，其中对外来事物介绍广泛而详尽，而外来事物的引入以名词为主。这也反映出古汉语本身在接受外来文化的过程中是以接受外来事物为先。

第三，从构词结构方面看，刚刚传入时外来词大多以音译的面貌出现，而真正在人民中流传开的有生命力的外来词还是音义结合者居多。汉语吸收外来词的方法总的来说可以归纳为音译和意译，另外还有在两大类之下产生的一些相互结合的译法。音义参半或音义兼得的吸收方法是很具“汉语特色”的。如“石榴”一词原作“安石榴”。“安石”是古波斯第三王朝 Arsack 的音译，后加汉语的“榴”即构新词。还有“康居”省去“居”，称“康国”；“旃檀”省去“旃”，称“檀香”。这种方法接近汉语构词习惯，能够很好地表示类别，易于理解。

下面是该书非佛教外来词构词方式构成简表：

表 1

	全音译词	半音译半义译词	全义译词	兼顾音义词	合计
唐传入	21	9	9	1	40
所占比例	52.5%	22.5%	22.5%	2.5%	100%
现名	8	5	17	1	31
所占比例	25.8%	16.1%	54.8%	3.2%	100%

表 2

	全音译词	半音译半义译词	全义译词	兼顾音义词	合计
唐以前传入	22	4	17	0	43
所占比例	51.2%	9.3%	39.5%	0%	100%
现名	13	6	15	0	34
所占比例	38.2%	17.6%	44.1%	0%	100%

从两表可以看出,那些含义不确切、使用不方便、音节等方面不符合汉语习惯的外来词,随着时间推移而逐渐被淘汰,这一规律延续至今。当然,还有一些唐以前引入汉语的外来词,由于引入的年代久远,记录该词的文字已经根据汉字记录汉语的规律发生改变,导致后人认为它们就是本族语,使得该词再换成新的意译词的可能性就降低了。如颇梨—玻璃、虎珀—琥珀、蒲桃—葡萄等。

第四,从吸收外来词词义角度上看,这些外来词随时间的推移,“标签化”日益明显。如“鞣鞨”一词,本是我国一古族名称,由于该族所辖地区盛产玛瑙,因此这一词在汉语里也就有了“玛瑙”的意义。

第五,从外来词的来源角度看,从印度传入的外来词最多,日、韩等地区传入的外来词最少。一是在本文梳理的全部非佛教外来词中,来自印度的外来词共 21 个,这些词很多都是随佛教文化传入我国的。如果再加上该书中记录的大量与佛教相关的外来词,那么仅仅该书所记录的从印度传入我国的外来词的总量都是相当可观的。由此可见,思想的交流给语言带来的震动往往是大于包括商业在内的其他交流活动的。二是由波斯等地传入我国的外来词共 26 个。这和两国的地缘关系以及唐代时两国密切的贸易关系有关。三是西域其他各国及吐蕃等西部少数民族传入我国的外来词共 13 个。这些外来词多为先秦或汉代传承下来的。四是拂林即东罗马帝国传入我国的外来词共 11 个,且汉至唐各个时期均有新词输入我国。可见我国在汉唐时期与这个横跨欧、亚、非三洲的帝国一直都有紧密的联系。五是马来西亚等南亚地区传入我国的外来词有 3 个,南诏等地有 3 个,北方鞣鞨有 1 个。最后,值得注意的是,该书中没有记录今朝鲜和日本传来的名词。来自这两个地区的词语只有“高句丽”“高丽”“新罗”“百济”“倭国”等古国名以及几位古人的姓名。可见直至唐代,汉语及汉文化对日韩来讲是只输出不输入的。

参考文献

[1] 胡裕树.现代汉语(重订本)[M].上海:上海教育出版社,1995.

[2] 叶蜚声,徐通锵.语言学纲要[M].北京:北京大学出版社,1997.

[3] 高名凯,刘正埮.现代汉语外来词研究[M].北京:文字改革出版社,1958.

[4] 南萍,成瑶.从汉语和阿拉伯语对外来词的借入看中阿文化之异同[A].北京大学校长基金论文集[C/OL].

[5] 谢弗.唐代的外来文明[M].吴玉贵译.北京:中国社会科学出版社,1995.

[6] 李时珍.本草纲目[M].北京:人民卫生出版社,1982.

从《往年记事》探究古俄语标准语的若干问题

马　骊　王仰正

摘　要:自20世纪30年代开始,俄语标准语就被作为独立的研究对象,而关于古罗斯时期语言的研究则一直为俄罗斯语言学家所关注,他们往往以古罗斯文献作为研究的基础并提出自己的观点,有些问题至今仍存争议。《往年记事》作为现存为数不多的古俄语经典文献之一,其文本中直接引用了大量用古(教会)斯拉夫语记载的信息,不啻为研究古俄语标准语问题提供了一个最佳途径。本文通过对《往年记事》的分析来探究东斯拉夫文字起源,古斯拉夫语与古俄语的关系与影响、地位和作用等有争议的古俄语标准语问题。

关键词:《往年记事》;古俄语标准语;古斯拉夫语;古俄语

《往年记事》(Повесть временных лет)是俄罗斯第一部完整的编年史,也是现存最早的古俄语文献之一(创作于11世纪末—12世纪初)。它是按年代顺序记述东斯拉夫人和罗斯国家的历史,而且以后的编年史大都以它作为开篇。由于其原本散佚,现存的都是13—14世纪留下的抄本,不同抄本不可避免留下所处时代的语言特点和誊抄者个人的书写习惯,是古俄语标准语发展历程的见证,因此,俄罗斯语言学家一直都将其作为探究古俄语标准语问题的重要途径之一。

众所周知,由于历史、地理和文化诸多方面的原因,有关古俄语标准语的一些问题在学界至今仍有不同意见。在其发展过程中,相当长一段时期里存在着古(教会)斯拉夫语和古俄语同时并用的现象,直至17—18世纪古斯拉夫语逐渐为俄语所替代。本文通过对《往年记事》的分析来探究东斯拉夫文字起源,古斯拉夫语与古俄语的关系与影响、地位和作用等存有争议的古俄语标准语问题。

一、关于俄语的形成问题

梳理俄语自身的发展脉络是探究俄语标准语问题必不可少的前提,同时俄罗斯民族的祖先——东斯拉夫人的文字起源是俄语标准语产生的先决条件,并与俄罗斯书面标准语的历史有着直接的联系。

俄语属印欧语系斯拉夫语族东斯拉夫语支。研究表明，公元前 3000 年—公元前 2000 年，欧洲大陆存在着包括各种方言的古印欧语。公元前 4—3 世纪，从古印欧语中分裂出原始斯拉夫语（Протославянский язык）、古罗曼语、古波罗的海语、古意大利语等。原始斯拉夫语，或称共同（泛）斯拉夫语（Праславянский или Общеславянский язык）起初是古印欧语中的一种方言，是所有斯拉夫语的祖先。伴随着斯拉夫人长期的迁徙扩张，各部落联系渐渐减弱乃至断绝，方言分化越来越大，至 6 世纪原始斯拉夫语解体为东斯拉夫语（古俄语 Древнерусский язык）、南斯拉夫语，西斯拉夫语。随着历史的变迁，斯拉夫人在中世纪形成若干部族，从而到公元 10—15 世纪，最终形成现代斯拉夫诸语言格局（信德麟 1991：6），如下图所示。

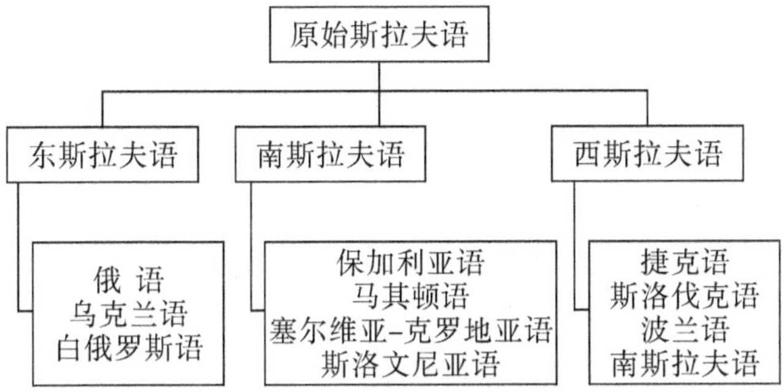

现代斯拉夫语言格局示意图

二、关于古斯拉夫语和古俄语

古斯拉夫语（Старославянский язык）是最早有文字记录的斯拉夫语，但这种语言早已消亡，现在已不再使用。我们一般所说的古斯拉夫语都是狭义上的古斯拉夫语，指的是 9 世纪下半叶拜占庭传教士基里尔（Кирилл）和梅福季（Мефодий）及其弟子们翻译希腊宗教书籍所用的斯拉夫语（信德麟 1991：60）。通常认为，斯拉夫文字产生于这个时期，是基里尔和梅福季以希腊字母为基础，根据马其顿方言创造的。现代的俄语字母就是由斯拉夫字母（基里尔字母 Кириллиц）演变而来的。但现代斯拉夫人所使用的斯拉夫字母同古代有所不同：一是笔画经过简化更便于书写；二是为了适应不同语言的需要，字母有所增减。由此可见，古斯拉夫语及其文字的产生的确与斯拉夫人接受基督教有直接关系。

由于古斯拉夫语同各支斯拉夫人的口语相近，可以互通，所以古斯拉夫语便成为斯拉夫各族人都能理解的书面共同语，斯拉夫各地借用这种文字来记录自己的语言，并在国务活动和世俗事务中广泛使用。由此可见，古斯拉夫语对斯拉夫各族标准语的形成发挥了很大作用，同时又受到各族斯拉夫口语的影响。学界普遍认为，东斯拉夫人自己的文字出现是在 10 世纪末基辅罗斯接受基督教后，随着宗教文献（福音书、圣歌集、使徒行传、祈祷词等）从保加利亚传入，这些宗教文献都是从希腊语翻译成古斯拉夫语的。但古斯拉夫语同古罗斯人的大众口语毕竟是有一定差别的，随着时间的推移，古罗斯人的书面语就出现了两种形式：古斯拉夫语和用基里尔字母书写的古俄语。前者主要用于宗教书籍，并在传抄过程中掺入了一些古俄语成分，成为所谓俄罗斯版本的古斯拉夫语，但在宗教界长期使用过程中一直保持着自己的基本特点，所以习惯上被称为教会斯拉夫语（Церковнославянский язык）。而古俄语则用于世俗文献，如文学作品和各种文书（条约、契约、诉讼记录、书信等）中（信德麟 1991：129）。

三、关于古俄语标准语问题的研究现状

十月革命以后，20 世纪 30—40 年代，苏联学界把俄语标准语独立于俄语自身发展历史之外来研究。最早开始这方面研究的是语言学家 А. И. Соболевкий 院士和俄罗斯科学院院士、历史语言学家 А. А. Шахматов。А. И. Соболевкий 院士编写的《俄语标准语历史》（История русского литературного языка）（内容始于基辅罗斯时期，止于诗人纳德松时代的现代俄语）是学术界最早有关标准语问题的书籍，但并未印刷出版。他认为古俄时期使用了两种语言，其中之一（指教会斯拉夫语）是标准语，另一个（指古俄语）则是口语和公文事务语言。显然他把标准语同口语和公文事务语言完全对立起来（Мещерский 2002）。А. А. Шахматов 院士（1941）最早提出俄语标准语起源于教会（古）斯拉夫语，这个观点得到了当时大多数学者的认同，通常称之为"沙赫玛托夫理论"。他认为从基辅罗斯开始直到 17 世纪，教会斯拉夫语（源自古保加利亚语）以古罗斯标准语的身份移植到俄罗斯土地上，伴随着几个世纪的发展渐渐糅合了俄罗斯民间口头语言，褪去了其异域的面目，而古俄语及晚些时候出现的公文事务语言则被他排斥在标准语之外。同时，А. А. Шахматов 对比了教会斯拉夫语移植到俄罗斯和中世纪拉丁语作为西欧人标准语后得出结论：教会斯拉夫语对于俄罗斯民众而言并非一种全新的语言，它本身就与俄语近似，所以教会斯拉夫语自存在的第一天起就不可避免地受到来自俄罗斯民族语言的影响和同化，这就是为什么许多说俄语的人并不能明确区分出两种语言在发音和用词上的区别。他特别提出，11 世纪的古俄语书面文献就是当时教会斯拉夫语被俄化的最好证明。他甚至认为，现代俄语标准语的总词汇中至少有一半是教会斯拉夫语。语言学家 Л. В. Щерба 院士认为，现代俄语的基本词汇从语义实质上看是教会斯拉夫语词，甚至那些既可能属于古斯拉夫语，也可能属于东斯拉夫口语的词语其语义结构也都反映并继承了斯拉夫语语义发展的传统，并且俄语标准语里有三分之二的词与古斯拉夫语的词汇语义体系紧密相关（赵葆云 1990：8）。

然而，С. П. Обнорский 院士（1946）则提出了有悖这一传统观点的看法。他对《俄罗斯法典》（Русская Правда）、《伊戈尔远征记》（Слово о полку Игореве）、《弗拉基米尔·莫诺玛赫训诫》（Поучения Владимира Мономаха）、《丹尼尔·扎托契尼克祷文》（Моления Даниила Заточника）等四部古俄语文献的语言进行了全面深入的研究分析，出版了专著《古俄语标准语概论》（Очерки по истории русского литературного языка старшего периода），提出了自己的观点：古罗斯标准语形成于北

方，是在通用的东斯拉夫口语基础上形成的，在自身发展过程中受到来自拜占庭－保加利亚语言文化的影响，13—16世纪逐渐被斯拉夫化。比如《俄罗斯法典》中语音和词形变化中所具有的古俄语口语特点远远超过古（教会）斯拉夫语（古保加利亚语）特点。他的观点在40—50年代被广泛认可，但也同样受到一些专家的质疑。

可以说，上述两种观点都有一定的片面性，没有完全反映出古罗斯标准语形成和发展的实际情况。自20世纪50年代初开始，苏联语言学界对俄语标准语问题的研究越来越活跃，途径也较前有所不同，其中最富成果的还是 В. В. Виноградов 院士，他阐释俄语标准语的起源并将俄语标准语历史系统化。在1958年第四届斯拉夫学国际会议上他首次提出古罗斯标准语有两种形式——书面斯拉夫语（俄罗斯版本的教会斯拉夫语）和大众标准语。前者用于记录圣徒生平的文学作品和使徒行传的故事，后者是以民间口头创作和古罗斯人大众口语为基础形成的。他认为，这两种形式并非完全不同的标准语，只是在使用功能和体裁上有所不同（1978：185）。“古斯拉夫语传到罗斯，并在其基础上形成斯拉夫书面形式的古罗斯标准语，但在其文字表达上并不能压制和束缚东斯拉夫民族民间语言习惯和规范的形成。而规范的大众标准语并非作为一种特殊的语言与书面斯拉夫语割裂开来”（1961：89）。这一观点的提出无疑对研究标准语问题具有重要的意义。20世纪80—90年代，斯拉夫学家 Ф. П. Филин（1981：259）也提出了自己的古罗斯两种通用语观点，强调一种作为教会语言，另一种作为世俗的语言。Л. Г. Панин 教授（1995：80）则认为“教会斯拉夫语和世俗通用语言是在相互影响和联系中发展的，它们应该说是统一的，它们在语音和语法等语言核心方面具有共同性”。应该说，当代语言学界较为认可的观点是古罗斯时期存在两种形式的标准语，但是对于标准语的这两种不同形式是否各自独立的问题仍有争议。

四、从《往年记事》中探究古俄语标准语问题

俄罗斯学者在研究相关古俄语或古斯拉夫语问题上主要借助以下三种渠道：一是分析记录古罗斯社会历史的书面文献；二是考古研究时的新发现；三是借鉴与基辅罗斯同时代的外国作家所记载的信息。三种渠道通常并非单独使用，而是相互支撑、相互联系。М. В. Ломоносов 和 А. С. Пушкин 都曾说过，要想看清楚发生在罗斯的复杂语言情景是十分困难的，需要详尽而全面的研究流传下来的古斯拉夫语或古俄语文献（李越常1990：38）。С. П. Обнорский 的研究就是基于对古文献的研究，通过分析11世纪初的《俄罗斯法典》（Русская Правда）和12世纪末的《伊戈尔远征记》（Слово о полку Игореве），发现这两部时间跨度约两百年，分属不同体裁、出自俄罗斯不同地区的文献作品中都没有使用教会斯拉夫语，而使用的竟是古俄语标准语。作为现存为数不多的古俄语文献之一的《往年记事》，则直接使用了大量教会斯拉夫语来记载各种信息，甚至整篇文本也用它来描述，这种情况被俄罗斯语言学家 И. И. Срезневский 称之为“用古俄语夹杂着教会斯拉夫语来创作”，这一“混合体裁”作品自然更为研究者所关注（1903：124）。

（一）关于东斯拉夫文字起源的问题

学界普遍认为，东斯拉夫人自己的文字是伴随着基督教传入罗斯而出现的，起源于10世纪末的988年。

1.《往年记事》6420年（912年）①条目下，在基辅大公奥列格执政时和希腊人所签订的条约中有：

О работающих въ Грѣ цѣ хъ руси у хрестьяньского цесаря. Аще кто умреть, не урядивъ своего имѣ нья, ци и своихъ не имать, да възратить имѣ ньє к малымъ ближикамъ в Русь. Аще ли створить обряжение таковый, възмет уряженое его, **кому будеть писалъ** наслѣ дити имѣ ньє его, да наслѣ дит е.②

（关于在希腊国土上为希腊皇帝供职的罗斯人，如果他们中某人死了，没有说如何处理自己的财产，而在他身边又没有自己的亲人，那他的财产可以转给他在罗斯的最亲近年幼的亲属。如果死者留有遗嘱，那就让他遗嘱中写的那个人领取并继承他的财产。）

从"кому будеть писалъ"，即"кому он напишет"中我们可以看出，这份遗嘱应该是罗斯商人自己所写。如果是公证人依据遗嘱人口述而用希腊语写出来的话，那么此处就应当用动词"завещал"（将……作为遗产留给……）和"отказал"（根据遗嘱把遗产给……谁）。这说明，10世纪初居住在希腊的罗斯商人已开始通过遗嘱的方式安排自己去世后的财产，这些人通常并没有良好的受教育背景，因此不会用希腊语写作。由此一些学者推断，罗斯商人的遗嘱只能是用母语书写，这就说明东斯拉夫人此时已经有了自己的文字。

2.《往年记事》6420年（912年）条目下，我们读到：

На утвержение же и неподвижение быти межи вами, хрестьяны, и Русью, бывший миръ сътворихом Ивановомъ **написанием на двою харотью**, цесаря вашего и своею рукою...

（我们缔结本和平条约，以保证你们基督徒和罗斯人之间永恒不变的关系，它由伊万诺夫**写在两张羊皮纸上**——贵国皇帝及自己手笔。）

《往年记事》6453年（945年）条目下，在基辅大公伊戈尔执政时和希腊人所签订的条约里我们读到：

Роман же созвал бояр и сановников. И привели русских послов и велели им говорить и **записывать речи тех и других на хартию**.

---

① 《往年记事》采用的是拜占庭纪年法，以《圣经》中记载创世年为元年，即公元前5508年。拜占庭历换算成公元纪年的方法是：6420年－5508年＝912年，拜占庭历6420年相当于公元912年，《往年记事》中所有条目的时间都是这样表示的。

② 本文所引用《往年记事》的古俄语原文均出自俄罗斯科学院俄罗斯文学研究所数字文献库（Электронные публикации Института русской литературы РАН）《Повесть временных лет》Подготовка текста, перевод и комментарии О. В. Творогова（оригинал）.（http://www.pushkinskijdom.ru/Default.aspx? tabid＝4869）

(……罗曼努斯召见了贵族和大臣,并要求罗斯使者把双方的谈判**记录在羊皮纸上**。)

在同一条目下,我们还可以读到这样一段文字:

Мы же свѢщание все положимъ **на двою харатью**, и едина харотья есть у царства нашего, на нейже есть крестъ и имена наша написана, а на другой сли ваши и гостье ваши.

(我们把此条约**写在两张羊皮纸上**,一本保存在我们皇帝的手中,上面有十字架和我们的签名,另一本上有你们使者和商人的签名。)

从上述内容我们可以看到,在912年和944年古罗斯和希腊所签订的两份合约都被记录在羊皮纸上,而且有两处明确强调是记录在两张羊皮纸上。据研究古罗斯-希腊问题学者的观点,拜占庭与其他国家签订所有条约都是一式两份——希腊文本和翻译成签订协议对象国语言的协议文本。而且既然是条约协议,自然已是完整的文本。因此,这也说明在10世纪初,古罗斯已经开始使用东斯拉夫文字了。

3. 还是在《往年记事》6453年(945年)条目下,我们发现有这样的描述:

"... Ношаху слы **печати златы**, а гостие **серебряны**. Нынѣ же увѣдалъ есть князь вашь посылати грамоту къ царству нашему...

(……从前使者携带**金印**,而商人携带**银印**。如今你们的大公吩咐带文书给我们皇帝……)

据苏联时期考古发现,在已挖掘出的古罗斯印章上都带有印章主人名字。据此我们可以推断,依据当时的传统,此处所提"金印"和"银印"都应该刻有印章所有人的名讳,这也从侧面证明当时东斯拉夫文字已经存在。1949年,苏联考古学家 Д. А. Авдусин 教授在斯摩棱斯克(Смоленск)不远的格涅兹多沃村(Гнездово)发掘的10世纪20年代第13号古墓双耳瓦罐碎片上也发现有用斯拉夫基里尔文字写的题词,这进一步论证了学者们的推断。

综上所述,通过10世纪初罗斯人与希腊人签订的两份条约给予我们的启示以及考古所得的事实,完全可以说明东斯拉夫文字在俄罗斯的出现要大大早于传统认为的10世纪末,即988年罗斯接受基督教。

(二)关于古斯拉夫语与古俄语的相互关系

著名语言学家 М. И. Сухомлинов(1856: 182—183)曾指出,"古编年史语言中存在清晰的两种不同语言成分:教会斯拉夫语和古俄语。前一种语言往往出现在从圣经和教会训诫上摘录的地方,而编年史本身的作家在其叙述中占主流的则是古俄语"。应该说这种观点同样在《往年记事》的语言特点中有所体现。

《往年记事》6611年(1103年)条目下记录了两个片段,即弗拉基米尔·莫诺马赫在多洛克斯克盟会上的讲话及其在他战胜敌人后的致谢祷文。

1. И рече Володимеръ: 《Дивно ми, дружино, оже лошади кто жалуеть, еюже ореть кто, а сего чему не расмотрите, оже начьнетъ смердъ орати, и половчинъ

приѣха, ударить смерда стрѣлою, а кобылу его поиметь, а в село въѣхавъ, поиметь жену его и дѣти, и все имѣнье его возметь. То лошади его жалуешь, а самого чему не жалуешь》.

（扈从们，我真感到惊讶，你们吝惜耕地和马匹，可是你们怎么不想想，当斯麦尔德刚着手耕作时，波洛维茨人闯来，用箭射死他，抢走他的马匹，接着又进入他的村子，掳掠他的妻女和家产呢？你们吝惜马匹，难道就不吝惜斯麦尔德本人了吗？）

2. и рече Володимеръ:《**Се день, иже створи Господь, възрадуемься и възвеселимься во нь**, яко Богъ избавилъ ны есть от врагъ нашихъ, и покори враги наша, и **скруши главы змѣевыя, и далъ есть Господь брашно ихъ намъ**》.

（今天，是上帝规定的日子，我们都要高兴和喜欢这一天，因为上帝把我们从我们的敌人那里拯救，制服了我们的敌人，歼灭他们蛇一样的脑袋，将其财产分给人们——罗斯人。）

我们注意到，句 1 和句 2 同为莫诺马赫的讲话，而句 2 中有两处（我们用黑体标出）引自《旧约全书·诗篇》第 118 篇 24 节和第 74 篇 14 节。编年史作家（句 1）在表现莫诺马赫的正式讲话时用古俄语，而表现他的庆祝祷告时用的则是古斯拉夫语（句 2），这与 М. И. Сухомлинов 所述的观点一致。

与此同时，在《往年记事》中还有不同于上述观点的记载。

1.《往年记事》6485 年（977 年）条目下写道：

И вшедъ Ярополкъ в **градъ** Олговъ, *перея* **власть** его, и посла искати брата своего, и искавше его, не обрѣтоша. И рече одинъ *деревлянинъ*:《**Азъ** видѣхъ вчера, яко съпехънуша и с моста》.

（雅罗波尔克进入奥列格的城市，夺取了政权，派人寻找自己的弟弟。人们找来找去都未见他的踪影。一位德列夫利安人说："我看见昨天他从吊桥上被挤下去了。"）

2.《往年记事》6500 年（992 年）条目下写道：

Единою бо ми **сварящю**, оному же мнущю усньe, и разгнѣвася на мя, преторже *череви* руками.

（有一次，他正在鞣质皮革，我骂了他，他一怒之下，用手撕碎了皮子。）

3.《往年记事》6599 年（1091 年）条目下写道：

И, трудивъся, вдахъ другому брату, и копахомъ до*полуночья* и трудихомся, *не могуще* ся докопати. Начахъ тужити, еда како на страну копаемъ. Азъ же, вземь рогалью, начахъ рамяно копати, другу моему опочивающю *передъ* пещерою, и рече ми:《Удариша в било》.

（我们开始挖掘，挖累了就由另一个修道士接替，我们一直挖掘到半夜，再也干不动了，我开始为挖掘进度感到发愁，拿起铁锹拼命地挖，而我的朋友已躺在洞穴前休息，对我说："已经打敲板了。"）

在以上三个片段中，我们既能找到古斯拉夫语词汇（градъ, власть, азъ,

единою, сварящю)(用黑体标出),又能找到古俄语词汇(перея, деревлянинъ, череви, полуночья, не могуще, передъ)(用斜体标出)。特别值得注意的是,在句3中,作者记录的是关于迁移费奥多西圣体(其被俄国信徒尊为圣人)的故事,依照Л. П. Якубинский(1953: 301)的看法,"古罗斯时期的书面语言中,在需要表现'崇高语体(высокий штиль)'的地方都会使用教会斯拉夫语"。但在记录圣徒费奥多西的事情时,作者却选择了古俄语词汇。类似的地方在《往年记事》中并不罕见,比如,在6559年(1051年)条目下,叙述基辅佩切尔修道院创始人安东尼的故事时也可以读到古俄语词汇:"... язъ васъ постригалъ, самъ хочю, преже"。

... а язъ васъ постригалъ; да буди на васъ благословение первое от Бога, а второе от Святыя Горы. И се рекъ имъ:《Живете о собѣ, поставлю вы игумена, и *самъ хочю* вь ину гору сѣсти одинъ, якоже и *преже* бяхъ обыклъ, уединився》.

(我为你们剃度,并将赐福与你们,首先是来自上帝的祝福,其次是来自圣山的祝福。[安东尼]还对他们说:"你们自己生活吧,我将任命一名修道院院长,而我想独自到另一座山上去,因为我已经习惯了离群索居的生活。")

可以看到,在《往年记事》中并没有预先设定好使用古斯拉夫语或古俄语的严格规定。但从古斯拉夫语自身起源及其发展过程来讲,它被更多地用来描述教会宗教的内容是理所应当的,但也不能绝对化,而要受制于描述事物的特点和叙述情景等因素。

此外,值得我们重视的还有《往年记事》中一些古斯拉夫语被使用在一定的固定词组、成语或俗语中,并在口语实践中得到推广,所以在书面语中已不受制于上下文内容和语境来使用。有语言学家认为,这种情况下古斯拉夫语已成为古罗斯标准语的一种修辞方式,故称其为"修辞形式"(стилистические формулы)。但有学者持不同的看法,认为这类固定词组大多数在口语当中早已存在,虽具形象性,但并没有书面语所表现出的修辞色彩,故称之为"传统形式"(традиционные формулы)(Творогов 1962: 282)。

《往年记事》中,古斯拉夫语带前缀"из"的动词 изити(исходити)在摘自祭祀书籍的引文文本中、摘自《圣经》的片段中以及翻译拜占庭的史料文献中常常被使用,而由它构成的固定词组"изити противу"的使用就并非如此局限了。

6449年(941年)条目中写道:

Съвѣщаша русь, и **изидоша противу**, въоружившеся на грѣки, и брани межю ими бывши злѣ, одва одолѣша грѣци.

(罗斯人经过商议,决定对希腊人武装反击,经过一场激烈战争,希腊人勉强取胜。)

6454年(946年)条目中写道:

Ольга съ сыномъ своимъ Святославомъ собра вои много и храбры, и иде на Деревьску землю. И **изидоша** деревляне **противу**.

(奥利加和儿子斯维亚托斯拉夫招集众多勇士,出兵德列夫利安,德列夫利安人奋起抵抗。)

6479年(971年)条目中写道：

И поиде Святославъ на грѣкы, и **изидоша противу** руси.

(于是斯维亚托斯拉夫向希腊人进军,对方也出兵抵抗罗斯人。)

6527年(1019年)条目中写道：

Приде Святополкъ с печенѣгы в силѣ тяжьцѣ, и Ярославъ собра множьство вой, **иизыде противу** ему на Лъто.

(斯维亚托波尔克带领着一支庞大的佩切涅格人队伍前来。雅罗斯拉夫集合数量众多的军队出发里托河迎敌。)

6586年(1078年)条目中写道：

И веземше тѣло его, привезоша в лодьи, и поставиша противу Городьцю, и **изиде противу** ему весь городъ Кыевъ...

(人们将他的遗体用船运回来,停放在戈罗杰茨附近,基辅人倾城迎接他的灵柩……)

6601年(1093年)条目中写道：

...Приде Святополкъ Кыеву. **Изидоша противу** ему кияне с поклоном, и прияша с радостью, и сѣде на столѣ отца своего и стрыя своего.

(斯维亚托斯拉夫来到基辅。基辅人出城欢迎他,向他致敬,高兴地接受了他,于是他继承了自己父亲和叔叔的皇位。)

据统计,固定词组"изити противу"在《往年记事》中共使用11次(Творогов 1963：211),其表达的意思分为两种。第一种用于表达"выйти на бой, пойти войной на кого-либо"(出征、征讨)的意思(见上面941、946、971、1019年条目);第二种用于表示"при описаниях встречи князя горожанами"(描述市民欢迎大公)的意思(见上面1078、1093年条目)。

除过在民间口语中已形成并广泛使用的固定短语,《往年记事》中还引用出自书面语的一些固定短语。比如《往年记事》6611年(1103年)条目中写道：

И Богъ великый вложи ужасть велику у половцѣ, и **страх** нападе на ня и **трепетъ** от лица русскых вой, и дрѣмаху сами, и конемъ ихъ не бѣ спѣха у ногах.

(伟大的上帝使波洛伏齐人陷入极度的恐慌,面对罗斯大军,惊骇不已,连战马也驻足不前。)

其中"страх и трепет"这一短语出自《旧约全书·创世纪》的第9章第2节、《旧约全书·出埃及记》第15章第16节和《旧约全书·申命记》第2章第25节(Творогов 1962：277)。

从以上分析可以看出,已固化到词组和短语中的古斯拉夫语词汇使用并不受到文献的风格特点、体裁和语体的限制。

最后,还有一种情况,那就是有一些词汇的意义已固定下来,成为影响选择古斯拉夫语词汇和古俄语词汇最无需争辩的因素。比如,在《往年记事》中,表示"господство над кем-либо; политическое господство"(统治谁;政治上的统治地位)之意时,只使用古斯拉夫语词汇“власть”（Творогов 1963：210）；古斯拉夫语词汇 злато 表示“драгоценность”（贵重物品）之意，而 золото 则表达“определенный металл и изделия из него”（用某种金属或该金属加工的制品）（Филин 1949：105—106）；古斯拉夫语词汇“стражь”为“сторож，тот кто охраняет что－либо или кого－либо”（卫兵，看守）的意思，而 сторожи 则为“передовой отряд，авангард”（先锋部队）的意思；在表示“область，удел，государство”（地区、分封的公国、国家）时只用古斯拉夫语词汇 страна 等（Творогов 1963：210）。

在俄语标准语的发展过程中，古斯拉夫语与古俄语相互间不可避免地受到影响，甚至在现代俄语中有所体现，有些古斯拉夫语词取代了俄语固有词。比如：враг（敌人）、время（时间）、вождь（领袖）、единый（统一的）等淘汰了古俄语 ворог，веремя，вожь，одиный 等。还有一些古斯拉夫语词进入俄语后则与固有词并存，只是在语义或修辞色彩上有所不同：страна（国家）— сторона（方向），глава（首领）— голова（头），одежда（衣服）— одёжа（口语，衣裳），страж（保卫者）— сторож（门卫）等（信德麟 1991：129—130）。

其实，对于古斯拉夫语和古俄语的选择，我们不能简单地归结为一个“原则”：使用古斯拉夫语词汇是为陈述“崇高语体”的手段，是一种书面语的表达；使用古俄语则为陈述日常世俗事务，是一种口语的表达。《往年记事》被语言学家称之为“混合体裁的作品”本身就是最好的证明。古斯拉夫语（教会斯拉夫语）和古俄语两种语言的混合使用各有侧重，除所描绘事物特点和叙述情景、古斯拉夫语的固定词组和语义固化的词汇外，还受制于文本体裁和抄录者本身的语言水平等因素。众所周知，标准语有一定的语体之分，每一语体都有自己的用途、使用领域和规范标准。正如 В. М. Живов 所说：“如果将教会斯拉夫语置于口语的对立面来研究古罗斯语言，那么古罗斯真正的文化遗产大部分都会丢失（比如，编年史是用书面语编撰而成，但显然又不是标准的教会斯拉夫语）。”（Живов 1996：25—26）所以，在古俄语标准语的发展过程中，古斯拉夫语（教会斯拉夫语）和古俄语（或称之为世俗通用语言）曾经同时充当着标准语的角色，并伴随着历史的进程相互影响和联系，直到 17 世纪中叶古斯拉夫语才逐渐退出，但它的痕迹今天依旧在现代俄语中可见。

参考文献

［1］Виноградов В. В. 1961. Основные проблемы изучения образования и развития древнерусского литературного языка，Исследования по славянскому языкознанию［М］. М.：Изд－во АН УССР. с. 4－113.

［2］Виноградов В. В. 1978. Вопросы образования русского национального литературного языка // Виноградов В. В. История русского литературного языка. Избранные труды［М］. М. Изд－во：Наука. с. 178－201.

［3］Живов В. М. 1996. Язык и культура в России XVIII века［М］. Москва. Изд－во：Языки русской культуры. с. 25－26.

［4］Обнорский С. П. 1946. Очерки по истории русского литературного языка старшего периода［М］. М. – Л. Изд – во: АН СССР. – 199 с.

［5］Панин Л. Г. 1995. История церковнославянского языка и лингвистическая текстология［М］. Новосибирск. Изд – во: НИИ МИОО НГУ. с. 80.

［6］Срезневский И. И. 1903. Статьи о древних русских летописях (1853 – 1866 гг.)［М］. СПб. с. 124.

［7］Сухомлинов М. И. 1856. О древней русской летописи как памятнике литературном［М］. СПб. с. 182 – 183.

［8］Творогов О. В. 1962. Традиционные устойчивые словосочетания в《Повести временных лет》ТОДРЛ.［М］. Изд – во: АН СССР, Т. 18, с. 277 – 284.

［9］Творогов О. В. 1963. К вопросу об употреблении старославянизмов в《Повести временных лет》ТОДРЛ.［М］. Изд – во: АН СССР, Т. 19, с. 208 – 211.

［10］Филин Ф. П. 1949. Лексика русского литературного языка древнекиевской эпохи: по материалам летописей, Ученые записки Ленинградского государственного педагогического института им. А. И. Герцена［М］, т. 80. Л. с. 288.

［11］Филин Ф. П. 1981. Истоки и судьбы русского литературного языка［М］. М., Изд – во: Наука. – 327 с.

［12］Шахматов А. А. 1941. Очерк современного русского литературного языка［М］. М. Изд – во: Учпедгиз.

［13］Якубинский Л. П. 1953. История древнерусского языка［М］. М. Изд – во: Учпедгиз. с. 301.

［14］李越常. 略论古斯拉夫语对标准俄语的影响［J］. 外国语, 1990(5): 37 – 42.

［15］信德麟. 斯拉夫语通论［M］. 北京: 外语教学与研究出版社, 1991.

［16］王松亭. 古史纪年(古俄语—汉语对照)［M］. 北京: 商务印书馆, 2010.

［17］赵葆云. 从功能原则出发看古斯拉夫语和俄语标准语的相互关系［J］. 外语研究, 1990(1): 8 – 11.

［18］Мешчерский Е. В. 2002. История русского литературного языка［М］,［EB/OL］.［2011 – 10 – 12］. http://sbiblio.com/biblio/archive/milehina_ist/00.aspx.

［19］Творогов О. В.《Повесть временных лет》Подготовка текста, перевод и комментарии［EB/OL］.［2011 – 11 – 20］. http://www.pushkinskijdom.ru/Default.aspx? tabid = 4869.

连锁复句的结构与推导——基于最简方案的分析

李建波　苏立昌

摘　要：本文在最简方案的理论框架下探讨连锁复句的句法结构与推导过程。研究者提出：(1)连锁复句是含有内包子句的复杂句，不是依靠关联或逻辑关系联结的复合句；(2)内包子句是为实现主要子句内论元的语义要求、通过空算子移位来实现谓语化的附加子句，与主要子句呈非对称分布；(3)内包子句的空主语，是基础生成的主语在 EPP－移位至[Spec,CP]后，音系特征在表达式中"删除"的结果。

关键词：连锁复句；非对称结构；推导；最简方案

一、研究背景

将"连锁复句"作为汉语的一类特殊句式始于邢公畹(1984)。最初，连锁复句的结构被描写成：$NP_1 + V_1 + NP_2$，$\varnothing + V_2 + NP_3$，且$\varnothing = NP_2$。例如：

(1)台湾回归祖国是中国的内政，∅不容任何外人干涉。(∅＝中国的内政)

(2)铺里一个老儿，∅引着一个女儿，……便是出来看郡王轿子的人。(∅＝一个老儿)

代表空缺主语的∅不应视为省略成分，因为添补∅会造成冗言(redundancy)，例如：

(3)台湾回归祖国是中国的内政，中国的内政不容任何外人干涉。

(4)铺里一个老儿，一个老儿引着一个女儿，……便是出来看郡王轿子的人。

∅与 NP_2 仅在指称上等值，当 NP_2 为无定形式时，∅必须要以有定形式填补，如(5)。因此，∅的语法作用与 NP_2 不同。

(5)铺里一个老儿，这个老儿引着一个女儿，……这个女儿便是出来看郡王轿子的人。

史存直(1985)认为，∅与 NP_2 是"承前省略"关系，两者在句法结构上没有依存关系，只是语篇层面的衔接问题。对此，邢公畹(1985)指出，∅与 NP_2 之间的共指关系并非偶然，而是包含了一定的规律性；∅＝ NP_2 的条件问题也值得深入研究。徐丹

(1989)提出,∅与 NP_2 的关系不是同值而是同指。因此,邢公畹(1990a、1990b)对公式做了修改:

(6) $N_1 + V_1 + N_2, \varnothing + V_2(+N_3)$,

∅与 NP_2 同指,

$N_1 + V_1 + N_2$ 等于 S_1,

$\varnothing + V_2(+N_3)$ 等于 S_2。

连锁复句是基于客观语言事实提出的,(6)比较充分地描写了汉语这类句子的形式表征,这对汉语语法研究有重要贡献。跨语言研究表明,世界范围内的多种语言中都存在与连锁复句类似的次谓语结构(secondary predication structure)(Irimia 2005)。因此,隐藏在连锁复句背后的语言规律,既是汉语语法问题,又是普遍语法问题。本文在最简方案的理论框架下,分析连锁复句的句法结构与推导过程,主要讨论 S_1 与 S_2 的结构关系、S_1 与 S_2 组构的推导过程和空主语∅的成因等问题。

二、S_1 与 S_2 的结构关系

(一)传统语法的复句观

复句是比单句高一个层次的语法单位(朱德熙,1982)。首先,复句应包含两个或两个以上的分句。其次,复句有统一全句的语调,句末有终止性停顿。最后,复句中的各个分句具有相对独立和互相依存的特征(邢福义,2001)。相对独立,是指结构上彼此分开,各分句均具备独立成句的条件;互相依存,是指各分句具有内在的逻辑语义关系,这种关系既可借助显性的关联语(如:因为、既、又等)表述,又可通过内隐的逻辑或位序推断出来。一般说来,将内在的逻辑关系用相应的显性关联语表述出来,不会影响复句的合法性。例如,(7)a 即为显性标记复句,(7)b 为隐性标记复句,两者之间可以相互转化。

(7)a. 因为陈琳晋级,所以父母高兴。

b. 陈琳晋级,父母高兴。

c. 陈琳晋级,已成事实。

d. 我不同意,陈琳晋级。

因此,能否添加标记语是判断复句的标准之一。显然,由具有结构依存关系的分句组成的句子不能添加标记语,也就不属于传统意义上的复句。7(c)和 7(d)中,虽然主语和宾语由可独立成句的成分充当,但它们并不是复句。马庆株(2010)对复句的定义是“由两个或两个以上意义相关、结构上互不包含的单句组成的”。此外,复句中允许出现省略成分,这是各分句在语义上相互关联的表现。8(b)和 8(c)分别为承前省略和蒙后省略,e 与“他”的共指关系需要通过上下文得出,这一点也与单句有所区别。

(8)a. 因为他连升三级,所以他整天乐呵呵的。

b. 因为[他] $_i$ 连升三级,所以 e_i 整天乐呵呵的。

c. 因为 e_i连升三级,所以[他]$_i$整天乐呵呵的。

综上,传统语法定义的复句要求各个分句具有结构相对独立和语义相互依存的特征。相应地,解决连锁复句的语法单位问题,即连锁复句到底是单句还是复句,需要从分析各分句的结构关系入手。

(二)生成语法的复句观

生成语法从中心语投射的角度定义句子。首先,包含一个主语和一个动词短语的语言单位称为子句(clause),记作 TP,在形式上描写为:TP→NP(T) VP(Carnie,2007)。其次,句子(sentence)包含一个或一个以上的子句,又称为主句(root)(Radford,2004)。最后,包含了主要子句(matrix clause)和内包子句(embedded clause)的语言单位称为复句(complex sentence)。因此,生成语法定义的复句是单句的子集,是包含了两个或两个以上具有结构依存关系的子句的语言单位。例如:

(9)a. This is the book (that) he was looking at.

b. This is the book.

c. (that) he was looking at.

(10)a. I made a mistake in giving him my address.

b. I made a mistake.

c. (in) giving him my address.

9(a)和 10(a)是内包了两个子句的句子,根据生成语法的定义,可以称为复句。内包子句与主要子句之间具有结构上的依存关系,不能够独立成句。如果将"结构依存关系"说得具体一些,就是主要子句的某个句法成分由内包子句担当,前者为后者提供句法位置,后者满足前者的句法及语义要求。前述的以逻辑关系为基础、通过连接词联结的复句,往往被看作是比句子高一个层次的语言单位。所以,相对于传统语法的复句,生成语法所定义的复句相当于传统语法的单句。本文将前者称为复合句,后者称为复杂句。

(三)非对称结构

以上讨论了传统复句与生成语法复句的区别:前者的子句通过连接词联结,结构上互不依存,全句呈现对称结构,如(11);后者的子句通过结构依存关系组合成句,子句间有层级关系,全句呈非对称结构,如(12)。

(11)

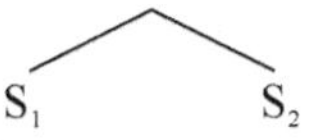

(12)

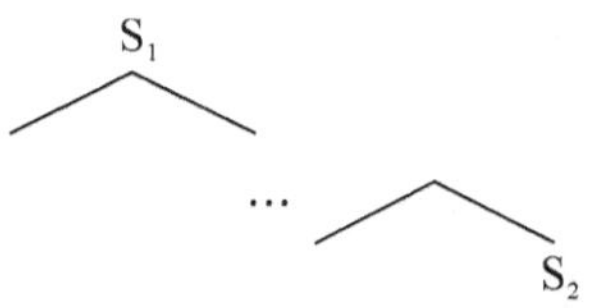

呈对称分布的两个子句互为姊妹节,两者之间不存在反对称统制或支配这样的层级关系;非对称结构中,主要子句反对称统制内包子句。根据线性对应公理(Kayne,1994),层级结构决定终端语符的线性语序,(11)中的 S_1和 S_2因不存在反对称统制关系,在线性顺序上就没有强制性要求;(12)中,S_1反对称统制 S_2,因此在线性顺序上必

然是 < $S_1 \cdots S_2$ >。

那么,连锁复句是对称还是非对称结构呢?何元建(2011)提出,描写语句 CP_2(相当于 S_2)与它所修饰的成分所在的句子 CP_1(相当于 S_1)组成一个并列结构。如(13)[原文编号为(143)]:

(13)

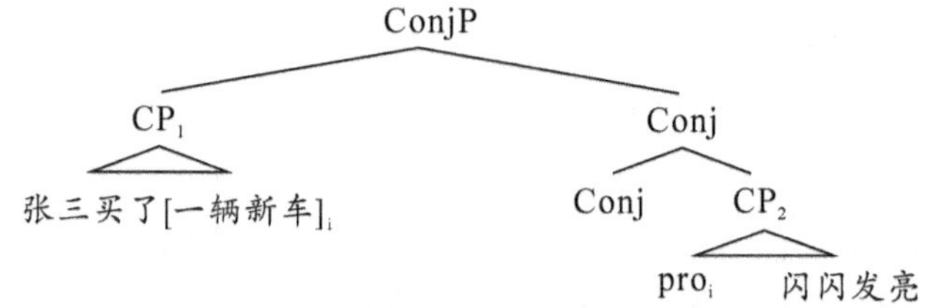

(13)的分析虽然可以解释前后子句间的停顿,但在处理整个句子的线性语序上遇到问题。根据(13),[一辆新车]$_i$与 pro_i之间不存在成分统制关系,那么,两者在线性顺序上就应该没有强制性的要求。但事实上,pro_i 必须位于[一辆新车]$_i$之后。例如:

(14)a. 张三买了一辆新车,闪闪发光。

b. 闪闪发光,张三买了一辆新车。

由"是""有"构成的连锁复句也表明:S_2与它所修饰的成分在位序上不可互换。例如:

(15)a. 我是个念书的,不懂得用兵的事。

b. 不懂得用兵的事,我是个念书的。

(16)a. 桌子上有土,可以掸去。

b. 可以掸去,桌子上有土。

上述例子表明,pro 在线性顺序上必须位于它的共指名词之后。由此推断,S_1反对称统制 S_2,两者呈非对称分布。如(17)所示,[一辆新车]$_i$反对称统制 pro_i,因此,两者的线性顺序具有强制性。相对于(13)的分析,(17)更好地解释了为什么(14)b—(16)b 不合语法。

(17)

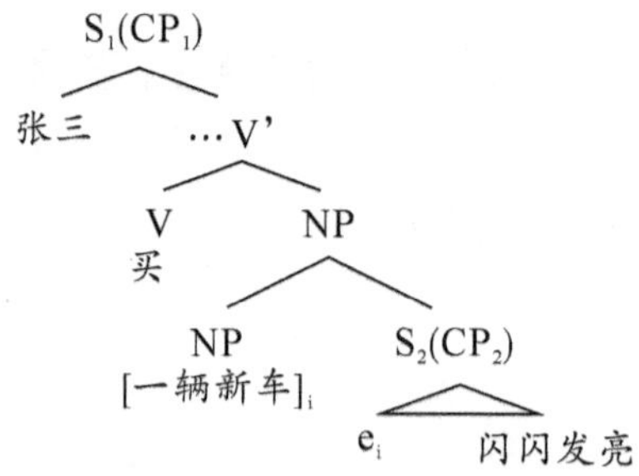

综合以上的讨论,连锁复句中 S_1与 S_2的关系有如下特点:首先,S_1与 S_2在结构上不平行,S_2离开 S_1往往很难独立成句。虽然汉语在一定程度上允许主语脱落,但(14)b—(16)b 的可接受程度较低,脱离主要子句后,b 句空主语的指称范围无限扩大,语义也随之变得模糊不清。其次,S_1 与 S_2 之间不允许添加显性连接词。这表明子句间的结构关系是第一位的,逻辑语义关系是第二位的。最后,内包子句 S_2结构依存于主

要子句 S_1。(13)b—(15)b 表明,各个子句的线性顺序是具有强制性要求的,由此可以推断它们在层级关系上是非对称的。我们据此提出,连锁复句不是依靠逻辑语义关系连接的复合句,而是借助结构依存关系组构的复杂句。

三、S_1与S_2的嫁接操作

以上讨论了连锁复句的句法单位问题,提出连锁复句是带有内包子句的复杂句。本节讨论内包子句的句法地位和推导过程。

首先,内包子句 S_2是作为附加子句(adjunct clause)嫁接(adjoin)到主要子句 S_1上的。理由是,S_2在 S_1中不承担题元角色,不占据论元位置。也就是说,S_2不直接与 S_1的谓词发生关联,而是与其所选择的内论元发生关联。这种关联是一种语义关系,S_2修饰和限定 S_1的内论元。句法上,S_2不改变 S_1的结构,也不改变 S_1的标签(labeling),相当于附加语。

其次,S_2的嫁接节点应为 S_1中 VP 的补足语 NP[见(17)],即 S_2与 NP 互为姊妹节。S_2 的嫁接操作以 S_1含有域内论元为前提,否则不能完成。一旦 S_1中缺少域内论元,S_2便在句法上失去了嫁接的结点,在语义上缺少了修饰的对象,无法实现嫁接。例如:

(18)a. 张三买了,闪闪发光。

b. 我是,不懂得用兵的事。

反之,即使是 S_1的域内论元发生了向上的移位,S_2仍然可以与 S_1实现嫁接操作。例如:

(19)a. 包子买好了,还热着呢。

b. 屋子找到了,还算宽敞。

另外,当 S_1含有双宾语结构时,只能选择与直接宾语发生语义关联的 S_2进行嫁接操作。例如:

(20)a. 张三从国外带给李四[一本书]$_i$,e_i 是介绍最新成果的。

b. 张三从国外带给[李四]$_i$ 一本书,e_i 是介绍最新成果的。

c. 张三从国外带给[李四]$_i$ 一本书,(他$_i$)急等着用。

最后,S_2与 S_1的嫁接操作通过空算子(NOP)移位实现。具体地说,S_2中的空主语 e 移位至指示语的位置,形成空算子,进而嫁接到 S_1。空算子原本位于 S_2 主语的位置,通过移位来实现 S_2的谓语化。这个过程如(21)所示:

(21)

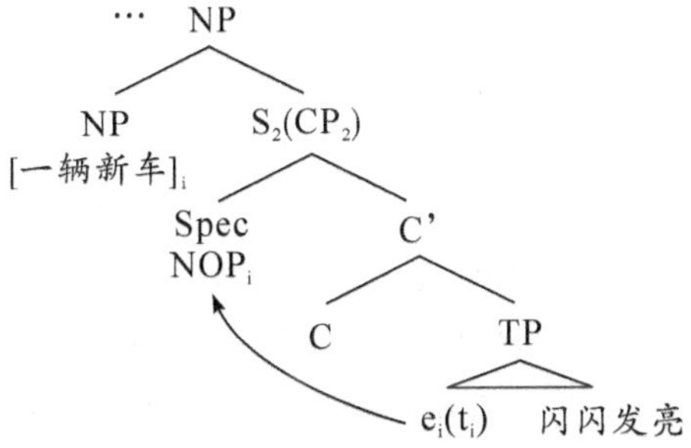

上述分析依据两方面的经验事实。

其一，标句词“吗”可以与 NOP 共现，说明 e 不占据标句词 C 的位置。例如：

(22)我是个念书的，e 不懂得这个道理吗？

其二，当内包子句中发生 *wh* - 移位时，句中的停顿略有延长。比较(23)a 和(23)b 会发现，前者的句中停顿稍长。例如：

(23)a. 我是个念书的，[什么(道理)]$_i$ e 不懂 t_i？

b. 我是个念书的，e 不懂这个道理。

c. 什么(道理)e 不懂？

当(23)a 中的 *wh* - 成分“什么”前移至[Spec, C]的位置时，占据了 e 的移位点。因此，e 不再发生移位，无法形成空算子。在这种情况下，S_2 与 S_1 不再具有结构依存关系，23(a)应视为复合句，e 的性质是蒙后省略，其指称需要通过上下文获得。(23)c 的可接受程度高于(15)b—(16)b 说明，当[Spec, C]的位置由显性成分占据时，更容易独立成句。反之，当[Spec, C]的位置无显性成分时，子句才有可能被谓语化，进而实现与主句的嫁接操作。

附加语的句法地位不同于标志语和补足语，它的嫁接操作是很晚才加入推导过程的(Chomsky,2004；邓思颖,2010)。因此，具有附加语性质的内包子句的嫁接操作，要晚于标志语、补足语等论元的合并操作。就(17)而言，空算子移位应该是在主要子句和内包子句的谓词与内、外论元合并之后才进行的。首先，谓词[买]与内论元[一辆新车]合并，再与外论元[张三]合并，组成 CP_1。然后，谓词[闪闪发光]与外论元 e 合并，组成 CP_2。最后，CP_2 与 CP_1 嫁接，组成连锁复句。这是连锁复句不同于关系句(relative clause)的地方。关系句中，名词短语首先与修饰它的子句嫁接，组成一个新的名词短语，这个名词短语再与谓词合并。

四、内包子句空主语的性质

以往研究注意到内包子句的空主语与主要子句宾语的同指关系，但对于这种同指关系的成因莫衷一是。本节讨论内包子句的空主语的性质与成因。

如果内包子句的嫁接操作是通过空主语移位实现的，那么根据“移位必有动因”的经济原则(Chomsky,1995)，需要核查的特征为内包子句的标句词 C 带有的不可解释特征[*u*F]。只有[*u*F]得到核查并删除，才能满足完全解读原则。也就是说，带有可解释特征[F]的 e 需要向上移位(显性或隐性)至[Spec, C]的位置(Chomsky,2000)，完成特征核查。例如(24)：

(24)

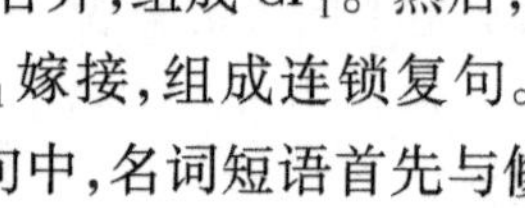

内包子句的空主语 e 不具有语音形式，在逻辑上有两种可能：一是基础生成的，在移位前即为不具备语音形式的空语类 pro；二是具有指称的限定词短语，其语音特征在移位过程中被删除，形成了空位。我们将前者称为“空语类说”，后者称为“空位说”，

分别加以讨论。

（一）空语类说

汉语在特定情况下允许主语脱落，因此，占据主语位置的 e 有可能是基础生成的。也就是说，e 的性质应为 PRO 或 pro。汉语中的 PRO 和 pro 之间只有词汇—语义差别，没有句法上的差异（Hu, Pan & Xu, 2001）。可将其统称为 pro。空语类说可以解释汉语中某些类型的次谓语结构，比如 Shyu, Wang & Lin (2013) 对“V－起来”结构的分析就属于此类。例如：

（25）[这首歌]$_j$ 玛丽[唱起来]$_i$[这首歌]$_j$[$_{vp}$(唱起来)$_i$($_{SC}$ pro$_j$很好听)]。

作为动词补语的分句（SC）的空主语 pro 与主句的宾语[这首歌]具有同指关系，分句因此具备成为次谓语的条件。显然，分句中 pro 的指称是通过约束关系获得的。

空语类说对于连锁复句中的空主语的成因具有一定的解释力，（17）中 pro 的指称就是通过约束关系获得的。主要子句的宾语[一辆新车]成分统制 pro，且与 pro 同指，因此形成约束关系。但是，它在解释带有空宾语的连锁复句时会遇到困难。例如：

（26）a. 张三写了一本[书]$_i$，大家都看不懂 e_i。

b. 张三写了一本[书]$_i$，李四说王五看不懂 e_i。

c. 张三写了一本[书]$_i$，李四告诉王五（说）赵六看不懂 e_i。

一方面，汉语不允许出现空宾语，因此很难说（26）a—（26）c 中的 e 是基础生成的。另一方面，（26）b—（26）c 中，[书]虽然成分统制 e，却明显违反了局部性条件。此外，空主语 pro 可以充当算子、向上移位并核查标句词的不可解特征，目前还缺少跨语言的经验证据来支持这一假设。因此，关于内包子句的空主语是基础生成的空语类说，还面临一些问题。

（二）空位说

根据“特征吸引”（Attract F）理论（Chomsky, 1995），不可解释特征的删除，既可以通过显性的短语移位，也可以通过隐性的特征移位。根据拖延原则（Principle of Procrastinate），隐性的特征移位比显性的短语移位经济。Ochi（1999）提出，不可解释特征吸引核查的只是移位词项的“匹配”特征，而非词项本身；“匹配”特征被吸引后的词项在音系层面是“不完整”的。“不完整”词项有两种方式可以通过音系层面：一是显性的短语移位，让“匹配”特征与“残留”特征一起移位，称为“并移”（pied-piping）；二是删除表达式中的“不完整”词项，使“残留”特征在音系层面不可见。并移与删除两种方式，都可以消除不可解特征，进而得到合法的音系表达式。

Lasnik（1995；2001）的分析表明，“准空缺”结构（pseudo－gapping）就是“不完整”词项在表达式中删除而形成的。所谓的“准空缺”是指，位于助动词和宾语间的动词被省略掉，在两者之间形成空缺。例如：

（27）Peter read a book and Mary did a magazine.

英语是宾语提升语言，在宾语向上移位至[Spec, Agr$_o$P]的位置后，动词 V 需要移位至轻动词 v 的位置，以满足语序上的要求（Bošković 1997；2002）。如果动词 V 不发生位移，则句子不合法。例如：

(28) a. Peter a magazine read.

b. Peter did a magazine read.

“准空缺”结构的特殊之处在于，虽然动词 V 没有位移至 v 的位置，但句子仍然合法。因此，需要解释为什么(27)合法而(28)不合法。如(29)所示，在宾语[magazine]向上移位至[Spec, Agr_oP]后，动词[read]需要向上移位至 v 的位置。Lasnik 假定，动词[read]的上移是由于轻动词 v 带有一个需要核查的强特征[uF]。首先，动词[read]带有的匹配的可解特征[F]，受到 v 的强特征[uF]吸引而向上移位，核查掉了轻动词 v 的强特征[uF]；然后，词项特征“不完整”的词项[read]在表达式中被删除，它所带的残余特征随之消除，保证了表达式的合法性。

(29) Peter read a book and Mary did [$_{vP}$ V$^{[uF]}$ [$_{AgroP}$ a magazine$_i$ [$_{vP}$ ~~read~~$^{[F]}$ t_i].

我们提出，上述的“删除”操作可以用来解释连锁复句中内包子句的空成分，如(27)所示。首先，内包子句的主语是基础生成的限定词短语(DP)，具有完整的音系、句法特征，且与主要子句的宾语同指。这可以解释为什么 e 需要以有定形式填补，也为内包子句与主要子句的嫁接操作提供了语义基础。然后，受标句词带有的不可解特征[uF]吸引，DP 的匹配特征[F]向上移位。这样，标句词的不可解特征就得到了核查并删除。最后，词项特征“不完整”的限定词短语[这辆新车]删除，生成合法的表达式。

(30) 张三买了[一辆新车]$_i$，[$_{CP}$ NOP$_i^{[F]}$ C$^{[uF]}$ [$_{TP}$ [$_{DP}$ ~~这辆新车~~]$_i^{[F]}$ 闪闪发亮]]。

上述分析可以解决“空语类说”遇到的问题。类似(26)c 的带有宾语空缺的连锁复句，可以用循环移位来解释。例如：

(31) 张三写了一本[书]$_i$，

[$_{CP}$ NOP$_i^{[F]}$ $C_2^{[uF]}$ 李四告诉王五(说)[$_{CP}$ NOP$_i^{[F]}$ $C_1^{[uF]}$ 赵六看不懂[~~这本书~~]$_i^{[F]}$]]。

按照(31)，限定词短语[这本书]的可解特征[F]依次核查 C_1、C_2 的不可解特征[uF]，短语本身因词项特征“不完整”而在表达式中删除。这可以很好地解释为什么连锁复句中的空成分只能由有定成分填补，基础生成的具有明确指称的限定词短语不需要通过约束关系来获得指称。

那么，标句词 C 所携带的语义无解特征[uF]是什么性质的特征呢？我们认为是 EPP－特征。尽管在过去的三十年里，学界对于 EPP－特征的性质、适用等问题莫衷一是，但基于“移位必有动因”提出 EPP－特征是经济原则在句法理论中的具体化。根据语段理论(Chomsky, 2004)，EPP－特征的核查是 CP 在定形之前允许成分移出的动因。由于缺少形态变化，汉语词库中不需要 that/ which 这样的关系词来进行形态特征核查，而现代汉语的 CP 层面又在一定程度上表现出了 EPP－效应(李建波，2014)，那么，标句词 C 所携带的语义无解特征[uF]只能是 EPP－特征。同样，因为词库中缺少可以充当算子的关系词，汉语在通过句法手段实现语义要求时，往往借助于空算子移位。如果说空算子移位在语义层面实现了嫁接操作的可能，那么，EPP-特征的核查无疑在句法层面提供了移位的操作动因。

以上讨论了内包子句中空成分的性质和成因问题。我们认为，“空位说”在对经验事实的解释力和运算的经济性等两方面都优于“空语类说”。根据本文的分析，内包子句的主语（包括宾语），在基础生成时，是具有完整特征的、与主要子句内论元同指的限定词短语；该限定词短语带有的可解特征，受到标句词带有的 EPP-特征吸引，发生移位；带有“残余”特征的词项，由于词项特征“不完整”，在表达式中被删除，形成了空主语。

五、结语

本文在最简方案的理论框架下讨论了汉语连锁复句的结构与推导问题。我们提出，连锁复句不是语义复合句，而是含有内包子句的结构复杂句。主要子句和内包子句，具有结构上的依存关系，呈现非对称分布。内包子句的空成分，是特征移位后，由音系特征“不完整”所引发的“删除操作”的结果，采用“空位”这一术语似乎更为准确。连锁复句所体现出的经济原则通过上述分析得到了进一步的解释。更重要的是，连锁复句作为客观语言事实也为最简方案关于“语言是完美的、经济的”假说提供了跨语言的经验事实。

参考文献

[1] Bošković Ž. Coordination, Object Shift, and V-movement [J]. *Linguistic Inquiry*, 1997, 28 (2): 357-365.

[2] Boskovic Ž. A-Movement and the EPP[J]. *Syntax*, 2002, 5(3): 167-218.

[3] Carnie A. *Syntax* [M]. Malden: Blackwell, 2007:32.

[4] Chao, Yuen-Ren. *A Grammar of Spoken Chinese* [M]. Berkeley: University of California Press, 1968.

[5] Chomsky N. *The Minimalist Program*[M]. Cambridge, Mass: MIT Press, 1995:254.

[6] Chomsky N. Minimalist inquires: The framework [C]// Martin, R., D. Michaels, & J. Uriagereka, *Step by step: Essays on minimalist syntax in honor of Howard Lasnik*. Cambridge, Mass.: The MIT Press, 2000. 89-155.

[7] Chomsky N. Derivation by phase[C]// Kenstowicz, M. J. *Ken Hale: a Life in Language*. Cambridge, Mass.: The MIT Press, 2001. 1-52.

[8] Chomsky N. Beyond explanatory adequacy [C]//. Belletti, A. *Structures and Beyond*. Oxford: Oxford University Press, 2004. 104-131.

[9] Hu Jianhua, Pan Haihua, Xu Liejiong. Is There A Finite vs Nonfinite Distinction in Chinese? [J]. *Linguistics*, 2001, 39(6): 1117-1148.

[10] Irimia M A. Types of Secondary Predication[J]. *Toronto Working Papers in Linguistics*, 2005, 25: 20-29.

[11] Kayne R S. *The Antisymmetry of Syntax* [M]. Cambridge: The MIT Press, 1994:6.

[12] Lasnik H. A note on pseudogapping [C]// *MIT working papers in linguistics* 27: *Papers on minimalist syntax*, Cambridge, Mass. : Department of Linguistics and Philosophy, MIT, 1995. 143 – 163.

[13] Lasnik H A Note on the EPP[J]. *Linguistic Inquiry*, 2001, 32(2): 356 – 362.

[14] Ochi M. Some consequences of Attract[J]. *Lingua*, 1999, 109: 81 – 107.

[15] Radford A. *Minimalist Syntax: Exploring the Structure of English*[M]. Cambridge: Cambridge University Press, 2004:475.

[16] Shyu Wang, Lin. An Approximation to Secondary Predication Structure: A Case of *V-qilai*. [J] *Language and Linguistics*, 2013, 14(4): 701 – 736.

[17] 邓思颖. 形式汉语句法学[M]. 上海:上海外语教育出版社,2010:217.

[18] 何元建. 现代汉语生成语法[M]. 北京:北京大学出版社,2011:340.

[19] 李建波. 扩展投射原则与现代汉语的 EPP 效应[D]. 天津:南开大学,2014:156.

[20] 马庆株. 现代汉语[M]. 北京:中国社会科学出版社,2010:260.

[21] 史存直. 从对外汉语教学观点看所谓汉语的“连锁复句”[J]. 语言教学与研究,1985(1):4—9.

[22] 邢公畹. 说汉语的连锁复句[J]. 语言教学与研究,1984(3):23—27.

[23] 邢公畹. 就汉语的“连锁复句”问题答史存直先生[J]. 语言教学与研究,1985(1):9—12.

[24] 邢公畹. 论汉语的“连锁复句”——对《官话类编》一书连锁复句的分析[J]. 世界汉语教学,1990a(3):129—134.

[25] 邢公畹. 论汉语的“连锁复句”(续)——对《官话类编》一书连锁复句的分析[J]. 世界汉语教学,1990b(4):224—236.

[26] 邢福义. 汉语复句研究[M],北京:商务印书馆,2001.

[27] 徐丹. 也谈“连锁复句”[J]. 语文建设,1989(1):14—15.

[28] 朱德熙. 语法讲义[M]. 北京:商务印书馆,1982:215.

从汉语词语的文字理据性看外来词的译介过程

杨延龙　曹　勇

摘　要：与以英语为代表的表音文字相比，汉语词语在构词方式和语义特征上具有很独特的文字理据性。这种文字理据性在很大程度上影响着汉语对待外来词的态度和采取的吸收方式。本文从汉语词语文字理据性的角度出发，分析探讨了语音转写、语义摆布和语音转写兼语义摆布等外来词的不同译介过程，进而指出外来词的翻译是与语言文化因素紧密相关的，不论采取何种方法，都应视具体情况，力求既要体现异域特色又要遵守汉语文字理据性的特点。

关键词：外来词；理据性；语音转写；语义摆布

一、引言

任何类型的文字都是记录语言的符号，而语言是音义结合的词汇语法体系。用文字来记录语言，就是使文字符号和语言成分建立联系。从音义结合的角度来看，这种联系是任意的、无理据的；而从词义形成的角度来看，这种联系不是任意的，而是有理据的。词的理据性和任意性就是这样矛盾地统一在一起。在具体词语的构造过程中，可以说，每个词都有来历，每个词的构成都有一定的理据。关于词的理据性概念，许多学者都有所定义。“词的理据指的是事物和现象获得名称的依据，说明词义与事物或现象之间的关系”①。“所谓词义的理据，是指词义形成的缘由，它是从发生学角度来探求词义的来源的”②。“词的表达形式与词义之间有时具有某种内在联系，我们可以从这些表达形式中推断出词的含义，这就是所谓的词的理据性”③。学者们对词的理据性的概念表述不一，但都从不同的角度阐述了词的构成形式与意义之间的内在必然联系。因此，研究词的理据，可以阐明事物或现象为什么获得这样或那样的名称，有助于认识词义演变和词义发展的规律，理解词形与词义之间的联系，还有助于合理地吸收外来词语。与以英语为代表的表音文字相比，汉语词语的文字理据性是显而易见

---

① 陆国强：《现代英语词汇学》，上海外语教育出版社 1983 年版，第 67 页。

② 曹炜：《现代汉语词义学》，学林出版社 2001 年版，第 54 页。

③ 许余龙：《对比语言学》，上海外语教育出版社 2002 年版，第 123 页。

的，这主要源于汉语独特的书写形式——汉字，“汉字是属于表意体系的文字，字形和意义有密切的关系”①。汉字的这一“形义结合”的特征同西方文字“记音表义”不同，它不仅使得汉字单个语素本身具有理据性，而且还为多音节词语的理据性提供了充分的依据。汉语词语的文字理据性在很大程度上影响着汉语对待外来词的态度和采取的吸收方式。本文拟从汉语词语文字理据性的角度出发，分析探讨外来词的译介过程。

二、汉语词语的文字理据

由于人类原始思维模式的同一性所致，象形文字成了人类语言文字的共同起点，是一切文字发生的通例，尽管在文字发展的过程中世界绝大多数文字都走上了表音的道路(黄巽斋 2003:45)。也就是说，表音的英语与表意的汉语的文字应该都是从象形文字发展过来的，因此都是有理据的，只不过是理据的类型不同及不同类型理据性强弱存在差异而已。英国语言学家乌尔曼认为词的理据主要有三类，即语音理据、形态理据和语义理据。② 很多学者都赞同他的这种分类。但是我们知道，词是音义结合的统一体，有着外在形式和内在意义两个方面。词的外部形式指词的语音及书写形式；词的内部形式指词的语法结构和语义结构。因此，许余龙认为，从文字书写形式与语义联系的角度来看，还应有一种理据，即文字理据。③ 词汇的文字理据表现为词的文字书写形式与词义之间的联系，即从一个词的文字书写形式上可以推断该词的词义。世界上语言的文字书写形式大致有表音文字和表意文字两种。每一种语言都有一个由若干音素、音节组成的语音系统和由语素、词构成的词汇系统，四者都可以用符号记录。表音文字是用数目不多的符号表示一种语言里有限的音素或音节，作为标记词语声音的字母，尽管一些字母最初是表意的，如字母 A 最初是牛头形，表示牛，但是后来只用作表音符号，逐渐失去了表意功能。所以，一般来说，表音文字不具有文字理据性。表意文字是用成千上万个符号去表示或区别不同的语素、词的意义，“这些符号虽然经过历史演变，与词义的直观联系逐渐模糊了，但多少还留下一点理据性的痕迹”④。汉字是表意体系的文字，汉字的表意功能通过部首体现在全部的汉字当中，这是由于汉字的部件都是有意义的。由构字部件合成的字既有这个部件字的字形，又有该构件字的意义，结果有相同构词部件的字获得了共同的意义范畴。在汉字大系统中，部首字的意义大致规定了所属字的义类、范畴，如从“足”字多与脚有关，从“手”字多与手有关，从“草”、从“木”字多与植物有关，从“虫”、从“鱼”字多与动物有关，从“金”字多与金属有关。一个部类就是一个义场，一个部类就是一个相对封闭的意义圈。汉字的形义特征不仅使得其单个语素本身具有理据性，而且还在此基础上为多音

① 王力:《汉语史稿》(中册)，中华书局 1980 年版，第 143 页。

② Stephan Ullmann: *An Introduction to The Science of Meaning*. Oxford: BasilBlackwell, 1962. p. 57.

③ 许余龙:《对比语言学》，上海外语教育出版社 2002 年版，第 123 页。

④ 许余龙:《对比语言学》，上海外语教育出版社 2002 年版，第 124 页。

节词语的理据性提供了充分的依据。由于在多音节复合词中，充当语素或记录的字往往是曾经或同时仍可以当单音词用的字，都是有义可寻的。因此，对多音节复合词也像对汉字一样，可以“由形及义”，由剖析它们的内部构成部件和关系来分析它们的意义形成，因为多音节复合词的形成过程中充盈着一种理据性。

汉语词汇在构词方式和语义特征上具有极强的理据性，由此也决定了汉语对待外来语的态度和处理方法。以英语为代表的西方语言由于属于表音文字，文字理据性较弱，所以对待外来词兼收并蓄，大多是囫囵吞枣的语音转写。属于表意体系的汉语具有很强的文字理据性，“见字知义”是汉民族一种普遍的语言认知心理，人们在对待外来词时，总是要探究其中“字”的含义，因为汉字不仅是汉语的书写形式，而且是汉语语义、汉语理据的积极表现手段。

三、外来词的译介过程及其理据性

关于外来词的定义及内涵，语言学界历来都有分歧。其实，判断一个词是否为外来词，关键在于其表示的概念是来自本族语还是外族语。一般而言，由于不同语言文化间的差异，当某一语言词汇所表示的概念移植到另一语言时，常常会出现词汇空缺现象，即另一语言中没有相应的词汇表达同一概念。这时，人们常常采用某种翻译方法将该概念移植过来，其移植的结果便是外来词。外来词进入汉语的词汇系统时，要受到汉语语言内部规律的制约，必须接受汉语的语音、语法和构词规则等各方面的改造，以符合汉语的发音习惯、语法和词汇规则。汉语的单音节、象形方块文字的特点等，使汉语对外来词的改造要比西方语言间的词语借用显得复杂，却又别具一格，更富于创造性。概括起来，汉语对外来词所采用的吸收方式主要有语音转写、语义摆布、语音转写兼语义摆布三种形式。

1. 语音转写

语音转写是最简单最省时的外来词翻译方法，是用与外来词的语音对应或近似的汉字将外来词的语音移植过来。在民族交流接触的过程中，当大量反映外来新生事物的概念和外来词语涌入时，人们难以很快了解外来事物的本质并找出一个贴切的词语去指称，这时，人们往往采取“拿来主义”，从实用角度出发先行语音转写。语音转写方法的使用由来已久，早在汉代，就有众多西域动植物名称和佛教词汇经语音转写的途径进入汉语，其中有些一直延续使用至今，例如苜蓿、骆驼、罗汉、忏悔等。近现代，随着社会、科技、文化的发展，更是有大量的语音转写词出现，像图腾（totem）、尼龙（nylon）、逻辑（logic）、幽默（humor）”等已经融入我们的语言文化。

语音转写有记音和谐音之分。记音是指用于语音转写的汉字不再有其自身的原意，只保留其语音和书写形式。这种只取其音、不取其义的翻译方法的优点在于，能够迅速吸收外来词，并从语音上准确地接受它。不足之处是，汉字成了完全的记音符号，“原词的内部形式在从原语言到汉语言的翻译过程中丧失殆尽，成为一种无内部形式的词”，“我们无法对之作语法结构和语义结构的切分，也就是说我们已无法从形式上看到它们'概念的构成'和其内部的'言语组合规律'"①,这样通过记音而来的词就丧失了汉语言由形观义的文字理据性特点。由于汉民族历来具有名不正则言不顺的民族心理,极不喜欢那些与字义脱节的因而起不到任何听音知义、见字知义作用的无意义非语素音节(字)。② 所以按照汉民族的具象思维习惯,当看到"德谟克拉西"(democracy 民主)、"烟里士批纯"(aspiration 灵感)或"斐洛苏菲"(philosophy 哲学)这样由意义上毫无关联的汉字堆砌起来的译词时,就会感到杂乱无章、没有理据。

谐音不追求字音和语言单位实际音值的严格对应,在译音的同时,采用既接近外来词的发音又尽量表达原词意义的汉字,所选用的汉字往往掺和了对所指事物的认识、评价和审美情趣。尽管这类谐音转写的词的内涵与其相对应的外来词意义不尽相同,但所组合的音节可以同时暗示词义,使人读后产生相关联想,符合中国人顾名思义的民族心理。如:safeguard(香皂)舒肤佳,给人一种使皮肤舒服佳美的联想;Benz(汽车)奔驰,给人产生奔跑速度极快的印象;Coca-Cola(饮料)可口可乐,使人一看就能产生美在口中、乐在心中的联想,进而产生购买畅饮的欲望;TOEFL(外语考试)托福,会使人产生考试取得成功而交好运的感觉。谐音虽然也是原词发音的转写,但汉字的意义在转写时没有完全消失,还在起作用,容易引发人们联想和回味,比较符合中国人的民族心态和汉语文字理据性特点。目前人们在词语使用上正形成一种趋新、求雅、尚异的社会心理,这与谐音转写的影响是分不开的。

2. 语义摆布

摆布理论是翻译研究学派的核心理论,它认为任何翻译都经过了译者某种程度的摆布,摆布就是一种重写过程。③ 语义摆布是以重写外来词词汇概念或其构成要素内涵的方式,将其语义吸收到汉语中来,即按照原语语义用恰当的汉字表达出来,构成新词。语义摆布包括两种,一种是将外来词汇构成要素的内涵逐一重写,其组成成分的排列顺序和组合方式与外来词汇相同。如:blackboard 黑板(black"黑色",board"木板")、football 足球(foot"脚",ball"球")、democracy 民主(demo"民众",cracy"统治")、hotbed 温床(hot"热",bed"床")、background 背景(back"背面",ground"底子")、coldwar 冷战(cold"寒冷",war"战争")、softlanding 软着陆(soft"柔软",landing"着陆")。另一种则是重写外来词汇概念的关键义素,如:president(总统)、fallacy(谬论)、authority(权威)、inflation(通货膨胀)等。

一般说来,汉语外来词最初大多通过语音转写的途径进入汉语语言体系,当这些词使用了一段时期之后,人们逐渐了解它不能反映出原词的概念或内涵,同时也发现某些语音转写词尤其是记音转写的词未能体现汉语的文字理据性,人们就常常运用语义摆布的方法,尽可能使外来词字面意化,让意义进入构词成分,以合乎汉民族思维习

① 王艾录、司富珍:《语言理据研究》,中国社会科学出版社 2002 年版,第 309 页。

② 王艾录、司富珍:《语言理据研究》,中国社会科学出版社 2002 年版,第 314 页。

③ André Lefevere. Translation , Rewriting and the Manipulation of Literary Fame. 上海外语教育出版社 2004 年版,第 11 页。

惯、造词心理和语言规则。同语音转写相比,语义摆布有一定的优越性。第一,语义摆布关注的是目的语文本及其在目的语文化中的地位,以及那些影响目的语文本在目的语文化中发挥作用的种种因素,①所以往往比语音转写更容易理解,如 ultimatum 译为"哀的美敦书",读者非得通过注释方能看明白,而翻译成"最后通牒"就一目了然。第二,语义摆布比语音转写简洁明快,有些词语的语音转写用词冗长,读起来拗口,记起来费劲,而通过语义摆布翻译就简单明了,如 president 原译为"伯里玺天德",而今却翻译为"总统",形式言简意赅,读音上口。第三,语义摆布比语音转写歧义少,有的语音转写而来的译词本身不含意义,只是读音而已,但有时却引起必然的联想,极易导致读者误解,如 massage 译为"马杀鸡",其字面意义确是不伦不类,无法理解,而通过语义摆布译为"按摩"就一点也不费解了。历史表明,通过语义摆布吸收的汉语外来词更符合中国人的表达习惯,更能在汉语中生根,因为"汉字不仅是音节的符号,而且是意义的标记。当新词出现时人们习惯地期待这一词语应有一定的理据,或者说,人们习惯地从组成这一词语的汉字来揣度、理解它的含义"②。

一些外来词的语音转写被后来的语义摆布所取代,这是语言发展的一种趋势。但这并不能否定语音转写的价值。语义摆布的译词符合中国人的表达习惯,但失去了国别标记,没有了语音转写的新鲜感、神秘感。现代语言学的语用翻译理论也认为,译者如果要表现原语文化特征,增强译著的异域感,则应尽量译出原文的形象和习惯,③以表现出鲜明的民族性。

3. 语音转写兼语义摆布

在外来词的译介过程中,可根据需要和不同的视角附会组合外来词的内部形式,力争使语音转写与语义摆布合二为一。这种结合,弥补了语音转写和语义摆布各自的局限性,满足了人们既接受新事物又保留汉语见字知义的文字理据性的心理,减少了外来词进入汉语系统时所遇到的阻力,是近代外来词的新特点。首先是语音转写加原词语残存的内部形式。例如:hula-hoop 译为"呼啦圈","呼啦"是 hula 的语音转写,hoop 在英语中是"圈"的意思,是残存的原词语内部形式。类似的译词还有:mini-skirt(迷你裙),dioxin(二恶英),ice-cream(冰激凌),Internet(因特网)。再有就是语音转写加表义类汉语语素。如:beer 啤酒,该词中的"啤"是 beer 的语音转写,配置一个表示该词所指的类别"酒";bowling 保龄球中的"保龄"为 bowling 的语音转写,后面加上了表类名词"球"。类似的还有:ballet(芭蕾舞)、Eden(伊甸园)、shark(鲨鱼)、valve(阀门)、Pisa(比萨饼)、rally(拉力赛)等。还有一种是汉语特有的翻译方式即语音转写加汉字偏旁,这种方式是对外来词语音转写的"意化",具体表现为对语音改写成分增加表意偏旁即义符,使之在偏旁上同原词语义保持某种联系,从语义上给人以某种

---

① 王巍:《忠实论与摆布论》,《外语教学》2005 年第 5 期。

② 李冬:《汉英词语理据比较》,见王福祥编:《对比语言学论文集》,外语教学与研究出版社 1992 年版,第 167 页。

③ 何自然:《语用学与英语学习》,上海外语教育出版社 1997 年版,第 196 页。

联想。如:lemon 柠檬,其中的汉字偏旁表示树木含义;ammonia 氨,偏旁表明与气体有关;calcium 钙,偏旁表明与金属有关。很明显,这种“意化”是和汉字表意性强的文字理据性特点息息相关的。

语音转写兼语义摆布是外来词翻译的最佳境界。语音转写系语音翻译,不考虑词义问题;语义摆布根据原文词义翻译,不考虑语音问题。而语音转写兼语义摆布则同时兼顾语音和词义,使译文既要在语音上与原文相近,又要创造出一种能体现原文特点但又非原文词义的词语。语音转写兼语义摆布兼有语音转写和语义摆布的优点:保留了原词的语音或部分语音,留下“外来词”的标记;避免了语音转写引起的歧义和误解,填补了语音转写的语义空白;限制了语义摆布的随意性和多样化;产生了合乎需要的联想,即语义增益,对因翻译而损失的信息加以补偿;给一些汉字赋予新义,形成新的语素和构词成分,丰富了汉语词汇[①]。在对外来词的翻译上,构思新颖、奇妙的通过语音转写兼语义摆布而来的译词不胜枚举,这些词既表音,又达意,且传神,堪称一绝。这些译词的词义虽说与原文意义不尽相同,但体现了汉语文字的理据性特点,使源语词汇中明无而实有的含义在汉语译名中显现出来。因此,当我们看到米老鼠(Mickey Mouse)、俱乐部(club)、芒果(mango)、爵士乐(jazz)、镍(nickel)、铬(chrome)等译词时,就如同看到汉语本土词汇一样亲切和自然。

四、结语

整个人类文明的过程也正是各民族不断接触、不断融合的过程。所以,任何民族的任何文化都不可能是孤立存在的,它必然是要与其他的文化相互影响、相互融合。而这些影响与融合便会在它的语言中有着清晰的体现,这就是语言中的外来词。外来词的出现是语言与文化交流中不可避免的现象,汉语中的许多外来词已经融合成了汉语言文化中的有机组成部分,它们为丰富汉语言文化起到了巨大的作用。外来词的译介过程也是与语言文化因素紧密相关的,或语音转写、或语义摆布、或两者兼顾,诸多渠道,各有所长,应根据具体情况来处理,力求既要体现异域特色又要遵守汉语文字理据性的特点。实际上,汉语中也确实出现了不少汉译外来词的典范。如:语音转写的译词 Vitamin(维他命)、utopia(乌托邦)等;语义摆布的译词 crisis(危机)、grammar(语法)等;语音转写兼语义摆布的译词 geometry(几何)、fossil(化石)等。这些外来词之所以在汉语言文化中能被公众有效地认同、接受和传播,是因为它们都反映出汉语作为表意文字的特色,遵守了汉语文字理据性的特点,在今天都已变成汉语规范的语言,成为汉语文化不可分割的一部分。

---

① 胡清平:《音意兼译——外来语中译之首选》,《中国翻译》2001 年第 6 期。

从认知语言学角度来看强势文化对翻译的影响

师　琳

摘　要：翻译不仅仅是双语交际，更是一种跨文化交流；翻译一般由强势文化向弱势文化输入。在输入的过程中，由于读者及译者认知的差异，译者发挥主观能动性，不可避免地在翻译的过程中，会对作品进行一些改写——大到文化心理意识形态，小到字、词、句——以此来迎合强势文化的认知认同。本文从认知语言学的角度，分析了处于弱势文化地位的《红楼梦》及《骆驼祥子》翻译到处于强势文化地位的英语，译者往往采用归化策略，对作品认知上的差异之处做出改动，以迎合满足强势文化的认知需求。

关键词：认知语言学；强势文化；翻译；改写

一、引言

语言是文化的载体，文化是语言的土壤，语言和文化密不可分。语言是文化的重要有机组成部分，它记录着人类文化发展的历史，反映着社会文明进步的成果。但语言不能脱离文化而存在，总是生长在一定的文化背景中。[①] 语言作为文化的载体，它浸透了民族的文化；文化包含着语言，同时又影响语言。翻译的实质体现为，在两种语言交流的同时进行文化交流。它不是简单的从一种语言转换成另一种语言，而是从一种文化中的语言表现形式转换成另一种文化中的语言表现形式。

随着各国文化交流的日益频繁和翻译研究方法多元化的发展，文化研究开始成为全球性研究，翻译学家们逐渐认识到翻译可以更加深入地剖析文本内及文本之间的关系，从而达到跨文化目的。[②] 20 世纪 80 年代，翻译研究进入一个崭新的阶段——翻译的文化论。该学派将翻译上升到跨文化交际过程的角度，脱离以往对文化的单层讨论，代之以多元文化研究。

---

① 肖辉：《回眸近十年中国译界学者之研究》，《国外理论动态》2008 年第 5 期。

② B. Hatim; Ian Mason. Discourse and the Translator. Longman Group United Kingdom, 1990, p. 12.

文化翻译论强调与多门学科的结合，以实现多元化翻译研究。社会学、符号学、语法学、阐释学及语言哲学等学科的引入为认识翻译这一文化现象提供了多维视角，恰恰是这些学科推动翻译研究突破语言学的局限，上升到文化层面。

认知语言学是一门研究语言的普遍原则和人的认知规律之间关系的语言学流派。① 20 世纪 80 年代，认知语言学作为语言研究的一种研究范式和独立学派得以确立。认知语言学认为，语言是人们通过认知与客观世界相互作用的结果，语言是与概念结构相一致的象征符号系统。基于对客观世界相同的认知体现在不同民族语言中的共性不在语言形式上，而在于人的认知心理。② 不同民族的相同认知心理基础和认知能力、与客观世界相互作用中所获得的共同体验，即不同民族相似的认知构成了语际翻译可译性的基础。由此可见，认知语言学不仅是语言学研究的新视角，而且为翻译研究及文化翻译提供了新思路，输入了新鲜血液。本文从认知语言学角度研究翻译，分析强势文化对翻译的影响。

二、认知语言学和翻译的关系

认知语言学在中国的发展始于 20 世纪 80 年代末，经过 30 年的引进、吸收与发展，中国认知语言学在语法研究、翻译、文学、诗学、外语教学等领域都得到了广泛的应用和发展。按照认知语言学的观点，“从理论上讲，不管是什么语言形式，我们都可以寻求理据并加以解释。因为任何一种语言现象，包括非常规的语言现象，其背后总是存在着人们的认知规律”③。不同民族由于社会环境、历史传统、宗教信仰等方面的差异，通过源于人与人的互相作用获得的经验自然会有很多差异。这种社会文化的差异也同样会体现在语言表达形式中。④ 语言学研究的结果也表明，语言与认知之间有密切的关系，而认知与文化背景息息相关。

30 年来，认知语言学与翻译研究集中于三个方面：一是认知语言学视野下的翻译理论研究，二是认知语言学观下的翻译实践，三是认知语言学对于翻译教学的指导作用。据初步统计，1980—2010 年间中国期刊网论及认知语言学论文共计 1200 余篇，其中核心期刊刊载计 27 篇。27 篇核心论文中涉及认知语言学与理论研究 15 篇，翻译实践 11 篇，翻译教学 1 篇。⑤ 王寅将体验哲学和认知语言学的基本原理扩展应用于翻译理论和实践的研究，提出了认知语言学的翻译观。他认为，翻译是以现实体验为背景的认知主体所参与的多重互动作用为认知基础的，读者兼译者在透彻理解源语语篇所表达的各类意义的基础上，尽量将其在目标语言中表达出来，在译文中应着力

---

① 李福印：《认知语言学概论》，北京大学出版社 2008 年版，第 14 页。

② 赵艳芳：《认知语言学概论》，上海外语教育出版社 2002 年版，第 13 页。

③ 汪立荣：《语法理论与英语研究》，吉林人民出版社 2004 年版，第 272 页。

④ 肖坤学：《句子层面翻译的认知语言学视角》，《外语研究》2006 年第 1 期。

⑤ 蔡龙文：《论基于认知语言学的翻译机制》，《广东外语外贸大学学报》2010 年第 3 期。

勾画出作者所欲描写的现实世界和认知世界。① 认知语言学的翻译观强调体验和认知的制约作用,重视作者、作品和读者之间的互动关系,追求实现解释的合理性和翻译的和谐性。认知语言学建立在体验哲学的基础上,用认知语言学的视角去审视翻译,相比传统的以文本为中心的翻译观和传统语言学的翻译观,突出了主体认知活动在翻译中的表现。

翻译活动的主体是译者,翻译的认知语言学视角关注译者在翻译活动中所经历的体验、认知和再现的过程。王寅提出认知语言学的翻译模式包含六个观点,即翻译具有体验性、翻译具有多重互动性、翻译具有一定的创造性、翻译的语篇性、翻译的和谐性以及翻译的两个世界(现实世界和认知世界)。②

三、强势文化对翻译的影响

"文化翻译"的概念最早是由社会人类学家提出的,埃德蒙·利奇在《我们自己与他者》一文中对这一概念加以较为明确的界定。所谓文化翻译,指的是在文化研究的大语境下来考察翻译,即对各民族间的文化以及语言的"表层"与"深层"结构的共性和个性进行研究,探讨文化与翻译的内在联系和客观规律。③ 换言之,文化翻译观从文化研究的角度研究翻译。20 世纪 80 年代后期开始,随着文化批评和文化研究在西方学术理论界的兴起并逐步上升到主导地位,一大批学者开始从不同的文化研究角度切入翻译问题。赫兹·曼塔利用"跨文化合作"(intercultural cooperation)来指翻译④;勒菲弗尔则把翻译看作是"文化交融"(acculturation)⑤;斯内尔-霍恩比明确指出,翻译是一种"跨文化的活动",并建议从事翻译理论研究的学者们抛弃他们的"唯科学主义"的态度,把文化而不是文本作为翻译单位,把文化纳入翻译理论研究中来。⑥

"文化翻译观"的主要内容是:"翻译不仅仅是双语交际,它更是一种跨文化交流;翻译的目的是突破语言障碍,实现并促进文化交流;翻译的实质是跨文化信息传递,是译者用译语重现原作的文化活动;翻译的主旨是文化移植、文化交融,但文化移植是一个过程;语言不是翻译的操作形式,文化信息才是翻译操作的对象"。⑦

20 世纪 80 年代末以来,在后殖民主义文化研究大潮的冲击下,翻译理论研究出现了"文化抗衡"。后殖民批评消解霸权,弘扬弱势文化,承认文化的差异,主张不同文化的平等。后殖民研究视角给予翻译研究的启示在于,将翻译看作殖民文化的产物,是帝国主义强权政治及帝国主义文化思想观念对外进行霸权扩张的工具,是强势

---

① 王寅:《认知语言学》,上海外语教育出版社 2007 年版,第 583 页。

② 王寅:《认知语言学》,上海外语教育出版社 2007 年版,第 583—590 页。

③ 刘禾:《跨语际实践——文学、民族文化与被译介的现代性》,生活·读书·新知三联书店 2002 年版,第 1—4 页。

④ Justa Holz-Manttari. *Translatiorische, Theorie, and Methodo*. Helsinki, 1984, p. 7.

⑤ Andre Lefevere. *Translation, Rewriting and the Manipulation of Literary Fame*. Routledge, 1992, p. 4.

⑥ Edwin Gentzler. *Contemporary Translation Theories*. Routledge, 1993, p. 44.

⑦ 杨仕章:《翻译与翻译中的文化干扰》,《中国俄语教学》2004 年第 1 期。

文化和弱势文化在权力差异语境中不平等对话的产物。随着殖民体系的瓦解,殖民地人民在获得民族解放和国家独立之后,更增强了解除、摆脱宗主国的精神控制的要求,这当然是一个比体制变革更艰难的文化政治工程。不少后殖民主义学者认识到要重塑民族身份,抵抗霸权文化的侵略。

一般来讲,翻译主要不是在势均力敌的文化而是在强势文化与弱势文化之间进行的,并且一般由强势文化向弱势文化输入。在此,以英美文化与中国文化的交流为例,从认知语言学角度,简述强势文化对弱势文化的影响及其在翻译上的体现。翻译的认知语言学视角关注译者在翻译活动中所经历的体验、认知和再现的过程。由于认知差异及文化上的不平等,译者在翻译策略的选择上带有不同的特征。

让我们从《红楼梦》的英译看一看中英文化间的不平等是如何影响这部文学名著翻译的。到目前为止,《红楼梦》的英译全本有两种,而且都是20世纪70年代完成的。一种是英国汉学家霍克斯(David Hawkes)的 *The Story of the Stone*,另一种是我国学者杨宪益的 *A Dream of Red Mansions*。关于这两个译本我国翻译界有不少讨论,其中崔永禄教授的评论代表了绝大多数人的意见。他认为:"霍克斯的《红楼梦》译本,在传达主题信息和艺术信息方面应该说是取得了突出成就,尤其是艺术的再创造,远远超过了其他译本,但在文化信息的传达方面却有一种十分值得注意的倾向。说它是倾向,一是在霍的译文中,我们看到的一些问题不是个别现象,而是较普遍的、有一定思想指导的。二是不仅是霍克斯一个人的做法,其他西方人翻译中国作品或处于弱势文化地位国家的作品时也有类似倾向,这就值得我们非常注意。"[①]在霍克斯的译本中,"红"字的处理就是一个十分明显的例子。从人类的生理基础来看,红色由于波长、色度和饱和度三方面的物理特征,对眼睛的刺激最为强烈,因而最容易被感知。社会文化方面,在各原始民族生活中,红色的自然事物占有举足轻重的地位,崇拜太阳、火和血是原始社会及早期文化的一种普遍现象。中国人的认知和文化结构表现出明显的红色情结,这首先体现在中国人自古就把红色与喜庆事物联系起来。中国人对红色的特殊喜好源于古代对太阳的崇拜和祈望,祖先以祭祀巫舞的形式表达这种本能的依恋和崇拜,由此红色的喜庆之意应运而生。红色的吉祥之意逐渐延伸到逢凶化吉、美好幸福、繁荣昌盛等褒义范畴。运用的政治领域,红色象征着革命和社会主义,这在中国人的认知结构中也属于褒义的范畴。与汉语的红色相反,英语中的"red"的文化意义则贬多于褒。英语文化的认知结构中常将red和鲜血联系起来,西方人则认为血液是奔腾在人体内的生命之液,一旦鲜血流淌,生命将面临危险,所以red在西方表达的是政治上的残暴和流血、经济上的亏损负债等。因此,如何处理"红色"就成了霍克斯棘手的问题。在小说的名称上,他用了 *The Story of the Stone*,除有原文版本等因素的考虑外,也避免了"红"在汉英两种语言中因联想意义不同而引发的麻烦。然而在小说的正文中"红色"是无论如何也必须直面的。虽然霍克斯在英译本的前言中对包

① 王恩科、李昕、奉霞:《文化视角与翻译实践》,国防工业出版社2007年版,第21页。

括“红色”在内的文化现象从汉英两种语言的角度进行了对比,但他还是通篇将“怡红院”译成了“Court of Green Delight”,将“怡红公子”译成了“Green Boy”。同样是翻译《红楼梦》,杨宪益在处理中国特色文化现象时却采取了另一种策略。不仅书名《红楼梦》中的“红色”依旧,就是“怡红院”“怡红公子”也分别被译成“Happy Red Court”和“Happy Red Prince”,保持中国文化“不变色”。另外,《红楼梦》第七回中周瑞家的感叹语“阿弥陀佛”,霍克斯译为“God bless my soul”,从而使周瑞家的改信了基督教,而杨宪益译为“Gracious Buddha”,让周瑞家的仍然笃信佛教。第二十四回中有“巧媳妇做不出无米的粥来”,杨宪益译为“Even the cleverest housewife can’t cook a meal without rice.”霍克斯译为“Even the cleverest housewife can’t make bread without flour!”两个译文中“meal”和“bread”、“rice”和“flour”的差别其实就不仅仅是食品及其原料的差别了。①

正如崔永禄教授所说的那样,霍克斯在《红楼梦》翻译中所采取的策略不仅是他个人的做法,其他西方人翻译中国作品也有同样的倾向。作为强势文化国家的译者发挥主体性、能动性,操纵并改写翻译作品尤其是处于弱势文化地位国家的作品。小到具体的字、词、句的改译,大到作品因文化心态不同引起的意识形态的改写。老舍先生的《骆驼祥子》英译本结局部分就是一个明证。

原文以主人公未能团圆的悲剧结束,揭示了旧社会劳动人民不会有自救的可能。文中祥子战胜了刘四,燃起了重新生活的希望。他想找到曹先生和小福子,可情人小福子在妓院中不堪忍受自杀了,祥子的希望破灭了,从此消沉堕落下去。小说的结尾写道:

“体面的、要强的、好梦想的、利己的、个人的、健壮的、伟大的祥子,不知陪着人家送了多少回殡,不知何时何地会埋起他自己来,埋起这堕落的、自私的、不幸的、社会病态里的产儿,个人主义的末路鬼!”②

但是在1964年的英译本中,译者伊万·金(Evan King)却带给人们一个充满诗意与浪漫的美国式大团圆结局:祥子去了曹宅,在曹先生的安排下,把小福子从下等妓院里拯救了出来。译文是这样的:

“In the mildness of summer evening the burden in his arms stirred slightly, nestling closer to his body as he ran, She was alive. He was alive. They were free.”③

为了使这一结局“顺理成章”,译者还加入了“女学生”和“Pock Li”两个角色。女学生的言行唤醒了祥子的灵魂,也点燃了他寻求新生的希望;而Pock Li的堕落更能衬托出祥子未来的光明。尽管这一改译引起了中国文艺界的批评,译文却在美国大获成功。原因正在于当时美国人民的文化心态和意识形态。当时是第二次世界大战后,经历过战争的惨痛,亲人们阴阳相隔,家庭悲欢离合,让无数的美国人渴望生而不希望

---

① 王恩科、李昕、奉霞:《文化视角与翻译实践》,国防工业出版社2007年版,第22页。

② 老舍:《骆驼祥子》,人民文学出版社1962年版,第224页。

③ Evan King. Lao She. *Rickshaw Boy*, 1964, p. 315.

死，期待战后的团聚而不是磨难后的毁灭。这种社会心理潮流迫使译者有意掩盖了现实的矛盾与痛苦，从而使读者在所谓的圆满中得到心理上的认可和满足。

由于认知的差异，翻译——两种不同文化地位的交流，势必遭受一定程度上的失真，才能更好地为强势文化服务。在这改写的过程中，译者发挥主观能动性，常采用“归化”这一翻译策略。

四、小结

翻译活动的主体是译者，翻译的认知语言学视角关注译者在翻译活动中所经历的体验、认知和再现的过程。本文从译者主体性发挥入手，分析了处于强势文化地位的英美作品和处于弱势地位的中国作品之间的翻译。以《红楼梦》和《骆驼祥子》的英译为例，分析了认知差异在翻译上的体现。这些分析表明，作为强势文化地位国家的译者往往在翻译中，操纵改写处于弱势地位国家的作品——大到文化心理意识形态，小到字、词、句的改写，以此来迎合强势文化的需求。

从概念合成理论看隐喻翻译

李建波

摘　要：隐喻在语言中的广泛使用让文学作品变得生动活泼、丰富多彩，但也给翻译带来了困难。奈达的"功能对等"只是一种理想状态，因为有相当多的隐喻在翻译过程中都只能做到部分对等或者根本不对等。一直以来，文化差异被认为是造成这种翻译困难的一个重要原因。本文试图利用概念合成理论，从认知角度分析构成隐喻的概念系统在语际转换过程中所发生的变化，从而解释文化因素在隐喻翻译过程中发生作用的语言机制。

关键词：概念合成理论；隐喻；翻译；类属空间

一、引言

隐喻是人类思维和认知世界的基本方式之一。隐喻在各种语言中的广泛使用让文学作品变得生动活泼、丰富多彩。有学者认为，语言是隐喻性的，日常语言中大约70%的表达方式源于隐喻概念则是一个很好的证明。相应地，概念隐喻及建立在其基础之上的各种各样的隐喻语言表达方式也就成了翻译过程中不可避免的部分。奈达的"功能对等"只是一种理想状态，因为有相当多的隐喻在翻译过程中都只能做到部分对等或者根本不对等。归化策略往往造成隐喻在源语言中固有的本体、喻体及其内在联系被破坏，而异化策略则容易给缺少背景知识的读者在理解上带来困难。文化差异一直以来被认为是造成这种翻译困难的主要原因。国内很多学者对于隐喻翻译的研究主要集中在翻译策略上，即如何通过归化和异化的合理选择来获得最大限度的功能对等。而试图从构成隐喻的概念系统及隐喻本身的认知角度来解释这一问题的研究则为数不多。本文试图利用概念合成理论，从认知角度分析构成隐喻的概念系统(metaphorical concept system)在语际转换过程中所发生的变化，从而解释文化因素在隐喻翻译过程中作用于语言的机制。

类属空间(generic space)在两种语言中存在的差异是隐喻不能等效翻译的根本原因。始源域(source domain)和目标域(target domain)的相似性(similarity)可以在一定程度上弥补类属空间的差异对隐喻翻译的影响。当相似性足以在译语读者中引起与母语使用者同样的认知感觉时,隐喻的翻译可以达到等效。类属空间呈动态变化,既有纵向的,也有跨文化的。外来语的引入和跨文化交流是形成类属空间变化的两个原因。类属空间的动态变化会使原本无法等效翻译的隐喻实现等效翻译。

二、概念合成理论

隐喻研究历史悠久,在西方可以追溯到亚里士多德(Aristotle)和昆体良(Quintilian)。在我国文学作品中,隐喻的使用也可以溯源至《诗经》。20 世纪 20 年代,理查兹(I. A. Richards)提出了类比理论,认为隐喻意义的生成源自存在相关意义的文字间的类比。20 世纪 80 年代初,概念隐喻认知语言学派的兴起把隐喻的研究带入了一个新的阶段。1980 年,莱考夫(George Lakoff)和约翰逊(Mark Johnson)的隐喻理论专著《我们赖以生存的隐喻》(*Metaphors We Live By*)出版后,概念隐喻理论得到了广泛认同。其主要观点包括:隐喻属于概念范畴而非文学范畴;隐喻的功能不仅仅局限于美学与修辞范畴,还在于能够帮助人们更好地理解特定概念,隐喻不总是以相似性为基础而建立的,隐喻是人类思维和推理的必然过程。20 世纪 90 年代,以福康涅(Gilles Fauconnier)和特纳(Mark Tarner)为代表的认知语言学家提出了概念整合理论,认为概念合成是一个普遍的、基本的思维过程,该思维过程具有复杂的动态原则(dynamic principles)和管制性原则(governing constraints),这一思维过程具有高度的想象力,能够有意识地区分相似、一致和差异。简言之,概念整合是一个高度创造性和活跃的思维活动,在语言的理解中必不可少。概念整合以心理空间理论为基础,当一个心理空间中的概念与其他心理空间中的概念发生映射关系后,便会形成新的心理空间,从而产生出新的概念。典型的概念整合包括四个心理空间——输入空间 1、输入空间 2、类属空间和整合空间。总的来说,读者共有的类属空间是各个输入空间彼此形成类比和建立映射的基础。

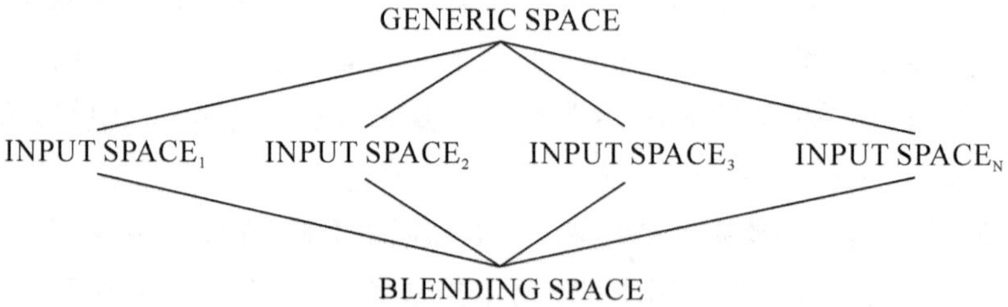

图 1　Blending (Kovësces, 2002)

库斯勒(Arthur koestler)在 *The Art of Creation* 一书中用如下事例来说明概念合成理论:

"A Buddhist Monk begins at dawn one day walking up a mountain, reaches the top for several days until one dawn when he begins to walk back to the foot of the mountain, which he reaches at the sunset. Make no consumptions about his starting or stopping or about his pace during the trips. Riddle: Is there a place on the pace that the monk occupies at the same hour of the day on the two separate journeys?"

通过对僧人往返路程的想象,我们可以推断出僧人在上山途中与下山途中在不同周期的某个同一时间点必然经过同一地点。虽然我们不能确定这一点的具体位置,但我们可以通过概念整合想象到这一点的存在。

三、类属空间与隐喻翻译

Group 1:

(1) They didn't give him a raise, though he had **licked his boss's boots** for years. (尽管他这几年一直**拍他老板的马屁**,但他们并没有给他涨工资。)

(2) Among **the blind**, **the one-eyed man** is king. (山中无**老虎**,**猴子**称大王。)

(3) 你不能戴着**木头眼镜**,只看一寸远。(The trouble with you is you cannot **see an inch beyond your nose**.)

Group 2:

(4) The teenagers don't invite Bob to their parties because he is **a wet blanket**. (青少年们不邀请鲍伯参加他们的聚会因为他是**一个令人扫兴的人**。)

(5) 你不知道,金八这家伙**背景复杂**,不大**讲面子**。(Don't you realize that this fellow Jin has all kinds of **dubious connections** and he's no **great respecter of persons**?)

Group 3:

(6) Price Competition—**the Double—blade Sword (双刃剑)** in Business Management.

(7) After Russia, Hu will pay his second state visit to Kazakhstan as president and attend **a summit meeting** (峰会) of the Shanghai Cooperation Organization (SCO) in the Kazak capital of Astana before attending a G8 (Group of Eight) plus five summit in Britain.

Group 4:

(8) Administration officials see little risk that this more aggressive policy would escalate into a full-fledged **trade war** that would shock the world's economy. (美国政府的官员不认为他们的激进政策会导致一场令世界经济感到震惊的全面的**贸易战**。)

(9) Jane's uncle is **an old fox**, up to all kinds of evils. (简的叔叔是个**老狐狸**,什么坏事都干得出来。)

(10) 看书就像走亲访友,认识**圈子**不断增强。(And reading books, like visiting relatives and friends, can enlarge our ideological **circle**.)

Group 1 采取了归化翻译,虽然较好地做到了功能对等,却造成了语言文化信息的丢失。源语隐喻中的始源域和目标域及其所反映的文化信息在译语中已经荡然无存。Group 2 采取了意译的方法,译文虽然达意,却损失了源语言的表现力。原文中的隐喻在译文中消失,变成了简单的陈述。Group 3 采取了异化翻译,但对于缺少背景知识的人而言不容易理解。原因在于,英语中始源域与目标域间固有的类属关系与汉语中固有的类属关系不同或在汉语中为零。Group 4 虽然只是简单的直译,但可达到既保留源语中隐喻的本体和喻体,同时又能为读者所接受的双重效果。笔者认为,之所以出现上述概念意义信息不同转换方式的差异,并非由于译者,也非单纯的文化因素,而是文化因素影响下隐喻固有的概念系统在翻译过程中发生变化造成的。

福康涅和特纳的网状模式不仅包括输入空间和整合空间,还有一个至关重要的空间,即类属空间。类属空间所包含的是适用于输入空间 1 与输入空间 2 的抽象结构。它反映输入空间所共有的一些抽象结构与组织,并决定跨空间映射的核心内容。类属空间与概念隐喻的相关性表现在两个方面:一是类属空间是始源域与目标域存在映射关系的前提;二是固有隐喻中蕴含的抽象结构通过类属空间附着于新的输入空间(如图 1)。类属空间最初是基于始源域与目标域的相似性而产生的,并在语言的发展变化中逐渐稳定下来。由于人们的认知角度不同,始源域与目标域的相似性(点)不是唯一的。当多个相似点分别固定在不同的语言上使用时,就出现了不同语言间类属空间的差异。比如,在谈到狗时,英语文化中看到的是忠诚,而汉语文化则更多的是服从。又如,虎在英语文化中隐喻残忍,而在汉语中还可用来赞誉勇敢。汉语中的“虎将”不能译成“he is a tiger”,应译成“he is a lion”。这种类属空间的差异足以解释翻译时所出现的语体色彩差异。当同一隐喻在源语言中的类属空间(generic space S)与其在目标语言中的类属空间(generic space T)存在差异时,就无法实现其在目标语中始源域同目标域的映射或造成映射混乱。我们不妨再借用一下上述僧人登山的事例来加以说明,如果僧人上下山走的不是同一条路,那么我们通过概念整合想象到的那一点就不复存在了。类属空间的存在和两种语言中类属空间的一致即相当于保证僧人上下山都沿着相同的路径。由此,我们得出结论:类属空间(generic space)在两种语言中存在的差异是隐喻不能等效翻译的根本原因。

下面,以《红楼梦》[(11)—(16)]和《围城》[(17)]中有关脸/面子隐喻的英译举例来比较类属空间差异对译文的影响。

(11)探春笑道:“我们起了个诗社,头一社就不齐全,众人**脸软**,所以就乱了例了。我想必得请人去做个‘监察御史’,**铁面**无私才好。”

“We've started a poetry club,” Tan-chun, explained, “but not even the first meeting was fully attended—all because we're too **soft** to keep order. So it occurred to me that we must rope you in too as our supervisor— we need **someone strict and impartial**.”

(12)李纨听了,忙回身笑道:“正为宝玉来,倒忘了他;头一社是他误了。我们**脸软**,你说该怎么罚他?”

Li Wan turned back with a smile. “Oh, yes! I'd forgotten. It was Pao-yu we came about. He was the one who didn't turn up at our first meeting; but we were too **soft** with him. What should his punishment be?”

(13)赖大家的笑道:“不是接他老人家来的,倒是打听打听奶奶姑娘们**赏脸不赏脸**?”

"That's not why I came," said Lai Ta's wife, "but to ask if you ladies would **honor us with your presence.**"

(14)赖大家的忙道:"择的日子是十四,只看我们奶奶的**老脸**罢了。"

"We've chosen the fourteenth," said Lai Ta's wife promptly, "Do **give** mother **face** by coming."

(15)赖嬷嬷笑道:"我才去请老太太,老太太也说去,可算我这**脸还好**。"

Granny Lai put in, "Just now I went to invite the old lady, and she's promised to come too, so it seems I really **have face.**"

(16)"他又比不得是咱们家的家生子儿,他现在是太太的陪房;奶奶只顾撵了他,太太的**脸上不好看**。"

"He can't be treated like one of our children, as his mother came here with the mistress at the time of her marriage; so dismissing him would **reflect badly on her ladyship.**"

(11)和(12)采取了意译的方法,在译文中已经看不到隐喻了。汉语中的"面软""铁面"分别用来喻指宽容和公正,其固有的类属空间是在汉语言文化发展中固定下来的,在英语中不存在这样的类属空间,且英语读者也无法基于相似性来生成新的语义空间。源语中的隐喻概念系统无法在目标语中重建,隐喻的翻译也就不能够做到功能对等了。(13)和(16)亦属于此种情况。汉语中常说的"赏脸/给面子"在英语中没有对应的类属空间,所以也只能意译。这样的情况在隐喻的翻译中很常见,这不是翻译策略和翻译方法能够解决的,是由于文化因素作用于隐喻认知而造成的。而(14)和(15)中,原文中的隐喻之所以能够在译文中得以保留,则是因为汉、英语中都存在已被广泛接受了的用"脸(face)"喻指身份、尊严的类属空间。

但是,由于隐喻是一种认知活动,始源域和目标域的相似性可以在一定程度上弥补类属空间的差异对隐喻翻译的影响。也就是说,当相似性足以在译语读者中引起与母语读者同样的认知感觉时,隐喻翻译可以达到等效。这种情况下的翻译更像是在目标语中生成能够为人们所理解的新的隐喻。隐喻的异化翻译就是基于这种情况才能成立。束定芳认为,相似性应包括形状相似、功能相似和心理相似。

(17)柔嘉不耐烦道:"结!要穿,你自己去买。我没见过像你这样的 Nasty 人!我忙了六天,就不许半天快乐,回来准**看你的脸**。"

"No, I haven't", she said impatiently, "If you want to wear one, go out and buy one yourself. I've never seen anyone as nasty as you! I'm busy six days a week, yet you won't allow me half a day of fun. When I come back, I have to **see your long face.**"

由于"long face"很形象,即使英语中没有存在与汉语"看你的脸"相同的类属空间,也足以让读者即时生成与母语读者相同的认知效果。功能相似和心理相似也与此相同,在相似性程度较高时便可以在译语缺少相应类属空间的情况下为读者所认知。

需要说明的是,由于语言的不断变化和跨文化交际的深入,不同语言中隐喻的类属空间也在不断变化,且差异有日益缩小的趋势。外来语的引进和大众对外来文化的接受使得原本在本族语中不存在的隐喻被接受,这也使得某些原本不可进行的直译变得可行。例如：

(18) The way to peace is a marathon.

a. 通往和平之路依旧漫长。

b. 想要实现和平还得打一场持久战。

c. 和平之旅，马拉松之旅。

同 a、b 相比，c 既保留了隐喻，又传递了文化信息，其成立的原因在于 marathon 隐喻的类属空间已为汉语读者所接受并固定了下来。在 marathon 的文化含义被汉语读者广泛接受之前，a、b 的表意效果要强于 c。

可以看出，造成不同语言中隐喻的类属空间存在差异的是社会文化因素，也包括不同语言使用者不同的思维角度。两种语言中固有的类属空间差异制约隐喻的翻译。当某个隐喻在一种语言中被广泛使用后，该隐喻的本体和喻体便已经形成一种稳定的类属空间，或者说这个隐喻所代表的含义已被广泛接受。而在另外一种语言之中虽然也存在相同的本体或喻体，但其代表的含义却有所不同。隐喻的类属空间在目标语中不存在，且本体和喻体在源语言中的相似性不能在目标语言中生成与母语使用者相同的认知效果也会影响隐喻的等效翻译。

四、结论

我们通过概念整合理论，从隐喻的认知结构入手，分析了构成隐喻的概念系统在语际转换过程中所发生的变化及类属空间差异对隐喻翻译的影响，探讨了文化因素在隐喻翻译过程中作用于语言的机制的过程和特征。笔者认为，类属空间（generic space）在两种语言中存在的差异是隐喻不能得到等效翻译的根本原因。始源域（source domain）和目标域（target domain）的相似性（similarity）可以在一定程度上弥补类属空间的差异对隐喻翻译的影响。类属空间是呈动态变化的。概念整合理论可以较好地解释隐喻翻译的可译性与不可译性，也从某种意义上回答了文化差异是以一种怎样的方式影响隐喻翻译的问题。希望本文所提出的看法对跨文化隐喻翻译以及隐喻翻译策略与翻译方法的理论研究起到一定的促进作用。

参考文献

[1] Fauconnier G. *Mappings in Thought and Language* [M]. Cambridge: Cambridge University Press, 1997.

[2] Lakoff G, Johnson. M. *Metaphors We Live by*[M]. Chicago: University of Chicago Press, 1980.

[3] Lakoff G, Turner M. *More Than Cool Reason: A Field Guide to Poetic Metaphor*[M]. Chicago: University of Chicago Press, 1989.

[4] Ortony A. *Metaphor and Thought*[M]. Cambridge: Cambridge University Press, 1996.

[5] Richards I A. *The Philosophy of Rhetoric*[M]. Oxford: Oxford University Press, 1936.

[6] Zoltan K. *Metaphor-A Practical Introduction*[M]. Oxford: Oxford University Press, 2002.

[7] 曹雪芹，高鹗. 红楼梦[A]. *A Dream of Red Mansions*. 杨宪益，戴乃迭. 北京：外文出版社，

1994.

[8] 程同春.英语隐喻的思考与翻译[J].中国科技翻译,2005(2).

[9] 冯国华.立足喻体、把握喻底——论譬喻在汉英互译中的处理[J].中国翻译,2004(3).

[10] 冯庆华.实用翻译教程(英汉互译)增订本[M].上海:上海外语教育出版社,2001.

[11] 金隄.等效翻译探索[M].北京:中国对外翻译出版公司,1998.

[12] 蓝纯.从认知角度看汉语的空间隐喻[J].外语教学与研究,1999(4).

[13] 吕瑞昌等.汉英翻译教程[M].西安:陕西人民出版社,1983.

[14] 束定芳.论隐喻的运作机制[J].外语教学与研究,2002(3).

[15] 苏立昌.认知语言学与意义理论——隐喻与意义理论研究(英文版)[M].天津:南开大学出版社,2007.

[16] 苏立昌,常洪岭.从战争概念隐喻看文化因素对语言的影响[J].天津外国语学院学报,2007(1).

[17] 谭载喜,奈达论翻译[M].北京:中国对外翻译出版公司,1984.

[18] 汪少华,合成空间理论对隐喻的阐释力[J].外国语,2001(3).

[19] 汪少华,郑守疆.从合成空间理论看隐喻的意义建构[J].解放军外国语学院学报,2000(6).

[20] 王文斌.概念合成理论研究与应用的回顾与思考[J].外语研究,2004(1).

[21] 王寅,李弘.中西隐喻对比及隐喻工作机制分析[J].解放军外国语学院学报,2003(2).

[22] 张培基等.英汉翻译教程[M].上海:上海外语教育出版社,1980.

图书在版编目(CIP)数据

草堂风雅：西安建筑科技大学中国语言文学学科学术成果集萃／韩蕊，冯阳，韦拴喜主编．—西安：陕西人民出版社，2022.6

ISBN 978-7-224-14557-1

Ⅰ．①草… Ⅱ．①韩… ②冯… ③韦… Ⅲ．①语言学—中国—文集②中国文学—文集 Ⅳ．①H004.2-53 ②I2-53

中国版本图书馆 CIP 数据核字(2022)第 087719 号

策划编辑： 张孔明
责任编辑： 彭 莘
封面设计： 赵文君
内文设计： 赵 帅

草堂风雅：西安建筑科技大学中国语言文学学科学术成果集萃

主　　编 韩蕊　冯阳　韦拴喜
出版发行 陕西新华出版传媒集团　陕西人民出版社
（西安市北大街 147 号　邮编：710003）
印　　刷 广东虎彩云印刷有限公司
开　　本 787mm×1092mm　16 开
印　　张 34.25
字　　数 550 千字
版　　次 2022 年 6 月第 1 版
印　　次 2022 年 8 月第 2 次印刷
书　　号 ISBN 978-7-224-14557-1
定　　价 82.00 元